主编　李天纲

中国国家图书馆藏

民国西学要籍汉译文献·经济学（第一辑）

近世欧洲经济发达史（一册）

［美］阿格（Frederic Austin Ogg）著　李光忠　译述

上海社会科学院出版社
Shanghai Academy of Social Sciences Press

图书在版编目(CIP)数据

近世欧洲经济发达史/（美）阿格（Ogg,F.A.）著；李光忠译述．—上海：上海社会科学院出版社，2016
（民国西学要籍汉译文献/李天纲主编．经济学）
ISBN 978-7-5520-1155-5

Ⅰ．①近…　Ⅱ．①阿…②李…　Ⅲ．①欧洲经济－经济史－近代　Ⅳ．①F150.94

中国版本图书馆CIP数据核字(2016)第045518号

近世欧洲经济发达史（1—2册）

主　　编：李天纲
编　　纂：赵　炬
责任编辑：唐云松
特约编辑：陈宁宁
封面设计：清　风
策　　划：赵　炬
执　　行：取映文化
加工整理：嘎　拉　江　岩　牵　牛　莉　娜
责任校对：笑　然
出版发行：上海社会科学院出版社
上海淮海中路622弄7号　电话63875741　邮编200020
http://www.sassp.org.cn　E-mail:sassp@sass.org.cn
排　　版：上海永正彩色分色制版有限公司
印　　刷：常熟市人民印刷厂
开　　本：650×900毫米　1/16开
字　　数：580千字
印　　张：53
版　　次：2016年4月第1版　2016年4月第1次印刷

ISBN 978-7-5520-1155-5/F.350　　定价：236.00元（1—2册精装）

民国西学：中国的百年翻译运动

——『民国西学要籍汉译文献』序

李天纲

继唐代翻译印度佛经之后，二十世纪是中文翻译历史上的第二个高潮时期。来自欧美的『西学』，以巨大的规模涌入中国，参与改变了一个民族的思维方式，这在人类文明史上也是罕见的。域外知识大规模地输入本土，与当地文化交换信息，激发思想，乃至产生新的理论，全球范围也仅仅发生过有数的那么几次。除了唐代中原人用汉语翻译印度思想之外，公元九、十世纪阿拉伯人翻译希腊文化，有一场著名的『百年翻译运动』之外，还有欧洲十四、十五世纪从阿拉伯、希腊、希伯来等『东方』民族的典籍中翻译古代文献，汇入欧洲文化，史称『文艺复兴』。中国知识分子在二十世纪大量翻译欧美『西学』，可以和以上的几次翻译运动相比拟，称之为『中国的百年翻译运动』、『中国的文艺复兴』并不过分。

运动似乎是突如其来，其实早有前奏。梁启超（1873—1929）在《清代学术概论》中说：『自明末徐光启、李之藻等广译算学、天文、水利诸书，为欧籍入中国之始。』利玛窦（Mateo Ricci, 1552—1610）、徐光启、李之藻等人发动的明末清初天主教翻译运动，比清末的『西学』早了二百多年。梁启超有所不知的是：利、徐、李等人不但翻译了天文、历算等『科学』著作，还翻译了诸如亚里士多德《论灵魂》（《灵言蠡勺》）、《形而上学》（《名理探》）等神学、哲学著作。梁启超称明末翻译为『西学东渐』之始是对的，但他说其『范围亦限于天（文）、（历）算』，则误导了他的学生们一百年，直到今天。

从明末到清末的『西学』翻译只是开始，而且断断续续，并不连贯成为一场『运动』。各种原因导致了『西学』的挫折：被明清易代的战火打断；受清初『中国礼仪之争』的影响，欧洲在1773年禁止了耶稣会士的传教活动，以及儒家保守主义思潮在清代的兴起。鸦片战争以后很久，再次翻译『西学』，仍然只在上海和江南地区。从翻译规模来看，以上海为中心的翻译人才、出版机构和发行组织都比明末强大了，影响力却仍然有限。梁启超说：『惟（上海江南）制造局中尚译有科学书二三十种，李善兰、华蘅芳、赵仲涵等任笔受。其人皆学有根底，对于所译之书责任心与兴味皆极浓重，故其成绩略可比明之徐、李。』梁启超对清末翻译的规模估计还是不足，但说『戊戌变法』之前的『西学』翻译只在上海、香港、澳门等地零散从事，影响范围并不及于内地，则是事实。

对明末和清末的『西学』做了简短的回顾之后，我们可以有把握地说：二十世纪的中文翻译，或曰中华民国时期的『西学』，才是称得上有规模的『翻译运动』。也正是在二十世纪的一百年中，数以千计的『汉译名著』成为中国知识分子的必读教材。1905年，清朝废除了科举制，新式高等教育以新建『大学堂』的方式举行，而不是原来尝试的利用『书院』系统改造而成。新建的大学、中学，数理化、文史哲、政经法等等学科，都采用了翻译作品，甚至还有西文原版教材，于是，中国读书人的思想中又多了一种新的标杆，即在『四书五经』之外，还必须要参考一下来自欧美的『西方经典』，甚至到了『言必称希腊、罗马』的程度。

我们在这里说『民国西学』，它的规模超过明末、清末；它的影响遍及沿海、内地；它借助二十世纪的新式教育制度，渗透到中国人的知识体系、价值观念和行为方式中，这些结论虽然都还需要论证，但从一般直觉来看，是可以成立的。中国二十世纪的启蒙运动，以及『现代化』、『世俗化』、『理性化』，都与『民国西学』的翻译介绍直接有关。然而，『民国西学』到底是一个多大的规模？它是一个怎样的体系？它们是以什么方式影响了二十世纪的中国思想？这些问题都还没有得到认真研究，我们并没有一个清晰的认识。还有，哪些著作得到了翻译，哪些译者的影响最大？『西学东渐』的代表，明末有徐光启，清末有严复，那『民国西学』的代表作在哪里？这一系列问题我们并不能明确地回答，原因就在我们对民国翻译出版的西学著作并无一个全程的了解，民国翻译的那些哲学、社会科学、人文学科的『西学』著作，束之高阁，已经好多年。

举例来说，1935年，上海生活书店编辑《全国总书目》，『网罗全国新书店、学术机关、文化团体、图书馆、政府机关、研究学会以及个人私家之出版物约二万种』。就是用这二万种新版图书，生活书店编制了一套全新分类，分为：『总类、哲学、社会科学、宗教、自然科学、文艺、语文学、史地、技术知识』。一瞥之下，这个图书分类法比今天的『人大图书分类法』更仔细，因为翻译介绍的思潮、学说、学科、流派更庞大。尽管并没有统一的『社科规划』和『文化战略』，『民国西学』却在『中国的文艺复兴』运动推动下得到了长足发展。查看《全国总书目》（上海，生活书店，1935），在『社会科学·社会科学一般·社会主义』的子目录下，列有『社会主义概论、社会主义史、科学的社会主义、无政府主义、基尔特社会主义、乌托邦社会主义、基督教社会主义、议会派社会主义』等；在『社会科学·政治·政体政制』的子目录下，列有『政治制度概论、政治制度史、宪政、民主制、独裁制、联邦制、各种政制评述、各国政制、中国政制、现代政制、中国政制史』等，翻译、研究和出版，真的是与欧美接榫，与世界同步。1911年以后的38年的『民国西学』为二十世纪中国学术打下了扎实的基础，而我们却长期忽视，不作接续。

编辑出版一套『民国西学要籍汉译文献』，把中华民国在大陆38年期间翻译的社会科学和人文学科著作重新刊印，对于我们估计、认识和研究『中国的百年翻译运动』、『中国的文艺复兴』，接续当时学统，无疑是有着重要的意义。1980年代初，上海、北京的学术界以朱维铮、庞朴先生为代表，编辑『中国文化史丛书』，一个宗旨便是要接续1930年代商务印书馆王云五主编『中国文化史丛书』，重振旗鼓，『整理国故』，先是恢复，然后才谈得上去超越。遗憾的是，最近三十年的『西学』研究却似乎没有采取『接续』民国传统的方法来做，我们急急乎又引进了许多新理论，诸如控制论、信息论、系统论……还有『老三论』、『新三论』、『后现代』、『后殖民』等等新理论，对『民国西学』弃之如敝屣，避之唯恐不及。

民国时期确实没有突出的翻译人物，我们是指像严复那样的学者，单靠『严译八种』的稿酬就能成为商务印书馆大股东，还受邀请担任多间大学的校长，几份报刊的主笔。但是，像王造时（1903–1971）先生那样在『西学』翻译领域做出重要贡献，然后借此『西学』，主编报刊、杂志，在『反独裁』、『争民主』和『抗战救国』等舆论中取得重大影响的人物也不在少数。王造时的翻译作品有黑格尔的《历史哲学》、摩瓦特的《近代欧洲外交史》、《现代欧洲外交史》、拉铁耐的《美国外交政策史》、拉斯基的《国家的理论与实际》、《民主政治在危机中》。1931年，王先生曾担任光华大学教授，文学院长，政治系主任，后来创办了《主张与批评》（1932）、《自由言论》（1933），组织『中国民权保障同盟』（1932）。他在上海舆论界发表宪政、法治、理性的自由主义；他在大学课堂上讲授的则是英国费边社社会主义、工联主义和公有化理论（见王造时著《荒谬集·我们的根本主张》，1935，上海，自由言论社）。非常可惜的是，王造时先生这样复杂、混合而理想主义的政治学理论和实践，在最近三十年的社会科学、人文学科中并无讨论，原因显然是与大家不读，读不到，没有再版其作品有关。

我们说，『民国西学』本来是一个相当完备的知识体系，在经历了一个巨大的『断裂』之后，学者并没有好好地反省一下，哪些可以继承和发展，哪些应该批判和扬弃。民国时期好多重要的翻译著作，我们都没有再去翻看，认真比较，仔细理解。『改革、开放』以后，又一次『西学东渐』，大家只是急着去寻找更加新颖的『西学』，用新的取代旧的，从尼采、弗洛伊德……到福柯、德里达……就如同东北谚语讽刺的那样：『熊瞎子掰包谷，掰一个丢一个。』中国学者在『西学』武库中寻找更新式的装备，在层出不穷的『西学』面前特别害怕落伍。这种心态里有一个幻觉：更新的理论，意味着更确定的真理，因而也能更有效地在中国使用，或者借用，来解决中国的问题。这种实用主义的『西学观』，其实是一种懒惰、被动和浮躁的短视见解，不能积累起一个稍微深厚一点的现代文化。

讨论二十世纪的『西学』，一般是以五四『新青年』来代表，这其实相当偏颇。胡适、陈独秀等人固然在介绍和推广『西学』，倡导『启蒙』时居功至伟，但是『新文化运动』造成不断求新的风气，也使得这一派的『西学』浅尝辄止，比较肤浅，有些做法甚至不能代表『民国西学』。胡适先生回忆他们举办的《新青年》杂志，有一个宗旨是要『输入学理』，即翻译介绍欧洲的社会科学、人文学科知识；他还大致理了一个系统，说『我们的《新青年》杂志，便曾经发行过一期「易卜生专号」，专门介绍这位挪威大戏剧家易卜生，在这期上我写了首篇专论叫《易卜生主义》。《新青年》也曾出过一期「马克思专号」。另一个《新教育月刊》也曾出过一期「杜威专号」。至于对无政府主义、社会主义、共产主义、日耳曼意识形态、盎格鲁·萨克逊思想体系和法兰西哲学等等的输入，也就习以为常了。』（唐德刚编译：《胡适口述自传》，北京，华文出版社，1992年，第191页）。胡适晚年清理的这个翻译目录，就是那一代青年不断寻找『真理』的轨迹。三四十年间，他们从一般的人性论学说，到无政府主义、社会主义、马克思主义；从不列颠宪政学说，到法兰西暴力革命理论、德意志国家主义思想，再到英格兰自由主义主张，大致就是『输入学理』运动中的全部『西学』。

胡适一语道破地说：『这些新观念、新理论之输入，基本上为的是帮助解决我们今日所面临的实际问题。』胡适并不认为这种『活学活用』、『急用先学』的做法有什么不妥。相反，二十世纪中国知识分子接受『西学』的方法论，大多认为翻译为了『救国』，如同进口最新版本的克虏伯大炮能打胜仗，这就是『天经地义』。今天看来，这其实是一种庸俗意义的『实用主义』，是生吞活剥，不加消化，头痛医头，脚痛医脚的简单思维，或曰：是『夺他人之酒杯，浇自己之块垒』。从我们收集整理『民国西学要籍汉译文献』的情况来看，『民国西学』是一个比北大『启蒙西学』更加完整的知识体系。换句话说，我们认为『五四运动』及其启蒙大众的『西学』并不能够代表二十世纪中国西学翻译运动的全部面貌，在北大的『启蒙西学』之外，还有上海出版界翻译介绍的『民国西学』。或许我们应该把『启蒙西学』纳入『民国西学』体系，『中国的百年翻译运动』才能得到更好的理解。

我们认为：中国二十世纪的西学翻译运动，为汉语世界增加了巨量的知识内容，引进了不同的思维方式，激发了更大的想象空间，这种跨文化交流引起的触动作用才是最为重要的。二十世纪的中国文化变得不古不今，不中不西，并非简单的外来『冲击』所致，而是由形形色色的不同因素综合而成。外来思想中包含的进步观点、立场、方案、主张、主义……具有普世主义的参考价值，但都要在理解、消化、吸收后才能成为汉语语境的一部分，才会有更好的发挥。在这一方面，明末徐光启有一个口号可以参考，那便是『欲求超胜，必须会通；会通之前，必先翻译』。反过来说，『翻译』的目的，是为了中西文化之间的融会贯通，而非搬用；『会通』的目的，不是为了把新旧思想调和成良莠不分，而是一种创新——『超胜』出一种属于全人类的新文明。二十世纪的『民国西学』，是人类新文明的一个环节，值得我们捡起来，重头到底地细细阅读，好好思考。上海社会科学院出版社邀我主编『民国西学要籍汉译文献』，献弁言于此，是为序。

2016年3月20日，于阳光新景寓所

［美］阿格（Frederic Austin Ogg）著 李光忠 譯述

近世歐洲經濟發達史

中華民國十三年八月初版

譯者序

現今我國人多知道我國貧弱的最大原因是經濟事業太不發達，近年出版的經濟學說之書已逐漸加多了。然而經濟學與從前純談性理之學不同，決不是憑着個人的智慧嚮壁虛造的。經濟學說之發生差不多全屬經濟事實之反應。重商主義過於束縛經濟自由，遂有斯密亞丹出而提倡個人主義；個人主義的流弊既見，於是有社會主義發生。經濟學本非離事實而言空理，却又不能於一書之內縷述經濟事實所以經濟事實的歷史之著爲專書以補經濟學教本之不足，實有必要的理由。我國雖已有幾本經濟學的書，而經濟史則尚缺如；區區此譯也是經濟學範圍內應有的介紹。

然而譯者之意以爲就中國現狀而論，中國人應當在讀經濟學之前先讀歐美經濟史。歐美人生長於經濟發達的社會中，平日耳濡目染，對於工業時代的經濟狀況已經大致明瞭，所以不妨先讀經濟學而後讀經濟史。我國仍在農業時代中，工業時代的種種經濟活動多未具備。內地大多數地方沒有工場，沒有勞働組織，沒有銀行，沒有股份公司；內地的多數人甚至於輪船，火車，電燈，電話，都未見過；其他複雜的新經濟現象更不用說了。譯者設身處地着想，不但覺得「資本論」，「勞働運動」等等素昧生平的說法莫名其妙，恐怕現今最時髦的Exploitation「掠奪」二字也可誤會到「明火搶劫」。在這種情形之下，驟然就讀經濟理論的書，縱不至影響模糊，也難免穿鑿附會；講學問到了這步田地未免太危險了。如果知道工業先進國發達的步驟和情形之後再研究經濟理論，不但理論易於明瞭，而且合事實與理論併行研究的結果，再參酌中國的國情，便不難於其中求出解決現在中國重要經濟問題切實可行的方法。

中國經濟狀況與歐美列強相比既顯有遲速後先之別，可知所謂歐美最新的經濟學說未必全都恰對我國的病症。

中國固不必照英德經濟發達的陳迹一一重演，然而中國要從農業時代達到農工商業時代自有必須經歷的過程。這種過程便是「工業革命」。工業革命首先見於英國，英國人對於這個破空而來的潮流摸頭不着腦，受了無量痛苦，走了幾許繞路，雖終究成了世界上第一個工業國，而這一度不流血的革命實比那些殺人流血的革命更慘酷得多。有英國的先例在前，德國知所取法，先事預防，受的痛苦既少，而實業發達也更快。

日本借鑒於英，取法於德，斟酌損益，竟能於四十年間追及英國百餘年德國七十年的進步，一躍而爲世界強國。

中國此時的貧弱窮蹙，雖然原因很多，就最大之點言之也可以一句話包括，卽是工業革命的潮流到了中國了。

如果中國多數國民能知道這種革命的往事，自可胸有成竹，因勢利導，立收水到渠成之功。譯者以爲近世歐洲經濟史的知識不僅是國人研究經濟學的基礎，而且是此時中國國民應具備的一種常識。

經濟史的知識對於我國人之重要既如上述，而適合我國人需要的經濟史之書却頗難其選。英國經濟史之作已是汗牛充棟；其他以國別的或以事別的經濟史也很多；至於合歐洲各國於一編，歷述自農業時代以至農工商時代之變化，作比較的研究，在英文中恐怕要算阿格博士此書首屈一指了。阿格博士本教授上的經驗，萃羣書之精華，以旁觀者的地位，川無偏無頗的眼光，竟委窮源，分類隸事，著成這一部近世歐洲經濟發達史，以供本國大學學生研究歐洲經濟狀況之用。 這部書不但詳述英法德經歷工業革命的情形，而且諸國經濟變化後的種種問題——農業，工業，商業，交通，經濟政策，人口，勞働法制，勞働組織，社會主義，社會保險，——都爲扼要鈎玄。述其源委經歷，陳其得失利弊。 這部書敍事愈近愈詳；論到英德諸國對於資本主義補偏救弊之方，社會主義切實可行之點，更是條理分明。 取他們補偏救弊之道，作我們防患未然之法；趁資本與勞働未分階級之前，預爲將來利益調協的地步；這樣辦去，中國的經濟進步未必不比日本更快。 再合近百五十年來歐洲列強勇猛精進的歷史而觀，我們更可得一大原則——世無包醫百病的藥，無百年不敝之法，只有「自强不息的精神」是國家社會進步的源泉。 譯者所以不辭固陋，輒貢此書於國人。

阿格原書本爲美國大學教科之用；譯者譯爲淺顯的語體文，不僅欲對國人介紹這一點知識，此外還另有一種感想。 譯者自發蒙受書以來，學「之乎，也，者」費了七八年的工夫，學「a b c d……」費了五六年的工夫；以十四五年的工夫預備文字，纔稍稍能求知識。 中國平均每百人中識字的不過三四人；識字的每千人中學力財力能入大學的不過二三人；大學生每十人中學經濟的不過一二人。 推之各科，無不如是。 在中國求知識如此其難，而能求知識的人又如此其少；要想增高人民程度以救國家危亡，必須於專門教科書之外多編通俗教育的書籍，以淺顯的文字介紹知識，求其易於普及，庶幾收效稍速。 雖未見得社會科學的書都可以語體文編譯，如經濟史這類的著作却是可能的。

此譯始於去年春季，中間校課牽掣，今始告成；若以平均每日八小時工作計算，適當十月之工。 但這十月的工夫，考證——爲讀者的便利——和謄寫占去大半，未能有充裕的時間修潤字句，譯者深憾力與心違。讀者不吝指其疵繆，俾將來得行更正，譯者不勝大願！

此譯之成，深賴梁任公先生獎掖，吳柳隅先生任審校之勞，皆譯者所最感謝。譯者欲譯此書蓄志已久，體裁方法雖有成算，使不遇同學臧啓芳君此工亦難遽竣，譯者每畢一章，臧君逐句細讀，析疑指疵，益增興會；第一編及第二編之德文專名書名譯音譯義亦全賴臧君協助，切磋之益是譯者所最不忘。同學韓隆毅君和周守一君屢屢鼓舞譯者的勇氣，譯者並於此誌其謝忱。

但譯者鄭重聲明譯文責任完全自負。

中華民國十一年十一月二十二日李光忠序於美國伊里諾大學。

譯例

一、本書句讀悉依新式標點。

二、本書所用符號有下列兩種：

——人名，地名

~~~~主義，學派，書報，其他專名

三、本書除第一章闡宗明義之數語及一二處增減字句外，其餘均係照原文逐句順譯，原文足註俱用括弧直附於正文句下。

四、專名及重要名詞之西文不歸入正格之內，悉註於正格之上方，以1 2 3 4……數字指明。

五、本書所徵引書籍雜誌等之西文原字，亦註於正格之上方，以a b c d……字母指明。

六、經濟史係專門史，其涉及普通史之事，在作大學教本用之經濟史，固可只指其關係，無煩更紀顛末，譯者主意在求此書易曉，故於此等處皆述其大略，另以括弧附註。　關係重要之人，俱註其生卒之年及其國籍事業。

七、本書涉及之重要史事及其他需字數較多始足說明之事，譯者增註，俱附於本章之末。

凡譯者增註，俱冠以「譯者按」字樣。

八、人名及地名之發音，除習用之名仍沿用外，悉以 Webster's Standard Dictionary 為準，德法專名各從其
~~~~

國音，中文譯音之字，從國音字典之音。譯者念了別字，譯者負責。讀者若以方言之音，致不能與原音相似時，譯者不負責任。

九、原書每章之末列參考書數十種，指明某事可參觀某書某卷若干頁，作者苦心毅力，實不可泯，但原印參考書目，一行直下，稍嫌不便檢查，譯者改繕一過，逐部排列，似覺較為醒目。所列參考書多屬極有價值之作，歐美著作家又勤於修正改版，力求銜接現勢。經濟史範圍既廣，我國此類譯本亦甚缺乏，區區此譯，不過拋磚引玉，參考書中更有寶藏待人發現。

十、原書索引，編製極精，譯者欲仿其法，編一中文索引而未能，只好暫照英文排列，識英文之人固不難按字檢查，不識英文之人按索引中英國，德國，法國，農業，工業，商業，勞働，社會保險，社會主義，關稅，職工組合等幾大項下檢查，亦可立知某事在某頁至某頁。

十一、譯文記事之年月俱從西曆，譯者另編中西年表附錄書末，起自一七八九年法國大革命，迄一九一四年歐洲開戰。

十二、英法諸國之元首宰相在位執政之期，另列一表，作為附錄二。

十三、術語名詞極不易譯，或蘊義甚深，或舊譯未確，譯者此次頗多改譯及創譯之名詞，特擇其重要者，作譯名釋義，附於編首。

名詞釋義

我國科學名詞未能一律，實爲灌輸文化之大障礙。同一西文名詞，而各人翻譯不同，往往一字之差，相去千里，不但讀者感許多不便，即譯之人亦苦無所適從。我譯此書時，在這一點上最覺困難，以己度人，諒有同感，茲將重要名詞之意義，酌加解釋，以補譯文之不足，並就正於讀者。

(甲)重要譯名釋義

Revolution「革命」 從一種制度變更到完全不同的另一種制度，便叫做革命。換句話說，「革命」即是「進化」之成熟。 只須這種變更完全實現了，便是革命成功了。 革命的事業是能以和平手段達到的，殺人流血的暴行並不是革命的要件。 例如工業革命一語，其中並無暴行的意味。 一七八九年的法國大革命和一八四八年的中歐各國革命固然都有殺人流血的事，然而這兩次革命之重要並不是因其有殺人流血的暴行，乃是因其有各種制度的變更。 所以本書第一百四十三節說俄皇獎勵私有土地的法律是「革命的」 一九〇五年英國自由黨入閣也稱之爲「政治革命」。

Movement「運動」 抱同一目的之各人，各就其力之所能，以大公無私的手段去促成這種公共目的之實現，便叫作「運動」。 苞苴請託，求政界上的位置，那是鑽營，不能名爲「運動」。 收買選舉票是非法行爲，也不能名爲「運動」。 手執白旗，列隊遊行，不過是「運動」中的一小部分活動，「運動」的本身並不僅限於此。

英國的自由貿易「運動」(卽反對穀物條例運動)可算是「模範的」運動，因爲他(一)根據學理研究的結果，(二)注重全國的利益，(三)有組織，(四)有百折不撓的精神，(五)行動光明正大，把所主張的理由完全明白說出，聽國人研究擇決，(六)純爲主義的團結，毫無黨派偏私的意味。

Standard of living「生活標準」 在以前的書中多譯爲「生活程度，」但近來國人往往把「生活程度」用作「生活費」Cost of living 的意義，所以我改用「生活標準」四字。 我們常聽人說「北京和上海的生活程度很高，」 其實是指這兩處的 Cost of living「生活費」很高，與 Standard of living 殊無何等關係。

「生活標準」是指「人類維持生活必須具備的衣，食，住，修養，及娛樂的數量和品質」。 「生活費」是購買生活必需品的金錢之數。 生活費和生活標準完全是截然兩事。 生活費高之處未必生活標準也高，生活標準高未必是生活費高。 大致說衞生，整飭，舒適三項合在一起卽是生活標準。 然而各國人的慾望不同，所以各個人所認的生活標準常相差異。 物價時常變動，所以生活標準更不能以金錢衡量。 從精神快樂上着想，生活標準直是無法斷定。 從物質享用上着想，大約一個最小額的數量標準(Minimum quantity standard) 還可以勉強求得出來。 其實精神快樂多半起於有相同的物質享用，離了物質享用而專談精神快樂，決不是對一般人的說法。

近世經濟學家和社會改良派所最注意的問題，卽是提高一般人的生活標準。 數十年來勞働運動也集中於這個問題。 生活標準之所以重要是因下列的幾個理由：

（一）與勞力能率的關係　勞力是生產要素之一，勞力能率之大小全視勞働者之營養如何。　工人不饑不寒，精神暢旺，做起事來必能費時少而成功多。

（二）與生產事業的關係　提高生活標準自然增加消費，增加消費便是促進生產事業的原動力。

（三）與國民道德的關係　「衣食足然後知廉恥」這句話所含的理由大約沒有人能反對的，所以我也不必贅言。

細想起來「提高一般人的生活標準」實在是古今中外人類進化公同趨向的一個目的。　不必旁徵博引，只看孟子稱王道著重在「老者衣帛食肉，黎民不饑不寒」便是第一確證。　古代大哲陳義如此其高，後世師法孔孟的儒生反想行這種根本要義而提倡「菲衣惡食」的生活，我們中國二千年來經濟上很少發展未必不是這種腐儒迂論的流毒。　以至於今我們中國一般人的生活異常苟簡，華工在外國招人詬病之一原因，便是「生活標準太低」。　中國人若再不注意此事，恐怕以後在國際間更難立足。　同時須要注意「提高一般人的生活標準」並不是提高奢侈。　生活標準雖不能執一而論，總當使各個人間相差不甚懸遠，所以「提高一般人的生活標準」同時也含有抑制過當的奢侈「生活」之意。　更當注意的是要斷提高「生活標準」必須先有正當生活。　至於生活恁樣是正當，恁樣是不正當，絕不是幾句話能說完的。　喀費爾教授（Prof. T. M. Carver）的農業經濟學中有一張生活方法表，很覺要言不煩，我把他抄在下面：

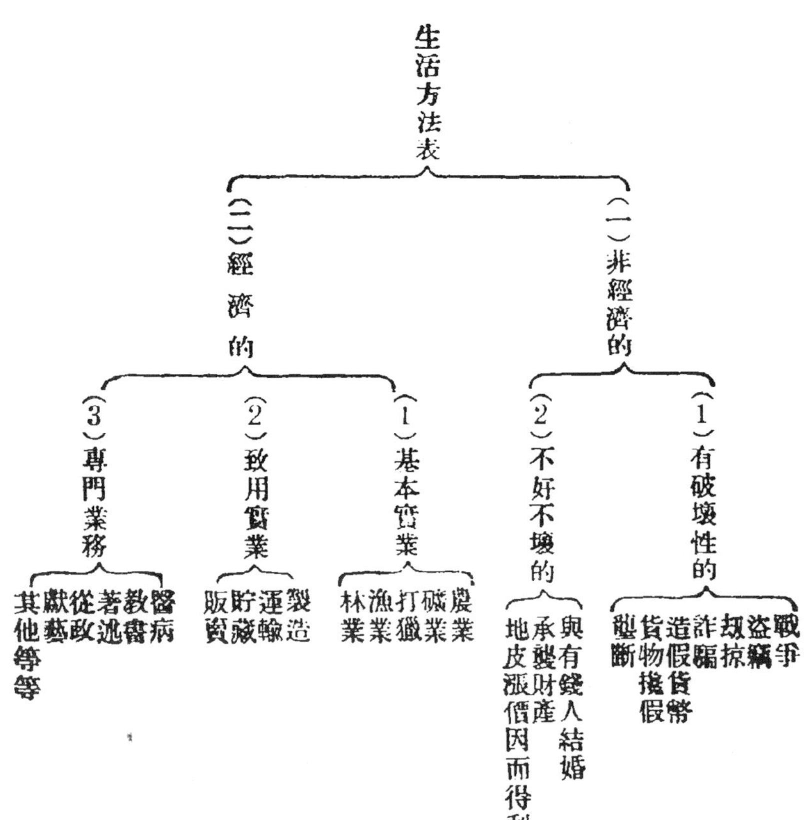
生活方法表
（一）非經濟的
（1）有破壞性的
戰爭
盜竊
劫掠
詐騙
造假貨幣
貨物攙假
壟斷
（2）不好不壞的
與有錢人結婚
承襲財產
地皮漲價因而得利
（二）經濟的
（1）基本實業
農業
礦業
打獵
漁業
林業
（2）致用實業
製造
運輸
貯藏
販賣
（3）專門業務
醫病
教書
著述
從政
獻藝
其他等等

Conservation「保儲」 「保儲」不是「藏之不用，」乃是「取之得其宜用之盡其利。」 孟子謂「數罟不入洿池，……斧斤以時入山林，」 按現在的說法，便是「天然」富源之「保儲」 至於禮記，管子，荀子，韓非子等書中這類的話也不少，不過二千年來我們中國人只把這類重要的原則當作書讀，并不曾當真認作事做，反讓外人後來居上。 近世科學進步，凡屬關係國家富力之事物無不可施以「保儲」，因此「保儲」一詞的意義不免隨處小有不同。 適用「保儲」的事物大別有三：

（一）Conservation of natural resources 天然富源之保儲 天然富源包括一切動植礦物及水利。礦物是取之有盡的，所以礦物的「保儲」是嚴防浪費，注重化煉方法，以使現有礦苗能支持較久，獎勵代用品之發明，以防礦苗漸竭，而價值增高，鐵質之物加以塗澤，以防銹蝕。 植物是能生生不絕的，可分農產和森林兩項。 農產的「保儲」是施用肥料和科學的輪種方法，使土質常腴。 森林的「保儲」是防火，禁止斫伐小樹，樹木採伐之後，必須補植，樹皮枝葉等的廢物利用。 湖池沼澤的小魚益鳥孕獸不用說都是禁止傷害的，這是動物的「保儲」。 可供機器動力之用的流水，可供灌溉之用的溪澗，可以開濬的河道，無不開源疏流，盡力利用，這是水利的「保儲」。 以上不過舉其大略，至於保儲天然富源的法律種類之多，完備精密，各有專書討論，而且科學方法的應用，層出不窮。

（二）Conservation of industry 工業之保儲 工業的「保儲」可以簡單說是利用廢物和增加附產物。利用廢物的好例是破布製紙。 增加附產物的好例是焦煤廠的渣汁可以提煉顏料和種種化學藥品。

天然富源之保儲和工業之保儲，全賴各科學家的研究和發明，政治和法律不過助其實施而已，這是我國人應當注意的。

(三)Conservation of vitality　民利之保儲　國家富強的要素不外兩樣：一是學問家的腦力，一是勞働者的筋力。各種事業都得有相當的人材方能辦好，腦力和筋力俱有相當的教養才能發育，所以民力保儲最是根本要務。兒童是將來的公民，有繼續前人事業的重任，女子是國民之母，負教養兒童之責，這兩項人都是國家應加以特別保儲的。歐洲各國的工場都先從限制兒童勞働和婦女勞働入手，也就是這個意思。中國此時最當注意的，是要望將來有優良的學問家和強健的勞働者，不可不極力擴充教育事業。至於保護成年人和贍養老年人的工場法制及社會保險等項，本書第三編及第四編言之已詳，茲不贅述。

Efficiency「能率」　以最小額的勞費和時間產生最大額的效果，這種能力便叫做能率。然而這不過是一個極簡單的定義，其實Efficiency一詞所蘊的意義非常深厚，能率二字殊不足代表完全，我自恨譾陋，不能譯得恰如原義，只好不嫌辭費，加以分疏。

(一)Efficiency「能率」含有「不浪費時間」之意　能率的大小須以時間衡量。譬如甲乙兩個工人同做一樣良好的工作，甲須十小時完成，乙須八小時完成，那便是甲的能率比乙的能率小。然而能率一語所含的時間意義，還不止此，他并有作事敏捷，省出時間來多做事的意味——這一個名詞不但表出歐美人凡事精益求精的精神，并且表出他們能認學問和事業俱無止境，而有自強不息，「日新又新」的精神。我們中國人的第一大缺點卽是忽略時間關係，無論研究學問或肄習藝術，彷彿都有止境，只求其成，并不問時間有無浪費，因此成了一種苟簡偷惰之習，以致國家社會毫無進步，這實在是我們大家應當及時覺悟的。平常認爲必須三年工夫作的事，振起精神做去未必不能二年做完，騰出一年工夫又好做別的事。這種時間觀念便是能率的第一要義。

（二）Efficiency「能率」含有「須先有訓練」之意　要想作事敏捷，必須先有訓練，這種訓練必須得之於入社會謀生之前，卽是受教育的時代。　若待人社會謀生之後，才注意自己的能率如何，卽或終有與人戰勝之一日，然而中間總不免經過一段吃虧的時期，一個人落到這種期間是否還有自立的機會，那就很難斷定，擔任教育的人若不知養成學生的能率，便是誤人子弟，受教育的人若不知培植自己的能率，便是自暴自棄。

（三）Efficiency「能率」含有「身體強健」之意　體弱力薄的人，無論做勞心的事或勞力的事，若衡以時間的長度，決不能有良好的能率，這是不待辯而自明的，持久耐勞的強健身體，卽是能率的基本。

（四）Efficiency「能率」含有「精力集中」之意　單有強健的身體，而作事時不專心致志也不能有「能率」。聚精會神的作起來，自然作一件事是一件事，做事的時間既不致於浪費，做完了事就可放心休息，以備振刷精神明日又做。　如此做去，無論是勞心或是勞力，總能增加興會，不但不以爲苦，反覺其樂，這樣做時「能率」便增大了。

「能率」一語，蘊義如此其深，可知他關係極大。　所以現今歐美強國中，無論對於公事或私事，團體的事或個人的事無不在「能率」上着眼。至於經濟範圍之內，「能率」更是根本要着。勞働時間從十二小時減到十小時，又減到八小時，並不是順從工人的無理要求，乃是爲保持工人的健康，爲增加勞力的能率，不能不這樣辦。「工人管理法」(Personal administration)所研究的便是怎樣才能使工人專心盡力去作工，做一分鐘有一分鐘的效果，同時又能保持工人的體力和精神，不至疲敝，換句話說，即是怎樣增進勞力的能率，而且使這種能率歷久不壞。人是血肉之軀，必攝養與勞働得其調協之道，才能產出高的能率，才能長久產出高的能率。

「保儲」，「能率」，和「提高一般人的生活標準」，這三點都是近五十年歐美經濟活動的主旨。德國最先注意保儲和能率，阿格博士於本書第二十四章中已再三申述，茲不復贅。至於美國能率早已是他的特色，自從羅斯佛(Theodore Roosevelt)(生於一八五八年，死於一九一九年，一九〇一年至一九〇九年爲美國大總統)提倡保儲以來，不過一二十年工夫，參加歐戰一役，便見奇效。歐戰以後，美國人更覺這種原則之重要，從小學教科書起以至大學專科書籍，無不在這兩點上注意。我看着他們這種自強不息的精神，深覺可敬，轉而想着我們自己苟簡偷惰之習，與不勝亡國滅種之憂，特在此處陳其大略，深望國人注意他們的立國精神所在。有志之士對於能率的意義，若果能身體力行，未必不可造成風氣。教育上注重能率，更可望養成習慣。國家有了保儲的政策，國民有了注意能率的良慣，本着這樣的方法和這樣的精神來求經濟發展，「提高一般人的生活標準」自必較易爲力，從而社會上便可少發生幾許困難問題。

中國採取歐美的學術工藝，決不可以爲「有了」「成了」就算完事「有了」「成了」之後，我們還當要精益求精，使各種學術和事業都各有一種無止境的進步。「能率」即是這種自強不息的精神之基礎。

(乙) 術語譯名釋義

Market「市集」 歐洲中古時代的 Market，與現今我國內地三六九等日的「趕集」或「趕場」性質相同，故譯爲市集，Market 在現代的意義是市場。

Balance of trade「貿易差額」 本國與外國通商，輸出額與輸入額相比的差數，名爲「貿易差額」。輸出額大於輸入額時，相差之數名爲「有利差額」(Favorable balance)，輸入額大於輸出額時相差之數名爲「有損差額」(Unfavorable balance)。

Dumping「採拚」 大製造廠力足操縱某項製造品，對本國市場的供給時，限定某量在本國發賣，以圖維持該項製造品在本國的市價，多餘之量運往外國，以比在本國更廉之價發賣，這種方法名爲採拚。各強國爲保護本國工業起見，不但施行保護關稅，而且定有「防制採拚法律」(Anti-dumping Legislation)，只如澳洲也於一九〇六年發布澳洲工業維持條例(Australian Industries Perservation Act)，其中一條規定，稅凡希圖以不公平的競爭(Unfair competition)，妨害澳洲工業而輸入的貨物，具爲採拚貨物，在本法禁止之列。「不公平的競爭」之解釋，是(一)該貨物之輸入足使澳洲不能再行自造是項貨物，或使是項澳洲貨物不能出售，或使其虧本出售，(二)輸入者在外國購買該貨物之價，較低於該貨物出產地所需之生產費，或較低於該貨物出售地所定之市價。 我們中國自從失却關稅自主權以來，久已爲各國過剩物品採拚之地，「不公平的競爭」幾乎把我國固有的工業摧殘盡了，假使白種人處着我們的地位豈待今日……。

Most favored nation clause 「最惠國條款」 訂約國互相承認彼此之間所享的通商利益，較之對於其他各國所享的更便宜，這樣的條款名爲「最惠國條款」。 譬如英法兩國間的商約訂有最惠國條款時，若法國許准德國來的棉布完納較低於普通稅率的關稅，法國須立卽無條件的許准英國來的棉布也享相同的利益，若英國對於德國來的火酒許其完納較低的關稅，也須立卽許法國來的火酒享同等利益。 在這項條款的義務之下，法國若以英國所未享受的特惠許與第三國時，須立卽許英國也享相同的特惠，英國待法國亦須如此。 強國對強國彼此都不輕易放棄權利，所以雖有最惠國條款，其實誰也別想多占誰的便宜。

中國在鴉片戰爭之後與各國訂的商約大致都有這一款，不過當時沒有「最惠國」這個名詞。 中國屢次外交失敗的結果，凡屬強國差不多都是中國的最惠國，所以但凡有一國得了中國的特別利益，其餘強國都要來利益均霑。

Factory 「工場」 工場是用動力機器製造物品的場所。 近百年的一切經濟問題差不多全是「工場製度」(Factory system) 釀成的，我國大工場極少，按中國人的眼光看來，工廠利弊何在，似宜一言。 中國社會把人養成非常鬆懈滯膩的性質，最不適於工場勞働，我們若承認中國非鼓勵機器生產事業不可，我們必須先從「能率」上注意。 近世工場中至少也有幾十部機器，百千個機輪轉動如飛，或大或小，或遲或速，乒乓鏜鏜響成一片，身心不強的人乍進去，就覺得頭暈眼花，停幾時再出來，就覺得天地異色。 工人作工之時只是一種單純動作複疊幾千萬遍，而注意却不能有絲毫之怠。 舉一個例美國芝加哥宰牲場所用的大圓機器自能轉動，機器周圍的架上排滿了豬或羊，工人占成一圈，分工分到非常細微，一人只作一種動作。 例如一個工人專管在牲口的大腿骨上砍一下，一連兩三點鐘，他目不轉睛，手不停揮，老是這樣砍。 午前這樣作，午後也這樣作，日日如此，久而久之，不但害及工人的健康，竟可把工人的聰明聖慧完全汩沒。 機器越精，分工越密，作工的人越覺枯燥，所以縮短工作時間是工業發達的國中不可免的事，然而把工場之害與工場之利相比較，究竟還是利多害少，現今歐美工業上所以有許多困難問題，原是因爲他們當初獨闢蹊徑，無前事可師，不免走了許多曲路，中國此時最留意取人之長，棄其所短，收其利而免其弊，原是辦得到的。 我們既不可因噎廢食，更不可見利忘害。 至於工場之利，僅就分工一項而言已是不少。 從業務上說分工，至少有三種益處：(一)各工同時具舉，可以增加生產速率；(二)人專一事，可以減少時間的浪費；(三)工人各有專司，易於監督。 從社會利益着眼，分工至少也有三種益處：(一)資質魯鈍，學不成手藝的人也能作一種簡單工作，自謀生計；(二)作工的人得各就性之所近各盡其長；(三)專心一事，足以促進新機器的發明。 即此可見工場對於中國實是要需，不過我們應當把防制工場流弊與推廣工場兩事同時并加注意才好。

Accident 「失愼」 凡猝不及防的事故英文都稱爲 Accident，通常譯爲傷害但傷害二字只表出 Accident 的結果，把可以預防而不及防的意味完全省略，殊覺不妥，所以我改譯爲「失愼」。 本書所講的失災(Industrial accident) 都是指工業失災，乃包括暫時的或永久的妨害工人能率之事之總稱。 工業失災可從其業務而分類。 工場失災 (Factory accidents) 是指各種製造廠的失災，其主要原因是機器的危險部分未加遮欄防護，及工人因工作過久而疲乏不能注意。 複雜的機器，轉動既速力量又大，或廠主意圖省錢，疏於遮護，或工人衣服不合法，自不小心，動輒發生危險，輕則肢體傷殘，重則性命不保。 鐵道失災(Railroad accidents)如火車出軌，火車相撞等事。 礦業失災(Mining accidents)，如礦井崩陷，發水發火等，是其他失災皆可照此分類，不必贅說。 工業失災十之八九都是可以預防的。 然而這類失災之預防決不能專賴法律取締，除了工場法制和僱主責任法之外，還須以專門家為視察員，隨時監察，並鼓勵保安器具之發明，而以法律強制其設備。

Strike「同盟罷工」簡稱「罷工」 工人們因要求改良僱傭條件，或要求維持僱傭條件，至無商量餘地時，相率停止工作，叫作「同盟罷工」，為着行文明利便簡稱「罷工」。 聯合全國或數國各業工人同時罷工，叫作「總同盟罷工」(General strike)。 罷工是工人對待僱主的重要武器，用之得法固可以達到要求的目的，用之不以其道也難免「弗戢自焚」。

Picketing「佈防」 罷工的工人分佈在工場附近，勸告外來的工人不可受該工場僱主的僱傭，這種行為叫作 Picketing，暫譯為「佈防」。 和平的佈防——佈防之人和平的口頭勸告——是近今歐美各國法律許可的，暴行的佈防是法律禁止的。

Lock-out「解僱」 僱主與僱工交涉到無商量餘地時，不得已而拒絕僱工之一部或全體再行作工，以待解決，叫作解僱。 解僱和罷工都是停止工作，發動於僱工方面叫作罷工，發動於僱主方面叫作解僱。

Boycott「同盟拒用」 此字有人從音譯爲「杯葛」，又有人從日本文譯爲「非買同盟」，除人名及地名之外音譯是我所不取的。 僱主不僱用某派工人，這種行爲有時也叫作 Boycott，若用「非買同盟」四字便不免犯「以勞力爲商品」的語病。 所以我改譯爲「同盟拒用」，自然連「不買」的意都包括了。 中國抵制劣貨在英文上也叫作 Boycott，然而我們抵制劣貨不僅限於「不買」，可見「非買同盟」四字不能包舉 Boycott 的意義。 大家相率不用某人或某團體製出的貨物，以示懲戒，這種辦法雖早已有了，而 Boycott 這個字用作這樣意義卻是很近的事。 一八八〇年愛爾蘭的一個地皮掮客名叫杯葛 (Captain Boycott)，犯了衆怒，大家約齊不與他作生意，這樁事便是 Boycott 一詞的起源，取音譯的人或是從這一點着眼也未可知，但現今這個字的意義已變廣泛了。 按通常意義說，凡勞働者相約不用某樣貨物，以圖抵制製造該貨物的僱主或工人或其他人都叫作 Boycott「同盟拒用」。 「同盟拒用」往往惹起極困難的法律問題，即是拒用某樣貨物，以抵制製造該貨物之人時，不免使已經購有該項貨物之各商人受累。 專一抵制製造該貨物之人的同盟拒用叫作「第一層同盟拒用」(Primary boycott)，因此累及已經購有該貨物之商人時叫作「第二層同盟拒用」(Secondary boycott)，「第二層同盟拒用」之是否正當，不能執一而論，當事者於事前衡情度理，善爲處置，自可免除此弊。

Black list「黑籍」 僱主間互相交換好事工人的名單，使他們無處覓工，這種名單叫作「黑籍」。「黑籍」卽是僱主對工人的同盟拒用。 各國雖有禁止「黑籍」的法律，然而在事實上這種法律很難強行。 有時各僱主把馴良工人的名字列單交換，以圖覓工的便利，這種名單恰是黑籍的反面，叫作「白籍」(White list)。

Sabotage「同盟妨業」 有人譯此字爲「怠業」或「怠工」，殊嫌意義不合，還有人從音譯爲「沙波打基」，不但太無意識，甚至音也譯錯了。「同盟妨業」四字早已有人用過，我覺得這四字很確切，所以沿用Sabotage這個字是法文，原從 Sabot「木鞋」引申而成。 一說以爲一個人穿上木鞋，行動就很遲緩，所以 Sabotage含有怠工的意義。 另一說以爲從前法國某工場的工人把木鞋拋入機器之中，使機器運轉較遲，所以 Sabotage 含有妨礙機器之意。「妨業」二字可把以上兩層意義完全包羅。「同盟妨業」最傷工人的道德，除了最激烈的工團主義派因根本見解的理由而利用這種手段外，更無人與這種不道德的舉動表同情。

近世歐洲經濟發達史目錄

近世歐洲經濟發達史

第一編　十九世紀發達之來歷

第一章　土地及人民

（1）緒言　歷史所敍述盡屬過去的事情，平常讀史的人，不過要曉得已往的幾件事跡和一些早已死了的有名人物而已。然而歷史能把我們現在所見的習慣和制度，解說得更清楚，這是不必多加討論就可明白的。所以近來研究人類智識的學者，無論所習的是科學，經濟，政治，哲學，或是宗教，都很注重過去的歷史，並不爲只要知道已往的事實，乃是要由因知已往而能把現在看得格外明瞭。

本書敍述歐洲發達，專論其經濟的及社會的狀況，由近古之初，以迄於關係重大的一九一四年。於此三四百年中，尤其注重這最近的一百五十年。從十六世紀到十八世紀下半期，歐洲經濟的及社會的變遷，若與後羅馬帝國，日爾曼人之侵入，封建制度之發生，和十九世紀產業主義之勃興，幾個時代相比，便顯然不甚重要了。

就經濟組織，社會制度而論，大略言之，乃從一七五〇年——精確一點，實從一八〇〇年——歐洲纔算脫離了中古時期。就是這由中古達於近世的過渡期間，最要多加注意。設定一個起始點，只須以土地和人民爲近世歐洲發達的基礎，把有關係的實際情形，大致考查一番。其次，不多幾章略述自中古之末至法國大革命及拿破崙時代經濟社會史上顯著的情狀。如此，無多躭延，我們便達到所要詳細研究的那些改革和成就。

提綱挈領，有兩樁事最當注意：

(一)歐洲之自然適宜於進化社會的需要，

(二)十八世紀末年以前歐洲人口之增加及分配。

(2)自然基礎：疆域及形勢　除開澳洲而外，歐洲是地球面上各洲中最小的一洲。就地理而言，他不過是亞洲大陸的一個附屬部分，再就歷史而論，則是曾被亞洲人佔據過的邊遠之地，在這半壁地方裏面却產出了一種輝煌燦爛的泰西文明，這種文明的根柢倒有許多是導源於亞洲的制度，思想，和生活。歐洲面積的總數尚無一定之說。現在歐洲並未存有未經調查丈量的土地。但是——不算海岸線各地歷年的消漲——地理學家對於幾處陸地究應歸入歐洲之內抑應算在歐洲之外，意見還不一致。關於大西洋和地中海的幾個島嶼，他們的主張就不相同。而且在東部和東北部，俄國從前官書上自認烏拉山(1)和高加索(2)山一帶山嶺爲他的歐屬界限之處(但俄國行政區域的分界與這些假定的線沒有關係)實沒有連綿不絕的峯嶺可以指出來斷定正確的境界，這種情形尤其以烏拉山脈爲甚。所以歐洲面積數目，少的算到三，五七〇，〇〇〇方里，多的算到四，〇九三，〇〇〇方里，因記入的地面多寡不同而異。(上述較低之數是算入在北部屬於烏拉山正脈之地和在東南部(高加索山之北)屬於滿尼其(3)窪陸之地，包括阿若福海(4)，但不算入裏海(5)的草原，瑪摩拉海(6)內各島，冰洲(7)，諾法雅(8)仁里亞島，斯皮慈保根島(9)，熊島(10)，阿若日群島(11)，坎拿利群島(12)及瑪的拉群島(13)。見白姆(14)及華格奈二氏之世界人口論第八卷第五

1. Urals. 2. Caucasus. 3. Manych depression. 4. Sea of Azov. 5. Caspian Steppe. 6. Sea of Marmora. 7. Iceland. 8. Novaya Zemlya. 9. Spitsbergen. 10. Bear Island. 11. Azores. 12. Canaries. 13. Madeiras. 14. Behm and Wagner, Bevölkerung der Erde.

1 Iberian Peninsula. 2. Cantabrian. 3. Pyrenees. 4. Vosges. 5. Alps. 6. Carpathians. 7. Scandinavian Highlands. 8. Crimea. 9. Yaila. 10. Apennines.

十三頁）。據這較低的數目看來，歐洲面積不過亞洲五分之一，小於北美洲二分之一，而且小於非洲三分之一。他比澳洲只多六二三，〇〇〇方里。

一看凸面地圖，就見得歐洲大陸的西半是平陸，丘陵，山嶺交錯而成，而東歐却是一個大平原。　這高陸各部分列成兩組：

（一）銜接地段，由愛比連（1）半島向東延至黑海，包括愛比連高原，坎達布連山脈（2），碧理力斯山脈（3），佛日山脈（4），阿爾魄斯山脈（5）及加爾拍先山脈（6）；

（二）分綴地段，這一些陸地半環着歐洲，包括冰洲，英國三島的高陸，斯坎地拿維亞高陸（7），烏拉山脈，克利米（8）半島上的耶拿帶山（9）及地中海的各島嶼。

大致說來，這些高陸位置得恰好讓着和暖的西風直吹到東部，這事關係氣候却是不小；這些山系不特互相離隔，而且平谷錯綴，道路穿插，往來便易，爲其他高度相同之處所不能及，所以關係於歷史也非常重要。　歐洲東北大平原約有二，六六〇，〇〇〇方里，合着匈牙利平原（二八，〇〇〇方里），意大利平原（二一，〇〇〇方里），總計低陸有二，七一九，〇〇〇方里，約占全洲面積四分之三。（斯坎地拿維亞高陸的面積是一九〇，〇〇〇方里；烏拉山高陸面積一二七，〇〇〇方里；阿爾魄斯山高陸面積八五，〇〇〇；加爾拍先山高陸面積七二，〇〇〇方里；阿扁連山（10）高陸面積四二，五〇〇方里；碧理力斯山高陸面積二一，五〇〇方里。）

1. Réclus. 2. Strelbitsky. 3. Riga. 4. Danzig. 5. Lübeck. 6. Kiel. 7. Amsterdam. 8. Boulogne. 9. Cherburg. 10. Southampton. 11. Liverpool. 12. Lisbon. 13. Gibraltar. 14. Marseilles. 15. Genoa. 16. Naples. 17. Venice.

(3)歐洲地方之適宜於文明進步　除了平陸的優越，歐洲地面還有三種長處適宜於文明進步；

(一)氣候溫和，

(二)海岸曲折，河流廣多，

(三)土壤肥沃，物產豐富。

關於氣候一層，主要理由是歐洲雖北部已入北極圈內，而大陸南部止於北回歸線以北十三度半，他的極大的部分都位置在歷史證明為最適於人類智力發展的緯度內。這地勢更勝之所在；乃是向西陂斜，大陸南北俱有內海直通大西洋，山勢自西趨東，而海洋暖流西來和風皆足以調和氣候免其苦寒。在法國北部，德國，荷蘭，比利時，合着瑞典及瑙威南部，西南風不但時挾雨澤，而且使內地冬令溫度較高，為其他緯度相同之處所不及。

歐洲地勢的第二優點乃在於海岸曲折及內地河流廣多。歐洲海岸線的總長度各地理學家所算得的數目也不相同；但是依歐洲面積合他的海岸線長度比例計算，則所得的數目却是世界第一。(估算的數目各別，因或記入一切的港灣，或只記其大者；又因各島嶼有算入有不算入之別。雷克盧(1)算的數是二六，七〇〇英里；司垂比次基(2)算的是四七，七九〇英里。)從歐洲海岸各點到他的中心點的適中數目只合二〇九英里。一個人只要想着利加(3)，丹澤(4)，盧俾克(5)，基爾(6)，安姆斯達登(7)，布龍尼(8)，舍爾堡(9)，索桑樸頓(10)，利物浦(11)，里士本(12)，直布羅佗(13)，馬賽(14)，熱納(15)，勒魄爾斯(16)，威尼斯(17)，特里雅斯特(1)，君士但丁(2)，和其餘幾十個名城都位於良港之上，便覺着歐洲地方航業發達的機會不少。這許多最好的港多是海灣，否則也是大河入海的口——這樣實把河道和港灣二者的價值更增高了。歐洲雨量不足的地方不過有限的幾處，而河道却是大而且多。最重要的河流是：

(一)俄國的河流入裏海及黑海的窩爾葛河(3)，地尼伯河(4)，頓河(5)；

(二)德國的河流入波羅的海(6)的威斯托拉河(7)，愛爾伯河(8)，威悉河(9)，萊茵河(10)；

(三)法國的河，西流的及南流的，即色因河(11)，勒瓦爾河(12)，加農河(13)，龍河(14)；

(四)西班牙及葡萄牙的西流的河，即斗羅河(15)，德加斯河(16)，瓜地僾拿河(17)，瓜達魁維爾河(18)；

(五)意大利北部的波河系(19)；

(六)歐洲中部及東南部的多瑙河系(20)。

論到物產，大致說來，歐洲並沒有以大宗特種天產物著名的區域。英國和德國的煤層實沒有中國的或美國的那樣廣闊。俄國南部麥的出產量也不及北美和阿根庭面積相同的地方。然而歐洲生產力的平均量却是很高。除却在北極圈內之地或靠近北極圈之地以外，過於磽确不能用來耕種，牧畜，殖林，又不能供人別的利用的陸地，是非常的少。歐洲沒有沙漠。從地中海岸直到北緯六十九度，瑙威及芬蘭境內，都可種小麥。更北的地方，種黑麥，大麥，燕麥，仍可有利。洋芋，硬麥，蛇蔴，苧蔴，白蔴，和黍可種之地甚廣，而由上萊茵河流域而南，煙草，葡萄，橄欖，橘，檸檬，無花果，都是大宗出產。斯坎地拿維亞各國，德國，和法，奧，俄的幾部分中都富有森

1. Triest. 2. Constantinople. 3. Volga. 4. Dneipor. 5. Don. 6. Baltic. 7. Vistula. 8. Elbe. 9. Weser. 10. Rhine. 11. Seine. 12. Loire. 13. Garonne. 14. Rhone. 15. Duero. 16. Tagus. 17. Guadiana. 18. Guadalquivir. 19. Po. 20. Danube.

林。

英，德，法，比富於煤；德，英，瑞典，法國，西班牙，俄國富於鐵；鎳則出於德，瑞威，瑞典，錫則德，奥，西班牙，意大利；炭酸鎂出於德國；而硫礦產於意大利。因這種種的礦產存在，以致金銀出產的稀少比較不甚重要了。

(4)初期人口統計之性質　近世文明各國中兩種最顯著的現象是總人口的增加和城市居民的增加。這兩樣都是十九世紀特著的現象；關於此事隨後另有專章說明。(第十六章)為着便於知曉第十六，十七，十八世紀中歐洲人的經濟活動起見，此刻應得把關於昔年歐洲人口的情形大略說一說。

第一層，我們當知十九世紀以前正確的歐洲人口統計是得不着的。清查人口以作軍事的計畫，或財政的計畫是中國人，希伯來人，埃及人古時習用之法。按羅馬神話史調查(1)戶口是色爾維(2)塔里尼時代(譯者按在西曆紀元前五七八年至五四三年)設定的制度；但人口統計只附於產業保管及其他財務關係的圖表中，後來也廢弛得無甚價值。至於中古時代設置的調查，如沙勒曼(3)的要略(4)及威廉勝王(5)的國務錄(6)編制時所辦的，都只把人口隨便記入；直到十七世紀中歐洲各國纔開始按次蒐集保存人口記錄。一六七〇年柯爾貝(7)將巴黎所行的出生死亡登錄制推行於法國各郡。一六八六年瑞典政府把向來僧侶自行擔任的教區內出生，死亡，婚嫁記錄定為強迫制度，而且擴張記錄範圍遍及於各教區內的居民。這些方法所得的材料，雖可勉強用以估量當時的人口，却顯然不能給一個正確的總數或正確的人口增加率。

在一定時間清查全國人口的理想實現甚晚，而且十九世紀之前僅在規定期間漸次清查的計畫也不曾得多少贊助。近世第一次人口調查是一七四九年在瑞典舉行的。芬蘭於一七五〇年，奥大利於一七五四年，

1. Census. 2. Servius Tullius. 3. Charlemagne. 4. Breviary. 5. William the Conqueror. 6. Domesday Book. 7. Colbert.

1. T. R. Malthus. 2. Essay on the Principle of Population as it Affects the Future Improvement of Society. 3. Doctrine of the perfectibility of society.

瑞威於一七六九年，匈牙利於一七八四年都照樣辦了。然而，無論何國，調查總不完全，所以得數不甚可信。十八世紀之初，英國已覺得人口增殖及人口分布並其他統計性質的報告是要緊的。但在一七五三年時有一位衆閣員的議員在下議院建議準備每年清查住民數目和受救區資助的人數，他的這議案還受反對，以爲有損於英國人民的自由，以爲足以惹起一般人民的不安寧，又以爲足以洩露英國戰鬬實力之薄弱於法國及其他敵國。這議案在下議院通過了，却被上議院打消了。

倒是美國，依照聯邦憲法規定國會下院代表及直接稅按各邦人數分配之條，首先於一七九〇年籌備居民普通定期調查。到十八世紀之末，歐洲有幾國的政治家又重新把人口詳確調查的希望記入心坎。一八〇一年英國及法國都實行起來，歐洲可信的人口調查這算最早的了。漸漸的——美國的先例尤有影響——那一種以淸查全國人口爲不可能的觀念打破了。一七九八年馬爾薩(1)的名著人口原則及其影響於社會將來改良(2)出版，至少也在英國給人口問題一種極有力的感應。他這本書，雄辯滔滔的，主張人口的增殖總不免比食物的增殖更快，而且以爲在一定社會中這種傾向不斷的進行，必至人口增加率爲罪惡貧困所過而後已。馬爾薩是一個誠懇好學的人，但他的這種理論實是太欠仔細，他所主張的大前提直是毫無根據。

然而他的這種理論一宣布却開了近世人口問題之研究的新紀元，而且定了這種問題的兩個時代思想的界限。（馬爾薩的本意是要指明當時流行的社會完全主義(3)是不健全的，因爲這種主義是忽視了馬爾薩定律的作用所生的貧困之無限繼續。這篇人口論於一八〇三年擴充內容出版，而且經過作者生存時代又出了四版）　更近一層，這個理論警起了英國人要知道他們的國勢尤其要以正確的人口統計隨時來判定人口增加與立國基礎之關係的念頭。　更有一種促進英國和其他歐洲各國籌備人口定期調查的形勢，便是政治上代議制度逐漸擴張到議院人數照人口分配。　這種思想是在十九世紀纔形重要而一八三〇年至一八七〇年間科學方法的人口調查之開辦都是依據這種思想而來的。

當十八世紀時法國及其他之國常有許多私家的人口計算，都以出生死亡爲根據。　然而沒有一個是正確的，因爲當時出生死亡登錄本不完備而又缺乏人口統計上一個絕不可少的元素，卽是在計算開始之時人口數目的正確報告。　於這些苦心創作的概算中有一篇是數學家拉潑拉斯（1）（拉氏生於一七四九年死於一八二七年）專爲法國作的。　他得着幾區地方的居民數目，又取得那幾區和鄉間的出生記錄，算出一個出生與人口的比例數，他就應用這個數目於法國全國。　他自信他所估量之數不過只有五十萬的差誤。　然而法國第一次人口統計便顯出拉氏所估一八〇二年時二八，三五二，八四五之數竟低算了二百萬，合總人口百分之九。（見美國經濟評論（2）一九一五年三月號增刊第一六四頁）

（5）十九世紀前歐洲人口之估計　按以上所說的情形，可見十九世紀以前指陳人口的數字都顯得是揣測之辭。　後來的經濟史家及當時經濟學家的估算都是用心費力作成的，但這些究竟只是估計的數目。　然而有幾種平常事實卻是顯明了。　第一便是總中古時代而言人口增加率是很低的。　在沙勒曼時代現今法國之地所有人口不到八百萬。　五百年後這相同地方的人口還不過一千二百萬。　在第十四世紀之初現今

1. Laplace. 2. American Economic Review, Mar., 1915, Supplement, 164.

1. Black Death. 2. Wales. 3. Thirty Years' War. 4. Mirabeau. 5. Necker. 6. De l'Administration des finances.

德國地方的人口只約有一千二百萬。二百年後也不會顯有變更。威廉勝王的國務錄所載圖表，各家解釋相異，於是關於英國中古初葉人口的估計也不相同；但說到十一世紀末年通常都以爲只有一百五十萬人。據關於一三七七年徵收人頭稅的統計來估量英國人口，大約在十四世紀之末不過二百萬或二百五十萬；而一三四八年至一三四九年黑死疫(1)的影響如何，各家意見也大不相同。

至於這中古時代人口增加遲緩甚至停頓的緣故是不難發見的。一是農業生產力太低，食物的供給缺乏，和饑饉頻仍。第二是瘟疫流行。第三是戰爭所造的屠殺。第四是當時一般遍處通行的不衛生的生活狀況，合着治療方藥預防方藥之鈍拙。第五個原因，雖不顯著，却一樣的有力，是一般婚嫁延緩到中年，尤以一班匠作人爲甚。死亡率是異常之高，出生率即或也高，總容易完全相消。自十六世紀起，人口增加纔稍微快了一點。這種變動在英法兩國尤爲顯著，倒不管這兩國常有戰爭之事。到一七〇〇年英格蘭和衛爾斯(2)的人口約有五百五十萬，法國人口約一千二百萬。意大利的人口增加却是輕微，德國人口是幾乎沒有增加。三十年戰爭(3)把德國人口減掉了一大半，直到一七〇〇年之後纔漸復元。

十八世紀中歐洲各處人口增殖的趨勢極爲參差。許多國內因饑荒，瘟疫，戰爭而減少的人數常足與出生和來住的人數相消；而移住於殖民地及外國又成了一國人口損失的新現象。在法國，究竟人口有無增加，很是一個疑問，米拉波(4)力說因農業的衰敗和奢侈增高之故人口實已減少。（反之奈克爾(5)於他的一七八一年出版的財務行政論中(6)，估量每年出生數爲一百萬，死亡數爲八十一萬八千。）英國情形較好些。

據一八〇一年至一八一一年第一次人口調查的議院報告書看來，英國人口由一七〇〇年至一八〇〇年約增加一倍。（譯者按此句下原註係一表詳列自一七〇〇年至一八〇一年英格蘭，威爾斯，蘇格蘭，人口增加之數，一七〇〇年總數爲六，五二三，〇〇〇人，一八〇一年總數爲一〇，八一〇，〇〇〇人。表太繁，不便騰寫，姑從略。又，原注，愛爾蘭第一次人口統計辦於一八一三年）若是沒有一國在十八世紀時的人口可以斷定，自然全歐洲人口可信的數目是不能得的了。十八世紀的大統計學家徐士密(1)於一七四一年武斷當時歐洲人口總數爲一萬五千萬。他的核算實得一萬三千萬，他在這個數目上加了二千萬以補遺漏之數。二十年後他把他的估計數目減爲一萬三千萬，省去補遺之數。現在美國各著名統計學家的意見都認徐士密把歐洲西南部人口數目估計太低，而俄國，波蘭(2)，里士尼亞(3)的人數估計太高，但所得總數只不過差三百萬——簡單說，歐洲當一七五〇年時的人口實數是約一萬二千七百萬。（見一九一五年十二月美洲經濟評論中威爾可格斯(4)之歐洲人口發展論）。在許多國中人口的增加率都是在十八世紀下半期比上半期更高，主要原因是衛生狀況逐漸改良和幾種食料的生產增加。更可注意的是通這一世紀中人口增加被各國君主和經濟學家同認爲極有厚望的一件事。佛雷德立大王(5)籌畫鼓勵他的人民繁殖。英國議院屢次設法限制手藝匠人移住國外；而且在一七九七年——馬爾薩出書的前一年——畢特(6)提出議案計畫獎勵丁口繁盛的家長。直到馬爾薩聞名之後，人口增加一事纔被一些地方看得懷疑，甚至以爲可怕。

1. J. P. Süssmilch. 2. Poland. 3. Lithuania. 4. W. F. Willcox, The Expansion of Europe in Population, in Amer. Econ. Rev. Dec., 1915. 5. Frederick the Great. 6. Pitt.

（6）城市人口及農鄉人口　十九世紀之前，歐洲人口多是居鄉不動的。　上古希臘的各共和國都是只有一城之國，羅馬國家也是組成於純以地方為根本的基礎上。　但是，希臘羅馬的「城」不僅包括一處或幾處人煙稠密之地，就是旁延附近一帶地方也在「城」的範圍之內；而人民多散處鄉間或住居於小村之中。　在羅馬帝國的後幾世紀中城市漸變重要，城市生活也就引人入勝了。　但羅馬帝國在西方的勢力既衰，高爾（1）（譯者按即今法國，瑞士，和比利時之地。　古國名。）不列顛（2），西班牙，意大利被日爾曼民族（3）佔據，歐洲便入了特殊的鄉村組織和鄉村生活的時代，通中古時代都是如此。　直至第十一十二兩世紀中，首先在法國及意大利，城市又纔漸變重要，招徠居民漸多，與工商業發達好像互為因果。　十三十四世紀中城市生活頗為興旺。然而就在極繁盛的中心地，人口數目也不很大。　這件事的記錄很少，現存的也不甚靠得住。　只兩個城的人口可信為通中古時代總是超過十萬以上。　這兩個城便是巴黎和君士但丁。　倫敦人口，雖不能指實，大約也有此數。　但這些中古城市，就在他們極好的時候，有四萬人至六萬人的也不過十五個或二十個，列入其中的為米蘭（4），佛洛靈斯（5），熱納，柯隴（6），布魯日（7），肯特（8），及盧俾克。　大多數城市——包括許多在經濟上和歷史上有重要關係的——在中古時代絕未到十萬人口。

近古時代之初，城市發達也是參差不一，就全體看來，却是遲緩；十八世紀中各國城市不多，而且也小。　在德國地方，城市人口時而增多時而減少，其餘歐洲大陸各國中也是如此，徐士密直不能尋出那時城市現象的定律，只有歸之於「天意」（9）。（見天則（10）第二版第二編四七七頁至四七八頁）　在法國，另是一種的情形，人

1. Gaul. 2. Britain. 3. Germanic peoples. 4. Milan. 5. Florence. 6. Cologne. 7. Bruges. 8. Ghent. 9. Will of God. 10. Gottliche Ordnung.

都相信城市發達是由損害鄉村而來，而且「農鄉人口衰減」(1)的不平之論已是在在可聞了。孟德斯鳩(2)在他的一七二一年出版的波斯書(3)中曾斷定那時只有古代十分之一的人口住在鄉間，並且預言設若這種趨勢繼續下去，六百年內法國鄉間必至完全無有居人。(見波斯書第一一二。關於法國十八世紀中人口之變動，參看勒格瓦(4)所作城民集聚及鄉民移徙之進行第八頁以下)。孟德斯鳩所痛斥的這種變動進行尚且很緩，可由嘉農(5)於一七八七年陳示貴族會(6)的表册指明，此册記當時法國只七十九城有一萬或一萬以上的人口，這七十九城的人口總計只有一，九四九，九一一人。巴黎以六十萬人居首，以下里昂(7)有十三萬五千人，馬賽九萬人，波多(8)七萬六千人。因工業農業變遷的結果，英國城市人口的發達在一七五〇年後便加快了。倫敦在一七〇〇年爲六七四，三五〇人，至一七五〇年只增到六七六，二五〇人，至一八一〇年便又增到九十萬人。愛丁堡(9)在一八〇一年有一〇二，九八七人，格拉斯哥(10)有一〇〇，七四九人。滿切斯達(11)，利物浦，白明罕(12)，布列斯滔(13)，各有七萬五千至十萬人之譜。然而就在這工業極進步的英國，城市居民與鄉村居民的比例數也是很小。簡捷說，十八世紀見了新近重要的人口移動的發端——這個移動含有兩種形態，一是外向的，包括人民移居於殖民地及外國，一是內向的，成爲由鄉入城的趨勢。但十八世紀自身並不是這兩樣人口變動的重要時代。

1. Depopulation of the open country. 2. Montesquieu 3. Lettres Persanes. 4. Legoyt, Du progrès des agglomerations urbaines et l'émigration rurale. 5. Calonne. 6. Assembly of notables. 7. Lyons. 8. Bodeaux. 9. Edinburgh. 10. Glasgow. 11. Manchester. 12. Birmingham. 13. Bristol.

SELECTED REFERENCES

Relations of Geography and History

H. B. George, The Relations of Geography and History (Oxford, 1901).

E. Semple, The Influence of Geographical Environment (New York, 1911).

E. Huntington, Civilization and Climate (New Haven, 1915).

,, Climate and Civilization (in Harper's Magazine, Feb., 1915).

E. W. Dow, Atlas of European History (New York, 1907).

W. R. Shepherd, Historical Atlas (New York, 1911).

F. W. Putzzer, Historischer Schul-atlas (Leipzig, 1901).

E. A. Freeman, Historical Geography of Europe (3d ed., London, 1903).

J. B. Bury (ed.), Atlas to the History of Europe by Edward A. Freeman (3d ed., London, 1903).

Cambridge Modern History, Vol. XIV (New York, 1912).

R. C. Poole (ed.), Historical Atlas of Modern Europe from the Decline of the Roman Empire (Oxford, 1902).

P. Vidal de la Blache, Atlas général (Paris, 1908).

Physical Character of Europe

J. G. Bartholomew, Survey Atlas of England and Wales (Edinburgh, 1903).

A. C. Ramsay, Physical Geography and Geology of Great Britain, ed. by H. B. Woodward (London, 1894).

H. J. Mackinder, Britain and the British Seas (2d ed., Oxford, 1907).

P. Vidal de la Blache, Tableau de la géographie de la France (Paris, 1903) comprising E. Lavisse, Histoire de France, Vol. I.

R. Lepsins, Géologie von Deutschland und den augrenzenden Gebieten (Stuttgart, 1892).

J. Partsch, Central Europe (London, 1903).

Strelbitsky, La Superficie de l'Europe (Petrograd, 1882).

J. Prestwish, Geographical Map of Europe (Oxford, 1880).

A. de Lapparent, Traité de géologic (Paris, 1906)

A. Heltner, Europa (Leipzig, 1907)

A. Philippson and L. Neumann, Europa, eine allgemeine Länderkunde (2d ed., by Philippson, Leipzig, 1906).

G. G. Chisholm, Europe, 2 vols. (London, 1899-1902).

E. Réchis, Nouvelle géographie universalle. (Paris, 1876-80), trans. by E. G. Ravenstein and A. H. Keane, as The Earth and Its Inhabitants, 5 vols. (New York, 1886-91).

The People of Europe

W. Z. Ripley, The Races of Europe (London, 1900), containing full bibliography.

D. G. Brinton, Races and Peoples (New York. 1890).

A. H. Keane, Man : Past and Present (Cambridge, 1899).

J. Deniker, The Races of Man (London, 1900).

R. G. Latham, The Nationalities of Europe, 2 vols. (London. 1863).

F. Ratzel, Völkerkunde (Leipzig, 1894), trans. by A. J. Butter from the 2d German ed. as The History of Mankind, 3 vols. (London and New York, 1896-98).

Development of Population to the Nineteenth Century

J. E. T. Rogers, Industrial and Commercial History of England (London, 1892), Lect. III.

E. Levasseur, La population français ; histoire de la population avaut 1789 et démographie de la France comparée à celle des autres nations au XIXe Siècle (Paris, 1899), 77-290.

A. F. Weber, The Growth of Cities in the Nineteenth Century, in Columbia Univ. Studies in Hist., Economics, and Public Law, XI (New York, 1899), Chaps. III-IV.

M. Bloch, L'Europe politique et Sociale (2d ed., Paris, 1892), 42-86.

A. Toynbee, Lectures on the Industrial Revolution of the Eighteenth Century in England (New ed., London, 1908), 86-108.

W. F. Willcox, The Expansion of Europe in Population, in Amer. Econ. Rev., Dec., 1915.

E. van der Smisson, La population; les causes de ses progrès et les obstacles qui en arrêtent l'essor (Brussels, 1893).

C. E. Stangeland, Pre-Malthusian Doctrines of Population, in Columbia Univ. Studies in Hist. Economics, and Public Law, XXI (1904), No. 3.

R. Price, Essay on the Population of England from the Revolution to the Present Time (2d ed., London, 1790).

G. Chalmers, An Estimate of the Comparative Strength of Great Britain (London, 1802).

Malthus

L. H. Haney, History of Economic Thought (New York, 1911), 191–211.

L. L. Price, Short History of Political Economy in England from Adam Smith to Arnold Toynbee (2d ed., London, 1896), 35–60.

C. Gide and C. Rist, A History of Economic Doctrines from the time of the Physiocrats to the Present Day, trans. by R. Richards (London, and Boston, 1915), 120–138.

H. Denis, Histoire des systèmes économiques et sociales (5th ed., Paris, 1907), II, 45–112.

E. Levasseur, La population français (Paris, 1889), III, 3–28.

W. S. Thompson, Population: A Study in Malthusianism, in Columbia Univ. Studies in Hist., Economics, and Public Law LXIII (New York, 1915), No. 3.

I. A. Felter, The Essay of Malthus, in Yale Rev., Aug. 1898.

J. Bonar, Malthus and His Work (London, 1895).

G. de Molinari, Malthus, essai sur le principe de population (Paris, 1889).

E. Cossa, Il Principo di populazione di T. R. Malthus (Bologna, 1895).

T. R. Malthus, An Essay on the Principle of Population as It Affects the Future Improvement of Society (London, 1798, and numerous subsequent editions).

第一章　農業基礎

(7)中古時代之食邑　自從耶穌紀元以來，西歐田地組織的歷史分爲三個時期，可稱爲奴隸時期，食邑時期，契約時期。　正確的編年分限是不可能的，因爲卽在一國之內這幾個時期也互有出入。　大致說，奴隸時期包括羅馬帝國時代，以田土的所有權屬於大地主，耕種之事責在奴隸的一種農鄉經濟爲特點；食邑時期包括中古時代的大部分，以半封建式的田地組織爲特點，田土的所有權屬於封建的爵主而由一班既非奴隸又非平民介乎二者之間的人去耕種；契約時期包括近代，其特色是業主人數加多而業主與佃戶的關係完全是以自願的契約爲根據。　現今西歐各國的農業方法和農民狀況全是從第二時期達到第三時期所包的變遷，卽是，食邑制度之破壞所決定的。

關於食邑(1)之起源，各歷史學家意見不一。　有一派以爲這種制度的主要特質發生於羅馬帝國，流傳或復興於中古時代；英國第十一世紀時的食邑與第五世紀意大利，西班牙，高爾的「大地產」(2)及一種「附有法權性質的大地產」(3)頗有相類似之處，現今尙可考見。　反對的一派相信食邑是條頓民族式(4)，因相類的地方趨勢，社會趨勢，及經濟趨勢之故同時發生於被日爾曼人佔據的各國內。　(這個證據曾新近評述於李卜生之英國經濟史初桄第一章上(a)。　參看吉冰士所作英國之工業四七頁至五六頁(b)。)　爲研究中古史，這個爭點是第一重要的，因爲他關連着一個問題，究竟歐洲在較早的幾世紀中是從農奴制度而變爲自由制度，抑是從自由制度變爲法律上及經濟上的倚賴制度。　就近世史而論，這食邑起源一事只好放在第二層；

(a) Lipson: Introduction to the Economic History of England, Chap. I. (b) H. de B. Gibbins: Industry in England, 47-56. 1. Manor. 2. "Fundus." 3. "Saltus" 4. Teutonic.

因爲在近代中，食邑制度不合時宜以及被推翻的情形與這種制度的遠源實沒有多大影響。簡捷說，只須記着現在佔優勢的見解是以爲食邑獨立發生於中古各國（尤其在英國）；再者，姑勿論他的起源在甚麼地方，這種制度，雖名稱各別，不僅見於英，法，德，意，西班牙，並且俄國，土爾其帝國，印度，日本都有，可知他是表證經濟進步的國中一個難免的進化階段。

在中古時爲社會細胞經濟單位的食邑乃是一片大地產，屬於一個地主並且住有一班倚賴地主的耕作之人。地主的所有權來得不一其道，或由封建，或由購買，或由篡奪，或由保舉，或由別的方法；而佃戶或是以前地主的子孫現歸這個地主轄治，或是地主的永久債務者，或是投靠地主以求保護之人。通中古時代，實際上凡是田地都屬於食邑，在十二十三世紀商業，工業，和城市生活漸盛之前，差不多人民全體都是在食邑制度之下。

（8）食邑之組織：敞地制度　大致說來，食邑的主要之點是隨時隨處都相同的。食邑中居民不是住在分散孤立的田舍內，乃是住在附近禮拜堂和地主邸第之旁茅屋集成的一個「中心」（1）村裏。（但是在英格蘭西部色爾特民族的農區內人民住在分散於農地旁邊的房屋中。）邸第是地主自住或只住守吏，近旁有釀酒房，庖廚，和農務用的一些建築物，圍繞着的一個大院，不遠之處，若有一條溪流，就設一所磨坊。佃戶住的房屋都是茅草蓋頂單間，毫無趣味，而且緊接着廐圈倉廒。由中心村的四方八面展開出去都是敞地，耕種之地簇村最近，以外方是草地和曠地。中古時代農業最特別之點便是這敞地制度（2），這種制度有些地方直保存到十九世紀。在一個食邑內，不僅是各人所管的田地不用柵欄互相分隔；那裏就竟直沒有可以經久的界

1. A "nuclealed" village. 2. Open-field system.

劃。

地裏糧食生長的時候只隨便做些界障護着，草地在要收穫乾草時也是如此。（譯者按現今歐美之農地俱環植木樁繫鐵絲以爲界，故在今日以古昔食邑中農地不設界柵爲特別也。）收成之後，這些樊籬一齊去掉，放牲畜進去喫草，墾種之地就變成公共牧場了。因爲缺乏換種（1）和肥料的科學方法，一塊地不能年年栽種。所以很早的就設定了二田制（2）和三田制（3）。二田制是把一個食邑內可耕之地分作二大段，每段隔年一種。三田制是分三段，每年耕種兩段，留一段閑着。在三田制的耕種之地中，通常一段種着小麥，黑麥，或其他頭年秋間下種，次年夏間收穫的糧食，那一段裏燕麥，大麥，豆，或別的春間下種秋間收穫的農品。由這樣的輪種三田，一塊田每到第三年就得一個恢復元氣的機會。三田制，雖不如從前人想像的那樣盛行，諒必是較爲普通的。（說在英國二田制是最普通的，是肯定於羅傑士所著的農業及物價史中第一章第十五頁（a）。這個見解的圓滿是以合理的論斷表明於格雷著的英國田制中（b）。關於描寫英格蘭各處三田制的圖形，參看史拉德著的英國農民及公用地之圈劃（c）。）

畝地制度的另一重要特點是把耕地分成長條以備指與佃戶。這種辦法的起源已是無從查考，關於此事幾種相異的議論也曾有人說過。倒可不必定說這種辦法是各處一致。這種條地制度（4）的本意很像是要想保得分配均勻。田地的肥沃易耕是不能一律的，把他細分成條地來耕種可防好地被幸運的人或受寵之人獨占。（這種意思是因在一個無考的時期日爾曼人的能成犂溝的犂頭之發明而更強固。最早的犂頭只是一根尖棍，雖能破土，却不能犂成一道犂溝。用這樣的犂頭，必須要縱橫交犂；這就要四方地耕行。羅馬

(a) J. E. T. Rogers: History of Agriculture and Prices. I. 15 (b) H. L. Gray: English Field Systems. (c) G. Slater: The English Peasantry and the Enclosure of Common Fields. 1. Crop rotation. 2. "Two-field" system. 3. "Three-field" system. 4. Strip system.

人絕未改良這種原始式的犂頭。但在中古初年這種能成犂溝的犁頭輸入時，橫犂便不爲必要，而比較省事的同方向的長犂道就成爲衆人心之所願了。在英格蘭大部分地方中，這種條地都耕成四十竿長(1)，又稱爲一犂長(2)，四竿寬，合面積一英畝。（竿之長度因地方習慣的不同而略有差異，但最普通之數是按法律明定的，爲英尺十六尺半）。兩竿寬的條地恰合半英畝，一竿寬的合一英畝的四分之一。這些條地都是以一線不耕的草地分開，或只留小小一條土埂，放上幾塊石片，以作標識。現今英格蘭許多地方的田土裏還有些土埂，便是當時用這種幼穉分界方法的證據。在歐洲大陸詳細辦法各不相同，但這條地制度却是普遍的。耕種的地都是許多列成正角或交錯的條地拼成，好像雜色棋盤格的被褥一樣。

(9)食邑之組織管業及佃戶　食邑中每個可管田地的居人都有分給的幾條田土，這些條地並不挨次連接，乃是分散在幾片地裏，通常多是在一片土裏不同的幾處。在很早的時代，這些條地都是每年或另有定期重新分派一次。但在中古時代中，這種重新分派的辦法大致都停止了，通食邑時期的大部分中一個佃戶可年年保着他的管業而且傳給子孫。至於一個佃戶能保管多大地面，就同在一個食邑之內也難一律。在英國曾經考出一人耕種或二三人合耕的條地的總佃地(3)多是三十英畝。

每個食邑都有幾片草地(4)，出的乾草足夠牲畜過冬之需。有些地方這草地只是一大段；有些地方，是二三段夾雜在耕種地裏。在英國通中古時代這草地也是分成長條，却與耕種條地不同，這些草地準是每年重新分派的。在大陸各國中，辦法各不相同。但無論何處，草地收穫乾草之後總是開放爲公共牧畜之用，也與

1. Rod. 2. Furlong. 3. A virgate. 4. Meadow.

收穫後的耕種地一樣。耕種地和草地之外圍繞着一帶牧場和樹林，名爲曠地(1)，隨時開放，略附限制，爲食邑內居民公衆之用。在他們利用耕種地的時候，倒還有些共產的精神可以考見。平常佃戶沒有充分準備耕牛農器去單獨耕種他的田地，於是緊要的農工，如犂田和搬運農品，多是協同努力去辦。但出產却不均分。食邑內很大的一部分——有時一半，甚至一大半——是留爲業主自用的。這等地名爲公田(2)，照例，公田，除開連接的或分散的耕種條地外，還包括許多草地和所有的樹林，其間有幾樣權利佃戶不能享用。公田的耕種和守護定爲佃戶的第一義務，公田的出產便是地主和他的家屬的衣食之資。(有時只公田的小部分是分散的條地。參看達文坡特的洛佛克食邑經濟發達史二六頁(a)。)

食邑的地主大概是武士，公爵或侯爵，大僧或僧官，或卽國王；位分越高的地主總有好幾個食邑，常是遠遠分散的。一個食邑是一個封建(3)國的一部分，有時一個封建國就是一個食邑。地主對上和對外是封建的關係；卽是，他們相互間的權利義務有宗主附庸之別。但地主對下完全是食邑關係，就中頗有與封建關係相類之處而實非封建的。食邑內居民的地位不能執一而論，因爲所謂身分地位常是由習慣而不由法律判定，又因在西歐各處隨中古時代而進這種慣例又經過幾許大變更。然而，幾樁重要事實可得而言。第一是，食邑中的人口，大致說，在中古之初都是農奴(4)。這些農奴並非奴隸因爲在西羅馬帝國衰亡之時，奴隸制度已經差不多消滅盡了。農奴却不能如貨物一般在市場內買賣。他不是一個牲畜，他是一個人。然而他不是一個自由人。他隨着土地易主；他的保管地產權，轉讓地產權，和婚姻的自由都受限制；他對於他所居食邑

(a) F. G. Davenport: Economic Development of a Norfolk Manor. 26. 1. "The waste." 2. Demesne. 3. A fief. 4. Serf.

(a) C. Seignobos: The Feudal Régime, 9-21. (b) P. Vinagradoff: Agricultural Services, in Econ. Jour., Sept., 1900. (c) Lipson: Introduction to the Economic History of England, 33-39. (d) W. J. Ashley: Introduction to English Economic History and Theory. I, 33-43. 1. Corvée. 2. Taille. 3. Banalité.

的地主負有各種特別義務。在這些義務中通常都包括：

（一）徭役（1），這是在公田裏的勞力工作，期限各處不同，每每佔去農人工作總時間之半數；

（二）捐項，形式上是人頭稅，貢稅（2），或在食邑中承襲某種權利的捐款；

（三）貴重地主的通用品獨占權（3），即是地主對於磨坊，庖廚，釀酒房，衡量，度量的獨占權。（見西格諾波士之封建制度九頁至二十一頁（a）；委諾格拉多夫之農業勞務載於一九〇〇年九月之經濟雜誌中（b）；李卜生之英國經濟史初桄三三頁至三九頁（c）。

（10）食邑之得失　在中古情形之下，食邑式的農業組織自有幾樁特著的長處。這種制度能使許多與當地田土無關的人成爲長久安居的土地占有者而且使其能自求經濟獨立。在擾亂期間，這種制度確能給居民多少切實的保護。這種制度大有功於耕種標準的保持，而且供給機會使儉省的人得相當的報酬。這種制度，具有中古社會所賴以爲基礎的協作原則。這食邑是一個嚴密組織的，經濟自足的，社會獨立的單位。（關於食邑之自足，參看亞旨黎之英國經濟史及理論初桄第一章三三頁至四三頁（d）。至於他的缺點是顯而易見的。小業主取得土地是很困難的。爵主或他的守吏待遇農人多是很橫暴的。一人管的田土分散在幾處地方累得耕種的人耗費筋力和時間。田地裏沒有永久的障籬惹得人來踐踏，生出許多爭執。換種，耕種時期，草地牧場的使用，修籬撤籬，大小道路的保持，都是由地方全體按着嚴格的慣例定奪，個人直無自動之權。農事試驗差不多是絕不可能的。

因上述種種限制的結果,通中古時代農業繼續是極端停笨的。 究竟十八世紀以前歐洲曾有若干地方再用羅馬極盛時農人的科學和技巧來耕種田地,很是一個疑問。 很大的土地都被森林沼澤遮蔽,開墾耕水部是時作時停而且不甚有成效,在德國和法國東部這種情形尤爲顯著。 收穫是很少,各樣種籽也未改良,耕種方法是很古老的,出產就在最好的時候也不多而且因水澇乾旱,或別樣天災之故時常不免有意外的歉收。 例如英格蘭,就在最幸運的情境之下小麥和黑麥的出產每英畝只合八籮或九籮(1),現今相同的地方平均量是每英畝三十籮。(譯者按每籮約合中國量三斗九升) 洋芋是無人知曉,球根農品絕少;菜蔬栽種的也是很少;苜蓿和其他改良草種是尙待輸入。 因爲農業出產既少又無定準,兼之缺乏任重致遠的運輸方法之故,各國人口的大部分常遇飢荒,甚至活活餓死。 農鄉的生活總是枯寂而且可慘。 房屋是狹小而且不潔,食物是毫不可口,工作是無論氣候如何總無休歇,企業的鼓舞和進步的機會是難逢難遇的。

(二)英國農奴制度之衰微 前節所述的田制在中古之末近古之初已經大加更改。 若要使十九世紀歐洲農業發達的事容易明瞭,必須至少將英,法,德,三國的這些遠年變遷大致說明。 在英國這主要事實便是打破食邑制度而興起一種田地組織方法,以勞動者的身體自由和廣爲分散的土地所有權爲基礎。 這種改革有兩個顯著的重要主因:

(一)農奴制度的消滅,

(二)利用土地新法之興起,包括公田之轉讓及其他事件。

1: Bosher.

(a)Lipson: Economic History of England, p. 30-46. 1. "Villains." 2. "Cottars."

以下係二十四頁註：——

(a) G. T. Warner: Landmarks in English Industrial History, 95-115. (b) H. de B. Gibbins: Industry in England, 149-179. (c) E. P. Cheyney: Industrial and Social History of England, 99-125. (d) A. Jessop: The Black Death in East Anglia, in the Com-

在十三世紀中英國人口的大部分都是不自由的。奴隸已升到農奴的階級了；但有許多自由人，因經濟境況不順，又被迫爲農奴。農奴中，權利，義務，和在法律上的地位也大有區別。（其賅括的撮要，可參看李卜生的英國經濟史三〇頁至四六頁(a)。）稱爲「屬民」(1)的一班人領的地產比稱爲「隸民」(2)的大些，雖「屬民」的義務是較重些，他們在法律上應享的權利却也好些。但大概言之，主奴關係的理論之嚴刻在英國也不亞於大陸各國。

十三世紀之後，農奴制度逐漸衰微。根本主因是發生一種新組織，適宜於較少的人口，較簡的農務，而且適宜於擾亂時期。助成此事的原因甚多。最早原因之一是將地主對於農奴的任意苛求，無論爲物產或爲勞力，改爲確定的義務，於是農人得免於過當的額外需索而且有預知應供何物的便利。第二個原因是將農人對於地主應效的勞務，應完的物產捐項，折合租金。這是地主與佃戶兩面的方便。地主能用所得的金錢去僱傭工，因之可得增加他的農業經營的伸縮力和效率；而佃戶，既免去公田裏的勞務，又不必再以剩餘出產完納捐項，便能專心盡力於他自己的地畝上，且可趁着最好的時機銷售他的糧食雞豚。折租的辦法，始於十三世紀，進行遲而參差，多依臨時議價而定。但因一班自由勞働者發生及貨幣流通額增加，折租的辦法也就加快了，十四世紀之後這種辦法在英國各重要部分中竟成了經濟狀況中的主要事實。在這種辦法的作用之下，農人的地位自會趨於與現今納租人的地位相同。這種折合付款，一經決定，立刻成爲嚴重的契約，到後來也不輕易翻悔，甚至在十六世紀中，那時貨幣的購買力低減，租金辦法的便宜全歸到農人一面，這種契約仍舊

ing of the Friars, 166-261. (e) B. H. Putnam: The Enforcement of the Statutes of Laborers during the First Decade after the Black Death, 1349-1359. in Columbia Univ. Studies in Hist., Economics, and Public Law, XXXII. (f) C. Oman: The Great Revolt of 1381. (g) G. M. Trevelyan: England in the Age of Wycliffe. (h) F. A. Gasquet: The Black Death of 1348 and 1349. 1. Manumission. 2. Statutes of Laborers. 3. Peasants Rebellion.

有效。如此一來，雖不由明白計畫，這食邑的緊要關係是不能不解散的了，農奴成了自由的佃戶，設若他們願意，竟可離去食邑。

再者，須知有許多農奴都由主人釋放（1）而得自由。有些農奴是因主人好善之故或因主人信教之故而得自由。但通常這種恩惠是要發賞的，受奴隸待遇的佃戶急欲湊集金錢以買身體自由便鼓舞精神不息的作工。就許多例證看來，農奴被允許離去食邑須附一條件，卽必須完納名義上的人頭稅以證實地主對於他們的權利。在理論上這些人仍是農奴而且可被召回食邑。然而在實際上被召回的很少；這種淘神費力的收稅法也逐漸停止了；在這樣的食邑內，不必有立法的正式行動，許多農奴都成爲完全自由。求自由的最後辦法，盛行於十四十五世紀，是逃入遠處食邑內或城市中。這種和平之道，雖非起源於十四世紀下半期，而因一三四八年至一三五〇年的黑死疫釀成經濟的不安寧，因一三五一年以後連接幾次的工人法令（2），又因一三八一年的農人叛亂（3）之故，卻以在十四世紀的下半期爲甚。（華奈爾之英國工業史要覽九五頁至一一五頁（a）；吉冰士之英國之工業一四九頁至一七九頁（b）；陳訥之英國工業社會史九九頁至一二五頁（c）；傑索卜之東英之黑死疫載於羅馬教僧侶之來一六六頁至二六一頁（d）；濮德蘭之黑死疫後十年中工人法令之強行載於哥倫比亞大學之歷史經濟學及公法研究叢書第三十二卷（e）；阿曼之一三八一年之大亂（f）；崔唯良之威克利福時代之英國（g）；嘉斯潤之一三四八年及一三四九年之黑死疫（h）。

十五世紀中英國農民的大部分已脫離了奴隸地位，雖一六〇七年調查報告書中還顯些零星農奴，後來偶爾還有解放的事，而在十六世紀中農奴制度已衰減到無足重輕。這種制度並非由國家立法或地方立法正式一時取消的，一班農民得豁免食邑捐項和義務也非由法律或其他正式行動，乃是只因地主的權勢威令不能強行的結果，這種權威早已被人看透不值一錢了。『這些從前的農奴，此刻得以金錢折償徭役，又不再被强迫去履行其他爲隷民的條件，便與自由民（1）或農業勞働者無區別了。』（見陳訥之工業社會史一三二頁至一三三頁（a）。參閱格雷之十六世紀至十九世紀阿斯佛協之自由民農務載於一九一〇年二月號經濟季刊（b）。關於英國食邑破壞的一篇簡明優美的記載是濮洛色洛的過去及現今之英國農務三一頁至五四頁（c）。）

（12）公田農務之放棄　食邑制度破壞的第二個主因是食邑內部經濟所遇的一連幾樁變遷，包括公田的轉讓，管業地面加大，及公用地圈入私產。在中古時代之初，公田是食邑的中心特點。公田耕種是由地主處理，由他的執事人經管，由農奴效力；地主的利益在於以公田出產充消費或變價。前已說過，十三十四世紀中勞役漸折租金和一班自由的食工資（2）者之興起，致使公田裏許多工作都由傭工去做。黑死疫差不多去掉了總人口的一半，於是勞工稀少，而且工資（3）三十年來已逐漸增高，此際竟漲了百分之五十。幾許心思費在工人法令裏去規畫勞力供給，去保持工資舊額。但這些立法毫無成效，而地主也不能由佃戶所付的少數金錢裏籌款去雇公田所需的如許勞工。折租辦法已剝去地主強迫勞役之權；工資增高又使他不能傭用傭工；一句話說，這中古食邑式的勞働組織已經打破了。（這種變化是詳細敍述於唐訥的十六世紀農田問題

(a) Cheyney: Industrial and Social History, 132-133. (b) Yeoman Farming in Oxfordshire from the Sixteenth Century to the Nineteenth, in Quar. Jour. Econ., Feb., 1910. (c) R. E. Prothero: English Farming, Past and Present, 31-54. 1. Yeomanry. 2. Wage-earners. 3. Wage.

(a) R. H. Tawney: The Agrarian Problem in the Sixteenth Century, Part I.
(b) Lipson: Economic History of England, 102. 1. "Stock-and-land" system. 2. "Farmer." 3. A firma or "farm." 4. Yeoman. 5. "Yardland."

中第一編(a)。

於是地主漸次拋棄了公田農務，把公田土地租借與佃戶。　租借公田土地的辦法在早並不是沒有，但在十四十五世紀中這種辦法成爲普通的了。　爲着招徠佃戶起見，牲畜種籽都由業主供給，而畢竟這種「牲畜田土」(1)制度被近代的業主只預備土地房舍，佃戶自出牲畜資本的辦法代替了。　無論如何，佃戶們去做耕種總比地主自辦更便宜，因爲「佃戶們有他們的家口幫助，能備大量勞力，他們又省了食邑官吏的費用，而且他們將本求利，自能減少農業上的費用」(見李卜生的英國經濟史一〇二頁(b))。　但凡辦得到，這公田就租與一個佃戶作爲一片農地。　但通常不能不把他分開租給幾個佃戶。　公田租戶是有一定年限的租地人，與自由管業，濕勞管業，或隨意租借的非公田佃戶有別。(譯者按自由管業及濕勞管業等均詳見下第十四節中)食邑的業主們，拘執成見，以爲他們的糧食供應必當出自公田，每每執定公田的地租要以出產來完納。　但因上述種種變遷，食邑的性質已經大變了。　食邑的業主成爲與現今的地主一般，靠着租金過活。　業主既將公田農務拋棄，急於把他的向有佃戶所負的其餘勞役也準折金錢。　一來二去的，大多數耕田人都成爲付租金的佃戶了。　於是由這些自由的付租農人，(農人(2)這個名詞原是專指一個管有土地而完納定額農稅的租戶(3)。　合着一些租地較小的自由管業人，逐漸發達而爲英國的勤懇強壯的一班自由民(4)。

公田農務之拋棄的另一結果是管業的大小不均。　按着早年的方式，這食邑制度不但使多數人容易得着田地，而且足以維持管業的實際平均。　在十三世紀之前，英格蘭的標準管業常是三十英畝的「場地」(5)。

但凡食邑的貴族要專賴他的佃戶的勞役去耕種公田，一定極力佈置去保持義務上的真實公平，於是管業也就公平了。因十四十五世紀中食邑經濟的改造（黑死疫之後尤甚）習慣的勢力衰微而一切成規的條理也破壞了。在新秩序之下，業主的租金由許多人零碎付給或由有限的幾個人歸總付給都與業主無礙；其實還第二者還方便些。通常公田土地都因要構成大地產而被租借，而且勤儉的佃戶也被允准，甚至被鼓勵去增加他的管業。於是管業上顯著的不平均發生了，其結果成為土地集中於少數人之手，而資本式的農業的基礎也安排下，到十七十八兩世紀就豁然顯露了。（見本書第六章。參看唐納的十六世紀之農地問題二〇〇頁至二一三頁(a)。譯者按本節所說的「管業」(1)原可譯為「地產」。但說到英國情形，「地產」二字便不免有礙難之處，請看第十四節便知此處用「管業」二字是不得已的）。

(13)圈地之發端　「圈地」(2)這個名詞是用以表示破壞敞地制度和解除各農家之地方轄治的四種各別的變化。這四種變化是：

（一）分散的條地合併為成片段的耕種地產，用柵欄分出地界；

（二）改變耕地為牧場；

（三）管業之集中，即是「壟斷」(3)；

（四）佔據曠地，減除或截止曠地公用權。（李卜生的英國經濟史一一八頁(b)。參看哈斯巴的英國農業勞工史三六五頁至三六八頁(c)）。

(a) Tawney: The Agrarian Problem in the Sixteenth Century. 200-213. (b) Lipson: Economic History of the English, 118. (c) W. Hasbach: History of the English Agricultural Laborer, 365-368. 1. Holding. 2. "Enclosure." 3. "Engrossing."

敞地制度的缺點，如耕地零星分散，夥出勞力，及強迫農品的換種，等事早已被人看透，從十三世紀中各業主正進行合併公田土地之際，各佃戶已準備妥了，只待一有機會就把零星條地換成可以圈歸己有以便獨力經營的整片地段。在十四十五世紀中圈佔耕地之事進行很快，其結果當時也認為有益。

改變耕地為牧場的圈佔另是一樣性質。這種事，雖是在十五世紀纔更重要，也是起於十三世紀。這事的動力差不多全是因畜羊業發達而來，畜羊業的發達又是一半因為佛蘭德(1)(譯者案為現今比利時及法國的北境之地)和歐洲各工業中心地的羊毛需要增加，一半因為英國毛織物製造業的興起。在當時的實業狀況之下，畜羊業的便利是比農業的更多。畜羊業需人較少，工資即便高貴也不為大礙；這種實業又給資本家較好的企業機會；而且羊毛，不像糧食一般，是容易運輸而且準可銷售的。於是十三世紀之後食邑內又加種種整頓以圖適應這種興旺的實業。這些整頓所包括的多半是劃定土地，設置界柵，以作「羊場」(2)。有時這件事是用食邑的業主開辦，有時由較富的或有志的佃戶開辦——辦這事的常是一個舊日公田的佃戶。

有時只圈佔牧場，草地，和曠地；但較通行的總將許多耕種條地也包括在內。即或不圈佔耕地，也足使佃戶受損，因為牧場曠地公用權是他們歷世相承的舊習，而且也算佃戶的生活計畫上一種絕不能少的要件。要把耕種地一圈佔，自然更是有害了，因為要取得這些土地必須把佃戶斥逐纔行。失却管業的佃戶，多是食邑中資格較淺之人，或因別的緣故不能確守佃地之人。一經奪去管業，他們就成為寸土皆無的食工資者，往往流落到無賴游手的地步。

1. Flanders. 2. "Sheep-walks."

(a) Bland. Brown, and Tawney: English Economic History, Selected Documents. 87-88. (b) Bland. Brown, and Tawney: English Economic History, Selected Documents. 262-264. 1. Statute of Merton. 2. Henry III. 3. Statute of Westminster. 4. Henry VIII. 5. Sir Thomas More. 6. Utopia. 7. Bishop Latimer. 8. Tudor. 9. Wolsey. 10. Elizabethan Poor Law. 11. Pilgrimage of Grace. 12. The Rising under Kett in Norfolk. 13. An insurrection in Buckinghamshire.

圈地的立法始於十三世紀的前半期。默爾登法令(1)，由英王亨利第三(2)於一二三五年召集的國會批准，承認貴族有佔用曠地之權，但須留出足供自由佃戶之用的牧場；見布蘭德，布郎，唐訥，三氏之英國經濟史中典籍選八七頁至八八頁(a)。於一二八五年惠民斯德法令(3)內這種權利便立爲定法。一百年間英國國家對於此事的態度也還不壞，立法不過略示限制而已。然而這種辦法盛行的結果激動了一般人強烈的感情，於是政府只得極力干涉。十六世紀中這種舉動尤爲人所深惡痛絕。當亨利第八(4)朝時，莫爾多默思(5)勳爵把不贊成此事的意見寫入他作的烏託邦內(6)。大僧正拉提麥(7)在宮庭講道時痛哭流涕的說「從前有許多居民住戶的地方，現在只有一個牧人和他的狗。」同時有十幾種小册子，至今還存在，痛斥這種辦法。通圖篤朝(8)，(譯者按自一四八五年至一六〇三年)曾屢次努力加以限制。在一四八九年定了一種法律禁止改變耕地爲牧場。一五一四年又重申前禁更加嚴厲，三年之後，武爾色(9)派出一班委員來考察此事。(見布蘭德，布郎，唐訥，三氏之英國經濟史中典籍選二六二頁至二六四頁(b)。)一五四八年又派了一班調查委員，而一五五二年，一五五四年，及一五九八年都立有新法。然而土地改革之潮流的勢力太大，很難遏阻，政府的措施多不發生效力。貧困，擾亂，和犯罪增加因而引起一六〇一年伊利沙白卹貧法(10)，皆由於前一世紀圈地盛行，以致社會不安而來，至今還班班可考。(據這一世紀的好幾椿事變看來，一般人不贊成圈地的意見都表現於暴動和破壞界籬的行爲中。最顯明的是一五三六年祈禱(11)進香之變，一五四九年洛佛克(12)克特之亂，及一五五二年布羿漢協(13)民變。見克勒登之人民領袖；平民主義史之

(a) J. Clayton; Leaders of the People: Studies in Democratic History. (b) J. Williams: Law of Real Property. (c) Tawney: The Agrarian Problem in the Sixteenth Century, pp. 281-312. 1. Norman Conquest. 2. Fee Sinple. 3. An estate. 4. Landholder. 5. Proprietor. 6. Tenant. 7. Freeholders. 8. "Property," 9. Freehold. 10. Leasehold.

研究(a)。　十七世紀中圈地的事較少，一半因爲開墾藪澤地段，一半因爲羊毛市場的銷數已經充實了。雖在一七一〇年還有圈地的新法，卽是圈地不得由私人自辦，須照國會的特別法律，這種法律原是爲便利進行起見而十八世紀前半期中圈地的事更是逐漸減少了。

(14)十六十七兩世紀中英國之守產法　近世之初，英格蘭中田地掌管的情形是很繁雜的而且是各處不同的。　第一樁顯明的事實是在英國的慣習法律之下沒有絕對的土地私有權，就現今仍是如此。　自從北方民族征服英格蘭(1)(譯者按在一〇六六年)之後，土地的終極所有者便是英王，臣民所能得的土地上最大利益，所謂永代借地權(2)，只不過是租借權而已。　照這個意義，所以一切執有田地的人其實都是佃戶。〔按英國法律國內尺土寸地皆爲英王所有。　所以英國法律承認土地內的財產，而不承認土地的絕對所有權：臣民所能有的土地之最絕對財產只是一份恆產(3)……按法律執有田地(4)者的恆產不是他所租借的土地的本體，乃是他所租借的土地中的利益。〕　見威廉士的不動產法(b)。　表過這樁事實，以下仍按平常習慣再用「業主」(5)「佃戶」(6)兩個名詞便不至誤會。　彼時執有田地者各等級中第一是業主，又稱爲自由管業人(7)。　有些零星分散的地方，總合英格蘭面積之半，爲食邑制度向未滋生之區，其中土地全都是這自由管業人所有，有些地產很大，但通常多是較小的地段。　一個食邑的全部也可看爲一個自由管業，卽是業主的「財產」(8)。　然而如以前所敍種種進化的結果，一個食邑中至少也興了三大類租地。（詳見唐訥著的十六世紀農田問題二八一頁至三一二頁(c)）　這三類租地是自由管業(9)，租借管業(10)，及猥務管業

（1）三類之中，自由管業雖通行稍晚，却是最安全最合人心的。食邑內自由管業人也是佃戶，他們用種種方法掙到一個地位，受英國習慣法律的保護，得免侵奪，強買，苛罰，或別的勒索。除非他們自願交換地段以圖合併他們的條地，或賣給別個要想推廣牧場的業主，圈地的事不與他們相干。租借管業人（2）是公田農務廢止之後貴族租與公田土地之人，往往連着沒收的佃地和由曠地開墾的田土一併租與。有些租借是一定的年限，有些是一代人或幾代人，而有些則聽憑地主隨意。除却最後的這個辦法，產業保守都是確實穩妥的。租契滿期就可退去租戶，合着無明定期限的條款保護之處，業主便可任意退租，圈地之舉也就因此促進了。

與永久安穩守產的自由管業人和暫時安穩守產的租借管業人都有分別的，是憑券管業人（3）。這一班佃戶之執有產業原是由於食邑內口頭相傳的舊例。任解放農奴和勞役折錢的期間，這種舊例都寫成文書疊爲食邑的案卷。交給佃戶的記錄副本即爲他的權利和身分的證據。在那個時期之初，食邑慣例既不成爲一般的法律，因此憑券管業的守產法（4）即在同一地方也顯得情形各別，所以此刻不能說其大概情形如何。有時一個食邑中竟有多種的憑券管業。關於憑券管業守產法的安全各家意見頗有不同。然而有兩種事實是很顯明的。第一，是憑券管業人原是除却貴族的誠意以外幾乎未受保護。第二，是隨後他也得受法律的保護了。平衡法（5）法庭最先給憑券管業人以合法的保護，始於十四世紀中。（見沙維因的初期衡平法訴訟中之憑券管業案載於一九〇二年四月號之英國歷史評論中（a）。）但逐漸的，在十五世紀之後習慣法（6）法庭執行司法權，經伊利沙白朝（7）（譯者按自一五五八年至一六〇三年）食邑的法律多已併入

(a) A. Savine: Copyhold Cases in the Early Chancery Proceedings, in Eng. Hist. Rev., Apr., 1902. 1. Copyhold. 2. Leaseholder. 3. Copyholder. 4. Tenure. 5. Equity courts. 6. Common law courts. 7. Elizabeth.

英國習慣法，於是自此以後憑劵管業人的權利纔得按照法庭程序完全有效。在圈地進行時期之初，貴族奪去憑劵管業人的地產不算違法。到有了法律保護之時，奪產之舉便不甚容易了。然而仍有許多方便法門可以奪去憑劵管業人的地產。一樣是管業期滿，貴族收回原業。又一樣是藉口管理不善，擅行伐木取煤，及其他或眞或假的理由宣告產業沒收。在那種法律混亂的情境中，有不絕的機會可供任意解釋條文和任意訴訟，而公然的侮辱橫暴也就不少。在十六世紀之末及以後許多年中，法庭裏積壓了憑劵管業的訟案。然而因食邑法編入習慣法，又因法庭可強行這種法律的一部分，圈地的勝利便推緩了，而且許多執有小地產的人都得延留了好幾百年。

(15)法國之農奴制度　法國和德國在中古時代及近古之初，農田情形各處相異，比英國更甚。由農田上着眼，法國可以勒瓦爾河(1)分爲南北二大部分，而北部又可分爲東西二區。東北區乃封建制度根深蒂固之處，在這區中有中心村和敞地的食邑組織最爲通行。西北區中，情形是非常混淆。在羅曼底(2)地方大公爵權力之發達給封建制度一個大障礙，然而以食邑爲基礎的農業組織却未能絕跡。但在布列坦尼(3)，其處封建制度很無勢力，貴族是著名貧苦的，色爾特民族(4)均分承襲私產的習慣堅持不拔，食邑制度也不甚通行。勒瓦爾河之南，雖有封建制度存在，如波多(5)附近敞地式的農業經濟雖也通行，封建制度和食邑制度都不占優勢。

在食邑制度通行之處，農人都是農奴；但即在同一地方，農奴的身分也有種種不同。農奴制度最通行於東

1. Loire. 2. Normandy. 3. Brittany. . Celtic. . Bordeaux

(a) Doniol: Serfs et vilains au Moyen Age. 137. 1. Gfte.

北區，這區內農人的情況，在一七八九年大革命之前，繼續是最苦的。農奴對於貴族應盡的義務很多，而且都是累重難堪的。貴族對於農奴的權利中包括徵貢稅，征徭役，通用品獨占權，受款待權(1)，甚至定限軍役。遲至十三世紀時，農奴雖只能與他所附着的土地一併出賣，實是看待得同牲畜一樣。然而在十三世紀中解放農奴的事已經開始醞釀重要變遷。如像英格蘭，勞役折錢助成農人取得自由，而且也如像英格蘭，許多農奴由逃亡而得自由。然而乃是十三世紀至十五世紀由貴族自行解放農奴的居多，所以大多數農奴均得升到完全自由的地位。(解放農奴之舉亦偶見於第六第七兩世紀中。)促成貴族解放農奴的動力有種種解說。

有些人斷說這種動力是由於敬天信神或人道主義的思想。自然有些地方確是因此而來。但同時的證據又表現在許多地方農奴解放是因實際的經濟性質的理由。這種理由之一是希望生產力較大的農業組織。(參看多路爾的中古時代之農奴及鄉民一三七頁(a)。)另一個理由是希望把農奴留在自己的領域內，因這些貴族已經明白只有把農人的地位改善纔能辦到此事。農奴細想着他受的待遇不良，或希冀能夠自立，就私行逃往到通都大邑，或逃往中古後半期以來在法國享有特別權利的區域，生活比較自由之處，這並不是很難的事。然而解放農奴的一個更重要的原因乃是貴族急需金錢。十二世紀之後，奢侈日增，十字軍和別的經營需要很大的支出，而一班貴族的用度也因許多別的行爲增加了。在這種景況裏，這些貴族自然不至於不願意合他們的農奴兩面成交，在他們拮据的時候尤甚，於是自由權換了現款或連續交付的金錢。農奴解放不僅是在貴族的地產和教會的田地裏，而且也在君主私有的地產上。君主領地中最後一班農奴是由魯易第十(1)於一三一五年宣諭解放；(見法國歷朝諭旨第一卷五八三頁(a))。但這次諭旨的條款是定爲於隨後四十年中逐漸實行。

(16)十八世紀中法國之農民狀況　經解放農奴和逐漸解散食邑制度之後，法國農地情形的變動就是尋常的了。第一，農民都有法律上的自由。有人估算在一七七四年魯易第十六(2)即位之時，通法國在法律上不爲完全自由的人未曾超過一百五十萬，在大革命爆發之前，這個數目更減少了。第二，農民的頗大一部分都成了地主。這一部分人數究有若干却未能確實斷定。但現有的憑據是在一七八九年法國全國土地的五分之二屬於所謂第三階級(3)——多指農民而言。這是一定的，在十八世紀中法國農民佔有的土地之數時常趨於增加，而且還有幾種理由可以想見就在大革命之前法國實以廣有小地主之故在列國中占一非凡的地位，不亞於今日之法國。財政總長奈克爾(4)(譯者按奈克爾自一七七一年至一七八一年爲魯易第十六之財長)曾說在他當時的法國內有「無數的小農地」。(關於大革命以前這種現象是首先由阿勒西德托魁維以著述家的態度注意敍述於他的法國大革命前之社會狀況第二卷第一章(b))。最多數小業主取得土地不由買斷而由永遠交租與前地主的契約，而且這種義務照例必須嚴厲強行，在一七八九年有地的農人仍舊難免地方中大業主的勒索。但著作家要極力鋪張法國臨近大革命時的社會經濟狀況，便把當時農民的人數，自給的力量和比較的安樂都說低了。於最多數自由的無地產之農民中，有些是傭工，而過半數(以勒瓦爾河以南爲甚)都是「均成農奴」(5)，即是君主，貴族，及僧侶的田產上的佃戶。(「均成耕種」

(a) Ordonnances des rois de France, I, p. 583. (b) Alexis de Tocquiville: State of Society in France before the Revolution of 1789. Rk. II. Chap. I. 1. Louis X. 2. Louis XVI. 3. Third Estate. 4. Necker, Jacques. 5. Métayers.

(a) King and Okey: Italy of To-day, 168-175. (b) M. Coville. in Lavisse: Histoire de France, IV. Pt I, 21. (c) A Joubert: La vie dans le Haut-Maine au XIVe siécle, 39 ff. 1. Métayage. 2. Germany.

(1)是一種租地以業主佃戶平分收成為原則如久已通行於意大利南部者是。 見克因及阿基二氏所著今日之意大利一六八頁至一七五頁(a)。 這班農奴的身分與他們幾百年前的祖宗相同。

除卻食邑的破壞及小地主之興起兩件事所包括的整頓以外，直至從今七十五年以前，法國農業的技術只經過輕微的變化。 這種事實曾經一位法國著作家敍述如下：

「假如一個十三世紀的農人能夠於十九世紀中業農業機器輸入以前回到羅曼底鄉間，他對於他所見的只不過稍微詫異而已。 當他在十三世紀時已是一樣的用牛馬耕田。 他用的犂頭與近時木做的沒有一點差別。 他的連枷和其他農器都與現今的人仍然看見在我們鄉間的相同。 許多倉廒在近世的農地裏可使他回想他的貴族的倉廒。 在田地中，他可看出穀類，苜蓿，白蔴，豆都減少了，而且染色植物和許多葡萄全不見了；但那一面他可看見白菜和三芳菜的種植，而且未墾的土地減少了，荒草地開闢了，又開了往來大道，可使他嘆美。 他又可查出牛羊沒有十三世紀時那樣多，在那時因為牧場寬闊，隨處牛羊成羣，成為農人的主要財源。 總之，農家生活的情形不會看出有多大的變更。」 (見阿維爾的法國史第四卷第一編二一頁(b)。 參看茹伯爾的十四世紀中上麥因省之農業生活三九頁以下(c)。)

(17)農業之日爾曼： 西南部及西北部 在日爾曼(2)，如法國一般，中古時代及近古初年的農業發達純是可以地方區分的。 這一國通常分的三部是：

(一)西南部，

（二）西北部，

（三）東部。

幾百年來西南部——包括近今巴法利亞（1），巴登（2），威登堡（3）三大邦——是異常惹人注目的，因當地通行的社會經濟情形混雜之故。在中古末葉，農奴制度在此區中通行極廣，足使自由人幾爲農奴的地方法律及慣例之繁多是非常可驚。兼之從很早的年代起，個人掌有的地面是比歐洲各處的都小，而且各地法權互相侵越，以致農奴同時對於六七個業主都負有租稅勞役的義務。十五十六世紀之際，好幾種勞役都折錢完納，同時幾種捐項（如巴法利亞的婚姻捐）也廢除了。於是農奴制度入於衰滅時期。當時很有些解放農奴之舉，多半以金錢準折如其他各國內的解放一樣。當時秩序之混亂，尤其以在上之人互相分拏捐項勞役，給了農人一個可把各種義務一齊規避的機會。許多人營求自由以便進入僧侶班中，不至再受苛待。到十六世紀中葉之後，賴着強大貴族之力去廢止那種繁瑣苛刻的不良制度，去合併他們的土地，甚至把旁人可主張權利的農奴也驅逐了，許多人倒因此成爲自由之民。（一五二五年的農人叛亂，可算一洩這地方農人之怨毒。然而這次叛亂只不過一部分由經濟性質的形勢激成，却沒有產生明瞭的經濟結果。見阿曼的一五二五年日爾曼農人戰爭載於一八九〇年一月號英國歷史評論（a）。）三十年戰爭又促進幾種解放的辦法，大致說來，一六五〇年以後，農奴制度只存於偏僻之地。然而在十八世紀最後二十五年以前並不曾有一邦把這種制度正式廢除。這種正式廢除農奴的辦法是最先於一七八三年在巴登邦實行，最後於一八三三

(a) C. W. C. Oman: The German Peasant War of 1525, in Eng. Hist. Rev. Jan., 1890 1. Bavaria. 2. Baden. 3. Württemberg.

年在荷亨若倫(1)喜馬林根實行。主要的事實是集合小地爲大地產的努力未能十分有成，而田地的最大部分都逐漸零星入於農人之手。於是這日爾曼西南部，像法國一般，却不像其餘的日爾曼地方，成爲小地主之國。這西南部是現今德國農民政治勢力的主要區域。

在西北部——包括下沙遜尼(2)，維斯法里亞(3)，及附近各地——另是一種情形。在這個地面，爲昔日佛蘭克帝國(4)一部分的各區中，很早的就發生了一種由農奴耕種的終身租借大地產，名爲「終身租地」(5)。因種種緣故（其中之一是佛蘭克式政治的遺俗）土地絕未分析如西南部那樣，而且大地產制度總是隨時盛行的。再者農奴早已絕跡，用不着正式廢除。早如十四世紀時農奴已全被解放。於是地主把奴僕的管業集成大農地轉租與有力經營這等農地的能幹農民，同時許多農人都成爲傭工。

(18)農業之日爾曼東部　愛爾伯河(6)之東早年農田發達的重要事實是，經過大遷徙年代這地方的日爾曼人(7)退出而同時斯拉夫人(8)來佔據了。大約必是爲這種局面所限，因此這一帶地方的農奴制度，在中古時代，不能與更西各地的相比。因爲經長久繼續的殖民運動時期，於是自第九第十世紀以還，東部地方又被日爾曼人佔據，自必要設些勸誘方法以招徠屯墾之人，不僅在田地的方式上，而且還須有身體的自由和經濟的自由。許多移入之民確是被自由的機會所引誘來的西部農奴。在東部地方隨時都有農奴制度的痕跡；而且據說在某時期中被征服的斯拉夫人的大部分實際上是奴隸身分，這椿事大概是有的。到十五世紀時日爾曼和斯拉夫兩種人民都是自由的了。他們向那裏一班有地最多的大地主完納地租，而且他們

1. Hohenzollern-Sigmaringen. 2. Lower Saxony. 3. Westphalia. 4. Frankish Empire. 5. Meierrecht. 6. Elbe. 7. Germanic. 8. Slavs.

負擔極重的公家義務，尤以捐助軍需爲甚。 但他們對於業主不服卑賤的勞務，他們可自由婚配，自由離去鄉土，他們通常可由承繼權利而保有田土於這些地產中，同於英國的澀勞營業。

但在這個地位農奴制度的勝利只不過是稍緩時日而已。 到得地方情形安定了，一班武士也轉到農務上來了，其結果興起土地之爭奪，引動新來的野心業主用盡方法剝奪農人的田土來鞏固他們自己的地產。 種種苛例都興了，使農人不能不齎出他們的田地，而且營業之地可以藉口小故宣告沒收。 許多營業之地都被併入公田，其餘的也附以苛酷條件重新出租。 在這種改變的情形之下，農民被他們剝盡了利益，還要受種種束縛，不但該付地租與他們，而且應完的捐項勞役都與第十世紀中法國及英國的農奴不相上下。 直至三十年戰爭之前，農人應服的勞役纔定了準額。 但經過這個長期的三十年戰爭所造的人民負擔，甚至勞役有定的這一種保護也消滅了；農人子女給業主做家庭役務，從前都是給錢的，從此以後事務是一樣的得做，錢卻不給了。 農人想逃入城中以求自由，法律卻不能讓他走。 簡單說，到一七〇〇年時，在東日爾曼本部，連着悉勒西亞(1)，里芳尼亞(2)，愛斯頓尼亞(3)，從前的許多自由人都被屈抑到下等農奴的地位了。(同時俄國的情形大致相仿，也有這種變化。) 在十八世紀上半期中，農人常不隨土地而被買賣。 十八世紀初年普魯士(4)政府力圖救濟農人之法。 普政府下了幾次命令，鼓勵解放農奴，而且到十八世紀之末，王室地產上最多數農奴都被許自由了。 然而通十八世紀，政府的辦法總未能大收效果，農奴制度繼續盛行，直至一八〇七年，經燕那(5)及奧尼斯打(6)兩次戰敗之後，普魯士改造期間這種慣例纔到底完全廢除了。(見本書第五十節。)

1. Silesia. 2. Livonia. 3. Esthonia. 4. Prussia. 5. Jena. 6. Auerstadt.

到如今德國東部仍是以僱工耕種的大地產著聞之區，小地產不過偶爾一見，雜於各大地產中。

SELECTED REFERENCES

General

C. J. H. Hayes, Political and Social History of Modern Europe (New York, 1916), I, 28–36.

W. J. Ashley, Introduction to English Economic History and Theory (4th ed., London, 1913), II, 259–304.

H. de B. Gibbins, Industry in England (London, 1896), 47–85, 111–119, 180–198, 265–284.

H. de B. Gibbins, Industrial History of England (4th ed., London, 1895), 10–21, 40–47, 108–119.

M. Briggs, Economic History of England (London, 1914), 68–92.

F. W. Tickner, Social and Industrial History of England (London, 1915), 148–160, 230–239, 329–339.

A. Abram, Social England in the Fifteenth Century (London, 1909), 22–31, 117–130.

H. D. Traill and J. S. Mann, Social England (illus. ed., London, 1902). II, 131–142, 184–198, 323–334, 527–541, 735–741; III, 150–155, 728–735; IV, 159–167, 600–607.

R. H. Tawney, The Agrarian Problem in the Sixteenth Century (London, 1912).

R. E. Prothero, Chronological List of Agricultural Writers Down to 1700, in "English Farming, Past and Present" (London, 1912). 419–430.

A. Joubert, La vie agricole dans le Haut-Maine au XIVᵉ siècle (Mamers, 1886).

M. F. Moore, Classified List of Works Relating to English Manorial and Agrarian History from the Earliest Times to the Year 1660, in "Two Select Bibliographies of Mediæval Historical Study" (London, 1912).

H. Hall [ed.], Select Bibliography for the Study, Sources, and Literature of English Mediæval Economic History (London, 1914).

The Mediæval Manor

W. J. Ashley, Introduction to English Economic History and Theory (9th ed., London, 1913), I, 5-20.

E. Lipson. An Introduction to the Economic History of England: I. The Middle Ages (London, 1915), Chaps. I-II.

A. D. Innes, England's Industrial Development (London, 1912), 46-58.

G. T. Warner, Landmarks in English Industrial History (London, 1899), 26-44.

W. Cunningham and E. A. McArthur, Outlines of English Industrial History (2d ed., Cambridge, 1898), 28-45

H. O. Meredith, Outlines of the Economic History of England (London, 1908), 33-46.

J. E. T. Rogers, History of Agriculture and Prices in England (Oxford, 1860), I, 11-125.

A. E. Bland, P. A. Brown, and R. H. Tawney, English Economic History, Select Documents (London, 1914), 56-113.

C. Seignobos, The Feudal Régime (New York, 1904), 3-26.

R. E. Prothero, English Farming, Past and Present (London, 1912), 1-30.

A. Meitzen, Siedelung und Agrarwesen der Westgermanen. etc. (Berlin, 1895), II, Chap. VII.

F. Seebohm, The English Village Community (London, 1883).

P. Vinogradoff, The Growth of the Manor (New York, 1905).

P. Vinogradoff, Villeinage in England (Oxford, 1892).

F. G. Davenport, Economic Development of a Norfolk Manor (Cambridge, 1906).

C. M. Andrews, The Old English Manor (Baltimore, 1892).

J. H. Round, Feudal England (London, 1895).

H. L. Gray, English Field Systems (Cambridge, 1915).

K. G. Feiling, An Essex Manor in the Fourteenth Century, in Eng. Hist. Rev., April, 1911.

F. W. Maitland, Domesday Book and Beyond (Cambridge, 1897).

H. Sée, Les classes rurales et le régime domanial en France au Moyen Age (Paris, 1901).

The Decline of Serfdom

A. D. Innes. England's Industrial Development (London, 1912), 85-96.

E. Lipson, Introduction to the Economic History of England (London, 1915), Chaps. III-IV.

H. O. Meredith, Outlines of the Economic History of England (London, 1908), 108-121.

W. J. Ashley, Introduction to English Economic History and Theory (9th ed., London, 1913), 19-33.

W. Hasbach, A History of the English Agricultural Labourer, trans. by R. Kenyon (London, 1908), 5-70.

R. E. Prothero, English Farming, Past and Present (London, 1912). 31-54.

J. E. T. Rogers, History of Agriculture and Prices in England (Oxford, 1866), IV, 38-69.

G. Bry, Histoire industrielle et économique de l'Angleterre depuis les origines jusqu'à nos jours (Paris, 1900), 249-286.

H. L. Gray, The Commutation of Villein Services, in Eng. Hist. Rev., Oct., 1914.

E. P. Cheyney, The Disappearance of English Serfdom, in Eng. Hist. Rev., Jan., 1900.

F. W. Maitland, History of a Cambridgeshire Manor, in Eng. Hist. Rev., July, 1894.

S. and B. Webb, The Manor and the Borough (London, 1908).

G. M. Trevelyan, England in the Age of Wycliffe (New York, 1909).

J. L. and B. Hammond, The Village Labourer (London. 1911).

G. d'Avenel, Histoire économique de la propriété, des salaires des denrées et de tous les prix en général depuis l'an 1200 jusqu'en l'an 1800 (Paris, 1894–98).

Earlier Enclosures in England

G. T. Warner, Landmarks in English Industrial History, 134–144.

W. J. Ashley, Introduction to English Economic History and Theory (4th ed., London, 1913), II, 267–289.

J. E. T. Rogers, History of Agriculture and Prices in England (Oxford, 1866), V, 40–65.

W. Hasbach, History of the English Agricultural Labourer (London. 1908), 20–70.

A. D. Innes, England's Industrial Development (London, 1912), 135–147.

R. H. Tawney, The Agrarian Problem in the Sixteenth Century (London, 1912), 147–176, 213–265.

R. E. Prothero, English Farming, Past and Present (London, 1912), 55–77.

W. Cunningham, Growth of English Industry and Commerce during the Early and Middle Ages (4th ed., Cambridge, 1905), 526–533.

E. F. Gay, Essays on English Agrarian History in the Sixteenth Century (London, 1913).

E. F. Gay, Inclosures in England in the Sixteenth Century, in Quar. Jour. Econ., Aug., 1903.

E. P. Cheyney, Social Changes in England in the Sixteenth Century (Boston, 1895), Part I.

R. Lennard, Custom and Change in Sixteenth Century England, in Eng. Hist. Rev., Oct., 1913.

I. S. Leadam [ed.], The Domesday of Inclosures (London, 1897).

G. Slater, The English Peasantry and the Enclosure of the Common Fields (London, 1907).

E. C. K. Gonner, Common Land and Inclosure (London, 1912).

Agricultural Conditions in France and Germany in the Eighteenth Century

E. J. Lowell, Eve of the French Revolution (Boston, 1892), 186–206.

A. Babeau, La vie rurale dans l'ancienne France (Paris, 1883).

A. Sorel, L'Europe et la Révolution française (Paris, 1887–1904), I.

C. Hugon, Social France in the Seventeenth Century (New York, 1911).

G. d'Avenel, Histoire économique de la propriété, des salaires, etc. (Paris, 1894–98).

M. Kovalevsky, La France économique et sociale à la veille de la Révolution; les compagnes (Paris, 1909).

A. Young, Travels during the Years 1787, 1788, and 1789, undertaken more particularly with a view of ascertaining the Cultivation, Wealth, Resources, and Natural Prosperity of the Kingdom of France. 2 vols. (London, 1794).

A. de Tocqueville, L'ancien régime et la Révolution (Paris, 1856), trans. by H. Reeve as "State of Society in France before the Revolution of 1789 and the Causes which Led to that Event" (new ed., Oxford, 1904), Bk. II.

H. Taine, Les origines de la France contemporaine; l'ancien regime (Paris, 1876), trans. by J. Durand as "Origins of Contemporary France: the Ancient Régime" (rev. ed., New York, 1896).

Wittich, Die Grundherrschaft in N. W. Deutschland (1896).

E. B. Bax, The Peasant War (London, 1899).

E. B. Bax, German Society at the Close of the Middle Ages (London, 1894).

第三章　工場制度發生以前之工業

(19)中古工業之發端　自從中古之初以來歐洲工業可分三大派別，每派各占一長而不易確定的時期。第一派是手藝(1)工業，與手藝(2)行會關係極密普遍通行直至十三世紀。第二派是家族工業(3)，這派工業，在英國及德國最爲顯著，通行於十七十八世紀，引起實業資本主義(4)。第三派是工場工業(5)，這派工業首先於十八世紀下半期與於英國，至十九世紀初年在法國和德國也佔了優勢。本章專述第一派工業和第二派工業的情形。由家族工業達到工場工業的變遷合着工場工業的性質及效果隨後再敍。(見本書第六章，第九章，第十章。)

中古初葉的工業是很簡陋的。城市衰落和生活(6)的農鄉化把羅馬帝國裏較進步之區原有的製造業的重要地位都絕滅了。商業衰了，各地方都變成經濟自足；大致說，於是就沒有必要的理由使食物生產和物品製造多過於本地消費所需。工業自身也受農鄉化；食邑成爲當時最多數製造業經營的地點。貴族的磨坊，麵包房，釀酒房，都被利用以爲備辦食物飲料之地。衣服，傢具，蠟燭，和別的日用品都用本地出產的原料製造。農具由村裏的鐵匠製造修理。補鍋匠，遊行的或住在食邑內的，隨時應人之求。十二世紀以前，工業大半是奴隸做的，以後纔達到自由地位。

在中古末葉，工業數量，工業獨立，和工業組織的增長是與商業發達和城市及城市生活之復與緊相關連的。十一世紀中這三樣變動——工業增長，商業發達，及城市復興——開始了，接連二三百年中速度日增。十

1. Handicraft type. 2. Craft gild. 3. Domestic type. 4. Industrial capitalism. 5. Factory type. 6. Ruralization of life.

字軍(1)各役要算是這三種進步的動力;然而工業,商業,和城市生活的發展卻也是因應一些源遠流長的而非十字軍所產生的經濟狀況。這些狀況包括人口繁殖,財賦增加,因生活程度改進而製造品的需要擴大,因農奴解放及食邑破壞而社會較爲活潑。慢慢的到得古代名城又繁盛了,而且新城市興起了,農鄉人口的一種重要分子就被城市吸收了。這種重要分子是業工的或業商的,或二者兼業的。對於工商業發達,城市與盛是最關緊要的。與各種企業有關的人必須集合接近,而且必須以法人的行爲取得貿遷的自由,掌有財產的自由,實行新組織的自由,甚至管理地方徵稅及司法的自由。在意大利及日耳曼,當時那裏沒有強固的中央政府,所以這些權利容易取得。在英國及法國那裏君權很重,這些權利取得較遲較難,通常都由君主或貴族特許。在西歐各國,這城市與自由經營工商業的人民,是中古時代對於近世的第一大貢獻。(關於城市之發達,參看李卜生的英國經濟史一六三頁至一九六頁(a);華奈爾的英國工業史要覽四五頁至六一頁(b);亞須黎的英國經濟史及理論初桄第二編五頁至五五頁(c);易卜特的經濟及歷史之觀測一六七頁至二一二頁(d);梯克納的英國工業社會史四二頁至五七頁(e)。)

(20)中古工業之概況　中古時代工業的幾種普通性質還可以說一說。第一是手藝(2)制度之普遍。製造的程序是不多而且簡單,用的機械也很粗糙而且價廉。蒸汽動力當然無人知道,水力也應用得很少。各種用品都一直是手製的。「手藝」(3)這個名詞表示一種純以手工爲基礎的工業而且毫無資本家的意味。十八十九世紀之前繼續全用手工的工業居最多數。但是,隨後就要詳述,資本主義之注入,始於十四世

(a) Lipson: Economic History of England, 163-196. (b) G. T. Warner: Landmarks in English Industrial History, 45-61. (c) W. J. Ashley: Introduction to English Economic History and Theory. II, 5-55. (d) Ibid: Surveys, Historic and Economic, 167-212. (e) F. W. Tickner: Social and Industrial History of England, 42-57. 1. Crusades. 2. Handicraft system. 3. Handicraft.

紀，致使手藝制度在近世初年被一種新式組織的家族工業制度代替了。(見本書第二十七節) 第二是，在手藝制度之下，家族或稍有幾個幫手的家族是工業組織的單位。當時經濟的及社會的狀況致使家族的小工業無可免避。直到資本把工業改建在近世的集中原則上，經濟分立的家族團體之舊習纔日漸破除。第三是製造原料都是取於極近之地。森林出產木料和蠟，園圃出染料，農地有糧食，生皮，和牛角。銅鐵油漆雖不一定是本處出產，有時也可在極近之地得着；而棉花，蠶絲，獸皮，和羊毛却只能由較遠之處輸入。

中古工業的另一特點是分工順着縱線，不順着橫線。各行手藝竟是互相分離的，每行手藝人把自己的那項製造的各段事全都得做，從收買原料起直到把出品陳列出賣。再者，在工業中如在農業中一般，工作的生產力是很低的。在中古的手工生產和近世的機器生產之間，沒有公平的比較可推尋出來。但這是顯而易見的，若把中古製造程序中難免的困難和遲緩減去，專按所用人手數目計算，出產量是很小的。此事強有力的證據便是當時製造品的價值甚高。中古工業實現的另一現象是，不但勞力供給和原料供給是非常穩定，並且出品銷售的情形也是如此。中古的社會是不動的。變遷是遲緩而且時興式樣的改換也是極少。其結果供給需要的均衡頗得其平。一地方或一時的動搖都由戰爭，飢饉，或其他災害而起。但也沒有市場貨物積滯，隨即發生一般的恐慌和延長的物價低落，如現今所謂生產過剩的時期。最有關係的是當時缺乏敏捷低廉的運輸方法。大致說來，中古手工工業的特徵是，出產只為本地小量的消費。其所以至於如此的主要理由就在於原料及成製品的運費之昂貴，直等於禁絕運送。舉一事以概其餘，一百磅英國羊毛值十個半佛羅林（1）（合美金二十一元），運送到佛羅林斯（2）的費用總需三倍羊毛價值之多，所以在意大利的城市中一百磅英國羊毛值到四五十個佛羅林。其影響於佛羅林斯毛織工業出品的數量及價值自然是很大的。

（21）手藝行會之組織　中古工業最可注意的特點尚須說明，即是工匠的行會組織。這種行會不過是中古人民傾向協作活動的許多表徵之一。這種組織發達為二大類，商人（3）行會及手藝（4）行會。商人行會，包羅一班從事於商業或與商業有關係的人，是較老的，十一世紀之初，見於意大利城市中及其他商業復興之處。手藝行會，雖起源於十二世紀之前，却初露頭角於十二世紀，法國首先記載其事在一一三四年。十三世紀中手藝行會開始篡據或吸收商人行會，隨後一百年中手藝行會成為非農業人民的主要組織，在許多地方有足以左右當地政治的勢力。他的重要延傳到近世，直至法國大革命之後歐洲大陸各國中手藝行會在工業上的拘束力纔完全鬆懈了。

手藝行會是一城市中或一地方中執業相同的匠人的會社（5）。平常，一城市中有好幾個手藝行會。織工可成一行，染匠一行，蠟燭便算第三，金銀匠算第四。在較早的年代，入會資格是定為限於內行。除非當地同行的手藝行會認可，沒有人能在一個城市裏開張營業。但入會的條件是容易的，通常只包括的確諳練那行業務的證明，繳不多的人會費，和表明願意遵守行會規約。必須手藝匠師纔能在行會內有完全會員的資格。在中古工業組織中，匠人有三個明白確定的階級，即是匠師（6），散匠（7），學徒（8）。學徒是正在學習行業的年輕人。學徒的期限，由習慣而定，各業各地不同，但七年是最普通的。照例，匠師供給學徒食宿，就在

1 Florin. 2. Florence. 3. Merchant gild. 4. Craft gild. 5. Association. 6. Masters. 7. Journeymen. 8. Apprentices.

匠師的家裏，以交換學徒所能做的幫助。　學徒期滿之後，這個少年成了散匠，即是遊行的做手藝掙工資的匠人。　到攢集了些錢足够他自己開設店鋪之時，得了他計畫居住之地的同業行會許可之後，他也就成了匠師。

手藝匠師由他的家口，一二個散工，和幾個學徒幫助，便成爲中古時代經營工業的模範團體。　通常，這個團體的分子同住在一所房屋裏，樓上住家，樓下作爲營業之地，作工的屋在後，鋪面在前。（關於學徒和散工的情形，參看亞賓黎的英國經濟史及理論初桄第二卷八四頁至一二四頁(a)。）

(22)行會之目的及方法　行會的根本目的是爲會員保持機會均等，藉以排除競爭來維持會員生計的安全。　要達這個目的，每一行會團體是組織得很緊嚴的，有職員會議，及規約；而且時常得地方官吏的扶助裁可。

行會維持會員經濟地位的規則是兩重的，按其用意

（一）是保護全體，

（二）是維持各會員之間的平等關係。

保護全體之法是營求行會出品在當地市場的獨占權(1)及防制鄉邑的競爭。　在最多數地方，當地市場的獨占權是逐漸取得的而且比較遲慢。　但這是一個時常一致營求的目的。　在較早的年代中，自然沒有鄉邑的競爭。　但到十五世紀，各處多有把店鋪設在城外以圖擺脫行會的煩擾規約之舉，於是行會覺得必須防制而且懲罰規避他們的權限的這種行爲。　行會辦理此事的條理是由直接禁止郊外的製造業，由扣留棉花蠶絲，及其他原料使只能在城內買得，並且由嚴守商業祕密。（在威尼斯(2)凡未經許可而以製造玻璃方法

(a) W. J. Ashley: Introduction to English Economic History and Theory, II, 84-124. 1. Monopoly. 2. Venice.

告八者應處死刑。那時沒有專賣權法律，所以不能不如此以保同行之利益。

但保持會員在權利上和機會上的均等也是行會的目的。行會辦此事有三個方法，即是，控制製造原料之供給，規定生產，和監視出品之銷售。（此外還有一條是，評判會員間關於利益是否公允之爭執。）防制買占（1），即是在商品登市之前收買居積，和壟斷市場（2）中某種物品的章程通常是由地方官吏定奪但也由行會輔助強行。行會中有規定市場時間的章程，還有要發見採買原料之非常機會的會員應以這個消息通知同行匠人的規則。生產的規定是由好幾種方法辦成的。第一，僱主之人數是受制於入會資格之區分。前已說過，本來行會中入會條件是容易的。但漸漸的，在最多種工業中，他們的策略由容納內行轉移到排斥外行，意在限制生產，維持獨占權。限制會員僱用散工學徒人數的規則，和支配工資及工作時間的規則也足以控制生產。十五世紀以後行會常規定每年生產的最大額。此外還有關於貨物的品質及分量的規定。行會之利在於會員的技藝一律優良，於是有考察出品的規定。這種辦法雖不以保護消費者為目的，却有保護消費者的作用。會員銷售出品的行為也經行會規定。若城市不曾規定物價，行會便自行規定。無論何處，關於買賣時間，地點，及方式的條款都可由行會制定而且由行會強行。誘致同行人的主顧為自己的主顧也是嚴禁的。

（23）行會之利弊　行會本來是支配工業的會社。然而行會還有種種附屬目的。行會是一個社會單位，他的會員時常聯絡於慶典，游藝，年節宴會，及救濟同行會員的災害等事中。（在中古之末，英國手工行會常增

1 Forestalling. 2. Engrossing.

任各種神奇游戲（1），如通常在基督聖體日（2）舉行於約克（3），切斯達（4），柯文歷（5），唐里（6）者是。當時各國中有一種會社關於宗教的及社會的性質，並無工商業關係，而亦沿用行會之名稱）。 再者，行會又是一個舉行宗教典禮，和管理初等教育的團體，他的規約中具有「完全的社會制度，在這種制度之下，個人完全爲公衆意見的勢力，道德慣例的壓力，及社會慣例的壓力所吸收。」（見李卜生的英國經濟史二九六頁）。行會時常執行，或由城市委託執行，他的多數會員所在地的治安職務，包括組織消防機關並擔任城市軍備的一部分。 這些事和別的半政治性質的職務尤其通行於比利時，佛蘭德，法國南部，及意大利。 總而言之，行會在他最好的時代辦過許多有益的事。 他保護會員的經濟利益；他供給訓練專門工匠的機會；他保持製造的準則；而且他遏抑私人利益使歸於團體幸福。 然而他並不是沒有短處。 他含蓄的目的是獨占權；他的嚴格規約阻遏新企業；他壓抑工資；他培植一種只能產生庸才的工業組織。

行會與近代職工（7）組合的比較曾經有人論過。 據說這兩種會社還有相彷之處。 兩個都有相同的本意，即是，以集合議價和限制競爭來提高生活程度並維持生活程度。（見衛伯的職工組合主義史一九頁(a)）。 現今的職工組合，也如較早年代的行會一樣，極力要收攬同業之人。 並且這兩種會社的方法也有些相類的。 然而二者之間有一個根本差別，手藝行會由同時是僱主又是工匠的人組成，而職工組合是完全由僱工組成的。 就所有的正會員限於專門工人，即匠師，而論，手藝行會是不及職工組合肯容納同業。 但就包括僱主，經紀人，即企業分子而論，手藝行會是比職工組合更肯容納同業。 說行會時代沒有資本勢力的差別，是不

(a) S. and B. Webb: History of Trado Unionism, 19. 1. Cycles of mystory plays. 2. Corpus Christi day. 3. York. 4. Chestec. 5. Coventry. 6. Towuley. 7. Trade union.

確實的。但，在晚近之前，這種區別只進行到資本家可開設一個鋪店僱用幾個工人而已。當時的資本家還不曾放下手工去專幹經理人的事務。所以，職工組合與行會實不能相比，是很顯明的。這兩種會社的構造和經濟上的地位是完全不同的。（見李卜生的英國經濟史三四三頁至三四七頁）。

（24）英國行會之衰落內部原因：在西歐各工業國中，這行會制度興盛了好幾百年，在中古末年，各處行會都是完全無恙的。然而分裂的元素是早已在內了，在近世初葉——十五十六世紀最為顯著——這種制度便入了凋落時期。促成行會制度之衰落的情形及勢力可由考察英，法，德，三國而知。就英國而論，這些情勢可分為五起如下：

（一）行會採用排外策略，而對抗的「自由民」(1) 行會，一名散工行會，因之興起；

（二）行會中少數(2) 專制主義戰勝了舊日內部組織的合議主義(3)；

（三）地理上工業分配的變遷，包括很高的農鄉化；

（四）資本主義(4) 之發生及工業中資本運用的增加；

（五）政府的反對及干涉。

排外策略的採用是逐漸的，但也許是不可免的。各處行會都顯出一種離去舊日合議主義及愛羣主義而變為自私狹隘的傾向。這種現象在行會已入衰落地步而極力抗拒壓迫他的勢力以競生存的時候尤其確實。但就在順境，這種傾向也很明顯。各行會只圖會員人數少，團體不擴充，便以為可以保持利益。要達這

1. "Yeoman," or journeymen, gilds. 2. Aristocratic. 3. Democratic. 4. Capitalism.

個目的，入會資格是漸次提高了，到後來竟直是與禁止入會一樣。入會費也增加得異常之高，製品底樣(1)(即是候補會員必須呈交的證明技藝的樣品)是被任其高下，隨意允拒。其結果，人數漸增的散匠不能得爲匠師，漸漸的就發生了一班與行會永久分立的工業傭工。(不必說，在行會歷史的各時期中自然有許多因運氣不佳，無能力，或怠惰而不得爲匠師的散匠，這也是這種階級發生的一大主因。) 時久年深，這些散匠們也自己組織起來。一三八一年農人叛亂之後，不久便聽說有散匠行會了(2)，一百年間這種行會成立得很多。

有些與同業的手藝行會聯絡成爲從屬關係；有些是獨立的。無論如何，這兩種行會是不容易十分親善的，因爲，不管屢次的「工作協商」，總有無窮的爭執機會，如關於工資，工作時間，基金的支用，散匠成爲獨立生產者之早遲，及其他許多事情。(見李卜生的英國經濟史三四七頁至三五五頁；布蘭德，布郎，唐訥三氏的英國經濟史與籍選二八二頁至三一六頁；亞肯黎的散工俱樂部載於一八九七年三月號政治學季刊(a)。) 爭執到厲害時就用罷工爲手段。到後來散匠行會在英國最多地方掙得了公認的地位，幾乎可成爲行會制度的中堅；但是還沒到那個境地，這種制度就衰微了。

英國行會衰落的第二個主因是行會內部組織變壞了。本來，行會是寬泛的合議制，不但入會的條件是寬大的，並且他構造和運用都是本於合議的精神的。各匠師對於行會事務規約有平等的發言權。然而，漸漸的，至少在較大的組織中，興起了「著禮服人」(3)與「不著禮服人」(4)一種大分別。「著禮服人」是稍富的人，他們買得一身禮服，在行會舉行典禮之時把來穿上，於是獨攬大權，發號施令。這些禮服會員就此成爲高

(a) W. J. Ashley: Journeymen's Clubs, in Pol. Sci. Quar., Mar., 1897. 1. Masterpiece. 2. Journeymen's gilds. 3. "Of the livery." 4. Not of the livery."

貴階級名爲內班；到得行會事務的實權落到一個更小的團體之手——起初還是由行會票舉的，後來竟是推選了——這種組織的內部經濟竟完全變成少數專制的性質。（參看斯密亞丹對於行會策略的批評，在原富第一卷第十章(a)，復印於布洛克的經濟學文選一〇四頁至一一四頁(b)。）

(25)英國行會之衰落外部原因　第三種造成行會衰落的局勢是行會勢力所不到的新興城市中和鄉村地方工業的發達。　無論何時，常有被行會拒絕入會或自己不願入會的工人極力自行營業。　照例這些人在大工業中心地的近郊居住而且工作，在那些地面，不管那一業行會如何疾視，他們倒實是無拘無束。　十五十六世紀中這種工人數目增加很速。　同時，幾種尤爲有利的工業，如羊毛布製造業，在偏遠的農村鄉鎮中和無行會管轄的城市中遍處開辦起來。　於是工業脫離了行會規約的拘束，其結果，不僅挫抑了行會制度，並且減縮了許多大城市的繁華。

行會衰落的第四個重要原因是資本式的工業組織之興起。　行會制度的構成全賴小規模的手工工業，前已表明，在這種工業中資本並不甚占很重要的地位。　這樣的工業是不能持久的。　資本(1)及發明(2)，兩種勢力之一就足以破壞他。　資本首先略顯稍大的規模就成了戰勝行會者；然而隨後就要表明，到了時候，發明也來破壞資本主義的第一個大產物，即是家族工業制度。（見本書第五十九節後段）

行會衰落的第五個主因是國家權力的干涉。　在較早的年代，行會制度是國家承認的而且扶助的。　但十五世紀以後，行會逐漸屈服於足致他的死命的法規之下。　一五四七年愛德華第六(3)的新教徒(4)政府

(a) Adam Smith: The Wealth of Nations, Bk. I, Chap. X. (b) C. J. Bullock: Selected Readings in Economics, 104-114. 1. Capital. 2. Invention 3. Edward VI. 4. Protestant government.

沒收各行會備為宗教目的之用的金錢和其他財產，於是行會失却了為他的保障之一的宗教制裁。 在一五六三年制立的伊利沙白朝學徒法令中(1)，學徒期限，工作時間，契約性質——簡單說，工業關係的一切條件——都詳細規定了，於是行會經管他的事務的自決力差不多完全消滅了。 以上所舉不過是限制行會職務使歸於公家管轄的許多法令中彰明較著的例子而已。（關於英國國家規定工業的文件，參看布蘭德，布郎，唐訥，三氏的英國經濟史典籍選三一七頁至三六五頁）。

如一位著作家所說，「於是行會失却會員的團結力，受他管轄範圍之外工業發達的挫抑，被政府革黜了他的好幾種經濟功能，剝奪了他的行政，立法，司法的自由權，奪去了他的宗教職務和用於宗教的財產，甚至於形式上的拘束力也不能有了。」（見陳訥的英國工業社會史一六〇頁）。 行會，雖受如此的剝削，還支持了好幾百年。 這種制度的餘體至今仍存。 但他們失了約束全國工業之權而趨於成為只有社會關係或政治關係，而無經濟重要的小黨派。 十六世紀以後，間或有結合一城中各行會成為單一組織以保舊日主義和目的的計劃，却到底沒有成功。

26）法德行會之衰落　在法國和日爾曼，行會發達的重要時期是十三世紀。 一二九二年巴黎的課稅表載着一百二十八個行會，共有會員三七九五人，其時巴黎人口總數不到三萬。 到十五世紀之末，行會制度已入衰落期中。 如英國一般，這些行會失了合議性質。 幾行行會——尤以布商，皮貨商，綢緞商，和金銀匠行為甚——已在各行會中占「優越地位」而各個組織中會員資格也成等第分明的階級，由職員私黨操縱。 也如

1. Elizabethan Statute of Apprentices

英國一班，散匠和較貧的匠師，感被拒於行會之苦，也就自行組織機關。

法國政府對行會的干涉，雖專爲財政便利而發，却比英國更繁。　魯易第十一(1)(一四六一年至一四八三年)特許許多非行會會員的人以在近郊營業的特別權利，隨後幾百年中這種特權通常都被保留。　這位君主又制了一種對於行會甚爲有害的辦法，以匠師證書(2)許給非匠師的人，允許他們交了費之後卽得爲行會會員。　十六世紀中行會的排外專橫已是衆同昭彰，而皇家干涉也比前加倍。　裁制行爲的諭旨接連而下，匠師證書之多直成爲市上的冷貨。　在十七世紀下半期行會組織已將解散之時，又被柯爾貝(3)(譯者按柯爾貝生於一六一九年，死於一六八三年，以善理財著名，爲魯易第十四之相。)　把他振興起來，柯爾貝曾存着一種意見，以爲行會是整理工業維持準則的必須之物。　然而十八世紀中這種組織又入於衰敗地步，在大革命爆發以前，行會繼續表現他所能做的反常和弊病。　一七七六年杜爾閣(4)(譯者按杜爾閣生於一七二七年，死於一七八一年，爲法國著名之政治經濟家，一七七四年至一七七六年爲魯易第十六之財長。)　爲魯易第十六(5)的財政大臣時下了一道命令撤銷全國各行會的特權，只留了不多幾個。　然而這道命令未曾完全強行，同年杜爾閣能職，這道命令也撤消了。　法國行會歷史的末章是由一七九一年的國民議會　(6)　收束的。

(見本書第四十三節。)

在日爾曼，行會制度通行於十三世紀，而且在南部這些行會很有政治勢力。　十四十五世紀中這些組織也顯出與英法行會所表現的相同趨勢，　入會費增高了，尤以在南部爲甚，直到被人怨望；製品底樣是用爲任意

1. Louts XI. 2. Letters de maitrise. 3. Colbert. 4. Turgot. 5. Louis XVI
6. The National Assembly.

排斥的手段。世襲的例也興起了，直到凡是匠師的兒女就有入會候補人的優先權。人數日增的散匠，被迫到棄絕成爲匠師的希望；到十五世紀時散匠行會，亦名「組合」(1)，也就遍處組織起來。這些組織與匠師行會不斷的爭執工資和工作時間。但組合的主要目的是給閑散散工備辦食宿至他們尋職業爲止；要達這個目的，各組合就設立暫住舍(2)，亦稱旅館，這種辦法的摹本現今不是沒有。(見本書第二百六十三節)

散匠行會歷史最興旺的時期是一四五〇年至一五五〇年。自此以後，他們失了重要，大半因爲君主的反對。許多散匠行會並不是正式取消的，差不多全是蟄伏不動的，十七世紀中幾乎不聞散匠行會的聲息了。在英國，行會既成廢物之後就自行收縮起來，而且在比較稍早的年代已成工業生活的支節。但在日爾曼散匠行會雖自一五五〇年已成殭化的組織，却保住他的工業根據直到很晚——直至十九世紀前半期。積習，舊規，與國內經濟的退步(尤以缺乏資本爲甚)保着行會生存而且不損。一六六九年布蘭登堡(3)的選帝侯(4)(譯者按日爾曼在中古時代是二三百小邦的總稱。所謂日爾曼皇帝不過虛有其名。到十三世紀時皇帝由七個諸侯選舉，諸侯有選帝之權者稱爲選帝侯。布蘭登堡的君主是七選帝侯之一)計畫把行會完全取消。然而甚至法律也不能完成此事，行會的獨占權繼續到十九世紀，對於德國工業造成不可勝言的損害。

(27)家族工業制度之興起　正值行會衰微之時便興了工業組織的一個新派名爲家族工業制度(5)。雖可說英國家族工業制度最早可考的引證是在一四六四年，而且在更早的年代中這種制度已見於佛蘭德

1. Union. 2. Herbergen, or inns. 3. Brandenburg. 4. Elector. 5. Domestic system.

及意大利的紡織工業中，而由行會制度達於家族工業制度的變遷是非常之漸所以不能確指時期。在行會制度之下，匠師收買原料，在他自己的鋪店中製造起來，就在本處把出品賣給主顧。反之在家族工業制度之下，企業家（1）或經理人（2）把工作分給不住在他的鋪店裏而住在自己家中的傭工去做。有時傭工自備原料及器具，但較通常多是傭主備辦原料或器具，或二者俱由傭主備辦。按最普通的辦法，傭主把原料和器具都預備齊全，傭工於付給租用傭主器具的租金之後領取按件工資（3），即是按成品件數計算的工資。這種新制度是由市場推廣，職工技術進步，和人口增殖，而促進。但他的主要動力在於資本增加和一班工業提倡者，亦稱企業家，之興起；而且他的最顯著特點是企業家居於生產者與消費者之間。這一派新傭主竟直就是商人。無論如何，他不是手藝人。他專注他的心力在買賣的事務上，既不親手作工，除却必須履行契約條件之外又不費時間去監督製造。這樣的企業家少有為行會會員的，而且他的傭工，通常住在近郊或住在鄉間，是全無組織的。到了家族工業制度盛行之時，行會被擠得更衰微了。

雖家族工業制度的歷史絕未有人詳細著述，其中重要事實也還大致可考，尤以關於英國這種制度的發達為甚。在英國，這種制度興盛於織造業中。十五世紀中羊毛布製造業驟增之際，就興起了許多「布商」（4），又稱為「商業製造家」（5），他們買得生羊毛，分與刷毛工人，紡工，織工，研布工人等去做，付給他們幫助製造的工資，然後收集出品來賣與本國或外國的主顧。（見亞胥黎的英國經濟史及理論初桄第二卷二一八頁至二三七頁）製造的工作，是由一班住在自己家裏的人去做，間或由一二個散工和幾個學徒幫忙，但通常都由

1. Entrepreneur. 2. Manager. 3. Piece-wage. 4. Clothiers. 5. Merchant manufacturers.

他們的家口襄助。 這類工作大半是在鄉村裏或城市近郊辦理，而且常與農務相連。 有時就在一家裏把各段工作全行做完；有時一家人口專長一門，或紡，或織，或染，尤以西部各地爲甚。 十六十七世紀中製造技術經了可貴的改良，一半因佛蘭德人(1)，法國新教徒(2)，和俄隴人(3)（譯者按係比利時南部之人）中工匠因避宗教誅戮逃到英國就傳授了他們的方法式樣，一半因爲當時有幾種小發明，如織襪機初見於伊利沙白朝。 然而工業機械仍是簡單而且價廉，在最多種工業中各段工作都可在鄉農的家裏做。（見勃拉特的十六世紀英國工業之機械載於一九一四年十月號政治經濟雜誌(a)。）英格蘭家族工業制度最盛之處是西南部，中部，及西北部。

(28)家族工業制度之得失 家族工業制度的流行很給了些好處與英國的平民。 這種制度尤其對於農業佃戶有裨益，在十六十七世紀中最多數務農之人受了只靠田地出產不夠養活家口之苦。 在羊毛工業，製釘業，造肥皂業，陶業，和其他工業中，這些農人尋得不必拋荒農務或根本改變他們的社會身分或經濟地位而又可增添生活方法的機會。 他們作工多少可以隨意；他們藉此能化風雨的日子和寒冷的冬季爲有用；而且婦女小孩都能做一種通常既非不衛生又非不愉快的工作，以幫助支持家計。 動用那些簡單機械時，只要耐煩就行，並不須多大熟練。 小說家兼文章家德富(4)在他一七二五年前後出版的大不列顛游記(5)中敘了他在約克協(6)，哈里法克司(7)觀察所得的家族工業有趣味的光景。 他說：

「四面陡峻的山邊分布着一些人家因爲田土已分成二三畝至六七畝的圈地，更大的很少，每三四段地

(a) J. W. Pratt: Machinery in Sixteenth-Century English Industry, in Jour. Pol. Econ., Oct., 1914. 1. Flemish. 2. Huguenot. 3. Walloon. 4. Daniel Defoe. 5. Tour through Breat Britain. 6. Yorkshire. 7. Halifax.

裏總住有一家人……各家距離不遠，笑語相聞……每一適中的人家總有一個製造場……當時每個布商至少必須養一匹馬以備由市上到家裏運羊毛和食物，馱紗線到織工處，馱成製品與研布房，研妥了時，馱到市場發賣等事之用；於是鄉間每家也喂着一兩頭牛備家口工作之用。 因此，每家房屋附近圈人之地都用着了……至於穀米，他們種得幾乎不夠喂養雞鴨。 雖然我們也遇着些人在戶外，然而我們看見各家裏住滿了強健的人，有些在染缸前，有些在織機上，有些在縫衣裳；婦女小孩梳羊毛或紡線；從最小的到最老的，人人都有事做；少有四歲以上的人兩隻手不能養活自己的。 看不見一個乞丐，除却在給老年人或殘廢人設的養濟院內，也不見游手無業的人。 人民大概都長壽；他們享受好空氣；而且在這種境地辛勉的工作縱不使他們富裕，自然是隨帶着健康的幸福。」（見丹尼爾德富的大不列顛全島游記第三卷一四四頁至一四六頁(a)。 這部書共四卷，德富不曾用他的真名出版，只說是一位紳士作的，出版於一七二四年至一七二七年。 這部書的材料固然有些是親身觀察的結果，綜全體看來，却是精巧的纂集物。）

從工人方面看來，家族工業制度具有幾種勝於隨後年間工場制度的真正長處，是很明白無庸誇張的。 對照的情形曾經一位英國著作家發揮如下：

「他們（工人們）仍舊有多少住在鄉間，並不是一齊擠在齷齪的窮巷內，或煙積塵封的街上長排房中，住的屋好像許多污穢的養兔籠一樣。 即或工人曾住在城內，那時的城也與現今工業繁盛之區滿布着煙塵污垢的屋宇的城大不相同。 那時沒有高煙筒，噴出如雲的毒煙，沒有大而且熱的工場，幾百扇窗戶在黑暗

(a) Daniel De Foe., A Tour Through the Whole Island of Great Britain, By a Gentleman.

放淡黃色的光，和日夜不停的機器鏗鏜乒乓響不絕聲。那時沒有大鎔鍊爐從黑煤灰堆裏發出來，或毒壞周圍十幾里園林田土的化學藥品工場。這些東西尚未出現。工場和熔煉爐是差不多無人知道。工作是由匠人在他的磚造的或石造的小房屋裏做，把作坊設在裏間，就在那裏他的妻女刷毛紡紗，他自己和他的兒子織布。大約各處相同的，他又有他的田地靠近他的房屋，這田地供他以食料和養息，因爲他能以耕種田地飼養雞豚去免除盡日織布的枯寂。」（見吉冰士的英國工業史一四八頁至一四九頁。）

這一番形容總不免有些是想像的，我們不當忘却家族工業制度也有他的黑暗處。（大致言之，英國家族工業制度的情形在約克協是比南部和西南部更暢適些。）工人不是獨立的。他自己常沒有他需用的器具；他自己雖有原料；而且他必得如僱主之願去領受工資去按條件作工。偶然他欠了僱主的債，他就因此屈服於非常苦惱的拘束。到稍後時代，僱主與僱工的交涉都由工頭代表，僱主僱工之間的親自接觸幾乎完全消滅。又遍處興起了換工制度（1），在這種制度之下，工作是完全的或部分的以出品酬償，而不以金錢酬償。僱主又都愛在大城鎮中居住，其結果，工人必得耗費許多時間往返運送原料及成製品。競爭日益劇烈，有時足使人破產傾家，工人常因不能再有工夫去耕種以致迫得放棄田地。兒童勞働，雖可因家庭影響稍減妨害，實是家族工業制度被人詬病之源，而且是近代勞働界困難問題之一，即所謂「朘削」（2）問題，便是家族工業制度的直接產物。（見鄧洛樸的英國學徒情形及兒童勞働。）關於朘削問題，見本書第一百七十節及一百七十一節（a-2）。簡單說，家族工業制度，縱具有幾樁人所共見的長處，而工業開拓上最可慘的事也有幾樁是家

(a) O. J. Dunlop: English Apprenticeship and Child Labor. 1. Truck system. 2. "Sweating."

族工業制度助成的。（譯者按近來常有人說中國仍在家族工業時代；若就內地情形而論，恐怕還未必說得上。）

SELECTED REFERENCES

General

W. J. Ashley, Introduction to English Economic History and Theory (4th ed., London, 1913), II, 66–243.

G. T. Warner, Landmarks in English Industrial History (London, 1899), 209–227.

W. Cunningham, Growth of English Industry and Commerce During the Early and Middle Ages (4th ed., Cambridge, 1904), 336–352, 434–447, 506–525.

A. D. Innes, England's Industrial Development (London, 1912), 177–186.

H. de B. Gibbins, Industrial History of England (4th ed., London, 1895), 57–67.

H. de B. Gibbins, Industry in England (London, 1896), 120–148, 305–320.

C. Bücher, Die Entstehung der Volkswirthschaft (Tübingen, 1901), trans by S. M. Wickett as "Industrial Evolution (New York, 1912), Chaps. IV, V.

G. Bry, Histoire industrielle et économique de l'Angleterre depuis les origines jusqu'à nos jours (Paris, 1900), 341–369.

A. Abram, Social England in the Fifteenth Century (London, 1909), 1–21, 131–146.

A. Abram, English Life and Manners in the Later Middle Ages (New York, 1913).

H. T. Wood, Industrial England in the Middle of the Eighteenth Century (London, 1910).

G. Unwin, Industrial Organization in the Sixteenth and Seventeenth Centuries (Oxford, 1904).

L. F. Salzmann, English Industries of the Middle Ages (London, 1913).

A. des Cilleuls, Histoire et régime de la grande industrie en France au XVIIe et XVIIIe siècles (Paris, 1898).

M. Kovalevsky, La France èconomique et sociale à la veille de la Revolution ; les villes (Paris, 1911).

The Craft Gild

E. Lipson, Introduction to the Economic History of England (London, 1915), 279–347.

W. J. Ashley, Introduction to English Economic History and Theory (4th ed., London, 1913), I, 76–96.

W. Cunningham, Growth of English Industry and Commerce During the Early and Middle Ages (4th ed., Cambridge, 1905), 336–353, 506–517.

J. E. T. Rogers, Economic Interpretation of History (New York, 1889), Chap. XIV.

E. R. A.Seligman, two chapters on the Mediæval Guilds of England, in publications of the Amer. Econ. Assoc., II, No. 5 (1887).

J. M. Lambert, Two Thousand Years of Gild Life (Hull, 1891), Chaps. III–VI.

F. A. Hibbert, Influence and Development of English Gilds (Cambridge, 1891).

Mrs. J. R. Green, Town Life in the Fifteenth Century, 2 vols. (New York, 1894).

G. Nuwin, The Gilds and Companies of London (London, 1908).

L. Brentano, On the History and Development of Gilds (London, 1870).

E. M. St. Léon, Histoire des corporations des métiers (Paris, 1897).

J. T. Smith, English Gilds in Early English Text Society Pub., No. 40 (London, 1870).

E. Staley, The Guilds of Florence (London, 1906).

J. Drioux, Étude économique et juridique sur les associations : les coalitions d'ouvriers et de patrons de 1789 à nos jours, précedés d'une étude historique sur les colleges d'artisans et la gilde germanique (Paris, 1884).

Craft Gild Decline

E. Lipson, Introduction to the Economic History of England (London 1915), 347–390.

G. T. Warner, Landmarks in English Industrial History (London, 1899), 116–133.

S. Kramer, The English Craft Gilds; an Examination of the Accepted Theory Regarding the Decay of the Craft Gilds, in Columbia University Studies in History, Economics, and Public Law, XXIII (New York, 1905), No. 4.

J. M. Lambert, Two Thousand Years of Gild Life (Hull, 1891).

The Domestic System

W. J. Ashley, Introduction to English Economic History and Theory (4th ed., London, 1913), II, 191–243.

E. Lipson, Introduction to the Economic History of England (London, 1915), 391–443.

G. T. Warner, Landmarks in English Industrial History (London, 1899), 144–150.

W. Cunningham, Growth of English Industry and Commerce in Modern Times (5th ed., Cambridge, 1912), Pt. I, 494–510.

C. J. Bullock, Selected Readings in Economics (Boston, 1907), 114–124.

J. E. T. Rogers, Economic Interpretation of History (New York, 1889), Chap. XIII.

G. Nuwin, Industrial Organization in the Sixteenth and Seventeenth Centuries (Oxford, 1904).

M. Kovalevsky, Die ockonomische Entwicklung Europas bis zum Beginn der Kapitalistischen Wirtschaftsform, trans. from Russian by L. Motzkin, 7 vols. (Berlin, 1901–14).

第四章　重商主義衰微以前之商業

(29)中古時代商業之復興　中古初葉歐洲經濟組織的主要特點是缺乏大量的商業。在羅馬分崩及蠻族侵入時代，貿易凋殘幾乎絕跡。迨到社會再造於農鄉法式上及封建法式上時，食邑及其他地方本位的組織，但凡能穀維持總以經濟自足爲本。每個農村團體極力去生產一村所需之物，而且只生產一村所需之量。(見本書第十節)自然，隨時總還多少有些貿易。金屬品，鹽，漆皮貨，魚，和其他物品時常都得由遠處運來；細衣料，火酒，香料，和其他異鄉出產的需要並未完全消滅。但是，歸總看來，中古初葉的商業是在文明世界歷史中最低的限度上。

從十一世紀起，形勢逐漸改變了。商業的數量，價値，經過路程，和組織程度都增加了。大致說，商業復興首先出現於意大利及法國南部商業尙存之處，而更北各國商業漸盛也由於受了歐洲南部商業活動的誘導。其他助長的原因是人口增加，生活程度逐漸提高，工業漸興，貨幣使用增加，而尤以十字軍(1)時代與遠地民族接觸的結果輸入了新物品，新習慣，和新嗜好爲甚。關於上舉各事，商業發達好像原因，又像結果。所以說，商業振興是由於製造品的生產，同時工業發達是因市場開發而增進。

十二世紀之後商業進步很快。關涉的國是意大利，法國，日爾曼，斯坎地拿維亞，及英國；而且全歐洲可看爲已分成北，南，中三帶(2)。北帶包括附近波羅的海(3)和北海(4)的互市各國。這一帶的商業構成於粗重貨物——木材，糧食，魚，革皮貨，油脂，琥珀，瀝靑，油漆——這些貨物都裝入大而且慢的船中由河海運輸。(近

1. Crusades. 2. Three great zones. 3. Baltic Sea. 4. North Sea.

一帶是漢沙同盟(1)活動的區域，所謂漢沙同盟是由盧卑克(2)領袖的一班商業城市的結合，興盛於十三十四世紀中。漢沙同盟盛時包羅七十餘城，他的商站(3)由倫敦延至諾爾哥洛(4)。南帶包括地中海沿岸各地。這一帶的商業多半構成較細緻較昂貴而非粗重的貨品——絲貨，細布，香料，藥材，染料，化妝品，珠寶，紙張，玻璃——這些貨物乃裝入特別製造的輕快艇，足以抵敵沿海騷擾的海盜船。中帶包括位於南北二帶之間的各地。這一帶的商業是屬於很消極的性質，構成於由水陸兩道交換南北二帶的貨物。

(30)中古商業之狀況　中古時代商業的幾樣普通特徵必須略加說明。第一是商人行會的宰制(5)。前已表過商人行會出現略早於手藝行會(見本書第二十一節)英國商人行會最早的記載是見於一〇八七年某城市批准的特許狀裏，(見格洛士的行會商人第一編第五頁(a))十一世紀之後這類組織盛行於英法德意。幾百年來商業較爲進步的國裏的商人都是行會會員。行會會員不僅包括屬於嚴格意義的商人，並且包括一切買賣人，例如手藝匠師和散匠都算在內。這種機關本來純是私的，但後來經公家承認，常被准許參與地方政治之事。如手藝行會一樣，商人行會也是以增進會員的社會利益及經濟利益爲主旨。要達這個目的，商人行會對於旅行或經商於遠鄉的會員爲之設法保護生命財產；會員缺乏資金時行會爲之籌措；行會阻遏會員中的競爭而且保持機會均等，甚至於在許多事件上使各個會員皆得有參加同行會員的商業交易之權；而且，最重要的，行會保有當地城市零賣商業的獨占權。排斥外路商人不許在本地營業是絕不能行的而且也是絕不願爲的；並且習慣准許「外鄉人」(6)，即是由另一城市來的人(無本國外國之分)去做

(a) Gross: Gild Merchant. I. 5. 1. Hanseatic League. 2. Lübeck. 3. Trading posts. 4. Novgorod. 5. Merchant gild. 6. "Foreigners."

批發買賣，但外鄉人應當把貨物只賣與商人行會會員，而且應遵守行會或本地官吏所定的其他規則；這種情形尤以英國爲甚。（關於英國中古時代外鄉商人的地位，參看亞肖黎的英國經濟史及理論初桃第一卷一〇二頁至一〇九頁。）一商人行會並不像近世的托辣斯（1），因爲第一，商人行會的入會資格是很寬泛的，第二，商人行會是人的結合，不是資本的結合，而且會員不擬分贏利（2）。（見德依的商業史四八頁（a））。然而須知，行會的存在固然是爲整理保護會員各個經營的商業，他也常以法人的資格從事於商業交易。

中古商業的第二個主要特徵是市集（3）和定期（4）市場的卓越。自從較早的時代起，小商業地方的商業，個人的商業自然趨於不足適應一般人的要求，迨到貨物的需要增加，市集就興起了，於是商人有較便利的機會，其他的人也容易交換物品。市集的時間和地點是逐漸由地方習慣定的，有時更以法律補助。在許多地方，市集時期本是按古聖祭日定的。定期市場也如市集一樣，不過定期市場大概經過的日期更長，招徠的客商更遠。市集和定期市場兩樣都是有定期而非繼續的商業工具。再者，兩樣都是靠着世俗貴族或教會貴族的照應來維持，這些貴族給客商以保護，備置判斷爭執的方法，而且用別的法門鼓舞商人與居民集會交易，貴族藉此可由徵稅或別的方法生發一大筆收入。定期市場的主要時代是十三十四世紀。這種慣例見於歐洲各處，而在英格蘭中部及法國香濱（5）府最爲繁盛。香濱六大定期市場每個都延長到六星期以上，挨次舉行，也就差不多成爲繼續的市場了。法國，佛蘭德，意大利，西班牙，日爾曼，英國等處的商人都去赴會，帶去的貨物差不多把當時商品包羅無遺。十四世紀以後，定期市場入於衰微時期，大半因爲在那時定期貿易

(a) Day: History of Commerce, 84. 1. "Trust." 2. Division of profits. 3. "Markets." 4. "Fairs." 5. County of Champagne.

(a) J. G. Pease and H. Chitty: The Law of Markets and Fairs (London, 1899). (b) P. Huvelin: Essai historique sur le droit des marchés et des foires (Paris, 1897). (c) C. Gross: The Court of Piepowder, in Quar. Jour. Econ., Feb., 1906. 1. "Just" price. 2. "Engrossing." 3. "Forestalling." 4. "Regrating." 5. "Assizes of bread and ale."

的方式已是不濟事了。雖然在日爾曼定期市場用爲商業工具綿延到十七世紀，而且在俄國現今定期市場仍占重要，若就歐洲全部看來，在定期市場的後段中商業的意味已經消滅，只有娛樂的性質存在。（關於中古時代市集及定期市場，參看德依的商業史六三三頁至七〇頁；李卜生的英國經濟史一九六頁至二三七頁，皮斯及齊德的市集及定期市場之法律（a）；徐福蘭的市集及定期市場法律史論（b）；格洛士的培拋達爾法庭載於一九〇六年二月號經濟季刊（c）。）

中古時代商業的第三種重要情形是嚴密苛細的規則之盛行。行會，諸侯，城市，教會，君主——全能規定章程，捐項，和別的障礙物，所以現今認爲絕不可少的企業自由權在當時一點也沒有。最關重要的是當時幾種本於習慣或法律或二者兼而有之，深入人心的觀念造成極有力的箝制。這些觀念之一是以爲每樣事物都有一個「平」價（1），無論市場情形如何，索價高於平價是不義的行爲。第二是當時一種信仰以爲貸錢要利息是有罪過的，這種行爲實是教會禁止的。第三是一種見解以爲批發商和居間人的行事是有害的，因此引出嚴厲的禁令不許「壟斷」（2），即是收買貨物於登市之前囤着等候高價；不許「買占」（3），即是收買貨物於中途，希圖以較廉之價買入，和不許「居奇」（4），即是趁便宜買進貨物，等到價漲又賣出。另一班限制是由行會，或國家政府，或地方政府，規正物價而發生的。有一個例，讀過英國歷史的人都可想得起來的，是「審定麵包及甜酒價值」（5），設立一個順序表依照小麥的價錢定出麵包的重量，依照小麥，大麥，和燕麥的價定出甜酒的價。（見亞肯黎的英國經濟史及理論初桄第一卷一七八頁至一九五頁。）更厲害的商業障礙是發生於地方貴族或國家政府徵課通行稅(1)及關稅(2)，這種情形在小邦林立的日爾曼和意大利尤爲顯著。即如法國，全國雖已統一於皇室權力之下，而在十八世紀以前，地方徵收商稅的特權是很少被中央干涉的。凡通過大路，橋梁，渡船，小河，通行稅是任意徵收的；同時對於運入的貨物，或運往別處經過本地的貨物，徵課關稅，幾乎不顧商人的利益或別地的利益。當時所行的限制有好幾種都是閉着眼睛打算以爲可保護消費者得免奸商的貪詐。但也有好幾種是專爲地方上權勢人設想的。

(31)近古初葉商業之發展　十五世紀之後，西歐商業變了一種新性質。行會衰敗了而且失却固有之權；市集和定期市場都衰落了；同時商業經營的數量和種類之增加涵育了新理想而且迫得採用新方法。由中古制度達於近代制度的變遷是遲慢的，而且中古辦法的遺規延續到十九世紀。但在根本上，商業組織和商業行爲的方式完全改變了。這個變更有四種特別顯著的情形：

(一)因各次大發現而世界遙遠之處開通，致使商業發達於前此所無的地面；

(二)大商業公司之設立，爲大宗批發商貨推廣的起點；

(三)與限於地方性質相反的國家商業政策及商業法規之發達；

(四)大規模商業絕不可少的利器之擴張，如貨幣，銀行及信用，航業等。

在十五世紀最後十年中計畫已久的東亞海程之探查已經如願相償，同時西半球的大陸也宣露於世界。再三十年的探險就足夠改變歐洲的——極而言之，歐亞的——商業爲世界的商業。這些大發現的終極效

1. Tolls. 2. Duties.

果是不可輕看的。東方物產，從前因為運輸困難之故，價值非常之貴，只有富人纔買得起的。此刻價值陡落，於是銷場增了好幾倍。在較進步的國中，糖，咖啡，及茶都首先成為日常用品。而且以前不知道的物產，如煙草，洋芋，及美洲的玉蜀黍，都成商業中的平常貨物了。首先在西班牙，葡萄牙，隨後在英國，法國，荷蘭，及其他國中，新而較廣的商業成為國家富強的基礎，擴張商業的慾望成為在東西兩世界建立殖民地的根本動機，由此國際競爭更加厲害，而禍延屢世的戰爭也就由此鼓動了。

這種新商業的性質是必須有大規模的經營和嚴密組織協合努力纔能做得有利。當時商船是無論在何處都難免海賊或敵人襲擊，及暴風的破壞，為着安全起見必須結隊同行。外國的香料，衣料和貴金屬必須送到口岸由歐洲人的「代理商」(1)指揮發運。小營運中全部損失的機會是非常之多，所以商人只能於協力合辦之中希望某部分能得住成功就行了。再者，管有遠處屬地的政府也寧願那些屬地的商業都操於本國特許的大公司之手，以便由政府管轄和課稅。其結果，在十六世紀下半期中歐洲入了一個極長的時代，在那個時代中商業的主要機關是商業公司(2)，照例由較富較勇敢的商人組織(尤以沿海口岸的商人為多)而且由政府賦與指定區域內的商業獨占權。這些公司分為兩類，即是合資公司(3)與股份公司(4)。合資公司是社員以自己名下的資本合力經營利益損失照本分攤，而公司行為應受與合股公司相同的法律規定。

股份公司是社員各出資本集成公共基金而委託經理之事於董事會或其他小團體。較早的公司的最多數——例如(英國的)一五五五年至一五五六年的俄羅斯公司(5)，又名墨斯柯威公司(6)(譯者按俄國首

1. "Factors." 2. Commercial companies. 3. "Regulative." 4. "Joint-stock."
5. Russia Company. 6. Muscovy Company.

名爲墨斯何威）一五八一年的土爾其公司（1），一五八八年的摩洛哥公司（2），及一五八八年的幾內亞公司（3）——都是合資的。有些公司，如一六〇〇年的英國東印度公司（4）及一六〇二年的荷蘭東印度公司（5），起初照合資規模開辦，不久就按着股份的原則改組了。隨後年間股份計劃差不多成爲普遍的了。單就法國說，從一五九九年至一六四二年黎悉留（6）身死之時（譯者按黎悉留生於一五五八年，爲路易第十三時之相，法國著名之政治家也）新立的公司和改組的公司共是二十二個，這些公司經營的區域包括坎拿大（7），西印度群島（8），非洲西岸，馬達嘎斯略（9）及東印度（10）。（見德依的商業史二三四頁）近古初葉西歐各國所設經營海上商務企業及殖民企業公司總數想必至少也有一百。通這個時期，雖歐洲商業的大莊繼續是內國貿易及鄰邦貿易，而由公司的力量以致商業活動的區域擴大是最重要的一件事實。

與地方統治商業相反的國家統治商業權之發達還在新地發現及商業公司興起之前。在英法兩國，君主的權力已足制作一般課稅政策而且強迫各城市放棄規定商業的特權，乃是在十四世紀中。因新地發現而商業區域擴大及商業數量和價值之增加，造成注重商業上應屬國家的利益，而且造成提倡商業應由國家權力管理的趨勢。在較早的年代很難說這些國家有商業政策。但在十七十八世紀中，不但關於英國和法國，而且荷蘭，西班牙，葡萄牙，及其他各國，都可以說是眞有國家的商業政策了。

最後可以說一說商業利器之增加，關於貨幣信用，和航業。在中古時代，商業頗因缺少通貨，濫發紙幣，以致價格不定之故而被阻滯。十六十七世紀中美洲的金銀流入歐洲發生貨幣的極大增加，致成擾亂商業損及

1. Turkey Company. 2. Moroceo Company. 3. Guinea Company. 4. English East India Company. 5. Dutch East India Company 6. Richelieu. 7. Canada. 8. The West Indies. 9. Madagescar. 10. The East Indies.

人民的物價增高，然而到底還供給了比以前更大的經營商業的媒介。　更重要的是銀行業發展和信用證券增加。　匯票已於十三世紀中在意大利行用，而且較主要的銀行業務隨後不久也在意大利通行。　十六十七世紀中銀行業在法國，德國，英國甚爲發達，在安推濮(1)出現第一個大交易所(2)，見天營業，不必當面看貨交貨，只買賣代表貨物的有價證券(3)。　股份公司之興起把現今交易所中習見的有價證券品類加入市場；早如十七世紀組織完備的證券交易所(4)已出現於倫敦，佛蘭克福特(5)，漢堡(6)，安姆斯達丹(7)，及其他工商業中心地。　關於航業，當時所現的改革是船體加大和使船舶方向路程決定較確的利器之輸入。(譯者按中國五千年前發明的指南針便是第一利器)　既然經行的距離增加而且裝運的貨物又需要更大的容量，船舶也屢經改良；而十七世紀中測程器的創用和十八世紀中時計的發明使船長能測量距離計算經度，其正確爲前此所無。(見德依的商業史一三六頁)。

(32)十八世紀中商業之限制：關稅　不管區域增廣利器加多，十八世紀的商業繼續是隨處都受嚴厲苛煩的拘束。　商業必須打過的障礙是天然的和人爲的二者俱有。　主要的天然障礙是缺乏低廉迅速的交通運輸方法。　大路是不多而且都壞。　帆船和槳船是不十分中用的。　鐵道和汽船還無人知道。　在應用蒸汽動力於運輸之前，由英國極南與極北之間的貨物運送所耗時間勞力比現今英國日本間或英國澳洲間的運送還要大些。　然而妨害商業的最多數障礙都是人爲的，即是說，這些障礙都是政府的或個人的行爲所致。　有些——如各地方法律衡度的混淆差異——是意想不到的而且是無法免避的。　有些，包括種種通行稅和捐

1. Antwerp 2. Bourse, or exchange. 3. "Securities." 4. Stock-exchange 5. Frankfort. 6. Hamburg. 7. Amsterdam.

項而言，是中古封建制度及行會制度的遺產。然而還有些是再三斟酌而後採用之政策的結果。在這一項內，兩件事是異常重要的，即是關稅(1)和所謂「重商主義」(2)的經濟政治制度。

關稅的起源是很古的。到十八世紀時這種稅行用於兩個形式之下。一方面，這種稅是課於國內由這一省或這一縣運到其他省分或縣分的貨物。在那一方面，這種稅是課於外國運入本國的貨物或本國運往外國的貨物。在好幾國中，如法國及西班牙，兩種稅同時並用。在英國沒有內地稅，但通中古時代及近古初葉關稅是對輸出及輸入按例抽收的。十四世紀之前，輸入和輸出一律征稅，唯一的主旨是增加國家歲入。然而從十五世紀起，英國就稍稍固執於重課輸入稅而且限制輸出，甚至禁制輸出，意在維持羊毛製造業和其他本國工業。保留原料為本國工業之用而只輸出成製品，成為最占優勢的政策。在伊利沙白(3)即位之年(一五五八年)出了一本「稅率書」(4)列舉應受制裁的物品而且臚陳每種如何評價上稅；這個制度發達極快，一世紀之後(一六六二年)「稅率書」包羅一一三九種輸入品及二一二種輸出品都是不免要受當時關稅則例的影響的。英國極力操縱商業，使利歸己有，以圖富強，就引動敵國和他爭賽，其結果十七世紀中各處限制外國貿易的法律都很緊嚴。於是不謀而合的，高掌遠蹠的國家都習於以關稅法規來羈絆鄰邦的貿易。

十八世紀中英國政府收入的大部分都是出於關稅。然而每逢修改稅則之時，橫亙心中的大欲總不是收入，乃是操縱工商業使英國比別國得占更大的便宜。輸入的成製品為英國自能生產者課稅極重，甚至完全禁止。各種原料，如羊毛是英國工業能利用的，都以關稅或禁止輸出保存於國內。凡能使外國人對於英國

1. Customs duties. 2. "Mercantilism." 3. Elizabeth. 4. Book of Rates.

爲債務者的輸出總是受鼓勵的。 簡單說，凡爲當時認爲可以擴充國力的一切法規，商業都應順受，不得顧慮。

但限制政策的正理是絕少研究的——在十八世紀中葉以前絕無專門名家之作。 在法國，這種形勢還更壞些，因爲這國內直至大革命時仍存着老朽煩雜的內地稅法規。 關於外國貿易情形完全與英國相同。 如英國一樣，在邊境徵收的關稅本是爲籌畫歲入而設。 但在法國，經十七世紀前半期，利用關稅以保護本國實業的計畫也發生了；財政大臣柯爾貝(1)苦心策畫施行於魯易第十四(2)朝的關稅制度，也就是這個主意。 外國輸入品的關稅屢次推進直至許多樣成爲寓禁於征。 輸出也各按情形或加以限制或完全禁止。 在英法兩國，若非當時偷漏不難，商業必至減縮到狹小的限度。 任意處置的高率關稅生出無限的國際軋轢，而且成爲與荷蘭戰爭的原因之一。

（33）重商主義之興起 以上所說的關稅政策乃是一種當時流行商業理論的自然結果——即是所謂「重商主義派」(3)的理論，——這種理論，初見於十六世紀下半期，宰制商業關係至二百年之久。 重商主義在歷史上的根原可見於爲伊沙利白時代特徵的發展國力之雄略中，在重商主義的原理闡爲經濟理論之前這種制度已被採用爲國家政策了。 重商主義家自稱是專究全國利益的而非個人利益的商業計畫，因此重商主義在較早各商業原理中自然顯得是一大進步。

重商主義的主要原理可以約略說明。 爲這種制度之基礎的假定(4)是以爲一國的勢力是絕對依賴於永久保有大宗的貨金。 當時的人都認金銀爲普遍需要之物，以爲拿金銀來付貨價總是可收受的，並且以爲

1. Colbert. 2. Louis XIV. 3. "Mercantilist." 4. Assumption.

財富是一般的都按金錢數目估算。又以爲從前西班牙及葡萄牙所以能彀強盛都是因爲這兩國能彀收取新世界的大宗金銀供給。在戰爭之時，現金自是急需，這就無怪在那個戰爭頻數的時代，各國都覺得平時國家政策的無上目的是應當儲藏現金於國庫中和人民的錢袋裏。然而歐洲出產金銀之處不多，而且產額也有限得很。所以重商主義家的意見總是要操縱外國貿易的進行使金銀儘量的運入本國，而金銀的輸出却要保到最小限度。在穆恩(1)於一六六四年出版的小册子名爲「英國對外貿易致富記」(2)中可見這種政策的強有力的說明。(這部書的節本曾經紐約的麥美倫公司於一八九五年出版(3))。穆恩說，「增加我們的財富寶貨的手段是對外貿易；所以我們必當永遠奉行這條定律，每年賣給外國人的東西比我們消費他們的價錢更多。」簡單說，這種計畫是保持輸入少於輸出，藉此產出有利差額(4)，於是確保充裕金錢，要用時便可取來。「貿易之有利差額」(5)的觀念成了重商主義之主要特點，二百年來這個觀念是國家商業遠略的主動原因，不特英國爲然，歐洲各國都是如此。

(34)重商主義之實施　穆恩所鼓吹以爲可賴以實現重商主義的理想之實行方法包括禁止黃金輸出，獎勵黃金輸入，增進成製品的輸出，和除却工業原料之外遏制一般的輸入。藉國家之力以求達到目的的實施方法有好幾樣。攏總可包括歐洲十九世紀中一切限制的及保護的關稅制度。這些實施方法並不是各國一律，若以爲重商制度總是各處相同，或竟直以爲是一個單一的制度，這就錯了。然而實施政策的四個特點總是顯著的，只不過輕重上各有不同而已。一是極力振興商業及貨幣之流通和維持國內一般繁盛的情形。

1. Thomas Mun. 2. "England's Treasure by Foreign Trade." 3. Macmillan Company. 4. A favorable balance. 5. "Favorable balance of trade.

二是除金銀和原料以外，阻遏商品輸入或禁止商品輸入。三是以付給奬勵金或其他方法來鼓勵輸出，尤以輸出貨價由外國人以現金清償之時爲甚；又鼓勵本國製造，航業，漁業，以爲商業及海軍實力的補助。四是訂立通商條約，志在爲國內多餘貨物啓發新市場及爲訂約國之一方或雙方取得專享的利益。（一七〇三年英國與葡萄牙立的麥修恩條約（1）便是一個絕好的例。）

按着十七十八世紀時的情形，實有許多難於反對的話爲重商主義辯護；而且這種政策的全部計畫也恰合當時一般通行的信仰及思想。（德國經濟學家石慕勒（2）的意見以爲就各方面一總看來重商主義在當時是能自圓其說的。見重商制度五〇頁以下（a）。然而這種政策所本的假定，就在當時亦是似是而非，後來竟直完全謬誤。那些假定之一是以爲金錢是最可欲的資本。又一個假定是輸入本來就是不好的，而輸出是好的，現金流出流入的關係是一國興旺安全的眞正晴雨表。現在的經濟學家和政治學家却明白了（雖然一般人心裏對於這個問題仍有些混淆）金錢不過是以交換而取得其他資本的一種媒介，所以只要他種資本富足，金錢並不是有性命關係的東西，故意的聚集金錢只能因舍棄他種財富而有成，如像守財虜只圖增加窖藏不肯添置有用物件一樣；國際貿易的眞實優勢和各國間相對的利益，不能僅以輸出和輸入的比較來計算，是應當以別的方法算的。（關於此事的討論，參看陶西格的經濟學原理一卷三四章及三五章（b）。）然而在當時以爲國家能彀強迫金銀聚集於國內，以爲用這個方法增進國力比別的方法更靠得住，等話的瞭解之下，各國爭着要得現金，而且他們的商業活動都是照着這個目的來規畫。

(a) The Mercantile System. p. 50 ff. (b) Taussig: Principles of Economics, I, Chap. XXXIV—XXXV. 1. The Methuen treaty of 1703. 2. Schmoller.

當時各國行事的影響是在許多方面都甚重要的。然而，第一層，須知那主要目的並不曾美滿完成。雖有最嚴厲的法規金銀仍是順着商業需要從這一國流入那一國，而且既然各國一致以相同的手段應用相同的原則，自然各處的成績也就相敵了。甚至西班牙，這國不但有集聚寶貨的機會，而且遵信重商政策比別國更無顧忌，也在那裏抱怨說金銀不够。重商主義雖不能貫徹目的，却產生了重大的結果。前已指明，乃是因重商主義在前，纔發生近代各國的關稅制度於後；而且現今歐美的保護主義(1)並沒有失去重商主義根原的痕跡。再者，重商主義宰制十七十八世紀各國的殖民政策，他暗示的意思是以爲殖民地應爲母國的經濟利益而存在，而且促成嚴格的獨占政策，意在防制外國或殖民自身奪去母國經營殖民地所成的果實。更有甚者，如英國所爲，重商主義造成耕通航條例(2)以保護航業的計畫，這個政策實爲失却美洲殖民地的一大原因，而美國已獨立之後英國仍不肯舍棄這個政策。至於說重商主義是十七十八世紀中妨礙歐洲經濟生活的屢次國際戰爭之禍機，誠不免言過其實；但在這個期間，各國中一種很強的傾向是與那一國通商的差額有利就合他講友誼，與這一國通商的差額有損就成仇讎，國際分合多是由此判定。所以，英國對法貿易常現有損差額(3)一事，實大有力於當時英國對法國不絕的敵意。

(35)十八世紀中英國之商業　大凡研究十八世紀歐洲商業實況的人都看得出來當時雖有重商主義及戰爭所加的妨礙，而商業的數量，區域，和交換的商品種類都增加了。大致說來，爲十七世紀特點的專利特許公司的商業行爲此刻已經變爲私人自由企業；而且這種變遷完全發生於英國之一事實可認爲英國所以於

1. Protectionism. 2. Navigation Laws. 3. Unfavorable balance.

十八世紀中一躍而爲商業霸主的重要理由。當時英國的政治狀況也是很順適的。一六八八年至一六八九年革命的結果消滅了國內一個長期的危機，成就了建設政治自由的新猷，於是人民的注意比以前更轉向商業活動和殖民活動。英格蘭銀行(1)設於一六九四年，商務部(2)設於一六九六年，都是不可小看的事。因爲一連幾次大戰終究於一七六三年傾覆法國的殖民霸權，英國由此得了很大的土地，商業特權，和商業機會。

這種種原因迭更推演的結果是英國的對外貿易在這一世紀中增加了五六倍。一七〇〇年英國輸出總額是三一七，〇〇〇噸；在一八〇一年就是一，九五八，〇〇〇噸。從一六九八年至一七〇一年期間，輸出的每年平均價值是六，四〇〇，〇〇〇鎊，輸入的每年平均價值是五，五〇〇，〇〇〇鎊；在一八〇二年輸出就到四一，四〇〇，〇〇〇鎊，輸入到三一，四〇〇，〇〇〇鎊。(須知十八世紀的商業統計是不甚可靠的，主要理由是偸漏盛行。違反法律而輸出輸入之貨物有時足與稅關登記之貨額相當。)在十八世紀初年對歐洲各國的商業占對外貿易總額四分之三；在十八世紀末年，因對美洲和亞洲的商業發達，對歐商業只合總額的一半有零。羊毛製品在十八世紀末葉是最重要的輸出，棉花製品第二，鋼鐵製品第三，這三宗差不多占了輸出總額的半數。最重要的輸入是糖(值七，一〇〇，〇〇〇鎊，)茶(值三，一〇〇，〇〇〇鎊，)穀類(值二，七〇〇，〇〇〇鎊，)愛爾蘭麻布(值二，六〇〇，〇〇〇鎊，)棉花(值二，三〇〇，〇〇〇鎊，)咖啡(值二，二〇〇，〇〇〇鎊。)(關於十八世紀中英國輸入及輸出參看德依的商業史二二

1. Bank of England. 2. Board of Trade.

章及二三章）。

（36）十八世紀中歐洲大陸之商業　英國的第一個商敵是法國，十八世紀中法國商業的發展進步甚至比英國更快。　在面積上，人口上，土壤上，和氣候上，法國都勝於英國，實在久已享有歐洲最富之國的美名。　在較早的年代中，法國被他的不健全的政治制度和無數勞民傷財的戰爭所妨害，不能實踐爲商業國的期許，而且在十八世紀中這些情形繼續爲他的障礙。　不管錯誤而且不成功的外交政策和國內工商業的惡雜組織，法國竟能增加他的對外貿易總額於一七一六年至一七八七年間由二一四，九〇〇，〇〇〇立佛爾（1）到一，一五三，五〇〇，〇〇〇立佛爾。（每一立佛爾之値約合英金二十仙）　在一七一六年中對歐洲各國貿易額總計一七六，六〇〇，〇〇〇立佛爾，對美洲貿易二五，八〇〇，〇〇〇立佛爾，對亞洲貿易九，二〇〇，〇〇〇立佛爾，對非洲貿易一，一〇〇，〇〇〇立佛爾。　在一七八七年這些數目是：對歐，八〇四，三〇〇，〇〇〇立佛爾；對美，二六九，九〇〇，〇〇〇立佛爾；對亞，五二，一〇〇，〇〇〇立佛爾；對非，六，五〇〇，〇〇〇立佛爾。　由這些統計看來，可見遍十八世紀法國商業活動之限於歐洲是比英國更甚。

第一顯著的理由是因法屬殖民地之分崩以致斷絕了市場。　但又有一個理由須在法國出產的輸出品的性質上總看得出來。　法國輸出品與英國輸出品的性質相反，英國輸出品多是大宗日常用品——羊毛布，鋼鐵器，粗布，和粗糙的革製品——法國輸出品多是細緻美麗的貨物，包括細毛布，絲貨，花邊，火酒，白蘭地酒，和特種金屬品及革製品。　英國的出產是「數量」（2）貨物，法國的出產是「品質」（3）貨物。　英國的出產是更容

1. Livre. 2. "Quantity" goods. 3. "Quality" goods.

1. Prussia. 2. Hohenzollern. 3. Havana. 4. "Economistes." 5. Physiocratic School. 6. Adam Smith. 7. "Nature." 8. "To rule." 9. Dupont de Nemours. 10. François Quesnay.

易在比較不發達的外國銷售的。

關於十八世紀歐洲其他各國的商業可不必累贅說。在日爾曼，那三十年戰爭的破壞影響還未盡絕，商業爲許多半獨立小邦和城市的關稅及通行稅的網羅所妨害。好多地方南部尤甚，繼續衰減了商業的重要，關於一八〇〇年日爾曼全體的商業只可說他是有限的而且遲鈍的。在這一世紀最有希望的發展是普魯士(1)國的統一，這件事至少亦爲荷亨佐倫(2)氏統治之地的商業聯絡及振頓計畫的預兆。較早時代的幾個大商業國在十八世紀僅僅保持原有地位，或有受積極衰落之苦的。荷蘭的商業完全停頓。他沒有顯出絕對的消滅，但與英國或法國的商業相比，荷蘭的却是陡衰了。意大利商業的光彩已經過去了。西班牙，爲本國不能控制的形勢所迫，在十八世紀中葉以廢除殖民地通商的禁令和開放哈萬拿(3)及其他美洲口岸與歐洲通商來振頓他的商業制度。但隨着發生的商業興盛的利益多半歸於殖民地人民和英國人，對於西班牙本國銳減的商業數量和價值幾乎毫無影響。

一(37)自由的經濟理論：重農學派及斯密亞丹　上面已經說過，有一個時期重商主義的原理不但幾於普遍採用，而且也相當的被當時經濟狀況證爲正當。然而十八世紀既進，情形改變了，於是出現一種激動，反對重商主義的條例和限制。在英法兩國，這種反動都有能言善辯的人——在法國是「經濟學家」(4)式的重農學派(5)，在英國是斯密亞丹(6)。重農學派（重農學派的西文名稱是由「自然」(7)和「主宰」(8)兩字合成，乃這學派的一員杜邦德奈穆爾所創的(9)）的鼻祖是魁斯奈(10)（生於一六九四年，死於一七七四年），他是路易第十五(1)的御醫，又是哲學家兼經濟著作家，重農派主義的原始要論是見於魁斯奈於一七六八年出版的經濟表中(2)。(此書全名爲經濟表解(3)，或徐理之皇室經濟之撮要。) 魁斯奈和他的同志傾動一時，門徒頗衆。杜爾閣(4)便是魁斯奈的學生之一，而且斯密亞丹不但與這重農派的各領袖熟識，並且在他的原富(5)書中很恭維他們的科學成就和貢獻。重農學派的根本意見是以爲社會是各個人積成的，社會中各個人都有相同的自然權利；以爲政府是絕不可少的壞東西(6)，政府的職權應受嚴格限制到足以防制他以別人的權力來干涉人；並且以爲在經濟範圍內個人有就他的勢力所能達的限度享受自然快樂之權，各個人皆得自由盡他的能力去做他的事，不須規定或限制。再者，重農學派的主旨以爲，照着眞能增加實物於可供人用之材料的意義說，只有農業勞工是眞正能生產的。然而他們也承認工商業是必要的，而且他們力主商業無論本國外國都應該免除一切可避的妨礙和限制。因爲對於許多問題的思想過於玄虛，重農派就在他們本國亦未能得直接的民衆勢力，在大革命期間這派思想家也就銷聲匿跡了。然而在比較實行的杜爾閣手裏，更進一步在斯密亞丹手裏，他們鼓吹的商業意見得着專門名家的論述而且博得廣遠深沉的聽信。

斯密亞丹(7)(生於一七三二年，死於一七九〇年)是格拉斯哥(8)大學的道德哲學教授而且是發明家瓦特(9)的知己。(當格拉斯哥城市因瓦特不是當地行會會員而拒絕其工作時，斯密亞丹請瓦特把工店設在大學區內，那裏不歸城市管轄。) 一位著作家特筆寫道，「於是造經濟革命的兩大勢力聯絡在一起了。」見

1. Louis XV. 2. Tableau Économique. 3. Tableau économique avec son explication, ou extrait des économies royales de Sully. 4. Turgot. 5. Wealth of Nations. 6. A necessary evil. 7. Adam Smith. 8. University of Glasgow. 9. Watt.

(a) Ely: Outlines of Economics, 36. (b) E. Cannan (ed.): Lectures on Justice, Police, Revenue, and Arms, delivered in the University of Glasgow by Adam Smith (Oxford, 1896). (c) Cunningham: Growth of English Industry and Commerce in Modern Times (5th ed., Cambridge, 1912), Pt. I, 593-597. 1. Inquiry into the Nature and Causes of the Wealth of Nations. 2. Science of political economy. 3. Réflexions. 4. Réflexions sur la formation et distribution des richesses.

伊黎的經濟學大綱三六頁(a)。 他講授的四個主要題目之一是「非建設於正義上而建設於便宜上之政治條例；」就這樣性質的條例中專提出來說的卽是關於商業及財政的。(見堪蘭出版的斯密亞丹在格拉斯哥大學演述的法理治安歲入及武備講義，一八九六年出版(b)。) 現在還有證據，斯密亞丹很早的對於商業政策主張自由，而且，他雖種種的批評重農派，他之所以能於一七七六年出版他的不朽盛業原富(1)而在經濟學界占最重要之地位，却是他於一七六四年至一七六五年與重農派首領十八月訪問所致。 有些人說斯密亞丹是政治經濟科學(2)的創造者，這話是不與確的。 這門科學並不是一人所創，而且斯密亞丹著書時這門科學的原理已經不少人知道了。 杜爾閣在他的心得錄(3)(譯者按這本書的本名是財富構成及財富分配心得錄(4)後簡稱心得錄)內已闡發了一種有組織的經濟主義體裁。 斯密亞丹雖在此學略有進步時纔致力其間，而因能自成一家之言，故此反使他的前輩淹沒不彰。(參看鑑寧漢的近世英國工商業之發達(一九一二年第五版)第一編五九三頁至五九七頁(c)。) 斯密亞丹在他的書中發揮一種意見(這種意見在當時固屬驚世駭俗而在現今亦尚未能得一般人公認) 以爲各國互相倚賴卽是他們各個進步的主因，並以爲排外是違反國家正當發達之事。 與重商派相反，他證明各國不是一定要互相仇視或遺傳的互相仇視，而且以爲各國維持商業的或任何其他的功用關係使大家有利無一受損是可能的。 他駁斥保護關稅和當時通行的其他商業障礙，那段文字是非常的犀利淵博，自從他的書出版時直到現今，自由貿易論者竟難再得增廣的材料。 他痛論商業限制阻礙財富的增長而且造成人民的貧乏，以爲輸出獎勵金的功效只不過損了社會的利益來矯揉造作的勉強振興特種工業，以爲課稅於食料，無論本國產的或輸入的，總是「與地之不毛天之不仁相等的禍患。」 他不曾斷言保護關稅在一切情形之下都是不好。 他相信保護關稅可作報復之用，以便獲得外國關稅法律之撤銷，即是用爲武器。 在關稅能被證爲有收入目的或國防目的之處，他也要維持這種稅。（因爲國防之故他主張通航條例是合於正理的。） 他雖認英國勞工的流動已足使保護關稅爲不必要的防術；然而在大多數人民生活實有賴於保護關稅所扶助的實業之處，他至少也要暫緩取消他們。 斯密亞丹的書出版恰與英屬美洲殖民地宣布獨立同是一年，這件事把他所論的許多道理證實了；而且對於一般人心裏的感印也頗不小。（見韓訥的經濟思想史一五八頁至一八九頁（a））。

（38）重商主義之衰落及商業自由之發端　重商主義的衰微，雖原於西歐經濟狀況及經濟思想徐徐改變，又特別被重農派和斯密亞丹的鼓動，其衰微却是很漸的。 斯密亞丹自己也未敢十分希望商派思想完全永絕。 他說，「希望商業自由完全復興於英國，其誕妄是與希望在英國建設神仙島烏託邦一樣的可笑。 不但一般人的偏見反對商業自由，而且，尤其無法可制的，許多個人私利勢不可當的反抗他。」（見原富第四卷第二章（b））。 這是的確眞實的，就在現今重商派的觀念絕未完全停止去影響一般人的心理，甚至在英國亦復如是。 然而重商主義之爲政治經濟思想的一般系統是早已廢替了。 在英國，重商主義到一八三〇年前後即已失其依據。 在歐洲大陸他的宰制力綿延稍久，但結局也是與英國一樣。 重商論的謬誤是各面都揭破了。 較廣的信用制度之發生興起了以借款應付鉅額支出的新方法，免除了聚集現金的必要。 斯密亞丹的與

(a) L. H. Honey: History of Economic Thought (New York, 1911), 158-189.
(b) Wealth of Nations, Bk. IV, Chap. II.

1. Laissez-faire. 2. Manchester School 3. William and Mary. 4. The Tories. 5. The Whigs. 6 Walpole 7. George I. 8. Hanover.

正國家財富須以獎勵個人財富來建設之說一傳播便打破了從日以商業爲聚斂金錢之機械的觀念。 但是，以爲通商總不免一方得利一方受損，以爲商業是戰略之一種，以爲輸入能在本國生產的物品卽是有害於本國，等等意見到底多少不免使人躊躇難決。 再者，一八四〇年間出現了放任主義(1)的大勝利——這個主義是以爲個人有完全自由的經濟行爲之權利，以爲國家規律不宜越過維持法律及維持秩序以上。 英國放任主義的代表者是滿切斯達學派(2)的人(見本書第一百一十三節)這個主義倒成爲政治典謨而不見得是經濟學理。 但他的本旨原是屬於經濟的。

甚至在十八世紀末年法國，英國，及其他國都極力去把商業安頓在較自由的基礎上，這種努力卽或不算永遠成功，却也頗有把握。 在法國，這種振作可見於杜爾閣一七七四年至一七七五年短期任職的度支革改案內，及一七八三年至一七九三年十年間法國與英國，荷蘭，俄國訂的自由商約，並一七九一年寬和的關稅法。 在英國，早如威廉(3)及馬利朝時代(譯者案自一六八九年至一六九四年)保守黨(4)已傾向低率關稅，甚至傾向自由貿易，而自由黨(5)，其中以工業人民及城市居民最占勢力，仍從偏袒保護關稅。 通十八世紀最多年間自由黨當權；當時關稅的修改限於轉移輸出商的負擔於輸入商及減輕輸入原料的課稅，這兩件事都是在華博爾(6)任職時辦成的。(譯者案華博爾自一七二三年至一七四二年爲英國首相。 英皇佐治第一(7)自漢洛法(8)入承大統，不能英語，委國事於自由黨，華博爾其黨魁也。)

美國獨立既已成功，從日重商政策的弱點完全暴露，商業關係的改造成爲必要，於是英國人把商業制度的大勸查認為當務之急。畢特(1)（譯者案當時英國有兩個畢特。老畢特(2)（一七〇八——一七七八）亦稱恰薩姆勳爵曾為英國首相，其次子少畢特(3)亦為著名之政治家。此處所指乃少畢特。）當機立斷，厲行他以保守黨領袖的資格所懷抱的自由貿易主義的一部分——即是新近為斯密亞丹的書所鼓舞稱揚的主義。這是自由貿易在英國人於實際政治範圍的第一次。大要三件事是完成了。一七八四年，茶稅減為百分之一二·五，從前茶稅之重致使英國消費的茶葉三分之二是由偷漏來的。一七八六年，費了無限氣力訂立英法商約，於是兩國從事於彼此減輕幾種輸入品的稅率。（法國把英產毛織物及棉織物的關稅減為百分之十二的從價稅，英產金屬器具及刀剪亦減到百分之十。英國把法產火酒，白蘭地酒，香油，玻璃器，及其他製造品的關稅減輕一半）。一七八七年，關稅制度改正，於是淩亂衝突的條文都綜合了，而且向來所用一六六〇年的物品價率也改成與被稅商品的現在實價相當。

(39)一七八九年至一八一五年之英法貿易　關稅制度修改和訂立商約只不過是英國褒而為法國大革命所妨礙的許多改革中的兩樁事；因此又足足過了三十年，英國商業禁制纔得完全廢除。然而一七八六年英法商約的實施，為時雖不甚久，却已可證明他的價值。在這個條約之下，兩國間的商業於三年之中增加一倍。但一七八九年以後，這個條約失了效力，而且不久就廢除了。在大革命的初年法國的關稅改革頗有進步。一七九〇年國民議會(4)取消一切地方關稅及內國商業的其他禁制，次年國民議會更進一步，制立對於一切外國的劃一關稅。這次定的稅率是平和的，輸出輸入的禁制很少而且不甚重要。一七九二年法國

1. Pitt. 2. Pitt, William (Earl of Chatham). 3. Pitt, William (the younger). 4. Constituent Assembly (National Constituent Assembly, or National Assembly).

與與國捲入戰爭，一七九三年又與英國開戰，從此不久商業關係又現了戰後常有的變態。關稅稅率增高了；禁令和限制多了幾倍條約，如一七八六年的，也撤廢了；法國勅令與英國御前決議令的戰爭也開端了。到一八〇〇年法國國旗已不復見於海上，法國商業幾乎絕跡了。

和平之期不久，隨即於一八〇三年又開戰端，拿破崙(1)政策的一重要部分是排斥英國貨物，不容其留於歐洲大陸，自以為不啻對於英國商業直扼其喉。一八〇六年的柏林(2)勅令，一八〇七年及一八〇八年的米蘭(3)勅令禁絕拿破崙治下各國對英國的商業關係，聲言英國已被封鎖，並且宣告一切接觸英國口岸的船舶都為合法的俘虜品。到一八〇九年全歐洲大陸，除葡萄牙，西西里(4)，土爾其之外，都不得與英國通商。同時法國關稅盛增，到一八一〇年時竟達於空前的高度。

英國亦以勢不相下的御前決議(5)令報復法國的勅令，意圖驅除與拿破崙同盟各國的海上商業，而且利用中立國商業為英國之利。這事對於中立國的影響是慘酷的，其結果逼得美國與英國開戰。到後來拿破崙自己也只得承認「大陸條例」(6)已經失敗。拿破崙欠缺使封鎖有效的方法，而且商業勢力太大，不能僅以政治的禁令來征服。在兩個交戰國內，這種爭衡造成鉅額的商業衰落。在法國，商業日衰，至一七九九年大有恢復之象，自一八〇六年起又衰了。在英國，結果還不及法國之厲害，因為輸出雖然減少，經商之人於舊門路閉絕之際又立刻尋出些合法的或不合法的新門路，而且拿破崙勢力摧殘之後英國又立即取回他所已失的，並且還有多餘。英國的世界商業霸權之鞏固在一八一五年實不亞於一七九三年。

1. Napoleon, Bonaparte. 2. Berlin Decree. 3. Milan Decree. 4. Sicily. 5. Orders in council. 6. "Continental System."

譯者按「大陸條例」(1)這個名詞是指當時英法二國逐漸採取的奇特戰略。 到一八〇六年時歐洲形勢已成爲英國是海上霸主，拿破崙是歐洲大陸的霸主。 法國既不能以平常軍略去攻英國，英國亦無以制法國，而兩國又絕不肯講和。 先是英國於一八〇六年五月宣告歐洲沿岸自愛爾伯(2)河口至布雷斯特(3)應行封鎖，英國海軍對於在上指兩地之間出港入港的船隻都要捕拿。 於是拿破崙於一八〇六年十一月發布柏林勅令，以六事屬各國：(一)各國不得與英貿易，對英須封鎖港口，(二)各國不得與英通消息，(三)法國及同盟國領域內之英人，即時逮捕，(四)沒收英人之財產商貨，(五)商品產自英國者不得交易，(六)英國及其殖民地之船舶不得航入法國權威所及之港灣。

十八世紀中英國工業革命已經開始，其結果英國工業異常進步，養成一班勢力絕大的工業階級，以致英國出產的物品比世界上任何民族的更好，更多，更廉。 工業漸成爲英國富強的基礎，於是商業更加發達。 拿破崙對於英國這種情形又忌又恨，常呼英國爲「店夥國」(4)，這次他對於這個「店夥國」決意要痛加懲治。

在拿破崙的意中以爲對英問題的性質是顯而易見的。 他既無強大的海軍，又不能對英國利用他的雄厚的陸軍，所以他決定專攻英國的易於因傷致命之處——即是英國的工商業。 他認定若能防範英國貨物，不容其輸入歐洲大陸，他的勁敵就被剝奪了物產的銷場，工業必至消亡，英國工人必至失業，國內必至大起恐慌，人民必至反抗政府而束手服從他的條件；一句話說，他要覆滅英國的工商業以迫英國向

1. "Continental System." 2. Elbe. 3. Brest. 4. "A nation of shopkeepers."

1. Warsaw Decree. 2. Fontainebleau Decree. 3. Denmark. 4. Baltimore. 5. Evening Post.

他求和。

拿破崙既頒柏林勅令之後又於一八〇七年一月發布華所(1)勅令，一八〇七年十二月發布米蘭勅令，一八一〇年十月發布豐登布洛(2)勅令。米蘭勅令明定中立國船隻由英國口岸或英國軍隊占據之地出發者皆應受法國海軍捕虜。豐登布洛勅令竟至命將在拿破崙治下各國的英國製造品一齊沒收，付之一炬。

英國對於法國勅令報以御前決議令，聲言中立國船舶凡與法國及法之同盟國通商者均應受捕，而且規定中立國船舶必須寄碇於英國口岸。兩方這樣爭執可算是針鋒相對，而中立國却受了大害了。丹麥(3)力抗英國的御前決議令，於是英國與丹麥開戰，大敗丹麥海軍。至一八一二年英國又因相同的原故與美國開戰。

按英國於一八〇七年規定，中立國船舶欲免英國海軍捕拿者必須寄碇於英國口岸，取得英政府執照，並繳納極重的出口稅。那時美國船隻占中立國船舶的最多數。一八〇八年九月美國波提摩(4)的晚報(5)記着：若一隻美國船載四百箱煙草到荷蘭，遵照英國規定，經由倫敦，船主應納之款計煙草每磅一本士半，船每噸十二先令，英政府執照需費一百元，各項共計需美金一萬三千元。回來時，若要免英國巡洋艦捕拿，船主須再繳美金一萬六千五百元，纔得安穩載着荷蘭的酒回到波提摩。總計美國船出航一次須付英國以美金三萬元上下。

美國對於英法所爲十分駭怒，於是美國國會承美總統傑福生(1)之意通過封港條例(2)(一八〇七年十二月)禁止一切船舶出口，意在防美船之再受損失而促英法之互相讓步。其結果，美國大西洋沿岸貿易大受影響。一八〇八年美國國會復許歐洲各國除英法外，與美貿易。英國深忌美國奪其海上運送業，更厲行其御前決議令，至一八一二年英美遂開戰。

拿破崙對於以斷絕英國與大陸的貿易來屈服英國之計，自覺深有把握。他要使英國一蹶不振，於是極力策畫使歐洲不再仰賴向來英國船舶載運的殖民地物產。他獎勵以慈柯梨(3)代咖啡，種植糖蘿蔔(4)，及熱帶顏料各代用品之發現。然而「大陸條例」對英國不過是「紙上封鎖」(5)，在歐洲大陸却使人民大受困苦，人心異常不平，拿破崙之傾覆半由於此。

以拿破崙之雄才大略，合全歐洲之武力，竟不足對付一個英國；可見經濟勢力是比任甚麼勢力還要大些。 參考赫耶士的近世歐洲政治社會史第一卷五四六頁至五四九頁(a)；羅濱生及畢爾德的歐洲史大綱第二卷二八九頁至二九三頁(b)。

(a) C. J. H. Hayes: A Political and Social History of Modern Europe, Vol. I. 546–549. (b). J. H. Robinson and C. A. Beard: Outlines of European History. Pt. II. 289–293. 1. Jefferson. 2. An embargo act. 3. Chicory. 4. Sugar beet. 5. "Paper" blockade.

SELECTED REFERENCES

General

H. de B. Gibbins, Industry in England (London, 1896), 223–233, 248–304.

A. E. Bland, P. A. Brown, and R. H. Tawney, English Economic History, Select Documents (London, 1914), 154–203 *passim*.

A. D. Innes, England's Industrial Development (London, 1912), 162–186.

F. W. Tickner, Social and Industrial History of England (London, 1915), 161–174, 340–357.

W. H. Hamilton, Current Economic Problems: A Series of Readings on the Control of Industrial Development (Chicago, 1915), 16–20.

A. Abram, Social England in the Fifteenth Century (London, 1909), 91–51.

H. D. Traill and J. S. Mann, Social England (illus. ed., London, 1902), III, 736–749.

P. Risson, Histoire sommaire du commerce (Paris, 1902), 72–290.

Mediæval Trade

C. Day, History of Commerce (new ed., New York, 1914), 31–127.

E. P. Cheyney, European Background of American History (New York, 1904), 22–78.

G. B. Adams, Civilization During the Middle Ages (New York, 1894), Chap. XII.

E. Lipson, Introduction to Economic History of England (London, 1915), 444–508.

W. C. Webster, General History of Commerce (Boston, 1903), 35–106.

W. Cunningham, Growth of English Industry and Commerce During the Early and Middle Ages (4th ed., Cambridge, 1905), 298–336, 381–396, 409–434.

A. L. Jencks, The Origin, the Organization, and the Location of the Staple of England (Philadelphia, 1908).

A. Law, Notes on English Mediæval Shipping, in Econ. Rev., July, 1898.

Mrs. J. R. Green, Town Life in England in the Fifteenth Century, 2 vols. (London, 1894).

H. Zimmern, The Hausa Towns (New York, 1889).

L. Hutchinson, Oriental Trade and the Rise of the Lombard Communes, in Quar. Jour. Econ., May, 1902.

W. C. Hazlitt, The Venetian Republic, 2 vols. (London, 1915).

H. F. Brown, Venice (New York, 1893).

C. R. Beazley, Prince Henry the Navigator (New York, 1890).

W. Heyd, Geschichte des Levantehandels im Mittelalter, 2 vols. (Leipzig 1879), trans. as Histoire du commerce du Levant au moyen-age.

The Merchant Gild

E. Lipson, Introduction to the Economic History of England (London, 1915), 238–278.

M. Briggs, Economic History of England (London, 1914), 43–67.

W. J. Ashley, Introduction to English Economic History and Theory (9th ed., London, 1913), 68–76.

J. M. Lambert, Two Thousand Years of Gild Life (Hull, 1891), Chaps. XIII–XVII.

E. R. A. Seligman, Two Chapters on the Mediæval Guilds of England, in Publications of Amer. Eco. Assoc., II, No. 5 (1887).

L. Brentano, The Gild Merchant, 2 vols. (Oxford, 1890).

G. Nuwin, The Guilds and Companies of London (London, 1908).

M. St. Léon. Histoire des corporations des métiers (Paris, 1897).

K. von Hegel, Stäte und Gilden der germanischen Völker im Mittelalter, 2 vols. (Leipzig, 1879).

Trading Companies of the Sixteenth and Seventeenth Centuries

C. Day, History of Commerce (new ed., New York, 1914), 190-208, 229-241.

E. P. Cheyney, European Background of American History (New York, 1904), 123-146.

G. T. Warner, Landmarks in English Industrial History (London, 1899), 187-208.

J. R. T. Rogers, Industrial and Commercial History of England (New York, 1892), Sect. VI.

W. Cunningham, Growth of English Industry and Commerce in Modern Times (5th ed., Cambridge, 1912), 214-284.

J. R. Seeley, Expansion of England (Boston, 1883), Sect. IV.

W. C. Webster, General History of Commerce (Boston, 1903), 129-210.

G. Cawston and A. H. Keane, The Early English Chartered Companies (London, 1913).

W. E. Lingelbach, The Merchant Adventurers of England, Their Laws and Ordinances with Other Documents (Philadelphia, 1902).

C. T. Carr [ed.], Select Charters of Trading Companies (London, 1913).

W. W. Hunter, History of British India (London, 1899), I.

H. Stevens, Dawn of British Trade to the East Indies (London, 1886).

M. Epstein, Early History of the Levant Company (London, 1908).

H. G. Egerton, Short History of British Colonial Policy (London, 1897).

H. Pigeonneau, Histoire du commerce de la France (Paris, 1887-89), II, Bk. II.

O. Noël, Histoire du commerce extréicur de la France depuis la Révolution (Paris, 1881).

H. Weber: La Compagnie française des Indes, 1604-1675 (Paris, 1904).

C. Day, The Dutch in Java (New York, 1904).

G. Schanz, Englische Handelspolitik gegen Ende des Mittelalters, 2 vols. (Paris, 1881).

M. Weber, Zur Geschichte der Handelsgesellschaften (Stuttgart, 1889).

English and French Trade in the Eighteenth Century

C. Day, History of Commerce (new ed., New York, 1914), 199–228, 242–269.

C. J. Bullock, Selected Readings in Economics (Boston, 1907), 325–333.

W. Cunningham, Growth of English Industry and Commerce in Modern Times (5th ed., Cambridge, 1912), Pt. I, 456–493.

W. A. S. Hewins, English Trade and Finance, Chiefly in the Seventeenth Century (London, 1892).

A. D. Innes, Britain and Her Rivals in the Eighteenth Century (London, 1895).

D. Macpherson, Annals of Commerce, Manufactures, Fisheries, and Navigation (London, 1805).

A. P. Usher, History of the Grain Trade in France, 1400–1710, in Harvard Econ. Studies, IX (Cambridge, 1913).

N. S. B. Gras, Evolution of the English Corn Market from the Twelfth to the Eighteenth Century, in Harvard Econ. Studies, XI (Cambridge, 1915).

Mercantilism

C. Day, History of Commerce (new ed., New York, 1914), 161–173.

G. T. Warner, Landmarks in English Industrial History (London, 1899), 150–167.

A. D. Innes, England's Industrial Development (London, 1912), 111–125.

G. M. Fisk, International Commercial Policies (New York, 1911), 21–36.

B. Rand, Selections Illustrating Economic History since the Seven Years' War (2d ed., Cambridge, 1892), 1–30.

F. W. Taussig, Principles of Economics (New-York, 1911), I, Chaps. XXXIV–XXXV.

L. Stephen, History of English Thought in the Eighteenth Century (2d ed., London, 1881), II, 289–304.

A. Toynbee, Lectures on the Industrial Revolution of the Eighteenth Century in England (new ed., London, 1908), 50–63.

W. Cunningham, Growth of English Industry and Commerce During the Early and Middle Ages (4th ed., Cambridge, 1905), 478–489.

W. Cunningham, Growth of English Industry and Commerce in Modern Times (5th ed., Cambridge, 1912), Pt. I, 13–608.

G. Armitage-Smith, The Free-Trade Movement and Its Results (New York, 1898), Chaps. I, II.

R. M. Garnier, History of the English Landed Interest (London. 1893), Chap. VI.

G. Schmoller, The Mercantile System and Its Historical Significance (New York, 1910).

A. G. Sargent, Economic Policy of Colbert (New York, 1899).

H. E. Egerton, A Short History of British Colonial Policy (London, 1897).

G. L. Beer, The Origin of the British Colonial System, 1578–1660 (New York, 1908).

G. L. Beer, The Old Colonial System, 1660–1754, 2 vols. (New York, 1912).

G. L. Beer, British Colonial Policy, 1754–1765 (New York, 1907).

The Physiocrats

L. H. Haney, History of Economic Thought (New York, 1911), 133–157.

C. Gide and C. Rist, History of Economic Doctrines from the Times of the Physiocrats to the Present Day, trans. by R. Richards (Boston, 1915), 1–117.

H. Denis, Histoire des systèmes économique et socialistes (5th ed., Paris, 1904), I, 69–184.

E. Lavisse [ed.], Histoire de France depuis les origines jusqu'à la Revolution (Paris, 1903–09), VIII, 351–361.

A. de Tocquèville, L'aucien régime et la rèvolution (Paris, 1856), Chap. III.

H. Higgs, The Physiocrats (London, 1897), containing a good bibliography.

G. Weulersse, Le mouvement physiocratique en France de 1756 a 1770, 2 vols. (Paris, 1910).

L. de Lavergne, Les economistes françaises du XVIIIe siècle (Paris, 1891):

J. Morley, The Life of Richard Cobden (Boston, 1881).

H. Truchy, Le liberalisme économique dans les œuvres de Quesnay, in Revue d'Economie Politique, Dec., 1899.

A. Espinas, Histoire des doctrines économique (Paris, 1891).

Y. Guyot, Quesnay et la physiocratie (Paris, 1896).

Fr. Quesnay, Œuvres économiques et physiocratiques, ed., by A. Oncken (Frankfort and Paris, 1888).

G. Schelle, Dupont de Nemours et l'école physiocratique (Paris, 1888).

A. Neymarck, Turgot et ses doctrines, 2 vols. (Paris, 1885).

J. Morley, Turgat (London, 1886).

Adam Smith

L. L. Price, Short History of Political Economy in England from Adam Smith to Arnold Toynbee (2d ed., London, 1896), 11–34.

L. Stephen, History of English Thought in the Eighteenth Century (2d ed., London, 1881), II, 315–328.

Cambridge Modern History (London and New York, 1909–12), X, Chap. XXIV.

J. Bonar. Philosophy and Political Economy (London, 1893), Chap. VIII.

H. Denis, Histoire des systèmes économique et socialistes (5th ed, Paris, 1904), I, 185–351.

J. Rae, Life of Adam Smith (London, 1892).

R. B. Haldane, Life of Adam Smith (London. 1887).

F. W. Hirst, Adam Smith (London, 1904).

A. W. Small, Adam Smith and Modern Sociology (Chicago, 1907).

E. R. A. Seligman [ed.], Adam Smith's Wealth of Nations, 2 vols. (New York, 1911), in Everyman's Library.

W. J. Ashley, Select Chapters and Passages from the Wealth of Nations (London, 1895).

A. Smith, An Inquiry into the Nature and Causes of the Wealth of Nations, ed. by J. E. T. Rogers, 2 vols. (Oxford, 1869), later ed. by J. S. Nicholson (London, 1887).

J. S. Nicholson, A Project of Empire; a Critical Study of the Economics of Imperialism, with special reference to the ideas of Adam Smith (new ed., London, 1910).

第五章　法德兩國中大革命及拿破崙之改制

(40)法國大革命之性質　狄士雷里(1)從前說過，歷史上只有兩樁大事——槎夷(2)圍城和法國(3)大革命。(譯者按狄士雷里生於一八〇四年死於一八八一年，爲猶太族(4)，曾兩度爲英國首相，以文學著名於時。槎夷圍城即荷馬(5)(西曆紀元前九百年時之詩人)詩中之槎徑戰爭(6)，記希臘人(7)與小亞細亞(8)民族相戰，圍槎夷十年(西曆紀元前一一九四年至一一八四年)，卒破其城，事出神話，無信史可徵)他這種說法可謂怪誕極了；但他這話含蓄的眞意是說把歷史上的大事列舉出來，無論如何限制，法國大革命總是不可省略的。說到法國大革命這句話，須知不是要敍轟擊巴士的(9)大獄時與推倒羅伯士俾爾(10)時之間的狂態暴亂，乃是一七八九年召集國會(11)與一七九五年所謂法國第三年憲法成立期間關於法國政治組織，社會組織，經濟組織的根本改革。大革命之所以重要，第一在於這個變動影響於近世法國發達之深遠，第二在於這個變動所施於西歐各國的刺激力和改革力。在法國，大革命的完全效果在本書已敍過的這些年間還沒有實現，在其他國內乃是十九世紀開幕之後，大半在拿破崙極盛的時代，法國大變動的改革力開始發生極大的實際效力。哈立生(12)(譯者按係英國之實驗哲學家，生於一八三一年)曾在他的一篇婉而多諷的文章裏說，「十九世紀史恰是法國大革命所留的工程的歷史。大革命的創造力是遠過於破壞力；他是培養力的不竭之源，他不但把舊社會根本廓清，他並且表彰了新社會的一切要素。」(見哈立生的史義及史論(一八九四年出版於倫敦)第六章(a)。)　較近一點說，這個論斷適用於法國，但是爲時稍久，這話很敏捷

(a) F. Harrison: The Meaning of History and Other Historical Pieces (London, 1894). Chap. VI. 1. Disraeli, Benjamin. 2. The Siege of Troy. 3. The French Revolution. 4. Jewish (Jew). 5. Homer. 6. Trojan War. 7. Hellenes (Greeks). 8. Asia Minor. 9. Bastile. 10. Robespierre. 11. States General or Estates General. 12. Frederic Harrison.

(a) J. B. Duvergier et al.: Collection complète des lois (Paris, 1834 ff.), I, 38.
(b) Robinson and Beard: Readings in Modern European History, I. 260-262.
(c) Anderson: Constitution and Documents, 58-95. 1. National Assembly. 2. The Directory. 3. Declaration of the Rights of Man and of the Citizen. 4. Cahiers.

的表明大革命在西歐大陸全部中的重要。

本章目的不在敍述大革命的普通歷史——軍事的，外交的，政治的。 我們注重的應在法國人及其他國人的社會地位中和經濟地位中被法國大革命立刻造成的或終究造成的有永久性的改革。 大革命本事始於一七八九年六月之召集國民議會(1)，終於一七九四年六月羅伯士俾爾之傾覆，或者更確切一點，終於一七九五年十一月遵照法國第三年憲法設立統制政府(2)。 大革命之永久重要成績的最多數都發生在這個時期中的頭十二個月裏。 只等稍後的革命家和後來的拿破崙把首先擔任的國民議會社會秩序之糾正一一照辦，推行，整理起來。

(41)人權及公民權宣言 大革命主旨的最曉暢之說明具載於一七八九年八月二十六日國民議會採取的一篇不朽之文，稱爲「人權及公民權宣言(3)」(原文見杜韋野的法律全書第一卷三八頁(a)；英文譯本見羅濱生及畢爾德的歐洲近世史事叢編第一卷二六〇頁至二六二頁(b)。 這篇宣言隨後具列於法國一七九一年憲法，載在杜韋野的法律全書第三卷二三九頁至二五五頁，英文譯本見安德生的憲法及公牘五八頁至九五頁(c)。 許多意見書(4)(國會議員選舉時，法皇詔求民間申述疾苦和指陳改革的條陳)都力說應當編製有系統的公民權說明書，國民議會應順這個要求合着自己心得的指導所以發布了這篇宣言。 這篇文告最初爲法國革命的程序表，隨後爲各國自由主義的標準。 現今歐洲各國憲法多載有這篇宣言的大部分。

人權宣言的著作者先定「不明人權，或放棄人權，或蔑視人權爲公衆禍患和政治腐敗的唯一原因」由此一直說下去，首先下了他們所見到的社會根本原則的定義，第二步就逐一列舉由這些原則生出的「天賦神聖不可放棄」之權利。 這些原則在宣言中說得最好。 據說：

「人自有生以來在權利上就是自由的而且平等的。 社會中貴賤之分只能爲公衆福利而設。 一切政治組織的目的都是保持天賦不可消滅的人權。 人的權利是自由，財產，安寧，和抵抗壓制。 一國的主權在國民。 沒有團體或個人可行使不直接由國民而來的權力。 所謂自由乃是不妨礙他人的一切行爲之自由；所以除却確保社會中其他分子也享用相同權利以外，每人天賦權的行使沒有限制。 天賦權的限制只能由法律決定。 法律只能禁止有害社會的行爲。 凡非法律所禁的事不得阻止，非法律所許的事亦不得強迫人去做。 法律是人民公意的表示。 每個公民都有權去親身參預或由代表參預編制法律。 法律必須對人一律，無論他所保護的或他所懲罰的。」

人權宣言的著作者從這些普通原則進而逐一列舉權利。 他們所指出的權利自然多半是在舊制度之下最認不淸楚的和最受侵犯的。 有些權利關於個人地位，有些權利關於財產。 宣言聲明：

「人民除因訴訟及按照法定方式外不得被控訴，逮捕，監禁。…… 法律所必須規的責罰限於有嚴格的而且顯明的必要，除却已經通過了公布了的法律認爲犯罪行爲應行科罰以外，人民不受處罰。……人民不得因個人意見及宗教意見之故而被擾害，但這種意見的發揮須不擾亂法律制定的公共秩序。 自由交換意見和智識是人權中最可寶貴的。所以每個公民都有言論，著作，出版的自由，但對於經法律明定的這種自由之濫用是要負責的。……凡關公民俱有權親自決定或委託代表決定公家課稅是否必要表決此事以大公無私的意思出之與知課稅的用途和規定課稅數目，徵收方法，及課稅年限。

關於財產，宣言聲明：

「既然財產權是神聖不可侵犯的，除依法斷定是公益必要所需外，人民的財產不受剝奪，否則財產所有者必須先期受公平的補償。」（見羅濱生及畢爾德的歐洲近世史事叢編第一卷二六〇頁至二六二頁）

人權宣言的公布時期比大革命發動時期稍早一點，二年之後，國民議會編制第一次革命憲法（一七九一年九月投票表決）時認爲不但要把人權宣言書的原則重言申明並且在新憲法內加一篇總則，概括明定這次立法要辦的改良事宜。這次憲法誠摯懇恪的聲明「國民議會……永遠廢除一切有害於自由平等權利的慣例，」接着就毅然列舉已經禁止的及將要禁止的各項重要社會慣例及經濟慣例。（見安德生的憲法及公牘六一頁） 讀者不要以爲當時，甚至革命熱潮最高之時，真把人權宣言和憲法總則中理想的民治，正義秩序等制度各處實行起來了。甚至革命運動的領袖在這試辦期中也不免退縮不前，不肯完全應用他們的理論。於是，不管那信誓旦旦的人民有「親自或委託代表」參預立法課稅之權，到得國民議會編製憲法之時反把完納直接稅不够折合三日勞役的公民一齊擯於參政權之外，這種辦法真把普通選舉限制得太厲害了。然而，除却一切無效的空言以外，一七八九年和一七九一年公布文中所具的許多理論都已實際應用了——

(a) J. H. Robinson: The French Declaration of the Rights of Man of 1879, in Pol. Sci Quar., Dec, 1899 (b) G. Jellinek: Die Erklarung der Menschen-und Bürgerrechte (Leipzig, 1895), trans. by M. Farrand as the Declaration of the Rights of Man and Citizen (New York, 1901). (c) Blum: La Declaration des droit de l'homme et du citoyen (Paris, 1902). (d) Univ. of Pa. Translations and Reprints from the Original Sources of European History, I. No. 5. I. Privilege.

—很够實行改革法國的社會和經濟了。而且上述原則的大部分至今仍為法國法律和政策的基礎。(關於人權宣言，參看羅濱生的一八七九年法國之人權宣言載於一八九九年十二月號政治學季刊(a)；葉林內克的人權及公民權宣言，一八九五年出版於萊比錫，經法蘭德譯成英文(b)；布蘭的人權及公民權宣言，一九〇二年出版於巴黎(c)。)

(42)社會的改革　一七八九年至一七九四年間造成的法國社會結構上及功用上的改革可分五項：

(一)社會的；

(二)經濟的；

(三)宗教的；

(四)政治的；

(五)法律的。(後三項不屬本書範圍，故不贅及。)

在舊制度之下最使人痛心疾首而且最無以自圓其說的是特權(1)之盛行，大革命的非常功績便是把特權一齊廢除。這些改革家的至高目的就由一七八九年八月四日至五日的夜間國民議會開會採取的幾種法律差不多全達到了。(各法律原文見杜韋野的法律全書第一卷三三頁至三五頁；英文譯本見安德生的憲法及公牘一一頁至一四頁；本辭文尼大學之歐洲史原影本及譯文第一集第五卷(d)。)在宣讀各省盛行的違法行為報告書之後，會中的各貴族議會居然爭着把幾百年來視為固有堅執不讓的特別權利全行退出，來拉波（1）所稱「犧牲大會」（2）即是指這件事。（譯者按米拉波生於一七四九年死於一七九一年，是法國大革命時代最能幹政治家兼演說家。只因他在少年時代做了許多無廉恥的事累得他無以取信於人，終於賚志以歿。）封建制度最先被宣告完全鏟除。凡由農奴制度而來的一切權利義務和捐項一律無償廢除，其他負欠也聲明可以金錢準折。食邑法庭一律停辦，以縣尹接管食邑法庭事務至新司法制度成立之時爲止。貴族的養鴿養鳩專有權也擯除了，從此農人纔得驅除有害稼穡的禽鳥不受責罰。在決定準折封建式的各捐項之前國民議會中關於此事就延甚久而且爭執極烈。直至一七九三年七月十七日封建制度的餘孽纔完全廓淸了。然而從一七八九年八月各勅令公布之時起這個原則却已明白確定了。

但一七八九年八月各勅令所行的事還不止此。這些勅令明定一俟籌出善法供給教堂費用之時就要廢止各項教堂什一稅（3）及各種代替教堂什一稅的教捐。這些勅令又把捐納司法官和捐納地方官的辦法革除了而且聲明司法處理是不當要錢的。最重要的是規定一切免稅特權都應截止的條文——規定租稅應「以相同的方式徵之於一切公民取之於一切財產。」由歸併各省，郡，縣，鄉，鎭的金錢的或非金錢的特殊權利成爲通行於全法國的法律，地方法律的差異也宣告廢除了。而且又規定凡屬公民，沒有出生貴賤的差別，都有爲官吏受榮典的資格；只要是職業就沒有卑賤的。社會平民主義的擔保是更申明於一七九一年的憲法，據稱：

「自今以後不得有貴族，不得有閥閱，不得有世襲品位，不得有階級差別，不得有封建制度，不得有族長法

1. Mirabeau. 2. "An orgy of sacrifice." 3. The tithes.

權；不得有僭位尊稱，及由此而來的特權，不得有武人階級，不得有需要貴族證據的及緣於出生高貴的法人(譯者按係指親王僧官等之封地而言)和勳章，不得超過執行公家職務官吏以上的優越地位。」(見安德生的憲法及公牘六一頁。)

在法律地位上，在公家義務上，在公權私權上，實際平等的原則是實力設定了；雖然大革命以後有時法國又發生了些爲十九世紀歐洲社會之通病的違反原則的情形，而大革命在廢除固定地位和特權中的根本成績絕未動搖。

(43)經濟的改革　以上所述改革的最多數至少也有一半是與經濟狀況和經濟利益相關的。　此刻可說明大革命的兩個重要經濟結果，即是土地所有權的分散和工商業的解放。　前已表過，一七八九年之前法國小地主的人數現在是明白了實比以前揣想的更多。　然而因貴族的大地產分散和變賣沒收教堂地產的結果，地主人數在一七九〇年至一七九五年間是顯然大增了，一個人要考求法國之所以成爲以小地主著名之國的來由，還得從大革命時起。　國民議會在他的工程開始之時宣布了產業自由和勞働自由，而且禁止了杜爾閣(1)未能禁止的行會及其他一切匠人工人的團體。　國民議會，爲維持產業自由起見，在一七九一年六月十四日的職業組織法令(2)內又禁止工人間或僱主間一切結社，否則行會或他種類似的機關不免復活。

這個法令實在是過猶不及，竟至把工人拒絕工作或僱主拒絕給與工作的一切聯絡同盟罷工，契約等，除有特別情形外，一律禁止而且認爲應受處罰，這就不免違反人權宣言了。　雖在拿破崙時代有一種近於行會性

1. Turgot. 2. Decree upon the Organisation of Trades and Professions.

(a) C. C. Plehn: Introduction to Public Finance (4th ed., New York), 1920. (b) C. J. H. Hayes: Political and Social History of Modern Europe, Vol. I. 455. 1. Quasi-corporations. 2. The principle of the trade union. 3. Taille. 4. Edmund Burke Napoleon Bonaparte, or Napoleon I. 6. The Consulate.

賀的「準會社」(1)曾經被許設立而且轄治多種重要工業，到得一七九一年的法令弛禁和職工組合(2)證理經法律認可時，已是十九世紀中葉了。

國民議會廢除了貢稅(3)和循式租稅的最多數。(譯者按貢稅起源於封建時代，本來是諸侯對於農奴的暴斂橫征，君主也間或徵這種稅於諸侯。到得君權已盛之時，貢稅便成爲定制。貢稅的性質是合動產稅及不動產稅兼而有之。一方面，這種稅是根據地產上的收入；一方面是根據於納稅人的能力按地產收入，工業出品等項計算。在法國大革命之前，貢稅全由農民負擔而且是農民的第一義務。農民希圖少納貢稅只有極力裝窮之一法；大革命以前法國的苛政此爲最甚。一七八九年法政府所收貢稅總計四四，七三七，八○○立佛爾。參考濮倫的財政學初桄(一九二○年第四版)一○三頁(a)；赫耶士的近世歐洲政治社會史第一卷四五五頁b)。印花稅，略爲變通，仍舊保留，關稅也是如此，但只在邊境地方專爲外國貿易而設。消費品的間接稅一律截止，只在統制政府時又復行用，不久又截止了。至於行的新稅，最重要的是土地的直接稅；其餘爲人頭稅，勞力所得稅，和商人執照捐。這各種稅往後曾經屢次修改，但現今法國直接稅制度的最多要素都是起於此時。

(44)拿破崙與大革命　在法國大革命之初，褒克(4)曾說倘若法國共和試驗一朝失敗，一定會隨着發生世界上空前的最完全專制。(譯者按褒克生於一七二九年，死於一七九七年，係英國之政治家。)就拿破崙(5)的事業看來，這個預言却是完全應驗了。迨到建立了大統領府時(6)，更進一步建立了帝國時，法國革命的理想主義時期已經終結而實行的，建設的，軍國的政治家的作爲却開始了。（譯者按拿破崙於一七六九年十一月爲大統領（1），一八〇二年爲終身大統領，一八〇四年五月十八日卽帝位於巴黎。） 在國務會議（2）初開會時，大統領宣告說，「我們已經演過了大革命的戲劇，我們此刻必須把眼光專注在如何切實應用這些原理，不在空談，不在玄想。」（譯者按拿破崙爲大統領後，設國務會議，自爲主席。） 拿破崙對於大革命雖然躬逢其盛，却並未存着一點贊成革命極致理想的同情心。 他所認爲革命中最有價值的事就是革命啓發了機會給像他自己一樣的天才之人去施展本領——他所懷抱的「大開賽場待天才」（3）便是他贊成的組織良好社會之根本原則。 哲學家的「無謂之談」他看得沒有多大的價值。 他呼盧梭（4）爲瘋人而且遠之唯恐不及。（譯者按盧梭生於一七一二年，死於一七七八年，爲民約論之創始者。） 自由，平等，博愛的齊聲叫號不能使他動心，因爲他不相信人類社會能建設在這些原理上，而且他毫不遲疑公然表白他的意見說法國人既不愛自由更不愛平等。 那班革命理想家盤據政權已經十年。 拿破崙自然會想着，倘若他們的假定是證明無誤的，十年當權的結果就應該把事實弄淸楚了。 然而一七九九年政權落於大統領手中的法國已是渙散了，氣沮了，沒有辦法了。 革新的一鼓之氣已經衰竭了，這國家究竟是怎樣也不能預料了。 有一件事却是顯明的，卽是，人民渴望國家安寧强盛之心極其眞誠懇切。 能够明瞭當時法國這種國情的人再沒有過於拿破崙的，他要乘機利用却不是很難的事。 按他的論理學說，爲法國起見，理論家及試驗家到底必要讓出地位與治理家及建設家：而且他絕不懷疑的以爲他自己就是法國在這危機一髮之際所必需的臨時救國的人

1. First Consul. 2. Council of State. 3. "Carriere ouverte aux talents."
4. Rousseau, Jean Jacques.

物。有一次他公然宣言說，「我敢發誓，我除了替法國做事以外沒有做事；我的心目中除了法國的福利以外沒有東西。」據他之見，法國在十九世紀之初立待接濟的不是政治理論，就是政府而已。

（45）大革命結果之保守　在拿破崙自己自然並不失悔遇着大革命和大革命造成的事。迨到事機急轉直下之時，他攬權的路已經預備好了，第一，廓清了一片土地以備他建立新君主國，第二，創設了他贊成的而他又可不必負責的社會組織之修改。他並未想恢復古制——除却一點，即是復興一個強盛的君主國。他所計畫的建設君主國的基礎並不是十八世紀的制度，乃是他所賤視的哲學家建立的事物之新秩序。當時更沒有人比他明白除非民心滿足實業興旺，國家不能強盛，他又看出這椿事即是法律上平等和經濟上平等之意。拿破崙所信的平等與哲學家考究的人類是不是生來就是平等毫不相干。他所謂的平等只是決不姑容政治上的和經濟上的階級差別，而且一切公民對於官職，榮譽，財富，功績都得有自由的而且一般的競爭。社會中仍應有貧富，智愚，勤惰，善惡之分。但這些難免的差異不可任其醞釀破壞國本。國家負擔人人有賞，國家酬庸人人可得，國家保護人人可享。

於是循序而下，法國大革命的最多數積極成就——以多數農民爲基礎的俗世國（譯者按謂與從前以宗教爲重之國家有別）脫離宗教羈絆的民法，維持極度平等的租地制度，宣布人民皆有平等權利的憲章——在拿破崙統治時代都是敬謹遵行而且培植得更深入於法國的新社會生活中及實業生活中。農奴舊制絕未被許恢復；貴族僧侶純未被許復得舊日特權；田土拓殖的新制着意保持；公開審判(1)，陪審員(2)，及治安

1. Public trial. 2. The jury.

鄉官(1)等制度都絲毫不苟的維持住了；一七八九年以前限制人民永遠有一定身分的禁令絕沒有復活過。從許多要點看來——尤以關於租稅，法律，教育及教堂為甚——革新的工程辦得倒比大革命時代更有進步。

(46)拿破崙經濟政策之概況　因為戰爭不絕之故，在拿破崙時代法國確定的國家經濟政策發展的機會很小。例如租稅一事，若有十年太平，拿破崙要用甚麼方法就不能說定。就當時事實而言，大革命時代的租稅政策却是大加修改了。這個政策的最可注意之處便是着重直接稅。舊日的間接稅如助捐(2)(譯者按助捐原是人民的自願捐輸，隨後也成為定制。飲料，金銀器皿，鐵器，紙張，皮革，油漆，往來賬簿，票據等等，無不課以助捐。記得聊齋上有「追比樂輸」一事，助捐自然更是要「追比」的了)和鹽稅(3)等都是很招民怨的；從一七八九年至一七九九年十年之間國家收入都由關稅，郵政，註册稅，印花稅而來，直接稅已經儘量利用了。起初時拿破崙的政府也不肯再行間接稅。然而政府接收的國庫是空虛的，加以戰爭費用，市政改良等事逼得他不能不往這條路走。一八〇一年至一八〇二年間，間接稅就占總收入百分之二十七；從此以後這個比例數逐步增加，至一八一一年就到了百分之四十。關稅，製造稅，飲用酒稅都增加了；不管舊日鹽稅之失民心，一八〇五年又徵收鹽稅；一八一〇年煙草定為政府專賣。然而農民的租稅負擔絕沒有像一七八九年以前那樣重。

拿破崙的關稅政策是毫無掩飾的保護主義式(4)，於一八〇三年及一八〇六年兩次改正關稅，第二次稅

1. Justices of the peace. 2. Aides. 3. Gabelle 4. Protectionist.

則成了法國在十九世紀大部分中一切關稅的基礎。至於帝國時代爲拿破崙商業政策實體的「大陸條例」已在前章說明，而且又是一椿朝開暮落沒有成功的事業，此處用不着再敘。至於勞働界裏進步退步參而有之。就原則而言，大革命所定略有限制的勞働自由是維持住的；而爲預防行會制度之復活，拿破崙自己的態度也很堅決。反之，一八〇三年有一種法律強制各工人都要塡寫巡警廳備置的文狀，上面記錄他歷來的僱作，僱傭未塡文狀的工人認爲違法之事。在許多種工業中，以食物的出產和買賣居多，却許成立「會社」(1)，這種「會社」與以前的行會頗不相上下。拿破崙行事，很可欽佩的一件是籌畫公益事業。經一八〇三年至一八一三年十年間，公益事業的費用在一萬萬法郎以上。舊日的大路改良了而且又造了許多新路，使法國的交通比歐洲任何他國的更便利。所有運河及其他水道都開濬得足以便利商旅。澇地的積水也排去了，堤堰也築堅了，海港也修濬了而且設防了。各宮殿也重新裝點起來，露福爾(2)皇宮也落成了。各省城市都撥給市政改良的公費。圖書館和美術館也各處建立起來而且由公家捐助。（「大陸條例」見本書第三十九節。此時期中之農工業進步另章敍述。工業進步見本書第九十四節。）

(47)**十九世紀初葉之日爾曼** 大革命及拿破崙時代中，法國境外各國於這個多事之秋發生的重要事端也不亞於法國國內所見的社會改革。這些變遷在荷蘭，瑞士，意大利，及西班牙都顯而易見，而最重要的是在德國；德國的經濟發達及社會發達之情形既占本書的重要部分，經拿破崙勢盛時代有關德國成就的革新情形自應特別說明。十八世紀的日爾曼(3)比現今的德國更大，因爲那時日爾曼包括現今稱爲奧大利(4)

1. "Corporations." 2. The Louvre. 3. Germany. 4. Austria.

獨立帝國的廣大地方。　但日爾曼的政治制度是過甚的地方分權，難於統治，所以這一國不能說是已經組織成國家。　名義上他是一個帝國，他的首領擁着中古「聖羅馬帝國大皇帝」(1)的尊號；實際上他是一個聯邦，如孟德斯鳩(2)說他的，是聯邦的最壞的一種。　總計日爾曼有三百六十邦——有大的，有小的，有強的，有弱的；如一位著作家說的，他代表「封建式的宗教政體從武士到皇帝的各種階級」，所以「一日的路程可以使行人經過一個自由城，經過一個大僧正的轄地，經過一個御前武士所有的村莊，經過伯爵，公爵，王爵，國君的屬土。」(見費霞的拿破崙治術之研究：日爾曼第七頁(a)。)

關於經濟狀況及社會各階級的地位和關係，十九世紀的日爾曼比着同時歐洲各國更是非常落後。　商業受最古老荒謬限制的束縛，而且數量也小。　工業也是受行會獨占，各邦監視，暴斂橫征，種種的妨礙。　道路極少而且極壞；城市的數目和繁盛日就衰落；人口——並不比三十年戰爭時多——是停頓無增而且有許多地方逐漸減少。　在普魯士(3)及其他許多地方，法律承認人民有三種階級，即是，貴族，公民，農人，而且隱然使人不能由這一階級進入另一階級。　甚至很高明的君主如腓雷德力(4)大王也懷着一種意見以爲每個有歷史關係的階級自有他相當的畛域及職業，以爲打算改變成規只不過足惹禍亂而已。　租地制度也按照社會階級嚴密規定，這一階級的人轉讓土地與那一階級的人必須君主特許纔算合法。　貴族不得從事於法律認爲專屬公民階級的職業，公民不能做農人常做的勞働事務。　社會地位，土地營業，專門職業都束縛在封建法律和習慣風俗的密網裏。　法國社會的伸縮力較大，農人工匠由自己企業抬舉自己列於中流社會，公民因與

(a) Fisher: Studies in Napoleonic Statesmanship: Germany (Oxford, 1903), 7.
1. Emperor of the Holy Roman Empire. 2. Montesquieu. 3. Prussia. 4. Frederick the Great.

1. Goethe, von, Johann Wolfgang. 2. Weimar. 3. Osnabrück. 4. Justus Möser.

皇家輸財效力封爲貴族並不是罕見的事。

在日爾曼一切地方鄉村居民的過半數是農奴，在普魯士，奧大利兩大邦中約莫總人口的三分之二都是在法律上不自由的。 在普魯士君主私有土地上的農人大致比那些在貴族產業中的境況稍好。 然而他們也得每星期費三四天，甚至五天，的工夫聽候君主的總工頭差遣去作工，除此以外還有額外的負擔和勞役。 至於私人領地上，農人的勞役幾乎沒有限制。 他們在貴族手下要受鞭笞之刑；他們的婚姻須由貴族定奪；到得付淸貴族捐項之後他們自己只好東拼西湊纔能度日。 農人階級的分子都是非常貧苦，不識字，不能自表他們的苦處，盲從古老法式。 其實當時法國農人已常多置田地，普魯士福雷德力大王和他的後裔都枉勞了心力去預防現有的農人產業被大地產完全吸收。 在十八世紀閉幕之前，小地主的最多數已經失了他們的土地，而且已經墮落到僅爲農業勞工的地位。 農人的命運也偶爾作爲研究題目或不平之鳴的題目但照例總難惹人注意。 格德(1)(譯者按格德生於一七四九年，死於一八三二年，係德國之著名文學家。)在威瑪(2)政府任了四年要職，很關心於解放農人免除封建式的負擔並且很注重增加小農地主的人數但大地主們非常忌恨這種改革以致格德不能辦有成效。 有一位近今的著作家說，「沒有人比阿斯納布呂克(3)博學詭奇的歷史家蔑色爾(4)更憐惜愛重德國的鄉下人」；然而他迴護農奴制度是一種定則而且極力爭辯以爲無財產的人不應享受法律上的利益。(見費霞的拿破崙治術之研究日爾曼二三頁。)

(48)拿破崙之征服普魯士 十八世紀的最後二十五年中，日爾曼興起一個國民文學運動，由格德，薛樓

(1)(譯者按薛樓生於一七七五年，死於一八〇五年，係詩人兼戲曲家。)赫達(2)(譯者按赫達生於一七四四年，死於一八〇三年，係文學家。)賴興(3)(譯者按賴興生於一七二九年，死於一七八一年，係批評家兼戲曲家。)領袖，這個運動很有產生好結果的希望。然而法國大革命時，德國社會還沒有能力去採納自由主義或受自由主義的影響。守舊的各部政府認厲行監督學生界爲必要，普魯士甚至禁止法國出版物之傳布。但大多數人民仍是冥然罔覺。普魯士及其他許多日爾曼小邦已臨近激急改革時代。但迫成改革的動力是法國大革命以後的形勢產出來的。

普魯士之革新乃是由一八〇六年至一八〇七年在拿破崙手下忍辱受屈的結果而來。普魯士享了十年的太平就妄自尊大起來，一八〇六年又與法國開戰。不管普王的慮懦寡斷和任意延誤戰備，普人還是深信普魯士軍備充足，就輕易舉兵。當頭棒喝再沒有比這次更快更透徹的了。九月下旬宣戰。十月十四拿破崙的軍隊開始攻擊，同時在燕那(4)和奧厄斯打(5)大敗普軍。普人這兩次大敗都是全軍覆沒，一星期之後法皇入於柏林(6)。他據宮布告於他的臣民及各國說普魯士軍隊已經化爲烏有好像秋霧見了朝陽一般，又說普魯士本身「已經無存了」。對着俄國在古波蘭(7)之地耀兵一冬結了提爾悉特(8)條約(一八〇七年七月八日簽字)在這個條約內普魯士王國的死刑就被正式宣告了。拿破崙得了俄皇的同意，取了普魯士的愛爾伯(9)河以西之地和第二次第三次瓜分波蘭所得之地——總計佔了普魯士國土的一多半。波蘭地面建爲華所(10)大公國，由沙遜尼(11)王統轄；更西之地，稱爲維斯法里亞的(12)，作爲拿破崙之弟

1. Schiller, von, Friedrich Wilhelm Joseph. 2. Herder, von, Johann Gottfried. 3. Lessing, Gotthold Ephraim. 4. Jena. 5. Auerstadt. 6. Berlin. 7. Poland. 8. Tilsit. 9. Elbe. 10. Warsaw. 11. Saxony. 12. Westphalia.

耶拿(1)的領地。普魯士被條約強迫去承認這種處置而且允許他的其餘地方由法國派兵駐守以待償清賠款，賠款的數目故意弄得漫無限制。

(49)普魯士之復興與鄧克德及錫丹　一時之間這椿禍事把普魯士變為極端頹靡。各處要塞毫不抵抗立即投降；皇室逃避到國內僻遠之地；人民是麻木不仁，不能設法自救。然而後來也看出這種禍亂的原因不在普人的積弱不振，不知自愛，乃在君主闇弱，不能治國，和昔日在福雷德力大王手下取威定霸的陸軍已經衰老凋殘，當時却無人慮及。後來拿破崙自道他一生事業的大錯是機會在手之時未能廢除普王和未能把普國領土更細緻的瓜分豆剖。然而這種極端辦法能否防範普魯士愛國精神及國力之復興也是疑問。因為這次經了震撼之後普魯士全國立即應運而興。失望之後繼以希望，由希望就起了非以英雄手段再造真正基礎為政治和法度的根據不可以雪國恥的決心。如近今一位著作家說的，「國破家亡，舊制度的腐敗一齊暴露，舊信仰一齊動搖，境內駐着十五萬法國兵動輒以武力對待人民，馱着越還越多的賠款，普魯士由十八層地獄跳出來，濯淨了遍身污垢，自己造成新政府，新軍隊，不但把從前所失的爭回來而且為他自己和全德國砌一條大路達到那夢想不到的光榮。」(亨德生的布呂克爾與普魯士之興兵反抗拿破崙二八頁至二九頁(a)。)

法國勒索於普魯士的賠款約六〇一，二二七，〇〇〇法郎。鄧克爾(2)算為不下十萬萬法郎。譯者按布呂克爾(3)係普魯士之大將生於一七四二年，死於一八一九年；於一八一五年率普魯士軍會戰於滑鐵盧(4)，大敗拿破崙。

(a) Hendorson: Blücher and the Uprising of Prussia Against Napoleon, 28-29.
1. Jerome. 2. Dunker. 3. Blucher, von, Gebhard Loberecht. 4. Waterloo.

1. Fichte, Johann Gottlieb. 2. Stein, vom und zum, Heinrich Friedrich Karl. 3. Immanuel Kant. 4. Privy cabinet. 5. Bismark.

普魯士中興故事包羅許多有名人物，兩個應該列入最上乘的是費克德(1)和錫丹(2)。(譯者按費克德生於一七六二年，死於一八一四年。錫丹生於一七五七年，死於一八三一年。) 費克德是新國家運動的先覺，又是愛國的哲學家，他警醒國人去實行力所能及的事；錫丹是一個實事求是的政治家，賴他的藎謀碩畫，至誠感人，纔把十八世紀普魯士的病根剷除了。一八○七年年底，其時法兵尚駐防於柏林，費克德就在柏林一連演講幾次，極力鼓吹他得力於他先生康德(3)的國民義務之高尚理想。(譯者按康德生於一七二四年，死於一八○四年，係德國著名之哲學家。) 他說自私自利和畛域之見是全日爾曼的禍根；他尤其痛陳公民教育制度改良之緊要；他把他的愛國責任的道理合歷史，宗教，文學聯成一貫，使他的發聾振聵的呼籲普遍傳播，成為不可磨滅的金科玉律。錫丹初仕微官，歷任行政外交職務，於一八○四年拜為上卿，總管消費稅，關稅，工業，商業，等事務。在這一任內他廢除了普魯士全國的內地關稅，而且認真辦了許多緊要新政。他力諫普王永罷樞密院制(4)，勿用近幸之臣治國，俾內閣長官得盡力執行他們應有的職務，普王不聽。到燕那及奧厄斯打戰役之後，內閣改組，他拒絕入閣，堅執非照他的主張改良不行；於是普王羞怒把他罷斥。然而六個月中普王覺得非起復這位能臣不可，一八○七年十月四日錫丹就總理大臣之職，一切條款都照他的意思而行。

(50)普魯士之政治改革及經濟改革　錫丹為相不過一年有零，因為他行的政策使拿破崙放心不下，普王迫於戰勝者之威，只得委曲求全，把錫丹罷職。但只這一年有零的時期已經很夠造成大效果。最重要的是關於政治和社會組織的改革。錫丹不可及之處是他不但懷抱俾士麥(5)以前無人措意的統一德國計畫，

1. Free cities. 2. Stadto-Ordnung, or municipal ordinance. 3. Edict of Emancipation.

並且是他首先規畫政治改革大計使普魯士由專制政體改爲君主立憲國家。 時間及境遇不曾許他的抱負完全施展。 但在廢近幸之臣的樞密院，和一八〇八年十一月二十四日普王特令建立國會及內閣兩件事上，普國實已得益不少。 地方自治的效果也頗有可觀。 錫丹的目的是要由擴充地方自治權力以創立普魯士政治制度的大公無私。 他認爲在具體辦法實行之前必須鼓舞人民自治的興趣——他相信他的目的若先由地方做起，漸進於全國，比由反面程序更容易達到。 在十九世紀之前普魯士的政治趨勢總是要把地方事務的管理權收歸中央，其結果從前爲日爾曼各自由城特色(1)的活潑市民生活幾乎絕滅。 一八〇八年十一月十九日普政府宣布一道暢達美備的地方自治令(2)，中央仍然繼續監督地方事務，而實權付託於市民，並且食邑的貴族在居民八百人以上之鄉鎮的統治權一律終止。 地方行政的新機關是建立了，對這些機關都委以收支本地稅款，地方立法，管理官產，籌辦本地公益事務等權。 錫丹還有意要把相同的自治辦法推行於各處農鄉。 他任職的時間不够他去實行這個主意，但是說一八〇八年的命令安排下了普魯士現今地方自治政府的基礎，決不是過甚之辭。

甚至在錫丹就職之前，普王和左右較明白的顧問大臣都承認除非人民得免去封建式的重累，興擧的民氣決難振作；於是廢除農奴制度的勅令，如拿破崙頒行於被征服之日爾曼各地的，已在籌畫之中。 這個勅令稱爲解放令旨(3)，是發布於一八〇八年十月八日，錫丹就職之第五日。 解放令旨的目的是聲明爲消除從前一切限制人民不得自盡其力以求昌達的障礙。 這個勅令，包含如此雄偉的目的，自然是很精深廣大的。 這個勅令所提倡的改革總括如下：

（一）從此不准再發生農奴關係，而且自一八〇八年十月八日起國內各處的農奴制度完全廢除；

（二）關於土地管業，土地買賣，租借土地等禁制一律革除；

（三）許准貴族從事於市民的職業，許准市民從事於農民勞動；

（四）極力破除階級制度，不禁農民升入市民階級或貴族階級。

王室私產上的農奴已由一八〇七年十月二十八日勅令解放。 一八一一年九月十四日普王自己毅然又擬一道勅令，由錫丹的繼任者哈登保(1)（譯者按哈登保生於一七五〇年，死於一八二二年）辦理；按這個勅令，舊日封建地方的農人對於他們的管業得爲完全所有，只附一個條件，貴族得收回土地三分之一以代其從前的權利。 於是在普魯士，由政府自動，以和平手段，完成了與法國大革命成就相同的階級差別之廢除，完成了相同的食邑制封建制之撤銷。 貴族方面起了頑強反抗。 但非此不足以救國的覺悟使普王和他的大臣能實行他們在燕那戰敗之前認爲誕妄的計畫。

(51)日爾曼土地之法國式改革　普魯士之近世化的工程是由普人自動以爲救國之計。 但在日爾曼其他更大更重要的地方，改革是從外面加入的，由革命的法國和拿破崙的影響所致。 在萊茵(2)河左岸之地，那裏是大革命最早征服的地方之一，而且那裏的生活狀況很與法國的相類，正式合併於法國之後，地方情形就完全同化了。 法國勢力很受歡迎，因爲他帶了自由與居民，免去他們教堂的和封建的負擔而且給他們以

1. Hardenberg, von, Friedrich. 2. The Rhine.

公民平等的確實保障。 廉價出賣官產造就了無數的小農地主；工業，免除了難堪的禁制，也就興盛起來，而且僥幸得免戰禍，又有公平誠實的官府，致使那個地方能彀日漸昌盛。 自他們合併於法國至一八一四年，這一帶地面制爲法國四部。 在華所大公國（1）農奴制度也廢除了（至少在理論上）拿破崙法典（2）也輸入了，法律上的平等是確實了，公民教育機關也提倡起來了。 在設爲下萊茵河兵站的伯格公國（3），也輸入了幾種法典，如法國的地方自治制度，法國的租稅，貨幣，衡度，等制。 禁止市民取得貴族土地的法律條文也廢除了，內地關稅也取消了，公益事業也振作起來了。 在維斯法里亞（4）王國，這是拿破崙在日爾曼境內建立的最重要之國，制定了一部成文憲法，輸入了拿破崙法典，刑事訴訟也用陪審員裁判制，法國式的地方自治制度也設立了，農奴制度和貴族特權都撤除了。

當其時，這些改革所產生的利益多被戰勝者的征徭聚斂抵消。 但在法國威風已滅，日爾曼地方又成自由之後，已經成就的社會改革，法律改革和經濟改革並未完全推翻，就是因這樣事實所以這些改革越見重要。當一九〇〇年新德國民法典（5）計劃提出於德國國會時，據說日爾曼帝國五千萬居民有百分之十七仍是生活於法國式的法律之下。 在普魯士，赫斯（6），巴法利亞（7），三邦沿萊茵河之地和阿爾薩斯，洛崙（8），仍通行法文的拿破崙法典，同時德文譯本與法文原本不過略有不同，通行於巴登邦（9）。（見費霞的拿破崙治術之研究：日爾曼三七九頁（a）。） 除了萊茵河各省（10）之外，法國介紹來的農地改革在一八一四年以前沒有寬裕的時間去深立根本。 若不是賴有錫丹和哈登保的農田法制之力，這種改革幾乎不免停辦。 唯其如此，

(a) Fisher: Studies in Napoleonic Statesmenship: Germany, 379. 1. The Grand Duchy of Warsaw. 2. Code Napoléon. 3. Duchy of Berg. 4. Westphalia. 5. German Civil Code. 6. Hesse. 7. Bavaria. 8. Alsace-Lorraine. 9. Baden. 10. Rhenish provinces.

所以不管貴族懇求恢復舊制，這種改革仍舊維持下去，這種新式田制成了德國中未深受法國影響之地的同類改革之模範。

（譯者按拿破崙法典(1)是拿破崙的一樁最偉大永久的成就。法國自大革命爆發之時起，有國民議會(2)（一七八九年六月至一七九一年九月），立法議會(3)（一七九一年十月至一七九二年九月），國民公會(4)（一七九二年九月至一七九五年十月）等各立新法而都未經編纂，舊法律亦尚待整理。拿破崙委託一班專門名家組織委員會專司編製法典之事。法典草案就在國務會議(5)席上討論，拿破崙指點不少。民法法典於一八〇四年修成，隨着又有民事訴訟法典，刑事訴訟法典，刑法法典，商法法典。拿破崙威力所至，則此法典隨即頒行。所以現今不但法國，並且普魯士沿萊茵河之地，巴法利亞，巴登，荷蘭，比利時，意大利，甚至美國的魯易仙拿省(6)（原屬西班牙，一八〇一年割讓於法，一八〇三年拿破崙售與美國）都通行拿破崙法典。參考赫耶士的近世歐洲政治社會史第一卷五三〇頁；羅濱生及畢爾德的歐洲歷史大綱第二卷二七九頁。）

1. Code Napoléon. 2. National Assembly. 3. Legislative Assembly. 4. Convention. 5. Council of State. 6. Louisiana.

SELECTED REFERENCES

General

C. J. H. Hayes, Political and Social History of Modern Europe (New York, 1916), Chaps. XV, XVI.

J. H. Robinson and C. A. Beard, The Development of Modern Europe (Boston, 1907), Chaps. XI–XV.

Cambridge, Modern History (London and New York, 1909–12), VIII, IX.

E. Lavisse [ed.], Histoire de France depuis les origines jusqu'à le Revolution (Paris, 1903–09), IX, 203–268.

E. Lavisse et A. Rambaud [eds.], Histoire Générale de IVme siècle à nos jours (Paris, 1893–1901), VIII.

M. Kovalevsky, La France economique et sociale à la veille de la Revolution: les Compagnies (Paris, 1909).

P. Sagnac, La législation civile de la Revolution française, 1789–1804; essai d'histoire sociale (Paris, 1898).

H. Soulier, Des origines et l'état social de la nation française (Paris, 1898).

A. Sorel, L'Europe et la Revolution française. 8 vols. (Paris, 1885–1904).

Fundamental Aspects of the Revolution

S. Mathews, The French Revolution (Chautauqua, 1900), Chaps. IX–XI.

H. Belloc, The French Revolution (New York, 1911), Chaps. III–V.

Cambridge, Modern History (London and New York, 1902–12), VIII, Chaps. V–IX, XII, XIII.

Lord Acton, Lectures on the French Revolution (London, 1910).

G. L. Dickinson, Revolution and Reaction in Modern France (London, 1892).

H. L. A. Fisher, The Republican Tradition in Europe (New York, 1911).

P. A. (Prince) Kropotkin, The Great French Revolution, 1789-1793 (London, 1909).

A. Aulard, Histoire politique de la Revolution française, 1789–1804 (3d ed., Paris, 1905), trans. by B. Miall as The French Revolution; a Political History, 1789–1804, 4 vols. (New York, 1910).

Social and Economic Changes During the Revolution

W. C. Webster, General History of Commerce (Boston, 1903), 228–232.

A. Aulard, The French Revolution (New York, 1910), I, Chap. III.

E. Levasseur, Histoire du commerce de la France; de 1789 à nos jours (Paris, 1912), 3–44.

E. Levasseur, Histoire des classes ouvrières et de l'industrie en France de 1789 à 1870 (Paris, 1903), I, Bk. I.

G. Bourgin, L'Agriculture, la classe paysanne et la Revolution française (1789–au IV), in Rev. d'Hist. Doct. Écon., IV (1911), no. 2.

J. Loutchisky, L'État des classes agricole en France à la veille de la Revolution (Paris, 1911).

P. Bomrassieux, Examen des cahiers de 1789 au point de vue commercial et industriel (Paris, 1884).

R. Picard, Les cahiers de 1789 et les classes ouvrières (Paris, 1884).

F. DuCellier, Histoire des classes laborieuses en France depuis la conquête de la Gaule jusqu'à nos jours (Paris, 1860), 299–335.

P. Sagnac, La legislation civile de la Revolution française, 1789–1804 (Paris, 1898).

J. Jaurès, Histoire socialiste, 1789–1900 (Paris, 1901–09), I–V.

H. Doniol, La Revolution française et la feodalité (Paris, 1874).

Napoleon and the New Régime

W. C. Webster, General History of Commerce (Boston, 1903), 232–246.

J. H. Robinson and C. A. Beard, Development of Modern Europe (Boston, 1907), I, 308–342.

J. H. Rose, Life of Napoleon I (new ed., 2 vols. in one, London and New York, 1907), I, Chap. XII ; II, Chap. XXXI.

Cambridge, Modern History (London and New York, 1909-12), IX, Chaps. I, IV-VII, XI, XIII, XIV.

H. Fisher, Napoleon (London and New York, 1913), Chaps. IV, VII.

J. H. Rose, Revolutionary and Napoleon Era (2d ed., Cambridge, 1895), Chaps. VII-XI.

A. Aulard, History of the French Revolution (New York, 1910), IV, Chaps. IV-VII.

E. Lavisse et A. Rambaud, Histoire Générale (Paris, 1893-1901), IX.

H. E. Bourne, The Revolutionary Period in Europe, 1789-1815 (New York, 1914), Chaps. XVII-XXVII.

C. J. C. Hayes, Political and Social History of Modern Europe (New York, 1916), Chap. XVI.

E. Levasseur, Histoire des classes ouvrieres et de l'industrie en France de 1789 à 1870 (Paris, 1903), I, Bk. II.

E. Levasseur, Histoire du commerce de la France ; de 1789 à nos iours (Paris, 1912), 45-102.

H. A. L. Fisher, Bonapartism (Oxford, 1908).

R. M. Johnson, Napoleon ; a Short Biography (New York, 1910).

A. Fournier, Napoleon I : eine Biographie, 3 vols. (Vienna, 1886-89), trans. by A. E. Adams as Napoleon the First, 2 vols. (London and New York, 1912).

H. A. Taine, Les origines de la France contemporaine, Le régime moderne, 2 vols. (Paris, 1891-94), trans. by J. Durand as The Modern Régime, 2 vols. (London, 1890-94).

J. Jaurès, Histoire socialiste, 1789-1900 (Paris, 1901-09), VI.

Reform Outside France

J. H. Rose, Life of Napoleon I (New ed., 2 vols. in one, London and New York, 1907), I, Chaps. V, XVI.

W. Thayer, Dawn of Italian Independence, 2 vols. (Boston, 1893).

B. King, History of Italian Unity (New York, 1899).

R. M. Johnson, The Napoleonic Empire in Southern Italy, 2 vols. (London, 1904).

P. Gaffarel, Bonaparte et les républiques italiennes, 1796-99, 2 vols. (Paris, 1895).

A. Sorel, L'Europe et la Révolution française (Paris, 1885-1904), VI-VIII.

The Regeneration of Germany

E. Henderson, Short History of Germany (New ed., New York, 1916), II, Chap. VII.

J. H. Rose, Life of Napoleon the First (new ed., 2 vols. in one, London and New York, 1907), II, Chaps. XXIV, XXV.

Cambridge, Modern History (London and New York, 1909-12), IX, Chap. XI.

B. Rand, Selections illustrating Economic History since the Seven Years' War (2d ed., Cambridge, 1892), 86-108.

A. Fournier, Napoleon the First (ed. of 1911), I, Chaps. XI, XII.

F. Schevill, The Making of Modern Germany (New York, 1916), Chap III.

G. M. Priest, Germany Since 1740 (New York, 1915), Chaps. IV-VII.

H. A. L. Fisher. Studies in Napoleonic Statesmanship; Germany (Oxford, 1903).

J. R. Seeley, Life and Times of Stein, or Germany and Prussia in the Napoleonic Age, 3 vols. (Cambridge, 1878).

J. Vidal de la Blache, La régéneration de la Prusse après Iena (Paris, 1910).

Colmer, Freiherr, E. Denis, L'Allemagne, 1789-1810 (Paris, 1896).

第二編　一八一五年以來之農工商業

第六章　一七五〇年至一八二五年英國農業之變化

(52)兩重的經濟革命　自一七五〇年至一八二五年，英國所經的社會及經濟之改動，論其廣大重要之處，是與法，德，和大陸各國同時的改革容易相比的。然而英國社會經濟變遷的來源是不像當時法國的爲平民暴動的產物，也不像德國的爲親長式政府的仁惠。兼之，與法國的改革相反，英國的社會及經濟之變遷是毫無政治意味的。英國的民治化，包括國會選舉權和地方議會選舉權之推廣，下議院按代議制度的原則改組，及推翻貴族包攬地方事務之權，都延到十九世紀中葉纔漸實現。使一七五〇年之英國改爲一八二五年之英國的變動差不多純是社會的和經濟的勢力，因其如此，爲便於敍述起見，這些變動可列爲兩組：

(一)農業變化(1)，

(二)工業革命(2)。

至於政治上平民主義的發達自然隨時也很受這些變動的影響。但這些變動的本身乃是由於經濟的自然發展，與政治狀況或政策無關。按歷史而言，上面所舉的農業和工業兩種變動是緊緊聯在一起的，彼此都不能完全分別討論。這兩種互相關聯的變化可以說是這一種發生了時絕不能沒有那一種伴着發生。

須知在英國經濟史上，也如大陸各國的一樣，「工業革命」(3)這句話自有確切的命意。這句話決不能用來表示一般的經濟革新。一七八九年至一七九四年法國大革命和一八〇七年至一八一二年普魯士改造

1. The transformation of agriculture. 2. The revolution in industry.
3. "Industrial revolution."

部包括許多確屬經濟的根本改革。　然而工業革命不曾發現於一八二五年以前的法國和一八五〇年以前的德國。　認眞考究起來，工業革命是由新發明和使用適於大規模生產的機器因而發生的製造方法和工業狀況的變化，蒸汽力推動的機器尤爲主要原因。　工業革命最可注意的現象是工場制度之興起和城市人口之增加。　沒有確定的時期可以指實何處有工業革命，但在英國可以說是開始於一七五〇年之後不久，到一八二五年時已大致完全了。　農業革命的意義在歐洲各地隨處不同。　在大陸各國所謂農業革命隨後再敍（見本書第八章）。　在英國所謂農業革命，簡單說來，乃是土地的管理權及所有權集中於人數漸減的業主之手，圈圍佃戶們向來賴以補助生計的公用地辦法之復興，小地主及佃戶人數大減而且多流落到專靠工資爲生的農業勞工的地步，和許多人完全失却農業僱傭。　這種變動起於十八世紀之末，日甚一日，直至一八四五年纔止。

(53)十八世紀之農鄉狀況　欲知農工業革命所造的變化之性質和限度必須把十八世紀中葉經濟情形的幾種事實記淸。　第一層，英國在大體上看來，仍是農業國家。　直到一七九二年，糧食出產不够本國消費之需，於是英國自此不得不漸漸倚賴輸入的糧食。　一七五〇年之後許久，耕田仍是勞力之人的正業。　城市並不甚多而且也小，城市生活雖然日漸發展，仍屬不甚重要。　第二層，須知當時田地多爲小業主所有。　這班業主，有些是永代借地的業主，有些是古昔食邑中的自由管業人，有些是租借管業人，還有許多是憑勞管業人。　有幾處地方因合併地產而致原主失業的事早已開端。　但就全國而論，大地產制度尙未到根深蒂固的地步。

不但租地的方式，並且耕種的方法，都與早年一般無二。 鄉間大部分中，二田制和三田制繼續無恙（「耕種地約四分之一是親自種作的農人的財產，這班農人和他們的家口約占全國農鄉人口四分之一。」見史拉德的近世英國之締造緒論一四頁；二田制及三田制之說，見同書緒論一五頁至一八頁(a)。） 第三層是務農與家族工業仍舊緊相關連。 平常居鄉的人家同時以耕田，紡線，織布，造針釘，製肥皂，和別的工業來維持生活。有時製造工作是獨立經營的，出品由家長發賣。 但較通常這種工作都是如像本書第三章中所敍的家族工業制度的情形辦理。 英國製造業的產額就在十八世紀中也就很大，而大部分是農鄉工業的出品。（關於英國農村及農村人民情形，參看哈斯巴的英國農業勞工史七一頁至一〇二頁(b)。）

按十八世紀的標準評判，英國從事於兼有農工二業之多數人民的境況是不壞的。 楊雅客(1)（譯者按楊雅客生於一七四一年，死於一八二〇年，係英國之農學家。）的著作證明十八世紀末葉，在城市工人及鄉間工人中，肉和乾酪的消費比以前任何時代的更大，小麥麪包全代替了黑麥麪包，並且每家都喝從前認為奢侈品的茶。 他說，「的確的，英國工人們因為工資很大，必需品很廉，享用更好的衣，食，住，過於他國的農人。」 斯密亞丹(2)的原富(3)寫着，「不但糧食價錢較廉，並且許多東西可供勤苦工人作成各種可口有益的食品的都價廉得多了。」 一七六三年七年戰爭(4)終局之時，回到鄉間覓業求生的兵士數在十萬以上；然而，如斯密亞丹又證明的，社會狀況是非常順遂，所以「不但沒有大擾亂，而且沒有破壞秩序之事發生。」

若是一個人要把英國農工業革命講解得正確，他必須把十八世紀經濟形勢的這種順適現象記在心裏。

(a) G. Slater: The Making of Modern England, Intro. xxiv, xv-xviii. (b) W. Hasbach: History of English Agricultural Labourer, 71-102. 1. Arther Young. 2. Adam Smith. 3. Wealth of nations. 4. Seven Years' War.

前已指出，英國經濟生活及社會生活進於新途的整頓是與法國的革新大不相同。英國這種改革不是突然暴動的產物——不是陡然破除舊制度的基礎而立刻代以新籌設的社會結構；而且英國的改革也不是由應順社會較低階級的急迫要求或某種志向而來。 的確的，就從其萌芽之時說起，這件事也不是一個階級運動。這個變動並不是趨向經濟解放或社會解放，廢除特權，或增加多數人的參政權。 真實說，他的確不是有為而發，也不是一種運動(1)。乃是自然的，不可免的，自動的形勢之成熟。 而且多數工人實在不曾要求這些實現的改革，反倒是受了這些改革之害不小。 自從圈用公地，破壞家族工業，興起工場工作，聚集被僱者於擁擠不堪的城市，工人階級，至少在整理期間，一般的只得着不便和損失。 失業，貧苦，疾病，饑寒都成了他們命中注定似的。 所以，須要記着這個革命不是勞動之人或別種階級故意造成的，這個革命成功反有多數人抱怨，而且只是遲之又久，這個革命產生的社會狀況纔足比早年簡單的社會狀況稍好。

(54)資本主義之發生 農業革命是由各方面促成的，但內中重要元素可說是四個：

(一)應用資本於農務企業；

(二)農業機器之創用及農業技術之改良；

(三)圈用公地之增加，務去租戶附屬的而不可少的生活之資；

(四)土地集中於大地產，成為現今英國農田制度的特徵。

十八世紀英國資本主義(2)之發生是一件極重要的經濟事實；不但只屬資本主義自身的發生，而且又是

1. Movement. 2. Capitalism.

資本的政治勢力和社會勢力的發展。　在這個時期之前，工商業的成就並不曾被人看爲政界升擢和社會高貴的正當基業。　千百年來，執掌田地成爲在英國社會中取得重要地位的唯一可靠之法。　商人和製造家，無論他們多聰明多富足，總以爲不及大地主高貴。　被人知道是一個工匠或一個商人，或者這樣人的嫡派子孫，都是在社會上的玷辱。　十六世紀至十八世紀之間因爲英國產業主義（1）發展，這種唯一無二的社會原則漸成疑問，到安恩（2）女皇朝（譯者按自一七〇二年至一七一四年）末年就現了衰微之象。　德富（3）說可驚的事是商業並非不合於紳士的身分，而且確是造就紳士資格的事業；隋福特（4）（譯者按隋福特生於一六六七年，死於一七四五年，係英國之著作家）證明在他的時代從前限於執掌田地的社會權威已是很快的轉移到任何種類的生財方法。　十八世紀的資本家，固然必須以成爲地主來維持他艱難締造的地位，而因成就的勢力和在社會中的權勢，資本家已擠到與地主相當的地位。　到十九世紀之初，富足的工場主人或鐵廠主人，縱不在政治上占勢力，而在社會上之重要也就如大地主一般了。

當資本主義在工商業範圍內發達而且漸能征服社會及政治之時，農業自身——這是此刻本書著重的——也發動一個新的，資本家式的現象。　直至十八世紀開幕之後，地主們纔開始漸次用鉅額之款於土壤改良，試種新品，和耕種方法改良。　這種工本的利錢是遲緩而且無定的，這自然該是最富的最有進取心的業主首先嘗試而且把這種資本家式的改革支持到底。　正如那寬裕的製造家極力集款，用之於建築工場和採買機器，原料，等事，所以富足的地主也籌出一份資本來增購田產，創辦新而更貴的耕種方法，購買機器，肥料——簡

1. Industrialism. 2. Queen Anne. 3. Defoc. 4. Dean Swift, Jonatham.

單說，開辦科學方法的耕種以圖投入的資本能產出多少有定贏益。在許多例證上看來，這樣使用的資本多屬於農戶，卽經理地產之人，而不屬於業主。但無論何處，這種新策略，迨到慢慢開展起來，却有重大關係。他促進應用科學試驗於農業經營；他牽及以機器代人力，於是減少農業人工的需要；他造成大規模的，科學方法的耕種之競爭，小地主無法對付，（「在農業中，如在製造業中一樣，業務擴大足以節省費用，足以抵抗恐慌，足以僱用巧工，足以銷售出產於最便宜之時及最便宜之地」見裴利士的近世英國實業史八頁(a)。關於應用資本於農業，參看樸洛色洛的過去及現今之英國農務二〇七頁至二二三頁(b)。）而且他鼓勵土地集中於大地產之加甚。

(55)農業技術之改良　農業革命的第二種現象是農業技術的進步。這種進步的動力是因一七六〇年以後工商業漸興，人口和財富增加，以致農產物價日見高漲。因爲工場制度發生，尤以一七七五年以後爲甚，出現了大工業中心地，其間食物的需要年年增加，乃是多半爲應付這種需要，田地纔不能繼續爲小而自足的地產，而被擴張變成大規模資本家式的穀類肉類製造場。在農業範圍內，如工業一般，科學和技巧都應用起來以圖出產更多，生產費更少。適當的耕種方法代替了古老的方法，畜養牛羊的法術也留心考究起來，需用開辦費很大的農業機器也廣爲採用。這是眞實的，到十八世紀末年這幾方面的發達仍是遲緩。到一八〇〇年時，新樣的犁類，荷車，及其他農具已經出現，但採用仍不甚廣。現今幾種很重要的農品，如金花菜和蘿蔔，都纔在發軔期間。千百畝的澇地，野草地，和沼澤全部委棄未用。然而農業發展的力量是很銳利的。經營

(a) Perris: Industrial History of Modern England, 8. (b) R. E. Prothero: English Farming, Past and Present, 207-223.

破崙戰爭時代，農業發展的興趣因食物需要增加，價值高漲之故，又復鼓舞起來，於是發起了許多會社以提倡研究農業問題及介紹改良的耕種銷售方法爲目的。同時，圈地逐步前進，而且多爲種植穀類之用，不像以前爲牧畜之用；此事下面再行細說。這件事對於社會的效果並不算好，但從前許多荒地此刻都灌溉耕種起來了。

拿破崙戰爭時代終局之後，就有一種反動，一時之間好像漸落的物價會要幫助地主階級受損和農業技術退步。然而，就地主的利益而言，穀物條例——其爲害也不亞於圈地——救了一時之急（見本書第一百一十一節）。雖然二十年中進步停頓，而技術上和出產上的總積也頗有可觀。漸漸的，科學的農品轉種成爲普通辦法，每三年使耕種之地荒廢一次的浪費習俗也斷絕了。天然肥料和人造肥料的使用也增加了，用黏土灰土變化土質以圖適於種麥的方法也更通行了。改良的牛羊種，自十八世紀之末輸入，此刻各處滋生起來，飼養和壯膘的方法也更加注意了。金屬品工作和建造機器的進步使減省人工的發明容易傳播；如馬力推動的打禾機於一八〇〇年之前不久行銷市上。一八三〇年之後發現了幾種排水方法，於是膠土耕種辦得更容易，更有利。農戶俱樂部和牲畜展覽會增多了好幾倍。一七九三年設立農務部(1)，至一八一七年停辦。（這部並不是一個政治機關，乃是一個公家津貼的半官式會社。辛克乃爾(2)爲部長，楊雅棄(3)爲秘書。多賴此二人之力，農務部辦理輸入新種籽，新農器，改良耕種方法，轉種方法，及牧養牲畜等事頗有成效。確屬政治性質的農務部乃是設立於一八八九年。關於辛克乃爾的意見以爲美國應當立一個聯邦農務

1. The Board of Agriculture. 2. Sir John Sinclair. 3. Arther Young.

(a) H. B. Learned: The President's Cabinet, 300-301. (b) F. W. Tickner: Social and Industrial History of England, 499-509. (c) R. E. Prothero: English Farming, Past and Present, 148-189. (d) Lord Morley: Life of cobden, Chap. VII. 1. Royal Agricultural Society. 2. Agricultural Chemistry Association. 3. Liebig, von, Justus, Baron. 4. Enclosure.

部一事，參看李爾內德的總統府秘錄三〇〇頁至三〇一頁(a)。但一八三八年組織了皇家農業會(1)，一八四二年又組織農業化學會(2)。李必克(3)(譯者按李必克生於一八〇三年，死於一八七三年，係德國之著名化學家)和他的學生研究化學的結果，最初得其實用於一八四〇年至一八四九年間，在化學範圍內者實增加了許多理論的知識，而且對於科學原理的實際應用給以新鼓勵。(關於十八世紀及十九世紀初葉英國振興農業領袖人物的簡明記載，參看梯克納的英國社會實業史四九九頁至五〇九頁(b)，及濮洛色洛的過去及現今之英國農務一四八頁至一八九頁(c)。

(56)圈地之復興　應用資本於農業和科學方法的耕種之採用很妨害那一班不能追隨大地主之例的小農人。因大規模製造和工場方法發達而打破家族工業制度的結果也是不利於農民，因為許多人向來賴以補助農務生活的各項家庭製造業不能再有利了。小農人的窘迫又被農業革命的第三個主因增加了，即是，一八五〇年以後圈用公地之舉又復遍處盛行起來。圈地復興(4)的第一原因是產業主義發達的結果，人口繁殖，食物需要增加，以致農業利益隨之而增。第二個原因是在那個時代便於圈地的特別法制很容易在地主佔勢力的國會內取得。(莫爾勒勳爵在他著柯伯登傳內(第七章)說，甚至在一八三二年國會改革條例施行之後，下議院議員五分之四仍屬於地主階級，這種情形直延至一八四六年(d)。第三個原因是經濟學家也提倡圈地，斯密亞丹尤為著名。這是容易的，如斯密亞丹所言，指出當時條理之紊亂，表明一再分析的敞地制度是浪費，這種辦法自然會阻礙科學方法之採用及田地充分進項之實得，欲維持本國經濟自足的基礎必

(a) Prothero: Pioneers Progress of English Farming, 65. (b) Bland, Brown, and Towney: English Economic History, Select Documents, 537-541, 541-542. 1. General Enclosure Act of 1845. 2. Board of Enclosure Commissioners.

須要更完備利用農業富源。「大致說來，舊日著名各農區的農務自十六世紀以來已經凋殘。他們不能利用改良的耕植方法，輪種方法，或農業機器。有進取心的人常受較不活動的同伴的冷淡心腸所阻礙。若只一個農人排他的地裏的水，別的農人把水道塞住，於是排水的農人的地仍是淹澇了。條地是太窄，不能橫耙或橫耕。……一天工夫倒有半天是費在那幾條零星分散的地裏走來走出……無效的田塍通到各處把可利用的地都割裂了縮小了。官司是打不完的，因爲自私的農人侵佔了公共隴畔，移了他的鄰人的界石，暗取了鄰人的糧食。」（見濮洛色洛的英國農務之先驅及農務之進步六五頁（a））斯密亞丹斷定英國這種難過情形的唯一救濟方法就在大農地和大資本。

十八世紀中，作成圈地的辦法有種種不同。若遇着一個教區中各管業人一致同意，這種改革就可由教區官吏一手作成。然而一致同意是不容易有的，實際上這種交易總是包括兩個層次——第一，先取得相涉田地總値五分之四的所有人的同意，第二，由國會通過特別法制批准圈地，而且強迫少數不同意人默認。照例，圈地章程，其中規定測量地面，賠償損失，另分地段，等必要辦法，都是由大地主和與教區有關係的權勢之人擬定。一八〇一年國會立了一種新法規使關於圈地的地方議案通過較易。（見布蘭德，布朗，及唐訥三氏之英國經濟史典籍選五三七頁至五四一頁（b））。一八三六年的條例更進一層，只須相涉之人三分之二同意，不必由國會特別批准，就可圈地。一八四五年的普通圈地條例（1）創立了一個圈地事務局（2），資成以裁定在籌議中及已經批准的圈地事宜。（見布蘭德，布朗，唐訥三氏的英國經濟史典籍選五四一頁至五四二頁。

一八八九年這個局的職務移交於新設的農務部。） 這個條例的目的是減輕圈地程序的費用和保護貧人的權利。

(57)圈地及於小地主之影響　圈地的主要時期自一七六〇年延至一八四九年。 這個變動在一八〇〇年至一八一九年期間達到最高度，其時被圈之地在三百萬英畝以上；到一八五〇年時存留的未圈之地已屬無多了。（譯者按此句下原註係一表列舉一七〇〇年至一八四九年圈地法案之數及被圈地畝之數。 計一八〇〇年至一八〇九年凡八四七案，被圈之地一百五十萬餘畝；一八一〇年至一八一九年凡八五三案，被圈之地亦一百五十餘萬畝。 自此以後，圈地之事逐漸減少，一八四〇年至一八四九年僅六六案，被圈之地約近三十五萬畝。 表太繁，不備錄。） 這些年代圈的地，不像十四，十五，十六世紀的那樣，都是預備耕種，而且照例極力設法或以田土或以金錢補償原主失却的權利。 然而圈地及於小地主的影響仍是大不利益的。 從前佃戶習於利用他的分地專種糧食。 他的牛，他的驢，他的鵝羣自己會在教區的公地裏覓食。 此刻公地沒有了，農人不但必須在他自己的小塊田土裏種植食料來養家口，並且還要在那裏面預備牧場草地來養牲口。分用公地自是比單獨佔用一小段圈地更便宜得多。 楊雅素在一八〇一年也迫得承認「二十件圈地法案中有十九件使貧人受害，而且有些人受了大害。」（見楊雅素的善用曠地以濟貧人之研究，一八〇一年出版於倫敦(a)。） 通常農人所得的退出公用地權利之補償多是金錢。 然而，這點款項容易耗費，農人不久便覺得他沒有甚麼東西去代表他從前所有的可貴權利。 大地主應用資本於農業，採用小農人所不能辦的耕種方

(a) Arther Young: Inquiry into the Propriety of Applying Wastes to the Better Support and Maintenance of the Poor (London, 1801).

(a) Slater: The Making of Modern England, Chap. II. (b) Slater: English Peasantry and the Enclosure of Common Fields, S. 1. Yeomanry.

法，使小農人在農業處於極不利益的地位，以致小農生活倍加艱難。 前已表過，同時家族工業制度之破壞釀成剝奪了農人的補助生計方法。

圈地的流行是民心怨望的不竭之源，有許多次這種辦法激成堅持的，甚至暴亂的抵抗。 十八世紀後半期的一段民謠頗足代表小農人對於這件事的意見：

「常人偷去公地的鵝，

法律要他坐牢；

惡霸偷去鵝的公地，

法律任他逍遙。」

然而口頭抗議是無用的。 因為人口繁殖，農產需要增加，資本的和科學的農業方法流行，於是細密利用國內耕地之迫切成為不可抗的力量。 至於小農人的遭際——自然，不是陡然的，乃是漸進而不可免的——可以簡單說明。 小農人們在那情形改變的時代，覺得不能在他們的小圈地裏討生活，賸有三條方便路，只好擇一條走。 多數小農，為工場僱傭的新機會所誘，流轉入城成為工場傭工。 那一班能夠稍集資金的就移住殖民地或外國，稍後年間移住美國的也很不少。 其餘的，人數或者較多，仍留在本地，然而流落到短工的地位了。 於是以前人數眾多勢力強固的自由民階級(1)此刻日見消亡，差不多絕滅了。 (見史拉德的近世英國之締造第二章(a)。 關於近世殘餘之敞地，參看史拉德的英國農民及公用地之圈劃八百(b)。 關於工人之墮落。參看哈斯巴的英國農業勞工史一七二頁至二一六頁(a)，及濮洛色洛的過去及現今之英國農務二九○頁至三二一頁(b)。

(58)土地所有權集中之加甚　從上述那些發展裏又生出英國農業革命的第四個特徵，即是合併土地成大地產及農鄉人口之按大地產制度所貽層次另行分布。　既然這日見減少的已圈之地都賣成些微金錢，這些田地都併入別的地產了——照例，多併入為舊日食邑貴族變相的現今大地主的地產。　合併土地的進行日甚一日，因為實業資本家時常爭買自由管業人的田土。　經拿破崙戰爭時代，物價高漲，田地漲到租金四十倍的價值。　甚至在這等情形之下，這些新進的實業領袖，急欲取得社會上和政治上的身分，不惜重價收買土地。　而且一八一五年和平恢復之後農產特價低落期中，願意賣田的自由民(1)幾乎遍於全國，買賣數目之多殊屬可驚。　自由管業人多把田地讓給資本家式的地主；又因無數新進資本家和舊日地主通婚，於是地產合併更進一層。　到一八四五年時，土地集中的過程可說是已經歷完了極重要時期。(這種發達於一八三一年達到之點可見之於那年國勢調查的報告。　於英格蘭(2)二三六，三四三名二十歲以上的男地主中，一四一，四六○人僱用工人總計七四四，四○七人之多；其餘九四，八八三名地主自行耕種。　反之，在蘇格蘭(3)七九，八五三名地主中只二五，八八七名合總數不及三分之一，僱用工人；在愛爾蘭(4)一○八，六○八名地主中只二○，七八九名僱用工人。　見波特爾的英國之進步一五九頁至一六○頁(c)。)若說現今西歐鄉間地產的平均廣幅是極大而本主自行耕種的比例數是極小，英國此刻實在已經到了這個程度

(a) W. Hasbach: History of the English Agricultural Labourer, 172-216. (b) R. E. Prothero: English Farming, Past and Present, 290-321. (c) Porter: Progress of the Nation (ed. of 1847), 159-160. 1. Yeomanry. 2. England. 3. Scotland. 4. Ireland.

(a) Cunningham: The Industrial Revolution (ed. of 1908), 562. (b) Porris: Industrial History of Modern England, 125-132. 1. Landed proprietors. 2. Farmers. 3. Agricultural labourers.

了。

英國一位領袖著作家說「農業改良的進行竟留了嚴劃農鄉社會階級的證候」(見經寧演的實業革命(一九〇八年出版)五六二頁(a)。這位著作家更進一步切實指明「在這種競爭中那束手待斃的小農更是可憐,因為他墜入的勞働階級正達到一個可怕的卑污困苦時代」由農業大變動而興的階級有三個,至今仍為英國農業組織上顯有區別的團體。這三個是:

(一)田主(1),這班人把他們連阡累陌的田地租與農戶以換取他們儘力能得的租金;

(二)農戶(2),這班人既無土地所有權,又沒有與田主或農業勞工直接一致的利害關係,只在租得的地裏經營農務如資本家式的求利企業一般;

(三)農業勞工(3),這班人既不主有田地,亦不經管田地,只看何處有工作就在何處掙工資。

在考究這三個階級的現今關係及同時發生的利害問題之前,更好是先詳細說明與上述發達情形相伴的工業生活之大變遷。(一八二〇年至一八三〇年英國農鄉狀況的暢明記述,參看裴利士的近世英國實業史一二五頁至一三二頁(b))。

SELECTED REFERENCES

General

E. P. Cheyney, Industrial and Social History of England (New York, 1901), 183–189.

G. H. Perris, Industrial History of Modern England (New York, 1914), 20–24, 64–73, 125–132.

G. T. Warner, Landmarks in English Industrial History (London, 1898), 281–300.

W. Cunningham and E. A. McArther, Outlines of English Industrial History (2d ed., Cambridge, 1898), 160–197.

H. de B. Gibbins, Industrial History of England (4th ed., London, 1895), 108–119.

H. de B. Gibbins, Industry in England (London, 1896), 265–283, 321–340.

M. Briggs, Economic History of England (London, 1914), 165–188.

A. D. Innes, England's Industrial Development (London, 1912), 245–254.

F. W. Tickner, Social and Industrial History of England (London, 1915), 541–548.

G. Slater, The Making of Modern England (new ed., Boston, 1915), 21–48.

D. H. MacGregor, The Evolution of Industry (New York, no date), Chap. VI.

W. E. H. Lecky, History of England in the Eighteenth Century (London, 1887), VI, 188–205.

H. D. Traill and J. S. Mann, Social England (illus. ed., London, 1902), V, 130–144, 617–625.

Relations Domestic Industry and Agriculture

H. de B. Gibbins, Industry in England (London, 1896), 334–340.

W. Cunningham, Growth of English Industry and Commerce in Modern Times (5th ed., Cambridge, 1912), Pt. II, 609–620.

J. E. T. Rogers, Industrial and Commercial History of England (New York, 1892), Sect. VIII.

W. Hasbach, Die englischen Landarbeiter in den letzten hundert Jahren und die Einhägungen (Leipzig, 1894), trans. by R. Kenyon, as History of the English Agricultural Laborer (new ed., London, 1908).

Capitalism and Agriculture

R. E. Prothero, Pioneers and Progress of English Farming (London, 1888), Chap. VIII.

R. E. Prothero, English Farming, Past Present (London, 1912), Chap. X.

R. H. Tawney, The Agrarian Problem in the Sixteenth Century (London, 1912), 177-312.

Enclosures

A. Toynbee, Lectures on the Industrial Revolution of the Eighteenth Century in England (new ed., London, 1908), 34-44.

J. Collings, Land Reform : Occupying Ownership, Peasant Proprietorship, and Rural Education (London, 1906), Chaps. VIII, IX.

J. E. T. Rogers, History of Agriculture and Prices in England (Oxford, 1866), V, 40–65.

T. P. Whittaker, Ownership, Tenure, and Taxation of Land (London, 1914), 213-281.

J. L. and B. Hammond, The Village Laborer, 1760-1832 (London, 1911), 26–105.

A. E. Bland, P. A. Brown, and R. H. Tawney, English Economic History, Select Documents (London, 1914), 525-544.

R. E. Prothero, Pioneers and Progress of Farming (London, 1888), Chaps. VI, VII.

R. E. Prothero, English Farming, Past and Present (London, 1912), Chaps. XI, XIV.

G. Slater, The English Peasantry and the Enclosure of Common Fields (London, 1907).

A. H. Johnson, The Disappearance of the Small Landowner (Oxford, 1909).

G. C. Brodrick, English Land and English Landlords; An Inquiry into the Origin and Character of the English Land System, with Proposals for Its Reform (London, 1881).

E. C. K. Gonner, Common Land and Enclosures (London, 1912).

Legal Aspects of English Land Tenure

R. H. Tawney, The Agrarian Problem in the Sixteenth Century (London, 1912), 281–312.

T. P. Wittaker, The Ownership, Tenure, and Taxation of Land (London, 1914), 119–210.

J. Callings, Land Reform (London, 1906), Chap. VII.

G. C. Brodrick, English Law and English Landlords (London, 1881), Pt. I, Chaps. I–IV.

C. W Hoskyns, Land Laws of England, in Systems of Land Tenure in Various Countries (2d ed., London, 1870), 95–148.

I. S. Leadam, The Security of Copyholders in the Fifteenth and Sixteenth Centuries, in Eng. Hist. Rev., Oct., 1893.

F. Seebohm, The English Village Community (London, 1883).

F. Pollock, The Land Laws (London, 1883).

P. Vinogradoff, Villeinage in England (Oxford, 1892).

C. I. Elton, Law of Copyholders (London, 1898).

A. Brown, Copyhold Enfranchisement Acts (London, 1895).

Advance of Agricultural Technique

R. E. Prothero, Pioneers and Progress of English Farming (London, 1888), Chaps. III, IV, IX, X.

R. E. Prothero, English Farming, Past and Present (London, 1912), Chaps. VII–IX.

R. M. Garnier, History of the English Landed Interest (London, 1893), Chaps. X–XIII, XIX.

W. Cunningham, Growth of English Industry and Commerce in Modern Times (5th ed., Cambridge, 1912), 545–561.

W. H. R. Curther, Short History of English Agriculture (Oxford, 1909).

Important Contemporary Writings

Jethro Tull, The New Horse-ploughing Husbandry (London, 1731).

William Ellis, A Complete System of Improvements (London; 1749).

Arther Young, A Six Weeks' Tour Through the Southern Countries of England and Wales (London, 1768).

Arther Young, A Six Months' Tour Through the North of England (London, 1770), 4 vols.

Arther Young, The Farmers' Tour Through the East of England, 4 vols. (London, 1771).

E. Darwin, Phytologia, or the Philosophy of Agriculture and Gardening (1799).

John Sinclair, The Code of Agriculture (5th ed., London, 1832).

For a list of the more important English agricultural writings from 1500 to 1740 see Prothero, Pioneers and Progress of English Farming (London, 1888), 248–251.

第七章　英國之工業革命

(59)順適之情勢　一七五〇年至一八二五年出現於英國的農業變化是與工業技術和工業組織的根本改革相伴的而且是緊相關聯的。至於特表這些變遷之言——這些變遷實有把英國由農業國化爲工業國的效力——有幾十年前陶蔭碧(1)發明的現今習用的「工業革命」(2)這句話。(譯者按陶蔭碧生於一八五二年，死於一八八三年，係英國經濟學家。)前已表過，這些變遷的本體構成於製造業工場制度興起以代替家族工業制度，恰如從前家族工業制度代替行會制度一樣。這種變遷彰明較著的現象是由工業的地方化而成爲工場中心地，人民遷徙到這些中心地，包括城市發達和製造品產額的大增加。這個革命的原因，和這種發達何以首先出現於英國的理由，甚是繁夥複雜，而且頗有難於理解之處。然而四五種順適的情勢尚可考見。第一是英國的餘利資本較裕。第二是粗細人工俱備。第三是市場推廣，尤以一七六〇年之後爲甚，以致英國貨物的需要增加。第四是行會制度破除較早，和商業製造(3)家對於家族工業的支配力擴大，使其較易變爲工場。還有第五個是機器發明的進步較早較速。若是第六個可以加上，便是英國的製造品，不像法國的，通常是大宗日用物品，這類出產用不着很高的過人技藝而且容易在許多工場裏製造出來。(一篇極有用的英國近世工業發達情形的考究是載於羅傑士的英國工商業史講義一至二頁(a)。)

關係英國及歐洲各國十八世紀的資本數量和用途，我們沒有可信的統計。然而一切已知的事實都證明英國籌措資本的機會和報酬是比歐洲他處更多。英國的政治狀況和宗教狀況比法，德較爲順適，而且經濟

(a) J. E. T. Rogers: Industrial and Commercial History of England Lectures I-II.

1. Arnold Toynbee. 2. "Industrial Revolution." 3. Merchant-manufacturers.

1. Bank of England. 2. Huguenots. 3. The Edict of Nantes.

制度，縱不算較爲自由，至少也不如法，德妨礙之甚。英格蘭銀行(1)的設立(於一六九四年)和其他銀行的設立供給了切實的工業鼓舞。在十八世紀下半期中財富的增殖爲戰爭所阻滯，然而他的損失決不如他的勁敵法蘭西所受的那樣大。前已表明，一八〇〇年之前許久，剩餘財富是用在造成大地產，介紹新農品，和發達資本家式的農業。同時，流動資金也可得着爲設立大規模製造廠之用，只須其他必要條件有法應付。這類條件之一是熟練的人工或易於訓練的人工之供給。在這件事上，英國又占大便宜。十七十八世紀中英國招致許多歐洲的良匠，尤以自比利時，荷蘭，法國來的爲多(如法國新教徒(2)於一六八五年南特諭旨(3)重申之後由法國逃來)因此工人階級的效力和智慧都着實擴大了。雖然最大的利益是在絲業，麻布業，紙業，陶業；英國工業中幾乎沒有一種不曾由外來工匠的智識技巧上得着大利。(見羅傑士的英國工商業史講義四。)

其次須要記着大規模的工業集中並非原始於工場制度。即在十八世紀以前，集合工人，原料，及製造程序於僱主或經理人直接監視之下的辦法未嘗無有，而且這種原則也約略應用於細金屬品製造業及其他幾種工業。十七十八世紀中，毛織物工業，都多半歸於商業製造家管轄之下，尤以英國南部爲甚，這些商業製造家自備原料，有時連器具也預備現成，僱用梳羊毛工，織工，染工，砑布工，和別的隨時要用的工人。這些工人仍是分開居住，或在自己家裏作工，或在舖店裏作工。然而這種辦法只差一步就到集合原料和製造工程於一所房屋之下並安置工人於工場附近之處。在軼事舊聞中，這種事在通常所謂「新工業時代」開幕之前已經辦過，並不是罕見之舉。所以我們讀的書上說「紐堡壘(1)的嘉克」在十六世紀之初有一個布廠，僱用一千工人，他帶了許多工人去與蘇格蘭人(2)在佛洛登開戰(3)。(譯者按「紐堡壘的嘉克」真名文其康(4)，是一個著名「布商」(5)，即本書第二十七節所說的布商。吉冰士的英國之實業一四八頁曾引他以證布商魄力之雄厚(a))。

(60)英國發明之獨先　但規模較大的工場工業之發生多半是因機器發明和機器利用增加而來；很早很著名的發明之興盛在英國工業變遷上縱不是最緊要的順適情勢，也是最卓越的順適情勢。很有些人考究何以英國會有這許多超羣出衆的發明家會萃一時——克雷(6)，哈格利夫(7)，阿克來特(8)，克朗登(9)，嘉特來特(10)，拉克利夫(11)，哈洛克士(12)，劉康門(13)，瓦特(14)，包爾敦(15)，特爾佛德(16)，乍多克(17)，崔飛掛(18)，柯爾特(19)及其他許多人——在十八世紀及十九世紀之初經這一班人的手就把英國的工業領袖地位建立穩固了。並不是因為英國深感改良機器之必要比法，德，瑞士，及其他各國更切。並不是因為英國是純粹科學的一位領袖，固然達微(20)，(譯者按達微生於一七七〇年，死於一八二三年，係英國化學家。)華拉司頓(21)，(譯者按華拉司頓生於一七六六年，死於一八二八年，係英國物理學家。)法拉德，(22)(譯者按法拉德生於一七九　年，死於一八六七年，係英國化學家。)侯雪耳(23)，(譯者按侯雪耳生於一七九二年，死於一八七一年，係英國天文家。)嘉文迪(24)，(譯者按嘉文迪生於一七三一年，死於一八一〇年，係英國物理學家。)貢獻於科學的智識是很多很重要，而且有些地方是非常的獨到。英國在發明界中之優越大致可歸之於兩種

(a) H. de B. Gibbins: Industry in England, 148. 1. Jack of Newbury. 2. Scots. 3. Flodden. 4. John Winchcombe. 5. Clothiers. 6. Kay. 7. Hargreaves. 8. Arkwright. 9. Crompton. 10. Cartwright. 11. Radcliffe. 12. Horrocks. 13. Newcomen. 14. Watt. 15. Bolton. 16. Telford. 17. Murdock. 18. Trevethick. 19. Cort. 20. Davy. 21. Wollaston. 22. Faraday. 23. Herschel. 24. Cavindish.

(a) Robinson and Beard: Development of Modern Europe, II. 311. 1. Watt. 2. Marburg.

事——第一是新機器的急需至少也如他國一樣迫切，第二是這個時代英國有才智的人多注重實際應用的科學。當歐洲大陸的學者潛心搜討光學電學化學作用之時，有科學興趣的英國人自己忙着應用已得的智識。除却一二人算是例外，英國發明家都是受平常教育的人，而且有幾個不過是補鍋匠或門門會件件低的人。他們經歷了無益堅忍的試驗，勉力實用同時大陸名家的發現來解決日常的工業問題。例如瓦特(1)實行利用熱的擴張力，其結果即成蒸汽機；但這種事可以辦到的理想乃是出於馬耳堡(2)的一位物理學家。(譯者按馬耳堡屬普魯士)。蒸汽機首先實際使用是爲應付一種極確定的急需——需要力量較大的抽水機以便用於礦坑達到舊式人力抽水機或馬力抽水機所不能到的低窪之地。雖然大陸各國的經驗顯著需要並不一定產出發明，若按英國的事例頗可表明「需要爲發明之母」的定理。

十八十九世紀機器發明在歷史上的重要真是難於盡述。近今一位著作家說，「機器發明就足以表出我們現今所住的世界有熙熙攘攘的城市，有布滿了複雜機器的大工場，有商業和絕大的資財，有職工組合和工黨，有擾攘不息爲多數人求幸福的各種計畫。奇妙的紡紗機和飛快的鍵子代替舊日的紡線竿，機關車和大洋汽船的發達把地球上相距最遠的地方連成一氣，完美的印字機一點鐘印十萬張新聞紙，電報電話的神妙，種種故事，無不新奇——這個機器發明故事的重要和魔力實在不亞於君主，國會，戰爭，條約，和憲法的歷史。」(見羅濱生及畢爾德的近世歐洲發達史第二卷三一一頁(a))。

改變英國工業因而改變世界工業的新發明有兩大類，包括舊式器具的改良和新式機器的建造，及應用非人的動力於這些機械，最初用流水或牲畜，後來用蒸汽。 在這兩系中，發明是接連不斷的出現；各種發明的效果遍達於農業中，商業中，運輸中，國家活動的各部分中。 發明的進步在英國先出現於兩大類職業中——紡織類（包括棉花，羊毛，苧蔴等製造品）和礦業類（包括開採煤鐵，練鐵，和建造機器）。 第一類中最受影響的是棉布的出產。 幾百年來羊毛織造是英國最大最利達的工業，因此這一業的積習舊例最多，所以其中改良方法的事頗不易辦。 棉花工業，與羊毛工業相反，是新近發生的，所以情形不同。（棉花工業在英國雖稱為於伊利沙白朝輸入，而最早的記載是在一六四一年。 棉花工業的最早地點是滿切斯達（1）和波耳頓（2），而且從一起頭就是按家族工業制度的方式組織的。 見本內士的英國棉業史八四頁至一一二頁（a）。 在十八世紀中葉棉花工業纔開始與羊毛工業競爭，到一八〇二年棉布輸出額便與毛織物輸出額相等了。

(61)紡紗機之發明　棉花工業，與一切紡織業相同，包括兩大程序——把纖維紡績成紗線，和把紗線織造成布疋。 除却取得足用的原料一個問題之外（在最初時棉花多來自印度）（3） 棉花工業的最大困難就在保持上述兩個程序的平均；在羊毛工業中這個困難也不相亞。 自然，在那個時代，兩個程序都用手做；但這兩個裏面，紡紗是異常之慢，五個乃至十個工人紡的紗纔夠一個織工之用。 在十八世紀之初，棉花，羊毛，苧蔴仍是用紡線竿和紡錘來紡，直到這一世紀中葉這種幼稚紡績方法纔因紡車輸入稍受一點改良。（以前紡紗的詳細敍述，參看裴利士的近世英國工業史八八頁至八九頁（b）。） 織造——必須經線一上一下的讓緯線穿過去——是用手織機做，這種手織機是造得可以把住經線，讓經線的一半抬起來一半壓下去，同時織布人把

(a) E. Baines: History of the Cotton Manufacture in Great Britain, 84–112.
(b) Perris: Industrial History of Modern England, 88–89. 1. Manchester. 2. Bolton. 3. India.

(a) Slater: Making of Modern England, Introd., XXXII. 1. Lancashire 2. Bury. 3. John Kay. 4. "Flying shuttle." 5. The Royal Society for the Encouragement of Arts and Manufactures. 6. James Hargreaves. 7. "Spinning-jenny." 8. Richard Arkwright. 9. Derbyshire. 10. Cromford. 11. "Water-frame.

帶着緯線的梭子用手拋來拋去。 一七七三年以前英國人尚不能製堅實可用爲經線的棉紗；那時都用蔴線爲經。 織造是較重的工作，在家族工業制度之下總是由家長去做成年的兒子和僱的工人給他幫忙，同時婦女小孩盡力去紡紗線。 一七三三年，蘭嘉協(1)的柏里(2)地方有一個鐘表匠名叫克靄(3)(譯者按克靄生於一七〇四年，死於一七六四年。) 發明一個「飛梭」(4)，取得了專賣權，用這種飛梭，不管織的布有多寬，一個織匠可以不用人幫助就能把帶着緯線的梭子在蔴紗的經線裏來回穿遞。 (飛梭的簡單說明，參看史拉德的近世英國之締造緒論三二頁(a)。) 因爲這個發明，織匠和紡工間的速率和出品弄得相差更遠。 一個人能動用從前兩個人管的織布機，同時這個器具的生產力加了一倍。 紗線的需要超出供給之上更遠過於以前，於是一七六一年獎勵美術製造皇家會社(5)兩次懸賞徵求能使紡車一次產出紗線一根以上的發明。 爲時不久，這個希望的目的達到了。 一七六四年蘭嘉協的織匠哈格利夫(6)(譯者按哈格利夫生年無考，死於一七七八年。) 造成了他的「紡紗機」(7)，這個紡紗機是一個簡單機器，以手車轉動，起初容八根紗線，漸而十六根，漸而二十根，在這位發明家生存年代中加到八十根——這個機器還有一個長處是可用小孩運轉。 然而哈格利夫的機器紡出的線是不牢固的，所以只能用作緯線，除非造經線方法也有相當的進步，這改良的美滿效果不能實現。 這個需要也是不久就供給了。 一七七一年貨郎兒阿克來特(8)(譯者按阿克來特生於一七三二年，死於一七九二年。) 在大碧協(9)的克朗佛德(10)地方設了一個紡紗廠，其中就用他自己專利的「水力機」(11)，這個機器，因爲發出的紡績力量勻稱穩固，首先使棉花製造能免去蔴線，產出純棉花的布。阿克來特不過是一個善用他人意匠的發明家。 但水力機的留傳是紡織歷史上第一重要的事，不但因爲「水搓機」(1)表出純棉布可以造成，而且因爲這種機器（改良的形式稱爲「賽眉機」(2)。譯者按以機聲如賽眉鳴，故有此稱。）構成於必須水力或蒸汽力轉動的兩對滾碾，不能設在平常農村裏，只在與工場情形相同之處纔能用之有利。 一七七九年蘭嘉協人克朗登(3)（譯者按克朗登生於一七五三年，死於一八二七年。）把哈格利夫和阿克來特兩種機器的最妙之點聯成一起成爲著名的「騾機」(4)，這個機器現今改良到每架帶着二千枚紡錘，却又極其省事，幾架機器只用一人運轉。 乃是因爲克朗登的改良精緻柔軟的棉紗纔能紡績，其結果使英國成爲紗線製造之邦。 哈格利夫，阿克來特，和克朗登的發明給英國紡織業非常的鼓舞。不但羊毛工業，蠶絲工業，棉花工業都增加了便易，速率，產額，而且棉花製造成爲有利工業的前茅。 到一七九二年美國的懿特尼(5)（譯者按懿特尼生於一七六五年，死於一八二五年。）發明了軋棉機(6)，美國原料無限增加，從此以後，英國紗線的出產只受棉布織匠需要紗線額的限制。

(62)織布機之發明　一時之間，前面說的那些進步把紡工與織匠向來的關係完全顛倒過來了。 此刻却是織匠落後，因爲織造上自從克雞的飛梭留傳之後別無進步。 十八世紀末葉所有的最好織布機是用手轉動的，而且生產力也很有限。 從一七八四年以來肯特(7)地方一位牧師嘉特來特(8)博士（譯者按嘉特來特生於一七四三年，死於一八二三年。）本是梳毛機器發明家，漸漸考出了第一個水力織布機的原理，一七九一年滿切斯達一家公司和嘉特來特訂約買他四百部織布機。 然而這個發明在一八一〇年以前沒有多大

1. "Water-twist." 2. "Throstle." 3. Samuel Crompton. 4. "Mule-jenny." 5. Eli Whitney. 6. Cotton-gin. 7. Kent. 8. Dr. Edward Cartwright.

1. Radcliffe, (William). 2. Horrocks, (Jonathan). 3. Power. 4. Combination.

的成效，同時紡織業大半已經脫離家族工人而集中於紗廠裏但工人家裏手工織布之業仍舊與從前一樣繁盛。一八〇九年國會表決以一萬金鎊酬嘉特來特對於工業的功勞。經拉克利夫(1)(譯者按拉克利夫生於一七六〇年，死於一八四一年。）哈洛克士(2)(譯者按哈洛克士生於一七六八年死於一八〇四年。）及其他發明家之手，嘉特來特織布機大加改良，能產出比原來更細緻的布疋，至一八一五年這種機器通行於各處，使織匠的工程能敎趕上紡工。動力織布機採用之遲緩一部分是由於機器自身缺乏速度並有別的弱點，一部分是由於利用水力總使人難於滿足，但最主要的還是織造匠頑固，他們自成一黨，不識時務，墨守老法。的確的，織造業成爲家族工業制度的最後根據地，直至蒸汽力應用漸次推廣之後，這項工業纔轉而歸於工場。遲至一八一三年只有二千三百部動力織布機使用於英格蘭和蘇格蘭。在一八二〇年時用的動力織布機約有一萬五千部，單就棉花工業而論，約莫還用有二十萬部至二十五萬部手織機。並且，雖在一八三三年動力織布機已有十萬部，據下議院委員會所得的證據表現着手織機不但未減而反增加。這兩派織造的競爭爲十九世紀上半期英國工業史可注意的特點之一。這樣競爭自然只有一條路可以終結。但手工人直到他們的入款被競爭壓迫到不够穿喫時機纔逐漸投降。這班手機織匠的慘狀是久已昭昭在人耳目，不特英國爲然，凡有這類相同競爭之國都是如此。

(63)汽機　說新時代產業主義的重要元素是動力(3)及綜合(4)，決非過甚之辭。機器先要有動力而且必須資本集中，精力集中，十八世紀工業革命的一個主要現象是集中動力機關，最著者爲蒸汽其重要也不亞把工人們由他們自己的家裏搬到工場裏。　蒸汽機關——除他之外，沒有機械的意匠曾造更大的世界經濟變化——是歷年屢次發明的產物。　蒸汽的擴張力確是上古之人知道的，但直至十八世紀初年之後纔有人想出方法把這種動力實用起來。　約在一七〇五年劉康門(1)(譯者按其人之生死年代無考)傳出旋軸及活塞的原理，並且造出一個引擎(2)實用於抽水筒。(譯者按引擎是機器發出動力的部分)　一七六三年瓦特(3)(譯者按瓦特生於一七三六年，死於一八一九年。)專事改良劉康門的引擎，注意減少力量的耗費而且使其可用於各種製造。　一七六八年瓦特與伯明漢(4)的資本家包爾敦(5)(譯者按包爾敦生於一七二八年，死於一八〇九年。)合力經營，一七六九年瓦特得了他的機器的第一專賣權。　瓦特把舊式引擎的旋軸兩端封閉，安排得使活塞推動往來更快，全用汽力，又加上一個「調節器」(6)使動作有序，又以曲柄和直桿序列之法把機輪用皮帶與被動器具聯絡，造成一種蒸汽引擎宜用於紡機，織機，鋸木機，及其他機器。(在劉康門的引擎上，活塞只能慢慢的上升下降。　向上動作是出於蒸汽壓力，向下動作是活塞之下因蒸汽凝縮而成真空，於是空氣壓力把活塞推下。)　汽力運轉的紡績機於一七八五年初次用於洛亭罕協(7)的拍配威克(8)地方，到一八〇〇年伯明漢有瓦特引擎十一部，里慈(9)有二十部，滿切斯遼有三十二部，尚有許多散在國內各工業中心地。

(64)金屬工業之進步鐵及煤　以上所說紡織業的進步是與泛稱金屬工業的進步相倚伏的。　工場裏紡機，織機，及其他機器的設備必需鑄造機器的方法也革新一番纔行。　說到鑄造機器，這樁事又要必需的各種

1. Thomas Newcomon. 2. engine. 3. James Watt. 4. Birmingham 5. Matthow Bolton. 6. "Governor." 7. Nottinghamshire. 8. Papplewick. 9. Leeds.

材料出產增加而且價值低廉就中以鐵爲最要。　這些材料的取得和各工業汽機的動作又必需有極多而不貴的燃料。　英格蘭北部及中北部富有煤鐵，但直到一七五〇年之後利用這類富源的適宜方法纔爲一般人所知。　在較早年代中，直至十八世紀末葉，鐵少而貴，而且用的也不多。　英國用鐵的大部分是由瑞典(1)輸入，並不因爲英國缺乏礦砂，只因英國鎔鍊業拙劣之故。　鎔鍊工作多在零星分散的小鐵舖裏做，多半在英國南部。　但這項工業因燃料供給不足所以難於發達。　那時用的燃料是木炭，需要額和產額相比實在差得太遠，一個木炭窰每年最大的產額不過三百噸。　早如十七世紀時已經極力要利用生煤鍊鐵，但化學上的困難當時無人能解，以致這種計畫毫無成效。　一七三五年纔成功了用焦煤鍊鐵，但因如此鍊出的鐵缺乏可鍛性，這個發現的價值不免減少；隨後不久又發現一個方法，生煤也可用得。　一七六〇年鼓氣吹火的粗笨風箱也被施彌敦(2)(譯者按施彌敦生於一七二四年，死於一七九二年，係土木工程師。)的旋軸吹噴器代替了，一七九〇年蒸汽初次用爲這個器具的發動力，結果能省燃料三分之二，於是產額大旺。　同時葛斯浦(3)人柯爾特(4)(譯者按柯爾特生於一七四〇年，死於一八〇〇年。)的兩種發明革新了鍛工業恰如焦煤與生煤革新了生鐵出產一樣。　他的第一個發明於一七八三年取得專利，稱爲「混合」法(5)，乃是用生煤另外注入養氣，於是生鐵就有可鍛性了。　第二個發明是製造鍛鐵品的機器，於一七八四年取得專利，並用滾碾代替向來用的遲鈍打鐵錘。　一七八九年柯爾特的第一個專賣權期滿撤銷，其結果混合法通用於各處鐵廠。　因爲這些進步及一七七〇年至一七九〇年瑞典鐵價累漲之故，英國鐵的出產大受鼓舞。　從一七四〇年至一七八八

1. Sweden. 2. Smeaton, (John). 3. Gosport. 4. Henry Cort. 5. "Puddling."

年產量由一萬七千噸增至六萬八千噸，一七八八年以後增加更快，到一七九六年一年產額總計一十二萬五千噸。一八〇二年英格蘭和衛爾斯(1)有一百四十四個鍊鐵廠，蘇格蘭有二十四個，而且鐵已經成爲輸出品了。一八〇六年產額約二十五萬噸，一八一五年輸出額漲到九萬一千噸。這項發達的主要地方是煤田附近各縣，最著名的是司達佛協(2)南部，和衛爾斯南部，鄰近的蘇格蘭亦頗不弱。隨着鐵產增加，鐵價低廉，又有企業家需要更好的機器，於是機器鑄造業也逐漸擴張起來。據說一八〇〇年英國的好機器廠不過三個。(見德依的商業史二八四頁(a))。但自此以後數目漸增，一八二五年以後增得更快。

緊連着這個發達而且使這個發達所以成功的卽是煤礦業的革新。造鐵和造鐵器必需最多而價廉的燃料；而且工場經營也是如此。一八〇〇年以前蒸汽抽水機的流傳已經可以透到較深的礦井，但煤業發展到有可注意的價值實在一八一〇年至一八一九年十年之間。在那個期間，從前常用以支持煤礦上層的極大煤柱纔開始代以木柱。一八一三年蒸汽打井機發明了。一八一五年達微(3)傳出他的安全燈，這種燈的使用足以保護礦工而且開掘下層也能辦到。一八二〇年地下曳運器開始代替那一班不幸的婦女兒童，以前這些人被僱在煤礦裏專馱生煤從礦中各層爬着長階梯到地面上。一八一九年沿海各港船運的煤約四，三六五，〇〇〇噸，由陸路及運河行銷內地的總計在一千萬噸以上。到一八五〇年出產總量約五千六百萬噸。出產最富之區爲羅中布蘭(4)，太因河新堡(5)附近的杜爾漢(6)，蘇格蘭南部，堪布蘭(7)，蘭嘉協，及衛爾斯南部。

(a) Day: History of Commerce, 284. 1. Wales. 2. Staffordshire. 3. Sir Humphrey Davy. 4. Northumberland. 5. Newcastle-on-Tyne. 6. Durham. 7. Cumberland.

(65.)工場制度之興起原因　於是從各方面,並從柯爾特等一班不以自己勞力思想圖金錢利益的人,聚集了近世工業經營所必備的各要素:如增進製造敏捷式樣,速率,的發明;構造應用機器的材料價廉而多的燃料以發出動力由利用蒸汽而得的無限增加無限適用的動力工具;及發達極快的長距離交通利器。(關於交通改良,見本書一百零四節及一百零五節)　其結果是工場制度的發生。　這是眞實的,英國工場實起於十八世紀之前。　早如亨利第八時代(1)(譯者按自一五〇九年至一五四七年)書上就記有工場,而且英國經濟史上一個雖不關重要而極有趣味的情形卽是這些先於工業革命的製造廠之發達。　然而須到十八世紀之末(說十九世紀之初或更確切一點)纔能說英國有「工場制度」(2)。　有一位著作家說,「各大發明所貢獻於工場的是變更手腕工作與機械助力的關係。　舊式的器具都是用手管的。　本是工人用力器具服從命令;但經各大發明之後,工人在工場中的地位成爲幫助機器而非供給力量與機器。　在瓦特,克朗頓,柯爾特發明之前已有工場,但十九世紀的「工場制度」特別含有把工人附屬於機械的意味。　我們若把這個長時期的改革端詳一番,便可見我們說這個變動是一個革命實是一點不錯的。」(見馬克格雷哥的工業進化論四〇頁(a))。　英國工場制度乃是循着家族工業制度而生長,不消說得,這個新的絕未完全佔據了舊的的地位。　就在現今英國有些地方的工業經營仍是按着家族工業制度的方式辦理。　習見之例是伯明漢附近各鄉村的小件鐵器製造業。　然而家族工業制度在英國已經大失其根據,所以十九二十世紀產業主義的着重之點一定是在工場。

(a) MacGregor: The Evolution of Industry, 40. 1. Henry VIII. 2. "Factory System."

工場制度的主要特點是聚合多數食工資之人於資本家所有的工場裏，工場中許多貴重精美的機器是用水力或蒸汽力運轉。　舉一個例來說，何以紡紗機織布機的發明改良會引起織造工場的發生須要略加說明。第一層，通常這種新機器都是很貴的，鄉間工人買不起用不得。　舊式紡車和手織機構造簡單，價值低廉，修理容易，所以工人不必爲他器具的本錢焦心。　克朗頓的騾機和嘉特來特的動力織布機雖在初出之時所值已是不少，自從這些機器流傳，有資本纔可在織造業中有勢力。　第二層，這些新機器差不多是完全不能在自己家裏動用的。　這些機器都很大，不易轉動，而且多是爲大額出產特造的。　新機器要用水力，更好點的要用汽力。　水力只能在一定的地方纔有，蒸汽力必需設備很貴錢的機器，外加直接用於製造的機器。　任便那一種動力充分利用之處一定有足夠運轉許多機器的力量，又供給許多工人的僱傭。　這等規模的工業擴張在私人家裏顯然是不行的。　其結果，鄉裏人拋撇了家庭工業而成爲大工廠的僱工，在那裏無數工人都聚在那羅列機器備有動力的建築物中聽候僱主指揮按時作工。　機器和動力的流傳致使一種工業的各段都集中在一個工廠做，極其省錢。　譬如棉花工業中就沒有理由爲甚麼彈花工和紡工，或紡工和織工，不應該在相近之處用同一的動力作工。

這般樣便是工場制度所以發達的理由和情形，最初見於棉花工業中，繼而見於羊毛工業，及其他織造業，終究金工，木作，製革，幾乎每種貨品無不如此。　有一位英國著作家說，「生產的表率單位再不能是一個家族或少數人用不多幾件低廉簡單的器具調製小量的原料，乃是千百人嚴整組織的勢力與大宗的貴重繁複機器

通力合作，源源不竭的大批原料由此經過以達於一般消費之人。」 這個新單位即是十九世紀的工場

(66)工業之轉動及人口之遷徙　因上述的變遷，英國的社會狀況及經濟狀況大爲改變。 每種代替人工的機器發明都帶着舊工業動搖和許多人失却本業。 雖然有些人主張相反的一面，這種事本可以說久而久之機器流傳擴充了工作範圍而且趨於改善工人境況。 但起初時差不多每一個重要發明就給那發明家頭上招來一般工人的咒罵。 哈格利夫曾遇亂徒暴舉而且迫得由蘭嘉協遷居於洛亭漢協去求一個機會安穩設立他的紡紗機。 一七七九年蘭嘉協發生幾次暴動，許多機器都被毀壞於民怨沸騰之中；而且國內各處不時也遇相同的示威運動。 但是，以機器代人工的來勢是異常之強，一般除暴動別無善法的人自然不能堵禦他。 英國工人慢慢忍痛承受了這樁不可免的事。 (關於發明對於勞動狀況的一般情形，參看尼柯爾生的機器及於工資之影響，一八九二年倫敦出版(a)。)

這個改革中最可驚的現象是一般人口的遷徙。 這個移動是兩重的：

(一)從南部到北部，

(二)從鄉間到城市。

移居於人口較稀的北部開始在工業革命進步之前，而且稍有自動的性質；但興動多人的動力顯然是由工業變更而來。 英格蘭唯有在北部纔能有水力可利用。 更重要的乃是北部和西北部有鐵礦煤層，其利用是大規模工業最不可少的。 因有這些理由，新工場的地點差不多完全決定了。 國內各處的工人都聚到約克

(a) J. S. Nicholson: The Effects of Machinery on Wages.

協(1)，洛亭漢協(2)，蘭嘉協(3)，大碧協(4)，各郡城市中(許多城市是新建的)而且這些城市，如里慈(5)滿切斯達(6)，榭菲而(7)，利物浦(8)，伯明漢(9)，格拉斯哥(10)，紐嘉索(11)，都成為僅亞於倫敦(12)的人口最多最繁盛的城市。(見期雄的論英格蘭城市農村之分布載於地理雜誌第九卷(一八九七年)七六頁至八七頁第十卷(一八九七年)五一一頁至五三〇頁(a)。 在這些大城裏設立了許多工場繞着工場總有幾萬離鄉背井的人在那裏求工作和工資。 從前在鄉間慣與家口自行工作以助莊稼之不足的鄉裏人，此刻覺得自己既不能製造可以銷售獲利的貨品，又不能自己購辦製造貨品的機器，只落得垂頭喪氣，膽戰心寒。 有一位美國著作家說，他們「投身在兩種劣敗的實業內」。(見陳訥的英國實業社會史二二一頁(b))。 若以為他們是手藝人，他們乃是與非常較廉較好的製造行競爭；若以為他們是耕種田地的人，他們乃是與大規模的而且辦理更得法的農業競爭。 在這種境遇裏他們只有拋撇鄉里，拼捨了他們世襲的經濟獨立權，或為城市工場的僱工，或為無地產的農業勞工。 許多人就了前一類的事，許多人就了後一類的事。 還有許多加入英國前此未有的游行工人班裏。 這些變遷的結果是英格蘭舊日地方均勢的完全顛倒。 從前英國最進步最有勢力之區是南部和東部，而保守派則托庇於地瘠民貧的北部和西部。 然而在十九世紀之初人數的優勢已經北移。 時候一到，政治的優勢跟蹤而來，在現今除却倫敦就是北部為撑持國勢的財富職業之根據地。

(67)工場制度興起之惡影響　工業情形變更的結果自始至終都不健全。 只就一件事說，工場制度發達首先在工業歷史上產出資本和勞働的徹底區分。 中古及近古初年的行會人同時是僱主又是工人。 他給

(a) G. G. Chisholm: On the Distribution of Towns and Villages in England, in Geographical Jour. IX (1897), 76–87; X (1897), 511–530. (b) Cheyney: Industrial and Social History of England, 221. 1. Yorkshire. 2. Nottinghamshire. 3. Lancashire. 4. Derbyshire. 5. Leeds. 6. Manchester. 7. Sheffield. 8. Liverpool. 9. Birmingham. 10. Glasgow. 11. Newcastle. 12. London.

僱傭與散匠和學徒，但他與他的僱工一同操作，他的利益和他的生活狀況很有許多與他的僱工一致的。前已表過，雖在家族工業制度之下已經發生多少資本式的組織，家族工業家與他的助手之間的關係也是與行會匠師和散匠學徒之間一樣。但是，在工場制度之下，僱主與僱工的界限劃分極嚴。僱主不但供給原料而且主有辦理製造的建築物和應用的機器；僱工只作工掙工資。在這等情形之下，兩方的利益自然愈去愈遠，有時直不能調和。衆之，工人過多即是工資低減和工作時間延長，至於由勞働階級升到僱主階級的機會竟直就是沒有。

新制度的另一結果是把婦女兒童身上都加以向來未有的工業負擔。機器把工人的精力和手藝都打了折扣。因爲各種發明的結果以致婦女兒童能做從前歸男子做的許多工作，尤以織造工業爲甚；而且因爲婦女兒童的工價比男子的賤，以致多數男子完全失業，大有朝不保暮之勢。循序而來，家庭的經常關係就反覆顛倒了，妻子兒女成爲掙麵包的人，而成年男子多找不着僱傭或就此流蕩墮落下去。前已表過，在家族工業制度之下婦女兒童在家裏也做不少的工，我們並不以爲高德斯密(1)(譯者按高德斯密生於一七二八年，死於一七七四年，係英國之詩人。)在他有感於當時社會變遷的悲歌裏(在他出版於一七七〇年的荒村中(a)。)描寫的山村情景眞是很通行的。但是，工場出現並非婦女兒童之福，實爲婦女兒童之禍，是不待辯的。(從婦女界全體着眼，工場發達自然也另有一種效果。「屬於較幸運階級成千累萬的婦女都得免除了十八世紀中爲妻的許多義務，從前許多要在家裏自辦的東西此刻以大規模生產自然是更好更廉了。」見羅濱生及

(a) The Deserted Village, 1. Goldsmith, Oliver.

畢爾德的近世歐洲發達史第二卷四八頁（a）。

新制度最可慘的現象乃是工人階級無法免避的身體上和道德上的害處。十九世紀上半期中英國各處勞働狀況和生活狀況是英國有史以來最壞的。男子，婦女，兒童一齊聚在既欠缺衞生設備又不安舒而又無以維持道德的大工場裏。固然不見得凡屬工場主人都是貪得無厭喪盡良心的，但這樣的工場主人比現今更多，是毫無疑義的。既是全副精神都貫注在料理新興的大工場事務上，自然不能留意於僱工的幸福。每天作工十五小時，甚至十八小時，並不是罕見的事。工場的情形已是極容易成爲不合衞生了，而工人家裏的狀況還要壞些。從前這班工人住在鄉間，居室雖是卑陋却不見得一定不衞生，此刻他們聚在工業城市內工場林立之區，那裏的房屋常是不敷住的。遲至維多利亞（1）女皇登位之年 譯者按係一八三七年）滿切斯達城中人口有十分之一以上住在醜陋齷齪培養常年瘟疫的地窖裏。把七十年前英國工人的境遇與同時美洲黑奴（2）的相比較，黑奴的情形與比英國工人的強得多。黑奴至少也有充足的新鮮空氣，喫得他的飲食，和休息的時間。工場僱工在這些上一點也沒有。經營工場的人與教區官吏通謀局騙，販運孤貧兒童來維持他們工場裏低廉人工的供給，這種辦法與販賣奴隸直是毫無分別。（英國新工業制度的黑暗情形曾經十九世紀中葉各外國考察家批評家在他們的著作中歷歷繪出。英哲爾士在他於一八四五年出版的一八四四年之英國勞働階級狀况中說得很清楚（b）。馬克思在他一八六七年出版的資本論中長篇大論的敍述這種慘狀以表明資本主義之不公平（c））。

(a) Robinson and Beard: Development of Modern Europe, II, 48. (b) Friedrich Engels: Die Lage der arbeitenden Klassen in England ("The Condition of the Working Class in England in 1844"). (c) Karl Marx: Das Kapital. 1. Queen Victoria. 2. American negro slave.

(68)相信之利益　以上所敘的不幸情形自然只是工業發達的一方面。　不可忘却工場制度之發生大有造於國家的富強而且，雖一時之間未能辦好，到底釋出職業給多數失却農家本務的人。　與使工人分隔的家族工業制度相反，工場制度把工人集在一處，給他們聯合的機會以增進他們的利益。　在家族工業制度之下，職工組合(1)只怕是不可能的；在工場制度之下職工組合自然發展到統轄全局的地位。(見本書第十九章)英格蘭北部工業人口增殖更有功於十九世紀國會改革的勝利，於是大開藉政治勢力以立法救濟工業之路。　而且工場創出的和養成的不幸情形，雖久已認為無可免避，却並未聽其永遠相沿，不加整頓。　隨後專章內再行注意說明施於這一面的工夫。(見本書第十七章及第十九章。)

關於以上所說各變遷的一般效果，這下面趣味彌漫發人深省的結論是一位英國領袖著作家敘的：

「當我們觀察一個過渡時代的詳細情形時，我們只覺其所現的慘狀使人驚心動魄。　在都鐸(2)朝圈地期間還是真的，在工場制度開始之時這也是真的；但就這兩樁事的任隨那一樁看來却不見得改革一定真是禍害。　我們決不願回復我們沒有機器的時代的辦法。　在機器工業的最多種中一切事物已經整飭得使工人的報酬比舊日更大而且工作情形比舊日更衛生。　在現今時代，並不是用機器的行業受苦，乃是毫無機器或有而不多之處受苦最大。　那班常用精巧機器作工的人必需習用從前不必要的小心和敏捷，假若我們拿現今的工場工人和儼然真是十八世紀的家族工業工人相比，一定很難指出有甚麼特點或在甚麼地方見得他真受了害處。」(見經寧漢的英國工商業發達史(一八九二年出版)第二卷四七五頁(a))。

(a) Cunningham: Growth of English Industry and Commerce (ed. of 1892), II 475. 1. Trade union. 2. Tudor.

(69)一八五〇年以來之工業進步　近世英國產業主義史的創業時代是十八世紀下半期和十九世紀上半期。自一八五〇年以來的記載多是：

(一)工業出產量的發展和工業經營量的發展；

(二)製造方法的分析和專精；

(三)輸送英國貨品於遠方的交通便利之推廣；

(四)德，美及其他各國工業競爭之增加。

前已說過，革新英國工業的一個重要主因是英國的煤鐵豐富。隨後數十年來這項供給並不衰減。煤鐵出產總額的增加列表於下：

年分	採掘的煤(按百萬噸計)	出產的鐵礦砂(按百萬噸計)
一八〇〇	一〇·	·五
一八五〇	四九·	五·五
一八八〇	一四七·	一八·
一八九六	一九五·	八·五
一九〇〇	二二五·	一二·五
一九一三	二八七·	一〇·五

各種鑛物——陶土，石版，灰石，砂石，鹽，錫——也出得不少；但煤之量超出各種之上，煤的總值占鑛產全額七分之六 主要的煤田位於杜爾漢，約克協，蘭嘉協，司達佛協，大碧協。 據說按現今這樣大的消費額英國煤的供給還够支持五百年。 英格蘭地層中鐵的蓄積自然是不及煤的大而且產量也很參差，近來每年約出一千零五十萬噸。

英國的製造業可分爲兩大類，即紡織工業和金屬工業。 紡織工業在維多利亞女皇朝（譯者按自一八三七年至一九〇一年）增加四倍，在這時代之末英國紡紗廠消費全球所產棉花總量四分之一。 雖有德，美及其他各國競爭日甚，而一八七〇年至一九〇〇年間英國棉花工業增加百分之四十，羊毛工業增加百分之一百零五分。 二十世紀開幕之初英國織布廠每日出產棉布共有一萬四千英里長——比歐洲其他各國總產的還要多；在這個數中有三分之二輸出外國。 一九一三年英國用五千七百萬枚紡錘，歐洲其他各國共用四千三百萬枚，美國用三千二百萬枚。 羊毛工業進步之盛況也不相下。 一八〇〇年至一八五〇年間英國工場用的羊毛加了一倍。 但自一八四〇年至一九〇〇年却增四倍乃至五倍。 羊毛工業的情形，因澳洲畜羊業發達的結果原料低廉，已經大爲改變。 十九世紀上半期中紡織廠所製羊毛多半英國本地出產，而現今羊毛供給之量五分之四是由澳洲及別的遠邦輸入的。 羊毛布的價，如棉布價一般，已經大落。 然而這種工業對於英國仍是大有價值的。 就地理而言，棉花工業差不多全屬於南蘭嘉協，及切協(1)附近地方，約克協，大碧協——即滿切斯達並鄰近工業城市，——那一帶地方氣候潤澤和用煤近便，對於棉花工業最爲適宜。 現

1. Cheshire.

今羊毛工業的主要地區已不是東安格里（1），乃是約克協的西萊頂（2）及蘭嘉協東部。金屬工業更是分散的。金屬工業最盛之處是司達佛協的黑鄉（3）和伯明漢，瓦威克協（4），渥色司達協（5）。但這類工業恰好分布於紡織業各地，例如刀剪業盛於榭菲而。倫敦附近地方是機器業著名之處。

晚近年間英國工業形勢中可注意之點是德美兩國工業發達後與英國競爭日甚一日。因為英國占了應用發明和資本於工業的先著，而且德美及其他國著重農業，以致工業較不發達，所以英國久享世界商場的霸權。英國製造家商人，財務家等人的勝利是容易的，國內工業繁富大有永久安穩之象。然而在近年中外國競爭已覺漸漸厲害了，正如一百年前穀類競爭及十九世紀中葉肉類競爭一樣。換句話說，外國競爭已由農業逐漸轉移到工業；如一位英國著作家說的，「英國製造家看着唯獨德國和美國變為大工業國喫驚不小。」（見史拉德的近世英國之締造二四〇頁（a））。現今製造品總需要的增長是非常之大，其他各國大規模工業的發生只可說是有礙於英國世界商場的相對根據而非有礙於他的絕對根據。而且德國為求增加他的工業銷路不惜重大犧牲，這種事實很可表出英國地位之極為穩固。但是英國工業現在必須力爭從前不勞而獲的機會。總之，當這種結果遇到採用新方法和激蕩新精神之時，發生的壓迫已惹起國人的憂慮而且招出新工商業理論和新工商業政策的宣傳（見本書第一百一十七節至一百一十九節）。

(a) Slater: Making of Modern England, 240. 1. East Anglia. 2. West Riding. 3. "Black Country." 4. Warwickshire. 5. Worcestershire.

SELECTED REFERENCES

General

G. H. Perris, Industrial History of Modern England (New York, 1914), 25-33, 73-101.

E. P. Cheyney, Industrial and Social History of England (New York, 1901), 203-216.

G. T. Warner, Landmarks in English Industrial History (London, 1898), 262-280.

H. de B. Gibbins, Industrial History of England (4th ed., London, 1895), 156-165.

H. de B. Gibbins, Industry in England (London, 1896), 341-357, 381-426.

M. Briggs, Economic History of England (London, 1914), 93-140.

A. D. Innes, England's Industrial Development (London, 1912), 225-235.

F. W. Tickner, Social and Industrial History of England (London, 1915), 510-540.

W. H. Hamilton, Current Economic Problems (Chicago, 1915), 37-73.

A. E. Bland, P. A. Brown, and R. H. Tawney, English Economic History, Select Documents (London, 1914), 482-524, passim.

C. G. Robertson, England under the Hanoverians (London, 1911), 329-356.

C. Day, History of Commerce (new ed., New York, 1914), 209-216, 270-300.

D. H. Macgregor, The Evolution of Industry (New York, no date), Chaps. I, II.

A. F. Pollard, History of England (New York, no date), Chap. VII.

W. E. H. Lecky, History of England in the Eighteenth Century (London, 1887), VI, 206-230.

G. Bry, Histoire industrielle et économique de l'Augleterre depuis les origines jusqu'à nos jours (Paris, 1900), 404-509.

W. Cunningham, An Essay on Western Civilization in Its Economic Aspects (Cambridge, 1904), 225-253.

W. Cunningham, The Industrial Revolution; being the parts entitled

"Parliamentary Colbertism" and "Laissez Faire" reprinted from The Growth of English Industry and Commerce in Modern Times (Cambridge, 1908).

A. Toynbee, Lectures on the Industrial Revolution of the Eighteenth Century in England (new ed., London, 1908), Chaps. I–IX.

P. Mantoux, La révolution industrielle au XVIIIe siècle (Paris, 1906).

The Inventions

H. de B. Gibbins, Economic and Industrial Progress of the Century (Toronto, 1903), 18–29

C. Beard, The Industrial Revolution (London, 1901), 22–44.

H. O. Meredith, Outlines of the Economic History of England (London, 1908), 242-260.

C. J. Bullock, Selected Readings in Economics (Boston, 1907), 125–145.

B. Rand, Selections illustrating Economic History since the Seven Years' War (2d ed., Cambridge, 1892), 31–54.

W. Cunningham, Growth of English Industry and Commerce in Modern Times (5th ed., Cambridge, 1912), Pt. I, 620–668.

E. Baines, History of the Cotton Manufacture in Great Britain (London, 1835), Chaps. VIII–XII.

P. Mantoux, La révolution industrielle au XVIIIe siècle (Paris, 1906).

E. W. Byrn, The Progress of Invention in the Nineteenth Century (New York, 1900).

H. T. Wood, Industrial England in the Middle of the Eighteenth Century (London, 1910).

S. Smiles, Lives of Engineers (London, 1861, 1862).

S. Smiles, Lives of Bolton and Watt (Philadelphia, 1865).

S. Smiles, Men of Invention (London, 1884).

G. J. French, Life of Samuel Crompton (Manchester, 1862).

R. H. Thurston, History of the Growth of the Steam Engine (New York, 1902).

Dictionary of National Biography (for sketches of the inventors).

Capitalism

H. O. Meredith, Outlines of the Economic History of England (London, 1908), 141–161.

W. Cunningham, An Essay on Western Civilization in Its Economic Aspects (Cambridge, 1904), 162–182.

W. Cunningham, Growth of English Industry and Commerce During the Early and Middle Ages (4th ed., Cambridge, 1905), 521–526.

W. Cunningham, Growth of English Industry and Commerce in Modern Times (5th ed., Cambridge, 1912), Pt. I, 8–12, 503–521, 614–616.

J. A. Hobson, Evolution of Modern Capitalism (London, 1897).

W. Sombart, Der moderne Kapitalismus, 2 vols. (Leipzig, 1902).

The Factory System

F. W. Tickner, Social and Industrial History of England (London, 1915), 564–575.

M. Briggs, Economic History of England (London, 1914), 211–235.

W. Cunningham, Growth of English Industry and Commerce in Modern Times (5th ed., Cambridge, 1912), Pt. II, 745–811.

C. Beard, The Industrial Revolution (London, 1901), 45–66.

R. W. Cooke-Taylor, The Factory System and the Factory Acts (London, 1894), 1–49.

E. Baines, History of the Cotton Manufacture in Great Britain (London, 1835), Chap. XVI.

H. D. Traill and J. S. Mann, Social England (illus. ed., London, 1902), V, 408–434, 625–644, 805–821.

J. P. Kay, Condition of the Working Classes in the Cotton Manufacture (London, 1832).

P. Gaskell, The Manufacturing Population of England (London, 1833).

G. Head, Home Tour Through the Manufacturing Districts of England (New York, 1835).

J. Fielden, The Curse of the Factory System (London, 1836).

The Mineral Industries

G. R. Porter, Progress of the Nation, ed. by F. W. Hirst (London, 1912), 213–287.

J. S. Jeans, Steel, Its History, Manufacture, Properties, and Uses (London, 1880).
H. S. Jevons, The British Coal Trade (London, 1915).
R. L. Galloway, History of Coal Mining in Great Britain (London, 1882).
R. L. Galloway, Annals of Mining and the Coal Trade (London, 1898).
H. Scrivenor, Comprehensive History of the Iron Trade (London, 1841).
Report of the Royal Commission on Mines (1842).

Industrial Development since 1850

G. Slater, The Making of Modern England (new ed., Boston, 1915), 191–200, 239–255.
H. de B. Gibbins, Industrial History of England (4th ed., London, 1895), 210–223.
H. de B. Gibbins, Industry in England (London, 1896), 454–474.
H. D. Traill and J. S. Mann, Social England (illus. ed., London, 1902), VI, 95–101, 793–804.
G. R. Porter, Progress of the Nation, ed. by F. W. Hirst (London, 1912), 288–472.
W. J. Ashley, British Industries (London, 1903).
G. R. Carter, The Tendency Towards Industrial Combination (London, 1913).
A. Williamson, British Industries and Foreign Competition (London, 1894).
E. E. Williams, "Made in Germany" (London, 1896).
S. Webb and A. Freeman [eds.], Seasonal Trades (London, 1912).
M. Tougan-Baranovsky, Les crises industrielles en Angleterre, trans. from the Russian by J. Schapiro (Paris, 1913).
G. von Schulze-Gävernitz, The Cotton Trade in England and on the Continent (London, 1895).
J. H. Clapham, The Woollen and Worsted Industries (London, 1907).
J. Burnley, The History of Wool of Wool-Combing (London, 1889).
M. S. Woolman and E. B. McGowan, Textiles: a Handbook for the Student and the Consumer (New York, 1913).
J. S. Jeans, The Iron Trade of Great Britain (London, 1906).
G. I. H. Lloyd, The Cutlery Trades (London, 1913).

第八章　英國農業之衰落

(70)形勢之大略　在前第六七兩章已經把十八世紀末葉及十九世紀初葉英國由優勢農業國變爲優勢工業國的過程大致說明。　助成這個變遷的主因是應用於農業的資本增加因工場制度發達以致農業與工業離異，及圈地辦法的復興和完成。　隨後年代中工業在百年前取得的優勢更加穩固。　按一九〇一年的統計，十歲以上的人只有一，一九二，一六七名仍業農務，比較看來，金屬工業有一，一一六，二〇二人，運輸業有一，〇九四，三〇一人，建築業有一，〇四二，八六四人，紡織業有九九四，六六八人，礦業有八〇五，一八五人。　一九〇七年統計算那年英吉利聯合國(1)(譯者按英格蘭(2)是英國的最重要部分，也就是英國的通常名稱。　英格蘭，衞爾斯，蘇格蘭合稱大不列顛(3)。　大不列顛不包括愛爾蘭。　加上愛爾蘭則名爲大不列顛及愛爾蘭聯合國(4)，簡稱聯合國。　包括殖民地而言則稱不列顛帝國(5)。　英吉利聯合國是我國從譯，較爲簡便，習慣語直稱英國三島。)　工業純產額合七萬一千二百萬金鎊，農業純產額只合二萬一千萬金鎊。　英國的富強，勢力應歸屬於他久佔的世界工場的特別地位實非小可；而且英國人中絕沒有願意犧牲這種利益的任何部分的。　英國人反倒有意要促進工業更加發達，而且要擴張與工業相伴的商業。　同時，他們久已承認以爲自從農業絕對衰落以來人民的大部分及英國全國已受大苦。　一百餘年來英國在糧食上已是不能自給，而且現今英國所產的麥僅供國內消費額的九分之一。　地產合併是非常之甚，竟至只約全國地畝百分之十二是由業主自耕，比較看來，德國地畝有百分之八十六由地主自耕，丹麥有百分之八十三由

1. The United Kingdom. 2. England. 3. Great Britain. 4. United Kingdom of Great Britain and Ireland. 5. British Empire.

地主自耕。　雖然英國城市中人口過稠和工人失業兩個問題不斷的要謀救濟，而農鄉人口繼續衰滅竟到田地人工稀少的地步。　就這些事實着眼，一個人自然而然的會想到與現今英國多數深謀遠慮的人主張相同的意見，以爲關於工商業組織和工商業擴張的現時問題固屬複雜緊急而當代英國最重要的經濟問題是土地用途和土地所有權問題。

（71）一八一五年至一八七五年之農鄉狀況。　過去一百年中不列顛羣島(1)（譯者按這是英格蘭，蘇格蘭，愛爾蘭，及附近各小島的總稱）的農業歷史可分爲兩個時期。　第一個時期，從拿破崙戰爭終結延至一八七五年，是興盛時期，雖亦偶有升降，但就全部而言却是名實相符的。　第二個時期，從一八七五年或一八八〇年延至現今，是無法挽救的衰落時期。　關於第一期的主要事實可以簡單說一說。　首先要記住在這一期中從頭到底，前一世紀種下的大農地制度的擴張安穩前進，毫無阻礙。　曠地及其他公用地的圈劃繼續進行，從一八一五年至一八四五年通過的圈地法案有二四四起之多，圈的面積共計一九九，三〇〇英畝；而且無論何處，凡有小農地出脫，一定是加入大地產內。　地產合併的進行在耕種地區中和牧畜地區中有相等的速率。　再者，第一時期的前半期見了自由民(2)階級的完全消滅。　這個階級從前爲英國人口的重要分子，因農業改革之故這班人日見減少，在一八一五年之前大部分已是煙消雲散了。　自一八一五年至一八五〇年間殘餘部分多半束手待斃，到現今只有惠司摩蘭(3)，涉麥色協(4)，及不多幾個偏僻地方的殘存自由民來代表這個階級。　一八一九年及一八三二年的法律規定有防範當時這種趨勢的條款，着地方官吏收買田地分給

1. The British Isles. 2. Yeomanry. 3. Westmoreland. 4. Somersetshire.

勤讓的貧人;但當時無人注意此事,所以奉行不力。 雖則一八一一年農業人口占全國人口總數百分之三十四,到一八二一年只占百分之三十二;一八三一年爲百分之二十八;一八四一年爲百分之二十二;一八五一年爲百分之十六;到一八六一年只有百分之十。

英國社會因這種繼續不絕的改變而受的痛苦實不亞於前幾十年的慘酷。 然而對於能利用這種新時機的人,這個時代却是他們得意之日。 自然是大地主們先受其利。 第一層,農產物的價值,雖時常變動,總是繼長增高。 在一八四六年之前,一般人都認爲是因穀物條例(1)之故以致農產物價日高;豈知竟出衆人意料之外,這種法律撤銷後三十年來糧價並未大落。 在一八七五年之前英國的農業生產者仍保持自己的地位以抗俄國,美洲,埃及,印度的產穀區域;乃是汽船和鐵道改良擴張之後,粗重貨物的遠距離運輸日見容易,迅速,低廉,之時,外國競爭的勢力纔足以帶挈英國農業生產者陷於苦境。 在那個時代之前,農品產額並不曾衰減,而且輸入糧食不過補充本國出產之不足,並非以外國糧食代替本國糧食。 一八五三年至一八七三年間,只有兩三年算是例外,時令都是非常順遂,就農業利益而言,這二十年是十九世紀最昌達的。 兼之自一八二五年至一八七五年農業技術亦屢經改良。 灌漑和培壅的新方法亦漸流傳。 新機器——犂頭,播種器,刈割器,馬力轉動或水力轉動的打穀機,——亦實際採用了。 因增加意大利的黑麥草(譯者按這種草,是專爲飼牛的)冬豆,比利時的胡蘿蔔,和瑞典的金花菜,農產品類也大爲擴充。 牲畜飼養法也更加注意,良種傳布也比前更廣。 農業科學的興味也大爲增進,因一八三八年設立了皇家農業會(2),一八四二年又在希介色斯德

1. The Corn Laws. 2. The Royal Agricultural Society.

（1）設立皇家農科大學（2），及農業化學會（3）。　一八六四年政府開始辦理農業統計，按條收集編製出版。（可靠的農業統計却是由一八六七年起）。　在這時期的最多年中雖則耕種農業很佔優勢，而約一八六五年之後牧畜農業却日見擴張，所以這兩種農業常是一併經營，贏益也更有增加。（一八三七年至一八七四年英國農鄉狀況的一篇最好的簡明記述是濮洛色洛的過去及現今之英國農務（一九一二年倫敦出版）三四六頁至三七三頁（a）。

（72）一八七五年以來農業之衰落　按出產數量和出產價值看來，農業爲經濟活動重要部分的資格久已被製造業侵佔了。　但雖在這等根本變動的形勢之下，十九世紀中葉的農業仍是很盛旺的，而且農業的安全差不多毫無虧損的直延到一八七〇年；由一八七〇年至一八七九年十年間是農產物價大低落開始的時期。最後的豐年是一八七四年。　在一八七五年年終之前，糧價低落已略露端倪。　一八七六年及一八七七年歉收，牛瘟，羊疫，累得農業之人大受困苦。　一八八二年政府委員證實「災區之廣受禍之烈」。　年復一年，漸漸顯出這種不幸的情形並非一時的，竟直是永久的而且多半是難於補救的。　按其實際，英國農業地方所受糧價低落之害繼續直到現今，救濟方法亦不甚見效。

考農業衰落的統計表是比研究衰落的原因稍容易些；研究原因又比考求救濟方法容易些；此刻本書就按這個步驟敘去。　應當注意的第一事是從一八七五年以來耕種地之數大減而牧畜地之用大增。　這個變動變更的限度如下：

(a) R. E. Prothero: English Farming, Past and Present (London, 1912), 346-373.
1. Cirencester. 2. The Royal Agricultural College. 3. The Agricultural Chemistry Association.

英格蘭，衛爾斯，及蘇格蘭的地畝（按百萬英畝計。）（見裴利士的近世英國實業史三六〇頁(a)。

年分	耕地	牧地
一八七一	一八·四	一二·四
一八八一	一七·四	一四·六
一八九一	一六·四	一六·四
一九〇一	一五·六	一六·七
一九一一	一四·六	一七·四
一九一四	一四·三	一七·六

一九一四年農地分配的詳細情形列表於下：

	耕地畝數	牧畜地畝數
英格蘭	一〇，三〇六，四六七	一四，〇六一，〇四二
衛爾斯	六九一，七八七	二，〇五四，七〇八
蘇格蘭	三，二九五，四八七	一，四九〇，六九四
愛爾蘭	五，〇二七，〇八二	九，七一五，六八四
聯合國	一九，四一四，一六六	二七，三四九，六五〇

專種小麥的地面在一八七〇年約有三百七十萬英畝，至一八八〇年減到三百一十萬英畝，一八九〇年為二百五十萬英畝；一九〇〇年只有一百七十萬英畝。一九一一年總計小麥田約有一百九十萬英畝。地畝之減少以小麥田為最甚；但在聯合國中各種糧食地畝，除燕麥外，多少總有些減少。就各種糧食全部而言（即是小麥，大麥，燕麥，黑麥，大豆類，小豆類）一八七六年至一九〇六年三十年間耕地減少了三百萬英畝，約合總畝數百分之四十。英國小麥地畝總數與各國的歷年比較列表於下（按百萬英畝計）：

國名	年分	年分	年分	年分

(a) Perris: Industrial History of Modern England, 36).

	一八七〇	一八八〇	一八九〇	一九〇三
英吉利聯合國	三·七	三·一	二·五	一·六
德國	四·九	四·五	四·八	四·五
意大利	一一·五	一〇·九	一〇·九	一一·三
法國	一五·八	一七·〇	一九·六	一六·〇
歐洲俄國(1)	二八·七	二八·九	二八·九	四五·一
奧國(2)	二·四	二·五	二·九	二·六
匈牙利(3)	五·〇	六·〇	七·三	九·二
美國	一八·九	三七·九	三六·一	四九·五
坎拿大	一·六	二·三	二·七	四·四

從這些事實看來可見英國農產已是大衰。聯合國所產小麥，在一八四一年至一八四五年間足養二千四百萬人，或英國人口百分之九十；到一九〇六年所產只能養活四百五十萬人，或人口百分之一〇·六。自一八七六年至一九〇六年牧畜地增加三分之一；然而英國國內飼養牲畜所產肉量只增百分之五。從這種情形看來，可見英國民食幾乎全賴由外國輸入。一八七五年輸入各種食料的價值是一萬二千四百萬鎊，一九〇五年增到二萬零五百萬鎊。然而僅就數字表面看來，還不足以表出這個變遷之廣大的相當印象，因為這

1. European Russia. 2. Austria. 3. Hungary.

(a) J. S. Mills: England's Foundation: Agriculture and the State (London, 1911). (b) J. Collings: Land Reform, Chap. XIX. (c) J. Lumsden: Our National Food Supply.

些數字未記這三十年糧價跌落之故。 把這個糧價跌落主因算入，就顯出這個期間輸入的食料增加到百分之二百三十分，與人口增加數相比應合四倍之多。（許多英國人所慮的以爲這種情形有害及國本的危險，曾經彌爾士極力闡發於他的英國之基礎農業與國家中，（此書於一九一一年在倫敦出版(a)。 參看柯林士的土地改革第十九章(b)；藍士登的吾國民食之供給(c)。） 下面的表開列三種主要糧食的每年平均輸入量（按百萬擔計算）（譯者按每擔重一百磅。）

年分	小麥	大麥	燕麥
一八五一——五	一四	二·三	二·九
一八六一——五	二八	五·七	四·八
一八七一——五	四四	一一	一一·六
一八八一——五	五八	一二	一六·三
一八九一——五	六九	二一	一五
一九〇一——五	八七	二四	一七
一九〇六——一〇	九七	一九	一五

(7)衰落之原因：外國競爭 於是可知英國農業之衰落構成於三種主要事實：

(一)耕種之地減少三分之一以上。

(二)耕地減少以致糧食減少，而用於牧畜之地所產肉食及原料(以羊毛爲大宗)之量甚微，不足補糧食之損失。

(三)倚賴輸入食料的人口比例數日見增加。

農業衰落的原因曾經政治家經濟學者，新聞家實踐農業家等研究討論，這個題目的文章已是卷帙浩繁。很多這種討論的著作都是黨見的而非科學的，尤以這個問題涉及關稅政策已往效果或將來效果之時爲甚。然而關於幾種普通事實的意見却有眞實的一致；只這些事實還可略述於此。第一層，須要着重說明這過去四十年中摧殘英國農業的糧價低落是不僅限於英國，同時西歐中歐都感相同的困難。考察起來，有幾種情形頗足妨礙歐洲幾個舊邦中農業階級的繁榮，那幾個舊邦內人口稠密，農地有限，大規模農業生產的機會極少，甚至絕無。在英國這個時期中糧價低落的影響是比其他國中更厲害更明顯，但其區別不過是程度之分而已。

釀成西歐各國農業普遍衰落的主要形勢是海外低廉食物及原料的競爭日甚一日。自然，這樣的競爭，在糧價低落開始之前已經有些了。但在較早年代中——大致說，約在一八七〇年之前——外國剩餘出產之量是不甚大，而且運輸費用之鉅也足防制遠距離大宗輸送。然而在一八七〇年至一八九〇年間，粗重貨物的運輸也革命了。鐵路增加了好幾倍，而且各鐵路公司因競爭營業之故，常把運費減低一半或者更多。新舊定期汽船公司極力增加利便，造更多更大的船舶，增加速率，減少運費。在一八六九年，運送一籮小麥由美

1. Chicago. 2. New York. 3. Liverpool. 4. The Commission on Agricultural Depression. 5. Portugal.

國詩家谷（1）經大湖及鐵路到紐約（2），需費二五仙，由紐約運到英國利物浦（3）需費一一·七五仙——總計三六·七五仙。一八八五年由詩家谷到紐約只需九·○二仙，由紐約到利物浦六·三七仙——總計一五·三九仙，比以前減少一多半。一九○五年這些運費數目各減到六·四四仙和三·二五仙，總計由美國詩家谷到英國利物浦只需九·六九仙。（譯者按詩家谷至紐約計程九一二英里；紐約至利物浦計程三，○五三海里。一籮約華量四斗。一仙約華銀幣二分）這種情形的改變有兩重影響。第一層，世界各處大農區的糧食出產——最重要的是美國，但還有南美洲的阿根庭，亞洲的印度，澳洲，而且與英國更近的俄國和波羅的海沿岸地方——都大受鼓舞。從前的本地銷場一變而爲世界銷場。向未開墾之地也開墾了，耕種技術也改良了，尤以適用省人工的機器爲甚。（一八七二年至一八七四年刈割機成爲美國的通用農器，到一八八○年束穗機的使用也通行了。蒸汽推動的犂和打穀機不久也加入了）低廉土地種植大宗糧食，生產費和運輸費都是極小，於是糧食輸出額達於前此所無的限度。

第二層影響更是顯明的。此際歐洲農業所受競爭的壓迫直是厲害到極點了；在好幾處地方竟是不可收拾。

這是顯然的，時候越久這種壓迫越來得緊。物價開始跌落。金融及其他狀況，都顯着十九世紀最後十年中不免有一般物價的低落。（一八七三年生銀行市變更與物價低落的關係曾經英國屢次派員考察，一八九五年的調查農產物價低落委員會（4）於報告副冊中聲稱物價之所以低落實有一部分屬於貨幣的原因。）（譯者按十九世紀中葉以來正是列強逐漸採用金本位的時期。一八五四年葡萄牙（5）追縱英國採用金本位(1)。德國乘戰勝法國的機會於一八七一年至一八七三年改革幣制，亦採用金本位。一八七三年美國國會通過議案停止鑄造銀幣。同年斯坎地拿維亞同盟(2)(瑞典，瑙威，丹麥)採用金本位。一八七八年拉丁同盟(3)(法國，瑞士，意大利，比利時，希臘)採用跛行本位制(4)。生銀失却貨幣功用的大部分，於是除鑄造輔幣以外，多餘的生銀成爲商品，同時因各國採用金本位的結果黃金的需要大增。貨幣稀少的時期中，物價自然低減。但在農產品方面因外國低廉食料輸入日增，所以價値跌落更快，農業生產者的情形也格外緊迫。在英國，這種現象最爲顯著，一八七一年至一八七五年小麥平均價値每「夸堵」(5)五十四先令八辨士，一八八一年至一八八五年減爲平均四十先令一辨士，一八九一年至一八九五年平均二十七先令十一辨士，麥價低減率緊隨着英美間運輸費的低減率。在糧價銳減的影響上又加以連年荒歉的結果，至少在英國是如此。在一八七五年至一八七九年間年成很欠佳，農業都向收縮方面辦理，即或糧價能漲，農業也難復蘇甦。唯其如此，所以外國競爭的威力更使人容易感覺本國農業正在虛弱無力之時，眞是招架不住。如一位英國專門名家說的，「外國競爭由荒年的背面襲來使英國農人們一敗塗地。他們已是無力恢復原狀，從此更是雪上加霜了。」(見濮洛色洛的英國農務之先驅及農務之進步一二二頁(a)。)

(74)不良影響農鄉人口之衰減　上述情形的結果是農鄉人口中縱非全數，亦有大多數遭殃。地主們因糧價低落以致租金減少，大受窘迫。這萬難幸免的地租降減額起初不過是四分之一，隨後竟到二分之一；中等以下的地主們逼得不敢多下資本以營農務。一八六〇年至一八六九年間很有些人鼓吹租戶買地，此則

(a) Prothero: Pioneers and Progress of English Farming, 122. 1. Gold standard 2. Scandinavian Union (Sweden, Norway, and Denmark). 3. Latin Union (France, Switzerland, Italy, Belgium, and Greece). 4. Limping standard. 5. Quarter.

(a) British Tariff Commission: Report of the Agricultural Committee, III. (b) Bennett: Problems of Village Life, 65. 1. "Report on the Decline of Agricultural Population, 1881-1906." 2. The Board of Agriculture. 3. Joseph Chamberlain 4. Tariff Commission. 5. Standard of living.

這種論調也絕響了。　但最重要的結果是農鄉人口紛紛移入城市。　一八七一年英格蘭和衛爾斯農業勞工的人數是九二二，〇五四人；一八八一年為八三〇，四五二人；一八九一年為七五五，五五七人；一九〇一年僅有六〇九，一〇五人。　換句話說，經十九世紀最後三十年中約莫有農業勞工人數的三分之一和他們的家口（總計當有一百萬人）永遠離去農地。　農鄉人口如此衰減的現象並不僅限於英國。　同樣的現象曾發生於德國和意大利，甚至美國的幾部分亦有之。　但是唯獨英國的這種變動進行最快，而且也唯獨英國最厲害。　英國何以至於如此的原因，曾經許多人研究，而且有好幾起正式委員會及半官式委員會都是專為考察此事而設。　據一九〇六年公布的一八八一年至一九〇六年農鄉人口衰減報告書(1)，農務部(2)聲言此事根本原因，是外國競爭和農業機器日盛，以致農產物價值低落，於是農業人工的需要日見減少。　一九〇四年因張伯倫(3)建議改革關稅而設的非官式關稅委員會(4)中農業股員於一九〇六年呈出一份報告書，其中也得相同的論斷。（見英國關稅委員會的農業股員報告書第三卷(a)。）　日見低降的物價迫得業主們把耕地改為牧場，農業勞工失却了傭僱；雖有仍行耕種的田地，工人的地位也多被機器取而代之。　農鄉工人的生活眞是孤淒已極。　他的工資不能升到最低平準以上（在近年中每星期約十七先令至二十先令）；他覺直沒有自己置田產的機會；若他的農舍能像人住的房屋，他的運氣就算好的了。　有些形容盡致的話說他是「住窮屋喫窮飯的窮人」。（見本訥特的鄉村生活問題六五頁(b)。）（譯者按英國政治修明，經濟發達，一般人的生活(5)標準很高，所以覺得住窮屋喫窮飯便是窮到萬分了。　至於我們習見習聞的「鶉衣百結，」

「菽藜不飽」，「鳩形鵠面」，「賣兒鬻女」等事，實是人家做夢也不曾想到的)。 又說他是「英國社交生活中寡二少雙的可憐蟲；富人叢中的餓夫，一輩子忍飢受凍日夜不息的作苦工，往後一想除了工場和坟墓更沒有別的希冀可以寬心」(見柯林士的土地改革一八頁(a))。 對於這樣的人，城市顯着有娛樂場所，社交利便，和掙較高工資的機會。 殖民地及其他遠邦也覺得引人入勝。(在一九一一年及一九一二年兩年間由英國移入坎拿大的人有二十八萬八千。)

結果是晚近四十年中農鄉人民紛紛出走，這件事至少也有三個不良結果。 第一，這件事促工業城市及沿海口岸人口過密的問題和這些地方的傭僱，房舍，慈善事業等問題之棘手。 第二，農鄉人工的需要固然大減，而農業人工的供給却減得更快，以致鄉間有些地方一年中總有好幾個月農戶們不能覓得他們必需的人工種類和人工分量。 第三，在許多地方中這件事的結果成為農鄉人民的德性敗壞。 有一位英國著作家說，可以斷言留在鄉間的人常是較老的，較弱的，較難自立的，最可賤最怠惰的卑鄙之人，和生存於極有進步的時代而毫無所得的人。(見裴利士的近世英國實業史三六〇頁至三六一頁(b))。

(75)大地產問題　據這個問題研究家較樂觀的一派所說，過去十五年或二十年中英國農業的地位已經稍有進步；而且以為可以證之於一八九五年以來幾種農品價值漸增，一九〇六年以來田地上總收入漸有起色，農業技術亦漸進步，及其他一些良好的發展。 然而從根本上看來，英國農業問題至今還是依然如故；而且將來許多年間全國的心思才力必是注重在搜求解決這個問題的方法。 包括於這個問題中，有許多特殊的

(a) Collings: Land Reform, xviii. (b) Perris: Industrial History of Modern England, 360–361.

爭點——如何造成地產的較廣分配於多數地主，如何增加土地的生產力，是否應用國家權力以關稅法保護農業利益，如何使鄉村生活更使人樂就，及其他種種，此處不能列舉。最多數人都以爲一切爭點的根本問題是分配土地於多數業主的問題——換句話說，卽是小管業(1)的發展，這椿事，如果實行開了，總可辦到破除現今的大地產(2)。在一八七二年至一八七四年間，其時土地所有權集中在實際上已達到現今的比例數，地方自治局(3)編製了宣露農地情形可驚之狀的統計表。這個統計表出版於一八七六年，一般人呼之爲新國務錄(4)，其中表現除倫敦不計外，英格蘭和衞爾斯的地主總數是九七二，八三六人，所有地畝總數是三三，○一三，五一四英畝。這個統計又顯出地主中有七○三，二八九人每人有地不及一英畝，這班人所有地畝總數只一五一，一七一英畝。這就是說二六九，五四七名地主據有三二，八六二，三四三英畝土地，其分配列表如下：

地產面積按英畝計	地主人數
一—一○	二一，九八三
一○—五○	七二，六四○
五○—一○○	二五，八三九
一○○—五○○	三二，三一七
五○○—一，○○○	四，七九九

1. Small holding. 2. Large estates. 3. The Local Government Board. 4. The New Domesday Book.

一，〇〇〇—二，〇〇〇	二・七一九
二，〇〇〇—五，〇〇〇	一・八一五
五，〇〇〇—一〇，〇〇〇	五八一
一〇，〇〇〇—二〇，〇〇〇	二二三
二〇，〇〇〇—五〇，〇〇〇	六六
五〇，〇〇〇—一〇〇，〇〇〇	三
一〇〇，〇〇〇及十萬英畝以上	一

編製統計的人自己也承認這些數目不過「近乎正確」(1)而已。其實這些數目還應嚴加改削。這些數字所表的地面不曾包括公用地林地和曠地(這多是附屬於大地產的)，又不曾包括無糧串的地（在英格蘭和衛爾斯這項地的總面積(水陸共計)是三七，三二七，六七〇英畝）；在幾處地方都有田地的人被算爲各別的地主；而且花園和靠近住房的院壩都被歸入一英畝以下的田地，這些數字所表的小地主人數實屬太牽強附會了。研究這個問題的各著作家把這個表冊重新仔細分析之後，下了一個結論以爲占有土地一千英畝以上的地主不足四千人，共有田地一千九百萬英畝，約合這個統計所列土地總數七分之四；以爲「土地貴族」(2)約二，二五〇人，幾乎主有英格蘭和衛爾斯已圈之地的半數；以爲有地一英畝至一千英畝的地主人數是一四七，六五七人；簡單說，有地一畝以上的地主數是十五萬人，約計不及人口總數的一百七十分之

1. "Approximately accurate." 2. "Landed aristocracy."

一。同時法國人口總數比英國的只大二分之一，約有五百六十萬地主；而且比利時人口總數僅七百萬，地主人數足有一百萬之多。

（76）土地處分之慣例　一個人若要明瞭英國農地情勢，必須考究較大的地主們何以致使大地產制度能永久支持兼使小地產數目增加格外困難的一種奇異辦法。這乃是由於限嗣相續(1)處分的慣例。（譯者按「處分」(2)是把財產分給妻子兒女等。「限嗣相續」(3)是承襲財產限於某樣人，或限於長男，或限於嫡子之類。英國的地主多是貴族，貴族承中古封建的舊例所以有「長男獨承家產」(4)之制。還有一班並非貴族而有爲貴族的希望，或醉心貴族的地主，也極力模仿貴族格式，使長子承襲地產而以其他財產分給諸子。）英國自有歷史以至於今，向來就有一種固執的癖性，以祖父子孫世傳地產不分不析爲在社會上鞏固個人身分不可少的保證，而且有時也有法律規定這種授產辦法爲分所應爾不得翻悔的。所以一二九〇年的狄多尼法規(5)禁止地主們割讓他們地產的部分，以防他們的嫡派諸子承襲，否則總可減削他們子嗣的權利。這個禁令通行直至十五世紀中葉。然而在十五世紀時，法庭舞文作弊，興出了一種巧妙的訴訟程序，於是地主能得充分的權力去賣地或分析地產。二百年後忠於王室的一班較小的自由營業人多是這個妙計的作用產出來的。

自十五世紀以來狄多尼法規嚴行規定的限嗣相續律已成具文。但多年之前已發生一種通行的習慣，因之這法律的真實效果仍是維持住了。這法律的定則是當地主處分財產之時，嗣子的權利可被限爲終身地

1. The custom of settlement by entail. 2. "Settlement." 3. "Entail." 4. "Primogeniture." 5. The statute De Donis.

產(1)而不得有自由轉讓的永代借地權(2)。任這個條款之下，承襲家產嗣子不過是一個終身租戶，並無權力去轉讓地產或分析地產。按理，這個嗣子的兒子承襲家產時可以成爲永代借地權(3)的所有者。但處於這等地位的父親自然不肯把他自己被奪的權留給兒子，當兒子的要顧全將來的好處自然此刻要放大方些。於是每逢處分財產之時，土地仍照終身限嗣相續之例傳給嗣子。這個辦法，代代照行，竟直又把限嗣相續制度立起來了，這種制度曾經十五世紀的法庭聲明爲有妨公衆幸福，而且自培根(4)以下關於這個題目的著作家無不痛斥限嗣相續爲有害於國家。三十年前，英國較大地產足有三分之二都是按「處分」原則保管的。無限制的所有權是定爲屬於現今業主的前兩代人之手；如此一來，所以這些地產全都不能出賣了。只有遇着絕嗣之時纔會有土地轉讓的事。

所以在資本主義和圈地兩樁事上，還有限嗣相續處分也是造成英國大地產和維持大地產的一個重要主因。英國情形是完全不像法國，比利時，丹麥，及其他國，在大陸各國中地產必須分析與所有主的各子女，兼之無論何人購置小地產並不甚費事。自一八八二年以來英國這樁事的情形至少在法律上已稍有些變更。終身限嗣相續(5)處分仍是普通辦法。然而就在一八八二年國會通過了處分地產各條例(6)的第一份，許終身租戶及其他有限地主有賣地及出租地產之權，而且這些權利不能受處分人的反對或限制。除却極少的例外，現今英國有限地主(7)的權利實與完全地主(8)的權利無大分別。然而保全地產的熱望，轉讓地產的鉅費，及其他艱難情形還足以妨害處分地產各條例，使其無大效力；所以在市上待沽的土地仍是非常

1. Estate for life. 2. A fee simple. 3. Owner in fee simple. 4. Bacon. 5. Settlement of life-entail. 6. Settled Land Acts. 7. Limited owner. 8. Full owner.

之少。

(77)分地 英國農業勞働階級之所以摧殘的最要主因是勞働者被排斥不得有土地上的直接利益。這個過程可說是在十八世紀之末已經完成了。一五八九年伊利沙白農舍法案(1)規定每個農舍應附有四英畝土地而且每個農舍只許住一家人；一七七五年這個可敬的法律之撤銷可認爲農業勞働者從小管業人地位降而至於食工資者地位之時代的開始。他的小地產，既沒有法律保護，此刻是容易爲大地產所倂吞；同時因圈地推行之故，他又失却了他從前所有曠地上和其他公用地上的一切權利。甚至在十八世紀閉幕之前，許多觀查家都以爲這種情形非從速救濟不可。隨後一百年間，力圖恢復農鄉工人保管土地的運動日盛一日，勢力頗增。求達這個目的的計畫有兩個是很重要的：

(一)分地之籌辦(2)，(分地這個名稱是原於較早年代圈地實行之時，把小段地面分給村農以補償他們失却的公用地上的權利)。

(二)小管業之建立(3)。

分地是小段的地面，由各個地主或地方官吏區劃出來，以備租借與食工資的工人在空閒時候耕種以自謀利益。這種分地，既是由大段農地裏分析出來，自然與從前靠近農舍的園圃有別。分地又與小管業有別，按英國慣例，小管業是一英畝至五十英畝之間的地面，所有主或佔有主專以耕種小管業爲生；分地通常只有一英畝的四分之一至四分之三的面積。分地，很像菜園的形式，早如一七九六年就有些地主辦過，而且一八一

1. Elizabethan Cottages Act of 1589. 2. Allotments. 3. Small holdings.

八年各地方卹貧官吏都被特許有權買地或租地來辦分地。經十九世紀中葉，公家屢次派員考察，甚著者爲一八四三年，結果都極力薦舉增加分地法律。國會拒絕開議；但仍有許多私人自願辦理的分地繼續進行。一八八二年國會通過了一個分地推行條例(1)，一八八七年又通過一個分地條例(2)，在這個條例中第一次許准強迫取用(3)的原則，除慈善事業的土地不適用這個原則外，遇必要時地主必須把土地賣給公家或租給公家以備辦理分地之用。各地方衛生官吏都被特許有權去收買或租用適爲分地的土地，而且規定一種辦法由此地主可被強迫去賣他的地來辦此事。一八九四年這種權力被轉移與新設的教區議會(4)。一八七三年，分地總數共二四六，三九八件，至一八九五年增到五七九，一三三件。據僅適用於英格蘭及衞爾斯的一九〇七年小管業及分地條例(5)，各選區議會，市區議會，及教區議會，必須準備充足的分地額數以應當地需要，(但凡這種分地不能由請求人直接在地主處得着之時，便是當地需要)而且爲這個目的之用的土地都可被收買或租借，無論本主是否願意，無論是否在該議會法權區域之內。是交農務部的一件報告書表現在一九一二年之末於八千三百地方公務機關中約二千個機關——包括一，五五七個教區議會，二八七個市區議會，一五五個市鎮議會——都已着手辦理此事。在這一年之末，英格蘭和衞爾斯各地方公務機關共保有三一，〇八九英畝土地以爲分地之用，這些土地是賃與一一七，五六二名租戶和二十一個會社。一九一二年中共收個人請求分地書一五，八七五份，會社請求分地書十份。

(78)小管業　分地的長處固是很多，但僅能使勞動者在自己的工資上或家屬的飯食上稍稍增益而已。

1. Allotment Extension Act. 2. Allotments Act. 3. The principle of compulsory acquisition. 4. Parish council. 5. The Small Holdings and Allotments Act of 1907.

就分地辦法自身而論，實不能增加專業務農爲生的人數。 分地辦法可以寬舒勞働者的境遇，但不能恢復從前的小地主，甚至不能恢復從前的租戶。 於是在十九世紀之末，就發生了新要求要立法機關更進一步，一八九〇年國會中一個委員會，以張伯倫爲會長，呈出一件報告書，條陳以特別辦法鼓勵與分地有別的小管業。一八九二年國會通過一個小管業條例(1)，按這個法律的條款各郡議會被特許有權去向公益事業借款局(2)借錢去收買土地(非強迫的)，買入之後分作一英畝至五十英畝的地段出賣，地價的五分之一須立即繳清，其餘之數，除非議會明定以四分之一或四分之一以下作爲該地永欠租金時，應分期清償，每半年一交，期限不得過五十年。(關於這個法案的解釋，參看克辣克的英格蘭及衛爾斯之小管業法律一九頁至五八頁(a)。)

這個法律，起初時大家都以爲有厚望焉，也不能產出效果。 這種法律竟直是白放着毫無成效，自一八九二年至一九〇八年通共只按律收買了八百五十英畝土地。

然而自一九〇七年國會通過小管業及分地條例(3)以來，情形已變動了。(關於這個法案的原文和註釋，參看克辣克的英格蘭及衛爾斯之小管業法律五九頁至一一五頁)。 按這個法律，從前沒有強迫取地之權的各郡議會此刻被特許有權去強迫收取土地以爲設置小管業之用，(按這個法律中的定義，一個小管業是一片農業用的地產，其面積在一英畝以上五十英畝以下；若面積超過五十英畝而每年純收益不及五十金鎊者亦謂之爲小管業。 一九一三年六月國會所得報告載英格蘭及衛爾斯所有一英畝以上五十英畝以下之農業地產共計二九二，七二〇戶。) 所以經正式通知及小管業委員(4)(係農務部委派的)調查實在之

(a) S. W. Clarke: The Law of Small Holdings in England and Wales. 1. Small Holding Act. 2. Public Works Loan Commission. 3. Small Holdings and Allotments Act. 4. Small Holdings Commissioners.

後，郡議會可照市價收買郡內或郡外的土地。　在田地由議會出賣或出租之前，買主或租戶不能自己辦理使地面適於小管業之用的一切事務，如分析地段，設置界柵，平治道路，修溝排水，建造新屋，改修舊屋等事都由議會辦理。　把一切費用分攤停妥之後，議會可出賣或租借這些地產與各個人，或按協作制度經營的團體，或以增進小管業為目的的會社。　關於繳價辦法仍按一八九二年法律辦理。

一九〇七年的法律（一九〇八年一月一日施行）已產生重大效果。　在一九一二年年終之前，各郡議會已經取得的及商議妥當可以取得的土地總計有一五四，九七七英畝，其中約三分之二係價買，三分之一係租借。　於這個土地內一二四，七〇九英畝租借與八，九五〇個小管業人，二一，二一二英畝價賣與二十個小管業人，而六，〇九四英畝租借與四十九個小管業會社。　一九一二年中共收個人請求書四，〇七六份，會社請求書十三份，請求總額共合六九，〇七三英畝。　至一九一四年之末，共收個人請求書四六，六六〇份，會社請求書九十六份，請求總額共合七八二，二八六英畝。　須要注意，除極少數例外，按這個法律的效力取得土地的人都成為租地人（1）而非所有者（2）。　在最初三年內請求人中只有百分之二·三聲明情願備價購買指給他們的土地。　小管業人多是窮的，他所有的資本要留着備辦牲畜，機器，種籽；而且他想到萬一資本不濟之時不免有以土地押款之苦，他自然更有些畏縮。　在公家所有的土地上，他的租借權也是穩當的，設若他為境遇所迫必須捨棄他的管業時，他確有把握必可得着他為改良土地而投入之勞力及金錢的公平補償。從這些事上看來，年深時久，一九〇七年的法律自然會要增加公家買入而後出租的土地的總額，卻不見得能

1 Renters. 2. Owners.

1. Lord Carrintgon. 2. Lincolnshire. 3. South Buckinghamshire. 4. Earl of Harrowby. 5. Staffordshire. 6. Major R. M. Poore. 7. Salisbury. 8. Winterslow. 9. Norfolk Small Holdings Association. 10. South Lincolnshire Small Holdings Association. 11. Rural Development Society. 12. Rural Laborers' League. 13. National Land and Home League. 14. Allotments and Small Holdings Association of England. 15. Small Holdings Association.

把土地所有權廣爲分配於各個人。替謹愼的及無經練的人設想，這種已經確立的租佃權很有些長處，這個制度若能更加發展，買主就可望增多了。

以上所敍的公家活動都是意在補助一班贊成小農地的私人及許多小管業會社力量之不逮，並非代替他們或阻遏他們。就一般情形而論，大地主們，與地產經理人和農戶一樣，都不願意爲這件事的忙；這也是不易鏟除的障礙之一。然而有些大地主，或發於博愛之心或勤於好名之念，已分出他們田地的一部分以爲試辦之用，最熱心的如嘉林頓(1)勳爵在林肯協(2)和南巴鏗漢協(3)，哈羅碧(4)男爵在司達佛協(5)，普爾(6)大佐在沙利司配里(7)附近的溫德司羅(8)。兼之在過去二十五年中又興起幾個機關——著名的如諾佛克小管業會社(9)，南林肯協小管業會社(10)，農鄉興業會(11)，農鄉工人同盟會(12)——這些機關都以增加小管業人數和增進小管業人的利益爲目的；而且於一九一一年這些組織中有好幾個聯合一起名爲國民田宅同盟會(13)。一九一二年，又組織英格蘭分地及小管業會社(14)以備繼續推行一八九三年所設分地及小管業會社的經營(15)。從一九〇九年至一九一一年，共有二，一九二名請求人經各非官式機關籌給小管業，總合二萬九千英畝土地。一九一〇年至一九一一年的報告書表現已設的小管業都耕種得很好，完納地租也很踴躍，而且，除極少數例外，各議會給合格的請求人籌備各事頗合機宜。究竟小管業能制止農鄉人口減少至於何等限度，尚是一種揣測之事。可以不必相信任何轉移多數城市居民於鄉間的計畫及培植他們爲專門農務職業家的計畫必能成功。小管業的籌備僅可希望去誘致已離鄉里的農鄉工人中一小部分仍回鄉間。但這也是合理的，去希望公立私立各機關以公正方法推行小管業可把一班有意移徙的人留在鄉間。這幾年的經練已經表明獨立事業的機會和升到農業勞工以上地位的希望頗有動人之力。

(79)農業改良之其他方法　英國小管業之增多不過是好幾種籌辦農業改良的方法之一。此外還有協作(1)之推行，農業(2)信用利便之廣為介紹，農業專門教育之振興，及集合農業勞働者成職工組合性質的會社。在歐洲大陸各國中，農家協作會社極多而且極有用，尤以法國，丹麥，瑞士，及德國中幾部分為甚。有些協作會社是以購買必需品為目的，有些是以銷售出產品為目的；但一切協作會社都是以聯合行動為社員取得他們不能單獨去得的商業利益及其他利益。在英國，在近年之前，協作原則的應用是非常之少，甚至現今英國鄉間各地，協作事業或竟直沒有，或有而進行極遲。第一個原因是由於英國政府與大陸各國政府相反，不甚獎勵協作機關。另一更重要的原因是英國深入人心的保守主義(3)和個人主義(4)，尤以英國農鄉人民為甚。這是確實的，早如一八三〇年時協作企業已偶爾見於英國農業史上，而且一九一三年三月在英格蘭和衛爾斯有四百七十八個農業協作會社，社員總數四萬八千人，常年經手款項約二百萬鎊。(乳酪製造業中這種組織最為發達。這乃是一九〇一年設立的農業組織會(5)提倡之力。愛爾蘭也有一個相同的農業組織會)然而這不過是剛纔發端，等到將來那一班小管業人了解他們自己可以通力合作的方法容易備置機器，容易耕種收穫，而且用這種方法及其他方法他們可以造成與大規模農業所成就的相同功效之時，協作會社必定更要發達的。(見勒威的大地產與小地產第十章(a)；本訥特的鄉村生活問題第九章；拉德

(a) Levy: Large and Small Holdings Chap. X. 1. Coöperation. 2. Rural credit 3. Conservation. 4. Individualism. 5. Agricultural Organization Society.

佛得的農業協作(a)。

與上述協作組織緊相關連的是農業信用。　就這件事論來，英國又是遠在大陸各國之後。　德國，法國，意大利，甚至比較退化之國如土爾其，都有系統分明的農業銀行制度，通常根據農人團體的相互責任(1)之原則組織農業銀行，隨時按簡便條款借款與社員以為經營農業之用。　在愛爾蘭，協作信用銀行(2)已經辦得有良好效果。　但一九一五年，英格蘭和衛爾斯的這類組織只有四十五個，與德國的一萬七千個相比，英國真是小巫見大巫了。　在這一點，英國人的保守主義和個人主義又表現了；而且英國人還有一種積久相沿的觀念以為商人以信用制度經營業務是很正當的，而農人行使信用却是一種恥辱。　信用在英國仍是商業階級和富厚階級的獨占權。　照例，農戶或小管業人需款時必要找放債的私人或求助於買他的農產物之人，利息都是很重的。

關於農業教育，雖然英國人拘執成見以為經練是唯一可貴的教師，而且農業教科不及大陸各國的範圍廣大和地位重要，近今年中英國的農業教育却較有切實的進步。　自一八八九年設立農務部(3)以來，監督農業教育之事已分隸於農務部和教育部(4)。(英國的第一個農務部是設於一七九三年，以辛克乃爾(5)為部長，楊雅案(6)為祕書。　一八一七年因國會否決撥款維持該部事務之故，於是農務部就此停辦。　關於一八八九年設立新部之事，參看馬修斯的農業政治五十年史(倫敦出版)第六章(b)。　農務部經管不屬於地方教育機關的高等專門農業學校。　教育部經管各郡議會教育委員籌辦的較低級農科教育。　國內各處辦有

(a) Radford: Agricultural Coöperation. (b) A. H. H. Mathews: Fifty Years of Agricultured Politics. 1. Mutual responsibility. 2. Coöperative credit banks. 3. Board of Agriculture. 4. Board of Education. 5. Sir John Sinclair. 6. Arther Young

好些學校，按各別辦法經國會許可補助或經郡議會許可補助，或受補助，由公家支撥設置科學的及技術的農業教科並備有試驗場。然而受高等農業教育的人數並不很大。（見馬修斯的農業政策五十年史第七章，柯林士的土地改革第五章至第六章，本訥特的鄉村生活問題第四章。）

最後，可一述近年發動的以職工組合（1）的原則組織農業勞働的一種運動。現今英國的農業勞働者幾乎全無組織。十四十五世紀的農人稍有團體利益的自覺而且也有粗略的組織；但經長期的壓制，以聯合行爲求達特定目的興趣竟直完全消滅了。在較近年代中，即如一八七〇年至一八七五年之間，又稍稍發揚了一點農鄉精神；在一八七二年設了一個全國農業勞工組合（2），以阿爾其（3）爲領袖。然而這個會社成立未久即行消滅，他的歷史不過重新表明英國農人的氣性還是那種強硬的個人主義派而已。但是，近年來，英國人又覺得使農鄉工人結合團體如其他工人一般並不是不可能的事，並且已經設立了一個全國農工鄉工組合（4）去提倡此舉，在一九一四年這個組合的分會在蘇格蘭南北兩部擴張甚速。這個組合的會員多是最勤懇最有識的農業工人，近來頗有成爲振興農業的重要機關之望。

（80）關稅改革之問題　關於英國農業改良的問題，普通都是一致的以爲小管業的增加是衆人想望的，以爲協作的推行是必需的，以爲農業信用機關應當大大增加，以爲推廣農業教育必有裨益，甚至以爲採用職工組合主義是可有利於工人而且無害於農戶或地主。然而其他改革計畫却是意見紛歧的。這些計畫之一是土地國有。第二個是創辦嚴格規定的地價稅。第三個是對於輸入的農品徵收保護關稅。這些計畫的

1. Trade union. 2. National Agricultural Laborers' Union. 3. Joseph Arch. 4. National Agricultural Laborers' and Rural Workers' Union.

(a) M. Fordham: Mother Earth. (b) H. Cox: Land Nationalization. (c) A. R. Wallace: Land-Nationalization. (d) T. P. Whittaker: The Ownership, Tenure, and Taxation of Land. (e) E. Guyot: Le socialisme et l'évolution de l'Angleterre contemporaine. (f) T. B. Napier: The New Land Taxes and their Practical Application. (g) E. S. Cox-Sinclair and T. Hynes: Land Values; the Taxation of Land Values under the Finance Act of 1910. 1. Henry George. 2. Labor Party. 3. Lloyd George Budget of

第一個，打算要把私人的土地所有權完全廢除，還不過是一個學理上的問題；却要注意這個計畫無論全部採用或部分採用，不但是專門社會主義家以為好，而且許多在朝在野的急進派也以為好。（這個計畫較早較粗疏的擬議是把土地不加分別一律沒收。然而現今贊助這個計畫的人大致都願意給地主以公平的補償，而且多默認以公共所有權逐漸代替私人所有權。從前，佐治亨利(1)是這個計畫的主要代表者。譯者按佐治亨利係美國經濟學家生於一八三九年，死於一八九七年。鼓吹此舉而議論最精到的書是佛德漢的母土（一九〇八年出版於倫敦(a)）參看柯克斯的土地國有論（一九〇六年，倫敦第二版(b)）及華拉士的土地國有論（一八八三年出版(c)）。譯者按一九一八年一月英國勞働黨(2)曾提出土地鐵路礦產永為國有之要求）。

關於地價的計畫特別着重在課稅於未開發的土地須使這班地主迫得把他們勒掯居奇的土地都出售於市，由此可以增加籌備小營業的機會。在這一方面的進步，一九〇九年魯德佐治(3)預算案的幾條，制定於一九一〇年的財政議案(4)中的，已經實現了。（關於徵課地價稅牽涉的問題及條款，參看惠特克爾的土地之所有權，守產法及課稅（一九一四年倫敦出版）三八九頁至五〇八頁(d)；居約的當代英國之社會主義與進化（一九一三年巴黎出版）三一七頁至三六八頁(e)；訥佛爾的新土地稅及其實際應用（一九一〇年倫敦出版(f)）柯克斯辛克乃爾及亥尼士的地價與一九一〇年財政議案中之地價稅（一九一〇年倫敦出版(g)）。譯者按一九〇九年魯德佐治的預算案在英國政治上經濟上社會上都有重大關係，此處不便羼入，譯者於本章之末略述之。）

第三個計畫，即徵課輸入食料和原料的保護關稅(1)，是打算酌量採取德國及其他大陸國所以應付過去四十年間世界農業變更情形的方法。(見本書第一百三十五節至第一百三十八節)。這個主義在英國近三十年來也曾有人提過。主張最力議論最圓到的是一九〇三年張伯倫(2)發動的計畫。見本書第一百一十八節至第一百一十九節。張伯倫的關稅改革條陳不但對於輸入的成製品要徵課關稅，並且輸入的穀類，麪粉，肉食及乳酪製品都要課稅，另附一條使英國屬土的物產得享較低稅率的優先權。張伯倫自己建議穀類及麪粉每「夸塔」課稅二先令，肉食及乳酪製品課百分之五的從價稅，而一九〇四年專為研究這個問題而設立的非官式關稅委員會(3)主張外國小麥每「夸塔」課稅二先令，英屬殖民地小麥每「夸塔」課稅一先令，其他外國穀類及殖民地穀類課以「等量關稅」(4)，肉食課百分之五的從價稅(5)，其他農品課百分之五至百分之十的從價稅。贊助這個擬議的一班人的論據大略是：

(一)這些擬議的關稅若實行徵課，可使農產物價值漲高本國農業亦受其利；

(二)地主及農戶的贏益可望增加(6)，足使農業工人的工資亦得提高(7)；

(三)農業利益增加，則變改耕地為草地的事，縱不能絕對停止，亦可望減輕。

反對這個計畫一派的駁論是：

(一)勉強容忍此事即是同於拋棄半世紀以來英國專心致志賴以發達的自由貿易主義(8)；

(二)物價高漲必致租金隨之增加(9)，農戶並不能比從前有利；

1909. 4. Finance Bill of 1910.

1. Protective duties. 2. Joseph Chamberlain. 3. Tariff Commission. 4. "Equivalent duties." 5. Ad valorem. 6. Profits. 7. Wages. 8. Free-trade principles. 9. Rent.

1. Liberal party. 1. Unionist party. 3. David Lloyd George. 4. Land Enquiry Committee.

(三)在現今英國農業工人毫無組織的情狀中，物價增漲對於工資，未必有何等影響，即有亦必不大；

(四)因食料漲價之故，必至發生城市工業人口的極困難情形。

十年以來關稅改良運動奮勇進行，頗有百折不回之勢。 自由黨(1)極力擁護自由貿易主義，而且繼續當權，故能防制這班改革家所鼓吹的立法。 統一黨(2)已爲附從保護主義的人所挾持，在一九一四年大戰開始以前幾年間，統一黨的預定計畫是設若一朝得志，定要在他們的第一次預算案內制出關稅改良條陳的根本條件。

(81)自由黨之土地政策 一九一一年至一九一四年間，自由黨各領袖，最著者爲財政大臣魯德佐治(3)，屢次研究土地問題，意在集思廣益更加振頓。 一九一二年派出一班半官式土地考查委員(4)，着其調查工資，工作時間，住室，狩獵法律，分地，土地守產情形及購買土地情形；一九一三年十月這個團體呈出一份詳細可貴的報告書。 魯德佐治，以這個文件爲原本，對於土地改革問題發起一個對教育和立法的大遊行演講。 他指出，從各方面看來，英國的氣候，土質，市場可算歐洲無比的農業國。 他說，然而一般觀查者一致承認歐洲各國中唯有英國的農業辦得最壞，求達目的的工具既不如人，所得結果更與可能性不相比例。 幾十年中千萬畝良田鞠爲茂草，在蘇格蘭昔日的農屋如今竟爲麋鹿之居；而且又因法律不善之故，成千累萬的人被迫得離去愛爾蘭。 從考查委員的報告書上可見英國成丁的農業工人中有百分之六十另上每星期收入不及十八先令，尚有一大部分人收入不過十六先令。 一個工人和他家口必需的生活維持費，就照平常工場食用算，每星期亦需二十先令六辨士。田地上的工資平均額可以斷定是更低的，工作時間是更長的，住室及其他生活狀況是更壞的比任便那一種工業都不如。魯德佐治又着重說農鄉工人不能立卽聯合。照現時情形，受通知一星期內他們就可被驅出門外。（工人所住農舍的租金(1)（在英格蘭及衞爾斯純屬農業之地每星期約需一先令六辨士至二先令六辨士）通常是由僱主於付工資時扣除。所以失却僱傭卽不免被驅逐出農舍。）

而且田地價值因受社會習尙及獨占價格的影響以致高漲，無論小管業條例如何扶持，農業工人仍然不能置產，工人們除非拋別鄉土移居城市或殖民地，幾乎沒有改良他們的地位的機會。（一九一二年的土地考查委員會——由國會中五個自由黨議員和三個其他之人組織，以阿克蘭(2)爲主任——擔任調查英格蘭全部及衞爾斯之一部。蘇格蘭及衞爾斯的其餘地方是由分別組織的機關調查。）

魯德佐治規畫的而且於一九一三年屢次鼓吹的土地政策是根據於一種論斷，以爲英國農田制度的根本缺點是地主制度(3)之盛行和地主之不負責任。他宣言說地主制度是英國一切獨占權中最大的而且受法律支配最小的——這種獨占權勢力之大足以在一動念之間，不顧國家利益而控制多數膏腴之地於完全不開發的情況中而且能以相同的專橫手段確定其餘土地可被利用的條件。在魯德佐治手上改革的程序是專向着兩個大目的：

（一）改善農鄉人口的境況，

（二）增加農業的出產，

1. Cottage. 2. A. H. D. Asland. 3. Landlordism.

第一個目的是打算以直捷了當的行動達到，第二個達到較遲，總許是農業勞働狀況改良後的效果。魯德佐治的計畫，打算第一步應該在政府裏設立一個專部——田地部(1)——有治理關於農鄉土地及城市土地的一切事務之權。(現今農務部的職權及其他幾個行政機關的職權都應轉移與田地部大臣。)在田地部大臣之下應設立地方委員會，有權購買(照地方委員會自定之價)必需的土地以供增加小管業開墾，造林，等用，並須有權考查奪產情形，強制執行土地改良的補償，而且，在一定情形之下，得規定租金之額。第二步，打算按土地考查委員會的條陳，農業工人應受最低工資(2)法律的保護，附加一條，最低工資額須由各地方委員會按當地情形規定。(須要注意，在一九〇九年職工局條例(3)之下，最低工資原則已施行於幾種所謂「朘削」職業中。現今煤礦業也是按最低工資法律辦理。近來，制定最低工資法律的要求頗有一日千里之勢。參看阿博特的英國最低工資之進行載於一九一五年三月號政治經濟雜誌中(a)。)各地方委員會並須有權規定工作時間。第三步，打算設置全國住室狀況調查機關，而且國家應當利用保險公積基金建築一十二萬五千農舍，各附園圃，照「儉約租金」之額租與工人。(農鄉住室問題已經公認為特別困難。建築農舍的費用已增高了。各地方官署對於建造材料及衞生方法的條款比以前更加審慎，建築業中工資高漲，建築材料的價值也漲了。建築農舍更是無利可圖，因此地主和投機的建築公司都不願擔認。據說只有公家自行辦理或可稍拯農人之苦。)

以上所敘的政策是英國自稱為內閣長期討論的產物；換句話說，這些政策是公告為內閣議事日程的一部

(a) E. Abott: Progress of Minimum Wage in England, in Jour. of Polit. Econ., March, 1915. 1. A Ministry of Lands. 2. Minimum wage 3. Trade Board Act.

1. Land Enquiry Committee's Report on Urban Land. 2. Scottish Land Enquiry Committee. 3. Welsh Land Enquiry Committee. 4. David Lloyd George. 5. President of the Board of Trade. 6. Chancellor of Exchequer. 7. Minister of Munitions. 8. Prime Minister. 9. "Poverty." 10. Herbert Henry Asquith. 11. First lord of the treasury.

分。統一黨對於這些政策自然不免要加攻擊，但所反對的乃在細目上，並非在根本上，而且也不甚齊心，一九一四年大戰爆發之前，這個問題在報紙和演說台上不斷的討論；同年土地考查委員會城市土地報告書出版(1)，蘇格蘭土地考查委員(2)的報告書和衞爾斯土地考查委員(3)報告書都在前幾個月內完成了。因宣戰之故，實行立法的希望計畫是無限延期了。但這番討論已足劃分兩大派對峙的農田改革大綱——統一黨的計畫是以徵課輸入食料稅來振興農業，而自由黨是以改造土地所有權和改善農業勞働狀況來達相同的目的。（統一黨主張也頗有正大之處，若不說明，未免持論不公。近來統一黨注意在住室問題過於土地問題，他們贊成提倡小地產的政策而且着重絕對所有權過於自由黨只着重小管業。一九一一年統一黨在上議院中提出兩種計畫，意在促進小地產；但都沒有成爲法律。）

譯者按魯德佐治(4)生於一八六三年。他的父親是衞爾斯的一個小學教員。魯德佐治少年時習法律，年二十七被選爲國會議員。一九〇五年至一九〇八年任商部大臣(5)，一九〇八年至一九一五年任財政大臣(6)，一九一五年至一九一六年任軍需大臣(7)，一九一六年晉首相(8)，任職至今（一九二一年）。

魯德佐治平日對於英國貧富懸絕的情形最爲痛心疾首，自入政界以來對於所謂「貧乏」(9)力籌根本救濟。一九〇八年自由黨領袖愛斯葵(10)組閣，魯德佐治被任爲財政大臣（英國慣例，首相自兼財政總裁(11)，財政大臣另是一職，不可相混；）一九〇九年提出預算案，一時各國譁爲英國「與貧乏爭戰」。

(1)。

按何蘭達(2)的消除貧乏論(3)，「貧乏」一詞通常是指(一)經濟的不平等(4)，(二)經濟的倚賴(5)，(三)經濟的不充足(6)。就英國全國而言固是經濟發達爲世界第一等強國。就英國的社會而論，「貧乏」的三種狀態都是很厲害的；貧富之差尤爲人意想不到，據說倫敦全城有四分之一是十個人的地產，鄉間全村爲一人所有的竟是很平常的事。從前的人都以爲「貧乏」是不可免之事，因爲一定社會中只有這樣多的財富實難使人人安樂；但近世科學進步發明日新，人力戰勝自然已不成爲困難問題，唯有社會中分配公平是最難的事。這正是「不患寡而患不均」。照英國當時情形，若不急謀救濟，從此只有富者愈富的機會，貧者永無出頭之日。

英國自一九〇六年自由黨當權以來極力謀社會改良，如社會保險，失業救濟，農業改良等事，在在需款。政府支出既多，自不能不設法增加收入，而上議院(7)每加阻撓，使各種興革之事不能暢行。原來，英國上議院是代表貴族及富豪的，社會改良的事是對於平民有利，即是對於貴族富豪的權利有妨。上議院中保守黨(8)(即統一黨)人數較多，貴族富豪賴之以牽制自由黨的計畫。

一九〇九年四月魯德佐治提出預算案於下議院(9)，其中臚列各項新稅率，如自働車稅，累進率的所得稅，累進率的嗣產稅等。關於土地的新稅率是着重在嚴行劃分實行開發之地與並未開發而留待善價之地，前者課稅極輕，後者課稅極重。這個預算中又明定非勞力(10)所得的地價課稅百分之二十，例

1. War against poverty. 2. J. H. Hollander. 3. The Abolition of Poverty. 4. Economic inequality. 5. Economic dependence. 6. Economic insufficiency. 7. The House of Lords. 8. Conservatives(Unionists). 9. The House of Commons. 10. Unearned value in land.

如有一段地買時價值甚低，但後來因鐵路修至附近之故而地價大漲，這段地的價值是因鐵道而漲，並非地主勞力之功，所以國家認其爲非勞力所得，這段地賣得重價時，國家即可課以重稅。 簡單說，魯德佐治這次預算是課稅於富人較課於貧人的爲多；課稅於非勞力所得較課於勞力所得的爲多；課稅於安享租金的地主較課於出力耕田的租戶爲多。

關於此事，邱吉爾(1)(英國現任陸軍大臣，生於一八七四年，)說得最好：「從前的收稅人對納稅人只有一個問題，是「你掙得了多少錢財」？ 現今卻多了一個新問題。 收稅人不但問「你掙得了多少錢財」？還要問「你怎樣掙的」？……是你憑自己的勞力掙的，還是別人留給你的？ 你掙錢的方法是有利於社會的，還是有害於社會的？ 你的這份錢財是由建設實業掙得的，還是由剝削實業建設家掙得的？ 你的這份錢財是由供給實業必需的資本掙得的，還是由勒措實業所必需的土地掙得的？……你怎樣掙的？」

魯德佐治的預算案在下議院通過了，竟被上議院以三百五十票對七十五票否決。 於是首相愛斯葵在下議院倡議說上議院否決預算實屬違反憲法，侵越下議院的權限。 一九一〇年另行選舉，自由黨毫無退讓，各急進派甚至要求從速廢除這封建餘孽的上議院。 上議院無法自全，到底把這個預算案通過了。 一九一一年又制定國會法案(2)，其中規定(一)財務議案經下議院通過交付上議院一月之後即爲法律，(二)其他關係全國的議案經下議院於二年之內通過三次以後，上議院不得再行否決。

一九〇九年魯德佐治預算案的始末大略如此；所以在英國政治上，經濟上，社會上，都有重要關係；此處

1. Churchill, Winston Leonard Spencer. 2. Parliament Act of 1911.

不便夾雜，只說關於農田改良的事。英國本是地狹人稠之區，誰料那些貴族富豪仗着銅臭勢力，不顧農民死活，竟把極好的田地圈圍起來，聽其荒廢滋生野獸，以供一己游獵之樂。太有錢的人是這種快活法；這便是所謂「未開發土地」(1)之一例。英國近百年來實業異常發達，地價自然日漸增高，放着土地不賣，總有可望市利三倍之一日；這也是英國農業不振之一大原因，所謂「非勞力所得」(2)的地價增加卽是指此。（參考羅濱生及畢爾德的歐洲史綱第二卷六四一頁至六四五頁；滕訥爾的一七八九年至一九二〇年之歐洲四〇八頁至四一一頁。）

1. Undeveloped land. 2. Unearned values in land.

SELECTED REFERENCES

General

H. de B. Gibbins, Industrial History of England (4th ed., London, 1895), 197–209.

H. de B. Gibbins, Industry in England (London, 1896), 427–453.

H. de B. Gibbins, Economic and Industrial Progress of the Century (London, 1903), Chap. XLVII.

G. H. Perris, Industrial History of Modern England (New York, 1914), 352–363; 481–486.

R. E. Prothero, Pioneers and Progress of English Farming (London, 1888), Chaps. IX–XIX.

R. E. Prothero, English Farming, Past and Present (London, 1912), Chaps. XVII–XIX.

E. A. Pratt, The Organization of Agriculture (London, 1904), 289–326.

E. A. Pratt, Agricultural Organization; Its Rise, Principles, and Practice Abroad and At Home (London, 1912).

G. R. Porter, Progress of the Nation, ed. by F. W. Hirst (London, 1912), 193–212.

J. E. T. Rogers, Six Centuries of Work and Wages (New York, 1883), Chaps. II, III.

H. D. Traill and J. S. Mann, Social England (illus. ed., London, 1902), VI, 102–114, 290–297, 805–813.

G. Bry, Histoire industrielle et économique de l'Angleterre depuis les origines jusqu'à nos jours (Paris, 1900), 647–708.

W. Hasbach, History of the English Agricultural Laborer (London, 1908).

W. H. R. Curtler, Short History of English Agriculture (Oxford, 1909).

G. C. Brodrick, English Land and English Landlords (London, 1881).

F. A. Channing, The Truth About Agricultural Depression (London, 1897).

H. R. Haggard, Rural England; An Account of Agricultural and Social Researches Carried Out in 1901 and 1902, 2 vols. (London, 1902).

J. Collings, Land Reform; Occupying, Ownership, Peasant Proprietorship, and Rural Education (London, 1906).

C. Turnor, Land Problems and National Welfare (London, 1911).

B. S. Rountree and M. Kendell, How the Labourer Lives (London and New York, 1913).

M. F. Davis, Life in an English Village [Corsley in Wiltshire] (London, 1910).

W. Sutherland, Rural Regeneration in England (London, 1913).

E. N. Bennett, Problems of Village Life (London, 1915).

T. E. Marks, The Land and the Commonwealth (London, 1913).

A. H. H. Mathews, Fifty Years of Agricultural Politics (London, 1915).

H. D. Harben, The Rural Problem (London, 1913).

A. H. Bauerstock, The English Agricultural Labourer (London, 1912).

F. G. Heath, British Rural Life and Labour (London, 1913).

R. Lennard, Economic Notes on English Agricultural Wages (London, and New York, 1914).

P. Besse, La crise et l'evolution de l'agriculture en Angleterre de 1875 à nos jours (Paris, 1910).

H. Levy, Entstehung und Rückgang des landwirthschaft, Grossbetriebes in England (Berlin, 1904), trans. by R. Kenyon as Large and Small Holdings: A Study of English Agricultural Economics (Cambridge, 1911).

A. H. Dyke Acland, Report of the Land Enquiry Committee, Vol. I, Rural (London, 1913), Vol. II, Urban (London, 1914).

Law and Practice of Land Settlement

W. M. Geldart, Elements of English Law (London, no date), Chap. V.

A. H. H. Mathews, Fifty Years of Agricultural Politics (London, 1915), Chap. IV.

G. C. Brodrick, English Land and English Landlords (London, 1881), 129–151.

G. S. Lefevre, Agrarian Tenures (London, 1893).

E. Jenks, Modern Land Law (Oxford, 1899).

F. Pollock, The Land Laws (London, 1896).

J. Williams, Principles of the Law of Real Property (19th ed., London, 1901).

Rural Depopulation

P. Alden and E. E. Hayward, Housing (London, 1910), 27–47.

E. N. Bennett, Problems of Village Life (London, 1915), Chap. III.

W. Hasbach, History of the English Agricultural Labourer (London, 1908), 343–350.

E. Van der Smissen, La population; les causes de ses progrès et les obstacles qui en arrêtent l'essor (Brussels, 1893), 283–290.

J. Collings, Land Reform (London, 1906).

J. Collings, The Colonisation of Rural Britain: A Complete Scheme for the Regeneration of British Rural Life (London, 1914).

A. H. Johnson, The Disappearance of the Small Landowner (Oxford, 1909).

T. E. Kebbel, The Agricultural Laborer (London, 1907).

P. A. Graham, The Rural Exodus (London, 1892).

J. S. Nicholson, The Relation of Rents, Wages, and Profits in Agriculture, and Their Bearing on Rural Depopulation (London, 1906).

P. M. Roxby, Rural Depopulation in England During the Nineteenth Century, in Nineteenth Cent., Jan., 1912.

Allotment and Small Holdings

P. Alden, Democratic England (New York, 1912), 238–263.

W. L. George, Engines of Social Progress (London, 1908), Chap. III.

E. N. Bennett, Problems of Village Life (London, 1915), Chap. VIII.

J. E. T. Rogers, Industrial and Commercial History of England (New York, 1892), Sect. IV.

W. Hasbach, History of the English Agricultural Labourer (London, 1908), 235–242, 303–321.

S. J. Chapman, Work and Wages (London, 1914), III, 217–232.

H. Levy, Large and Small Holdings (Cambridge, 1911), Chaps. VIII, IX.

C. R. Fay, Small Holdings and Agricultural Co-operation in England, in Quar. Jour. Econ., May, 1910.

A. J. Spencer, The Small Holdings and Allotments Act, 1908 (London, 1909).

H. R. Savary, Les lois agraires englaises de 1892 et de 1907, in Annales des Sciences Politiques, May, 1909.

L. Jebb, The Small Holdings of England (London, 1907).

E. A. Pratt, The Transition in Agriculture (London, 1909).

E. A. Pratt, Small Holders; What They must Do to succeed (London, 1909).

J. L. Green, Allotments and Small Holdings (London, 1896).

J. Long, Small Holdings (London, 1913).

G. Cadbury and T. Bryan, The Land and the Landless (London, 1908).

G. Parker and R. Dawson, The Land, the People, and the State (London, 1910).

S. W. Clarke, The Law of Small Holdings in England and Wales (London, 1908).

F. Impey, Small Holdings in England (London, 1909).

F. Impey, Petites tenures en Angleterre, in Rev. Econ. Internat., Dec., 1908

The Irish Land Problem

E. A. Pratt, The Organisation of Agriculture (London, 1904), 269–288.

G. Slater, The Making of Modern England (new ed., Boston, 1915), 228–238.

R. B. O'Brien, Parliamentary History of the Irish Land Question (London, 1880).

H. Plunkett, Ireland in the New Century (London, 1904).

H. Plunkett, The Sociological Aspects of the Agrarian Revolution in Ireland, in Sociological Rev., July, 1910.

M. J. Bonn, Modern Ireland and Her Agrarian Problem, trans. by T. W. Rolleston (London, 1906).

L. Paul-Dubois, Contemporary Ireland (London, 1908).

M. Davitt, The Fall of Feudalism in Ireland, or the Story of the Land League Revolution (London, 1904).

W. E. Montgomery, The History of Land Tenure in Ireland (Cambridge, 1889).

"A Guardian of the Poor," The Irish Peasant (London, 1892).

第九章　法德之農業及農業問題

(82)百年來之經濟解放　美國自開國之時就把完全自由的產業機會之原則編入國家組織大綱之內。所以在美國人方面很不容易領會法國，德國，及其他歐洲大陸各國的農工商業在百年前或一百五十年前是怎樣完全爲身分，習慣，和規約所束縛。行會，食邑，邦國，教堂，各自施行特別禁令，個人的經濟地位及希望並不由他自己的能力知識來決定而由他的能力所不能及的權勢代他決定。只在比較近今的數十年中歐洲多數人纔獲得他們現今所享受的產業開創自由權和工業的成就。若說自一七八九年以來英國經濟史的主要現象是發展，同時歐洲大陸經濟發達的主要現象乃是解放。大致說來，歐洲經濟解放的第一大進步是一七八九年至一七九四年法國大革命完成的；在拿破崙權力之下，雖略有返古之勢，却實現了第二個大進步；一八一五年至一八四五年之間經濟界各方面都漸發達，尤以工業技術爲甚；一八四五年至一八五〇年以後解放原則的勝利是非常迅速而且在許多地方是很完全的。

解放所造成的改革已經實現於經濟行爲的三大區域內——農業，工業，商業。這類改革大致包括：

(一)農奴制度之廢除；

(二)土地法律之寬弛，大地產之破除，及小地產之發達；

(三)農業機器及科學耕種方法之傳播；

(四)行會之被禁止及被限制；

(五)施用蒸汽動力於製造程序，以致發生工場制度(如英國之例)；

(六)大路，運河之修造，及鐵道時代之發端；

(七)妨害商業的國家法律或地方法律之減削及禁止(兼及關稅法律)。

本章卽敍法德兩國農業解放和農業進步的顯著情形；次二章述這兩國工業的發達及運輸的發達；再次三章說明西歐各國的商業解放和商業發達；另一章專述東歐最大的一國，卽俄國，經濟發達的情形。

(83)法國之小地產大革命之效果　在歐洲大陸各國中，農業解放首先大量實行的是法國。在法國，如別處一樣，這種發達顯出三大要點：

(一)農鄉工人身分的解放，

(二)妨礙農業技術的法律及習慣之廢除，

(三)土地的解放，免除古代法律及習慣的束縛，並開放土地使其得爲多數人所有。

大革命的第一主要成就卽是廢除封建制度及農奴制度的一切餘孽。至一七八九年纔得自由的農奴之數却不甚大。但是，這樣的解放和瑣屑繁苛的封建義務及食邑義務之免除，是法國農民能入昌達之路以前的一個必要步驟。賴有這一着，法國人身體上和法律上的自由權纔確定了。

技術的解放，尤以關於三田制的廢除，機器及耕種方法之傳播爲重要，是逐漸而來的，而且在一八五〇年以前不曾達到完滿的成效。技術之進步至少是被促進而且被附隨以一種最關重要的發達情形，卽是，租戶倚

(a) Johnson: The Disappearance of Small Landowners, 155. (b) Brodrick: English Land and English Landlord, 308. 1. Loutchisky. 2. Michelet, Jules. 3. Arther Young. 4. Seignorial possession. 5. Malthus. 6. McCullock, John Ramsay.

賴的耕夫，和平常的工人變爲獨立自贍的地主；所以應該首先注意這椿事件的詳細情形。 從前都以爲現今爲法國之特徵的小地主之繁殖完全是大革命的結果。 稽古之學已經考出這是不確的——法國農地分析爲小地產是在一七八九年之前久已進行。 有些研究家以爲在一七八九年以前法國地主之數已不亞於現今，這又未免言之太過了。(俄國學者魯乞斯基(1)卽持此說。 參看約翰生的小地主之消滅一五五頁(a)。這種意見雖失於極端，却較近於事實，勝於歷史家米悉勒(2)(譯者按米悉勒係法國之歷史學家，生於一七九八年，死於一八七四年)所述法國農人階級全由革命期間土地出賣而生。 楊雅案(3)於一七八七年至一七八九年遊歷法國，曾見許多地方雖其間貴族有城堡和領地(4)，而食邑中土地的最多數已分屬於各有小地只對貴族納某種捐款的農人。 十七十八世紀落拓潦倒的貴族已迫得賣地與他們的租戶；同時小地產之數又因公家將曠地變價及公地之圈劃分析而增加。 現今沒有一七八九年以前法國可信的地產統計可考。

然而據楊雅案之言，在一七八七年法國土地總額三分之一是由小農地主耕種；而且曾經估算在大革命爆發之時地主總數約有三百萬人，其中五分之三可歸入現今的小地主一類。 楊雅素和馬爾薩(5)之意都說照此下去，法國會有一日像中國一樣的有人滿之患。 遲如一八二三年馬嘉洛克(6)(譯者按馬嘉洛克係蘇格蘭經濟學家，生於一七八九年，死於一八六四年) 尚預料法國地方必定在五十年內成爲「世界上最大的貧民院」與愛爾蘭共分以鋸木工挑水夫供給外國之徽號。 (見布洛最克的英國土地及英國地主三〇八頁(b))。

大革命以前小地產之數雖已不少，但因大革命之故而發達更速，卻是實情。第一層，食邑義務廢止之後，執掌地產的條件改善，鼓勵許多人願意成爲地主。第二層，大革命着重均分遺產的原則(1)——拿破崙也極力在他的法典中勵行這個原則，——照這個原則立遺囑者的財產總額必須平均分給他的子女，不得有男女長幼之別。在一七八九年以前，這種法則已是通行於中等社會(2)和村農人家。在實際上，這樣的法則總不免規避和限制，所以大革命時代的各議會及拿破崙的法典所加於「平均承襲」(3)的制裁力一定增高了這個原則的效力，當然是毫無疑問的。然而更重要的影響是把大革命時沒收的皇室地產，出亡貴族的地產(4)，和教堂地產，發賣變價。一七九〇年至一七九五年間大宗土地出賣於市上。地價低廉，繳價期限分爲十二年或更多，權利證據是明白確定了，而且又不課繁瑣的義務。一七九〇年五月十四日的法律特定土地必須小部分出售，因此特將大地產分析以達增加地主人數之目的。在一七九三年這個辦法被禁止之前，農民常聯合購買大段土地，買得之後他們自己再行分析。

(84)晚近之法國土地守產法　從大革命時直至現今，法國始終爲小地產極多之邦。然而均分遺產的法律已成激烈辨論的題目。厭惡這種法律的人以爲這種規律的作用等於把土地按着機械的界畫分而又分，不顧供給需要，把大地產分析成極小的片段，結果是浪費地主的土地和光陰，而且又容易惹起訴訟。雖然法國已經發生一種慣例規避此法以免分析過於零碎，這個法律依然無恙，而且在主旨上看來仍是施行有效的。(見史彌生的人口增加之原因及障礙五一〇頁至五四一頁(a)。)這個法律一面被人攻擊爲絕不可愛的

(a) E. van der Smissen: Lepopulation; les causes de ses progrés et les obstacles qui en arrêtent l'essor, 510–541. 1. Egalitarian inheritance. 2. Bourgeoisie. 3. "Partible succession." 4. Émigrés.

人口增殖奮興劑，一面又被人指摘爲致使人口停滯不進的法律。要證明這個法律在那一方面較有勢力，却是很難的事。雖然他種影響也助成土地一再分析，而說這個法律的作用足以擴大這種局面却是無疑的。一八六二年的統計顯出是年法國地產總額的百分之五六・二九是五公畝（十二英畝半弱）或五公畝(1)以下的面積（每公畝實合二・四七一英畝）；百分之三〇・四七是五公畝至二十公畝之間的面積；百分之八・四七是二十至四十公畝的面積；只百分之四・七七是四十公畝以上的面積。二十年後的情形見於下列表中。（譯者按每公畝爲一萬平方「米達」(2)）。

地產面積（按公畝計）	面積總數	對總地產之百分數
〇—二	五，二一一，四五六	一〇・五三
二—六	七，五四三，三四七	一五・二六
六—五〇	一九，二一七，九〇二	三八・九四
五〇—二〇〇	九，三九八，〇五七	一九・〇四
二〇〇以上	八，〇一七，五四二	一六・二三

現今有地十公畝以下的地主之數稍過於三百萬人，這項地產總計達法國耕地全額現分之二十。其餘爲七十五萬地主所有——其中半數爲十五萬地主所有，每人地產在一百六十公畝以上；那一半爲六十萬地主所有，每人地產在十公畝至一百六十公畝之間。現今約有地產總額的百分之八十都由地主自行耕種。其

1. Hectare. 2. Meters.

餘的，百分之十三是租佃與八百分之七按「均成耕種」(1)之制種作，地主與耕夫照議定成數分析出產。小地主之數現今仍是繼續增加。　不多幾年前的農務部(2)報告書表現由一八九〇年至一九一〇年在法國八十七郡中只兩郡地方稍有地產集中於較少數人之手的趨勢。　法國農人仍顯着很重的鄉土之念。法國土壤並不算十分膏腴，耕種之事亦甚艱苦，但土地報酬尚足使農人稱心滿意。　斯密亞丹說，「財產的魔力可變沙磔為黃金；給人一片磽确之地，他會把他變成園圃。」　此論之真切，法國每個農區都可為證。　土地財產實是法國國家的資產，而在歐洲也只有法國不甚感觸社會主義的革命或其他有廢除私有財產之意的革命。

(85)百年來法國農業之發達　當英國變為特著的工商業國家和德國亦急起追步英國之時，法國依然為超越的農業國。　現今的法國仍是如此。　法國的財富多是出於土地，法國人口的半數是務農為業，而英格蘭和衞爾斯務農者不過人口十分之一，在德國不足三分之一。　過去百年間法國農業進步之穩實過於歐洲各國，只有比利時和丹麥尚可與法抗衡。　在拿破崙時代，佛蘭德的輪種方法和英國的輪種方法都流傳了，而且幾種物產的種植——如染料，漆柯，梨，苧麻，白麻，糖蘿蔔等——都興起了而且擴張了；雖一八一四年至一八一五年與各國恢復平時商業關係之後，有些較新的農品(例如糖蘿蔔)原是作為代替他種遠邦輸入物品之用的，此刻因戰爭完結而中止種植，但亦無礙法國的農業發達。　大致說來，一八一五年至一八四七年是農業猛進，鄉村興旺的時代。　國無外患，人民雖有時為政治問題所煽動，而大致都得安居樂業。　這個時期中的順利情形可證之於事實，在一八一五年至一八四六年之間人口增加率每年約二十萬人，總計增加六百萬人。　一

1. Métayage. 2. Ministry of Agriculture.

1. Gallons. 2. Orleanist monarchy. 3. The Second Empire. 4. The Crimean War. 5. Great Britain and Ireland. 6. The United Kingdom.

七八九年至一八四八年，小麥產額由九千三百萬袋升至一萬五千二百萬袋；荷蘭薯產額由五百萬袋升至二萬七千五百萬袋火酒產額由三萬七千四百萬「加侖」(1) 升至九萬二千四百萬「加侖」。

一八四八年之後進步稍滯。 因推倒阿連斯(2) 皇室而致政治上之不安寧，第二次帝國(3) 之建立，克利米亞戰爭(4)，一八五九年與奧國戰爭，霍亂症之流行，一八五三年及一八五五年之歉收，等事，致使人民輕棄土地而且敗壞農業的功利。 在十九世紀下半期中法國農業利益竟不曾有一時恢復以前的盛況。 然而一八六〇年之後，開墾曠地之事在各處舉辦起來，農業機器亦經大量輸入。 有一位英國觀查家說法國在一八四〇年時用馬碾穀是常見的事；但據一八六二年的公家報告書表現法國有打穀機十萬部以上，其中約三千部是用蒸汽轉動的。 科學的轉種方法，土壤培壅法，和施用肥料法都傳播開了；在一八一八年至一八八九年之間，每英畝小麥平均產量由十一袋升至十七袋半，在一八二五年至一八七五年之間，每英畝大麥平均產量約增八袋，燕麥平均產量增了十袋。 在一八一二年至一八八八年之間畜牛之數增了一倍以上。 在一八七七年，種植穀物之地共有三千七百五十萬英畝，約合全國面積十分之三；種植小麥燕麥之地有二千三百五十萬英畝，約合全國面積六分之一。 同年大不列顛及愛爾蘭(5) 種植穀物之地有一千一百萬英畝，約合英吉利聯合國(6) 全面積七分之一；種植小麥燕麥之地只有三百六十萬英畝，約合全面積二十二分之一。

關於民食一事，現今的法國是完全自給的，他的農產品輸出額是很大的。 他也輸入一些小麥，但是，按下表所示，除在一八七六年至一八九六年農產物價低落時期外，其分量並不很大。(見英國關稅委員會的農業股報告書(一九〇六年倫敦出版)八九頁。

年分	每年出產平均量(按百萬擔計)	每年輸入平均量(按百萬擔計)	每人每年供給量(按一擔計)
一八三一—三五	一〇〇·七	·四〇	三·〇七
一八三六—四〇	一〇一·八	·四七	三·〇二
一八四一—四五	一〇九·四	·九三	三·一七
一八四六—五〇	一二五·四	一·九五	三·五八
一八五一—五五	一一九·七	二·二七	三·三八
一八五六—六〇	一四六·〇	一·〇〇	三·九八
一八六一—六五	一四六·九	四·一七	四·〇一
一八六六—七〇	一四四·九	五·一六	三·九二
一八七一—七五	一四九·二	七·六八	四·三一
一八七六—八〇	一三八·六	二三·七七	四·三四
一八八一—八五	一六一·三	二一·三五	四·八二
一八八六—九〇	一六〇·四	一九·九二	四·七一
一八九一—九五	一五五·五	二六·三四	四·七三

一八九六—一九〇〇	一七〇·五	一一·三七	四·六九
一九〇一—一〇三	一七三·八	四·九七	四·五六

法國農業的主要特點是出產的種類甚多。小麥及火酒是大宗出產，但又有黑麥，大麥，蕎麥，燕麥，玉蜀黍，水果，乳酪製品等，每年產額也頗大。耕種之地差不多有三分之一專種穀類。一八九六年至一九〇五年十年間，小麥地畝每年平均數是一千六百五十八萬英畝，平均產額是三一七，七〇七，〇〇〇袋。在相同年代中葡萄地畝平均數是五六，七二五英畝，平均產額是一，〇七二，六二二，〇〇〇「加倫」。總計一十九萬五千方英里可耕之地內，常耕之地有一十七萬一千方英里，約合耕地總額百分之八十。

(86)國家與農業　法國農民受國家扶持之處甚多。第一層，他們受加於輸入的農產物之保護關稅的利益。一八一九年的關稅法規定課輸入穀物以固定關稅(1)及隨時按國內糧價消漲而變的附加稅(2)，並附條文規定在某種情形之下可使穀物輸入完全停止。一八二一年這項法律定得更嚴。從此至十九世紀之末關稅政策屢有變動，但沒有一時農業無確實的保護。美國及其他外國食料的競爭在法國絕未如在英國之烈，但也足使任何減除農品關稅的運動失其效力，而且一八八一年至一八九〇年法國關稅歷史的特點即是較完密的農品保護制度之發達。(見麥雷迪的法國之保護關稅第四章至第五章(a)。)一八九二年的關稅法仍是注重農業利益；而且最近於一九一〇年制定的關稅法雖然原是籌畫應付工業要求，而十八年前定的農品稅率依然照舊，並且有幾樣反比以前增加了。(關於法國關稅歷史較詳細的考究，參看本書第十三

(a) Meredith: Protection in France, Chaps IV-V. 1. A fixed duty. 2. A surtax.

章法國商業之發展及商業政策）

第二層，法國的農務部（1）組織設備可謂無甚缺憾，國家賴之以增進農業利益。 農務部有一個顧問會議襄助一切，這個會議有會員一百名，包括參議院議員，衆議院議員，和農業專門家。 農務部派出視查員遍赴全國各處，而且編製報告書以爲國家撥款振興農業的根據。 第三層，農業教育的設備亦極便利。 除巴黎（2）設有國立農藝大學（3）之外，還有五個農業專門學校，其他各地特設的研究農業學校數在一百以上。 農務部總長和教育部總長對於增進鄉村學校的農業訓練之事時常通力合作；而且初級學校中農業教科是定爲強迫必修之課。 此舉的目的是聲明爲不但圖改良農業，並且要「養成青年人愛重鄉村生活之情」（見英國領事報告書第五〇五號法國農業教育（a））。 一八七五年的一個法案制定設立一種新學校——實踐農業學校（4）——設備實用農業教科以便小農，租戶，及工人的子女，年滿十三，小學畢業，即可入學。

（87）農業會社　關於法國農業與英國農業相異之點，可以先說法國農民的組織及協作事業之宏大。 就法國的情形比之英國自然較適宜於組織。 個人主義的精神不如英國那樣強，而且易於爲組織所歆勸的人，即小地主，數目也比英國的大得多。 同時須要注意法國農業會社之大量發展也只實現於近今數十年中。 在十八世紀時有法蘭西國民農業會社（5），法國歷來最能幹的農業家多是這個會的會員，而且此會現今仍是世界上這類組織的一個重要分子。 但這個會現今成爲學術研究會的性質，多數農民不能入會；另有幾個不甚重要的組織也是如此。 十九世紀之初又有所謂「農民會」（6），乃各教區的農人租戶等就地組織以數

(a) British Consular Report No. 505, on Agricultural Education in France. 1. Ministry of Agriculture. 2. Paris. 3. National Agronomic Institute. 4. Écoles pratiques d'agriculture. 5. Société National d'Agriculture de France. 6. Comices agricoles.

勵改良耕種方法的機關。 但法國農業組織歷史新時代的發端乃是成於一八八四年三月二十三日以新法律廢除國民議會(1)及拿破崙刑法法典(2)(第二九一條)所規定的「專業人民結社」(3)之限制。 這個法條規定凡有會員二十人以上的結社，除非先經政府許可，無論何種均不得成立。 一八八四年的法律規定凡專以「農商業經濟利益之研究及保障」爲目的的結社可以不須特別批准而成立組織，而且這類結社都得享有完全的法律權利，包括保有財產之權及出席於法庭之權。（按一九〇一年的集會結社律(4)各種會社都可享有農業會社在十七年前所得的權利。） 當這個法律通過之時，法國農業，如鄰近各國的一樣，也受物價低落之苦。 物價日低，地價日落，租金日減，農業工資不能與工業工資並駕齊驅。 其結果，農民連忙利用他們的新權利。 農業組織進步之速可見於下列表中：（見蘇瓊的法國農業會社第四頁(a)。）

	會社數	會員數
一八九〇	六四八	二三四，二三四
一八九五	一，一八八	三八九，一九九
一九〇〇	二，〇六九	五一二，七九四
一九〇五	三，一一六	六五九，九五三
一九一〇	四，九四八	八一三，〇三八
一九一三	六，一七八	九七六，一五七

(a) A. Sonchon: Agricultural Societies in France. 4. 1. Constituent-Assembly. 2. Napoleonic Penal Code. 3. Professional association. 4. The Law of Associations of 1901

1. Loire. 2. "Metayers." 3. Confédération Générale du Travail. 4. Local societies. 5. District unions. 6. Union du Sud-Est. 7. Lyons. 8. The Rhone. 9. Union des Alpes et de Provence. 10. Union du Midi. 11. Union Girondine. 12. Union Lorraine. 13. Syndicat du Nord. 14. Union Centrale des Syndicats Agricoles.

現今法國各郡都有農業會社，最多之處是勒瓦爾(1)河流域東部及東南部以大農地和葡萄種植著名的各縣。就理論而言，最多數會社的入會資格是對地主，小地主，均成租戶(2)，農業勞工，公開的。然而也有些會社的入會資格是限於某階級的，例如限於地主或限於均成租戶；在實際上，凡有組織的食工資的工人自行結社，這樣的會社頗有職工組合的意味，而且通常是與勞働總聯合會(3)連爲一氣的。(見本書第二百零二節。)所以可斷說農業會社的最多數都是由地主組成的。有些會社只包羅一個自治區；有些包羅一郡。有些以增進一般的農業利益爲目的；有些以專究特種利益爲目的，如種植葡萄，飼養牲畜，或種植糖蘿蔔。在一九一三年，有六，〇二一個地方會社(4)組成八十五個地區聯合會(5)，著名的爲東南聯合會(6)，包羅里昂(7)附近龍河(8)流域的五百個星羅棋布的會社，阿爾魄斯及濮洛宛斯聯合會(9)包羅三百個會社，中部聯合會(10)，日朗郡人聯合會(11)，洛崙郡人聯合會(12)，北部工團(13)及其他許多，此處不能列舉。還有一個總會，官書名稱爲農業工團中央聯合會(14)，這個總會並非各地區聯合會的集合體，乃是約近二千五百年地方會社的直接組織。地方會社的切近目的是增進農業技術的改善；爲社員公同購買農器，肥料，種籽等項以圖省費；幫助社員售賣出產；並偵察防範攙假及其他詐僞行爲。地方會社的終極目的是在維持農業人口中各分子的親睦，使不能組織政黨的農民能享有正當的權力，並促進有利於農民的關稅法及社會法制等事。

(88)**協作及農業信用**　以上所說的會社準備協作購買及協作售賣的種種利便。然而還另有其他協作機關(1)；在大體上看來，可以說除比利時，丹麥，及德國幾部分之外，法國的農業(2)協作在歐洲是最發達的。

耕種協作，雖在大革命之前曾有農人團體組織「協作會社」(3)辦過，現今卻是絕少。自身爲主的意見在現今是太強，不能容許共耕之法有大發展。然而協作社常自定規律以農器供社員公衆之用而且有些會社是專爲合力利用耕田機器，打穀機器等而設。但最多數協作社所認定的範圍是售賣農品，交換農品，或製造農品，而非生產農品；照例是因爲這些目的農人纔組成協作社，以濟上節所敍的會社或工團的力量之不及。據說乾酪製造業的協作社是早如第十二世紀時就已設立於儒拉(4)山中；（譯者按儒拉山脈在法國與瑞士接境之處，法國有儒拉郡，蓋因山得名。）現今法國裏仍是出產牛乳乾酪之處眞正的協作社最多。只算製造乾酪的協作社就有二千，多半在儒拉郡和阿恩郡(5)。釀酒協作社次於乳酪協作社，雖第一個協作酒窖是始於一八九〇年設於香濱(6)，而釀酒協作社組織最爲完備。在法國各處又有橄欖油協作廠（始於一九〇五年）蒸煉協作廠，磨麵協作廠，荷蘭薯粉協作製造廠。專以農產品的協作售賣及協作交換爲目的的會社約有二千四百之多；近年來有一個計畫要把他們組織成一個農業協作社全國聯合會(7)；已經略有成效。

農業信用(8)的問題是法國久已注意的問題。早如一八四六年時國會就已討論這個問題，而且幾十個有趣味的建議曾經提出過。一八八四年以前試辦幾次，都無甚成效。一八八四年以後，有幾個較新式的農業工團(9)辦理信用機關，頗有好結果。同時又有杜蘭集款會(10)（從創辦人之名，杜蘭是里昂(11)的一個

1. Coöperative agencies. 2. Agricultural coöperation. 3. Sociétés taisibles. 4. The Jura. 5. Ain. 6. Champagne. 7. Fédération Nationale des Sociétés Coopératives Agricoles. 8. Rural credit. 9. Agricultural syndicats. 10. Caisses Durands, or Durand Funds. 11. Lyons.

律師）出現，這種會是地方團體組織的互助會社(1)，每個會員都對會社負無限責任。然而法國農業信用之發達比德國意大利等較遲，乃是一八九四年國會制定這類的一個重要法律時，農業信用機關纔開始增多。一八九四年的法律把組織會社及維持信用利便的條款定得較容易而且較安全，隨着四年之內四十七郡中就設立了一百三十六個集款會。一八九八年又定新法使農業債權者的地位更加穩固，一八九九年的法律創始國家資助農業信用機關的政策，而且組成一種新的地區集款會(2)。一九一〇年的法律規定協作社關於放款之事與自然人的地位相同。現今只有德國農業信用機關的功效勝於法國。

(89)十九世紀初葉之農業的日爾曼 德國經濟發達的情形完全與英法不同，但從他由農業國變爲工商業國的事實看來，其塗徑却與英國的相仿。一九一四年日爾曼帝國人口總額中有百分之四十二從事於工業，百分之二十七以上從事於商業及其他職業，專務農業的不及百分之三十。然而須知道是晚近發生的情形。大致說來，這種情形乃是發生於一八七一年建立帝國之時。在十九世紀之初，德國之專重農業是比法國更甚。在一八〇四年普魯士人口百分之七十三是務農的，就德國土地全體而言，農業人口不少於總人口百分之八十。工商業的確不及十五十六世紀漢沙同盟(3)各城市爲北歐商業中心時那樣興旺。綜之在十九世紀之初，通行的農業方法仍是極幼稚的。德國的天然富源在那時，與現今一樣，不及法國的宜於農業。耕種方法是古老的，出產很少而且品質低下，業農是很難致富的。直至十九世紀中葉——顯然較遲於法國——德國農業技術纔有進步，

1. Mutual aid societies. 2. District Funds. 3. The Hansa Cities.

十九世紀初年實現的一大進步是不能自拔於農奴地位的大多數農夫之解放。這件事，不消說得，當然是整頓農業的一個必要步驟。在德國，如他處一樣，農奴制度之消滅是極漸的。德國西北部的農奴制度在中古時代閉幕時已無形消滅。西南部的也於十七十八世紀中自然演化。巴法利亞(1)之農奴絕跡，按形式上說，是在一八〇八年，其他各邦約在一八二〇年。東北部的發達情形就不相同了。在那一帶地方，大地主們能保全他們的地產，而且在十九世紀之前能拘束農鄉人民的大多數於農奴地位。兼之自十六世紀以還，東北部地方本來自由的人多淪落到奴隸地位。在普魯士由拿破崙征服之後而復興之時，採用大規模的解放方法便是那時當務之急。用的甚麼方法，有些甚麼效果，已在第五章說過。(見本書第五十節。)此處只須說，解放命令的實施牽連種種困難，乃是只在一八六五年時，賴補充法律之力，封建式和食邑式的痕跡纔完全掃蕩了。

(90)大地產及小地產之發達　農奴制度廢除的效果及其他關於土地守產法變更的效果在德國各處各不相同。在十九世紀以前農夫得爲地主的事並不是罕見的，農業人民的地位既經提高到有完全的或近似的法律上自由權之時，小地產繁殖的趨勢也得了有力的鼓勵。然而恰像在法國一樣，小地產的見解之發揮不能各處一律，以致法國西北部小地產的平均廣幅比南部大得多；所以小地產的原則在德國各處應用上顯着互相矛盾，而且在德國幾個重要地區中這個原則竟直就不會應用。說小地產是封建制度凋殘後的經常(雖不必是普遍的)結果可以證之於德國西南部。在這一帶地方，前已表過，封建業主的地產通常成於零星

1. Bavaria.

分散雜於歸總的地段。(見本書第十七節。) 從久遠難考之時起，農人習於利用貴族權勢之衰弱，按着習慣，公然主張權利而取得多少主權。 其後封建式的束縛廢弛了，個人自由權到手了，許多農人或價買或霸據都得了小段土地，在十七世紀時西南部已成小地主之區。 這種趨勢在拿破崙時代更興開了，因被法國管領的德國西部地方推行拿破崙法典和這個法典規定的均分承襲律。 直到現今，德國西南部仍以多有小地產著名，恰如法國一樣。 約在一八八〇年左右，威登堡(1)邦共有地主四十四萬人，其中有二十八萬小農地主，每人的地產不及五英畝。 巴登(2)，巴法利亞(3)，和普魯士(4)的萊茵河省中小地主顯占優勢，而且據許多觀査家的意見，巴登境內各處地產之小實在是小得太不便利了。 二三十年前沿萊茵河各省(5)有和維斯法里亞(6)的平均地產廣幅不過十英畝。 在上述各地，現今不過地產總額的百分之一至百分之三是二百五十英畝以上的地產。 西北部在大體上也成小農地產之區——却有一個分別，乃是因地方情形而然，現今那裏的地產已變爲較前更大的了。 再者，在大批德人移入美國的期中(一八四五年至一八九〇年)移徙之人多是由南部及西南部小地產區域來的。

在東北部另是一種情形，那一帶地方進化的途徑大致是與十八世紀和十九世紀初葉的英國相彷彿，即是土地合併成爲甚至比以前更大的地產。 這類地產多是代表日爾曼人(7)殖民於愛爾伯河(8)外斯拉夫(9)人的土地之時所得的土地權利。 這類地產本來就是整段的土地而且他們的業主的力量也足以維持他們於不敗之地。 通十六，十七，十八世紀大地產的優勢着實增加了。 一七五〇年之後普魯士的法律定了

1. Württemberg. 2. Baden. 3. Bavaria. 4. The Rhenish provinces of Prussia. 5. The Rhine provinces. 6. Westphalia. 7. The Germans. 8. The Elbe. 9. The Slav.

1. Stein. 2. Hardenberg. 3. Pomerania. 4. Posen. 5. Saxony. 6. East Prussia. 7. West Prussia. 8. Mechlenburg-Schwerin. 9. Mechlenburg-Strelitz. 10. Silesia. 11. Brandenburg. 12. Entailment of estate. 13. Reichstag.

幾條限制，意在保全當時的小農地產以備財政軍政上不時之求。但這個法律所加的限制未能十分收效，而且十九世紀初年解放農奴之舉又復鼓勵合併地產的趨勢。那裏早已發生了一種農人主有地產的習慣方式，很足以防制貴族們去增加他們的地產。此刻因為報償貴族對於解放農奴的好意之故，這種慣例大致都禁止了，於是合併地產之舉逐步進行毫無限制。錫丹(1)和哈登堡(2)的心意是沒得批評的，但一八一一年及一八一六年對於一班名公鉅卿表示讓步非下不可的命令把原定計畫的途徑完全變更了。一句話說，西北部中原有的小地主們在一八五〇年前後都敗到寸土俱無的農業勞工的地位，他們的地產都被大地產吸收了。於是成就了地主與農業工人的峻嚴差別，為現今普魯士的重大問題之一，這種情形尤以波米崙尼省(3)，波仁省(4)，沙遜尼省(5)，東普魯士(6)，西普魯士(7)，麥克崙堡薛林邦(8)，麥克崙堡斯垂里慈邦(9)，及其他數邦為甚。東普魯士土地的百分之三十八是二百五十英畝以上的地產，波仁是百分之四十六，波米崙尼是百分之五十三。麥克崙堡薛林的土地有百分之六十是在二百五十英畝以上的地產內，只有百分之十四是在五十英畝以下的地產內。在悉勒西亞(10)，布蘭登堡(11)，波米崙尼，波仁，及其他東部地方，現今尚行限嗣相續的辦法(12)，這種辦法影響所及就發生與英國限嗣相續處分同一的結果。（見本書第七十六節。）在通行這個慣例的不多幾處地方，這個辦法是當地法律許可的，德國全國的意見都以為這種辦法應該以法律禁止。但是，除一九一三年帝國議院(13)議決請首相提出辦法「絕對禁止再行限嗣相續……及準備破除已限嗣續之地產」外，也沒有定出實行方法。（關於普魯士的限嗣相續制度，參看道生的近世德國之進化第十三章(a)。下列統計表係從一八九五年德國實業調查報告中摘出，可以表明當時德國三個表率部分的地產情形——波米崙尼(可代表東北部)，漢洛法(1)(可代表西北部)，巴登(可代表西南部)。這個表中的數字是百分數)：

公畝	波米崙尼	漢洛法	巴登
二以下	二·九七	六·六一	一三·二三
二—五	三·四四	一一·八三	二九·〇四
五—二〇	一五·六四	三二·〇一	四一·一八
二〇—一〇〇	二二·八二	四二·四一	一二·五六
一〇〇以上	五五·一三	七·一四	三·九九

就德國全國而言，農業地畝(包括葡萄種植)約有八千萬英畝，林地和不能畜養牛羊之地不計。差不多有四百萬英畝，約合總額百分之五，是分爲五英畝以下的地產，這些地產內有三分之一是葡萄種植地，又三分之一是專爲園藝之用。農地總額中約有三分之一是分爲五英畝至五十英畝的地產，這些地產大致有三分之一專種葡萄，三分之一專種穀類，又三分之一爲各色之用。農地總額中另三分之一爲五十英畝至二百五十英畝的地產，其中三分之一專種穀類，四分之一專種糖蘿蔔，十二分之一種葡萄，其餘爲種植球根農品及其他出產之用。農地總額中差不多有四分之一是大地產，即是超過二百五十英畝的地產，這些地產有二分之一

(a) Dawson: Evolution of Modern Germany, Chap. XIII. 1. Hanover.

以上專種糖蘿蔔，只有五分之一種殼類。 地主總數在二百萬以上；出租之地有十三萬段；食工資的農業工人總數約有三百萬之多，過半數受僱於東北部的大地產上。 從以上列舉的事實看來，可以證明一位近今著作家總括德國農地情形之言，德國農地的較大部分並非包括在北部和東部的大地產內；有利於大地產的慣例和特權不一定是有利於德國農業重要部分的；凡與小地主或中等地主的利益相反的習慣或法律卽是與德國農業全體的利益相反。（見陶爾的今日之德國一九三頁至一九四頁(a)。）

(91)糧價低落時期農鄉人口之衰減 十九世紀中德國農業進步顯然比法國爲遲而且成效也不及法國的好，就在現今德國農業情形也不算十分美滿。 一八一六年至一八八七年耕地總畝數由二千三百萬英畝增至四千四百萬英畝，同時穀類產額增了一倍。 一八四〇年至一八七〇年三十年間全是農業興旺的時代，因農業機器和科學的耕種方法流傳以致生產費減少而且物產價值增加。 然而約在一八七四年至一八七五年間開始了遐邇喧傳的糧價低落，如同時的英國一般；從此至今德國農業還沒有大復原。 農產物價低落的原因有好幾個。 最顯著的一個，也如英國的情形一樣，是因從俄國，羅馬尼亞(1)，印度，美國，烏拉圭(2)，阿根庭(3)等處輸入穀類，肉食，及其他物產的競爭以致農品價值低落。 德國雖有以消除這種競爭影響爲目的的關稅法律也是無濟於事，小麥和黑麥的價值在一八七六年至一八九八年間落了百分之十四，大麥價落了百分之十一。 助成糧價低落的其他原因是人工稀少和勞力供給之參差不齊，付給高額工資之必要，抵押土地之多，至今尚爲全國農地過半數的妨礙（一八八三年至一八九六年單就普魯士而論農民押款已增二

(a) C. Tower: Germany of To-day, 193-194. 1. Roumania. 2. Uruguay. 3. Argentina.

十五萬萬馬克之多。和從事農務企業的人所用的不合商業道理的方法。

然而最重要的並且與上述幾種直接或間接相關連的根本原因是德國工業的空前大擴張所造成的經濟狀況變更和社會狀況變更。(見本書第九十九節至第一百零一節) 從那時起直到現今,保持工業農業的均衡是德國國家政策上最棘手的問題。 工業變化後,一個不可免的結果是鄉間多數人民都被吸收到城市裏,如英國情形一樣。 德國城市人口增殖的時期是建立帝國以來的這幾十年,這就等於說城市人口繁殖是從新工業紀元之時起。 百年以前,德國境內所有的人民差不多全是專務農業的。 除了漢堡(1),卜內門(2),盧俾克(3)等幾個港灣和內地幾個通都大邑之外,那時的德國更沒有重要的市鎮。 在一八一六年時普魯士人民住在人口十萬以上的城市的不及總人口百分之二,四十年後也不過百分之四。 一八四九年日爾曼關稅同盟(4)各邦所有人口總算起來,據說有百分之七十是務農的,只百分之三十是非務農的。 一八七一年新帝國四千一百萬人民中只有百分之二十六居住在人口五千以上的城市內,只有百分之三十六居住在人口二千以上的地方。 然而一八六四年與奧國戰爭及一八七〇年與法國戰爭之後,德國工業的飛突進步引動城市的發達。 人口十萬以上的城市在一八七一年只有八個;一九〇五年有四十一個;一九一〇年有四十八個。 一八七一年至一九〇〇年,日爾曼帝國的農鄉人口(包括人口二千以下各鄉鎮的居民)實際上減少了五十萬;同時城市中增加了一千六百萬人,比一八七一年時帝國城市人口總數還要多些。 城市人口與農鄉人口間關係的變更可見於下列表中。(關於農鄉勞働問題的詳細議論,參看道生的近世德國之進化

1. Hamburg. 2. Bremen. 3. Lübeck. 4. The German Customs Union.

第十四章）。

鄉間人口（居民二千以下各地方算入）

年分	人數	對於總人口比例數
一八七一	二六，二一九，〇〇〇	六三·九
一八八〇	二六，五一四，〇〇〇	五八·六
一八九〇	二六，一八五，〇〇〇	五三·〇
一九〇〇	二五，七三四，〇〇〇	四五·七
一九一〇	二五，九四五，五八七	三九·九

城市人口（居民二千以上各地方算入）

年分	人數	對於總人口比例數	地方總數
一八七一	一四，七九一，〇〇〇	三六·一	二，三二八
一八八〇	一八，七二一，〇〇〇	四一·四	二，七〇七
一八九〇	二三，二四三，〇〇〇	四七·〇	二，八九一
一九〇〇	三〇，六三三，〇〇〇	五四·三	三，三六〇
一九一〇	三八，九八〇，四〇六	六〇·一	三，七四〇

（92）晚近情形　自一九〇〇年以來德國的產業主義着着前進，城市人口過於農鄉人口的偏重比前更甚。現今工業人口緊殖如此之速自然有擴張國內農產銷場的意味。　但這件事也有人工稀少和生產費增加

的意味。這些情形，連着物價漸落外國競爭及其他影響，造成大多數農業團體對政府種種要求而且有主持帝國經濟政策之勢。就官吏方面而言，德國認農業爲國家富強的主力——這自然是由於德國官吏多是地主之故。毛奇（1）曾說「日爾曼的農業摧殘之時，日爾曼帝國不須一彈之力就摧殘了」（譯者按毛奇係德國名將，普法之戰多出其謀畫，生於一八〇〇年，死於一八九一年）雖然德國中直接從事於農業的人不過占人口三分之一，而且這三分之一之中僅八分之一的人數稍有地產，而德國內治政策的全部都是根據毛奇的格言。所以說，既然是普魯士統治全德國，而大地主們統治普魯士，所以大地主統治德國。一八七九年政府採用增加收入與保護工業並重的帝國關稅稅則時，地主團體大爲不悅，其結果政府只得臨時推行保護原則於食料以循地主團體之意。這種辦法不啻增加生活必要品的價值，於是又被工業人民反對。德國近年政治上許多轇轕多是由此事牽連的各團體互相抵牾而生。農業派（2），亦稱貴族派（3），是德國的極端保守黨。他們的理想國是自足自贍的國家，尤其注重食物供給；雖然他們未得操縱國家政策使就他們自定的軌道，他們的勢力之大實超過他們人數比例之上。他們依據的理由是顛撲不破的事實，德國農業尚能維持其繁榮氣象端賴保護關稅及其他特別励助之力。

但德國農業狀況已經着實改良，也是不可輕忽的事。關於民食一事，德國不是自給的，而且自一八七五年起就不是自給的。然而耕種地畝之增加雖覺遲緩卻是繼續不斷的。浪費的三田制已被轉種法代替了，轉種法又以內充農業方法（4）廣爲補充。有利的農品已經發達來代替獲利較少的農品。蒸汽轉動的農業

1. Von Moltke, Helmuth Karl Bernhard, Count. 2. Agrarians. 3. Junkers. 4. Intensive cultivation.

機器及其他已經改良的農業機器之應用亦已推廣。錯1及其他人造肥料的使用之發達實屬可驚。（一八九〇年普魯士每英畝農地用錯一百磅，至一九〇八年增加十倍之量。同時巴法利亞所用由每英畝二十磅增至每英畝三百磅。）德國各處，小地產日見增多，同時普魯士及其他數邦政府亦極力鼓勵此事的進行。（見道生的近世德國之進化二五五頁至二六四頁（a））一九〇二年各項農產總值約合七十五萬萬馬克，現今這個數目更高了。北部和東部的大地主們為求達政治上的目的已有完備的組織。但一般農業人民，除却可被誘致去贊助社會黨(2)候補議員的小地主及農業勞工（人數亦很有限）以外，並沒有政治目的的組織。

然而在非政治方面，農民按協作方法組織的會社却是很多。一九一一年全國有二萬五千個協作社，由農業家和有關係的生產者組成，社員總數約四百萬。單算乳酪協作社就有三，一三九個，共有社員三八八，六九九人。各地會社的最多數都聯絡成總聯合會，最重要的三個是帝國聯合會(3)，中央聯合會(4)，及舒爾慈德里斯聯合會(5)。（關於德國協作組織，參看道生的近世德國之進化第十五章）農業信用機關之發達為歐洲各國之最。這類機關多是按雷飛生(6)於一八四八年籌畫的模範組織的信用銀行。這類機關實在是協作信用會社(7)。每個會社限定自己的活動範圍於單獨地區，而且專賴社員的品格，能力，及社員間互相親信以求會社之穩固。這種會社中不與資本股分，既沒有領受工資的僱員，也不與攤分紅利。社員們是連帶的對會社員一切責任；無論多窮的人，只要他的品行可靠，這種會社總可給他幫忙。一九一二年

(a) Dawson: Evolution of Modern Germany, 255–264. 1. Potash. 2. Socialist Party. 3. The Imperial Union. 4. The Central Union. 5. The Schultze-Delitzsch Union. 6. Friedrich Raiffeisen. 7. Coöperative credit societies.

德國全國中這種性質的農業協作銀行共有一萬七千所，會員總數在一百五十萬人以上。（見一九一三年三月英國農務部的德國農業信用及農業協作報告書(a)。）

「譯者按協作事業中，德國的蘇爾慈德里斯制度(1)和雷飛生制度(2)是最完備的。其組織法深合平民主義，且又輕而易舉。譯者認此種組織最適於中國社會，在農民方面尤屬相宜，不揣謭陋，將其大略介紹於此；但爲本書體裁所限，只好補充本章，未便暢所欲言，多占篇幅；詳細之作，期諸異日。

蘇爾慈(3)（生於一八〇八年，死於一八八三年）是普魯士邦(4)，沙遜尼(5)省德里斯人(6)。他家聲世仕宦，爲當地望族。蘇爾慈曾受大學教育，執律師之業，不久，被任爲司法官。他於一八四一年任德里斯的司法官，事務清簡，因得游歷歐洲各國，籀治政治經濟之學。他在英法游歷時，特別注重這兩國的農工社會情形，因爲協作事業，幣制改革，推廣信用等事都是那時德國當務之急。一八四六年至一八四八年間蘇爾慈因辦理賑務，乘時設立協作社，成效大著，從此年年擴充，日臻美備。蘇爾慈後來被選爲議員，因同姓人多，特在自己的姓上加德里斯之名爲蘇爾慈德里斯以示區別，所以照他的計畫組織的協作社卽稱爲蘇爾慈德里斯會社(7)，照他的計畫組織的銀行名爲蘇爾慈德里斯人民銀行(8)。這種組織最適宜於城市中手工人及小商人。蘇爾慈後半生專幹社會事業，他一面反對軍閥，一面又爲社會黨人所畏忌；但他的品格，他的學問，和他的辯才都足以取信於人，所以他雖逼於兩雄之間，到底能貫徹他自己的目的。

(a) Report of British Board of Agriculture on Agricultural Credit and Agricultural Coöperation in Germany, March, 1913. 1. Schultze-Delitzch System. 2. Raiffeisen System. 3. Herman Schulze. 4. Prussia. 5. Saxony. 6. Delitzch. 7. Schultze-Delitzch association. 8. Schultze-Delitzzch People's Bank.

1. Frederick William Henry Raiffeisen. 2. Rhine Province. 3. Hamm. 4. Heddesdorf. 5. William I. 6. Raiffeisen bank.

雷飛生(1)(生於一八一八年，死於一八八八年)是萊茵省(2)漢姆(3)地方的人。雷飛生幼年喪父，他雖生性好學但他的家却沒有錢供他讀書。他成年之後入兵工廠作工，勤苦太過以致雙目半盲，於是改爲地方小吏，意見又多與人不合，很不得志。一八六五年雷飛生退職，住家於赫德斯多福(4)。他中年之後，改業謀生，自然更是艱難，但他的博愛之心非常之盛，時時都在替小民打算如何自求經濟獨立之法。他因目疾不能讀書，然而對於一事之利害得失深思熟慮，反比能讀書的人更強。一八六六年他出書述協作的原則和辦法，其中多是他自己的心得。他與蘇爾慈意見不同，但他們二人能各行其是，並行不悖。蘇爾慈的計畫注重在城市中手工人小商人的利益，雷飛生的計畫專注重農民的利益。不過幾年工夫雷飛生信用銀行的成效大著。一八八二年德皇威廉第一(5)手書褒獎。一九〇二年德國爲雷飛生立銅像於赫德斯多福家門之前，除幕之日，德國皇太子，各國代表及遠近農民親臨觀禮的不下數千人。

協作社可供種種目的之用，如購買，售賣，製造，等事，只許用益變通，無不相宜。此處不能一一備述，只好舉一重要之例，述其重要之點。雷飛生銀行(6)便是最重要的，其組織之特點如下：

(一)按嚴格的協作原則組織，唯有社員纔有借款之權，非社員只有存款之權。

(二)放款範圍限於社中彼此熟識的農人。雷飛生之意以爲一個協作信用銀行營業的限度不必少於四百人，却不可多過於一千五百人，爲的是社員易於互相監督，不至濫借濫用。

(三)社員對於社中債務一律負無限責任；願入社者須經社員投票公決。 社員責任如此之重，自然對於社中事務格外留心。

(四)營業資本儲成於農民儲蓄於本銀行的款項，並與帝國銀行(1)及各省立銀行預先商妥以低利借入的款項。 各地方銀行又互相聯絡成一大組織，以便互通有無，並與各大公司銀行等交易。

(五)社中執行事務機關的組織是極簡單而且極平民的。 重要事件由社員全體投票公決，每人只能投一票。 每年公舉董事五六人辦理內外事務另舉監事六人至九人監察行務以防董事舞弊；社中職員以不支薪俸爲原則。 每年查賬兩次，由總機關或其他法定之人監臨清算。

(六)放款期限可由六個月，延至三年，但銀行得於通知後四星期收回放款。 社員借款有一定不得超過的限度(五百馬克)。 放款利息以低率爲原則，因爲這種銀行本不以營利爲目的。 借款時不必要有抵押品，只要借款人平素品性誠實可靠，大家相信得過，知道他確是因正當事務需用款項，就可借給他。

蘇爾慈德里斯制與雷飛生制大致相同，因爲兩種都是按社員間相互負責的(2)原理組織的；但關於資本一事這兩種組織就有差異了。 蘇爾慈注重城市中小工商人的利益，他們事業的成敗利鈍是較預料的，所以蘇爾慈德里斯社要社員各出資本若干，以爲保證。 雷飛生注重農民的利益，農人各有多少地產，農器，牲畜，是同社中人大家知道的，所以不須股本，也不分紅利。 社中贏益的一部分是歸入公積金項

1. Reicho Bank. 2. Mutual responsibility.

下的（1），這項公積金是同於平常商業銀行的準備金；一部分歸入基本金項下（2），這項基本金即同於平常股東的紅利。但基本金不攤分與社員，須留備將來塡補損失之用；基本金太多之時可移作社員全體有益的事務之用，如資助喪葬公費等事。

雷飛生銀行本來定爲不要股本，但一八八九年法律規定一切協作社俱須有股本。所以此後的雷飛生銀行雖實際上不須股本，而名義上却不能不有，但爲數甚少，而且每個社員只能有一股。

這種組織的長處是很多的，而最重要之點是不但使社員得免奸商的盤剝，而且着重社員的品德，無形之中受益更是不淺。

法國人杜蘭（3）組織的杜蘭集款會（4）也就是採取雷飛生制的原則，加以斟酌本地情形變通應用而已。參考書見三〇五及三〇六頁。」

1. Reserve fund proper. 2. Foundation fund. 3. Louis Durand. 4. Caisses Durands, or Durand Funds.

SELECTED REFERENCES

General

E. A. Pratt, The Organisation of Agriculture (London, 1004), 41–87.

H. de B. Gibbins, Economic and Industrial Progress of the Century (Toronto, 1903), Chaps. XXVI, XXX, XLVIII.

T. Veblen, Imperial Germany and the Industrial Revolution (New ork, 1915), Chaps. VI–VIII.

J. Meline, The Return to the Land (London, 1906).

J. Meline, La desertion des compagnes, in Rev. Écon. Internat., Oct., 1912.

B. Edwards, Home Life in France (London, 1905).

M. de Molinari, Mouvement agricole, in Jour. des Écon., Nov., 1911, Feb. and May, 1912.

G. d'Avenel, Histoire économique de la propriété en France, des salaires, des denrécs et de tous les prix en général (Paris, 1894).

K. Kautsky, La question agraire ; étude sur les tendances de l'agriculture moderne, trans. by E. Milhaud and C. Polack (Paris, 1900).

Agrarian Development in France

Cobden Club, Systems of Land Tenure in Various Countries (2d ed., London, 1870), Chap. VI.

H. C. Strutt, Notes on the Distribution of Estates in France and the United Kingdom, in Jour. Royal Statist. Soc., June, 1910.

L. de Lavergne, Économie rurale de la France depuis 1789 (Paris, 1877). Introduction.

H. Baudrillart, Les Populations agricoles de la France, 3 vols. (Paris. 1885–93).

J. du Plessis de Grenédan, Géographie agricole de la France et du Monde (Paris. 1903).

F. de St. Genis, La propriété rurale en France (Paris, 1902).

A. Souchon, La propriété paysanne (Paris, 1899).

A. Souchon, Agricultural Societies in France (Evreux, 1915).

A. Souchon, Co-operation of Production and Sale in French Agriculture (Evreux, 1915).

F. Convert, L'industrie agricole (Paris, 1901).

J. Dumas, The Present State of the Land System in France, in Econ. Jour., March, 1909.

A. de Fontgalland, Le développement économique de la France : l'agriculture, in Mus. Soc. Mém., March, 1912.

J. H. Richard, Les lois sur la petite propriété et l'agriculture, in Rev. Pol. et Parl., Jan. 10, 1914.

M. Lair, L'industrie avicole en France, in Rev. Econ., Internat., March, 1913.

M. Lair, Salaires et salairés dans l'agriculture française, in Rev. Écon. Internat., April, 1914.

Augé-Laribé, L'Évolution de la France agricole (Paris, 1912).

J. Hitier, La crise de la main-d'œuvre agricole en France, in Rev. Pol. et Parl., April 10, 1914.

Agrarian Development in Germany

W. H. Dawson, Evolution of Modern Germany (London, 1908), Chaps. XII–XIV.

W. H. Dawson, Industrial Germany (London, 1912), Chap. I.

C. Tower, Germany of To-day (London, 1913), Chap. VIII.

J. E. Barker, Modern Germany; Her Political and Economic Problems (5th ed., London, 1915), 485–529.

H. Lichtenberger, Germany and Its Evolution in Modern Times (New York, 1913), 28–47.

Cobden Club, Systems of Land Tenure in Various Countries (2d ed., London, 1870), Chap. V.

E. D. Howard, Cause and Extent of the Recent Industrial Progress of Germany (Boston, 1907), Chap. II.

W. J. Ashley, Progress of the German Working Classes During the Last Quarter of a Century (London, 1904).

G. Knapp, Die Bauernbefreiung in dem Älterem Teil Preussens (Leipzig, 1887).

G. Knapp, Die Landarbeiter in Knechtschaft und Freiheit (Leipzig, 1890).

A. Wagner, Agrar-und Industriestaat (Jena, 1901).

T. von der Goltz, Geschichte der deutschen Landwirthschaft, 2 vols. (Stuttgart, 1902–3).

Von Rümker, Die deutsche Landwirtschaft (Berlin, 1914).

Agrarian Influence in German Politics

W. H. Dawson, Protection in Germany (London, 1904)

W. H. Dawson, Evolution of Modern Germany (London, 1908). Chap. XII.

G. Perris, Germany and the German Emperor (New York, 1912), 476–496.

P. Ashley, Modern Tariff History; Germany, United States, France (2 ed., London, 1910), Chaps. VI–IX.

J. Croner, Le mouvement agrarien en allemagne, in Rev. Écon. Internat., Jan. 1911.

R. Morier, Agrarian Legislation of Prussia During the Present Century (Cobden Club Publications, London, 1870).

Rural Credit

M. T. Herrick and R. Ingalls, Rural Credits, Land and Co-operative (New York, 1914), 34–135.

J. B. Morman, The Principles of Rural Credits as Applied in Europe and as Suggested for America (New York, 1915), Part I *passim*.

R. Metcalf and C. G. Black, Rural Credit Co-operation and Agricultural Organization in Europe (Olympia, 1915).

H. W. Wolff, People's Banks; a Record of Social and Economic Success (3d ed., London, 1910).

W. H. Dawson, Agricultural Co-operative Credit Associations, in Econ. Jour., Sept., 1902.

L. Dop, Le crédit agricole (Paris, 1901).

G. Maurin et C. Brouilhet, Manuel pratique de crédit agricole (Paris, 1900).

H. Sagnier, Le crédit agricole en France, ses origines, son essor, son avenir (Paris, 1911).

A. Souchon, Agricultural Credit in France (Evreux, 1915).

第十章　法德工業之發達

(93)法國行會制度之推翻　在十九世紀開幕之時法德同是以農爲重之國。製造和商業在這兩國境內尋不着像在英國那樣的機會。在十九世紀末年法國仍是以農爲重，但工商利益已足與農業利益抗衡；同時德國中耕種田地和附屬職業，在從事的人數上，在出品的價値上，及在將來發展的希望上，都被製造和商業超過了。由這一點看來，所以敍述這兩國工業的情形須從大處着眼，有兩種普通事實須加注意：

第一，這兩國內「工業革命」(1)的發生和進行顯出許多與英國工業革命相同之點，所以不必另外細說；

第二，西歐和中歐各國在不同的期間都有所謂工業革命，形勢和結果亦有多少相異，但法德兩國可爲表率，所以其餘各國不另敍述。

此際法國工業上的變遷可總括爲三項：

(一)行會之消滅；

(二)機器及蒸汽動力之傳播，引起工場制度之發生；

(三)道路之改良，鐵路運河之修濬，及運輸迅速低廉之效果。(交通利便之發達，詳見下章。)

按時期而論，第一是行會(2)制度的推翻。這得重說一七七四年至一七七六年杜爾閣(3)爲首相時重要的寬大政令之一是廢除行會特權並准許個人各就所宜自由執業的諭令。這個法律並未完全實行，杜爾閣罷職之後，行會復活完全如舊。這是眞實的，十八世紀中法國有些地方的行會制度已經多少破壞，甚至在

1. "Industrial revolution." 2. Gild system. 3. Turgot.

京城之內行會的獨占權和規約也常被侵犯。然而一般的重要工作都是按行會原則組織，受行會原則約束，工業的通常狀況仍是限制的而非自由的。在城市中（如馬賽(1)，魯安(2)，欒司(3)，里爾(4)）等工業中心地　行會力能操縱一般人的感情，所以頗有擁護行會制度之人；而鄉間和近郊的家族工業人民卻發起了堅決的要求以爲行會制度應當毅然廢除。一七八九年的「意見書」(5)可印證這種意見的區分。貴族們和平的要求廢除行會制度；第三階級(6)的過半數強硬的要求廢除行會制度；第三階級的其餘部分雖不反對改革，卻堅執行會制度應當延緩之說；僧侶們對於此事不贊一辭。自然，這個問題在國民議會(7)中是最感困難之一。長久討論之後於一七九一年二月十六日制成一個法律(三月十七日全文審定)規定從四月一日起個人得自由經營任何技術或職業，但須在該管官廳領取執照並須遵守警察條例，警察條例中有一條是禁止一切工人集會結社。行會並未經明文廢除，但他們的獨占權和特權被截止了，行會既失其存在的理由，不久便自行消滅了。這必需的執照是按領執照人的營業處所的租金合算，需錢不多，很易取得。這個辦法並未激起抗議——這樁事又可證明在一七九一年之際行會已是奄奄一息了。

經拿破崙時代中，一七九一年法律所許的工業自由權在好幾點上被侵犯了，因圖規正貨物價值和品質之故，更重要的因維持工業安寧之故，有獨占權的行會又部分的復行設立了。這件事始於一八〇一年，其時因防範巴黎再出鬧糧之事(8)，麪包房和屠戶被准許略仿行會格式組織「會社」(9)。爲時不久，這個辦法推行於京城以外，據說組織「麪包房會社」的城鎮有一百六十五處之多。因圖易於管理出版物，印刷業也被使

1. Marseilles. 2. Rouen. 3. Rheims. 4. Lille. 5. "Cahiers." 6. The Third Estate. 7. National Assembly. 8. Food riots. 9. "Corporations."

受行會限制。居間業也是如此。然而，行會制度的全部絕未在法國又立基礎，而且拿破崙的計畫也絕未打算這樣辦。拿破崙為帝時收到很多請願書求他恢復舊日的柯爾貝制度（1）全如原式，拿破崙對於此事的辦法可算是適可而止。那些請願的人常拿「秩序」「管理」等話抵當拿破崙公開賽場以待天才的理想，到底是拿破崙的理想占了上風。一八一五年之後，職業的最多數復行公開，但拿破崙式的會社尚有延至十九世紀中葉的。例如屠戶行會終於一八五八年，麪包行會終於一八六三年，印刷業終於一八七〇年。

（94）法國之工業革命　因行會制度的破除，按照英國先例改造工業的途徑已是準備妥了。在歐洲大陸各國中，法國最先實現近世工業的大變化——輸入機器，驅除手工制度，創立工場。然而就在法國，這種變化也出現得很晚。不管十八世紀中法國商務增加比英國的更快，不管十八世紀之末法國商業總量超過英國，法國不但在十八世紀時未能成就出人頭地的工業改造，甚至在十九世紀中葉以前還未經過這種變化的發端。關於可利用的資本，熟練的工人，燃料之供給，工業之自由，政治狀況之安穩等事，英國最占便宜。這是真實的，法國第一個棉花製造場是設於一七八五年，拿破崙為大統領及為帝時曾有堅決的計畫去推廣紡紗機和織布機的利用；但在一八二五年以前織造業仍是在不易破除的家族工業制度之下辦理。一八三四年全法國只有五千部織布機器。但此後進步很速，一八四六年時已有三萬一千部織布機。金屬工業中情形也大致相同，在拿破崙時代曾有些近世紀的計畫，但直至一八一九年法國纔初次自造汽壓鐵板，一八三〇年之後，焦煤鎔鍊，造鑄熟鐵，及鐵工業的其他改良方法纔得逐漸推廣。一八三〇年法國有二十九個用焦煤的和

1. Colbertian system.

三百七十八個用木炭的鍊鐵爐。直至一八六四年焦煤爐的數目（二百二十個）纔超過木炭爐的數目（二百一十個）。一八一〇年，法國只有十五六部蒸汽引擎，全爲抽水之用。一八三〇年有六二五部；一八三九年有二，四五〇部；一八五〇年有五，三二二部；一八六〇年有一四，五一三部。蒸汽力的大量應用先行於鑛業和金屬工作，漸漸的纔推行於紡織業中。

法國採用機器時也如英國一樣曾受舊派抵制，但更沒有效力。一八二五年至一八三〇年間工業改革推行更廣，若法國的工業革命要定一個正確時期，這幾年便可算是很確切之點。新時代開創的一個重要主因是一八二五年撤銷輸入英國機器的禁令，其結果，這個時期之後，法國製造家易於從英國得機器之用並可自己仿造機器。自然，有些地方在這個封港令開禁之前早已暗運機器入口，總之法國又因遵信保護政策之故把輸入機器的關稅增至百分之百，偸運機器入口之事反爲加甚。一八二五年至一八三〇年間出現了鐵的大規模生產，同時煤的產額亦大增加。法國並不富於鑛產，製造業中重量較大之類的發達因此常是比較遲緩。產煤之處不多，大半位於此部，在地層結構上比英國的更零碎開採更費錢。鐵卻比英國更富，尤以洛崙(1)省富足的布利愛(2)鑛層發現之後爲甚。但法國的煤和鐵不是像英國的那樣互相依近的，兩間運送的低廉方法至今未能發現。不管這些短處，一八二五年以後鐵的富源發達甚速，到一八四〇年法國竟迫得由英國和斯坎地拿維亞(3)輸入煤炭以補製鐵業中本國煤炭供給之不足。一八二五年左右，大革命和拿破崙戰爭時所受喪亂已經完全恢復，國內一般的興旺不但鼓勵金屬工業，並且紡織業和細工物品之製造也

1. Lorraine. 2. Basin of Briey. 3. Scandinavia.

鼓勵了。法國的工業常傾向奢侈品的製造而非一般消費的低廉物品，現今仍是如此。因此之故，法國工業的部分中，機器絕未完全代替手工，工場制度絕未完全代替手工制度，與英國情形頗不相同。然而工業革命的一般效力——手工業的衰落，工資的減少，成製品的低廉，資本勞働的差別，及勞働階級組織的猛進（縱然與法律反對）——全都隨着英國的樣式。

(95)法國工業之近狀　自一八七〇年及一八七一年建立第三次共和國(1)之時以來，法國工業的進步已是很大。一八七〇年工業出品的總值，包括阿爾薩斯(2)洛崙的製造業而言，是五十萬萬法郎；一八九七年，除阿爾薩斯洛崙已割與德國，其出產不計外，法國工業品總值增了三倍之多。（阿爾薩斯洛崙之割讓是法國工業的致命傷。這兩省紡織業最盛，所有紡錘占法國全國紡錘總額的四分之一，漁業數雖不詳，亦頗大。）

紡織業中，除製樣品或小量的定製品外，動力織機完全代替了手織機，而且用的動力常是汽氣。在一八九〇年至一九〇二年之間紡織業機器的馬力從一七二，九九九匹增至四三四，五二九匹。就全體而論，機器的使用並沒有損害組織物的品質。的確的，機器織造品較細的一等是非常精緻，可勝過手工品，而且機器亦能織造有美術性質的物品，不僅能造簡單的組織物。煤和鐵的產量也是蒸蒸日上。一八七〇年採煤一千三百萬噸；一九一一年是三千八百萬噸。（同年德國出煤二萬三千四百萬噸；英國出煤二萬六千八百萬噸；美國出煤四萬五千五百萬噸。）現今法國消費的煤炭總量約有四分之三是本國出產的。在十五年中，即由一八九一年至一九〇六年，鐵的出產在數量上增加了百分之七十一，在價值上增加了百分之七十三。一

1. The Third Republic. 2. Alsace-Lorraine.

九〇一年至一九〇五年每年平均產掘是六，〇七二，〇〇〇公噸(1)。在這十五年中，所用蒸汽引擎之數從二萬六千部有三一六，〇〇〇正馬力增爲七萬九千部有二，二三二，〇〇〇正馬力——約增儲伏力甚百分之三百零三分。一八七〇年特許發明家的專賣權共計二，七八二件；一九〇五年是一二，九五三件。

除勒瓦爾(2)，布斯杜龍(3)，盧翁(4)數郡之外，法國主要工業地區都在北部和東北部。一九〇一年有九郡地方男女居民百分之五十以上是從事於與農業有別的製造業。在爲毛織工業中心的北郡(5)，從事工業的人口的比例數達到百分之六四．一五。與英國及德國比較看來，法國有工業利益的特殊分配之特點。在英德兩國中「聯合」(6)和「大規模生產」(7)是常例。法國恰與相反，專恃工資爲生的被僱者之數只比僱主及爲自己的計算而工作之人數大百分之五。按照居約(8)（譯者按係法國現代經濟學家）所引的統計，依「有工業關係」一詞的最廣義說，與法國工業有關係的一九，六五二，〇〇〇人可分爲兩級，其一包括僱主及自營工作之人總計有八，九九六，〇〇〇口，其二，集成於受工資的被僱者，總計有一〇，六五五，〇〇〇口。法國還有與其他各國所現的趨勢相反之處，即是這種工業上的個人主義正在增漲。這種主義的長處是足以保持大多數男工女工於他們自己的家裏或自己的工店裏，足以獎勵個人自立和儉約，足以使一國工業的贏益分配較廣。其短處是法國小規模工業若與德，英美的偉大工業競爭，縱不是不可能，有時却頗感困難。（關於法國關稅政策與工業的關係，見本書第一百二十五節至第一百二十八節。）

1. Metric tons. 2. Loire. 3. Bouches-du-Rhône. 4. Rhone. 5. Nord. 6. Combination. 7. Large-scale production. 8. Yves Guyot.

(96)德國行會之消滅　說到德國，可注意的重要事實是行會歷史末期的狀況與上述法國行會狀況大致相彷。從十五世紀以還，行會僵化的趨勢已惹起不平之鳴，但有名無實的皇帝權威和地方官吏的力量都不能療治行會的弊病。然而一八一〇年左右，普魯士之被法國征服讓出除舊布新之局，造成破壞行會所有根據的機會。一八〇八年的訓令，一八一〇年的諭旨，和一八一一年的法律把法國二十年前創制的執照制度(1)輸入普魯士。行會並未被廢除，但他們的獨占權和特權都被掃除了，連着行會存在的理由也沒有了。多數行會完全解散，有幾個繼續存在的也變爲「自由結社」了(2)。在日爾曼的非普魯士部分，也如意大利，比利時等曾被法國統治之邦一般，這種法國式制度各處施行起來。拿破崙時代終了，工業新秩序也受部分的摧殘，但當時規模並未全滅，而且有些地方，如維斯法里亞(3)，這種新秩序完全保存了。普魯士經維也納會議(4)批准與他邦合併之後，發見境內有許多不能調協的工業制度。經長久籌畫之後，普政府於一八四五年制定一種審慎的法律以圖保持行會制度的長處而又可以推行產業自由的寬大政策於全國。一八四六年至一八四七年的商業恐慌，接着又是一八四八年的革命，把這個法律的效力化爲烏有，一八四八年又有手藝工人會議要求實行恢復行會制度以禦漸盛的工場制度。同年制定的法律應允了這個要求，於是一八四五年法律所許的工業自由權立刻中絕了。若非因新法施行不力之故，德國工業的進步必至大受守舊派勝利的妨礙。在一八六〇年以前，日爾曼各邦差不多全未再制寬大的法律。然而一八六〇年以後，行會制度的遺風消滅得很快；而且一八六九年北日爾曼聯邦(5)的一個重要法案承認聯盟各邦內實際存在的工

1. The license system. 2. "Free associations." 3. Westphalia. 4. The Congress of Vienna. 5. The North German Confederation.

(a) Lichtenberger: Germany and its Evolution in Modern Times, 18-27. (b) W. Sombart: Die Deutsche Vorkswirtschaft im XIX Jahrhundret, 438. (c) Howard: Cause and Extent of the Recent Industrial Progress of Germany, 25. 1. Poverty. 2. Entrepreneurs. 3. A credit system. 4. The banking power.

業自由為合法。（見李登保格爾的日爾曼及其近世之進化一八頁至二七頁(a)。）

(97)十九世紀初葉德國工業之粗陋　大致說來，德國工業的近世式改造之實現是比法國的遲二十年，這就是說，德國工業改造是萌芽於一八四五年至一八五〇年間。第一應遞德國一般人民向來的保守主義和他們因愛保守而拘泥於農業。經十九世紀初葉，確如十八世紀一樣，農業被公認為經濟活動的正當區域，製造業是完全附屬於農業的。當時所有的製造都是在手工制度之下辦理，常與農業相關連。而且農業和製造業都是因供給生產者的需要而經營，並不為供給市場而經營。第二個束縛是德國的貧乏(1)，一半起於拿破崙時代的戰爭，一半由於缺乏充裕的資本適量的貨幣，及銀行便利。一位著名的著作家曾說德國人民的經濟狀況在一八三〇年時——和平恢復之後十五年——比一八〇二年更無進步。（見桑巴特的十九世紀德國之政治經濟學四三八頁(b)。）姑勿論這個意見是否可信，這是毫無疑問的飢寒愁苦在城市和農鄉人民中是常有的事。因為輸出額常敵不過輸入額，超過之數須以現款支付，德國的金錢全被外國吸取了，甚至最不可少的商業行為也很難辦理。國內富源只有土地一項，號稱富裕的人民也幾乎沒有資本以供工業企業之用。兼之又缺乏一般的銀行便利。「近世生產制度不但需要資本的絕大匯合，並且還要有一種媒介足以納資本於企業家(2)的支配之下；換句話說，即是一種信用制度」(3)。（見何華德的德國近今產業近步之原因及限度二五頁(c)。）說德國當時正缺乏這個要素是可以事實證明的，遲如一八四〇年德國的銀行力量(4)（包括資本發鈔權，及存款）只合同時美國銀行力量七分之一，比英國的只合十一分之一。（見麥哈爾的統計辭典（一八九二年倫敦出版）七五頁(a)。

另一個阻礙是缺乏銷售德國成製品的市場。由一方面看來，因人民貧乏，生活簡單，和儉約成習之故製造品的本國需要額在近今數十年前並不算大；同時國內運輸困難也足以阻遏過於消費所需的物品生產量。發之，德國那時缺乏殖民地，德國的航業也不足與人競爭，自然不能與英法在外國市場上較量長短因此德國所占的經濟地位，不但不如英國，甚至不及法國。英國工業所以進步獨早，也是由於英國商業遍於世界之故，尤以英語民族(1)居留的海外地方需要英國成製品爲甚。德國工業沒有這樣的奮興劑。最後可以說一說因德國政治情形而生的阻礙。一八一五年之後德國是三十六邦泛泛集合的。關於工業商業的事體，每邦各有自己的法律，至一八三三年時所謂關稅同盟(2)，纔稍有確定的性質；但關稅同盟的規律完全屬於商業，不屬於工業。十九世紀中葉之前，各邦政府習於認自己境內的工業爲歲入的源泉，監視之嚴密至於一碼布或一雙靴都得按公家規律製造。（關於德國工業進步與各邦君主利益的關係，參看費伯倫的日爾曼帝國與工業革命七五頁至八四頁(b)。

(98)一八七一年以前之工業發達 德國工業發達的新紀元始於一八七一年建立帝國之後。在一八七一年之前，上節所敍的妨礙有幾種已經完全征服了。在建立帝國之前，工業發達的程度已經頗有可觀。前已表過，德國工業經過「工業革命」應有的改革乃是在建立帝國之前二三十年中。在很大的限度上，一八七一年以後出現的發達不過是幾十年前早已立定的產業制度之原則及方法的擴大而已。一八七一年以前

(a) M. G. Mulhall: Dictionary of Statistics (London, 1892), 75. (b) T. Veblen: Imperial Germany and the Industrial Revolution, 75–84. 1. English-speaking people. 2. The Zollverein, or Customs Union.

工業進步的主因是經長久和平期中國內日漸富庶，從英國輸入機器，兼之悉勒西亞(1)，沙遜尼(2)，及其他工業地區誘致許多英國工場工頭和運轉手，德國工人叨了他們的教就知道怎樣纔足與英法競爭。更重要的是因廢除內地關稅，及修築鐵道以推廣市場，於是資本家式的生產事業也逐漸興起來了。

關於德國工業之發達，最可注意的最重要事實是新工業制度不是德國人自己創制的，乃是全由英國借來的，因此之故，所以這種新制度爲害於德國人的思想和德國人的性質不及英國那樣深切。近今一位著作家說，「德國把英國近世工藝學發達經驗的效果和英國新工業時代以前的生活藝術情形聯絡貫通；所以德國人能把英國人的工藝遺產據爲己用，而又不費英國人造就這類工業時所費的思想和練習。近世工藝學現現成成的來到德國，並不須開創工藝學時及決其發達途徑時繼續運用逐漸進步所必經的文化之陶冶。」(見費伯倫的日爾曼帝國與工業革命八二頁至八三頁)。這個說法稍加斟酌也可適用於法國，意大利，及歐西其他各國，因爲他們沒有一個是像英國那樣獨出心裁造成他的新工業制度。但是，如剛纔引證的這位著作家往下說去的話，關係德國採用英國工藝學之迅疾，完備，廣大，和採用英國新法時德國文化之陳腐，從這兩樁事看來，德國在西歐各國中眞是超羣絕倫。在這兩樁事上與德國的經驗最相近的是日本。

一八七一年以前德國的工業進步大部分必須按紡織品和鐵的出產來度量，工業發達的最可注意之處是棉花製造業的增漲。遲如一八四六年，普魯士全境只有一百三十六個棉花製造廠，其中機器是粗劣的，很少用蒸汽轉動，通常用馬匹或水力而且用手的也不少(第一個水力紡棉機是在一七九八年設於沙遜尼)。英

1. Silesia 2. Saxony.

國到處通行的改良機器和方法在普魯士是很罕見或竟無人知道。 一八三六年至一八四〇年全德國消費生棉每年只合一千八百五十萬磅。 但一八五〇年以後擴張極速。 一八五一年至一八五五年每年消費額爲五六，一一〇，六〇〇磅；一八六一年至一八六五年爲九七，五六一，一〇〇磅；在一八七〇年與法國開戰之前不久生棉消費額又增一百多萬磅。 一八五二年至一八六七年間紡錘的數目加了百分之一百二十二。 一八三六年德國所用外國紡的棉紗比用本國的多二倍以上；但一八五二年本國出品已達全國所需總額之半，一八七一年達百分之八十。 到一八七〇年時英國已覺德國的棉花製造業是他的勁敵。 羊毛業，麻布業，蠶絲業等的統計一樣的也可引證，但其重要次於棉花製造。 羊毛工業多半發達於沙遜尼，麻布工業在素來著名的蔴地，悉勒西亞，蠶絲工業在科爾費德(1)及普魯士萊茵河流域各城。 一八四〇年至一八七〇年間每年蠶絲消費額從六十萬磅增至一百九十萬磅；絲製品的銷場大部分是英國和英屬殖民地。 這個時代中紡織業的繁榮是因普魯士染工的工作優良而大增盛，染工的巧妙乃是由於德國化學家對於染料辛勤研究的結果。

按近世情形而論，一國工業狀況的合理可信的表徵便是那國的生鐵消費額。 照這個標準算來，德國在一八五〇年以前是極其遲鈍，但在一八五〇年以後幾十年間却是異常猛進。 一八五〇年生鐵消費額按每人計算爲一〇·六瓩(2)，比起來美國的是三〇瓩，英國的是八五瓩。 然而一八六〇年時德國的增爲一八·六瓩，美國的爲三一瓩，英國一二一瓩；一八七〇年德國的爲三八·三(差不多四倍於二十年前之數)美國的

1. Colfeld. 2. Kilograms.

為五一瓩，英國的為一七二·七瓩。（見馬丁的鐵工業論五四頁(a)。何華德引證於他著的德國之工業進步二七頁(b)。）鐵的出產，大部分在普魯士，也有很大的進步。一八四〇年焦煤鎔煉不過剛纔開始，而且一八四六年時悉勒西亞境內三百多個煉鐵廠只有九個用焦煤。一八五〇年以後各種改良方法流傳極速，一八六一年至一八七三年間出產的價值增了五倍。

(99)一八七一年以來工業發展之情形　自從一八七〇年至一八七一年普法開戰以來，德國工業及工業組織之發達是近世主要經濟現象之一。促進這種發達的局勢有好幾樣。最先可以說日爾曼民族的帝國眞正統一之成功，在德國歷史上初次使博洽整飭的國家工業政策能夠實施。關稅同盟(1)只可算是一個有用的權宜方法，直至一八六七年北日爾曼聯邦(2)建立之後（實際上延為一八七一年的帝國）纔有能給工業以必需的規定及保護之中央政權。另有兩種更順利的局勢，都是更直接因戰爭而生的。一是從法國取得五十萬萬法郎的賠款，在戰勝者方面這就等於發達工業的資本陡然大量增加。另一個也是從法國取得的，阿爾薩斯(3)，洛崙兩省(4)。前已表過，這兩處地方是繁盛工業的根據地，紡織工業尤為著名；法國因失却這兩省以致工業受一大打擊至今未能完全復原，所以德國取得這兩省就給德國工業富源和出產一個絕大增益。德國合併這兩省的另一重要效果是這兩省的手藝人技藝精良，德國本地工人勢必競賽，因此德國工人受益亦頗不少。另有互相關連的幾種局勢，或間接受戰爭影響，或並未受戰爭影響，也是工業發達的一大動力。其中之一是本國市場之發達這樁事是異常迅速。另一個是人口增率非常之高，一八七一年人

(a) Martin: Die Eisen Industrie, 54. (b) Howard: Industrial Progress of Germany, 27. 1. The Zollverein. 2. The North German Union. 3. Alsace. 4. Lorraine.

口總數是四一，〇五八，七九二，到一九一〇年增爲六四，九二五，九九三八。第三個是水陸運輸便利之發達，其結果從前昂貴的運費所加於生產事業的障礙逐漸減除。(見本書第一百零九節) 第四個是自一八七九年以來保護關稅給工業以有條理的贊助。(見本書第一百三十四節至第一百三十八節。) 第五個是一八八〇年至一八八九年間德國進爲世界一等強國，在海外取得殖民地，而且造成了外國市場。(譯者按德國於殖民事業爲最後起，而進步之速亦最可驚。 自一八八四年至一八九〇年六年之間德國取得非洲四處地方：(一)拓哥蘭(1)，(二)嘉麥倫(2)，(三)德屬西南非洲(3)，(四)德屬東非洲(4)。 關於德國發展外國市場的方法，參看本書第一百三十八節的後段。)

此際德國工業發達尚有許多重要現象也須稍加說明。 一是工業活動及出產的總額之增加。 二是最多數商工業之擴大，例如羊毛，棉花，蠶絲，機器等製造業，和差不多一般重要的新工業的建設，化學工業及電氣工業尤爲特出。 三是應用資本於大規模的工業，及由加疊(5)和公司團(6)的作用而成的工業集中。 四是工商業逐漸推廣，代替了農業的地位。 五是工場制度的勝利超過一切商工業制度，牽連人口迅速集中於城市。 以上所舉的幾件事有已在別處說明的，有以後還要細說的：(農業與工業關係之漸變，見本書第九十一節至九十二節。 關於人口遷徙，見本書第一百五十節及第一百五十一節。) 此處可略述近今德國工業發達的兩種現象，即是主要工業之發達及工業組織之集中趨勢。 德國既於一八七〇年戰勝法國之後，工業企業陡然興盛，漫無限制，釀成一八七四年的經濟大恐慌，從一八七四年至一八九〇年全國的精力大半消磨於恢

1. Togoland. 2. Kamerun. 3. German Southwest Africa. 4. German East Africa. 5. Cartel. 6. Syndicate.

復經濟均衡及建立更穩固的基礎以適應經濟的變局。然而，一八九〇年以後，工業又復大量發展起來，資本主義和工商業集中到底勝利了，於是德國人所謂的「農業國」(1)一變而爲現代的「工業國」(2)。

(100)礦產富源鐵工業　近世德國工業實力的根本是金屬工業，鋼鐵製造尤爲特出。德國的煤礦和鐵礦，雖不十分像英國的那樣互相接近，却是都很豐富，而且就全體而言也很容易聚攏。德國的煤層比歐洲任何國的更廣闊。主要煤區是萊茵蘭(3)，維斯法里亞(4)，上悉勒西亞(5)及沙爾區(6)；稍次的是下悉勒西亞(7)及沙遜尼(8)。估算起來單是鹿耳(9)礦層就可出產三百萬萬噸，按現今消費率計算可供德國幾百年之用。上悉勒西亞的煤區據說更是豐富。一九一〇年共有三百一十八個煤廠實行工作，總產量是一五二，八二八，〇〇〇公噸，價值十五萬二千萬馬克，輸出量是三〇，九四三，〇〇〇噸，輸入量是一二，一二二，〇〇〇噸，平均每人消費額是二噸。(有二十七個煤廠出煤二〇，八三四，〇〇〇噸，是國有國營的。)近如一九〇〇年時總產額不過是一〇九，二九〇，〇〇〇噸。現今德國煤的產量僅次於英美。(一九一一年德國產二萬三千四百萬噸；英國產二萬六千八百萬噸；美國產四萬五千五百萬噸。)德國又產紅煤10，一名木煤，亦頗發達，一九一〇年已開紅煤礦共五百三十處，出產價值約一萬八千萬馬克。德國主要產鐵之處是萊茵河附近的色格蘭區(11)(開採最早)，洛崙區(12)，萊茵維斯法里亞(13)區以多特滿(14)爲中心，及位於德國東境的悉勒西亞區。德國工業輻湊之處是由萊茵蘭的杜色多爾(15)延至維斯法里亞的漢姆(16)一帶地方——這一帶地方是以煤鐵爲主要資本階級與勞動階級儼然畫分兩重世界。

1. Agrar-Staat. 2. Industrie-Staat. 3. Rhineland. 4. Westphalia. 5. Upper Silesia. 6. The Saar district. 7. Lower Silesia. 8. Saxony. 9. The Ruhr basin. 10. The "brown coal" or lignite. 11. The Siegerland district. 12. The Lorraine district. 13. The Rhine-Westphalia district. 14. Dortmund. 15. Düsseldorf. 16. Hamm.

（見道生的工業之德國三二頁(a)）　在一八五〇年以前，德國鐵礦業受運輸費太鉅的妨礙，受無法去淨礦砂中之燐質的妨礙，又受英國出產競爭的妨礙。　遲如一八八〇年至一八八九年間德國每年產鐵不過三百萬至四百五十萬噸，同時英國所產爲德國之二倍。　然而在一八六八年時，已經發現一種方法可提去礦砂中的燐質（這種燐質造成肥料，已成重要的附產物），迨到運輸利便增多和資本家式的工業成立，鐵的出產立即陡增。　出產額及輸入額分期列表如下：（見何華德的德國工業之進步五二頁(b)）。

年分	本國產額按噸計	輸入額按噸計
一八七二	一，九二七，〇〇〇	六六三，〇〇〇
一八七八	二，一一九，〇〇〇	四八五，〇〇〇
一八八五	三，六四七，〇〇〇	二二三，〇〇〇
一八九〇	四，六二六，〇〇〇	四〇四，〇〇〇
一八九五	五，四三三，〇〇〇	二〇〇，〇〇〇
一九〇〇	八，四六九，〇〇〇	七四一，〇〇〇

世界上三個主要產鐵國是德國，英國和美國。　起初是英國居首，到一九〇〇年美國占了第一。　到一九〇三年英國又被德國勝過了。　一九一〇年英國的總產量是一〇，二五〇，〇〇〇噸，德國的是一五，五〇〇，〇〇〇噸，美國的是二三，七五〇，〇〇〇噸。　現今德國仍如前十年一樣，工業人口的五分之一是從

(a) Dawson: Industrial Germany, 32. (b) Howard: Industrial Progress of Germany, 52.

1. Mansfield. 2. Harz Mountains. 3. Sudeten. 4. Saale. 5. Ore Mountains. 6. Brunswick. 7. Mecklenburg. 8. Magdeburg. 9. Essen. 10. Mülheim. 11. Oberhausen. 12. Breslau. 13. Halle. 14. Leipzig. 15. Dresden. 16. Chemnitz. 17. Zwichau. 18. Augsburg. 19. Stuttgart. 20. Männheim. 21. Carlsruhe. 22. Strassburg. 23. Solingen. 24. Hamburg. 25. Bremen. 26. Bremerhaven. 27. Danzig. 28. Stettin. 29. Elbing.

事於採礦和冶金。除却煤，紅煤，及鐵之外，數量稍大的礦產是普魯士邦滿斯費爾(1)縣和哈赤山(2)的銅，悉勒西亞的鋅，哈赤山和蘇德屯(3)的鉛，沙遜尼，萊茵河各縣，和沙勒(4)的鎳，阿耳山(5)的錫，澳洛法，布蘭瑞克(6)，麥克倫堡(7)，和馬格德堡(8)的鉀(德國既然有這項出產的獨占權)及許多地方的岩鹽。

(101)其他主要工業　在工業機器鑄造上，英國極力保持他的優越在農業機器鑄造上，美國也立於領袖地位。然而過去二十年間，德國的機器鑄造業和金屬工業發達極速。機器鑄造業遍於各處。萊茵蘭維斯法里亞各縣，如杜色多爾，愛申(9)，彌爾恒(10)，阿袞好申(11)等處是機器鑄造業的表率區域；但在柏林，澳洛法，布雷斯洛(12)，馬格德堡，哈勒(13)，來比錫(14)，德雷斯登(15)，鏗尼赤(16)，翠窩(17)，阿格斯堡(18)，斯士特嘎特(19)，滿恆(20)，嘉爾斯鹿(21)，斯特拉斯堡(22)等處亦頗昌盛。又有許多地方以鑄造特種機器著名。萊茵蘭的梭林根(23)是刀剪業機器的中心，鏗尼赤以花邊機器和纖織機器著聞；來比錫的印刷機器，馬格德堡的製蘿蔔糖機器，柏林的臥輪水車和電機，德雷斯登的椰核飲製造機，馬格德堡，滿恆，來比錫的農器，都是各有專長的。造船業僱用工人五萬名之多，位於漢堡(24)，卜內門(25)(與卜內麥哈芬(26))，丹澤(27)，斯特庭(28)，愛爾濱(29)等港口。

尤可注意的是德國電氣工業和化學工業的發達，這多是德國工業教育優越之故。這等工業的發生都是近今的事。遲如一八八二年僱傭於電氣工業的人數非常之少，官廳統計並未把這項工人分別記錄。到一八九五年時電氣工業僱傭人數有一萬五千，一九〇二年約有五萬，到一九一〇年時就將近十萬了。從一八九〇年到一九〇〇年電機鑄造廠的數目由一五九增至五八〇，出品價值由七千八百萬馬克增至三萬六千八百萬馬克。德國所用電機都由本國供給而且又大莊的輸出到東亞，南美，俄國，意大利，甚至英國及法國，每年輸出額約值一萬六千萬馬克。德國在化學工業有獨霸之權，是不可辯駁的。各大學和專門學校試驗室研究的結果都歸於實用，眞是世界各國所不及。（一八九七年矛尼克(1)的化學家裴葉(2)博士發現人造靛的方法，便是很好的實例。在這個發現的前幾年，德國每年輸入藍靛所值在二千萬馬克以上；在這個發現之後，不多幾年德國每年輸出人造靛值六千餘萬馬克。）到一九〇〇年時世界所用染料五分之四，合着從煤煙油內提煉的醫藥的大部分，都是德國造的。這項工業的主要地點，是萊茵河和梅因(3)河鄰近之處。

德國在近世前半期享有的紡織業的超越因十七十八世紀英國競爭猛烈而失却，至今未能恢復。雖然上面已經說過德國在一八〇〇年至一八七五年的工業進步，多是由紡織業擴張而來，但紡織業的實在成就只是比較的而非絕對的，勝於英國及法國；而且在一八七一年以來德國工業發展的時代中，尤以一八九〇年以來爲甚，德國之所以能升到工業世界的高超地位，乃是由於上述各項工業之發達，並非由於紡織業的發達。在紡織業的範圍內，家族工業制度之屈服於工場制度是非常之遲。家居的紡工和織工，對於這難於倖免的工場制度，極力抗拒，而且有好幾次取得特爲保護他們的法律。（十九世紀中葉悉勒西亞手藝人之受苦和騷亂曾經德國詩人兼戲劇家何卜特曼(4)編入他的名劇「織工」(5)中可使世人永遠不忘。）在麻布工業中和羢絲工業中，紡織工人現今尙能多少保持他們的獨立地位。然而就全體而論，德國紡織業的現在狀況

1. Munich. 2. Dr. Bayer. 3. Main. 4. Gerhart Hauptmann. 5. "The Weavers."

與英國的情形頗爲相類。 在一八八七年至一八八八年及一八九九年至一九〇〇年之間，平均每年生棉消費額，由四萬一千萬磅增至六萬二千六百萬磅；按所產棉布的價值計算，德國在一八九五年只被英，美，法三國超過。 在一九一一年，按棉花工業的紡錘數目計算，德國有一千零五十萬枚，位列第三；英國有五千五百萬枚，是第一；美國有二千九百五十萬枚，是第二。 棉花製造品多產於巴登，巴法利亞，威登堡，和阿爾薩斯洛崙，羊毛製造品出於沙遜尼及普魯士邦的萊茵河各省。

在德國近今工業發達的兩個時期上，主要工業中工人分配的數目列表如下（見道生的工業之德國一五頁）。

工業類別	一八九五年從事人數	一九〇七年從事人數	增加數	增加比例數
採鑛，冶金，製鹽	五三六，二八九	八六〇，九〇三	三二四，六一四	六八
金屬品製造業	六三九，七五三	九三七，〇二〇	二九七，二六七	四六
機器儀器製造	五八二，六七二	一，一二〇，二八二	五三七，六一〇	九二
化學品	一一五，二三一	一七二，四一一	五七，二一〇	五〇
石器，陶業	五五八，二八六	七七〇，五六三	二一二，二七七	三八
紡織	九九三，二五七	一，〇八八，二八〇	九五，〇二三	一〇
木作	五九八，四九六	七七一，〇五九	一七二，五六三	二九

造紙	一五二，九〇九	二三〇，九二五	七八，〇一六	五一
運輸	二三〇，四三一	四〇四，七六八	一七四，三三七	六七

(102)工業之組織　德國工業，除擅長於科學應用，出產之鉅，品類之繁，和偏僻之處尙存手工制度（見道生的工業之德國一五頁）外，還有完密組織和集中管理兩事是他的特色。關於集中管理，有兩種現象是極重要的。一是小工業被大工業吸收。二是各大工業中訂立合同，以彼此限制競爭來增進相互間的利益。按德國公家統計，一個「大」企業是僱傭五十人或五十人以上的企業。但按之事實，不但僱傭五十人的企業不能算「大」，即使二三倍於此數也不能算「大」。一九〇七年的工業統計表現那年德國所有僱傭工人五百名以上的工廠共計一，四二三家，各廠平均僱傭人數爲一，〇八〇。一九〇九年，資本一千萬馬克以上的工業公司，運輸公司，和銀行，共計二二九家，第一家便是設在愛申(1)的克虜伯廠(2)，有資本一萬八千萬馬克。實際上一切大工業全是由吸收較小的及相競的企業造成的。克虜伯公司，附有六個煤礦，許多鐵礦和焦煤廠，六個鋼鐵廠，一個造船廠，及其他企業，僱傭七萬人，而且供給二十五萬人的生業，是一個異常惹人注意的而又足以表率一切的組織。（關於克虜伯廠發達的簡明記述，參看夏德衞爾的工業之能率第一卷一七〇頁至一八五頁(a)。）在煤礦業，鋼鐵業，電氣工業，和銀行業中，這種趨勢尤爲顯著；除造船業之外，沒有稍重要的工業不深受其影響的。所以在織造業中，一八八二年時各別營業的共有二十五萬五千家之多，其中十五萬七千家是由個人單獨辦理，到一九〇七年時，各別營業的降爲六萬七千家，個人獨辦的降爲三萬一千家。在

(a) Shadwell: Industrial Efficiency, I. 170-185. 1. Essen. 2. The Krupp establishment.

幾種工業中，例如電氣業，只需再進不多幾步就可把德國全國的那一種工業置於共同管理之下。　集中運動並不是德國獨有的，乃是近數十年來各工業國裏習見的現象。　但德國在三十年前，倘是小企業家最相宜之地，現今的工業集中運動，唯有德國最爲猛進。（這個問題的詳細討論，見道生的工業之德國第五章）

(103)加盟及公司團　工業組織的第二個重要現象，是同類的大工廠按營業契約或集中管理之法集成同盟團體。　有一種方法名爲「利益協定」(1)，這種辦法只不過是相競爭的各公司所定關於售價和銷場的契約，有時並附「夥分贏益」(2)的辦法。　化學工業的各最大工廠現今都按這個法則經營。　其他爲用更廣的方法是「加盟」(3)和「公司團」(4)。　「加盟」和「公司團」二者俱是同類工業中資本家式生產者，要圖取得單獨一個公司所不能致的各種便宜，以消競爭，或限制競爭，及確保協作爲目的的聯合。　「加盟」通常只是一個關於售價的簡單契約。　然而這樣的契約，很容易引起生產數量的規定，漸漸的這個辦法由口頭承認及純屬自願的了解，進爲附有違約罰款的正式文約。　一句話說，這種辦法便成爲專門名詞所謂的「公司團」了。「公司團」的辦法，是由聯盟各公司公舉的理事員規定生產數量和品質價值，銷售等事，至於聯盟各公司只有生產所需商品和轉移各該商品於指定市場的職務。　顯然的，「加盟」——「公司團」尤甚——很像美國的「托辣斯」(5)。　然而有一個重要分別。　在較早的時候「托辣斯」是許多公司的聯合，每個公司仍保留他的獨立資格和法律上的同等權利；那就恰是加盟和公司團的性質。　然而按美國的禁止(6)托辣斯法律，這樣的組織是不合法的，其結果各個公司逼得歸併成一個大公司。　德國不曾立有這樣的法律，所以最後的歸併

1. The Interessengemeinschaft, or "interest convention." 2. Pooling profits. 3. Kartelle, or cartel. 4. Syndicate. 5. Trust. 6. Anti-trust laws.

辦法總未實行過。 更可注意的是德國公司團能完全控制原料和出品的市場，以致被人認爲「獨占」的(1)，就有也極少。（「加盟」和「公司團」二詞就在德國亦互相通用但這兩種組織是稍有分別的。 最近於獨占的是銷公司團，但其中普魯士邦政府占有大部分權利。）

加盟和公司團的運動，已進行了三十多年。 然而發達最快之期，是一九〇〇年和隨後年間工業物價低落時代。 現今存在的加盟和公司團之數不甚有定，但德國政府特派委員的報告書記有三八五個，其中六二個屬於鐵礦業，一九個屬煤礦業，一一個屬其他金屬工業，三一個屬紡織業，一一個屬木作及造紙業，一三二個屬磚瓦業，一〇個屬玻璃業，二七個屬關於土石的工業（如水門汀石灰等），一七個屬食物業及煙草業，一七個屬雜項工業。 據一位消息靈通的觀查家之意以爲鐵煤二業的加盟和公司團「之重要比其餘的聚在一起還要大些，所代表的資本總額和及於一般工業的影響也是如此。」（見道生的工業之德國一一八頁） 舉一個例，即如一八九三年成立的萊茵維斯法里亞煤業公司團(2)現今統轄萊茵蘭維斯法里亞的煤業，而其勢力所及，又支配德國西北部全部及中部大部分的煤炭供給。 鍊鋼業也是差不多全由一九〇四年在杜色多爾設立的鋼業組合支配(3)。

加盟和公司團的成立及作用，已惹起連篇累牘的討論，但在贊成與反對兩面總沒有一致的意見，或顯然占優勢的意見。 贊成的一班人指出實證，力稱這類組織已造成工業界中更穩固的情形；而社會主義家，雖把加盟和公司團的提倡人與資本家一同看待，歸入攻擊之列，卻對於這種組織表示容納之意，甚至表示贊許之意，

1. Monopoly. 2. Rhenish-Westphalian Coal Syndicate. 3. The Steel Works Union.

認爲遂於使一切生產工具爲社會公有的階梯。　時常聽聞的反對理由，是說這種組織抑勒小工業，說他們高抬市價，說他們除非把商人造成代理人總會滿足，又說他們慣用「採拼」(1)之法，即是把多餘貨物廉價賣給外國，甚至不顧折本，卻限制本國市場銷售額以圖維持價格。　一位非德國的專門名家論這件事說，「要對公司團及其作用下公平的批判，先要承認他們在工業組織上，在價值和僱傭規定上，在培植外國市場上，都有很良好的效果。　但公司團若無法律限制，未免要濫用權力，公司團濫用權力必有不利於消費者，這是不能強爲解說的。」(見道生的工業之德國一三七頁至一三八頁)。　德國政府亦曾被敦促納公司團於法律規定之下。但政府持溫和批評的旁觀態度，而且除幾年前設立委員會研究這個問題外，並未更進一步。(關於德國政府對工業聯合的態度，參看羅貝慈的德國之君主社會主義八九頁至一〇八頁(a))。

(a) E. Roberts: Monarchical Socialism in Germany, 89-108. 1. Dumping.

SELECTED REFERENCES

General

H. de B. Gibbins, Economic and Industrial Progress of the Century (London, 1903), Chaps. VIII, XXVII, XXXI. LV.

W. H. Dawson, Industrial Germany (London, 1912), Chaps. I-IX.

C. Tower, Germany of To-day (London, 1913), Chap. VII.

W. J. Ashley, The Progress of the German Working Class in the Last Quarter of a Century (London, 1904).

Growth and Characteristics of French Industry

H. de B. Gibbins, Economic and Industrial Progress of the Century (London, 1903), Chaps. VIII, XXVII.

E. Levasseur, Histoire des classes ouvrières et de l'industrie en France de 1789 à 1870 (Paris, 1903), I, 626-640, II, 522-576.

E. Levasseur, Questions ouvrières et industrielles en France sous la troisieme république (Paris, 1907), 27-183.

J. Cruppi, L'expansion économique de la France (Paris, 1909).

G. Weill, Histoire du mouvement social en France, 1852-1910 (2d ed., Paris, 1911).

J. A. C. Chaptal de Chantelloup, De l'industrie française, 2 vols. (Paris, 1819).

G. Paturel, Les industries françaises au début du XXe Siècle, in Jour. des Écon., Feb. 15, 1912.

P. Leroy-Beaulieu, La question ouvrière au XIXe Siècle (2d ed., Paris, 1881).

P. Leroy-Beaulieu, Let ravail des femmes au XIXe Siècle (Paris, 1888).

J. Houdoy, La filature de coton dans le nord de la France (Paris, 1903).

A. Drohojowska, La soie (Paris, 1883).

L. R. Villermé, Tableau de l'état physique et moral des ouvriers employés dans les manufactures de coton, du laine, et de soie, 2 vols. (Paris, 1840).

L. Guerin, Le développement économique de la France: les industries textiles, in Mus. Soc. Mém., May, 1912.

T. Laurent, Le développement économique de la France; l'industrie métallurgique (Paris, 1912).

E. Pariset, Histoire de la fabrique lyonnaise (Lyon, 1901).

P. Passama, Formes nouvelles de concentration industrielle (Paris, 1910).

G. and H. Bourgin, Le régime de l'industrie en France de 1814 à 1830; Receuil des textes publiés pour le Société d'Histoire Contemporaine (Paris, 1912).

German Industrialism Since 1871

W. H. Dawson, Evolution of Modern Germany (London, 1908), Chaps. III, VI, X, XII.

W. H. Dawson, Industrial Germany (London, 1912), Chaps. I, II, V-X.

J. E. Barker, Modern Germany; Her Political and Economic Problems (5th ed., London, 1915), 626-644, 171-741.

E. H. Howard, The Cause and Extent of the Recent Industrial Progress of Germany (Boston, 1907), Chaps. III-VIII.

A. Shadwell, Industrial Efficiency (London, 1906), I, Chap. III.

T. Veblen, Imperial Germany and the Industrial Revolution (New York, 1915), Chaps. V-VIII.

W. J. Ashley, Progress of the German Working Classes During the Last Quarter of a Century (London, 1904).

G. Blondel, L'Essor industriel et commerciale du peuple allemande (Paris, 1898).

A. Wagner, Agrar-und Industriestaat (Jena, 1901).

G. Schmoller, Grundriss der Allgemeine Volkswirtschaftslehre, 2 vols. (Leipzig, 1904).

W. Sombart, Der moderne Kapitalismus, 2 vols. (Leipzig, 1902).

W. Sombart, Die deutsche Volkswirtschaft im XIX. Jahrhundret (Berlin, 1903).

F. C. Huber, Deutschland als Industrie Staat (Stuttgart, 1901).

R. M. R. Dehn, The German Cotton Industry (Manchester, 1913).

B. Lepsius, Deutschlands chemische Industrie, 1888–1913 (Berlin, 1914).

D. G. Munro, The Proposed German Petroleum Monopoly, in Amer. Econ. Rev., June, 1914.

L. Müffelmann, Le monopole d'état en matière de petrole en Allemagne, in Rev. Écon. Internat., April, 1914.

G. D'Avenel, Le blocus óconomique de l'Allemagne, in Rev. des Deux Mondes, Nov. 15, 1914.

German Industrial Organisation

W. H. Dawson, Evolution of Modern Germany (London, 1908), Chap. X.

W. H. Dawson, Industrial Germany (London, 1912), Chaps. V–VI.

G. H. Perris, Germany and German Emperor (London and New York, 1912), 460–475.

P. Passama, Formes nouvèlles de concentration industrielle (Paris, 1910), 157–169.

W. Morgenroth, Die Exportpolitik der Kartelle (Berlin, 1907).

Dolléans, L'Integration de l'industrie, en Rev. d'Econ. Polit., 1902.

J. Lescure, Aspects récents de la concentration industrielle: l'intégration dans la métallurgie, in Rev. Écon. Internat., Aug., 1909.

A. Fontaine et al., La concentration des enterprises industrielle et commerciales (Paris, 1913).

1. The British Isles. 2. Macaulay. 3. History of England. 4. Charles II. 5. Manchester. 6. Edinburgh. 7. Glasgow.

第十一章　運輸利便之推廣

(104)英國之大路及運河　工業革命的一個勢有必至理有固然的相隨而生之事，——即或不認爲工業革命的主要部分，——是運輸工具和運輸方法的改善。關於此事四種成就是極重要的：

(一)道路之改良；

(二)運河之開濬；

(三)鐵道建築之創始；

(四)應用蒸汽動力於江洋航業。

十九世紀初葉之前，不列顛羣島(1)的道路——雖比德國的稍好，而遠不及法國——是很難使人滿意的。馬考萊(2)(譯者按馬可萊係英國之政治家兼文學家，生於一八〇〇年，死於一八五九年。)在他著的英國歷史(3)第三章內描寫查利第二(4)時代(譯者按自一六六〇年至一六八五年)道路之壞，眞使人觸目驚心，而且從德富和楊雅柰的著作中，也可想見十八世紀時毫無進步之狀。當時所謂道路，不過未經圈用的叢莽草澤中，略有標識的路徑而已，有些地方是非常濘泥，直不能走，而且又常遇着攔路剪徑的強人。在最好的地方，紳士人家的木料車要用六匹馬拉，而且常要用牛幫助。從倫敦到滿切斯達(5)是五天路程；從倫敦到愛丁堡(6)是七天路程；從倫敦到格拉斯哥(7)要十四天工夫。各縣的隔離，好像比現今各國的隔離還要遠些。陸路商業受最煩難的耽擱而且數量絕不能加大。布疋及其他重量較輕的貨品多是用成羣的馱馬搬運。 粗重貨物，如煤炭等除却順着較大的河道及沿海各地外，竟直就不能運送。

英國建造關道(1)(譯者按關道是公家或私人修築的大道各段設有柵欄，行走的人須納通行稅後纔開柵放過) 以用者完納通行稅爲養路費的法律，是早如一六六三年就經國會制定的。 但修築關道的政策不孚民意，一百年間關道進步甚微。 十八世紀中改良運輸利便的領袖是蘇格蘭(2)，從一七六〇年至一七七四年，經蘇格蘭議會通過的建築大路及修整大路的法案有四百五十二次之多。 一七五〇年以後主要的交通脈絡已有多少改良，尤以倫敦和內地接運的驛車(3)路爲著；到十八世紀之末，改良道路之事已推行到從前因離大路太遠而完全不顧之區。 然而已造的那些關道，一律是胡亂修築的而且管理也不得法，直至蘇格蘭的兩位領袖工程師特爾佛(4)(生於一七五七年，死於一八三四年) 和馬加丹(5)(生於一七五六年，死於一八三六年) 把一定的系統和科學的原理輸入道路修治整理法之後，英國道路情形纔煥然改觀。 特爾佛修築大路是用法國人早已慣用的樹脂和土之法。 馬加丹的方法是把路身的表土消去至十四寸深，鋪上一層粗碎石約七寸深，在這層粗碎石上又加一層細碎石，末後用碾碎的石粉蓋上，用碾壓平。 兩個方法都是以完善的排水法和良好的材料爲緊要。 十九世紀前半期中英國國會擬定修築大路之款爲數頗鉅，各地方官廳也加倍出力。 修成的道路都是能經久的，到一八五〇年時英吉利聯合國中人煙稍多之地都有很平整的道路了。

近世英國運河之修濬開始於一七五〇年之後不久。 英國國會初次批准修造運河的法案，是一七五九年

1. Turnpikes. 2. Scotland. 3. Stage Coach routes. 4. Thomas Telford. 5. John Macadam.

應橋水公爵(1)之請通過的，這位公爵願修一條運河在窩斯里(2)煤廠以便運煤。這個運河卽名爲橋水運河(3)，由窩斯里直達滿切斯達，長七英里，於一七六一年開用。(在橋水運河開通之前八十年，尙有法國最大的人造水道郎格多運河(4)(一名中部運河(5))是魯易第十四(6)時造的，於一六八一年開始運貨。這條運河長一百四十八英里，聯絡必士開海灣(7)和地中海(8)。更早年間(一六〇五年至一六四二年)法國曾造布利亞運河(9)，但其重要次於中部運河。瑞典(10)有一條有閘的運河，連絡愛斯基士東拿(11)與馬拉爾湖(12)，完功於一六〇六年。俄國之大修運河是開始於十八世紀初年彼得大帝時代(13)。這條新水道飛快的表出他的價値，於是各處立卽照樣仿行。英格蘭和蘇格蘭修造運河的主要時期是一七六〇年至一八二〇年。開濬工程多是由公司辦理，各個公司由國會領得特許狀以便取得必要的路權。到十八世紀之末，英國所有運河比十八世紀之初的道路更覺好些；(英國修造運河共費五百萬金鎊，運河總長三，一〇一英里，分配如下：英格蘭及衛爾斯二，六〇〇英里，蘇格蘭二二五英里，愛爾蘭二七六英里。關於修造運河時的情形，見濮拉特的英國內地交通運輸史一六五至一八五頁(a)。)在十九世紀起首二十五年中運河修造家和道路建築家互相匡濟，對於工商行旅一樣的大有裨益。到一八三〇年時單算英格蘭和衛爾斯的運河已達三千英里長，實際上沿海的及內地的各商業中心地全聯絡上了。在一八三八年時據說杜漢(14)府以南設有距離天然水道或人造水道在十五英里以上的鄉鎭。

(105)**鐵路修築及汽船建造之發端**　運輸發達的另一重要階段是以鐵道之興行爲特色。由礦山運煤到

(a) Bratt: History of Inland Transport and Communication in England, 165-185.
1. The Duke of Bridgewater. 2. Worsley. 3. The Bridgewater Canal. 4. The Languedoc Canal. 5. Canal du Midi. 6. Louis XIV. 7. Bay of Biscay. 8. The Mediterranean Sea. 9. Briare Canal. 10. Sweden. 11. Eskilstuna. 12. Lake Malar. 13. Peter the Great. 14. The county of Durham.

海港的短距離馬車軌道是早如十七世紀時已在英國行用，一七六七年時熟鐵已被用爲軌條材料。 按歷史而言，現今的鐵路卽是馬車軌路之進化，以蓋用鐵軌及後來又用蒸汽動力而區別。 各鑛山中馬車軌道的功效，運河商貨之擁擠，各運河公司聯合增加通行費的傾向，和驛車旅行費用之浩繁種種情形，引得有心人想到修建鐵道以運送遠距離的商貨旅客之可能。 一八〇三年克洛意登(1)與萬次華斯(2)之間一條馬車鐵道開通了，以供一般交納通行費者之用。 同時就有些人想到在這種路線上可以利用蒸汽動力，到一八一四年斯提芬生(3)(譯者按斯提芬生係英國人，生於一七八一年，死於一八四八年)製成功一輛機關車(4)，能拖三十噸煤，每小時行四英里。 一八二一年，國會通過一個法案，批准建造一條鐵路連絡司脫克頓(5)與達林頓(6)，又經一八二三年的補充法律，這條路的經營者據該路工程師斯提芬生的策畫被批准去試辦蒸汽動力之施用。 這條路線於一八二五年九月開通，斯提芬生自駕一部機關車，後拖一列三十四乘小車，由一個信號人騎馬先驅，走完了全線距離，每小時速率約十英里至十二英里。 隨後五年中開通了好幾條短線。 但乃是一八二五年批准一八三〇年開通的，由利物浦至滿切斯達路線，通車之後，英國人纔死心塌地的相信運輸革命眞是來了。 這條路線——這是第一次爲運送旅客而設的鐵道——計長三十英里，用機關車一輛名爲火箭，最高速率每小時可二十九英里，但達到這樣速率時便不甚安全而且不能持久。

此刻鐵道是確定的事實了，接着十年中鐵道的里數，速率，運載力，都有顯著的進步，一八三八年倫敦伯明罕線開通，計長一百一十二英里，這條路的列車從一起首就保着每小時二十英里的速率。 四五年之間，由國會

1. Croyden. 2. Wandsworth. 3. George Stephenson. 4. Locomotive. 5. Stockton. 6. Darlington.

立案，就安排定了現今英國最多數幹路的基礎。在一八五五年之初，計距利物浦滿徹斯達初次通車時僅二十五年，英吉利聯合國實際使用的鐵路已達八，〇五三英里，隨後二十年，這個數目又加一倍。還有一樁有趣的事，起初都以爲鐵路運輸，可按向來的關道和運河經營的原則辦理；這就是說，那時的意見是，按定章所許的權力，鐵路公司應當修築鐵路，而容許任何完納通行費的人，以自己的機關車和載物車行走於軌道上，對於運送旅客商貨，可互相競爭，如驛車在大路上尋主顧一樣。然而不必很多的經驗就已證明爲安全和敏捷起見，鐵道運送應由獨一機關指揮管率，實爲不易之理。在放任主義(1)的時代，一般人的意見都以最充分的競爭爲好；但不久也就看出競爭只能施於各別的路線間，不能施於同一路線的使用者間。鐵路的特性，自然而然的會引起經理上的獨占法式。（一八四五年以前英國所造各鐵路見坡爾達的國家之進步三二九頁至三三一頁(a)。）

鐵路建築推廣之際，尙有相對的水上運輸之改良，亦同時並進，尤以兩種事之發生爲甚；第一，以鐵（隨後用鋼）代木爲造船材料，第二，應用蒸汽動力於航業。鐵是首先大量的用於汽船建造，但一八五〇年以後帆船亦用鐵造。起初雖有很大的懷疑，鐵船的優點卻不久就顯出來了。鐵的使用能確保船的力量，耐久性，船身的安全，及運載力；而且木造的船體不能大至某限度以上，鐵船卻無此弊。汽船並不是一個人的發明，乃是十八世紀最後二十五年中歐美兩洲專門家屢次試驗的產物。一八〇七年富爾敦(2)（譯者按富爾敦係美國人，生於一七六五年，死於一八一五年。）把那些試驗的效果集合一起，造成了世界上第一隻定期航行的汽船，

(a) Parter: Progress of the Nation, 329 331. 1. Laissez-faire. 2. Robert Fulton.

1. The Clermont. 2. English Channel. 3. The Seine. 4. The Niger. 5. The Sirius. 6. The Great Western. 7. The Atlantic. 8. Savannah. 9. The Cunard Line. 10. Liverpool. 11. Boston. 12. "Railway Mania."

名爲克拿芒特號(1)。 十九世紀最初二十五年中歐美汽船都是用於內地航業及沿海商業。 一八二〇年有一隻英國汽船由倫敦出航，通過英格蘭海峽(2)，溯法國色因(3)河直達巴黎；一八三二年另一隻溯行非洲奈加河(4)；一八三八年賽利耶(5)號以十八日工夫和大西(6)號以十五日工夫橫渡大西洋(7)，全用汽力。(有些書上說美國船沙宛拿(8)號是第一隻渡過大西洋的汽船(一八一九年)其實這隻船只是一隻附有汽機的帆船。) 一八三九年卸拿德郵船公司成立(9)，營運於英國利物浦(10)及美國波士頓間(11)，於是英國海運業入了海運史的新時代。

對於農工商業，鐵路推廣及汽船流行所致的運輸之迅速，低廉，和容量也不亞於一個新時代之創始。 原料能更容易運到便於製造之地，於是集中的大規模生產之發達是增進了。 銷售成製品和農產品的新市場是開闢了，而舊市場亦較易接近。 供給和需要的劑平也比從前更完全，物價亦漸趨穩定。 旅行遊覽的利便，對於開發民智，固結國力，都有重要而且持久的效力。

(106) 一八五〇年以來英國鐵路之發達 不管各運河公司的反對，一八二五年至一八五〇年間鐵道興修進步極速，到一八五〇年時聯合國已有鐵路六，六三五英里。 各運河公司因過於勒索主顧以致公衆意見轉而贊成鐵路，而且當時英國人對於建築鐵道的熱心是非常之盛，所以，除愛爾蘭外，竟沒有國家資助鼓勵之事。 如一位著作家說的，關於建興鐵道的事，英國人需要受沮遏而非受鼓勵。(譯者按此語是因一國一時的特別情形而發，並非一般的通則，讀者千萬不可誤會。 原來英國在一八四五年時有所謂「鐵道狂」(12)，一般

(a) Cheyney: Industrial and Social History of England. (b) Hadley: Railroad Transportation, 167. 1. The Bank of England. 2. Railway Regulation Act. 3. Cheap Train Law. 4. Gladstone. 5. Railway and Canal Traffic Act.

人爭購鐵路股票，以致投機之事大盛，公司朝成，股票夕漲，善投機者一反手間立成鉅富。一八四五年十月十六日英格蘭銀行(1)提高利率，市場情形陡然大變，票價暴落，受害者不計其數，有情急自殺的，有逃往外國的，英國人受此鉅創深痛，故有阻遏修造鐵道之言。詳見陳納的英國社會經濟史(一九二〇年修正版)二〇八頁至二一七頁(a)國家不但不會許准直接補助，並且不會如德法國等擔保公司的利息贏益，而且也絕未被請求去這樣辦。國會批准公司立案是很寬大的，公司通常很小而且路線很短。在一八四三年之末，分立的鐵路共有七十一條，平均每條長度不足三十英里，自一八四四年至一八四七年間立案的分立鐵路有六百三十七條之多，總長約九千四百英里。(見哈德勒的鐵路運輸論一六七頁(b))。自然而然的各路之間起了劇烈競爭；恰如建造新線為十九世紀前半期的鐵路討論的主題一樣，在一八五〇年以後十年間競爭與聯合是鐵路問題的爭點。一八四七年以前，競爭盛行，毫無限制。(然而關於鐵道營業已有多少規定。一八四〇年國會通過鐵路管理條例(2)，着商部負查驗鐵路之責，在鐵路開始營業之前須受商部檢驗。一八四四年又制定廉價列車法律(3)，意在保護公衆俾免鐵路公司過分需索。這個法律著各鐵道每日至少需開往復列車一次，每小時速率不得少於十二英里，運送旅客以有覆蓋之車，每英里運費不得多於一辨士)。然而那年一次劇烈恐慌之後，形勢大為改變，鐵路政策轉入新途亦於此時路見端倪。一八五三年國會委員會，其中格蘭斯頓(4)也是一員，考察鐵路合併的問題，一八五四年通過鐵路運河運輸條例(5)特為給各地方鐵路以聯運業務的保證。隨後二十五年中建造新路與合併舊路同時猛進。政府對於鐵路取締甚輕，直至一八七三年補充法律制定，設立全國鐵路局(1)之後，一八五四年的法律總得適當施行。一八六〇年英國鐵路總長一〇，四一〇英里；一八七〇年一五，三一〇英里；一八八〇年一七，九三五英里；一八九〇年二〇，〇七三英里；一九〇〇年二一，八五五英里；一九〇七年二三，一〇八英里；一九一三年二三，七一八英里。

英國鐵路，如法美等國的一般，現今已極力併成大幹線系統。小線，孤立線，和常相競爭的各線之合併，自一八五〇年以來着着進行，一八六五年以來尤甚。用的方法也有種種不同，或一個公司經國會許可得行車於另一公司的路線上，或長期租用，或直接收買。每每暫時借用的路線隨後即被收買。這種程序可以倫敦(2)西北鐵路的歷史完全表出。這條路最初爲倫敦伯明罕鐵路(3)，前已表過，是於一八三八年開通的。一八四六年，倫敦伯明罕公司經公家批准與滿切斯達伯明罕線(4)及同年稍早的法案併爲利物浦(5)滿切斯達線的大滙路線(6)合併；合併之後即採用「倫敦西北」之名。從此以後，這個公司吸收了其他幾十條小線，包括切斯達(7)，荷里赫德線，蘭嘉斯達(8)，嘉萊爾線；由此二線，倫敦西北公司的勢力達於蘇格蘭及愛爾蘭；而彼久永合併各公司的資本都被吸收於倫敦西北公司的合併股本中。這個公司尚繼續去行車於不屬他所有或只有半主權的許多路線上。英國其他主要鐵路——大西鐵路(9)，倫敦(10)，西南鐵路，東北鐵路(11)，大東鐵路(12)，大北鐵路(13)，中陸鐵路(14)——都有一段與倫敦西北相類的歷史，不過合併的工夫不及倫敦西北那樣的深遠。法國所採的指與每一路系以一定營業範圍不許其他路線侵入的原則（見第一百零七節）絕未被英國立法仿效。英國鐵路制度十分特別，其發達不受預定計畫的絲毫束縛，所以結果

1. Railway Commission. 2. The London and Northwestern R. R. 3. The London and Birmingham. 4. The Manchester and Birmingham. 5. The Liverpool and Manchester. 6. The Great Junction. 7. The Chester and Holyhead. 8. The Lancaster and Carlisle. 9. The Great Western. 10. The London and Southwestern. 11. The Northeastern. 12. The Great Eastern. 13. The Great North. 14. The Midland.

1. Light Railway Act. 2. "Light railway." 3. Routes nationales. 4. Routes Departementales. 5. Ministry of Public Works. 6. Petite Voirie.

有稍大地區獨占權的公司是非常之少。然而建設新路的一切計畫都須得國會同意；（按一八九六年的輕便鐵路條例（1）凡擬辦的「輕便鐵道」（2）（實質上與電車鐵道沒有區別）是否可行的查驗事宜是由各地方三名委員執行，委員查明之後，經商部可決，路線即可開工；這三名委員所辦的事是與國會自身對於平常鐵路建道時應辦之事相同。在一九一二年之末，聯合國共有輕便鐵道二，六三七英里。）國會自由制定關於運費的法律，所以各相異公司間的競爭都在迅速，安適，及業務的其他性質上表出。由一九一三年的條例，各公司取得提高運費之權，以便彌補一九一一年大罷工時他們所承認增加的工資，故增運費於一九一三年七月一日實行。英國常有許多人對於頻頻擬議的鐵道國有政策是否能產生顯著的利益，頗爲懷疑。（尚須注意現今英格蘭及衛爾斯的運河總長度爲三，四六一英里，蘇格蘭的是一八四英里，愛爾蘭的是八四八英里——總計四，六七三英里。一九〇六年英皇欽派的委員會於一九〇九年呈出報告書，條陳將所有運河由國家購回，需價約六百萬金鎊。然而至今尚未實行此議。）

(107)法國鐵路之發達　法國工業進步的一個重要主因，也如其他國的一樣，是改良的運輸工具之發達。現今歐洲沒有那一國有比法國更好的道路制度。第一，法國有宏闊的道路，名爲「國道」（3），以巴黎爲中心，由此分達於各省會。國道是由國家保持的，在一九〇五年法國國道總長度爲二萬四千英里。其次是「郡道」（4），通常是照馬加丹法修築的上等大路，在一九〇三年時總長爲九千七百英里。郡道由各郡保持，但須受工部監察（5）。再其次有里數更大由各自治區主持的各城市通道，名爲「局道」（6）。國內可通航的水道總計七，四五三英里，四，五一二英里爲江河，三，〇三一英里爲運河。這些水道都是國有產業，水運貨物多免除通行稅。粗重貨物多利用水上運輸，在一八八一年至一九〇五年之間水運貨物總噸數加了一倍。

法國大約是因道路異常良好之故，所以開始建築鐵道比鄰國較遲。在開始建造之前，鐵路問題的各種情形都經仔細研究，而且製出可適用於全國的大綱，這是法國人辦事的特性。除一八二六年至一八三二年批准不多幾條馬車鐵道之外，開辦的第一步是籌出的款以備政府工程師測定路線綱領。接着就討論所有權和管理的問題。經好幾年細心調查討論之後，由迪雅爾(1)(譯者按迪雅爾係法國政治家，生於一七九七年，死於一八七七年）作成一個周密計畫，於一八四二年議決採用。這個計畫規定由京城分布九條幹線達於法國四境，並使地中海與萊茵河及大西洋岸聯絡貫通。國家協濟之款每英里約二十五萬法郎，路身爲國家所有，而私人組織經政府批准的公司應籌備軌道，機車，建築物，及其他設備所必需之款(每英里約二十萬法郎），路線修成之後卽由公司經營。四十年後鐵路全部收爲國有。

七十五年以來，法國鐵路的建築經營始終謹守上述計畫的精神，所以關於鐵路之事，法國的政策比歐洲任何他國的更要一致些。經批准的公司有三十三家之多，第一條有重要關係的路線，由巴黎達鹿恩(2)，於一八四三年通達。直至一八四八年革命之前，建築進行也還算快。至革命時，路工全停了；一八五一年復行開工，繼續進行，至一八五七年又爲經濟恐慌所阻。在路政進行的初期，已有各公司合併的顯著趨向，一八五二年至一八五七年間鐵路全系分歸六大公司（北部公司(3)，東部公司(4)，西部公司(5)，巴黎里昂地中海

1. Thiers, Louis Adolphe. 2. Rouen. 3. Nord. 4. Est. 5. Ouest.

1. Paris-Lyon-Méditerranée. 2. Orleans. 3. Midi. 4 De Francqueville. 5. A System of government guarantees of profits 6. A sinking fund. 7. The De Freycinet Ministry.

公司(1)，阿連斯公司(2)，中部公司(3)經理——五個公司經營由巴黎分布的路線，一個公司經營極南部的路線。每個公司在他自己的區域內有獨占權。此刻幹線系統已分別竣功，却發見各公司因不覺競爭的壓迫不肯再行興築。換句話說，以枝路發達當地業務的事都放着不辦了。政府爲救治這種形勢，於一八五○年後十年間對於舊日採取的鐵路政策加了兩種修改。第一是延長公司立案期限爲九十九年，從當時起算，於是鐵路收歸國有之期推緩至二十世紀中葉。第二是加入一八五九年德樊奎維(4)計畫的政府(5)擔保擔保贏益制度。於是六個公司各在自己區域內擔認建造許多新路，需用資本以公債券之法籌集，政府擔保此項公債的四釐利息，並備減債基金(6)以便到期付清債款。但又以明文規定國家於十五年後得按有利於股東的條件收買一切路線或任何路線。

不管政府如此的鼓勵公司去勸加興築，國內許多地方繼續設有適當的鐵路運輸。一八六五年議院制定新法，准各地方官廳有權資助不屬於公司路系，而又不與公司路線競爭的地方鐵路。因種種原因，這個辦法證爲不滿意，而且幾年間在法國北部造成的地方獨立鐵路，都被北部公司吸收了，同時在西南部建造的都直接由國家收回。經一八七五年至一八八○年間國內頗有鼓動以圖貫徹國有國營的大計。一種論據是以爲國家能辦各公司所不能辦或不願辦的地方鐵路。又一種是以爲法國政府於有戰事時，應當有如普國政府因統轄鐵路管理權而得與一八七○年之戰的相同便宜。一八七九年德佛雷辛勸(7)內閣毅然決定國家自修鐵路之計，需款三百萬萬法郎。然而國會不願投票贊成鉅額款項，只准小額貸款，因此只造了幾條零星分散的路線；政府無力自己經營，只得把這些路線分租與六大公司。一八八〇年德佛雷辛勒免職，一八八二年最有勢力的主張鐵路國有論者甘伯達(1)(譯者按甘伯達生於一八三八年，係法國政治家。)死了。鐵路國有運動陡然失勢，在一八八三年至一八八四年間政府與公司訂立幾項契約，由此鐵道問題又幾理淸頭緒。國家保留從前在西南部取得的各路線，其餘國有路線都按各線所在地區交付各該公司。又重新約定必需增加的路線應由公司建築，政府擔保利息。隨後年間法國鐵路的唯一重要變更是政府按一九〇八年七月十三日的法律收買屬於西部公司的三，六九〇英里鐵路。這次收買是由克勒莽梭(2)內閣(譯者按克勒莽梭(3)生於一八四一年，係法國著名政治家。)命令實行的，其理由以爲西部鐵路向來辦理不善，日見腐敗，政府屢次促其設法改良，俱無效果，故不得不出此正本淸源之法。政府再三聲明此次贊成收買案的內閣和國會議員們平時都不是黨於鐵路國有政策的。按現今的法律，無論何時，國家俱有收買各公司產業之一部或全部之權。法國鐵路總長度在一八八五年時爲一八，六五〇英里，至一九〇四年增爲二四，七五五英里，一九一二年爲三一，五五三英里。在這三一，五五三英里中，有五，五四三英里，合總數百分之十八，是國有鐵路。國有鐵路的管理和公司路線的監察俱屬於工部(4)。

(108)法德兩國之水道　從最早的時代起，歐洲大陸西部的商業，很受可通航的河流之便利；在近世紀中這些河流又以廣闊的運河補充，尤以法德兩國爲著。法國包有四條便於商旅的大河，此外尚有多數小河，或爲大河支派，或單獨流行。這四條大河是色因河(5)，通航長度三三九英里；勒瓦爾河(6)，通航長度四五二英

1. Gambetta, Léon. 2. The Ministry of M. Clémenceau. 3. Clémenceau, Georges Eugène Benjamin. 4. The Ministry of Public Works. 5. The Seine. 6. The Loire.

1. The Garonne. 2. The Rhone. 3. The East Canal. 4. The Meuse. 5. The Moselle. 6. The Saône. 7. The Nantes-Brest Canal. 8. The Canal du Midi. 9. Toulouse. 10. Béziers. 11. The Berry Canal. 12. Montluçon. 13. The Cher. 14. The Loire Canal. 15. Grande voirie. 16. Rhine. 17. Elbe.

里；加倫河(1)，通航長度二八九英里；龍河(2)，通航長度三〇九英里。色因河支流密布，縱非全歐洲的最良河系，也可算法國的最良河系。法國的運河總長三，〇三一英里，最重要的是：

(一)東運河(3)，長二七〇英里，連絡矛日河(4)，莫熱爾河(5)，沙翁河(6)；

(二)南特布雷斯運河(7)，長二二五英里；

(三)中部運河(8)，長一七五英里，由都盧市(9)經柏日雅(10)入地中海；

(四)柏利運河(11)，長一六三英里，連聯蒙特呂松(12)，已開濬的舍爾河(13)及勒瓦爾運河(14)。

運河及通航河流總長七，五四三英里。國內一切水道都算是「大路」(15)的部分，而且是國家的財產。最多河道都是免除通行稅的。水運貨物多是煤炭，建築材料，及農產物；一八八一年至一九〇五年水運貨物總量增加一倍。法國東北部及中北部河流的效用最大。

沒有那一國的工商業進步受交通發達的影響比德國更深。德國的情形，不像法國，在十八世紀中及拿破崙時代中並不甚注意修築道路；隨後一時之間鐵路輸入，一般人的注意都轉到鐵路上，更不問修築大路了。然而自一八五〇年以來修築道路進步甚速；雖有些地方的大路尚多未臻盡善，國內大部分道路也遍有名。德國的天然水道和人造水道最可注意。德國天然河系是極廣闊的。主要河流有六，即是：

(一)萊茵河(16)，

(二)愛爾伯河(17)，

(三)威悉河(1)，

(四)阿德爾河(2)，

(五)威斯托拉河(3)，

(六)多瑙河(4)。

此外還有幾十條小河，如愛姆斯河(5)，哈維爾河(6)，斯柏利河(7)，沙勒河(8)，梅因河(9)，奈加爾河(10)，都是德國水道系統的重要關鍵。 通航的河湖總長在六千英里以上。 運河修造始於十九世紀中葉，但修造運河和開濬河道的主要時期是過去三十年或三十五年——在此期間，其他各國的運河修造已經停止了。 以運河連絡天然水道，唯獨德國辦得最有條理。 萊茵河在東部與威悉河連貫，在南部與多瑙河連貫，在西部與矛日河連貫；愛爾伯河，阿德爾河，威斯托拉河都是相通的；北海(11)和波羅的海(12)可由威廉皇帝運河(13)(譯者按一名基爾運河(14))通過，這條運河原是鞏固國防的而亦大便於商業。 一九〇五年德政府所採新開河道綱領，計需費用在三萬三千五百萬馬克以上。 現今德國運河及已經開濬的河道總長約二千二百英里。 一九〇七年專營內地水上運輸的各式船舶總計二六，二三五隻，一九一一年水運貨物總量爲七九，六三二，〇〇〇噸。 水運運費雖常有變動，顯然是比鐵路運費較低。 水道管理權通常是屬於各邦政府，在普魯士是由工部，商務部，農務部，財政部，四署分轄。 工部掌管修造保持，商務部掌管航業和水上警察，農務部掌管開墾，灌溉，及預防水患，財政部掌管轉運捐和碼頭捐。(關於法德兩國水上運輸情形之佳作，見莫爾

1. Weser. 2. Oder. 3. Vistula. 4. Danube. 5. Ems. 6. Havel. 7. Spree. 8. Saale. 9. Main. 10. Neckar. 11. North Sea. 12. Baltic Sea. 13. Kaiser Wilhelm Canal. 14. Kiel Canal.

敦的水道與鐵道競爭一七〇頁至二五七頁，又二七一頁至二九七頁(8)。

(109)德國鐵路之發達　德國的鐵路時代，是起始於一八三五年建築一條四英里長的鐵路由紐崙堡(1)到弗爾特(2)，隨於一八三九年開通萊比錫(3)至德雷斯登路線(4)。　可想而知，德國鐵道發達的層次是與上述法國的迥不相同。法國建築鐵道是按預定的周密計畫進行，以巴黎爲中心點。德國是由各邦隨意自由建築，而且較早的鐵道都是專圖本地利益的。　一八四〇年至一八四九年十年間建築進行甚速，至一八五〇年總長度已達三，六三三英里。　在德國最多數地方，鐵路建造是認爲純屬公家職務，這種情形尤以南部爲甚；造成的路從一起首就是國有國營的。然而普魯士最早的路線是私資本家建築的，一八四二年時國家擔保利息以資助鐵道的法國式政策通行起來。普魯士第一條純屬國有國營的鐵路，是開始於一八四八年，從柏林達於俄國邊境，原爲軍事目的而設。　通隨後十年中，推行鐵路國有政策之法是預備妥了，國家不但建築新路而且以鐵路特別稅的入款收買鐵路股票。

德國在一八七一年帝國成立時，鐵路情形是複雜到極點了。　各小邦各自主有境內鐵路。　私家公司已經互相聯絡，而且建造直達路線。普魯士主有境內路線三分之一，有些是國家建造的，有些是政府收買的，還有些是合併他邦時取得的。　起初時，各方面與鐵路有關係的人，力防帝國政府提出解決此事的問題。　但俾士麥(5)非常希望成立一個整齊畫一的國有鐵路制度，由帝國管理而不由各邦管理；要達這個目的，他設法把一八六七年的北日爾曼聯邦(6)憲法(後來稍加修改卽爲帝國憲法)加入關於這個題目的一大款。(帝國

(8) Moulton: Waterways versus Railways. 1. Nuremberg. 2. Fürth. 3. Leipsic. 4. Dresden. 5. Bismark. 6. North German Confederation.

憲法第八款四一項至四七項。參看度德的近世憲法論第一卷三三七頁至三三九頁。憲法的條文規定各鐵路，雖仍爲各邦財產，應由帝國監督其管理，按一律的待遇爲同等系統的部分。關於爲國防起見而需利用鐵道及普通運費之規定等事，帝國有很大的立法之權。帝國甚至可建造或批准建造任何邦內的新路線，無論該邦是否同意。

俾士麥就以這些條文爲根據，要把全國鐵路，實際收爲帝國所有，並由帝國管理，入手第一步先將新取得的阿爾薩斯洛崙兩省的路線，即於一八七〇年至一八七一年收歸帝國自辦。第二步即於一八七三年設立中央鐵路局(1)，實在就是執行憲法中關於鐵路條文的新衙門。然而當俾士麥將全國鐵路收歸國有之意略略露出之時，各邦大多數，以巴法利亞(2)爲首，(關於鐵路及他種事項，巴法利亞在帝國中占有特殊地位。見度德的近世憲法論第一卷三三九頁。)舉起堅決反對；俾士麥雖於一八七六年得普魯士議會同意，將普邦一切鐵路收歸帝國所有，這種行爲(顯然是圖以此感動各邦)也沒有產出積極的效力。德國各邦那時畛域之見甚深，無法可治，竟沒有一邦能如俾士麥之意實行讓步。

這個辦法絕無挽回之望；俾士麥既不能貫徹原來計畫，於是退而專力於改良擴充普魯士鐵路並勵行國家管理政策。幾年之間普魯士鐵路管理之得法，在帝國內要算最好的了。國有辦法推行極速。一八七八年普魯士境內的國有國營路線約三千英里，國有私營路線約二千英里，私有私營路線約六千英里。一八八一年之末，國有路線已達七千英里；一八八四年國有鐵路約一萬三千英里，私有鐵路僅一千英里。從此以後，普

1. Eisenbahnamt, or Central Railway Office. 2. Bavaria.

魯士成爲世界上研究鐵路國有問題的主要試驗室。一九一〇年國有鐵路總長二一，二五〇英里，普魯士境內主要次要各路線只百分之〇．六是歸私人管理。(此外尚有窄軌(1)鐵路一，三六二英里，約有半數爲公有，又輕便鐵道共計六，三〇三英里，這種輕便鐵道是與街市電車道有別的)。全帝國內鐵路國有的進步可見於下列表中：

年分	總里數(按英里算)	國有里數(按英里算)
一八七五	一七，四八八	……………
一八八〇	二一，〇二八	一三，八八八
一八九〇	二六，一三六	一八，七三八
一九〇〇	三一，〇四九	二八，五七〇
一九一〇	三六，八九四	三四，五九六

一九一〇年投於帝國鐵路的公私資本共計一百七十三萬五千萬馬克各路僱傭人數共六十九萬七千八；輸送旅客一十五萬四千一百三十萬名；運貨總量五萬七千五百三十萬噸。在那年，德國每一百方英里地面約有鐵路十八英里，歐洲只比利時，荷蘭，英吉利聯合國，瑞士(按里數多寡序列)超過德國的這個比例數。(見道生的工業之德國五一頁(a))。中央鐵路局仍是主要的管理機關。然而鐵路局辦事極爲困難，到近年來纔得把各邦管理處對於運費的問題調停妥當，結果尚屬美滿，所以現今德國鐵路旅客運費是全帝國一律的，

(a) Dawson: Industrial Germany, 51. 1. Narrow-gauge railway.

貨物運費實際上也是如此。 總而言之，近今德國的鐵路制度是世界上最好的鐵路制度之一，而且又有苦心經營的水道和足與英國抗衡的大洋航業為之補助運輸之利便發達如此所以德國工業有易於達到市場的一切機會。

「譯者按交通之發達不單與工商業有極密切的關係，實在可以說是立國的根本問題。 交通不便是我國貧弱之一大原因，近來國人亦深知此意，所以對於我國橫被外人侵奪的鐵道權，不惜拚命力爭。 譯者更希望國人對於平常大路也加以相等的注意，因為道路——無論鐵路，水路，平常大路——對於全國的關係猶人體的血脈一般；血脈不通之處是死肉，所以道路不通之地也就是死地；死肉有礙於人身的全體，死地也有礙於國家全體。 我國既一時無絕大財力修築全國鐵路幹線，若各處能把平常大路治好，用摩托車運輸，也是改良交通之一法；這個辦法比之於修築鐵路又省錢又省事，若能辦得好，其效力也不亞於鐵道。 況且即使鐵路修好了，平常大路也是不可偏廢的；修治平常大路是早晚始終不能不辦的事，若由各省各縣地方自治機關各自擔認本區域內道路改良，認為當務之急，同時各處一齊舉辦，只消二三年工夫中國交通必定大有可觀；交通便利實業自易發達，實業發達地方自然富庶，要辦別的大事業總不至於沒有錢。 若專重鐵路而忽視平常大路，按中國現在情形而論，修鐵路不能不仰賴外資便不免留一種後患；即或人民能爭回路權，一時也難籌集偌大資本去興修，豈不是交通改良的要務反倒因忽視平常大路而耽誤了。 現今（一九二一年）美國有鐵路二十六萬五千英里，占全世界鐵路總額百分之三十八，然而

1. New York City. 2. San Francisco.

美國不但不因鐵道發達而不注意平常大路，反倒因鐵道發達而更感平常大路之不可少。近年來美國對於平常大路修治不遺餘力，由紐約（1）至三藩西斯哥（2）（舊金山）計程三，一九一英里，可以摩托車十日而達，全國重要城市無不可以摩托車相往來。修治平常大路，是我國此刻力能辦到的事，譯者深望國人多多注意」。

SELECTED REFERENCES

General

A. D. Innes, England's Industrial Development (London, 1912), 236–244.

M. Briggs, Economic History of England (London, 1914), 141–164.

F. L. McVey, Modern Industrialism (New York, 1914), 115–132.

W. Cunningham, Growth of English Industry and Commerce in Modern Times (5th ed., Cambridge, 1912), Pt. I, 811–822.

J. E. T. Rogers, Industrial and Commercial History of England (New York, 1892), Sect. V.

G. R. Porter, Progress of the Nation, ed. by F. W. Hirst (London, 1912), 546–559.

A. Foville, La transformation des moyens de transport et ses conséquences économiques et sociales (Paris, 1880).

L. G. McPherson, Transportation in Europe (New York. 1910).

W. T. Jackman, The Development of Transportation in Modern England, 2 vols. (Cambridge, 1916).

English Highways and Canals

W. Cunningham, Growth of English Industry and Commerce in Modern Times (5th ed., London, 1912), Pt. I, 532– 540.

R. E. Prothers, English Farming, Past and Present (London, 1912), 275–289.

E. A. Pratt, A History of Inland Transport and Communication in England (New York, 1912), 64–221, 294–334.

J. S. Jeans, Waterways and Water Transport in Different Countries (London, 1890), Chaps. III–V.

A. W. Kirkaldy and A. D. Evans, The History and Economics of Transport (London, 1915), 1–32, 197–237.

A. W. Kirkaldy and A. D. Evans, Canals and the Traders (London, 1910).

H. G. Moulton, Waterways versus Railways (Boston, 1912), 98–160.

J. L. Griffith, Inland Waterways and Canals and Railway Rates of the

United Kingdom, in Report of U. S. Waterways Commission (1910), Doc. No. 57.

S. and B. Webb, English Local Government: the Story of the King's Highway (London, 1913). Chaps. VII–X.

E. A. Forbes, The Inland Waterways of Great Britain and Plans under Consideration for Their Improvement, in Annals Amer. Acad., Jan., 1908.

A. Law, English Towns and Roads in the Nineteenth Century, in Econ. Rev., July, 1897.

E. J. James, Canal and Railway (Baltimore, 1890).

S. Harris, Old Coaching Days (London, 1882).

W. O. Tristram, Coaching Days and Coaching Ways (London, 1888).

H. R. de Salis, Bradshaw's Canals and Navigable Rivers of England and Wales (London, 1904).

Report of Royal Commission on Canals and Inland Navigation of Great Britain, 11 vols. (London, 1906).

Railway Development in England

H. de B. Gibbins, Economic and Industrial Progress of the Century (Toronto, 1903), 30–39.

W. Cunningham, Growth of English Industry and Commerce in Modern Times (5th ed., London, 1912), Pt. II, 811–816. 829–833.

W. J. Ashley, British Industries (London, 1903), 151–172.

A. T. Hadley, Railroad Transportation; Its History and Its Laws (New York. 1886). Chaps. VIII, IX.

A. W. Kirkaldy and A. D. Evans. The History and Economics of Transport (London. 1915). 33–60. 70–196.

E. A. Pratt, History of Inland Transport and Communication in England, (New York, 1912), 195–293, 359–450.

B. Willson The Story of Rapid Transit (London, 1903), Chap. IV.

E. Cleveland-Stevens, English Railways, Their Development and Their Relation to the State (London, 1915).

H. M. Ross, British Railways; Their Organization and Management (London, 1904).

W. M. Acworth, The Railways of England (4th ed., London, 1890).

Lord Monkswell, The Railways of Great Britain (London and New York, 1914).

W. R. Lawson, British Railways, A Financial and Commercial Survey (New York, 1914).

H. Scrivenor, The Railways of the United Kingdom, Statistically Considered (London, 1849).

C. Edwards, Railway Nationalization (London, 1907).

E. A. Pratt, Railways and Nationalization (London, 1908).

Biggs, General Railway Acts, 1830–98 (15th ed., London, 1898).

G. A. Sekon, History of the Great Western Railway (London, 1898).

C. H. Grinling, History of the Great Northern Railway (London, 1898).

C. E. Stretton, History of the Midland Railway (London, 1901).

Steam Navigation

W. J. Ashley, British Industries (London, 1903), 173-195.

J. R. Smith, The Ocean Carrier (New York, 1908), 3-25.

E. R. Johnson, Elements of Transportation (New York, 1909), 201-230.

E. R. Johnson, Ocean and Inland Water Transportation (New York, 1906). Chaps. II–IV, IX.

A. W. Kirkaldy and A. D. Evans, The History and Economics of Transport (London, 1915), 238–310.

B. Willson, The Story of Rapid Transit (London, 1903), Chap. III.

A. Kirkaldy, British Shipping: Its History, Organization, and Importance (London, 1914).

A. Fraser-MacDonald, Our Ocean Railways (London, 1893).

J. Croil, Steam Navigation and Its Relation to the Commerce of Canada and the U. S. (Toronto, 1898).

R. J. Cornewall-Jones, The British Merchant Service (London, 1898).

H. Fry, History of North Atlantic Steam Navigation, with Some Account of Early Ships and Shipowners (London, 1896).

A. J. Maginnis, The Atlantic Ferry (3rd ed., London, 1900).

A. Colin, La Navigation Commerciale au XIXe siécle (Paris, 1901).

E. Blackmore, The British Mercantile Marine (London, 1897).

J. W. C. Haldane, Steamships and Machinery (London, 1893).

Lloyd's Register of British and Foreign Shipping (London, published annually).

Continental Highways and Canals

W. H. Dawson, Evolution of Modern Germany (London, 1912), Chap. XI.

W. H. Dawson, Industrial Germany (London, 1912), Chap. IV.

H. G. Moulton, Waterways versus Railways (Boston, 1912), 170–323.

J. E. Barker, Modern Germany, Her Political and Economic Problems, (5th ed., London, 1915), 530–562.

F. C. Howe, Socialized Germany (New York, 1915), Chaps. VIII, IX.

L. G. McPherson, Transportation in Europe (New York, 1910), 10–41.

L. G. McPherson, Waterways and Railways, in Atlantic Monthly, April, 1910.

J. S. Jeans, Waterways and Water Transportation in Different Countries (London, 1890), Chaps. VII, VIII.

E. Levasseur, Histoire du commerce de la France; de 1789 à nos jours (Paris, 1912), 183–190, 391–403.

J. Brunfaut. Étude sur les voies de transport en France (Paris, 1876), 57–63.

P. Léon, fleuves canaux, chemins de fer (Paris, 1903).

E. J. Clapp, The Navigable Rhine (Boston, 1911).

J. Dutens, Histoire de la navigation de la France, 2 vols. (Paris, 1829).

M. Bellecroix, La navigation intérieure en France, in Rev. Econ. Internat., Jan., 1910.

M. Saffroy, Les voies navigables intérieures de la France; leur constitution, leur mode d'exploitation, leur development (Paris, 1912).

Marlio, L'Allemande et la navigation intérieure (Paris, 1909).

Railway Development in France and Germany

A. T. Hadley, Railroad Trnasportation; Its History and Its Laws (New York, 1886), Chaps. X, XI.

L. G. McPherson, Transportation in Europe (New York, 1910), 42-121 passim.

W. H. Dawson, Evolution of Modern Germany (London, 1908) Chap. XI.

W. H. Dawson, Industrial Germany (London, 1912), Chap. III.

F. C. Howe, Socialized Germany (New York, 1915), Chap. VII.

E. Roberts, Monarchical Socialism in Germany (New York, 1913), 17-32.

J. E. Barker, Modern Germany, Her Political and Economic Problems (5th ed., London, 1915), 563-599.

E. Kech, Geschichte der deutschen Eisen bahnpolitik (Leipzig, 1911).

A. von Meyer, Geschichte und Geographie der deutschen Eisenbahnen von ihrer Entstehung bis . . . 1890, 2 vols. (Berlin, 1891).

P. de Bourgoing, Tableau de l'état actuel et des progrés probables des chemins de fer de l'Allemagne (Paris, 1842).

M. Le Chatelier, Chemins de fer d'Allemagne (Paris, 1845).

Lord Monkawell, French Railways (London, 1911).

C. Colson, Cours d'economic politique: lès travaux publics et les transports (Paris, 1910).

E. Levasseur, Histoire du commerce de la France; de 1789 à nos jours (Paris, 1912), 190-207, 274-282, 377-390.

E. Levasseur, Histoire des classes ouvrières et de l'industrie en France de 1789 à 1870 (Paris, 1903-04), II, 93-117.

E. Levasseur, Questions ouvrières et industrielles en France sous la troisième republique (Paris, 1907), 193-214.

J. Lobet, Des chemins de fer en France (Paris, 1845).

P. Guène et F. Gouget, Nos voies ferrées (Paris, 1905).

O. Noël, Les chemins de fer en France et a l'étranger (Paris, 1887).

B. Brunfaut, Étude sur les voies de transport en France (Paris, 1876), 63–525.

G. Guillaumot, L'organization des chémins de fer en France (Paris, 1899)

T. Stanton, The Political Side of State Ownership in France, in North Amer. Rev., Aug., 1913.

P. Leroy-Beaulieu, Public Ownership in France, in North Amer. Rev., March, 1913.

G. Picard, Les chemins de fer français. 5 vols. (Paris, 1884).

C. Travis, Railway Rates and Traffic (London, 1914), 77–114.

H. R. Meyer, Government Regulation of Railway Rates (New York, 1905), 3–188.

E. R. Dewsnup The Attitude of the State Toward Railways; a Discussion of the Question of Nationalization, in Bull. Amer. Econ. Assoc., April, 1911.

S. O. Dunn, Government Ownership of Railways (New York, 1913).

E. A. Pratt, The Rise of Rail-Power in War and Conquest, 1833–1914 (London, 1915).

第十二章　百年來英國商業之自由及發展

(110)穀物條例之來歷　前已表過，英國在拿破崙時代(1)閉幕之際所享有的海上霸權是於隨後年間被國內不順利的經濟狀況和社會狀況消滅了。(參看史拉德的近世英國之締造第一章(a)。)在一八一五年時英國負國債八萬六千萬金鎊，政府之窘至於行政費用尚難應付，更不能籌出減輕負擔之法。戰前每年一千七百萬鎊的租稅此時增爲七千二百萬鎊由不足二千萬的人口負擔；每樣財物每種交易都被徵科，並且又行所得稅(2)。各種商品原課關稅的都提高稅率，未課稅的另課新稅，有幾種物品課稅之重竟直是寓禁於征。商業是停滯了。農業是貶價了。人民仍須極力整理工業變化尚未竣功之事。工資很低，糧食昂貴，而且接着幾年收成都很歉。總而言之，如當時有公德心的人坦然承認的，英國的經濟情形是危險萬狀而且又不能以簡單而求速效的方法去救治。

國會應付這種形勢最初採用的政策是很不幸的。他們並未設法去減少較貧之人的租稅負擔。反倒於一八一五年制定一種法律，全爲地主的利益着想，這班地主的目的就是維持糧價以便提高地租；其次年，不顧利物浦勳爵(3)(譯者按利物浦勳爵名金鏗生(4)，一八一二年至一八二七年任英國首相之職)內閣之意，又把所得稅廢除了，據說所得稅是一種戰稅(5)。當時存留全歸小百姓負擔的好幾種稅，包括關稅的大部分，都與所得稅一樣的是戰稅，但這些稅都放着完全不提。

糧食商業在英國是早如十四世紀時已受法律規定，但各時代所加限制大不相同。此刻需要說明的第一

(a) Slater: Making of Modern England, Chap. I. 1. Napoleonic period. 2. Income tax. 3. Ministry of Lord Liverpool. 4. Robert Banks Jenkinson, Earl of Liverpool. 5. War tax.

個政策是獎勵穀物之輸出，始於一六八九年的穀物獎勵金條例（1）。（關於穀物，較早的法律是圖消費者的利益。但自有一六八九年的條例，即轉而著重生產者的利益）英國在十七世紀時是一個農業國，當時人的思想都以爲要圖全國的繁榮，國家應以獎勵金給與按國內價值輸出的一切穀物。這個政策直維持到一七七三年。約一七四〇年間穀物輸出額逐漸低減，因爲人口增殖和產業主義興起以致國內穀物剩餘漸少；至一七七三年英國覺得這個制度必須大加整理，使其不但減少誘致輸出的效力，而且還要於穀物稀少價值昂貴之時鼓勵輸入。到一七九三年穀物輸出完全終止，英國已經達到本國穀物僅足自給之點，隨後年間更甚。

從此以來的規定專趨於輸入的條款。

經拿破崙戰爭（2）期間，其時英國所仰賴的波羅的海沿岸糧食供給的來源阻絕很久，英國只得想盡方法去增加本國農產以維民食。這個政策尙有成效。用圈地及其他方法，耕地面積是擴大了，投入的資本及出產都着實增加了。然而，物價陡漲究竟是難免的。物價較高的限度，因連年繼續不減，就被地主們視爲固然。

地租是按着高額物價扣算；其數之鉅也只有想着物價之高纔能忍受。當一八一五年和平恢復，外國糧食又有輸入英國之機會，糧價可望低減之時，英國農業團體奔走相告以爲大禍臨頭。他們力說地租會要跌落；地價會要減縮；而且不僅地主，就是農戶和工人都會要大受其苦。各地主，要預防這個變局，就請求國會保護；當時的國會頗受地主階級的勢力所支配，隨即以大多數的贊同制定了這個使人難忘的一八一五年「穀物條例」（3）。（條例全文見布蘭德，布朗，唐訥三氏英國經濟史典籍選六九二頁至六九八頁（a）。）

(a) Bland, Brown, and Tawney: English Economic History, Selected Documents.
1. The Corn Bounty Act. 2. Napoleonic wars. 3. "Corn Law."

（III）穀物條例之實施　須要注意，一八一五年條例的原則，即穀物輸入只許在英國糧價已達某一定數目之時，並非新奇。　一七七三年的法案已規定輸入穀物必須在小麥每「夸塔」價值不少於四十八先令之時，而一七九一年的法案又定這個限度爲五十四先令。　一八一五年穀物條例規定除在小麥價值每「夸塔」達八十先令或以上時禁止一切穀物輸入，（大麥定爲四十先令，燕麥定爲二十六先令，小麥定爲八十先令，糧價達到這個限度時纔許糧食輸入。　關於英國殖民地的糧食之輸入英國，亦須俟小麥值六十七先令，大麥值三十二先令，燕麥值二十二先令時。　縱然如此，殖民地糧食輸入英國仍是非常之少。　一「夸塔」約合八蘿（約華量四斗）所以每「夸塔」八十先令，即是每蘿約值美金二元半。　在一八二二年，小麥限價減爲七十先令。）這個條例的製作者希望給國內生產者以最大額的安全，却反把糧價維持在因戰事而膨漲的限度上。　按之事實，當這個法律制定時，小麥市價實是六十一先令。

一八一五年的穀物條例，也如以前的同類條例一般，是一階級的法律(1)。　這種法律是只圖人民中一部分的利益而不顧全國其他各部分的利益的。　施行未久，這種法律的苛酷便已顯著。　一八一六年及一八一七年收成頗歉，一八一七年小麥平均價值漲到每「夸塔」九十六先令十一辨士。　在這種情形之下，輸入糧食本是可能的；但這個法律的弊病却顯出來了，在「歉價」(2)（譯者按即規定之外國糧食可輸入時之英國糧價，如小麥每「夸塔」八十先令是）達到之前人民已深感糧食匱乏之苦，到得外國糧食輸入時英國的饑饉已快要成災了。　要用這個條例來維持糧價的高貴和穩固，也是失敗了。　那時物價永是變動的，大有非落不可之

1. A Class Measure. 2. "Scarcity-price."

勢。　再者，要用這個條例來鼓勵農業使英國復爲自足之邦，也是不成功，因爲英國勢已至此，不得不永遠多少倚賴外國糧食的接濟。　兼之這個制度對於商業的影響最爲有害，因爲以英國成製品合波羅的海各國，英國，及各殖民地交換糧食可得大利的許多好機會都白白錯過了。

從一起首至少就有幾部分人看透這個穀物條例的原理是有大弊的。　工業人民尤爲懷疑。　誤認糧價爲支配工資主因之經濟理解居然一時鎮住了反抗，直到這個法律的失敗和相反的效果成爲彰明較著之時幾與一個運動專以修改或撤銷此法爲目的。　自然，穀物條例不過是當時限制工商業全體的廣大制度之一部分；而且解放的計畫雖注重在穀物條例，却不是僅止於此。　所以當一八二〇年倫敦的一個商人團體陳述關於商業的請願於國會之時，他們把原富所舉的論據徵引出來，而且要求按自由貿易(1)的趨向改良關稅制度。(這篇文章全文印在布蘭德，布朗，唐訥三氏的英國經濟史典籍選中六九八頁至七〇一頁又經寧漢的自由貿易運動三九頁至四四頁(a)。　參看司馬特的十九世紀經濟年譜，一八〇一年至一八二〇年，七四四頁至七五九頁(b)。)　又，當一八二一年兩院合派調查委員會(2)經長期考察之後，呈出報告書表明他們對於穀物條例的信仰已經動搖之時，保護制度的全部至少是受含蓄意思的反對了。

(112)航業及關稅之改革　一八二〇年以後，英國的商業解放是順着三大綱領進行：

(一)取消特爲保護航業的通航條例；

(二)修正一般關稅；

(a) Cunningham: Free Trade Movement, 39-44. (b) W. Smart: Economics Annals of the Nineteenth Century. 744-759. 1. Free trade. 2. Committee of Inquiry of the Lords and Commons.

(三)廢除穀物條例。

這三大目的沒有一個是輕易迅速達到的；的確的，後兩個乃是經幾十年的鼓吹和苦心孤詣的立法之後纔得完全實現。 英國十七十八世紀的各航海條例(1)是根據於殖民理論(2)；美國獨立之成功，南美洲人民之紛紛背叛，拿破崙時代之戰爭，放任主義(3)之驅除重商主義，種種事實無不與殖民理論相反，於是殖民論也就根本推翻了。(當代著作闡發放任主義之理的撮要記述，見哈彌尉敦的現時經濟問題九〇頁至一〇六頁。 譯者按殖民論係出於重商主義，其大意不外使殖民地專供給英國之原料，而英國以成製品售於殖民地以取利，因此遂有通航條例之發生。 通航條例始於一六五一年至一六六〇年另行改訂，其例更苛，大致謂凡輸入商品於英國無論由亞洲，由非洲，由美洲，或由其他地方，其運貨之船必需為英國所製或為英人所有，其船長必需為英人，其水手四分之三亦必為英人，但由歐洲部內之商品生產地直接輸送者不在此限；此法行至一七九六年。 英國立此法律之意一半在維持殖民地商業之獨占權，一半係與荷蘭爭海上商業。) 大勢既變，自一八一五年以還，覺無恢復舊制之望。 過了一個飄搖無定的時期之後，政府受商部總裁哈士開生(4)(譯者按哈士開生生於一七七〇年死於一八三〇年，以善理財著名。)的指導，開始於一八二四年訂立條約許外國以航海權的完全平等及交互行為(5)；到一八三〇年時這類條約與各重要商業國都已訂妥。 外國船舶仍被屏絕不許在英國地方作沿海貿易(6)，沿海貿易的意義是解釋為包括母國與殖民地間的商業而言。但與殖民地貿易之權是被許准與承認英國在他們的殖民地有交互特惠(7)的各國；最後在一八四九年及

1. Navigation laws. 2. The colonial theory. 3. Laissez-faire. 4. William Huskisson. 5. Reciprocity. 6. Coasting trade. 7. Reciprocal privileges.

一八五四年沿海航務及殖民地航務之岐視都全拋棄了。與反對哈士開生政策之人的預言相反，英國的商船在這個解放期間着實發達，這種情形雖然略有參差，却是很實在的。一八〇〇年英國商船總噸數是一百六十萬噸，一八二〇年約近二百四十萬噸，至一八五〇年增爲三百五十萬噸。

哈士開生乘國際安寧及本國恢復昌盛之機，不但把嚴厲的航業政策寬弛了，而且又把英國的財政制度加以周密合理的改造。尤爲出色的是關稅完全勘査一番，剔除了許多積弊。哈士開生及他的同僚都不是自由貿易論者(1)。他們並未爵盡改革去推翻向來的保護主義。但他們承認爲目的有時必須用新力法纔能達到，而且承認沒有永久不變而能使人滿足的商業制度。他們看出足以妨害英國商業的法條禁令或其他限制約有一千五百款之多。於是他們慨然以解放商業而不絲毫損及國家規定商業之權力爲己任。他們的事業遠過於華博爾(2)及畢特(3)；然而他們留了許多未竟之功給皮爾(4)和格蘭斯頓(5)隨後去做。

舉其大者言之，四件事是成就了。第一，關稅法律是改簡單了而且集爲專編使人較易明白。第二，課於爲英國製造而輸入的原料，如羊毛，蠶絲，煤，等的關稅是減輕了。第三，輸入成製品的關稅是按一八二五年的法案降至平均稅率爲百分之三十。成製絲貨的輸入，以前是禁止的，此刻亦按百分之三十的稅率課稅。第四，關於輸出的一切限制——無論關於原料的，關於製造的，或關於勞力的——驟然都廢除了。甚至關於機器輸出的限制，從前唯恐外國人學會了就不免爲英國工業的勁敵，所以持之甚嚴，此刻也解禁了。總而言之，保

1. Free traders. 2. Walpole. 3. Pitt. 4. Peel. 5. Gladstone.

議制度之一大破壞是作成了。八年之後(一八三三年)政府重提舊事,定出一種法律廢止五十八種物品的一切關稅而且減輕七百種物品的稅率。這個辦法的效果卻是過於望外。輸入和輸出都增加了,英國的昌盛也顯而易見的日甚一日了。

(113)反對穀物條例運動　同時,穀物條例廢除的要求日見增長。(原定的法律,因不克達到所望的目的,已經屢次修改。所以一八二八年穀物條例中加入一個遞差算表(1);按其作用,輸入糧食關稅之高低適與國內糧價成反比例(即糧價高則稅率低,糧價低則稅率高),但這個辦法也沒有重大效果。)在一八三二年之前,反對穀物條例運動是與國會改革的鼓吹緊相關聯的。然而一八三二年的下議院(2)改革雖給廢除穀物條例運動幫忙,因爲這一院也不過是由此比以前稍微多有幾名工商業階級的代表而已。於是反對穀物條例運動只得仍舊獨力進行,而且仍如從前一樣,在國會之外進行。到一八三二年時這個運動博得著名經濟學家爲之盡力,爲之領袖,從此未久這個運動的組織和精神傳播極遠。下議院對於他們屢次請願的答覆都是申明議員的意志是順從公衆意見而非引導公衆意見,由此不啻指明這些改革家的唯一希望是在對於這個問題造成強有力的輿論。完成這樁事業的奮鬭是英國歷史上最可欽的事實之一。如一位近今著作家說的,「有一個制度,他的贊助者認他不單是農業國家的壁壘,而且是國家歲入的需要,又受國內最富最有勢力之人的贊助,這班人對於保存這個制度都是直接受利益的,英國人民竟能推翻這樣的一個制度,這眞是審愼周詳百折不回的勉力」(見阿密特吉斯密士的自由貿易運動六五頁(a))。一八三八年時英國首相

(a) Armitage-Smith: The Free-Trade Movement, 65. 1. Sliding scale. 2. The House of Commons.

a) Bland, Brown, and Tawney: English Economic History, Selected Documents, 701–702. (b) A. J. Balfour: Essays and Addresses, 189. "Cobden and the Manchester School." 1. Melbourne. 2. Anti-Corn-Law League. 3. Anti-Corn-Law Association. 4. Richard Cobden. 5. John Bright. 6. Yeoman. 7. Arthur James Balfour. 8. Rochdale.

梅爾本(1)付說「要使全國農業團體毫無保護，我當着上帝宣言我以爲這是人類向來未有的幻想中最瘋最野的計策。」)

實行這種宣傳的主要機關是反對穀物條例同盟會(2)，一八三九年組成於滿切斯達而且包羅分散於國內各處的反對穀物條例會。(參看布蘭德，布朗，及唐訥三氏的英國經濟史典籍選七〇一頁至七〇二頁(a))早如一八三六年倫敦有一班急進派已經組成了一個反對穀物條例會(3)，但造成影響甚小。這個同盟會的中堅是棉花製造家，而最能幹最有勢力運籌擘畫的領袖人物是入會最早出力最多的兩位名家，柯伯登(4)(生於一八〇四年，死於一八六五年)和布萊特(5)(生於一八一一年，死於一八八九年)。柯伯登是英國自由(6)民的後裔，他由切實的觀查深知當時矯揉造作的農業制度及於農民和租戶的惡影響。他受過商業教育而且又久經從事於商人業務，他又知道這個制度對於商人和製造家所顯出的短處。他是一個度量寬宏實事求是，精力卓越，能言善辯的人，雖間或在辯論方法上太欠注意，却常能動人觀聽，如著名批評家巴爾富(7)(譯者按巴爾富生於一八四八年，係英國當代著名政治家兼文章家，一九〇二年至一九〇五年曾任英國首相。)稱揚之語，雖稍覺言過其實，他是「最有成效的宣傳家兼最偉大的鼓吹者。」(見巴爾富的文篇及演說第一八九頁，「論柯伯登與滿切斯達學派(b)」) 乃是經柯伯登的指點，所以他本城滿切斯達於一八三七年組織的反對穀物條例會卽於一八三八年改爲上述的全國同盟會；在同盟會中他的才識足以統轄全局，他的精神足以使人氣旺，他終身盡力於反對穀物條例同盟會。布萊特是洛其德爾(8)的一位富裕的製造家，於一八三六年或一八三七年纔與柯伯登相遇，從此逐漸成爲與柯伯登鼓吹反對穀物條例的第一同志。多賴這兩個人的指導，這個鼓動著著進行，不單要求撤廢穀物條例，而且要求採用一般的自由貿易。同盟會設立一種報章，名爲反對穀物條例通報（1）；同盟會會員四出講演；又舉行巡遊和示威以惹起羣衆的注意。一八四三年同盟會舉行常年會時，據報告分散了九百萬册論文，集會之處有一百四十個城鎮之多。

（114）皮爾之關稅法穀物條例之撤銷：梅爾本（2）勳爵的自由黨內閣（3）（譯者按此次內閣成立於一八三五年）歷年對於方興未艾的公衆要求只偶然作一點不關痛癢的讓步，在一八四一年的全國選舉上失敗了，因此退出政局。於是保守黨（4）內閣成立了，以皮爾（5）爲首相。就政黨性質而論，保守黨也是與他們的敵黨一樣的堅持保護制度。然而英國此時的大勢是正在力圖促進自由貿易之成功。第一層，英國的財政情形是使人極不滿意，大有非行一種果決的救濟方法不可之勢。第二層，英國是正經過一個收成荒欠，商業恐慌，工業貶價的長久時期。第三層，一八四一年柯伯登被選爲下議院議員，這個改革運動在議場中有了能傾四座的代議人；同年，布萊特亦開始盡量的發揮他的雄辯和熱忱。（布萊特亦於一八四三年當選入國會）

從這個形勢裏出現了近世英國歷史中最可驚的變遷之一——居然有向來以擁護保護制度爲己任的地主貴族政黨最占勢力的國會把穀物條例廢除了。（記保守黨贊成自由貿易政策之來歷的一篇文章是亞肯黎的歷史及經濟之觀測二六八至三〇三頁（a））。緊隨着皮爾定出的大政綱領，最重要的第一步於一八四二年辦了。較可注意的三椿事都是在此時作成了。第一，以所得稅爲國稅之制是恢復了，以圖抵補國庫因

(a) W. J. Ashley: Surveys, Historic and Economic, 268–303. 1. "Anti-Corn-Law Circular." 2. Lord Melbourne. 3. The Liberal Ministry. 4. A Conservative Ministry. 5. Sir Robert Peel.

關稅減輕的損失（前已表過，在拿破崙戰爭時代英國通行的所得稅一八一六年停止）。第二，關稅通則大加改良，取消一切禁制關稅（1）而且減輕許多輸入物品的稅率，尤以飲料及原料爲甚。原從的應稅貨品表中列舉應稅貨品至一千一百五十餘項之多，此刻有七百五十項都加以多少修正。第三，穀物條例之苛酷被緩和，以加入新而較寬大的遞差關稅率（2）。穀物條例所受影響既不如這個限制制度的其他部分之甚，所以同盟會的宣傳仍舊繼續不懈。早如一八四一年時，皮爾已被柯伯登承認爲自由貿易論者；雖然這個徽號不免加得太早，這位首相對於解除限制的傾向却是日甚一日，尤以對於穀物條例之廢除爲甚；因此他引動了許多人入黨爲他之助。一八四四年另有些關稅也減低了；一八四五年糖稅亦被減輕，而且稅則中過於瑣屑之物有四百三十項之多都被廢止了。

關於穀物條例一層，一八四四年及一八四五年的荒歉和一八四五年至一八四六年愛爾蘭的飢饉警起了多數人的注意，一八四六年一月二十七日皮爾在下議院大演說時提出一個法律，其中準備

（一）從一八四九年一月一日起，穀物條例之施行應當完全停止，只保留糧食每「夸塔」一先令的註册稅（3），

（二）另有一百五十項食料，原料，及成製品，亦應免除關稅，或應減輕關稅。

此事的結局很奇。經長久熱烈的辯論之後，（這次討論中各演說詞的撮要，印在布蘭德，布朗及唐訥三氏的英國經濟史典籍選中七〇五頁至七一一頁）。這個法律於三月十五日在下議院以三二七票對二二九票

1. Probibitory Duties. 2. Sliding scale of Duties. 3. Registration duty.

1. Lord George Bentinck. 2. Benjamin Disraeli. 3. Gladstone, William Ewart. 4. Lord Aberdeen. 5. Peelites. 6. Crimean War. 7. Jerusalem. 8. Lord Palmerston. 9. The Cobden Treaty.

可決；在上議院中於六月二十五日以二一一票對一六四票通過。然而無調停的保護派，以奔廷克(1)勳爵和狄士雷里(2)爲領袖，憤憮所洩，立刻與自由黨攜手，逼皮爾退職(一八四六年)。這位首相，如何伯登說他的，「失一黨而得一國」，從此不再履政界。當時的人和現在的人竟責備他不能始終忠於本黨，這種話，只有那一班否認盡力國事者有權在學識經驗增高恍然大悟之下修正自己意見的人纔肯附和。

(115)自由貿易之最後勝利。四十年堅持不放的穀物條例既摧殘了，英國保護制度的死刑也就定案了。各種輸入品的關稅，經哈士開生和皮爾改革之後，已是比較低平。要再改削他們到不容有絲毫保護派意義存於其間，是一樁並不費力的事。這件事的完成多賴格蘭斯頓(3)，他是皮爾的學生而且是皮爾內閣的同僚。(譯者按格蘭斯頓姓威廉，愛華特名，生於一八〇九年，死於一八九八年)。當一八五二年格蘭斯頓爲阿貝丁(4)勳爵的自由黨與皮爾派(5)混合內閣的財政大臣時，他辦成了(於一八五三年預算案內)一百二十項物品關稅之廢除及一百四十項物品關稅之減輕。隨後幾年間，國家支出分外增加而且又因克利米亞戰爭(6)(譯者按克利米亞戰爭在一八五四年至一八五六年。初，俄國以保護朝拜耶路撒冷(7)耶教徒爲名，向土耳其大肆要求，法國既不願俄國在歐洲近東占特殊利益，英國亦恐俄國的舉動妨及印度。一八五四年俄軍遜入土境，於是英法聯合對俄宣戰)惹起一般的不安寧，所以不能再行改革。然而一八六〇年格蘭斯頓爲帕麥司頓(8)內閣閣員時仍提舊事，乘英國與法國訂立商約(見本書第一百二十三節之柯伯登條約(9))的機會把應稅輸入品的總數減爲四十八項，從前絲織物，毛織物，和成製品未能盡去的關稅至此一律撤

(a) Cobden: Speeches, I. 360. 1. Class Contest.

除。

英國就此成爲自由貿易國，尙有幾項不合時宜的關稅都於隨後幾年中撤廢了；舉其大者言之，如苧蔴稅於一八六二年撤銷，木材稅於一八六六年撤銷，穀物註册稅於一八六九年撤銷，糖稅於一八七五年撤銷。 實際上課稅物品減爲二十項上下，這種情形直至一九一四年歐洲大戰爆發之後纔又變更。 除却茶，可可，葡萄乾，仍須課稅以裕收入，此外食料一律免稅。

爭自由貿易的奮鬭，尤以爭廢除穀物條例的奮鬭爲甚，很帶有階級競爭(1)的性質，而且又彰明較著的行使籠絡羣衆的手段。 彙之政策變更的結果不曾恰合自由貿易論者的期望。 柯伯登於一八四六年預料五年之內歐洲各國的關稅制度都要效法英國，此話並不靈驗。（見柯伯登的演說集第一卷三六〇頁(a)）。 然而無論如何，英國採用自由貿易一舉總是近世政治經濟史上主要事實之一。 仔細考究起來，這個改革之所以成功並不是信從任何抽象理論，也不僅是一般人宣傳的結果，乃是英國經濟發達的全部程序已經成熟，自由貿易之達到乃是事理之所必然。 大致說，英國人民的覺悟之次序和見解之轉移頗與皮爾五十年中政治事業所經歷的相同。 他看出工資並不是像從前擬想的隨着糧價升降，乃是當物價高漲之時工資反趨於低落。 他看出減輕食料的關稅並不一定有糧食積滯妨及農業的意味。 他聽着棉花製造家等中說他們可以不必要國家保護去抵抗外國競爭，他就實行，而且由逐漸的實驗他知道英國農業也可不須國家幫忙而能與歐洲大陸的農業抗衡。 他漸次看透無論地主貴族怎樣力抗工商階級不許他們侵入政治中和社會中，無論僅僅一個工業國怎樣不及自足自贍的英國更可愛，這個不奏趣的事實是英國已經成了以工業爲主要的國家，絕不能再改變了；由此推斷起來，必須為工業人民設法使他們能得外國來的廉價食料和其他生活必需品，本國出產的食料和生活必需品數量既不甚多，價值自然昂貴，在工人既苦工資不足，製造家和商人亦要受成本過重之累。　他看出產業保護制度不能維持於穀物條例撤銷之後——當宰制全國食料供給的法制被裁之時這種法規的全部組織已不免連帶破壞了。　最後又經證明國家因廢除保護主義而犧牲的收入可以其他方法完滿的取得。（關於自由貿易成立之效果，參看史拉德的近世英國之締造一四三頁至一四八頁（a）。）

(116)英國商業之發達及其性質　近十八世紀之末，有一位英國政治家曾對美國開國元勳富蘭克令(1)說，他是深信他自己有及見英國為「自由港」(2)之希望，他說關於此事，英國人的「性質，資本，酷好企業的心理，海上聯絡，和恰在舊世界與新世界之間及南歐與北歐之間的地位，都是特別相宜的」又說「凡是位置最好的國，若不把商業開放，必不能為獲利者。」（此語曾經德依徵引於他的商業歷史中三七四頁（b）。）　說此話的人之所以有這種希望乃是由於他深明英國天然位置的長處和英國人民氣質的特點；而且過去六七十年中英國商業的發達已經把此語完全證實了。　雖德，法，美，日，等國在近今數十年中也有空前的商業發展，英吉利聯合國的輸入業和輸出業在一九一四年仍占全世界外國貿易總額五分之一。

十九世紀英國對外貿易特別發達的理由雖然顯而易見，亦無妨略加說明。　第一，可說英國對於歐洲商業及其他各洲商業所占的特殊地勢，而尤以恰在歐洲與美洲之間的地位為甚——英國在近代較廣的商業區域享有這個優點直可與意大利在中古時代較狹的商業區域中所享的媲美。　第二個理由是英國長久保持

(a) Slater: Making of Modern England, 143-148. (b) Day: History of Commerce 374. 1. Benjamin Franklin. 2. "Free port."

的海上霸權，不但能在戰時保護海上商業而且又具有各種利便，如船舶，船塢，水手，等以供隨時發商之用。第三個重要主因是英國有極多的殖民地及其他屬地。在過去半世紀中習用的殖民政策之下，殖民地並不限於專與母國通商。然而最多數英屬殖民地商業的重要部分在現今雖不加強迫，仍是屬於母國；從英屬殖民地的數目，大小，和進步的次第上看來，這種形勢在斷定英國對外貿易之鉅額上有極重大的關係。（關係殖民地商業的普通情形，參看芮恩士的殖民地管理論第五章(a)。）第四個理由也是根本主要的，是英國的大規模工業發達較早，有鉅額的剩餘出產以供輸出。法國直至一八五〇年之後，德國直至一八七〇年之後，易得有大量工業出品貢獻於國際貿易。還有一樁緊相關連的事實是英國製造品特別適宜於他洲人民之用，所以需要亦隨之而增。第五可以再說英國對於解除航業禁制和解放商業免除保護制度所加的障礙比各國着手最早。自由貿易助成商業發展究至何等限度是一個爭執極烈的問題。這一個理由可以看爲稍不及上舉二三個那樣重要。但在穀物條例廢除後五年之內英國輸出額由五千萬鎊增至一萬萬鎊，這種形勢造成一個強有力的推論以爲穀物條例與輸出額有因果關係。

十九世紀下半期英國商業發達之速可見於下列統計表：（比較德依的商業史三七四頁）

年分	輸入平均數（均按百萬鎊計）	輸出平均數	復輸出平均數
一八五五－五九	一四六	一一六	二三
一八六〇－六四	一九三	一三八	四二

(a) P. S. Reinsch: Colonial Administration, Chap. V.

一八六五—六九	二三七	一八一	四九
一八七〇—七四	二九一	二三五	五五
一八七〇—七九	三二〇	二〇二	六四
一八八〇—八四	三四四	二三四	六一
一八八五—八九	三一八	二二六	六二
一八九〇—九四	三五七	二三四	六二
一八九五—九九	三九三	二三八	六〇
一九〇〇	四六〇	二八三	六三

(以上數目均按百萬鎊計。「復輸出」(1)是外國貨物及殖民地貨輸入英國後而轉運於他處，亦譯爲「復出口」。)

這個表，雖是每五年合併計算的平均數，也顯着商業進步極爲參差。發展甚速之期往往隨即有停頓之期，甚至有退步之期。在一八五〇年間商業及各項業務都因一八四七年英國加利福尼亞(2)和一八五一年澳洲(3)發現黃金之故大受擾亂。隨後不久，商業又受一八五七年經濟恐慌之害，剛纔開始復原之時又受美國南北戰爭(4)之累，尤以美國棉花荒歉以致英國棉花廠因而輟業之時爲甚。再者，一八七五年和一八八四年是英國農業和工業歷史中最厲害最綿延的物價低落時期的生死關頭——這一次物價低落的雖是

1. Re-exports. 2. California. 3. Australia. 4. The American Civil War.

全世界都深受影響的。然而，據一八八六年英國欽派委員會的報告，英國商業數量並無銳減之事，而且統算這個物價低落期間反略有增加（見裴利士的近世英國實業史三六四頁至三八一頁(a)）。一八九○年至一八九九年十年中進步極爲參差而且遲緩。但到一九○○年非常迅速的商業發展開始了，不僅英國爲然，全世界都是如此，而十四年來英國久已停頓的輸出總額至此陡然加倍。（輸出總量之增加尚未達到一倍，但就價值計算卻是加倍了，當時普遍高漲的物價亦略有關係）一九一三年輸出總值漲到五二五，二四五，○○○鎊，輸入總值七六八，七三四，○○○鎊，數目之鉅實屬可驚。過去五十年中英國越更專精於製造，以前要維持本國民食和本國自己生產原料等事都不能顧及了。所以英國的輸出多是限於成製品，主要的是紡織物（棉貨羊毛貨和苧麻貨），機器，革製品，化學藥品，和陶器。反之，輸入的大部分都是食物，原料，及半製品——穀類，肉食，水果，乳酪製品，鐵礦砂，棉花，羊毛，麻，革，紙張。

英國輸出業和輸入業在地理上的分配分期列表於下，數目按百萬金鎊計。（照錄裴利士的近世英國實業史五七五頁）。

英國出產	每年平均數				
輸出於：	一八八五—八九	一八九○—九四	一八九五—九九	一九○五	一九一一
英屬印度	三一	三○	二八	四○	五二
美國	二八	二六	二○	二四	二七

(a) Perris: Industrial History of Modern England, 364-381.

澳洲	二三	二〇	二一	二三	四〇
德國	一六	一八	二二	三〇	三九
法國	一五	一五	一五	一七	二七
荷蘭	九	九	八	一三	一八
總計輸出於：					
外國	一四七	一五六	一五八	二一六	二九七
英國屬地	七九	七八	八一	一一三	一五六

英國輸入品來自：	每年平均數				
	一八八五—八九	一八九〇—九四	一八九五—九九	一九〇五	一九一一
美國	八五	九八	一一〇	一一五	一二四
法國	三九	四四	五一	五四	五一
英屬印度	三三	三〇	二六	三六	四五
澳洲	二四	三〇	三一	四〇	五七
德國	二五	二六	二七	三五	四三

T. Protectionism.

俄國	二〇	二一	二一	三三	四一
總計輸入自：					
外國	二九三	三二二	三五五	四三七	五〇八
英國屬地	八七	九六	九七	一二七	一七一

(117)自由貿易之反動　自穀物條例廢除後三十年來自由貿易之思想在英國爲最有勢力。堅持保護主義(1)最久的一些團體絕未變心，但他們的人數不多，勢力有限。然而經十九世紀的最後二十年中，自由貿易——在那時已是實施的政策而非經濟理論——開始引起各方面的疑問，到十九世紀之末一般人民已有傾向保護主義之反動的表示。從此這個反動逐步進行，到近年來英國人對於這個問題似乎會要永遠分爲兩派，不過兩方勢力尚難均平。

保護派復活的理由是很複雜的，讀者不要以爲下面所述的幾個原因對於某團體或某個人都有相等的使人回心轉意之力——也不要以爲這些原因的某一個眞已使人回心轉意了。第一是英國人看出本國在一八八五年至一八九〇年輸入之增加極速，而輸出之增加甚遲，並且比其他各國的輸出增加都遲。自一九〇〇年以來這種事情已經沒有了。但在一九〇〇年之前這種輸入增加速而輸出增加遲的事實不曾警起許多英國人去思索究竟英國的關稅政策是否偏於使輸入太過容易。更直接有影響的是十九世紀最後二十年中農產物價低落帶累租價，地租，和農戶的贏益紛紛降減。前已表過，農產物價低落的主要原因是新與農業區域的競爭；（見本書第七十三節）在農業團體自然想到主要救濟方法是徵課外國輸入糧食關稅。凡非農務家而認本國自維民食爲國家根本大計的人都表同情於農業團體。有相同效力的是一八八〇年以後工商業贏益之衰減，在因此受害的人就從得保護關稅既能鼓勵本國實業便可救濟他們。另一更重要的局勢是近來公衆意見所認定的國家正當職權和政府活動範圍比從前又稍改變。近年來國家干涉多是爲圖實業人民等的幸福，如工場規則，強迫教育，僱主責任法，及其他各種法律之制作施行已經養成了公衆意見以爲國家對於社會上和經濟上的情形加以規正是正當的，因此引起一般人傾向國家以關稅支配商業的制度。

還有一個實際上最有勢力的主因是英國以自由貿易國家的資格所感位置單調之苦。前已表過，五六十年前提倡自由貿易的人相信普遍的自由貿易時代已到他們的這種希望並未實現。恰恰相反，法國和德國，經極短期傾向自由貿易政策之後，立即翻轉面皮，三十多年來保持保護制度唯恐不緊。其他歐洲各國的最多數都已推廣關稅並且增加關稅，甚至美國也是如此。就中尤可注意的，英屬(1)自治殖民地（譯者按英屬殖民地甚多而只有白人萃聚之處享有自治特權，這也是種族上極不平等之一事。下列之地皆爲英屬自治殖民地——坎拿大(2)，紐芳蘭(3)，澳洲(4)，紐絲綸(5)，南非洲聯邦(6)。白人勢力較小之殖民地則無自治之權，名爲皇家殖民地(7)。）一般的篤守保護他們自己日漸發達的工業之政策。因此英國自覺處於孤立的地位，與英國抗衡之各國的物品輸入英國多半免稅，同時英國物品運往那些國却不得不付給百分之三十乃至百分之一百三十的關稅。

1. British self-governing colonies. 2. Canada. 3. Newfoundland. 4. Australia. 5. New Zealand. 6. The Union of South Africa. 7. The Crown Colonies.

(a) Root: Trade Relations of Great Britain, Chap. II. 1. "Fair trade." 2. Reciprocity. 3. A tariff wall. 4. An Imperial customs-union. 5. The South African War. 6. Preferential duties. 7. Cape Colony. 8. A Preferential system. 9. Joseph Chamberlain.

說英國受了這種情形的苦是不容疑惑的。然而問題之爭點是，究竟英國因此而受的害處是否重於因篤守自由貿易原理而得的利益。政治首領和人民中也有一大部分斷定爲害大於利；所以有近年國家財務政策根本改革的要求。在好幾派以鼓吹保護主義部分復活爲目的建議之中，有兩個可以看爲足以代表英國人對於此事之思想的主要派別。第一個建議形成「公平交易」(1)及交互(2)行爲之要求。按這個計畫，英國應當尊奉自由貿易爲主義，而且對於與英國有交互行爲協約之國應當極力維持自由貿易。但是，國家對於凡不能取得交互特惠之處就應徵課保護關稅。照這個建議之意，關稅成爲英國現今尚未具備的報復武器。

(118)張伯倫之建議：殖民地優先權　第二個建議更進一層。這個建議擬定了兩個根本改良方法，即是，對於非英屬之地建立一種關稅壁壘(3)，又聯英國，殖民地，和屬土共設一個帝國(4)關稅同盟，附以專爲己用的商業制度。這種意見在南非戰爭(5)(譯者按在一八九九年)之前已稍稍有人說過，(一八九八年坎拿大定了一種制度俾英國享受優待(6)關稅的利益。一九〇三年地角殖民地(7)亦立同樣之法。關於坎拿大制度之作用，參看魯特的英國貿易關係論第二章(a)。當一九〇二年因收入目的施行輸入穀類每「夸塔」一先令的註冊稅(即曾於一八六九年廢除的註冊稅)之時，英國人頗望對於殖民地穀物將此稅豁免，於是創始所謂優待制度(8)。殖民大臣張伯倫(9)便是主張此說的人之一。(譯者按張伯倫生於一八三六年，死於一九一四年，一八九五至一九〇〇年任殖民大臣。)一九〇三年穀物註冊稅又復廢止，但在此事之前當權的統一黨(1)已現破裂之兆，其中有一派是較拘執的自由貿易家，另一派却想利用這種機會制成一種稅則以達民族的帝國的利益，財務還在其次。在張伯倫的心中，這種優待法根深蒂固的盤據着，他於一九〇三年游歷新近平定的南非洲各省之後，越更深信優待權之法良意美。

這位殖民大臣剛由非洲回到英國，卽於一九〇三年五月十五日在伯明罕對他的同志發了一番震動全國的大議論，他毫不含糊的宣稱時機已到，英國應當拋棄滿切斯達學派(2)的自由貿易主義，應當把帝國組織得更密切，同時應當採用輸入食料的優待關稅以增進母國與殖民地的經濟利益。他很激昂的說，英國應當在教育法案，執照法案，「教區問題」等事稍稍省一點心，應當學着「從帝國上着想」（譯者按所謂「從帝國上着想」一辭係照原文直譯，頗難得相當之語以達其意。近代所謂帝國主義(3)，簡單說，卽是遠闢土地，與土人通商，投資以啓發其天然富源，壟斷其經濟權利；這麼樣的政策就喚作帝國主義。）尤其特別，這個建議是雙關的。第一層，一切輸入食料俱應課以普通關稅，殖民地物產却給以比外國物產稅率較低的便宜。張伯倫以堅決之言對下議院說「你們若要給殖民地以優先權，你們必須徵課食物稅。」第二層，英國工業受徵課輸入成製品關稅的保護以抗外國「不公平的競爭」(4)。（所主張的稅率是：穀物及麪粉每「夸塔」二先令；肉類及乳酪品百分之五的從價稅；成製品平均課稅百分之十。玉蜀黍及臘肉應免稅，因為農人要用玉蜀黍喂牲畜，而臘肉是英國最窮的人不可少的食品。新關稅法應附以下列關稅之減輕：茶減稅四分之三（一九〇三年每磅課六辨士），糖減稅一半，咖啡及可可各減稅一半。）張伯倫力稱由這些辦法富人必因國家收入增

1. Unionist party. 2. Manchester School. 3. Imperialism. 4. "Unfair competition."

1. Direct tax. 2. Indirect tax. 3. William Cunningham. 4. William Ashley. 5. W. A. S. Hewins. 6. Alfred Marshall. 7. Charles F. Bastablo. 8. J. S. Nicholson 9. E. C. K. Gonner. 10. Leonard Courtney. 11. A. L. Bowley. 12. Tariff Reform League. 13. Balfour. 14. "A reasonable free trader." 15. Tariff Commission.

加而受減輕直接稅(1)的利益;(譯者按所得稅卽直接稅之一種)而貧人,卽或因間接稅(2)增加(譯者按關稅乃間接稅之一種)而對於國家的負擔較重——然而斷然不至於此——可由較安穩的僱傭,較高的工資,和養老年金及其他因國帑增加而可辦到的社會改良上獲得相當的大利益。他又固說英國農業衰落已久,可因受有保護而復興,而且母國與殖民地既有政治的維繫,若再加以新而有力的經濟維繫,帝國的安全和綿長定可確保無虞。

(119)**關稅改革運動** 這個計畫引起許多人的注意。統一黨中許多極聰明的青年政客和報館主筆都宣言贊成,第一流的經濟學家也有幾位如此。(著名的如鏗寧漢教授(3),亞偕黎教授(4),侯英士教授(5)是。反之,馬夏爾教授(6),巴士推伯教授(7),尼柯生教授(8),甕奈爾教授(9),柯特訥(10)及寶勒(11)(都是經濟學教師)共同簽名出宣言書以反對此計畫。一九〇三年七月二十一日贊成的人組織了一個關稅改革同盟會(12),這個機關開始在國內廣散小册子,同年稍後張伯倫退出內閣以便能使他所決意要幹的游行演講更有效。此刻的內閣,甚至四位不讓步的自由貿易派閣員都已辭職,且仍是分爲兩派。首相巴爾富(13)極力要表示自己無偏無頗自稱爲「合度的自由貿易家」(14),而且費盡精神去挽回他的快要分裂的政黨。從一九〇三年十月至一九〇四年一月這位前殖民大臣從事於異常振奮的游行演講以防護他的計畫,他說服了國內各處極多的聽衆。在一九〇四年之初關稅改革同盟會設了五十二位委員組成的一個非官式的關稅委員會(15),以備澈底研究關於關稅改革的一切問題和情形。經五年多的工夫之後,這個委員會呈出一部極詳細的報告書；雖然這全份事業是黨於此事的人辦理，一般人都承認所得的結論縱不無可議，而蒐集的材料都是極可信而且極有用的。委員會調查的結果證實了各改革家的論據，而且他的條陳是大致與張伯倫的建議相符合。（關稅委員會以凱納德(1)為主席，至今仍是一個活動團體。）

同時這個問題在政治上的醞釀已有將起重大變化之勢。統一黨人，在國會內的和在國會外的，對於這個問題的意見都已分為兩派，而巴爾富內閣竟直沒有可把這個問題列入閣議日程的機會。在這個形勢中，自由黨——失却政權已經十年，此刻立即捲土重來——奪着了他們的機會。他們，差不多全體一致的反對這個改革建議，毅然以防衛英國的「神聖自由貿易主義」為己任，而且特重廉價麵包的話極力向勞働階級陳述他們的主張。關稅改革家否認他們的建議有根本改造英國經濟政策之意，不過據最多數人的評判，自由貿易制度與保護主義兩間應得其平。政府方面，因一九〇二年教育條例管理上的困難，因人民不滿意於南非洲華工問題的辦法，及政府不能減輕因南非戰爭而增加的租稅負擔，越更鬧得無法收拾。其結果，一九〇五年十二月巴爾富內閣辭職；在其次月的總選舉上自由黨大占勝利，於是康白爾班拿滿(2)內閣成立。從一九〇五年直至一九一四年歐洲大戰開始之時，自由黨及同盟的愛爾蘭國民黨(3)和勞働黨(4)繼續當權，任何種類的保護政策在政界中竟直沒有可商量的機會。然而關稅改革的宣傳仍得在全國繼續進行，以張伯倫（雖從一九〇六年起身體日衰）為領袖，直至他死於一九一四年。這個宣傳的效力極大，所以統一黨中群衆逐漸信從而且關稅改革建議都已完全列入黨綱。（一九一三年一月二十四日統一黨領袖勞博納(5)

1. Sir V. Caillard, 2. Campbell-Bannermann. 3. The Irish Nationalists. 4. The Labourites. 5. Bonar Law.

在愛丁堡演說時，宜言關稅改革政策此刻已得本黨黨員前此所無的一致贊助。然而須知統一黨中有一大部分因怕勞働階級的仇視，已不堅持食物關稅問題了；而且勞博納嘗表示尊重黨中重要黨員公緘所陳意見之際，會應允若統一黨仍得當權之時，必須於總選舉時徵求民意再定食物關稅之應否徵課。關稅改革同盟會仍堅持己說，聲言即使統一黨可展緩食物關稅，同盟會亦絕不放手。這十年來，統一黨曾在補充選舉上屢占勝利。自由黨在一九〇九年財政法案中主辦的租稅整頓即含蓄，而且故意含蓄對關稅改革有此善於彼之意；唯其如此，所以自由黨的整頓方法在當時大爲保護派所反對。適一九〇九年至一九一一年的熱烈辯論中，自由黨繼續以下議院絕對宰制財政之勢力來維持自由貿易。但統一黨，以實際的全黨一致之力擁護保護主義和殖民地優先權。一九一四年，統一黨的預定計畫仍是一朝得志之時必定把他的新信仰條件——或者更確切一點他們的復活信仰條件——列入第一次預算案中。（譯者按英國內閣的閣員即是國會中多數黨的領袖及重要黨員。國會議員選出之後，英皇即任命多數黨的重要領袖爲首相；首相自行約本黨重要黨員爲閣員。內閣成立，即對國會宣布大政方針——包括預算案。若內閣政策一旦失却國會多數的贊助，首相即須提出辭表，閣員俱連帶去職。若內閣自信政策不誤，即可解散國會，另行總選舉以覘人民意向。若新國會仍不贊成內閣政策，內閣便不得不辭職了。自一九一一年國會改革之後，代表貴族富豪的上議院權力大爲減縮，政治勢力多屬於代表平民的下議院。這便是英國雖爲君主國而有民治精神的理由。）無論如何，這是顯然的，英國人既不能使歐洲鄰國轉而傾向自由貿易，便不得不對於這個政策分爲兩派了。

SELECTED REFERENCES

General

A. D. Innes, England's Economic Development (London, 1912), 274-295.

F. W. Tickner, Social and Industrial History of England (London, 1915), 609-620.

J. E. T. Rogers, Economic Interpretation of History (New York, 1889), Chaps. XV-XVIII.

J. E. T. Rogers, Industrial and Commercial History of England (New York, 1892), Sects. IX, X.

M. Briggs, Economic History of England (London, 1914), 367-419.

H. Levy, The Beginnings of Economic Liberalism in England (London, 1913).

H. H. Bassett, British Commerce: a Modern Survey (London, 1913).

W. R. Lawson, British Economics (Edinburgh, 1906).

J. H. Higginson, Tariffs at Work, an Outline of Practical Tariff Administration (London, 1913).

H. Atton and H. H. Holland, The King's Customs; an Account of Maritime Revenue, Contraband Traffic, the Introduction of Free Trade, and the Abolition of the Navigation and Corn Laws, from 1801 to 1855, 2 vols. (London, 1908-10).

H. Hall, History of the Custom-Revenue in England from the Earliest Times to the Year 1827 (London, 1885).

A. L. Bowley, A Short Account of England's Foreign Trade in the Nineteenth Century (2d ed., London, 1905).

L. Levi, History of British Commerce and of the Economic Progress of the British Nation, 1763-1870 (London, 1872).

C. F. Bastable, The Commerce of Nations (London, 1892).

J. Burnley, Story of British Trade and Industry (London, 1904).

The Corn Laws

H. de B. Gibbins, Economic and Industrial Progress of the Century

(London, 1903), Chaps. XXII, XXIII.

B. Rand, Selections Illustrating Economic History Since the Seven Years' War (2d ed., Cambridge, 1892), 207–241.

W. Cunningham, Rise and Decline of the Free Trade Movement (London, 1904), Chaps. II, III.

W. Cunningham, Growth of English Industry and Commerce in Modern Times (5th ed., Cambridge, 1912), Pt. I, 723–732.

G. Armitage-Smith, The Free Trade Movement and Its Results (New York, 1898), Chaps. III, IV.

W. Smart, Economic Annals of the Nineteenth Century, 1801–1820 (London, 1910), 372–417, 445–460, 512–538.

R. E. Prothero, English Farming, Past and Present (London, 1912), 253–274, 439–452.

J. A. R. Marriott, England Since Waterloo (London, 1913), Chaps, IV, IX.

S. Dowell, History of Taxation and Taxes in England (2d ed., London, 1888), II, 249–271.

A. Prentice, History of the Anti-Corn-Law League, 2 vols. (London, 1853).

J. S. Nicholson, History of the English Corn Laws (London, 1904).

N. S. B. Gras, Evolution of English Corn Market from the Twelfth to the Eighteenth Century, in Havard Econ. Studies, XI (Cambridge, 1915).

G. L. Craik, History of British Commerce from the Earliest Times (London, 1844).

H. Ashworth, Recollections of Richard Cobden and the Anti-Corn-Law League (London, 1876).

R. Cobden, Political Writings, 2 vols. (new ed., London, 1903).

Establishment of Free Trade

G. Perris, Industrial History of Modern England (New York, 1914), 280–294.

W. Cunningham, Rise and Decline of the Free Trade Movement (London, 1904), Chap. IV.

Cambridge Modern History (London, 1904-12), XI, Chap. I.

S. Dowell, History of Taxation and Taxes in England (2d ed., London, 1888), II, 319-388.

G. Slater, Making of Modern England (new ed., Boston, 1915), 135-148.

S. Low and B. Sanders, Political History of England during the Reign of Victoria (London, 1907), Chaps. II, III.

S. Walpole, History of England from the Conclusion of the Great War in 1815 (new ed., London, 1890), V, 154-236.

C. J. Fuchs, The Trade Policy of Great Britain and Her Colonies Since 1860, translated by C. H. M. Archibald (London, 1905), 3-37.

J. Morley, Life of Gladstone (London, 1903), I, 425-442, II, 18-41.

J. Morley, Life of Richard Cobden (London, 1881).

G. M. Trevelyan, Life of John Bright (London, 1913).

C. S. Parker, Life of Sir Robert Peel (London, 1891-99), II, Chaps. XVII-XIX.

Lord Rosebery, Sir Robert Peel (London, 1899).

J. R. Thursfield, Peel (London, 1891), Chap. X.

J. McCarthy, Robert Peel (New York, 1891).

A. Mongredien, History of the Free Trade Movement in England (London, 1881).

B. Holland, The Fall of Protection, 1840-1850 (London, 1913).

Reaction Against Free Trade: Tariff Reform

G. Armitage-Smith, The Free Trade Movement and Its Results (New York, 1898), Chaps. X, XII.

W. Cunningham, Rise and Decline of the Free Trade Movement (London, 1904), Chaps. V-VII.

C. J. Fuchs, Trade Policy of Great Britain and Her Colonies Since 1860 (London, 1905), 178-212, 330-388.

A. Mackintosh, Joseph Chamberlain; an Honest Biography (rev. ed., London, 1914), Chap. XXXVI.

B. Mallet, British Budgets, 1887–88 to 1912–13 (London, 1913), 199–222.

S. H. Jeyes, Joseph Chamberlain, His Life and Public Career (London, 1903), Chap. XIX.

J. Davidson, Commercial Federation and Colonial Trade Policy (London, 1900).

J. Chamberlain, Imperial Union and Tariff Reform (London, 1903).

T. W. Mitchell, The Development of Mr. Chamberlain's Fiscal Policy, in Annals Amer. Acad., XXIII, No. 1 (Jan., 1904).

R. Lethbridge, The Evolution of Tariff Reform in the Tory Party, in Nineteenth Century, June, 1908.

A. C. Pigou, Protective and Preferential Import Duties (London, 1906).

J. W. Root, Colonial Tariffs (Liverpool, 1906).

W. Smart, The Return to Protection (London, 1904).

L. G. C. Money, Elements of the Fiscal Problem (London, 1903).

L. L. Price, An Economic View of Mr. Chamberlain's Proposals, in Econ. Rev., April, 1904.

W. J. Ashley, The Tariff Problem (2d ed., London, 1910).

J. S. Nicholson, A Project of Empire (new ed., London, 1910).

G. Molesworth, Economic and Fiscal Facts and Fallacies (London, 1909).

J. M. Robertson, Trade and Tariffs (London, 1908).

C. Dilke, Problems of Greater Britain (London, 1890).

S. Walter, The Meaning of Tariff Reform (London, 1911).

A. R. Colquhoun, Preférence, impérial britannique et récéprocité canadienne, in Rev. Écon. Internat., September, 1911.

J. Le Monnier, La politique des tarifs préférentials dans l'empire britannique (Paris, 1913).

A. P. C. Griffin, Select List of References on the British Tarifl Movement (Washington, 1904).

Recent Character of British Trade

G. Perris, Industrial History of Modern England (New York, 1914), 364-381.

G. Armitage-Smith, The Free Trade Movement and Its Results (New York, 1898), Chaps. V-IX, XI.

H. de B. Gibbins, Economic and Industrial Progress of the Century (London, 1903), Chap. LXIII.

W. C. Webster, General History of Commerce (Boston, 1903), 446-456.

J. D. Whelpley, The Trade of the World (New York, 1913), 38-63.

C. J. Fuchs, Trade Policy of Great Britain and Her Colonies Since 1860 (London, 1905), 38-177.

A. L. Bowley, England's Foreign Trade in the Nineteenth Century (London, 1893), 79-145.

W. M. J. Williams, The King's Revenue (London, 1908), 9-46.

S. J. Chapman, History of Trade Between the United Kingdom and the United States, with Special Reference to the Effect of Tariffs (London, 1899).

H. M. Hyndman, Commercial Crises of the Nineteenth Century (London, 1892).

J. Ellison, The Cotton Trade of Great Britain (London, 1886).

E. E. Williams, "Made in Germany" (London, 1896).

H. Cox, The United Kingdom and Its Trade (London, 1902).

V. Bérard, British Imperialism and Commercial Supremacy (London, 1906).

J. W. Root, The Trade Relations of the British Empire (London, 1903).

A. E. Murray, History of the Commercial and Financial Relations Between England and Ireland from the Period of the Restoration (London, 1903).

G. Drage, The Imperial Organization of Trade (London, 1911).

第十二章　法國商業之發展及商業政策

(120)一七七四年至一八三〇年關稅政策之迭更　自從重農學派(1)開始提倡經濟自由主義(2)之時起，法國的商業政策就關稅方面而論，已經歷了四個階段。第一個階段從魯易第十六(3)即帝位（一七七四年）並擢升杜爾閣(4)爲大丞相之時延到一七九三年與英國開戰之時；第二個，從一七九三年延到一八五二年法國建立第二次帝國(5)之時；第三個從一八五二年到一八八〇年；第四個，現今仍在進行中。在第一期及第三期中商業上所受的關稅限制都寬免了不少。在第二期及第四期中，却有反對的趨勢，着重保護關稅。須要注意，上述前三期中，法國政策之轉移是與英國同類政策的發達時期相同，很顯明的是：

(一)法國第一期中適有英國畢特(6)內閣早年的改革，

(二)法國的商業政策在第二期時，英國亦因拿破崙戰爭之故回復極端保護主義，

(三)法國第三期中，英國適有自由貿易之建設，經始於哈士開生(7)，竣功於格蘭斯頓(8)。

甚至一八八〇年以來法國保護主義之復活也可在常與張伯倫之名相連的英國關稅改革運動上尋出踰相仿彿的複本。（見梅蕾迪的法國之保護政策二頁(a)）。

關於法國商業政策的第一時期，可以不必贅述。所可說的最重要的卽是，在眞正受重農學派思想影響的不多幾個團體中，自由貿易的感想是日漸增長，而且在杜爾閣任職的數月短期中曾有切實經營去使這種感想變爲國家政策。杜爾閣於一七七四年八月二十四日被任爲大丞相。他，在禁絕及減輕許多干涉工商業

(a) Meredith: Protection in France, 2. 1. The Physiocrats. 2. The doctrines of economic liberalism. 3. Louis XVI. 4. Turgot. 5. The Second Empire. 6. Pitt. 7. Huskisson. 8. Gladstone.

自由的瑣屑間接稅之後，於一七七四年九月十三日發布了一道周詳的諭令掃除向來因限制糧食業而生的全部機械作用——輸入的禁令，最高價值的規定，及內地貿易的障礙，——簡單說，糧食業中最充分的自由是恢復了。此後不久，關於內國酒業的一切法律障礙也被廢止了。這位丞相辦理這些事務曾得當時一般哲學家的贊許，而且一時之間也頗得法皇的信任。然而，一七七四年的收成荒歉把糧食業和酒業中的混亂情形弄得更是不易收拾，在這種局面之下一班極有勢力而專以農產投機爲利之人的仇視竟不可抗。一七八六年五月十二日杜爾閣被迫去職，雖然有些早年的商業限制不曾復行而且自由貿易主義繼續有實施之望，然而杜爾閣任內所定法制的最多數都被撤銷了。但在一七八六年法國已與英國訂了一個足使法國限制制度實際破壞的通商條約。

前已表過，法國大革命的最大效力是解放商業。在國民議會(1)手內這個結果是由兩種方法達到的：第一，於一七九〇年廢除各省關稅及各地方限制商業的一切積習陋規，使法國第一次有實際的經濟統一；第二，於一七九一年制立平和而且劃一的關稅以對外國。然而在一七九二年法國對外戰爭開始，從此以後關稅稅率迅速提高。從一七九三年至一八一四年法國的商業政策純爲對英國的仇恨所左右。其極至於拿破崙有大陸條例(2)，一切輸入幾乎一律禁止，這個辦法，直到拿破崙覆亡之時，至少在名義上是有效力的。施用這個政策的形勢在前已經敍過。(見本書第三十九節)尚有一個根本重要的效力至今仍看得出，卽是，繼續法國直至一八五〇年以後纔寬弛的嚴格保護制度。一七九三年至一八一四年間的關稅政策迎着戰時

1. The National Assembly. 2. Continental system.

的一般形勢造就了法國一班有勢力的小鐵廠主人和棉花製造家，這班人當和平恢復之時決意要免避英國貨物的侵入而且要自保他們已經取得的本國市場獨占權。復興的布爾奔(1)政府（譯者按自一八一四年至一八三〇年，凡二主，曾易第十八(2)（一八一四年至一八二四年）沙勒第十(3)（一八二四年至一八三〇年）布爾奔是他們的姓。）是稍偏於自由公開競爭的政策。但這些有利害關係的團體對於政府的要求證爲不可抗。兼之這些要求不僅出於那一班製造戰時已經課稅之商品的生產者。其他商品生產者一樣的強求保護。其結果，高率關稅是保住了，或照舊採用了，而且「一個歸去淪亡英國於戰時的制度被推及於平時的其他各國。」（見梅雷迪的法國之保護制度四頁。）一八一四年定輸入的鐵課百分之五十的從價稅(4)，一八二二年增至百分之一百二十，意在保護本國鐵工業以抗俄國瑞典的「木炭煉鐵」(5)和英國的「石炭煉鐵」(6)。一八一四年法國採用的穀物條例與英國在第二年採用的穀物條例性質大不相同，但也是一樣的以保護農業爲目的。（法國全國分爲三區，糧價落至每竡(約合華量十斗八升)(7)各爲二十三法郎，二十一法郎，十九法郎時，即許糧食輸出。一八一六年始課糧食輸入稅，稅率頗低，一八一九年及一八二二年此稅率大爲增高。）一般輸入品的關稅是於一八一八年提高了，又於一八二二年提高，而且一八二六年又更提高，到此時保護制度之徹底實行儼然可證明法國確有經濟自足之意。這個制度本來多半是爲製造家的利益而設，此時已擴充到一般的能保護農業團體。（一八一五年至一八三〇年期間法國關稅與美國關稅大致同一，可謂巧合。而且兩國中因新工業壓迫而復行保護制度的情形也是相類）通布爾奔朝代，政

1. Bourbon government. 2. Louis XVIII. 3. Charles X. 4. Ad valorem duty. 5. "Charcoal" iron. 6. "Coal" iron. 7. Hectolitre.

府繼續覺得自己對於贊成商業自由各派與要求保護各派之間只有極力持平，而已不免屢次被迫得採用他自己不曾眞正許可的保護法律。 這個期間唯一的解放只有一八二二年與美國及一八二六年與英國分別訂立的通商條約許這兩國的船舶得享與法國船舶平等的權利。 一八二八年的調查委員會已指明國家必須預防給一種工業以保護而害及另一種工業，但委員會仍贊成「合度」保護之繼續。(見勒法舍爾的法國工業勞働史第一卷五九一頁(a))。

(121)阿連斯時代之商業 阿連斯(1)皇朝(一八三〇年至一八四八年)(譯者按即法皇魯易腓力卜(2)朝) 顯然是受工業團體及地主贊助的一個中等階級政府(3)，在這個政府之下，除無關重要的瑣事外，並沒有商業政策的變更。 然而須知在這個時代的後半期中公衆意見開始轉移，其結果成爲第二次帝國時保護制度的一般寬弛。 在一八三〇年以前法國工商業發達並不甚速。 因有對於機器及其他商品輸入的限制，法國自己無從採用當時英國蒸蒸日上的製造進步的工具；同時他的外國貿易額被拘束到很低的限度，如一八二九年法國接收由英國輸入的貨品竟至少於西班牙，土爾其，或南美洲的智利(4)國所收受的英國輸入品。 然而在一八三〇年至一八四八年期間，不管他的經濟政策繼續不變，法國在拿破崙戰爭時代所受損傷已經復原，而且全國聚精會神修養生息，所以他能同時在農工商業上飛突進步。 關於農工業進步的事實在前已經敍過。(見本書第八十三節，第九十四節，第九十五節。) 關於商業可以簡單說在一八三一年至一八四七年之間供給國內消費的各種商品之輸入在價値上從三萬七千五百萬法郎增到九萬五千一百萬法郎，同

(a) Lenasseur: Histoire des classes ouvrières et de l'industrie en France, I. 591.
1. The Orleanist monarchy. 2. Louis Philippe. 3. A middle class government. 4. Chile.

時本國物產之輸出從四萬五千五百萬法郎增到七萬二千萬法郎。法國的一般進步既是如此，所以就有人倡議以爲極端保護政策是不必再要了。巴黎，波多(1)，及其他港口商人尤其傾向這個意見，尙有分散各處而極重要的其他分子，包括葡萄種植家及日朗德(2)河地方的農業家，都合力贊同。（見羅愛爾的法國對外貿易史八三頁(a)。）

這個運動得了一位能幹的領袖巴師夏(3)（生於一八〇一年，死於一八五〇年）此公是一位富有經驗的農人而且又是研究租稅及其他經濟問題的老師宿學。巴師夏久已熟知英國反對穀物條例同盟會的事業，在一八四三年或一八四四年間決意要在法國創建相彷的自由貿易運動。他開始於一八四五年以自由貿易論文宣布於經濟學家雜誌(4)（創立於一八四一年）引動許多人注意，（這些論文後來集成專書名曰經濟駁議，(5)曾被稱爲「最完備，最有效，最顯豁，最犀利的保護主義原則思想效果之揭示」。見大英百科全書第十一版第三卷五〇一頁(b)。）巴師夏的最大功績是表彰當時英國自由貿易原理之應用於農工商業。而且在一八四八年革命時，他又成爲極鋒利極有力的社會主義批評家）。他又於一八四五年在巴黎出版一部議論透闢的書名爲柯伯登與同盟會(6)，或英國人爭自由貿易之鼓動。他遊歷英國時熟識了柯伯登，布萊特，及其他自由貿易首領，回到本國他幫助一八四六年波多的自由貿易會(7)之設立，爲法國成立最早的自由貿易會。由各分會及由該會的機關報自由貿易(8)，法國各處及各級人民都被傳達到了。各製造家，自顧利益，又受農業家大部分贊助，組成一個反對的會社，而且把他們的意見，由報紙專闢一欄名爲工業勸告

(a) Noel: Histoire du Commerce exterieur de la France, 83. (b) Encyc. Brit., 11th ed., III, 501. 1. Bordeaux. 2. The Gironde. 3. Frédéric Bastiat. 4. Journal des Economistes. 5. Sophismes Economiques. 6. Cobden et la Ligue, ou l'agitation anglaise pour la liberté des échanges. 7. Association pour la Liberté des Echanges. 8. Le Libre Echange.

（1），披露於國人。雖然贊成自由貿易的不及反對的人多勢衆，這個運動，在法國却比在英國強得多，一時看來大有成功之望。近一八四七年之末，一個稍覺徹底的議案是準備妥了，意在廢止十七種貨物輸入的禁令，列一百一十三項物品於絕對免稅表中，另有一百八十五項物品列入附條件的免稅表，其中最多數是以由法國船隻裝運爲免稅條件。然而這個辦法大受反對；一八四八年法王魯易腓力卜遜位及法國政體改革就把這個辦法的討論猝然停止，此後竟不再提。（關於巴師夏著作的簡明記錄，參看韓訥的經濟思想史二五一頁至二六一頁(a)。關於他對保護主義的批評，參看巴洛克的經濟文選四八九頁至五一三頁(b)。並參看范立生的巴師夏傳(c)。）

(122)第二次帝國時代之關稅減輕　然而法國當時極端保護主義之寬弛只不過是稍緩時日而已。一八五〇年聖伯符(2)在立法院(3)提議撤銷禁制，廢止食物及原料的保護關稅，制定徵課成製品百分之十至二十的最高關稅，並行所得稅以彌補收入虧欠，在一八五一年兩方爭辯甚烈，而且有議員總數三分之一投票贊成聖伯符的提案，顯着自由貿易派並未失勢；而第二次共和(4)國祚太短（一八四八年至一八五二年）不能有所改革。保護派，由迪雅爾(5)領袖，仍是極力反對。但十年的鼓吹已造成人民決意實行的心理；一八四八年革命擾亂終結，國家日漸昌盛，當時通行的許多限制更是覺得不必要了；而且法皇拿破崙第三(6)（譯者按即魯易拿破崙(7)，係拿破崙第一之姪，一八五二年即帝位，一八七〇年爲普魯士所敗，後遁往英國，死於一八七三年。）是熟習英國情事的學者，（譯者按拿破崙第一敗後，魯易拿破崙遁居英國甚久。）又是景慕皮

(a) L. H. Haney: History of Economic Thought, 251-261. (b) C. J. Bullock: Selected Readings in Economics, 489-513. (c) Von Leesen: Frédéric Bastiat. 1. Le Moniteur Industriel. 2. Saint-Beuve. 3. The Legislative Assembly. 4. The Second Republic. 5. Thiers. 6. Emperor Napoleon III. 7. Louis Napoleon.

爾的人，於是自由貿易運動得着了一個有決心的，縱然不是始終如一的，勇將。

第二次帝國(1)政府從一起首就深信當時關稅制度之不良，而且專心要修改他，尤要減少輸入禁制及降低食物和製造原料的稅率。按當時法律而論，籌畫的這類改革可用四個程序舉辦：

(一)由立法院制定法律，

(二)照一八一四年法律的規定，以行政首長的命令暫停食物和原料的關稅，事後須經立法院追認。

(三)照一八四六年法律的規定，還以行政首長的命令撤除須在法國加工製造之品物的關稅；

(四)照一八五二年帝國憲法的規定，因與外國訂約而變更稅則，即不須經過立法程序。

帝國政府在最初八年中多半用第二個程序。在一八五三年至一八五五年之間課於棉花，羊毛，鐵，肉食，酒及其他商品的稅率都減輕了；而且這些論令多於一八五六年得了立法院的認可。同時(一八五六年)立法院否決一個撤銷一般禁制的提案，而且在一八五九年把一八五三年中止的穀物遞差關稅率恢復了。然而保護制度之破除已經頗有可觀，而且乃是因為這些事的結果所以法國一八五〇年至一八五九年的貿易總額增加一倍有餘，同時對英商業加為五倍。

(123)一八六〇年之柯伯登條約　在一八六〇年法政府應付商業的方法是用上述的第四個，即是以條約變更稅則。在一八五九年之末拿破崙第三自覺他自己在國際上的地位極感困難。法國於一八五九年以意大利同盟國的資格參加意大利人(2)與奧國戰爭，已與奧人結了深仇；(譯者按意大利本係民族之名，並

1. The Second Empire. 2. Italians.

1. Congress of Vienna. 2. Count Cavour. 3. Savoy. 4. Nice. 5. Solferino. 6. Michael Chevalier. 7. Cherbuliez (Victor).

非國名，近古之初意大利是小邦林立之區，屢受外患，一八一五年維也納會議(1)之後與國在意大利最占勢力，自一八五〇年以後意人力圖脫與人羈絆，意大利著名政治家嘉富爾(2)與拿破崙第三訂約若法國助意大利獨立，成功之後當割讓沙佛伊(3)及尼斯(4)二州與法。拿破崙第三自知難孚民望，欲耀兵國外以取悅於國人，故與嘉富爾訂立此約而參加一八五九年之戰。同時在梭飛里諾(5)戰後突然撤兵，又失了意大利人的美感；而且沙佛伊及尼斯二州之取得驚震了全歐洲，尤以英國爲甚。簡單說，法國是處於孤立無助而且招人疑忌的地位。這位法皇要證明他愛和平的意思而且要恢復他已失的聲光，決意求與英國訂立商約。法國派舍法列(6)(譯者按舍法列生於一八一〇年，死於一八七九年，以經濟學著名於時。)及經濟學家沙碧烈，(7)(譯者按沙碧烈生於一八二九年，死於一八九九年，並以文學有名於時。)英國派柯伯登及格蘭斯頓共同預先磋議；一八六〇年一月二十三日全文簽字施行。磋商條款是異常祕密，因爲法國方面對於法皇此舉雖不生權限上的問題，而保護派一朝得知必然要破壞他的計畫。當此事突然宣布之時，法國全國意見立即分爲兩派。經濟學家，葡萄種植家，及其他一些有實力的團體都稱善。但製造家，尤以鐵廠主人及紡紗廠主人爲甚，大爲憤怒，這樣激起的仇恨實爲一八六〇年以後皇帝和帝政的人望陡減之一大原因。考柯伯登之言，當時法國十人中有九人反對法皇的改革。這也許是言過其實的揣測之辭，但按之事實，法皇此舉確是照當時盛行的專制主義強壓國民。

這次條約，按其約款應繼續十年，(但訂約國間之一國，若不於一年前爲終止之通知時，該條約應再繼續五年）內容不過泛泛敍明兩方應採的政策。 除却煤鐵兩項外，稅率的詳細決定都留待隨後磋商。 兩國互相擔保「最惠國」待遇(1)，並且規定每國各得自由推行相同的減稅辦法於其他各國。 英國政府擔認在國會提議幾種關稅之廢止及減輕，這幾樁事都在一八六〇年由格蘭斯頓制入預算案內實行了。 法國政府承認截止一切禁制，另訂百分之三十以下的從價關稅行至一八六四年，此後稅率不得超過百分之二十四。 在英國一面，這個條約在實際上頗關重要。 他至少也造成了現成機會使自由貿易立刻竣功。 在法國一面，他的關係更是遠大，因為他對於法國的保護主義是一個大打擊，法國的保護主義經此一擊便破裂了。 自此以後，法律，行政首長的命令，和隨後十年間的外交契約使法國入於低關稅的，縱非自由貿易的，國家之地位。 一八六〇年至一八六六年，法國與比利時，關稅同盟(2)（即德國）意大利，瑞士，瑞典，瑙威，荷蘭，西班牙，奧國，葡萄牙，接連訂立「最惠國」條約。 而且這幾國一齊把對於法國貨物的關稅大為減輕，法國也承認他們的物品照英國條約的低稅率課稅。（再者，一八六六年以前法國船舶所享國家特惠一律撤除，但外國船隻仍不許在法國營沿岸貿易。） 因為這樣，所以一八六〇年的條約是歐洲商業史中一大轉關。 歐洲各國商業無有不受他的直接影響或間接影響的。

(124)一八六〇年至一八六九年商業之發展　法國一八六〇年至一八六九年顯著的經濟進步究竟能有多少可算是新關稅的效果，在當時是一件意見分歧的事，而且在現今亦無一定之說。 研究這個問題的最多數學者都承認當時商業解放的影響是立刻見效的而且是極有勢力的。（見亞爾黎的近世關稅史三六八頁

1. "Most-favored-nation" treatment. 2. The Zollverein.

(a)，德依的商業史四一三頁(b)。無論如何，這個時期中商業發展是迅速的。一八六一年專供國內消費的輸入品共值二，四四二，五〇〇，〇〇〇法郎；一八六九年漲到二，八六七，五〇〇，〇〇〇法郎。同時本國輸出品的價值從一，九二七，五〇〇，〇〇〇法郎增至二，八二二，五〇〇，〇〇〇法郎。一八六〇年法國商船共計九九六，〇〇〇噸；一八七〇年為一，〇七二，〇〇〇噸。工業原料輸入量增加極速，生棉的每年平均消費量，不管因美國南北戰爭（譯者按自一八六一年四月至一八六五年四月）而供給中止，在一八五七年至一八五九年為一萬七千一百六十萬磅，於一八八七年至一八八九年增為一萬九千八百萬磅。農業也很興旺，社會狀況中及經濟狀況中可使人顧慮的唯一現象是人口增加率太低。

雖有這些事實，反對一八六〇年條約的各分子絕未在新商業政策之下自甘緘默。到一八六六年法皇的政府漸失民心，歐美兩洲都有戰爭以致商業不安，商約期限屆滿，願否繼續，法國有自行決擇之權，幾樁事湊巧碰在一起，又引得保護派重新活動起來。保護派連年鼓吹，不息，一八七〇年政府只得兩次派委員會去詳細考究英國商約的效果及該條約所定商業制度應否繼續。但這個調查剛纔開始就因普法開戰猝然停止了。

(125)保護派之復興：一八八一年至一八八五年之立法　一八七〇年至一八七一年的普法戰爭(1)和第三次共和(2)的建設只不過使保護派之復興略略停滯。到一八七五年這運動已經遍於全國，深入人心，從此以後十年之間法國遂行回復保護主義。造成這個變遷的形勢，就重要的說是兩樁——商約滿期和農品貶價。這些商約都定的是十年期限，附以法國於期滿時有自行決擇是否延續之權的條文。在各條約每屆

(a) Ashley: Modern Tariff History, 368. (b) Day: History of commerce, 413.
1. The Franco-Prussian War. 2. The Third Republic.

滿期之前，法國全國不斷的討論條約之應否續訂及續訂條約之條款，保護派利用時機便把他們自己的意見披露於公衆。英國條約是於一八七二年宣告終了，雖於同年又行續訂而且此後又續幾次，到底於一八八二年拋棄了。在各別的情形之下，最多數條約雖一時續訂，不久都取消了。

法國商業自由制度破壞的最要主因是一八六六年至一八七五年經濟膨漲之後於一八七五年至一八八○年物價低落。前已表過，這個時期物價低落之事遍於西歐，工業農業俱受妨害。在法國乃是農業受害最深，因爲在陡然增漲的外國糧食競爭以致物價低落的事上又加以葡萄的蟲災。農業家以前對於商業政策是冷淡的，此刻極力歡迎保護主義，尤以葡萄種植家爲甚，而且法蘭西農業會(1)又與當時成立的法國國民工業保障會(2)聯盟活動。到一八七八年政府專心辦理三四年前預定的計畫使法國關稅稅則，除有條約關係可加限制外，須對各國一律待遇。經長久辯論之後，卽於一八八一年制定一種周密的法律來實行這個制度。

新法律規定以從量稅(3)代替從價稅(4)，而且提高各重要製造物的稅率至平均百分之二十四。然而這是故意預留從議商約的餘地，而且一八八一年及一八八二年按照這個法律訂立的各條約都有訂約國輸入關稅互相減輕之條。所以一八八一年的法律雖號稱是保護派勝利，保護派仍是不免失望。關於製造業，各新條約訂得頗爲周到，十年之間大可無須再改。關於農業却不然，因爲農業家雖極力謀圖給他們特定保護條款，這一八八一年的法律幾乎全未替農業家打算。其結果，一八八一年至一八九○年十年中法國保護

1. Société des Agriculteurs de France. 2. Association de l' Industrie française pour la Défence du Travail national. 3. Specific duty. 4. Ad valorem duty.

派運動集中於農業家的要求，此時的農業家已認定提高關稅爲宗旨並有許多製造家幫助他們。在一八八二年，法國賴農業而生活的人數是一千八百萬以上，賴工業爲生的約九百萬，賴商業爲生的約四百萬，所以這次發生的要求是不能不顧的。這個爭點是被一八八五年的選舉解決了，這次選舉幾乎全以農業保護問題相競爭。保護派大發勝利，他們毫不遲延立即制定法律徵課或提高小麥，大麥，燕麥，牲畜，肉食，及其他農產的關稅。到一八九〇年時法國保護制度雖然尙覺平和，農業却是各點都保護到了。（一八八六年至一八九〇年期間可注意的現象是法國與意大利的關稅戰爭(1)。參看亞胥黎的近世關稅史三九四頁至三九九頁。

譯者按所謂關稅戰爭即如甲乙兩國間因訂立商約不能就緒或因他種原因彼此爭執，於是甲國專把對乙國貨物的輸入稅提高以示抵制；乙國不肯相讓也把對甲國貨物的輸入稅提得更高以示報復，兩國間敵愾之盛，競爭之烈，亦不亞於兵仗相接，所以名爲關稅戰爭。）

(126)一八九二年之關稅法　一八九〇年前後幾年中爲法國保護派思潮激蕩最甚之期。一八九〇年的選舉大半以關稅問題相競爭，結果保護派又大占勝利，大有更行徹底改革關稅之望。各條約滿期多在一八九二年，在條約期限未滿之前，法國國會只好暫且不提此事。但農業家和製造家都懷有強烈的意見以爲各條約不應再照原款續訂；於是各條約俱被聽其期滿自消。一八九〇年十月政府令商業諮議會和工業諮議會將準備已妥的關稅辦法提交衆議院(2)討論。這個議案是辯論了好幾個月。反對派雖有經濟學家史爾良(3)爲之領袖，但是毫無勢力；但保護派內部亦不甚一致，審查衆議院關稅委員常駐會與參議院(4)所擬

1. Tariff war. 2. The Chamber of Deputies. 3. Leon Say. 4. The Senate.

的修正條文却費了不少的時間。 通過之後，這個議案於一八九二年一月成爲法律。

新法律採用最高稅則和最低稅則的計畫，最高稅則適用於有歧視法國物產的關稅之國的貨物，最低稅則適用於無歧視法國物產的關稅之國的輸入；這辦法是特爲便利新商約之磋議而設。 本來議案申明最低稅則的主旨並非保護，不過要使法國生產者立於能與外國生產者公平競爭的地位。 然而在辯論進行中，稅率是提高了，而最低率也如最高率一般的顯然帶有保護色彩。 大致說來，一八九二年法律可以說是成就了兩椿事：自一八八二年以來已在建設中的農業保護制度是由這次法律完成了，而且以前在條約之下不能舉辦的工業保護都由這次法律造就了。 新稅則包括七百二十一類商品，比同時歐洲大陸各國的稅則更詳細周密得多。 製造品的最低稅率是顯然更高於同年德國嘉普利威(1)條約的協定稅則中製造品稅率，尤以紡織物爲甚；同時，農業物產，差不多完全免除最低稅則的作用，被給以歐洲各國難與相比的保護限度。

(127)一九一〇年之關稅法 法國此刻對歐洲最多數國都能訂立商約，雖然這個辦法有一椿不愉快的事是一八九二年至一八九五年與瑞士(2)的關稅戰爭，而法國，因有一八九二年關稅法的依據，能以他的最低稅則交換外國最低稅率的利益，不加時間的限制。 到一八九八年時歐洲只有葡萄牙(3)的物產被法國課以最高關稅，法國最低稅則的利益已推及於坎拿大，日本，及南美洲最多數國。 一八九二年的法律，曾因農業保護之故幾次修正，繼續施行了十八年，即直至一九一〇年。 自然，法國人隨時仍有不滿意之處，至二十世紀開幕之後又發生修改稅則的要求。 要求修改稅則的一個論據是說市場中出售的自働車，打字機，及其他幾

1. Caprivi. 2. Switzerland. 3. Portugal.

十種新物品俱爲當時稅則所不徵。另一個是說自一九〇三年起歐洲其他各國的稅則都已變更。

但法國人對於一八九二年法律不滿意的主要淵源是因這個法律不能造出他的預期效果。預定計畫原是以最高稅率(1)爲原則，最低稅率(2)爲例外。然而隨後產出的形勢却大相反背，如上所述，最低稅率被應用於歐洲各國，除葡萄牙不計。再者，當時又發現最高率與最低率之間的差數——平均計算約百分之十五——是不足在商戰之中使徵課較高稅率的脅迫發生效力。農業團體已經如願相償而且是很興旺。然而製造家所得利益却是平平無奇，此時要求「關稅改良」最出力的人卽是這班製造家。有勢力的各團體都願意現行制度的原理仍舊繼續。法國已經是厲行保護制度的國家了。所以這次要求特別注重兩件事：

(一)最高稅率和最低稅率俱須提高，

(二)最高率與最低率之間的差數應當加大。

一九〇六年夏間衆議院的關稅委員會(其時委員共十七人，以克洛慈(3)爲會長，莫雷爾(4)爲秘書)開始作周密的調査，一九〇八年之末呈出詳細報告書並附新關稅法草案。這個報告書的論調是極力主張保護的，這次議案是顯然爲滿足製造家的要求而設。最低稅率是定爲一律提高最低率與最高率之間的差數增至平均百分之五十；而且許多新物品俱行課稅。農業物產的關稅毫無變更；原料輸入仍許免稅。這個議案，經國會將稅率約略減削之後，於一九一〇年春間通過國會兩院，四月一日施行。一九一〇年法律並未變更法國與外國的商業關係，只不過以新稅則代替舊稅則而已。然而這個法律的制定促進商業條約之訂

1. Maximum rates. 2. Minimum rates. 3. Klotz. 4. Jean Morel.

立，由此美國取得許多商品的最新低稅率的利益。

(128)法國商業之概況　法國在近世商業中的地位是奇特的。第一層，法國的農業富源極大而且法國人又多從事於農業，所以法國之有賴於商業不如英德之甚。第二層，法國工業的性質也足以決定法國商業與鄰國的大不相同。法國所能輸出的物產多是美術品，奢侈品，流行品，——絲貨，花邊，酒，美味食物；他必須輸入的物品多是機器，粗織品，鐵，煤，——簡單說，礦業物產和大規模製造的物產。（見德依的商業史四一五頁）德國和英國的情形恰恰相反。所以，法國因爲偏於生產「品質」貨物和厲行嚴格保護政策之故，不能希望在世界商業國中占前列。他的商業地位是可佩服的，但不足支配他人。他的商業數量和價值是因與他的廣大殖民地通商而增加，非洲阿爾幾利亞（1）與法國商業關係尤爲密切；但法國耗於經營殖民地的費用更重於他所得的商業利益。（關於殖民地關稅制度，參看亞肯黎的近世關稅史四一七頁至四一九頁（a）；芮恩士的殖民地管理論第五章（b）。兼之一八八一年以發達商船爲目的而創制的造船及航業獎勵金制度所產的效果僅能使法國的商船保持現狀，同時與法國抗衡之國的船舶却大有進步。（見亞肯黎的近世關稅史四一九頁至四二四頁；彌克爾的航業補助金制度史四三頁至八三頁（c）。譯者按法國自一八八一年以來獎勵航業計畫大要可分爲六項：（一）造船獎勵金，按船舶噸數計算數之多寡因船材及機器式樣之新舊而異；（二）航行補助金適用於遠洋航業；（三）漁業獎勵金；（四）郵便補助金；（五）蘇彝士運河通行稅返還金；（六）政府準備之造船貸款（第六項係一九一七年之新制）。）

(a) Ashley: Modern Tariff History. (b) Reinsch: Colonial Administration, Chap. V. (c) Meeker: History of Shipping Subsidies, 43–83. 1. Algeria.

SELECTED REFERENCES

General

C. Day, History of Commerce (new ed., New York, 1914), 242–248, 409–416.

J. D. Whelpley, The Trade of the World (New York, 1913), 92–117.

W. L. George, France in the Twentieth Century (London, 1908), Chap. X.

F. A. Ogg, Europe's Tariff Laws and Policies, in Amer. Review of Reviews, April, 1909.

H. Pigeonneau, Histoire du commerce de la France, 2 vols. (Paris, 1887–89).

O. Noël, Histoire du commerce extérieur de la France depuis la Révolution (Paris, 1881).

E. Lavasseur, Histoire du commerce de la France; avant 1789 (Paris, 1911).

G. Weill, Histoire du mouvement social en France, 1852–1910 (2d ed., Paris, 1911).

G. Weill, Histoire du commerce de la France; de 1789 à nos jours (Paris, 1912).

G. Gothein, Le mouvement protectionniste international, in Rev. Econ. Internat., May, 1910.

A. Huart, Les ports de commerce français (Paris, 1911).

Tariff History Prior to 1850

P. Ashley, Modern Tariff History (2d ed., London, 1910), 323–353.

H. O. Meredith, Protection in France (London, 1904), Chap. I.

H. de B. Gibbins, Economic and Industrial Progress of the Century (London, 1903), Chap. XXVIII.

B. Rand, Selections Illustrating Economic History Since the Seven Years' War (2d ed., Cambridge, 1892), 148–169.

E. Levasseur, Histoire des classes ouvrières et de l'industrie en France de 1789 à 1870 (Paris, 1903), I, 562-595.

E. Levasseur, Histoire du commerce de la France; de 1789 à nos jours (Paris, 1912), 107-137.

P. Risson, Histoire sommaire du commerce (Paris, 1902), 331-345.

R. Maunier, Les économistes en France de 1815 à 1848 (Paris, 1911).

The Cobden Treaty and Its Effects

P. Ashley, Modern Tariff History (2d ed., London, 1910), 354-372.

C. J. Fuchs, Trade Policy of Great Britain and Her Colonies Since 1860 (London, 1905), 17-29.

J. Morley, Life of Richard Cobden (London, 1881).

J. Morley, Life of Gladstone (London, 1903), II, Chap. I.

J. MacCarthy, History of Our Own Times (new ed., London, 1882), Chap. XLI.

E. Levasseur, Histoire du commerce de la France; de 1789 à nos jours (Paris, 1912), 288-312.

E. Levasseur, Histoire des classes ouvrières et de l'industrie en France de 1789 à 1870 (Paris, 1903-04), II, 585-611.

P. Risson, Histoire sommaire du commerce (Paris, 1902), 352-365.

L. F. M. Wolowski, La liberté commerciale et les résultats du traité de commerce de 1860 (Paris, 1869).

E. Hertslet, Complete Collection of the Treaties and Conventions Between Great Britain and Foreign Powers so far as They Relate to Commerce and Navigation (London, 1864), XI, 165-172.

The Revival of Protectionism, 1870-1910

P. Ashley, Modern Tariff History (2d ed., London, 1910), 373-436.

H. O. Meredith, Protection in France (London, 1904), Chaps. II-X.

H. A. L. Fisher, The Protectionist Reaction in France, in Econ. Jour., Sept., 1896.

A. Lebon, The Situation of France in International Commerce, in Internat. Monthly, March, 1901.

E. Levasseur, Histoire du commerce de la France; de 1789 à nos jours (Paris, 1912), 560-614, 639-680.

E. Levasseur, The Recent Commercial Policy of France, in Jour. Polit. Econ., Dec., 1892.

L. Say, Les finances de la France sous la troisième république (Paris, 1898-1901), IV, 1-304.

E. Driault, Les problèmes politiques et sociaux à la fin du XIXe siècle (Paris, 1900).

Augier et A. Marvaud, La politique douanière de la France (Paris, 1911).

M. Dijol, Situation économique de la France sous le régime protectionniste de 1892 (Paris, 1910).

M. Moye et B. Nogaro, Les régimes douaniers (Paris, 1910).

A. Arnauné, Le commerce extérieur et les tarifs de douane (Paris. 1911).

E. Rausch, Französische Handelspolitik vom Frankfurter Frieden bis zur Tarifreform von 1882 (Berlin, 1900).

Funck-Brentano et C. Depuis, Les tarifs douaniers et les traités de commerce (Paris, 1896).

A. von Brandt, Beiträge zur Geschichte des französischen Handelspolitik (Berlin, 1896).

Amé, Étude sur les tarifs de douane et sur les traités de commerce, 2 vols. (Paris, 1876).

French Trade To-day

J. D. Whelpley, The Trade of the World (New York, 1913), 92-117.

E. Levasseur, Histoire du commerce de la France; de 1789 à nos jours (Paris, 1912), 731-817.

第十四章　德國商業之發展及商業政策

(129) 十九世紀初葉之關稅　前章已將法國商業敍過，本章接敍德國，這又是向來沿襲保護制度只不過在近世商業自由時代中偶然採用自由政策的另一大國。普魯士(1)當腓特烈德立大王(2)（譯者按自一七四〇年至一七八六年）極盛時代也曾有根據條約的貿易自由。然而在十九世紀開幕之時，普魯士及日爾曼各邦所行使的商業政策卽在當時亦不能認爲寬大。各邦厲行保護自己的農工業之法律，不僅適用於純屬外國的物產，就在日爾曼境內二三百小邦之間亦復如是。這還不算；較大的王國(3)及公國(4)之內又自己分成幾個各別的關稅區域，每一區域有他自己的關稅壁壘。（譯者按「關稅壁壘」(5)一詞係照原文直譯，意謂關稅之高有如壁壘足阻外國貨物之侵入）。在一八〇〇年時普魯士一邦施行六十多種不同的稅則，包羅商品約三千項，自持極端保護主義的舊省分以至於東部關稅稍低的新省分各有自定的稅則。關稅障礙之多妨害商業的正當發展而且又加稅務行政以極大的困難；同時，證之於一切事實，這種辦法最容易惹起偷漏，一次偷漏固然爲數無幾，然而積少成多，公家就喫虧大了。

在拿破崙時代因各邦合倂之故，德國這種情形，是多少改善了。但在一八一五年德國仍有三十八邦（一八一七年以後爲三十九邦）每邦各有繁瑣的對外關稅，而且許多邦又有內地關稅。在普魯士，錫丹(6)和哈登保(7)，都是贊成自由貿易理論的，由一八一〇年十月二十八日的法律，關稅上删繁就簡和減輕稅率的幾樁事已經實行了。一八一四年至一八一五年普魯士王國改制，有一八一〇年法律未曾行到的幾處新地

1. Prussia. 2. Frederick the Great. 3. Kingdoms. 4. Duchies. 5. Tariff wall. 6. Stein. 7. Hardenburg.

1. Frederick William III. 2. Caunt von Bülow. 3. Excises. 4. Huskisson. 5. The Zollverein, or customs union. 6. "Enclaves." 7. Lippe. 8. Saxe-Weimar. 9. Schwarzburg-Rudolstadt. 10. Schwarzburg-Sondershausen.

加入普國疆土，於是普國關稅情形差不多又如從前一樣混亂。腓雷德立威廉第三(1)的政府大爲當年的改革家所感動，立即把這椿事體加以特別注意。在一八一七年之初財政大臣碧羅(2)伯爵準備了整頓關稅和消費稅(3)的一個周密計畫；經加入幾項修正之後，這個辦法於一八一八年五月二十六日成爲法律，於一八一九年一月一日施行。這次改革的目的一部分是管理的，一部分是商業的，一部分是財政的，一部分是政治的；所以要用這個法律希望可同時使徵收便易偸漏不生，使商業流通較前容易，使國家收入能彀增加，而且使各省團結較爲堅固。按這個法律的條文，一切內地關稅完全廢止，而普魯士纔第一次成爲財政統一之國；各種原料之輸入俱許免稅，輸入成製品課稅平均百分之十，稅率(在一八二二年之前)在東部各省是稍高於西部各省；除爲政府專賣的食鹽和紙牌兩項外，一切輸入禁令完全廢除。合而觀之，這次規定的制度是比當時大陸各國通行的都更寬大。甚至在英國，哈士開生(4)於一八二六年自述希望說英國「仿效普魯士先例」之日會要到了。

(130)關稅同盟之興起　德國關稅歷史中第二個大進步是由普魯士領率成立關稅同盟(5)。一八一八年以後普魯士所採用的對付鄰邦政策是強迫商業同化，而且北部中好幾個小邦(其中有幾個是「插花地，」(6)即是完全爲普魯士領土所環繞的地方。例如里佩(7)，沙克斯外馬(8)，悉瓦慈堡露多悉達(9)，悉瓦慈堡戎德爾斯好申(10)數邦是。)都被強迫去承認普魯士定的辦法，普魯士與這幾邦之間的商業俱應免稅，而普魯士按比例分配之數管理共同關稅制度。自然，這個政策激動了中部和南部各大邦的疑慮，經長久交

1. Bavaria. 2. Württemburg. 3. Saxony. 4. Hanover. 5. Brunswick. 6. Hamburg. 7. Bremen. 8. Voluntary co-operation. 9. Hesse-Damstadt. 10. Hesse-Cassel. 11. Bavaria. 12. Württemburg. 13. Thuringen states. 14. Schwarzburg-Sondershausen. 15. Saxe-Coburg-Gotha. 16. Saxe-Weimar. 17. Saxe-Altenburg. 18. Saxe-Meiningen. 19. Schwarzburg-Rudolstadt. 20. Reuss Older Line. 21. Reuss Junior Line. 22. Baden. 23. Nassau. 24. Hesse-Homburg. 25. Frankfort.

涉不得結果之後有幾邦結成兩個同盟團體，俱以對抗普魯士領率的同盟為目的。這兩個同盟團體，在南部的一個構成於巴法利亞(1)及威登堡(2)，正式成立於一八二五年；其他一個構成於沙遜尼(3)，漢洛法(4)，布蘭瑞克(5)，漢堡(6)及卜內門(7)，組織於一八二六年。然而因不可抗的趨勢（多半是自私）這兩個團體的分子不能固結，始而傾向普魯士同盟，繼而加入普魯士同盟。此舉之易於進行是因為普魯士停止強迫同化政策而改行自願協作(8)的主義。早如一八二五年各邦已訂立約款，由此赫斯大姆悉達特(9)成為關稅同盟之一員。一八三一年赫斯嘉色爾(10)加入了。一八三三年，經長久磋商之後，巴法利亞(11)及威登堡(12)一齊加入，南部同盟就此告終。沙遜尼與修林根各邦(13)（譯者按即位於普魯士，沙遜尼，巴法利亞之間的各小邦：(一)悉瓦慈堡戎德爾斯好申(14)，(二)沙克斯柯堡歌塔(15)，(三)沙克斯外馬(16)，(四)沙克斯阿爾騰堡(17)，(五)沙克斯邁林根(18)，(六)悉瓦慈堡露多悉達(19)，(七)雷斯舊邦(20)(八)雷斯新邦(21)）。隨亦入會。到一八三四年之初，關稅同盟已包羅十七邦，人口約二千三百萬，面積至少也有後來日爾曼帝國領土的三分之二那樣大。為關稅同盟根據的條約訂明(一)同盟各邦代表每年舉行一次會議決定關稅同盟應採的政策；(二)任何變更俱需一致同意；(三)各邦仍舊保有自己的商法和自己的獨占權，但須執行共同稅則以抗同盟之外各邦，由一同盟邦領土運入其他同盟邦領土的貨物不得課稅；(四)共同關稅的純收入應按人口比例分派於各邦。一八三三年以後關稅同盟的土地擴張雖是較前遲緩，却是繼續增加。巴登(22)，拿瑣(23)，及赫斯洪堡(24)於一八三五年加入，富蘭克佛特(25)於一八三六年加入，瓦爾德克

1. Waldeck. 2. Lippo-Detmold. 3. Luxemburg. 4. The Germanic Confederation. 5. Oldenburg. 6. Mecklenburg-Schwerin. 7. Mecklenburg-Strelitz. 8. Lübeck. 9. Liberalism. 10. Frederick List. 11. Das nationale System der politischen Oekonomie, (The National System of Political Economy.) 12. Economic laws.

(1)於一八三八年加入，布蘭瑞克，里佩德特模德(2)，及露森堡(3)(露森堡雖與荷蘭王室結合，却是日爾曼聯邦(4)之一員)於一八四二年加入。漢洛法忍耐到一八五一年，阿登堡(5)到一八五二年，都加入了。到一八五二年時關稅同盟包括日爾曼全部，除奧大利，麥克崙堡薛林(6)，麥克崙堡司垂里慈(7)，漢堡，卜內門，盧卑克(8)不計。每隔十二年，即是一八四一年，一八五三年，及一八六五年，同盟約款正式締訂一次。

(131)十九世紀中葉之保護主義　就重要之點而論，關稅同盟的稅則即是普魯士一八一八年的稅則，所以成製品的關稅是很平和的，而且輸入原料及工業所必需的幾種製成品俱行免稅。曾有一個時期各邦關於應採的政策頗有意見相反之處；大致，普魯士主張自由主義(9)，南部各邦以平和的態度要求增加保護。在一八四〇年以前提高關稅之事是極少而且無關重要。然而一八四〇年之後，形勢變了。正在此時，保護制度的道理得經濟學家李士特(10)(譯者按李士特生於一七八九年，死於一八四六年。)以科學方法犀利文筆爲之闡發宣揚，此公研究斯道的名著政治經濟學之國民制度(11)即出版於一八四一年。李士特主張的學說是以爲經濟(12)法則是與經濟進步的階段有相對的關係，所以一國究竟應採自由貿易或應採保護制度的問題必須斟酌一國的經濟地位方可決定。他說，英國賴保護關稅的扶助已經由純粹農業國的地位升到較高的農工並重的階段。英國已經達到可以放心棄去保護制度的時期了。至於德國，實業進步尚待造成，在實業進步完全成功之前德國必須繼續立於保護制度的基礎上。他極力主張只有保護制度能彀使德國達到較高的經濟地位，德國纔能逃得出英國工業霸權的虎口。(關於李士特和他的政治經濟學之國民制度，

(a) C. J. Bullock: Selected Readings in Economics, 472–489. (b) C. Gide and C. Rist: History of Economic Doctrines, 264-290: (c) M. E. Hirst: Life of Friedrich List.

參看巴洛克的經濟文選四七二頁至四八九頁(a);季德及栗士德的經濟主義史二六四頁至二九〇頁(b);赫爾斯特的李士特傳(c)。(譯者按李士特把一國的經濟進步分爲五個時代(一)野蠻時代,(二)游牧時代,(三)農業時代,(四)農工業時代,(五)農工商業時代。各國的經濟進步不能同時俱達相同的階級,既有先後優劣之分,便難免弱肉強食之事,所以研究經濟學的人應當注意一國如何發達;以前的學者動輒就講「世界」,「大同」,可謂不揣其本;所謂「國民制度」即是此意。李士特以爲本國工業尚極幼穉而他國工業已經發達之時,本國若不厲行保護制度即不免永爲他國魚肉。) 這種理論是根基未固的工業人民最歡迎最願利用的,尤以當時德國的棉花製造家和鐵廠主人爲甚。此書既出,一時風行,南部向來鼓吹保護制度的各邦大爲氣壯。一八四〇年至一八四九年間日爾曼第一次有關於商業政策的內部爭執,即是因爲討論李士特的論據是否健全和應用這個學說於鐵工業及紡織工業之故。一時之間保護派占了上風,而由一八四三年,一八四四年,及一八四六年的法律,輸入稅率是一次比一次提高了。

(132)自由貿易運動 然而一八五〇年之後不久保護派思潮漸次退落,隨後二十五年期間是近世德國歷史中最可注意的低率關稅時代。英國之採用自由貿易政策並不是沒有影響。但德國這種形勢的根本主因是普魯士在經濟上和政治上日趨強盛。前十年的保護政策原是對南部各邦讓步專爲預防他們脫離關稅同盟。自一八五〇年以還,普魯士當局諸人有條不紊的極力操縱關稅同盟的對外關係和內部事務以便自由貿易之進行。在一八五一年及一八五二年,漢洛法及阿登堡兩個低率關稅邦都加入關稅同盟。一八五三年與堅持保護主義的奧大利屢次交涉的結果成立了一份條約，按所訂條款，奧大利雖不加入同盟，而經過普魯士或普魯士同盟各邦與奧大利或奧大利腹地的各種貨物都定為全部免稅或一部免稅。同年關稅同盟續訂十二年期限的條約，所有條款全為柏林(1)方面所左右。一八五六年穀物關稅又減輕一次。

普魯士自由政策的完全勝利是實現於一八六〇年至一八六九年十年間。促成此事的第一種形勢是一八五八年各經濟學家及自由黨(2)領袖組織的日爾曼經濟會議(3)之成立，這個團體的常年會和出版物頗能感動公衆意見去贊助自由貿易。第二種形勢是普魯士於一八六二年與法國訂立商約，其原則恰與一八六〇年英法之間的柯伯登條約(4)一樣，隨即於一八六五年實行該條約於關稅同盟全部地方。第三種形勢是普魯士於一八六六年戰勝奧大利及一八六七年建立北日爾曼聯邦(5)。從頭至尾，自由貿易運動總是與全國政略互相牽聯，尤以普魯士與奧大利在日爾曼爭霸之時為甚。普魯士始終用各種間接方法極力防制奧大利，不許他加入關稅同盟，恐怕如此一來，奧國就可在日爾曼占經濟上的優勢或政治上的優勢，或二者兼而有之。普魯士之堅持關稅同盟必行低率關稅即有杜絕奧國加入同盟之意，奧國是向來主張保護制度的，關稅同盟施行低率關稅時奧國絕不能承認關稅同盟的入會條件。關稅同盟於一八六五年第三次續訂盟約，至一八六六年同盟組織即行消滅。北日爾曼聯邦於一八六七年與日爾曼南部各邦(巴法利亞，巴登，威登堡，赫斯(6))訂立條約，另建一新關稅同盟，所定原則頗便於自由貿易。除漢堡，卜內門之外，日爾曼各邦悉在新同盟之內；而且商定稅則變更不必要同盟各邦的一致同意，只須五十八名代表組織的關稅同盟

1. Berlin. 2. The Liberal party. 3. The German Economic Congress. 4. The Cobden treaty. 5. The North German Confederation. 6. Hesse.

議會(1)有過半數投票贊成卽可施行。一八六五年時關稅同盟的稅則已經減輕不少，一八六七年以後減輕關稅之事又開辦起來。一八六八年與奧大利訂的新條約減輕了鐵，鋼，藥材，及其他許多商品的關稅，同年這樣減輕的稅率定爲適用於對各國的商業。甚至在一八七〇年還有減輕關稅之事。

(133)帝國憲法下之關稅整理　德國在一八七一年建立帝國之際關稅很低而且自由貿易運動亦頗得勢(見德依的商業史三九六頁)。德國稅則，除關於管理方法之外，並未因建立帝國之舉而有重要變更。關稅同盟此時一躍而爲帝國關稅同盟議會就此消滅。按帝國憲法的條文雖然規定漢沙(2)各城，卽漢堡及卜內門，在自請加入帝國關稅範圍之前仍爲自由港口(二城俱於一八八八年十月加入)，德國各邦却是「關稅商業劃一的國土，」有徵收關稅的公共邊境。憲法又規定帝國應有「制定關於關稅的一切事項的特權」一面又規定關稅及消費稅之徵收在「凡屬前此曾經行使此類職權之邦」仍歸各邦自理，但皇帝得任命官吏監督之。而且減去邊防費及徵收費之後，關稅的純收入必需繳納於帝國財庫。(憲法中此項條款的原文，見度德的近世憲法論三三四頁至三三七頁(a)。直到現今關稅是帝國歲入的唯一重要源泉，一九一四年關稅入款約占總收入之半數。然而自一八七九年以來，關稅純收入的一部分常被各邦截留。按帝國憲法中曾規定凡屬帝國租稅所不行之邦，各該邦應按人口之數協濟款項以彌補帝國所受虧欠。這種協款名爲「比例繳款」(3)。在一八七九年德國制定了高率保護關稅(詳見下節)立法之人，惟恐因關稅增加而各邦協款被視爲不必要，附入了所謂「佛蘭肯錫丹條款」(4)來預防這一着，這個條款規定關稅及煙草稅每年純

(a) W. F. Dodd: Modern Constitutions, 334–337. 1. Zollbundarath or Customs Union Council. 2. The Hansa cities. 3. Matrikularbeiträge. 4. Clausula Frankenstein or Frankenstein Clause.

(a) B. E. Howard: The German Empire, Chap. XI. (b) F. Krüger: Government and Politics of the German Empire, Chap. XI. (c) Dawson: Protection in Germany, 26. 1. A Clerical. 2. Frankenstein. 3. The Reichstag 4. Bismark. 5. The Central Union of German Manufacturers.

收人超過一萬三千萬馬克之數應按人口比例分配於負擔「比例繳款」之各邦。（這個條款是僧侶黨(1)黨員佛蘭肯錫丹(2)在帝國議會(3)提出的。德國財政的專長是敍述於何華德的日爾曼帝國第十一章(a)中，克露嘉的德國政治論第十一章(b)更簡明。）一八七一年以後商業解放運動實際上仍如以前一樣進行。一八七三年，應農業人民希望廉價機器的要求，鐵的關稅是減輕了，一八七七年鐵稅是完全免除了。他項關稅也有相類的情形。到一八七五年時帝國關稅已完全失去保護特色，關稅目的完全是爲國家歲入。一八七七年德國輸入貨物總額百分之九十五都是免稅的。

(134)保護派之復興：一八七九年之關稅稅則 然而這樣制定的低率關稅存在不久。的確的，在低率關稅完全設定之前反動已經發生了；而且早如一八七九年這個反動，經俾士麥(4)極力贊助，把德國又造成一個保護派國家。保護主義復興的原因有好幾個。第一層，這須特加聲明，德國保護關稅之徵課是復舊不是用新。如一位著作家說的，保護關稅是德國的家風，自由貿易是德國違背家風的舉動。（見道生的德國之保護制度二六頁。(c)）自由貿易在德國絕未成爲全國的信仰或甚至一個政黨的政見如像在英國那樣。第二層，須知在德國無論何時減輕關稅之舉總是被有勢力的分子反對，鐵廠主人，棉花製造家，麻布製造家，化學藥品製造家，製糖家，及製熟革家尤爲顯著。在一八七六年這些分子已結合爲德國製造家總聯合會(5)，其目的是抵抗當時的自由貿易趨勢。兼之，地主方面也有相類的鼓動，因之各工業領袖的要求得了有力的援助。以前地主們是贊成自由貿易的。然而此刻俄國美國糧食的競爭已覺日漸厲害，而且又當工業城市漸與，農鄉人民紛紛遷徙入城之時，地主們已感受勞工稀少和工資漲高之苦。 普魯士戰勝法國之後取得鉅額賠款以致引起國內任意投機之風，釀成生產過剩，早如一八七三年已有物價低落之象，接着便是經濟恐慌，工業家及農業家大受虧損之後越更傾向保護主義。

保護派的反動得着那算無遺策的俾士麥爲首領。 這位宰相本來是一位很熱誠的自由貿易家，一八七一年之後漸漸變化到相信帝國的大利在於恢復保護主義；他素來是重實際不重理論的人，竟直就把政府的政策如法泡製起來。 一八七八年時他與着重自由貿易的自由黨決裂了，隨即合傾向保護關稅的中央黨(1)，又名僧侶黨，互通聲氣。 於是在一八七九年春間，他提出再使德國以保護主義爲基礎的大關稅議案於帝國議會。 他主張變更政策的意見是完全根據於實際的理由。 這位宰相宣言說，「關於此道的抽象說法，我一毫也不在意。 我的意見的根據是經驗，是我們現在的經驗。」 這種經驗之所以能感動他的事實據說是「保護主義的國家日見繁榮，自由貿易的國家日見頹敗，」據說在理論上和實際上英國是實行自由貿易的唯一重要國家，然而(如俾士麥深信不疑的)英國所占的地位絕不能持久；又說德國因爲商業政策不甚得法，所以是其他各國的剩餘出產採拚之地。 這次籌畫的法制所求的目的是兩個：保護本國實業及增加帝國收入。據一般人的意思都認第二個目的更覺重要，就在俾士麥自己亦是如此。 帝國支出增加極速，而且當時的財政制度是日甚一日的證爲不適用。 這次計畫並未打算把「比例繳款」的辦法作廢，所以有上述的佛蘭肯錫丹條款。 但一面又希望帝國自己得有更大的收入。 所以，這乃是俾士麥的主意，趁着提議關稅大增加之機，

1. The Centre or Clerical party.

不但要給帝國工業人民以保護，而且要增加帝國直接的收入，要減輕帝國政府對於各邦的倚賴，並要實行間接稅的增廣應用。

這位宰相雖大受熱烈的反對，到底成功了，自一八七九年七月七日關稅法律制定，德國入於保護主義的新時代，繼續直至現今。這份法律雖為德國隨後厲行極端保護的張本，自身却是平和的。課稅品共列四十三類，有關工業的，有關農業的；棉花，羊毛，鑛砂，及最多數原料品俱免稅。所徵各項關稅都是重在能裕收入，最高的——如咖啡稅，茶稅——是專為國帑目的而設。

(135)**農業派之鼓動及一八九一年至一八九四年諸條約** 從帝國財政看來，新制度已是頗足使人滿意。雖一時之間商業發展進行尙遲，而關稅收入却增加極速，早如一八八二年至一八八三年便有每年贏餘分配於各邦。然而，在農工團體看來，新辦法並不甚受歡迎。自以為保護不足的團體，和一些並未受保護的團體，繼續呼號求援，同時給與一團體的保護每每顯然造成他團體的不利益，因此一般人更加不滿意。一八八〇年至一八九〇年十年間，成製品關稅變更甚微，往往提高這幾項關稅同時又減輕其他幾項，實際上兩相抵消。

然而對於農業物產，這事却另是一種情形。當一八八四年俾士麥正在高談保護關稅已使「德國得免經濟壓迫」而且國家繁榮日進無疆之時，就有一班大地主們多半是普魯士東部的，發起一種堅決要求以增加保護為唯一的解救臨頭禍患之法。小麥價是比三十年來的平均價更低，黑麥及其他農產價值都是遠在平均數之下；而且農業派，此時在政治上的勢力正在增漲，聲言若不增加保護，他們的贏利必至完全消滅，而帝國

1. Caprivi. 2. Tariff retaliation. 3. Austria-Hungary. 4. Roumania. 5. Servia.

必至遇戰爭時沒有相當的糧食。應這個要求，食物關稅——大部分是穀類及肉食的——於一八八五年及一八八七年兩次着實提高。這個辦法明擺着不會沒有效力。德國農產物價到底於一八八七年不再低落，在實行保護制度的法國也是如此；同時在英國，荷蘭，及其他低率關稅國中農產物價下落趨勢繼續較久，而且達到更低的限度。

迨到十九世紀的最後十年中德國的關稅制度又經大加更改，一八九〇年至一九〇二年是德國商業比較自由的時代。（當一八九〇年時，法國，意大利，及奧大利三國之厲行保護制度更甚於德國。）德國之所以有這次變更乃是迫於周圍的形勢，因爲各鄰國都有截止互惠的「最惠國」約款的態度，這個辦法足使德國在這幾國商業上沒有公認的地位。俾士麥之罷職（譯者按在一八九〇年）也不免是因爲這種突然變更的情形促成的，於是落到他的後任嘉普利威（1）去籌畫一個新而較能調和的政策。到後來議妥的計畫是拋棄關稅獨裁主義和改訂已廢的約款成新條約，以交互減輕關稅的原則爲根據；換句話說，即是仿效法國於一八六〇年所行的方法。農業派反對這個新政策，但製造家希圖較廣的外國市場，却贊成新政策，其結果政府和人民都看到只有續行報復關稅（2）是唯一的解決方法，於是就實行起來。第一批新條約是與奧匈國（3），意大利，比利時，於一八九一年年底訂妥。與瑞士的約款於一八九二年成立，與羅馬尼亞（4）和塞爾維亞（5）的於一八九三年成立，而且與俄國的（在一八九三年至一八九四年可注意的關稅戰爭之後）於一八九四年成立。各條約俱明訂「最惠國」待遇和互減關稅，甚至完全互免關稅。除俄國之外，各條約都是繼續施行至一九〇三年之末自一九〇三年之後，若不經訂約國之一方於一年前預告截止，須繼續無限期施行。俄國約款規定兩國於十年之內不得增加幾種商品的關稅。

(136)農業派運動之末期　農業派對於新關稅(1)制度絕未表示通融；而且按之事實各條約施行期間又有農產物價陡落之事，農業派倍加憤恨，到一八九四年十月他們迫得嘉普利威辭去宰相職務。自此以還，利農主義(2)是德國政治上一個偏重的問題。一八九三年德國已經設立農人同盟會(3)，這個機關的宣傳事業頗著成效；而且在普魯士北部及東部的貴族派(4)和地主的領袖之下農界各派全泯了貴賤的形迹，一齊自告奮勇要取得支配帝國經濟政策的全權。他們要求立卽施行的辦法包括農產物及與農業相關的製造品俱須增課保護關稅，修改土地法律以謀地主的利益，及制定限制農業工人離去本鄉的法律；這一時的趨勢是只圖擴張農業利益，不顧他業的利益。農業被認爲國家的根本要事而且振興農業是政府的主要職務。

過去二十年中農業派爲農業爭得的利益是很繁多。經荷亨洛赫西林富斯特(5)親王爲宰相的期間(一八九四年至一九〇〇年)，政府受中央黨(6)及保守黨(7)內非農業派分子新近組織的「藍黑」(8)聯合黨的贊助，所以農業派未能占大便宜。然而到嘉普利威條約(9)屆滿之時，形勢已經明瞭，德國不但要把關稅一律提高，而且在決定辦法之際農業派必然施展有力的影響。

早如一八九七年時，帝國議會已開始討論各商業條約應否延續的問題，同年卽設經濟委員會(10)，組成於三十八，委以考查關稅辦法並編製詳細報告之事。這個委員會是強硬的保護派；他們在報告會內條陳的主

1. The agrarians. 2. Agrarianism. 3. The Bund der Landwirthe, or League of Farmers. 4. Junkers. 5. Prince Hohenlohe-Schillingsfürst. 6. The Centre. 7. The Conservatives. 8. The "blue-black" bloc. 9. The Caprivi treaties. 10. Economic Committee.

要辦法是另制新而周密的關稅法律，須比一八七九年的關稅法更加精密詳細，而且須規定最高稅率以爲礎商新條約的基礎。　這個條陳不久便列入政府的議事日程，並經農工兩界的保護派合力請求加以重要修正，於是最低稅率也如最高稅率一樣預爲定明。　一九〇一年碧羅(1)伯爵(於一年前繼嘉普利威爲宰相)對於農業派的希望條件都已認可，次年七月政府把這個議案提交國會。

(137)一九〇二年之關稅稅則及新條約　這個議案的主要之點是：

(一)認可的輸入品共爲九四六種，其中有二百種是免稅的；

(二)最多種原料的現行關稅俱減輕；

(三)穀物，牲畜，及肉食的關稅俱大爲增高，而農家用器之稅全行廢止；

(四)小麥，黑麥，燕麥，大麥，硬麥等項俱各定一最低率，按條約減輕的關稅不得在最低率以下；

(五)成製品關稅俱行增高。

碧羅宰相雖自稱願以不亞於嘉普利威的無偏無頗的誠意圖增進農工兩業的利益，而於提出議案於帝國議會時，公然宣告政府現時的目的是「最爲竭力去饜足農業團體贊成增加保護的願望」　這個提案激起了帝國議會及全國中長久熱烈的討論。　農業派，因爲提案中已經規定他們所要求的增加穀物最低稅率，所以贊成這個辦法；工業界分爲兩派；一般消費者因爲這個辦法不免使糧價較高，所以很反對。　這個提案，經詳細修改之後，到底在帝國議會中由中央黨，保守黨，及國民自由黨(2)的贊成保護分子於一九〇二年十二月二

1. Count von Bülow. 2. The National Liberal party.

十五日促成了。

這次制定的法律包含一種「普通稅則」(1)，適用於不與帝國訂約互減關稅或不允帝國以「最惠國」利益之各國。對於約定互減關稅或互允以「最惠國」待遇之各國就按各別商定的條款施行「特別稅則」(2)，亦稱「協定稅則」。德國政府，以這個新法律的強硬條款為根據，於一九〇三年開始商訂新約。這件事情所遇的困難實在不少，因為俄國，奧匈國，瑞士，羅馬尼亞看見德國如此，都覺得先下手為強，紛紛制立新法提高成製品的關稅，尤以課於德國成製品的為甚。這一批新條約的第一個是一九〇四年六月與比利時訂的條約，最末一個是一九〇五年一月與奧匈國訂的協約。根據條約的協定稅則於一九〇六年三月一日實行；同時並施行一九〇二年法律規定的普通稅則，(在磋商條約期間普通稅則是作為暫緩施行)。這些條約都定為繼續有效施行至一九一七年之末，由此以後須經訂約國之一方於一年前預告始可解除。(因與大利與匈牙利另有商業關係之故，所以此次德國與奧匈國所訂條約應於一九一五年終止) 各條約俱訂明許多種商品的關稅須較「普通稅則」減輕若干，而且俱訂明互相擔保最惠國待遇。

自一九〇六年以來，德國對外貿易的最大部分都是按協定稅則辦理，或按非特別商約國的最惠國待遇約款辦理。雖無特別商約而有最惠國約款之國是英，法，西班牙，荷蘭，斯坎地拿維亞各國及南美洲各國的最多數，德國對這幾國的商業都是互相擔保最惠國待遇。美國照一九〇〇年的約款也享有德國最低稅率的利益；這項約款雖於一九〇六年德國施行新稅則之時終止，美國仍舊辦到最多數商品得享德國新最低稅率的

1. "General tariff." 2. A special or "conventional" tariff.

利益。 一九〇九年美國修改稅則之後德美間的商業稍有轇轕，其結果是兩國互相承認享有最低稅率的利益。 所以，在實際上，德國並未十分執行一九〇二年法律規定的稅則。 就大體看來，這種稅則，除卻爲磋議商約的武器之外，本來不曾打算應用於實際。 然而按之事實，德國根據條約而行的協定稅則已經是高率保護關稅了；再就德國政界而論，此際德國之專門注重保護政策實在是比他的歷史中任何時代更甚。 利農主義繼續是左右全國的勢力，而且農業派尙以爲保護不足，仍在要求更加保護。 製造家對於二十年來政府之偏向農業派雖是極不高興而且顧慮保護農業太甚不免有糧價增高的影響，但除特別事項之外尙不至與農業派決裂。 關於保護主義的普通論點，德國全國是顯分兩派；經濟學家也是如此。 (柏林大學教授華格奈(1)與農業派極表同情，是最熱心的保護派；矛尼克大學教授布倫坦諾(2)是强硬的自由貿易家；柏林大學教授石慕勒(3)介於二者之間，主張保護主義及自由貿易不可執一而論，究竟是保護主義相宜或是自由貿易相宜須按地方情形決定。參看亞肖黎的近世關稅史第八章(a)。)

(138)晚近商業之發展 過去二十五年中德國經濟發達上可注意的現象是本國市場銷售農工業出品之數逐漸增加。 這個現象的原因是不難發見的。 一個顯而易見的原因是一八七一年至一九一〇年帝國人口增加了二千四百萬，各項農工業出品的需要自然比例增加。 第二是因財富增加和生活標準(4)改善之故，人民的消費能力擴充了。 第三個理由是本國原料品和半製品的交易增漲，這乃是大規模工業發達後必然的結果。 第四是國內運輸利便之推廣，主要的是鐵路及水道。

(a) Ashley: Modern Tariff History, Chap. VIII. 1. Adolf Wagner. 2. Brentano. 3. Schmoller. 4. Standard of living.

然而越更可驚的是德國對外商業的發展。　前幾十年德國在世界外國商業上所處的地位可謂極其卑下。

近如一八七〇年時，德國的對外貿易不但數量甚微，而且他傳播商業的方法總不外以照英國高等貨物仿造的廉價物品運銷於各市場。　一八七六年德國派赴美國費拉德斐亞(1)百年博覽會(2)的代表看見德國出品不能與他國的比較短長，心中好生難過，只得據實報告說德國工業品出產「陋劣低廉」的物品，除卻克魯伯(3)的槍礮之外德國竟沒有可以誇耀於人之物。(見布朗德爾的德國人工商業之猛進一五二頁(a)。)　然而德國，從如此卑下的地位着手，極力逐漸提高製造品的品質，不過幾十年工夫就占取世界商業的重要地位，與他抗衡的各國都敵他不過。　自一八七〇年以來德國商業的統計是很難以簡單之言說明，因為卜內門及澳堡於一八八八年加入關稅同盟以前及以後的統計數字不能相比之故；而且一九〇七年德國採用輸入品及輸出品的新式分類法，所以更難分別比較。　然而按價值計算，一八七二年的輸入額是三十四萬六千八百萬馬克，輸出額是二十四萬九千四百萬馬克；一九〇五年輸入額是七十四萬二千萬馬克，輸出額是五十八萬四千萬馬克。　一九〇五年德國的對外貿易在價值上只被英國勝過。

德國經濟發達是各方面一齊進步，所以他對外貿易的性質變更之重要也不亞於數量。　五十年前德國輸出品差不多全屬食料和原料；現今的輸出物大半是成製品。　人口之繁殖和工業之增長已經遠過於農業的發達，所以德國如今也不能完全經濟自足了。　關於輸出的原料只有煤是重要的；而輸入的煤與輸出的煤雖數量都是不小，也正好兩相抵消。　反之，現今輸入的大宗物品是食料及原料——棉花，羊毛，蠶絲，小麥，大麥，咖

(a) Blondel: L'Essor industrie et commercial du peuple Allemand. 152.

1. Philadelphia. 2. The Centenuial Exposition. 3. Krupp.

啡，黑麥，麪粉等，——輸入總額中只有五分之一是成製品。羅茵糖是唯一的大宗輸出食料。德國輸出額及輸入額對於主要各國分配之數分三期列表於下：

輸出額（表中數字係對於總額之百分比例數）

國名	一八九四年	一九〇三年	一九〇七年
英國	二〇·八	一九·三	一五·五
奧匈國	一三·二	一〇·三	一〇·五
美國	八·九	九·一	九·五
荷蘭	八·〇	八·二	六·六
俄國	六·四	八·一	六·四
瑞士	六·二	五·九	六·五
法國	六·二	五·三	六·六
比利時	四·九	五·二	五·〇

輸入額（表中數字係對於總額之百分比例數）

國名	一八九四年	一九〇三年	一九〇七年
美國	一二·四	一四·九	一五·一

俄國	一二·七	一三·一	一二·七
英國	一四·二	一三·二	一一·二
奧匈國	一三·六	一一·九	九·三
法國(及殖民地)	五·〇	五·五	五·二
英屬印度	三·八	四·五	四·七
阿根庭	二·四	四·三	五·一

德國的保護政策雖對於商業發展不無障礙，而德國的商人和製造家却不因此自遏勇氣，他們對於搜求海外市場和發達海外商業兩件事是非常的堅忍非常的敏捷。第一層，他們對於主顧所要的貨物的種類極其用心，而且用各種方法證明他們送交的貨品確與原定的種類相符，並無攙雜假冒等弊。顧全信用是德國人商戰取勝的第一秘訣。品質，色彩，大小，裝潢，價值——一切都是按買主的需要或買主的嗜好來決定。第二層，德國商人最注意商業機會，不但在外國的領事及其他官吏時常不斷的把外國情形報告於本國，而且大商業公司，工業公司，銀行，等都有許多代辦人專幹此事。這班代辦人對於外國語言和商法都曾經特別訓練過，所以比其他各國商界僱用的人格外得力。第三層，德國的商業報紙是用十來種重要文字出版，世界上凡關商業已經發達之區無不有德國人經營的商業報章。第四層，德國的銀行對於本國商人發展貿易之事最能用種種方法給他們幫忙，尤以扶助商人與主顧作信用交易為甚。第五層，德國的商業發展得力於其航業利便

亦頗不小，世界上最大的汽船公司有兩個是德國的。（一個是漢堡美洲公司（1）又一個是北日爾曼晉德公司）。

譯者按近世獨立國家無不力保關稅自主之權，因爲關稅不僅是一國歲入的源泉，並且還有保護本國實業和發展國外商業的作用。關稅之運用是否得法全在稅則如何規定，各國稅則對於有害物品（如嗎啡，雅片）之輸入或絕對禁止，或嚴加限制，尋常貨物亦按奢侈品，必需品，成製品，原料品之分而定其課稅之多寡；簡單說，本國自能生產之物品必定重課輸入稅以防外國同類貨物之侵入，本國工業所需的原料之輸入，或完全免稅，或酌量徵課，總以維護本國實業爲目的。反之，本國原料必以關稅限制其輸出，本國成製品必輕稅或免稅獎勵其輸出。稅則有「普通」與「特別」之分，爲的是便於與外國磋議互惠的商業條約。「協定」稅則總是兩國彼此互允最低稅率的利益，專門名詞稱爲「雙務的協定稅則」，這是發展國外市場的必要條件。中國不然，自從天津條約糊裏糊塗的許准「單務的協定稅則」以來，對於一切外國輸入物品無論有利有害一律從價課百分之五的關稅；幾十年來物價騰漲，中國關稅實際不過從價百分之二，但中國已經失却關稅自主之權，無論自己怎樣着急，怎樣痛苦，不得外國許可休想增加半分。前兩年雖曾修改稅則一次，仍是處處受外人束縛，比以前雖好，也有限得很。中國人若不自己努力趕緊收回關稅自主權，中國實業必不能發達，中國必不免永久爲外國剩餘貨物採拚之地。關於此科的專門著作，譯者謹爲讀者諸君介紹下列二書：（一）金華盛俊君的海關稅務紀要，理論事實並重，實爲研究中國關

1. The Hamburg-American and the North German Lloyd.

稅不可不備之書；（二）北京大學故教授康寶忠先生的商業政策講義，述外國關稅之歷史極詳備。此外我國出版界或更有佳作，譯者未能深究，不便妄談。

SELECTED REFERENCES

General

C. Day, History of Commerce (new ed., New York, 1914), Chaps. XXXIX, XL.

W. C. Webster, General History of Commerce (Boston, 1903), 457-468.

W. H. Dawson, Evolution of Modern Germany (London, 1908), Chap. IV.

D. Bellet, Le commerce allemand et les raisons de son developpement, in Rev. Sci. Pol., Aug., 1915.

W. Sombart, Die deutsche Volkswirthschaft im XIX. Jahrhundert (Berlin, 1903).

G. Blondel, L'Essor industriel et commercial du peuple Allemande (Paris, 1898).

G. A. Pogson, Germany and Its Trade (London, 1903).

J. Bowring, Report on the German Commercial Union (London, 1840).

Tariff History

P. Ashley, Modern Tariff History (2d ed., London, 1910), 3-168.

W. H. Dawson, Protection in Germany: A History of German Fiscal Policy During the Nineteenth Century (London, 1904).

W. H. Dawson, The New German Tariff, in Econ. Jour., March, 1902.

B. Rand, Selections Illustrating Economic History Since the Seven Years War (2d ed., Cambridge, 1892), 170-206.

J. E. Barker, Modern Germany, Her Political and Economic Problems (5th ed., London, 1915), 645-689.

H. Dietzel, The German Tariff Controversy, in Quar. Jour. Econ., May, 1903.

N. I. Stone, How the Germans Revised Their Tariff, in Amer. Rev. of Rev., Dec., 1905.

E. Worms, L'Allemagne économique; ou histoire du zollverein allemand (Paris, 1872).

E. Worms, La politique commerciale de l'allemagne (Paris, 1895).

H. Richelot, Le zollverein (Paris, 1859).

W. Weber, Der deutsche Zollverein (Leipzig, 1871).

J. Gensel, Die Rohstoffe und Erzeugnisse der Textil-Industrie in Zolltarife vom 15. Juli, 1879, Jahrbücher für Nationaloekonomic und Statistik (Jena, 1878-93), Heft 5.

J. Conrad, Die Stellung der Landwirthschaftlichen Zölle, in Verein für Sozialpolitik, XC. Useful documentary material is contained in Germany,—New General Customs Tariff, British Board of Trade, Cd. 1479, 1903; and in New German Tariff as Modified by Treaties, *ibid.*, Cd. 2414, 1905.

Tariff Views of the Economists

P. Ashley, Modern Tariff History (2d ed., London, 1910), Chap. VIII.

C. Gide and C. Rist, History of Economic Doctrines from the Time of the Physiocrats to the Present Day, trans. by R. Richards (Boston, 1915), 264-290.

M. E. Hirst. The Life of Friedrich List (London, 1909).

F. List, Das nationale System der politischen Oekonomie (Stuttgart. 1853), trans. by S. S. Lloyd as The National System of Political Economy (London, new ed., 1904).

A. Wagner, Agrar- und Industriestaat (2d ed., Leipzig, 1902).

G. Schmoller, Grundriss der Allgemeinen Volkswirthschaftslehre, 2 vols. (Leipzig, 1900–04).

L. Brentano, Das Freihandelsargument (Berlin, 1901).

Expansion and Present Character of Trade

W. H. Dawson, Evolution of Modern Germany (London, 1908), Chap. IV.

J. E. Barker, Modern Germany, Her Political and Economic Problems (5th ed., London, 1915), 600-625.

E. D. Howard, Cause and Extent of the Recent Industrial Progress of Germany (Boston, 1907), Chap. III.

J. D. Whelpley, The Trade of the World (New York, 1913), 64-91.

"Veritas," The German Empire of To-day (London, 1902).

E. Bernstein, Growth of German Exports, in Contemp. Rev., Dec., 1903.

P. Arndt, Germany in International Commerce, in Internat. Monthly, May, 1902.

G. A. Pogson, Germany and Its Trade (London, 1903).

W. Lotz, Die Handelspolitik des deutschen Reiches, 1890-1900 (Leipzig, 1901).

C. Ballod, Die deutsch-amerikanischen Handelsbeziehungen (Leipzig, 1901).

A. Zimmermann, Geschichte der Preussisch-Deutschen Handels-politik (Berlin, 1871), continued in Die Handels-politik des deutschen Reiches, 1871-1900 (Berlin, 1901).

Colonial Trade

A. G. Keller, Colonization (Boston, 1908), 531-595.

W. H. Dawson, Evolution of Modern Germany (London, 1908), Chap. XVIII.

W. H. Dawson, Industrial Germany (London, 1912), Chap. XI.

"Veritas," The German Empire of To-day, Chap. VII.

R. Hermann, Die Handelsbeziehungen Deutschlands zu sienen Schutzgebieten (Berlin, 1899).

第十五章　俄國之經濟改造

(139) 經濟進化之階段　過去五六十年中一樁頗可注意的事情是西歐人對於俄國(1)和俄國事物的態度逐漸改變。　甚至在三十年前，除少數人之外，西歐人都認俄國是一個未開化的廣土衆民之國，他的政治是非常專制而且腐敗，他的人民是愚昧的，困苦的，無生產能力的，野蠻的，非歐洲式的，不能進步的。　現今的俄國是被認爲歐洲的強大而未可限量的國家之一，他的政治組織規模遠大而且勵精圖治，他的人民是勤勉的，有大志的，嚴整的，而且具有很多的文化。　這種意見的轉移一部分是因爲俄國人生活和性質的實在情形被遊歷家，著作家，和俄國學者的出品爲之宣揚於人；從前俄國人既不知宣傳自己的固有長處，外國人亦不知他們的實在情形，不免以耳爲目，附會誣蔑。　如今的人都明白俄國絕不是像從前的人說的豺狼載道，刑罰殘酷，農奴遍地的妖國。　然而，衆人意見之改變大半是因俄國的政治，社會，經濟的組織都已大加整頓，按現今世界眼光看來，比以前較合於西歐人的思想和習慣。　現今的俄國不是亞力山大第一(2)的俄國，甚至不是尼柯拉士第二(3)早年的俄國。

要知道近代俄國的社會變更和工業變更至於何等，是何性質，何以竟能造成現今的俄國，最好先敍俄國經濟歷史的主要階段彙及俄國地理的重要形勢。　關於俄國社會經濟之發達，近世著名著作家曾發見五個重要時代，各有根本不同的特點。（最著名的是克魯切袍斯基，他的鉅著俄國歷史講義共四冊於一九〇六年至一九一〇年出版於莫斯科，經何嘉士譯成英文共三冊(a)；馬佛爾也是此等大家，著有俄國經濟史共二冊

(a) V. O. Kluchevsky: Course of Russian History, 4 vols. (Moscow, 1906-10) trans. by C. J. Hogarth. 1. Russia. 2. Alexander I. 3. Nicholas II.

(a) J. Mavor: An Economic History of Russia, 2 vols. 1. Slav. 2. The Tartars. 3. Kiev. 4. The Upper Volga. 5. The Udeli. 6. The Russian State. 7. The Don. 8. Ivan IV. 9. Tsar, (from "Cæsar"). 10. The boyar military class. 11. Peter the Great.

（a）。第一期，自第八世紀延及第十三世紀，是以政治區域按古初斯拉夫民族（1）領導的貿易市鎮劃分爲特色。人民的主要職業不是農業，乃是商業，交易的商品不是耕種土地的出產，乃是森林的出產，主要的是獸皮，蠟油，蜂蜜，松脂。人民是集中於市鎮內，那時特殊的政治單位是設有防禦堡壘的貿易市鎮，即保護一地區的中心地或被征服的地區的中心地。在十一世紀之前竟完全沒有耕種田地的事；自十一世紀起，雖然多餘的不能立刻出賣的奴隸開始被用於各項耕種，但規模稍大的農業乃是遲之又久纔出現。第一時期終於韃靼人（2）之侵入，於是基耶輻（3）大地區內的政治狀況和經濟狀況完全破壞，斯拉夫族被迫得去占據上窩爾葛河（4）流域的平原。

第二期，自十三世紀延至第十五世紀中葉，其時斯拉夫族完全服屬於韃靼人，在上窩爾葛河流域有許多藩王的采邑名爲烏得里（5），這一期的特點便是在烏得里諸王之下以自由的農夫勞力開墾莫斯科地區的黏壤以營農業。商業已經破壞盡了；商業階級是變窮了；在北部的城市是小而且少；經濟的必要漸次驅使人民入於農業。自此以來俄國成了重要的農業國。第三期，自一四五〇年延至一六二〇年，在政治方面是以莫斯科統一各藩王成爲俄國（6）並掃除韃靼人的勢力爲特點，在經濟方面是以上窩爾葛河流域及頓河（7）黑壤地區中自由農夫繼續經營爲特點。但在這一期中不單是俄皇的權力鞏固了，（譯者按伊凡第四（8）（一五三三年至一五八四年）於一五四七年仿羅馬舊習自稱皇帝（9），而且又是波亞（10）軍閥勢力囂張之時，（譯者按這班軍閥非常專橫，蠹國害民達於極點，後來彼得大帝（11）（一六七二年至一七二五年）把他們的特權一齊廢除）農民的自由權利也於此時開始被這班軍人蠶食鯨吞，造成了他們的大地產。俄國土地守產法各原則之最多數，合着農奴制度的重要條件，都是發生於這一期中，而且盛行於這一期中。十六世紀中多數農民仍是自由的租戶，但對於國家和他們的地主應負的責任已是很重而且還有債務。這班農民之逐漸屈服於土地的束縛已經是無可免避的了。

第四期，始於一六一三年羅曼諾夫(1)皇室踐祚，終於一八五五年俄皇尼柯拉士第一之死，是俄國進為歐洲強國的時代。莫斯科王的權力伸張於北，於西，於南，以至於全俄平原俱被占據；通海的出口之處是取得了；（譯者按彼得大帝於一七二一年戰勝瑞典(2)，取得沿波羅的海(3)之里萬尼亞(4)及愛斯頓尼亞(5)兩省，始有與西歐交通之途。）新京城是建立了；（譯者按彼得大帝自莫斯科遷都於聖彼得堡(6)，亦名柏礎格納）政治組織是擴大了而且鞏固了；俄國東零西散的國民都團結聯絡了。在經濟方面主要事實是農民之固着於所耕之地和自十八世紀中葉以來製造業之興起。農民地位之卑下多是對於地主的責務加重的結果。這椿事的經過是非常複雜，而且有許多情形難於查考，但其結果是大多數農民降為皇室的農奴或各個地主的農奴。俄國經濟史的第五期是從十九世紀中葉延至現今。這第五期的特點是自由主義逐漸伸張，屢遇恐慌，人民對於現狀多不滿意，革命和時行時止的改革。這個時期更特別之點是西比利亞(7)的農業，林業，礦業等富源的大規模開發；歐屬各省農業的大發展和穀物的大量輸出；受束縛的農人之正式解放；多數農人因責務牽纏終不免倚賴舊日的地主或別的人；輸入法國及其他國的資本應用於修造鐵路等企業；仿

1. Romanov. 2. Sweden. 3. Baltic. 4. Livonia. 5. Esthonia. 6. St. Petersburg, or Petrograd. 7. Siberia.

效英，法，德，及其他西歐各國改變工業方法和工業狀況。

(140)百年前之俄國：農奴　本書此刻要述的俄國發達情形乃是屬於第四期之末段以至於第五期。　在十九世紀開幕之時俄國對外的力量很強，頗有不可輕侮之勢。　長於治術之女皇嘉德璘第二(1)（一七六一年至一七九六年）積功累德數十年，亞力山大第一（譯者按自一八〇一年至一八二五年）克紹先烈，卒成推倒拿破崙之功，使維也納會議(2)中俄國外交大占優勢。　俄國國土是很廣大的——在一八一五年時，十倍於法國，三十三倍於英格蘭及衞爾斯，四十倍於美國紐約省(3)。　在他二百萬方英里的面積上分布着宗教相同，文字相同，習俗相同的五千萬人民。　他的天然富源極其宏多——有黑壤，有森林，有礦產，有便利商旅的河流。　全國面積三分之二皆屬可望發達之區，氣候雖寒，不礙安居，生產企業，無不可辦。　然而，政治不良，社會齷齪，未免辜負這些天然富源和他表面的威風。　政府是官僚式的，不整飭的，腐敗的。　農業是粗拙的，無生產力的。　工業是稀少的，幼稚的。　唯獨貴族纔有資本。　對外商業是全在外國人的掌握中。　本國商業多半仍是物物交易。　財政紊亂，收入支出毫無定準，租稅極重而且徵收之時浪費中飽，弊病百出。　必須學習纔能中用的專業並沒有組織完備的永久機關。（譯者按例如教會和行醫都是必須學習纔能中用的專業；現今這兩種事都得經公家考驗合格之後纔許掛牌行道，俄國當時都是很隨便的）。　大多數人民毫無教育，願意受教育的人也不得其門而入。

俄國起初雖是一個商業國，但在很早的年代中已變成着重農業之國；雖然因過去五十年中工業發達的結

1. Catherine II. 2. The Congress of Vienna. 3. The state of New York.

果俄國現今是遠不如從前之純屬農業，而農業國的性質至今未變。所以，敘述俄國近代經濟發達無論怎樣簡略，必須從農業說起，尤須注意農業各階級的情形，土地守產制度，和農業技術的進步。

一百年前，俄國的人口只有貴族與農民兩大階級之分。現今，甚至當時，為西歐國家之中堅的有資財有學識的中產階級，在那時的俄國內是竟直沒有的。彼得大帝曾有意要造成這樣的一個階級，他曾獎勵商人組織行會，但他白費了許多氣力，並未能收大效果。一八一五年時貴族之數約十四萬家。除却僧侶，有限的專業人，和不多的商人及銀行家之外，其餘的居民全是農人。全國可耕之地足足有十分之九是屬於皇帝，親王，和貴族。這些地都是大地產，而且是由農人出力耕種，最多數農人都是農奴。一八一五年時單算皇室私產上的農奴便有一千六百萬名之多。大地產照例是分成兩部分，一部分是留為地主隨時之用，另一部分是分派於他的農奴。農奴居住在名為「密爾」(1)的小村內，每村規定本區內土地分給居民耕種，全村每年共同繳納定額款須與地主。農奴自然都是佃戶；他們不能主有土地，他們唯一的生活之資就是他們的小段田地中的出產繳納地主款項後所剩餘的一小部分。也與西歐各國從前的農奴一樣，他們負有「徭役」(2)的責任，他們必須在地主私產上作工的期限每星期足有三日之多。再者，地主對於農奴有訓練之權和刑罰之權，這類權力，名義上雖受法律限制，實際上是毫無限制的。農奴絕不能離去他出生之地，當地產出賣或以任何方法轉讓於他人之時，農奴隨土地移交於新地主。大致說來，俄國農奴的狀況至少也如一八〇七年以前普魯士農奴一樣的困苦，而且顯然比一七八九年法國的農奴更苦得多。

1. Mirs, 2. Corvee.

（141）農奴解放之步驟　農奴人數之多，境遇之苦，其間慘無人道的情形，甚至在十八世紀閉幕之前已被各方面公認爲俄國的大問題。　當時通行的制度是囿於習俗的，是偏袒貴族的，是專爲貴族謀利益的；的確的，那時俄國計算一個人的資財並不是算他所有的田地的畝數，乃是算他所有的「性靈」的個數。　然而，這種制度違反那個時代最開化的道德觀念。　這種制度也絕無經濟優點之可言。　自法國大革命之時起，批評這種制度的人日見加多。　至拿破崙戰爭終結之時，俄皇亞力山大第一（一八〇一年至一八二五年）在當時也算是仁明寬厚之主，對於這件事體頗肯用心，甚至籌畫將農奴全行解放的方法。　一八一九年，波羅的海三省的農奴被解放了，以農人將土地交還地主爲取得身體自由的條件。（一八一二年時拿破崙曾行相類的改革於波蘭(1)地方。　這兩樁事的結果都頗難論定，大致不外造成農業勞働階級。）　然而這個功程之鉅大和俄皇之優柔寡斷頗妨此舉之積極進行。　亞力山大的繼嗣尼柯拉士第一(2)（一八二五年至一八五五年）是最徹底的頑固派，然而甚至他也坦然承認農奴遍於國中是無可迴護之事而且是有害於全國利益之事。　有一次他宣言說，「我不懂怎麼人也會當作一個物件，我只好說這種事在所有者一邊是欺詐，在被有者一邊是糊塗。　我們必當禁絕這種事。　我們自己替自己打算，與其終究被人從我們的掌握中奪去，不如我們自行拋棄。」　但是不管尼柯拉士第一三十年間六次派員考查此事，那一班執掌土地的官吏的影響頗足阻止俄皇不去實行。

農奴制度的正式廢除直待「救民皇帝」(3)亞力山大第二(4)（一八五五年至一八八一年）手內總得完

1. Poland. 2. Nicholas I. 3. "Tsar Liberator." 4. Alexander II.

成。

亞力山大第二登位後一年之內就對莫斯科貴族代表直說他自己並不厭惡解放，而且聲言這種改革總有要辦的一天，又說倒是從上做起來的反比從下做起來的更好。早如一八五七年他就委派了一班新委員去研究這個問題，爲時未久就有里宣尼亞(1)三省(基耶福(2)，窩令尼亞(3)，波多里亞(4)的貴族仰承俄皇德意申請完成他們於一八一七年已經開始的農奴解放，以土地分派於已經解放的農人並且承認他們對於所派地畝的完全所有權。此時俄國人對於俄皇真是頌聲載道，就有俄皇的幾個顧問大臣提議以爲應當召集全國大會將此事完全解決。俄皇對於改革田制一舉不願大權旁落，他自行委任了一班地主委員去討論涉及此事的各問題，他極力圖全國各處一律改革。

此際俄國農奴之數約近四千七百萬名。其中二千萬住在皇帝私產上，四百七十萬住在皇族采邑上，二千一百萬住在私家地產上；一百四十萬執家庭勞務之役。皇帝私產和皇族采邑中農奴之解放是這個功程裏較容易的一部分。這班農奴的地位通常已經是比貴族地產上的農奴稍好，此刻要緊的事就是只候俄皇批准他們的身體自由權和承認他們爲平素耕種地段的所有者而已。俄皇自己以身作則，於一八五八年七月發出諭旨把采邑農奴一齊解放並且給他們對於耕地的完全所有權。第二年又屢次妥訂辦法使皇帝私產上的農奴亦得自由。這一部分功程是逐漸實行的，至一八六六年纔完全告成。然而俄皇的心意並不以此自足。他對於私人地產上農奴解放一層也一樣的留心。進行方法是用心預備了，一八六一年，其時俄皇發憤爲雄，改良出版法，改良司法制度，整頓地方自治，振興教育，正是百廢俱舉衆工皆興之際，三月三日（按俄曆

1. Lithuania. 2. Kiev. 3. Volhynia. 4. Podolia.

是二月十九日）宣布了近世歐洲史中任何解放法律無此果決無此重要的一道諭令。這就是解放貴族地產上二千三百萬農奴而且絕不姑容腐敗殘酷的經濟制度的「解放諭令」(1)。

(142)解放之條件　俄皇認定僅僅許農奴以身體自由權是不能收效的。他慷慨的說，「解放而不給與土地終不免使地主更加橫暴。」所以他主張更要妥籌良法以保障農民已被許准的身體自由權而且使農民真能達到經濟自立的地位。解放的農民必須給以土地，否則不過造就一班貧無立錐的平民，國家並不受益。貴族們自以爲是法律承認的地主，所以很難有辦法使他們平白拋棄一大部分土地。同時，幾百年來世世代代都在一塊地上居住耕種的農民們也振振有辭的認定這種地早應爲他們所有。隨後辦到的解決方法是互相讓步的性質，貴族保留他們的土地的一部，其餘的賣與農人。在國內各大地區中，因農人羣居村內，每家各有一個農舍和環繞農舍的園圃，所以這個問題容易解決。在這等情形之下，一部分土地劃歸地主保留之後，居住地產內的農人是被承認爲他們的房屋和園圃的所有主，同時環繞農村的一般農地成爲全村的共有財產，以備定期重行分派於村中居民。然而在與共產主義有區別的個人地產已成原則之處——尤以小俄羅斯(2)及波蘭(3)爲甚——土地是直接分派與各個人。按上述兩種辦法中任何一種而分派與個人以爲養活家口的地畝之大小是因土質，氣候，及人口密度的差異而有不同。就俄國全體而言，每家平均地畝之數爲二二·五英畝；但在人口稠密而土質肥沃的南部，平均數只有五·五英畝。農人所得的地產並不是白白奉送的。地主對於因此舉而失却的東西無不要求賠償。農人自己沒有資財去償還；其結果政府擬定

1. The Edict of Emancipation. 2. Little Russia. 3. Poland.

一個辦法，農人所需款項可由國家立即預行發借，農人借這種債款可按年利六釐分期歸還，名爲「贖償年金」(1)，限期四十九年。（按嚴格說來這種贖款並不是按所分土地的價值扣算，乃是認爲農奴免除強迫勞役對於地主所受損失的賠款） 這個辦法的原則是與稍後年間愛爾蘭收買土地法所用的原則一樣。 照這個辦法從大地主手裏轉與農人的土地總計三五〇，九六四，一八七英畝——實合全國農地面積二分之一。

除卻個人所有權盛行的西部之外，爲土地處分之根據的土地守產法是農地公有和房屋園圃私有二法並行。 任何一定地方的農地之所有權俱是屬於「密爾」「密爾」之組織是由居住村內每家各出代表人一名，以村長主持一切事務。 這個團體的職權之一是按時集會重行分派公共土地於各家家長，各個人對於所分的土地只享有「用益權」(2)，不得有出售或抵押之權。 「密爾」承襲舊日地主所有的警察權及其他公家職務，「密爾」不但對於欠政府的「贖償年金」負責，並且對於一切租稅和陸軍徵發的分額也要負責。 爲行政的便利起見，幾個「密爾」合爲一「縣」(3)，有一個民選的縣長，一個議會，和他們自己的法庭。

(143)解放之結果：晚近農業法制 俄國所行的這種整頓的結果不能說全是幸福。 這次解放對於發揚國人道德心的好處是無可疑的。 但經濟利益却證爲虛妄。 在解放之前，俄國人經濟生活尚存有中古時代的許多性質。 這種經濟生活是根據於本處生產爲本處消費。 農人不是自由人而且受暴虐的待遇；但他的食物，住房，衣服，燃料，燈燭，等須完全不用自己花錢。 在地主的草地上牧養牲畜，在地主的森林內採樵，有急需時得地主的錢財資助，這些舊日無明文規定的權利是何等的可貴，當時無人覺得，迨到這些特權突然撤除之後，

1. "Redemption annuities." 2. Usufruct. 3. Volost or canton.

這纔大感不便。在新制度之下，每樣事物總得花錢去買。總之，雖然農人得免對於地主的義務，却有經過「密爾」對於國家幾乎一樣苦的責任為之代替。每一「密爾」俱負有歸還國庫預行墊付款項的責任，要實踐這種責任使不免對於村人的經濟活動嚴加限制，暴斂橫征。（甚至在國內農人各自執掌地產，並未行共產制度之處，各農人借款之總額也認為應歸全村負擔，各個人應按期繳納的贖價年金不由個人直接對國家負責而由一村對國家負責）甚至新取得的遷徙自由權也證為不實在，因為有些「密爾」負債甚重，一旦「密爾」人口減少未必不藉此圖賴償務，所以政府認為必需限制遷徙自由，其限制之嚴也頗近於舊日之限制農奴。考其實際，此時的農人竟直就是「國家的農奴」。因為政府從前對大地主表示寬厚之故，這種整頓方法奇怪已極，留給農人的土地竟比他們從前由貴族分派的土地還要少些；加以人口增殖，土地再三分析，以至於今，農人所有之地平均不過在舊制度之下分派的地畝之半數。

說過去五十年中俄國最重要問題是農田改良問題，是一點不假的。俄屬歐洲地方居民約八分之七差不多全是務農的。但在歐洲沒有那一國的耕種情形比俄國的更劣。主要的障礙是農人的地位太受法律限制，農人負擔的租稅太重。人太貧苦，太缺乏企業力量。許多地方的農人生活極為艱難，幾乎連年不免饑寒。

自解放農奴之後，接着連年收成荒歉，農人不暇後顧，於是各「密爾」俱拖欠償款。在一九〇〇年時，各「密爾」欠償總額在七千五百萬金元以上，在一九〇四年時許多地方的欠款已經絕了清償的希望，於是政府只得另籌調停之法，到底把這種欠款的一大部分勾消了。

在晚近年間，尤以一九〇五年至一九〇六年革命之後爲甚，俄國下議院（1）和上議院（2）對於農田情形頗爲注意，而且農務部，各省議會（3），和研究經濟的人都很重視這個問題。農界之不滿意是這次革命的一個主要淵源，而且革命現象中也就是農人暴動最爲厲害。農人的呼號是要求較多的土地，雖一九〇五年中貴族把所有土地四分之一賣與農人，這種要求只不過是暫時滿足。一九〇六年俄國第一次國會之所以失敗便是因爲憲政民主黨（4）主張要各大地立把其餘地產繳出以便撥與農民。（譯者按一九〇四年至一九〇五年日俄戰爭之時俄軍敗報傳至國內，向來對政府不滿意之多數俄人卽起革命運動，工人罷工，商人罷市，農人輟耕，騷亂之象遍於全國。俄軍遠征在外，國內空虛，俄皇尼柯拉士第二（5）束手無策。一九〇五年十月三十日俄皇宣布立憲諭旨，一名十月宣言（6）許人民言論自由等權，並組織國會。一九〇六年五月十日第一次國會開幕，革命領袖多被選爲國會議員，人民很希望這班議員都能始終不渝，貫徹初衷，誰知這一班人一朝得勢就各分黨派，大鬧意見，於是守舊派利用時機慫恿俄皇解散國會（一九〇六年七月二十一日）。日俄議和（一九〇五年九月）之後，滿洲俄軍撤回，俄皇手下有兵便不再怕革命黨了，於是對於革命黨人大施懲罰，竟以軍法從事，十月宣言中所許人民權利亦多反計，由此至歐洲大戰時俄國國會議員名爲民選，實際上不是欽派便是官選。） 但其間尚有政府於一九〇五年十一月十六日發出的通令內中聲明自一九〇七年一月一日以後不再徵收各「密爾」所欠解放時借款的尾數。 換句話說，國家把這種地方借務一律勾消而且規定在一九〇七年一月一日以後各農村卽爲各該段土地的完全所有者，對於國家除平常田賦之外不再負何等

1. The Duma. 2. The Council of the Empire. 3. The provincial zemstvos. 4. The Constitutional Democrats. 5. Nicholas II. 6. The October Manifesto.

債務。

第二步是一九〇六年十一月，正當第一次國會解散之後，第二次國會召集之前，俄皇又發出兩道諭令，志在鼓勵改集合所有土地爲個人私有財產。 這兩道諭令，經下議院及上議院按立法程序分疏補充之後，成爲一九一〇年七月二十七日的「增訂修正農地守產規則」及一九一一年六月十一日的「土地處理」法。 這兩大篇法律所包含的主要改革目的是振興小地產和伸張地主耕種土地及處分土地的完全自由權。 凡自一八六一年分定土地以後卽未改分之區，所有執掌田地之人俱按法承認他們爲所掌土地之主。（這些多是地位較好的自治區或「密爾」，其中的農人既得自由之後便廣用資本及勞力把田地整理起來，自然很反對按期另派土地的辦法。 在這種情形之下，按實際說，這些土地已經是私有財產了。 一八九三年俄皇特制法律規定各「密爾」改分土地之期限不許少於十二年，並又規定凡農人對於分得土地曾以排水，灌溉，或任何其他方法，改良土質者，當改分土地時應被給以相等之良田或給以補償之款項）。 而且在其他各區中，每個占有田地之人皆有權隨時要求把他現刻實際占有的地段改爲他個人所有財產。 按其實際，俄國自經這次立法之後，法律中纔有與西歐各國相同的任何等級的人民皆可爲土地所有者的觀念。 解釋起來，這樣的法律是革命的；然而在某限度內也只是重新實行一八六一年解放諭令的原則，因爲照解放諭令的條款各自治區或「密爾」有權將各該區所買土地分給區中人民作爲私有財產，唯一的限制是定爲任何分配必須按對於區中人民一律待遇的計劃。 在一八六一年至一九一〇年之間，俄國全國自治區照這個辦法分配土地的不到全數之半，而且按這個期間制定的幾種法律看來，共產制度已經明白假定爲俄國的永久特點。

獎勵私有土地的新法律惹起俄國人的意見不合，這是不難想見的。在國會內，中央黨(1)贊成新法律，但左黨(2)和右黨(3)都極力反對。擁護新法的大致都是一班相信唯獨個人私有財產制度纔能鼓勵農業適當發達的人。他們聲言「密爾」的集產主義(4)不合時宜；他們力稱自治區不容個人自動，不容個人企業；他們說這種制度減低勞働的生產力，又使掌管土地之人生懈怠之心，不肯對於合理的開墾加充分的注意；他們尤其稱述法國，比利時，及其他西歐國的農地生產力以爲立論的根據。反對派辨駁的話是說俄國農業之不良並非由於共產制度，卽或認共產制度爲不良而須改行他法，亦不當如新法律這樣顢頇。本書此刻只能敍其事實如此；至於結果如何尙難預料。但是，無論如何，一九一〇年及一九一一年的法律只能算是俄國全國實行個人私產原則時所必需的許多法律的引線而已。（關於一九〇六年以來俄國農地情形的簡明論述可參看馬佛爾的俄國經濟史第二卷三四〇頁至三五七頁(a)。）

(144)晚近農業之狀況　俄國的農業物產和農業方法絕不能以簡單之辭說明，因爲俄國自成一個世界，氣候和土質的差異極大，而且他的經濟組織又是各地方自爲風氣。俄國全國可以畫一條蜿蜒的長線從希安米爾(5)起經基耶福，嘉然尼(6)，到烏法(7)，分爲「南壤」(8)「北壤」(9)，而每「壤」中又自區分爲迴不相同幾帶。在極北荒原中農業是不可能的，在荒原之南的森林地段因土質磽瘠季候短促之故耕種極爲喫力。

大致說來，只在緯線六十度以南居民纔能以耕種爲業。這一帶地方面積約六十萬方英里，黑麥，燕麥，大麥，

(a) Mavor: Economic History of Russia, II, 340–357. 1. The Centre party. 2. The Left party. 3. The Right party. 4. Collectivism. 5. Zhitomir. 6, Kazan. 7. Ufa. 8. "Southern soils." 9. "Northern soils."

小麥，苧蔴，荷蘭薯出產頗多，尤以沿波羅的海各省爲甚。更向南橫亘着大黑壤區，在其西部，基耶福，波多里亞(1)，喀爾柯福(2)三省的農業是俄國內較有生產力較有進步的。雖黑麥，蕎麥，玉蜀黍，及其他穀類產額甚大，而且白色當比亞(3)，克利米亞(4)，高加索山(5)多注意於葡萄種植，但小麥是主要出產。黑壤區的更東部分，延至窩爾葛河(6)，冬令苦寒而且雨量太少，兼之既不行轉種之法，又不能改良土質，雖然耕種不輟，土性反因而更瘠。因爲這些緣故，這一帶地方的農人常受飢饉之苦。俄國尚有草原數處，從白色當比亞延至高加索山，其間農業性質更爲複雜。就俄國全部而論種植最多的穀物是黑麥，爲農民的重要食料。小麥是爲輸出而生產的主要商品。

俄民大部分行使的耕種方法是極端幼稚的。農民大多數太貧苦，沒有力量購買改良種籽或農業機器，又不能用肥壅法或停耕法去維持土地的生產力。只有富裕地主的田產纔多少用機器幫助人工，而且甚至在這種地產中也因農奴制度廢除以致人工短少而耕種能率日見減退。最通用的犂頭仍是古老村農用一匹馬或一條牛拖的木製犂頭；種籽是照例憑手播散；割草割穀只是一把鐮刀；打穀是通常用手做或用牲畜踩踏。然而鐵犂，播種機，束穗機，打穀機，都已漸次行用，除由外國輸入的機器外，俄國本國亦能製造各種農業機器。農業物產數量的增加亦頗不小，考一八六〇年時穀類輸出平均量每年不及一百五十萬噸，至一九〇〇年增至六百萬噸以上。

(145)工業革命之發端　在近今數十年前俄國尚是專重農業的國家。農民所需的製造品數量有限，多是

1. Podolia. 2. Kharkov 3. Bessarabia. 4. Crimea. 5. The Caucasus. 6. The Volga.

在農事之暇自作自用，而人口中較富的一部分所需的成製品都是由外國輸入的。 然而過去三十年中工業進步極速，工場制度已經行開了，大城市已經興起了；簡單說俄國工業，縱不在程度上，而在性質上已經歷了與英，法，德，工業相近的變更。 俄國工業發達的最重要事實是完全由國家主動而成，不像英國是未受國家資助的私人企業的自然結果。 近今一位俄國著作家說「不自然的東西無過於我們的製造業之發達」 自彼得大帝之時以來俄國政府對於振興製造業眞是孳孳不倦。 有時他用獨占(1)權來達這個目的，有時又用獎勵(2)金付給法，而且始終不斷的極力利用保護關稅法(3)。 俄國首先倡設大規模工業的是彼得大帝，而且俄國自彼時便有眞正的工場却也是歷史中有趣味的事。 早如一七六五年時俄國已有這種工場二百六十二所，僱用工人三七，八六二名，出產貨物約值五百萬盧布(4)。 這類工場，有些是直接由國家主辦，有些由國家庇蔭的貴族或莫斯科富商主辦；這些工場的出品多是帆布，蔴布，絲貨，軍器，彈藥。 然而勞力之供給，在性質上和分量上都不够用，而且製造方法亦極簡陋。

自一八二五年時起波蘭地方以私人資本新式機器，仿英國工場辦理的工業之發達已可考見。 但乃是解放農奴以後，因爲以自願食工資的勞傭代替強迫勞力之故，一切情形幾利於工業技術的進步。 農奴解放的直接效果的確是不利於當時的工場的；因爲在解放期中工場工人約三分之一都是強迫服役的，他們得了自由之時多半拋撇了他們的僱主。 鐵工業和棉花工業因此受害最烈。 但工業恢復原狀是異常之快，到後來便證明農人地位之變更是大有益於工業的。 不但自由勞力的總量大爲增加；而且許多有現成資本的地主

1. Monopolies. 2. Payment of bounties. 3. The protective tariff. 4. Roubles.

都得消除對於國家的義務而成爲近世資本家式大規模工業的領袖。 他們購買工場製造貨品的能力亦同時增加。 他們採用改良的技術使工場能與本國家族工業競爭，又有嚴格的保護關稅使外國成製品不能與他們競爭，於是俄國飛突進步而在歐洲工業國中占一地位。 一八八〇年至一八八九年十年間長期的工業物價低落稍微妨礙工業發達，但尚不至完全阻滯。

(146)晚近工業之發展 俄國工業大進步的時期始於一八九三年韋特(1)伯爵（譯者按韋特生於一八四九年，死於一九一五年，係俄國著名政治家，振興俄國之工商業不遺餘力，頗似德國之俾士麥及英國之張伯倫）之被任爲財政商業總長。 韋特，如他的前任維斯尼格拉次基(2)一樣，深信單靠農業絕不能使國家強盛，所以他的根本政策是要使俄國的經濟利益不拘拘限於農業一途，要以建造鐵路，開掘鑛產，擴張工場工業，使工商與農並重。 要圖他的計畫之實現，大量的資本是絕不可少的。 國家庫空如洗，人民亦無能爲力。 於是只得向外國設法，而法國，比利時等，以鉅額資本投於俄國實業致成近年歐洲政治上重要問題之事即於此時發端。 韋特力說輸入資本，即使利率甚高，也比輸入成製品差強人意。 這個政策所招的反對很是不少，因此韋特格外小心，每舉一事總以能產生顯著的效果纔行。 建築鐵道和設立工場同時並進，頗收互相鼓勵之功。 國家自爲表率，把鐵道，機車廠，鐵廠，化學藥品廠，木材廠，等事都辦出頭緒；私資本家亦聞風興起。 全國各處新式工場如春草怒生，最盛之處是莫斯科及佛拉德密爾(3)兩省中部各縣，頓內茲(4)河流域富有煤鐵的各縣，外國工師和英國的煤近便的各大港口，和容易得着德國人猶太人的資本及悉勒西亞(5)煤炭的波

1. Count Sergius Witte. 2. Wyschnegradski. 3. Vladmir. 4. The Donets.
5. Silesia.

蘭。在一八八七年至一八九三年之間俄國工場中工人之數增加二六四，八五六人，出品價値增加了四萬萬盧布；在一八九三年至一八九九年之間工人增加了五一五，三五八人，出品價値增加了一十一萬零四百萬盧布。不消說得，這樣迅速的增加率自然是勉強的，而且是反常的。出品的主要銷路是賣與政府經營的各大企業；俄國人民之富裕和消納工業物品的能力雖是逐漸增漲，到底不能與這樣的工業發達並駕齊驅。一八九九年，工業忽現反動之象，接着又是一個物價猛落的時期。然而發展之機又逐漸開始，一九〇四年至一九一四年工業數量之增加雖覺參差，但總額之增加亦頗不小。

現今俄國最重要的工業是紡織工業。紡織業的主要場所是莫斯科省政府，佛拉德密爾省政府，及鄰近的黑壤地區與森林地區交錯的各省政府。細蔴布從前是大宗出產，但現今已被棉織物代替了，棉織物因易於染成漂亮顏色而且價値低廉，所以更合農人的需要及嗜好。俄國棉花工業起初是用外國輸入的紗線織造，在一八七五年之前尚未多用機械動力。一八七五年至一九〇〇年間紡紗業纔逐漸發達。但現今俄國所出棉貨已能完全供給本國的需要，只新式品和最精緻的紗線是由外國輸入。而且，不管遠東市場競爭劇烈，俄國棉織物和紗線輸出於遠東的亦不在少數。俄國自種棉花亦頗著成效，輸入棉花的關稅已經屢次增加了。自從彼得大帝時起俄國就很鼓勵苧蔴，羊毛，白蔴，等物品之製造，現今都成爲俄國的重要工業。自一八七五年以來，南俄羅斯(1)和高加索山極注意蠶絲織造。

俄國有幾大段豐富的煤田，南部頓內茲河流域的煤層是世界上燃料的無盡寶藏之一。採鐵，冶鐵，和製造

1. South Russia

1. The Urals. 2. Ekaterinoslaff. 3. The domestic system of manufacture.
4. Kustarni promisel, or cottage industries.

鐵器是俄國久已擅長的工業。現今有兩個地區中鐵工業最爲衆多，一在烏拉山中(1)，一在南部，多半由耶克鐵令諾斯拉夫(2)省政府經營。一八九八年俄國生鐵產額超過法國，列於世界產鐵國的第四位。然而俄國本國生鐵之供給絕未能與需要額相等，輸入之鐵雖多，而因關稅太重之故鐵器價值過昂，最妨工業之發達。除上舉各工業外，俄國尚有幾種主要製造業，是糖，化學藥品，紙張，革製品，帽，磁器，玻璃器。據說俄屬歐洲地方現今各工廠僱傭的工人約有三百萬乃至四百萬之多。(關於俄國勞働運動及工場法律，參看馬佛爾的俄國經濟史第二卷四〇七頁至四二八頁。)

(147)家族工業之存續　俄國家族工業制度(3)，尚未至於爲工場工業之發達所摧殘，至今仍能持久不敗。其所以如此之故，可以由農民的特殊經濟地位和他們對於協作企業的優異能力中考見。他們的土地，經屢代剖析分配之後，已經是非常之小，所產糧食竟直不足養活家口。結果是農人不得不於冬季空閒之時作些工業，掙點入款，以補農業之不足。好幾千「密爾」中都有村農組織的協作社製造各種商品，所需原料及半製品都由協作社購辦。木器，革貨，骨器，等製造和皮貨是最普通的，但紡紗，織布，和各項金屬工業也都能做。有時農村工業(4)是附屬於工場工業，但通常是完全獨立的。一九〇四年，從事於農村工業的農人數目約在七百萬至八百萬之間。工作時間很長，而贏益極微；但是，能這樣辦的農人總可稍微多得生活之資，不能這樣辦的便不免飢寒之苦。(關於農村工業參看馬佛爾的俄國經濟史第一卷五四二頁至五五五頁。)

雖然安土重遷和厭煩機械工業兩種思想在俄國人的心中仍是根深蒂固，而俄國之必由尊重農業之國變爲農工並重之國實是逃不過的關頭。造成這種變更的原因有好幾個。第一層，解放農奴一舉使多數安貧耐苦的勞働者得自由受傭，這班人多半逐漸遷居城市投入工界謀生。第二層，工業勞力之供給逐漸增加，尤以一八九〇年之後爲甚因爲拘束村中人口不能他去的「互保」(1)徵稅法漸次停辦之故。隨着這個改革，鄉村工人比從前又更有流動性。第三層，俄國天然富源和勞力都極充裕，所苦的就是缺乏資本，因此引動外國資本家都想投資於俄國；彙之法國和比利時的資本家，已於一八七三年及一八九三年屢受美洲經濟恐慌之苦，此刻正在尋覓投資的新區域，所以俄國得了大量資本以振興工業。第四層，俄國鐵路發達也是鼓勵工業之一大原因。第五層，各省議會勵行普及教育，人民漸知工業之重要。第六層，俄國久行高率保護關稅，本國工業得免外國競爭，所以有從容發展的機會。這種種影響有與勞力供給互生關係的，有與資本供給互生關係的，也有因而更引出他種順適情形的。彙之，隨着產業主義之發達，造就了一班永久的工業階級，爲俄國近年政治史中極有重要關係之一事。

(148)內國商業之發達：運輸　俄國在十九世紀中葉之前，除有限的幾個極大城市之外，不會有固定繼續的商業。其所以致此的原因是一般人民太窮，不能維持一定的商人階級。農人們購買物件本來有限，多由小販或他種游行商人經營，通常在隨處時常舉行的定期市場(2)購買。近數十年已經大有變更。因工場工業發達，商品的數量和種類都已增加幾倍，而且許多製造品的價值亦比從前低廉。因鐵路開通，各種商品易於運往各處銷售。內地貿易自由的幾種人爲的限制都已廢除了。內國商業的總額歷年大有增加。據說

1. The method of taxation by "mutual guarantee." 2. Fairs.

俄國現今每年舉行的定期市場尚不少於一萬六千次，其中四分之三都是在歐洲各省舉行。（最重要的是在窩爾葛河與奧加（1）河匯合之處萊里洛福哥洛（2）舉行的各定期市場，及烏拉山產皮地區中心愛爾必特（8）的各定期市場）　但這種定期市場已經不是唯一的交易地點了，永在一地的商業逐漸取而代之。將來不久定期市場必至僅限於與亞洲屬地人民作交易。

俄國經濟改造的最重要主因是運輸方法的改良和擴張。　俄國是幅員遼闊的大陸國，近代文明國家專賴交通便利以增公衆幸福的除美國之外唯俄國最甚。　在創設鐵路之前，江河及運河爲商旅的主要途徑，而且現今仍是極關重要。　俄國商貨總額約三分之一是由水道運輸，三十年來略無變動。　俄國有多數河流發源於內地，向北，向西，向南，流入海境可謂幸事。　但因天氣嚴寒，河流被冰封鎖每年亙四月乃至六七月之久，未免太有損於河流的價值。　自彼得大帝之時以來，各河系多以縱橫密布的運河聯絡接濟，最著名的爲連接窩爾葛河流域及尼瓦（4）河與堆納（5）河的運河，和聯絡地尼伯（6）河與堆納河，尼門（7）河，及威斯托拉（8）河的各運河。　人造水道總長度爲一，二二五英里。　在建造鐵路的創始期間，俄國人便不甚留意水道經營。但過去二十五年中政府仍頗注意水道改良的問題。

然而俄國商業和旅行的最大變化乃是鐵路造成的。　俄國第一條鐵路，建於一八三六年，是由俄京柏礎格納（9）到察柯耶賽洛（10）避暑宮的一條短線。　在一八四三年時，政府自行建築兩大路線，一在波蘭聯絡華所（11）與與國邊境，一由柏礎格納達於莫斯科，長四百英里。　這兩個計畫都成功了，但費用過鉅，由此十年之

1. The Oka. 2. Nijhni-Novgorod. 3. Irbit. 4. The Neva. 5. The Dwina. 6. The Dnieper. 7. The Niemen. 8. The Vistula. 9. Petrograd. 10. Tsarkoe Selo. 11. Warsaw.

間未能更有重要建造。克利米亞戰爭(1)顯出軍隊輜重需有較良的運輸方法，於是俄皇亞力山大第二於一八五六年重新派員考察建築鐵路之事。自此以來俄國鐵路系統之發達尚稱迅速，雖路線的實際建築是照例委託於私人公司，却須由政府指揮監督。在一八七八年之前，建築工程每年平均約六百英里。到一八七八年時，軍事目的所急需的各路線都已完成，於是興築之事暫時中止。然而工業的繼續發展和外國資本之流入促起了鐵路的推廣，而且一八八一年時政府亦擔認新路線之建築。一八九三年韋特(2)伯爵被任爲財政大臣給俄國鐵路建築開了一個新紀元；一八八五年時俄國鐵路總長爲一六，一五五英里，到一九〇五年時開通路線一躍而爲四〇，五〇〇英里。這個期間的最大工程是西比利亞貫達鐵路(3)，一八九一年由海參崴(4)開工，一九〇一年完成(除沿貝加爾(5)湖一段不計)，到一九〇五年時從柏磋格納及莫斯科到太平洋(6)可由鐵路完全直達，這個路系總長在五千五百英里以上。歐洲與遠東間運輸的時間和費用於是都減少了一大半，而俄國對於西比利亞的殖民事業也因之大爲鼓舞起來。從韋特伯爵任財政大臣之時起，政府不但繼續建築鐵路，並且收買許多私家建造的路線。到一九〇〇年時，國有路線占全國鐵路百分之六十以上，現今爲百分之七十。(一九一四年全國鐵路總長四七，四七九英里，國有路線爲三二，九二八英里。)自一八八九年以來私有路線搭客運貨等費俱經政府規定，一八九四年始行地帶(7)運費之法，(譯者按譬如以北京爲中心點，周圍一百里以內的火車費都定爲相同之數，假定三角錢，無論東南西北，無論十里或九十九里，但凡不出一百里的範圍，車費總是三角，這便算是一地帶。由此推去，從二百里，三百里以至

1. The Crimean War. 2. Counte Witte. 3. The Trans-Siberian Railway. 4. Vladivostok. 5. Lake Baikal. 6. The Pacific Ocean. 7. A Zone tariff.

於千里萬里都可照樣劃分，每里平均運費亦逐段遞減。按這個辦法徵收運費便叫作地帶運費。照這個辦法，鐵路局或鐵路公司並不喫虧，因爲鐵路運輸的距離越長，公司的每里平均費用越少；運輸距離雖短，鐵路上火車上一樣的要人照料，所以按里數算運費時，若距離太短，公司便難免虧累；至於十里與百里的運輸，從公司的費用看來，相差之數甚微，所以可劃分地帶徵收運費。）因之遠距離的旅行費和運輸費都着實減輕了。

(149)外國貿易關稅政策 自十九世紀開幕以來，俄國對外貿易的歷史可分爲四個時期，與俄國關稅變化的階段恰相脗合。（見杜雷吉的俄國情事二二〇頁(a)。）在第一期中，迄於一八二四年，輸出物甚少而輸入受極高的關稅之禁制。外國貨物的需要額是很小的。第二期，約由一八二五年至一八五〇年，是以關稅減輕爲特點，因爲此時輸入品的銷場已漸興旺，以致偷漏日多，政府也相信此時只有較低的稅率纔能產出較大的收入。到一八五〇年時，地主們多已成爲外國貨物消費者兼本國糧食輸出者；而第三期，即由此延至一八七七年，是以趨向自由貿易爲特點。由一八五〇年，一八五七年，一八五九年，一八六四年，及一八六八年各法律，關稅稅率屢次減輕，因此農業機器及工業機器之輸入並建築鐵道等事大爲振興。一八六八年的國定稅則是俄國自有稅則以來最平和的一個。第四期，由一八七七年起，是保護主義復活的時代。一八七七年政府以命令規定關稅須按現金足成繳納，不得用貶價的紙幣——這個辦法，不必更改關稅的額面數目，自有增課百分之五十的效力。一八八〇年至一八八九年十年間屢次提高稅率，結果成爲一八九一年的國定稅則；這次稅則是把過去二十年中的各法律整理歸併而成的，以前本國製造品所享的保護此時是推及於原料品

(a) Drage: Russian Affairs, 220.

和半製品，以至於凡在俄國國內生產之物無不可享相等的保護。 煤，鋼，機器的關稅都定得足以禁止輸入，其他許多稅率都比以前提得更高。 於是德俄兩國之間出現一次劇烈的關稅戰爭，終成一八九四年二月的條約，由此兩國訂妥了互惠的「最惠國」待遇條款，在俄國歷史上這是第一次曲從外國之意稍抑商業政策的自主權。 因有這次條約所定的限制，俄國於隨後十年中維持保護政策只是比較的堅決，不像從前那樣率意孤行。 一九〇三年，俄國因為與德國及其他各國的商約將屆滿期，要圖先下手為強，又將稅則改訂一次。 這次不過是把最多種關稅一律提高以為磋商續訂條約的根據。 對德新約，訂於一九〇四年七月二十八日，施行期限至一九一七年為止，雙方互相承認幾項稅率之增加；自一九〇四年訂約時起迄於一九一四年大戰爆發時止，德俄兩國間別無要事可述。 俄國的高率保護政策，偶有改削亦極輕微，堅持不變直至現今。 俄國關稅政策所含蓄的大意是使俄國經濟自足，發達本國天然富源，使對外貿易有較大的有利差額，並增加收入。 抽象的經濟理論在俄國關稅政策中無甚重大關係。 （十九世紀下半期中俄國關稅史的階段可以關稅總額對於輸入貨物總價值的比例數列表如下：

年分	百分數	年分	百分數
一八五一——一八五六	二四·三	一八八一——一八八四	一八·七
一八五七——一八五八	一七·六	一八八五——一八九〇	二八·三
一八六九——一八七六	一二·八	一八九一——一九〇〇	三三·〇

一八七七——一八八〇　（一六·一）

究竟這個關稅政策已達的目的，或可達的目的，至於何等，是一個辨論極烈的問題。　說有幾種工業是因有這種鼓勵而振興，或甚至因有這種鼓勵而造成，是不容或疑的。　然而俄國經濟學的著名作家屠幹巴樂諾福斯基(1)否認保護關稅爲俄國工業發達的一般主要原因。（見馬佛爾的俄國經濟史第二卷三八一頁）說俄國施行這樣的政策雖然得些利益，到底不免大受損失，這也是實話。　俄國關稅以課於鐵器的爲最高，說這種稅的效力足以阻礙農業機器之輸入而且抑制農業使其難於進步，這是不可駁的事實。　曾有人解釋俄國的關稅制度，說若俄德兩國的農人出產的糧食數量相等，而物價按糧食之量計算，俄國農人買糖和棉花之費二倍半於德國農人，鐵器之費四倍半於德國農人，煤炭之費六倍於德國農人。

俄國的對外貿易多是以本國的原料和半製品交換本國尚未能充分自給的成製品。　主要輸出品是小麥，大麥，燕麥，黑麥，榨油種籽，雞蛋，苧蔴，白蔴，木料，蘿蔔糖；一九一三年與俄國交易最多之國是德國，英國，法國，荷蘭，比利時。　主要輸入品是化學藥品，煤，棉紗，熟革，紙製品，絲製品，羊毛製品；前幾年中這些商品雖由英，美，法三國輸入不少，而大多數是來自德國。　一九一二年輸出總值爲七三四，九二二，〇〇〇金元，輸入總值爲五三二，七六八，五〇〇金元。　這兩項對於有商業關係之各國的分配額列表如下（按百萬金元計）：

國別	輸出額	輸入額
德國	二三四	二六七

1. Tugan Baranovsky.

英國	一六九	七二
荷蘭	七九	一〇
法國	五〇	二八
奧匈國	三八	一七
比利時	三〇	四
意大利	二七	八
丹麥	二〇	三
土爾其	一五	八
羅馬尼亞	一一	一
美國	九	四四

SELECTED REFERENCES

General

Cambridge Modern History (London, 1909–12), X, 413-444; XI, 613-634; XII, 294-380.

J. F. Hecker, Russian Sociology, in Columbia Univ. Studies in History, Economics, and Public Law, LXVII (New York, 1915), No. 1.

N. I. Stone, Capitalism on Trial in Russia, in Pol. Sci. Quar., March, 1898.

W. C. Ford, The Economy of Russia, in Pol. Sci. Quar., March, 1902.

M. Kovalevsky, Le régime économique de la Russia (Paris, 1898).

Russian Year Book (annual).

Legal Status and Economic Condition of the Peasantry

M. Baring, The Russian People (London, 1912), Chaps. XVIII-XIX.

E. Noble, Russia and the Russians (Boston, 1901), Chap. VII.

E. Von der Brüggen, Russia of To-day, trans. by M. Sandwith (London, 1904), Chaps. VII–VIII.

D. M. Wallace, Russia (rev. ed., New York, 1905).

J. Mavor, An Economic History of Russia (London, 1914), I, 194–430; II, 71–76, 253–281, 303–346.

"Stepniak," The Russian Peasantry; Their Agrarian Condition, Social Life, and Religion (new ed., London, 1905), Chap. I.

I. A. Hourwich, The Economic Position of the Russian Village, in Columbia Univ. Studies in History, Economics, and Public Law, II (1892), No. 1.

M. Kovalevsky, Russian Political Institutions (Chicago, 1902), Chap. VIII.

A. Tschuprow, The Break-up of the Village Community in Russia, in Econ. Jour., June, 1912.

Agriculture

G. Drage, Russian Affairs (New York, 1904), 78–147.

J. Mavor, Economic History of Russia (London, 1914), II, 282-296, 347-360.

I. A. Hourwich, The Economics of the Russian Village, in Columbia Univ. Studies in History, Economics, and Public Law, II (1892), No. 1.

R. T. Ely, Russian Land Reform, in Amer. Econ. Rev., March, 1916.

P. Chasles, Les réformes agraires et l'évolution des classes rurales en Russie, in Rev. Écon. Internat., Oct., 1913.

M. Kovalevsky, L'agriculture en Russie (Paris, 1897).

U. S. Bureau of Foreign and Domestic Commerce, Russia; a Handbook of Commercial and Industrial Conditions, Special U. S. Consular Reports, No. 61 (Washington, 1913).

Industrial Development

J. Mavor, Economic History of Russia (London, 1914), I, 434-555; II, 368-388.

W. von Schierbrand, Russia, Her Strength and Her Weakness (New York, 1904), Chap. IV.

G. Drage, Russian Affairs (New York, 1904), 148-199.

E. Von der Brüggen, Russia of To-day (London, 1914), Chap. IV.

I. Oseroff, The Industrial Development of Russia, in Forum, April, 1899.

M. Tugan-Baranovsky, Geschichte der russischen Fabrik, trans. by B. Minzès (Berlin, 1900).

A. Sauzede, Le developpement des voies ferrées en Russie, in Quest. Dipl. et Colon., March 1, 1914.

M. Lauwick, Le futur régime des chemins de fer en Russie, in Rev. Econ. Internat., April, 1907.

U. S. Bureau of Foreign and Domestic Commerce, Russia; a Handbook of Commercial and Industrial Conditions, Special U. S. Consular Reports, No. 61 (Washington, 1913).

Commerce

C. Day, History of Commerce (new ed., New York, 1914), Chap. XLIV.

J. D. Whelpley, The Trade of the World (New York, 1913), 304-339.

G. Drage, Russian Affairs (New York, 1904), 200–251.

D. M. Wallace, Russia (rev. ed., New York, 1905), Chap. XXXVI.

W. von Schierbrand, Russia, Her Strength and Her Weakness (New York, 1904), Chap. III.

J. V. Hogan, Russian-American Commercial Relations, in Pol. Sci. Quar., Dec., 1912.

U. S. Bureau of Foreign and Domestic Commerce, Russia; a Handbook of Commercial and Industrial Conditions, Special U. S. Consular Reports, No. 61 (Washington, 1913).

主编 李天纲

中国国家图书馆藏

民国西学要籍汉译文献·经济学（第一辑）

近世欧洲经济发达史

（二册）

［美］阿格（Frederic Austin Ogg）著 李光忠 译述

上海社会科学院出版社
Shanghai Academy of Social Sciences Press

第三編 人口與勞働

第十六章 人口之變動——移民

(150) 十九世紀中人口之增殖 現今經濟學家和社會學家都公認過去一百二十五年間最顯著的社會現象是

(一)文明各國人口總額之增漲，

(二)人口集中於城市，

(三)歐洲民族之分布於歐洲以外各地，著如北美洲，南美洲，南非洲，澳洲。

關於上指期間人口的一般增加頗難言其確數，因為需用於計算的大部分材料多是根據估量之數或淺顯的揣測，而非根據可信的統計。 直到一八〇一年調查戶口之事纔初次舉辦於英國（一七五三年下議院曾通過人口調查議案，但被上議院打消了，以為這種辦法足以毀滅英國人民之自由）和法國，（見勒法舍的法國人口論第一卷二九九頁至三〇〇頁(a)。不但其他重要各國未能立即仿效英法已行的先例，並且即在英法兩國中這種十年調查的辦法（譯者案歐美各國每十年舉行人口總調查一次，即日本所謂「國勢調查」）久不完全，頗有疏略之點。 據說英國第一次實符其名的人口調查是一八四一年辦的。 然而把不實之數儘量除開，說經十九世紀中歐洲人口加了一倍有餘是確鑿的事實。 最可靠的一八〇〇年歐洲人口總額估量數是一萬七千五百萬人。 一八八二年時很能幹的統計學家算是年歐洲總人口為三萬二千七百七十四萬

(a) E. Levasseur: La population française, I. 299-300.

三千人；專門名家算一九一四年的人口爲四萬五千二百萬人，這個數目實比全世界總人口四分之一還大得多。（此係據威爾柯克思之說，見美洲經濟評論一九一五年十二月號七四二頁(a)）。泛言之，這些數字就是表明當拿破崙爲大統領時歐洲每四個人住的地方在一九一四年大戰爆發時至少有九個人。要知道這個絕大變化對於政治經濟社會有些甚麼影響，一個人只須靜心思索在美國一州或一縣，或隨便那裏的任何一社會中居住生活的人數增了二三倍時會有甚麼結果。

據一八〇一年的人口調查，英格蘭和衛爾斯的人口爲八，八九二，五三六人；大不列顛全部爲一〇，五〇〇，九五六人。愛爾蘭第一次人口調查是於一八一一年批准，於一八一三年舉行，而最早的可信的數目是一八二一年的，是年愛爾蘭人口爲六，八〇一，八二七人。一八二一年英吉利聯合國的人口是二〇，八〇〇，〇〇〇人，顯着比一七八九年估計的一千四百萬之數多百分之三二．七。經十九世紀中蘇格蘭的人口增加甚遲，而愛爾蘭人口減了三分之一，但英格蘭和衛爾斯的人口差不多增爲四倍。據一九一一年的人口調查，英格蘭和衛爾斯的人口是三六，〇七〇，四九二人；蘇格蘭人口是四，七九〇，九〇四人；愛爾蘭人口是四，三九〇，二一八人。英吉利聯合國總人口於是爲四五，二二一，六一五人，按整數說，實已三倍於一七八九年估量之數。一八〇一年法國人口調查舉行於拿破崙監督之下，於法國本部之上加以阿爾薩斯洛崙地區，計有二七，四四五，二九七人，這個數目在當時歐洲各國中是最大的（除俄國和土爾其完全無考的人口不計）。隨後一百年間法國居民增加較遲於其他有統計之國，而且在過去二十五年中

(a) W. F. Willcox, in American Economic Review, Dec. 1915, 742.

(a) A. Dumont: Dépopulation et civilization; étude démographique. (b) H. Clément: La dépopulation en France. (c) C. Richet: La dépopulation de la France, in Rev. des Deux Mondes. May 15, 1915. (d) J. Bertillon: La dépopulation des la France; ses consequences, ses causes, measures à prendre pour la combattre. (e) P Leroy-Beaulieu; La question de la dépopulation.

法國人口幾乎完全停滯不增；然而法國在一八七六年有三六，九〇五，七八八人，在一九〇六年有三九，二五二，二四五八；在一九一一年也有三九，六〇一，五〇九人。（法國人口停滯一事不但是法國社會學家和政治家苦思詳究的問題，並且是各國研究社會現象的學者注意的問題，關於此事著作很多。參看杜孟特的人口減少與文明戶口學之研究（一八九〇年巴黎出版(a)）；克勒門的法國人口之減少（一九一〇年巴黎出版(b)）；勒法舍的法國人口論（一八八九年巴黎出版）；栗色特的法國人口之減少載於新舊世界評論一九一五年五月十五日號(c)；白提龍的法國人口論其原因結果及救濟方法（一九一一年巴黎出版(d)）；勒爾瓦波列的人口減少之問題（一九一三年巴黎出版(e)）。）關於德國一面在十九世紀前半期中沒有完全的統計可考。但專家研究所得證明在一八一六年，按當時德國地方計算，人口約二千四百八十萬人，在一八八五年約三千六百一十萬人。過去五十年中德國人口增殖極速。一八七一年帝國成立之時人口爲四一，〇五八，七九二人在一九〇〇年爲五六，三六七，一七八人；到一九一〇年增爲六四，九二五，九九三人，這個數目顯然表出德國人口不到一百年工夫已增一倍以上。意大利自一八七〇年國家統一以來，人口從二六，八〇一，一五四人(在一八一七年)增爲三二，四四九，七五四人(一九〇一年)；至一九一一年增爲三五，九五九，〇七七人。經十九世紀中奧匈國人口從二千五百萬人(估計之數)增到四千五百四十萬人，(一九一一年爲四九，八五六，〇〇〇人(奧大利二八，八二六，〇〇〇人；匈牙利二一，〇三〇，〇〇〇人。))而俄國歐屬地方的人口從四千萬人(估計之數)增到一萬一千二百八十萬人。（一九一三年爲一四〇，八四一，〇〇〇人。 每年平均增加數約合二百萬人。） 十九世紀下半期人口每年平均增加率在俄國是約百分之一·五；在英格蘭和衛爾斯是百分之一·二；在丹麥，荷蘭及西班牙約百分之一；在德國，比利時，奧大利，瑙威，及瑞典約百分之〇·八；在意大利，瑞士及匈牙利約百分之〇·六；在法國約百分之〇·二五；而在愛爾蘭却有每年百分之〇·五的減少。 一八〇一年英格蘭和衛爾斯每方英里居民平均數爲一五四人；在一九一一年爲六一四人。 相同期間法國人口密度之增加是從一三四人到一九一人。 但在德國，人口密度從一一三八人增到三一一人（在一九一〇年）。 在一九一四年大戰爆發之前，歐洲人口以比利時爲最密每方英里約有六五四人（在一九一一年）；荷蘭約四九五人（在一九一四年）；意大利約三二二人（在一九一四年）。（關於十九世紀歐洲人口密度之比較，參看勒法舍的法國人口論第一卷三九八頁至四六四頁。）

(151)人口增加之原因死亡率之低降 培根說「一國之眞正強大完全係於人口與男丁之繁衍」；古代各朝元首和政府都承認漸增的人口爲軍威和經濟實力的主要源泉，而且設法保持人口增加率於很高的限度上。然而考過去百年中歐洲人口異常增加的原因却不在乎親長式的國家政策之施用，而在乎科學進步及工業之推廣。 爲着便於敍述起見，這些原因可約爲三類：

（一）死亡率之低減，

（二）歐洲各國生產力之增漲，其結果供養大額人口之能力隨之增漲，

(二)歐洲以外各大陸之開發,及歐洲與各大陸商業關係交通利便之發達,使歐洲能得無限的食料供給及製造原料供給以充歐洲人之消費。

第一層,近世歐洲人口增加之原因可歸之於近代不斷的種種革新,因之生命的安全格外鞏固,而死亡率對於出生率的比例數已被減低。通中古時代及近古初期,人口之增加受很壞的環境所產很高的死亡率之殘酷限制。(在當時各城市中倫敦要算比較講究衞生之地。然而迫十八世紀中倫敦的死亡率總是超過出生率。一七一〇年出生數爲一五,六二三,死亡數爲二一,四六一。一七九〇年出生數爲二一,四七七,死亡數爲二三,〇八〇。見史拉德的近世英國之締造一六〇頁。)這些障害之一是食料時常欠缺,一遇收成不好,又無能力從遠處立即運糧接濟便成飢饉之災。另一種障害是瘟疫,人口每每因此減少。還有一個影響更大更久的,是城市和鄉間一般人不知衞生之理,生活於極不衞生的狀况之中,而尤以異常之高的嬰孩死亡率爲甚。戰禍自然也是一個有力的主因。

然而自十八世紀起,歐洲人類的大打擊——只有戰爭不算——已完全被征服,或已很減輕了。醫藥學和衞生學的進步,進着國家經營公共衞生和公共幸福的發展,已能使死亡率銳減,在五歲以下的兒童中尤爲顯著。瘟疫疾癘已逐漸稀少,而且除俄國較不發達各地外飢荒是在平時毫無所聞。從拿破崙戰爭閉幕後至最近列強大戰之前,歐洲各戰役中生命的損失是比較很輕微的。因爲這些進步和環境改變的結果十八世紀以後出生率開始顯出前此未有的對於死亡率的優勢。從一八〇〇年至一八七五年在歐洲最多國中出生率仍穩穩的維持在十八世紀時的限度上，或甚至更高，於是人口大爲增加。甚至在一八七五年以後，其時爲近數十年文明各國大費躊躇遲疑著聞的出生率普遍低減之勢已經開始，而死亡率繼續低降仍足使人口着實增加。（關於出生率低減，參看羅士的日新月異之美洲（一九一二年紐約出版）三二頁至四九頁（a）。）所以德國雖於一八七六年至一九一一年期間出生率降低百分之三十三，死亡率一直低落足補出生率減低的損失而有餘，在一九一四年大戰開始以前德國出生超過死亡之數每年總在七十萬乃至九十萬。一九〇一年至一九一〇年十年間嬰孩殤折之減少爲每年從二〇·七至一六·二。一八四一年至一九〇五年之間各國出生率及死亡率的趨勢列表如下：（下列之表係採自大英百科全書（第十一版）第二十二卷九六頁至九八頁本內士的人口篇（b）。）

出生率（總人口之每千人中出生比例數）

國別	一八四一——五〇	一八六一——七〇	一八七一——七五	一九〇〇——〇五
英格蘭	三四·六	三六·〇	三六·〇	二九·〇
蘇格蘭	—	三四·八	三五·〇	二九·七
愛爾蘭	—	二六·一	二六·四	二三·二
德國	三六·一	三七·二	三八·九	三五·五
法國	二七·三	二六·三	二五·五	二一·七

(a) E. A. Ross: Changing America, 32–49. (b) J. A. Baines: Population, in Encyc. Brit. (11th ed.), XXII, 96–98.

意大利	—	三七・五	三六・九	三三・五
西班牙	—	三七・八	三六・五	三四・八
奧大利	三五・九	三五・七	三七・二	三四・二
荷蘭	三三・〇	三五・三	三六・一	三二・一
比利時	三〇・五	三一・六	三二・四	二八・五
丹麥	三〇・五	三一・〇	三〇・八	二九・七
瑙威	三〇・七	三〇・九	三〇・三	二九・七
瑞典	三一・一	三一・四	三〇・七	二六・七

死亡率（總人口之每千人中死亡比例數）

國別	一八四一——五〇	一八六一——七〇	一八九五——一九〇四
英格蘭	二三・七	二四・〇	一七・二
蘇格蘭	—	二一・八	一七・三
愛爾蘭	—	一六・六	一八・〇
德國	二六・八	二六・九	二〇・八
法國	二三・二	二三・六	二〇・四

意大利	……	三〇·九	二二·七
西班牙	——	三〇·六	二七·八
奧大利	二九·八	二九·一	二四·〇
荷蘭	二六·二	二五·四	一七·〇
比利時	二四·四	二三·八	一七·八
丹麥	二〇·五	一九·八	一五·八
瑙威	一八·二	一八·〇	一五·一
瑞典	二〇·六	二〇·二	一五·八

從上列之表所指最近時期以來死亡率之減降仍是繼續的。德國在一九〇九年時每千人之死亡率為一七·二，在一九一〇年為一六·二；英格蘭和衞爾斯於一九〇一年至一九一〇年平均死亡率為一五·三，在一九〇九年是一四·五，在一九一〇年是一三·五。過去五十年間兒童夭殤率之降減可由下列法國統計表明：（下列之表見一九〇七年一月二十六日之圖解雜誌(a)。關於德國嬰孩夭殤率之低減，參看道生的德國市府政治與生活二八六頁至二九二頁(b)。法國出生率與死亡率之關係詳論勒法舍的法國人口論第二卷三頁至六五頁，又一〇五頁至一八四頁。關於英國此項問題之討論，參看査卜滿的工作與工資（一九一四年倫敦出版）第三卷九二頁至一五〇頁(c)。

(a) L'Illustration, Jan. 26, 1907. (b) Dowson: Municipal Life and Government in Germany, 286-292. (c) S. J. Champman: Work and Wages, III, 92-150.

(a) Seager: Principles of Economics, 313. 1. Intensive farming.

年齡各別之每千兒童中每年平均死亡數

年份	○——四歲	五——九歲	一○——一四歲
一八六七——七○	一二八·五	一○·六	五·二
一九○一——○四	五五·三	五·一	二·九

（譯者按人口問題中出生率及死亡率減降項下還有一個異常重要的原因，阿格博士漏未敍入。這也無怪其然，因爲向來研究人口問題的學者多未注意及此。這個重要原因就是女子教育。西格爾教授所著經濟學原論三一三頁(a)寫着「向來人口問題的討論都好像這樁事體是專屬男子的問題。馬爾薩士和他的門徒勸人對於婚姻要愼重要自克，都是專爲男子說法。但是，生育兒女完全是母親的事，教養之勞也是母親所任獨多。」爲人妻爲人母是女子的生性，但受過教育的女子必然知道與其多生子女而難於教養，不如生必育，育必教，俾將來不至成爲社會中分利之人。至於嬰孩夭殤率之減降與母道尤有關係，是不待論的。）

(152)人口增加之其他原因　然而不管死亡率減低，設若沒有人類生活的經濟基礎之一大擴張，歐洲已經實現的人口這樣增加也是絕不可能的事。前已指明，這項發展表現兩種形態。一是歐洲地面生產力之增大。另一是歐洲以外各地之開發。在歐洲方面，由荒地的開墾，沼澤的排水，三田制的廢除，機器及人造肥料的利用，內尤農務(1)的傳播，和種種科學方法的應用於種植等事，於是食料及原料的產額大爲增加。在這些成效之上又加以鐵路運輸和汽船運輸的興行，因之能以低廉的費用較短的時日搬運糧食原料從充溢之處到稀少之處，又足使大工業建立於不與糧食產地或其他必需品產地緊接之處。 在非歐洲方面，海外許多宜農之地被歐洲人佔據——在北美洲，在阿根廷(1)，在澳洲——連着穀類，肉食，五金，棉花，及其他工業人民所必需的粗重物品都因海洋運輸工具發達而能運到歐洲，越更助成歐洲各國人口之增殖。 自然，有很多的人民外流於殖民地及其他遼遠之處，但因新地開發而使歐洲人口增加之數實遠過於外流人口之數。 在這種新形勢之下，歐洲能辦極多的工業製造貨物以交換遠方的食料和原料，一國的人口再也不受本國地方食物生產力的限制了。

(153)城市人口之增殖　十九世紀第二個而一樣重要的人口發達現象是城市之增漲，同時從前通常屬於農鄉生活的情形一變而爲近代城市生活的情形。 前已說過，十八世紀雖已見城市發達之新時代的開始，而在十八世紀之末各國城市之數既不甚多，而且城市也小。(見本書第六節。) 然而隨後一百年中擴張之速實屬可驚。 一八〇一年在英格蘭和衛爾斯，人口五千以上的城鎮只有一〇六個，其中只十五個有人口二萬以上。 一八九一年，人口五千以上的市鎮之數是六二二，人口二萬以上的城市之數是一八五。 在十九世紀開幕時這些地方的城市人口約占人口總數四分之一，在十九世紀中年爲二分之一，到十九世紀末年便多於四分之三了。(譯者按本句下原註係城鎮數及人口數分年比較表。 數字太繁，不備錄。) 一八〇一年，住在人口二萬以上之城市的英格蘭人和衛爾斯人對於總人口的比例數尚不到百分之一七；在一八九一年這個比

1. Argentina.

例數爲百分之五三・五。現今英格蘭人十個之中有八個住在人口一萬以上的市鎮內，而城市的利益及問題已成爲人口全體的利益及問題。（見麥略特的當代歐洲城市人口之會萃一二一頁至一四九頁(a)。）一八四六年，其時法國人口調査報告已採用稱謂人口二千以上各自治(1)區爲「城鎮」(2)的辦法，這些自治區人口對總人口的百分數是二四・四。一八六一年這個數目升爲二八・九；至一八七六年爲三二・四；到一八九一年升至三七・四。（見麥略特的當代歐洲城市人口之會萃八三頁至一二〇頁）這就是說法國城市人口於四十五年之間增了百分之五十，恰與同時英格蘭的城市人口增加率一樣。這四十五年中農鄉人口減去二百五十萬以上。在普魯士王國，人口集中之勢在一八五〇年之前還不甚看得出；但自此以後集中之勢進行極速。一八六七年北日爾曼聯邦成立時居民二千以上之各市府(3)的人口約占人口總數百分之三五・八，而市府之數爲一千四百。一八八〇年城市人口對總人口的比例數是百分之四二・六；市府之數爲一，八四一。（見衛白爾的十九世紀城市之發達八三頁(b)。）麥略特的當代歐洲城市人口之會萃一六八頁一一九三頁。）奧大利居民二千以上各地人口對總人口比例數在一八四三年至一八九〇年之間由百分之一八・九升到百分之三二五。相同期間比利時居民五千以上各地人口對總人口比例數由百分之三二・六升到百分之四七・七。甚至瑞士居民五千以上各地的人口在一八五〇年至一八八八年之間也差不多增了一倍。

然而不僅是城市人口對總人口的比例數這樣普遍的趨於增加；十九世紀又見了現今倫敦，巴黎，柏磋格納

(a) P. Meuriot: Des agglomerations urbaines dans l'Europe contemporaine, 121-149. (b) Weber: Growth of Cities in the Nineteenth Century, 83. 1. Commune. 2. Urban. 3. Gemeinden.

(1)，維也納(2)，及其他數十通都大邑的人民會萃之湧現。一八〇一年倫敦有九十五萬八千人，是不列顛羣島獨一無二的居民十萬以上之城市。一八五一年倫敦人口爲二，三六二，〇〇〇人，在一九一一年增爲七，二五二，九六三人；(這是大倫敦(3)的人口數目，大倫敦包括倫敦城(4)和京城警視區(5)全部，總計面積六九二．八四方英里。倫敦縣治(6)(面積一一七方英里)的人口按一九一一年的統計是四，五二一，六八五人。)而在一八八一年不列顛羣島人口十萬以上的城市之數已有二十了。一八〇一年巴黎人口爲五四七，七五六人；在一九一一年爲二，八〇七，〇四四人。柏林，乃是歐洲的新都會之一，在一八〇一年只有一十七萬二千人。一八七一年日爾曼帝國成立之際，柏林有八十二萬六千人；在一八八五年有一百三十一萬五千人；在一九一〇年有二，〇七〇，六九五人。維也納在一八〇一年有二十三萬一千人，到一九一四年增爲二，〇三一，四九八人；莫斯科在一八〇一年有二十五萬人，到一八八二年有七十五萬一千人，到一九一四年增爲一，六一七，一五七人；柏磋格納在一八〇一年有四十萬人，在一八八二年有九十二萬九千人，到一九一四年增爲二，〇一八，五九六人。(見麥略特的當代歐洲城市人口之會萃二四九頁至二八〇頁。)

(154)城市人口增殖之原因　不須再用統計比較，這種現象的幾項主要情勢可以鄭重說明。第一層，城市人口之增殖不過是一個較大的發達，即文明各國總人口增殖之中的一種狀態。某一定的人口增一倍或二倍之後，不必有他種形勢的作用，自會發生烟戶稠密之地，鄉村變爲市鎮，市鎮變爲大城。過去一百二五年中

1. Petrograd. 2. Vienna. 3. Greater London. 4. The City of London. 5. The Metropolitan Police District. 6. The administrative county of London.

人口一般增加的原因已在前兩節中說過了。 然而，第二層，須要注意上述期間人口增殖的眞正主要狀態是城市人口對於農鄉人口比較的增加；換句話說，各國人口增加的部分多聚集在城市內。 這種現象是顯然的一種集中。 第三層，這種發達是遍於世界的。 一七九〇年美國人口總數三，九二九，二一四人中，只有一二三，五五一人，合總額百分之三，一四，住在居民一萬以上的城市內。 一八九一年澳洲七殖民地（譯者案（一）新南衛爾斯(1)，（二）維多利亞(2)，（三）坤斯蘭(3)，（四）南澳洲(4)，（五）西澳洲(5)，以上五處皆澳洲本部，（六）塔斯馬尼亞(6)係島名，在澳洲之南；（七）紐絲綸(7)係二大島，在澳洲之東南。）總人口三，八〇九，八九五人中，有一，二六四，二八三人，合總額百分之三三・二，住在居民一萬以上的城市內。 一八九一年的澳洲，也如一七九〇年的美國一樣，是英國血族最占勢力之地；澳洲當時是，就現今仍是，邊地生活綿延繼續的一個新邦；在政治方面和社會方面，他是獨立的，差不多如一七九〇年的美國一樣。 但澳洲是十九世紀的，而非十八世紀的；所以他雖是農鄉生活可望特別興盛的新邦，也顯出爲工業較進步之古國人口特徵的集中城市之同一趨勢。

城市發達的原因（除却爲城市及農鄉一般人口增加的原因不算）已在前叙述歐洲十九世紀經濟史的幾章內隨處說明了。 總括起來，這些原因可列舉如下：

（一）機器及蒸汽動力使用之流行，工場制度之興起，及近世產業主義之發達；

（二）旅行運輸工具之改善，其結果爲人口的流動性較大，及供養狹隘地區內大數人民的可能性之增加；

1. New South Wales. 2. Victoria. 3. Queensland. 4. South Australia. 5. Western Australia. 6. Tasmania. 7. New Zealand.

(三)世界財富之增殖,終以生活標準之提高,而城市式企業及勞働所出產的貨物之需要因之擴張;

(四)城市能予人以較安穩的僱傭和較高的工資;

(五)城市有交遊和娛樂的引誘,有較優的職業的機會,社會的機會,和教育的機會,成年的男子婦女易起移居城市的慾望,爲他們的兒女計算時尤甚。

自一八〇〇年以來隨着城市之異常擴大而發生的結果眞是數不淸的。一位著作家大書特書「大城市之發達造成了近代文明的一切問題中的最大問題」,此話確非過甚之辭。(見馬鏗西的社會哲學初桄一〇一頁(a)。)這個最大問題中包括農鄉勞工供給減少的問題,城市勞働組織和勞働不安的問題,鄉村學校苦難支持而城市學校學生過多和時間減少的問題,城市運輸問題,城市衛生問題,城市課稅問題,貧乏問題,住宅問題,和極貧人口(1)問題,——簡單說,這個大問題包括近代文明中物質的浪費,道德的消耗和種種不平之事的大部分,合着藝術及生活機會中已經成就的種種革新之一大部分都應包括在內。城市發達對於一些人是幸福,對於另一些人是寃苦,對於一般人是問題。(城市人口增殖之社會的結果及經濟的結果詳論於麥略特的當代歐洲城市人口之會萃三三三頁至三四八頁。又勒法舍的法國人口論第二卷三三八頁至四一六頁。)

(155)移民:概數及原因　十九世紀中第三個可注意的人口發展現象是由歐洲移住海外各地的人增加。十年前一位德國經濟學家估算自美洲發現四百年以來(譯者按哥倫布(2)於一四九二年發現美洲)總

(a) Mackenzie: Introduction to Social Philosophy, 101. 1. The "submerged tenth." 2. Columbus, Christopher.

計有一萬零五百萬男女離去歐洲各國而移居於美洲，亞洲，非洲，及大洋洲；於此鉅大總數（比一九一〇年美國總人口尚多一千三百萬）之中有三千一百五十萬，約總額百分之三十，都是十九世紀中移出的。（見蘇班的歐洲人殖民地之發達（a））。這些數字只不過是用心思索的揣測之辭。但這個數目可算是太小而非太大。舉一個例說，我們知道一八一五年至一九〇〇年單算大不列顛及愛爾蘭移民總數就已在一千五百萬以上。還有一樁實有記錄的事，自一八二〇年起，其時美國來民（1）統計始由華盛頓（2）官吏漸次收集保存，以至於今；只算居留美國的外國人總計已有三千二百三十五萬人之多。這三千多萬人中也有些由亞洲國來或美洲國來的，但為數甚少——的確的，通共不過一百萬人。總算一八〇〇年至一九〇〇年英國人移住於坎拿大，澳洲，紐絲綸，南非洲，及其他英屬殖民地，愛爾蘭人移住於美國及英屬北美洲，德國人移住於美國及南美洲，瑙威人，瑞典人，丹麥人移住於美洲西北部，俄國人移住於亞洲，意大利人移住於美國，阿根庭，及非洲北部，西班牙人及葡萄牙人移住於南美洲，猶太人移住於世界各處，一個人可放心斷言十九世紀歐洲移民的總數必不止三千萬而較近於四千萬。

移民的原因曾經幾位著作家歸併為兩項，即是，積極的及消極的。積極的原因是指移民所去之地的利益或誘致力。消極的原因是移民本國之不安適及環境的壓迫。而切實觀察起來，從本國羈絆的力量上着眼，消極的或驅迫的勢力必比積極的原因更為重要，因為消極的勢力確能引人離去他素常安居之地。（見費采德的來民論四至五頁（b））。自十五世紀之末以來，而過去百年中尤為顯著，寸土俱無的歐洲人和落拓不偶

(a) Supan: Die territoriale Entwickelung der Europäischen Kolonien. (b) Fairchild: Immigration, 4–5. 1. Immigration Stactistics. 2. Washington.

的歐洲人無論何時都有機會去到新而好客的世界中求財覓利，這固然也是造成移民的根本局勢；否則便不能有這樣的移民了。 但實際促成移徙的勢力多是由於不滿意於本國情形而生的。 這種勢力可分爲四大項，即是，經濟的，社會的，政治的，宗教的。 最持久而最重要的移徙原因是那些屬於經濟性質的。 經濟原因包括不能取得地產或不能保留地產，失業，低額工資，因乾旱水潦或其他一時的天災而成的損害，及人口過剩。迨到社會發達而經濟活動的種類增多，人口過剩一因便減其重要；但證之於十九世紀歐洲各國歷史，按當時的情形而論，比較增進的人口可達到人口數量與農工業供養力不相稱之點。 在這種局勢之下，通常會有出生率降減之事；但救濟方法也可從移民方面求出。（關於除移民以外的人口過剩救濟方法之簡明討論，參看芮恩士的殖民地政治論（一九〇二年紐約出版）第二章（a）。）

移民的社會原因是那些由於對本國社會組織不滿足而起的，而凡有階級制度的趨勢之處，下級分子難於升到較高地位時，這種勢力尤爲有效。 歐洲各國雖過去五十年中這種情勢使人不滿足已不如從前之甚，却仍有些程度。 移民的政治原因包括不滿意於當時的政體和政府的行爲所造的損害。 這些原因在十九世紀中是已不甚重要的了；但一八三〇年至一八三一年及一八六三年波蘭民變之鎮平及一八四八年日爾曼革命失敗之後，許多政治逋逃客在美國及世界其他部分尋得安身之所。 宗教原因包括因宗教信仰或宗教儀式之故而加於政治團體之分子的一切限制。 這些限制或竟是屠戮，或僅是不公平而極煩擾的岐視。 較早年間這類的例是脫教派（1）及朋友教徒（2）逃出英格蘭，新教徒逃出法國，在近今年間是阿美尼亞人移

(a) P. S. Reinsch: Colonial Government, Chap. II. 1. Separatists. 2. Quakers.

出士爾其及猶太人逃出俄國。（不消說得，移徙一事有種種原因牽纏積累，出走的動機非常複雜，甚至移民自身也不能知道究竟那一種動機最有力量——例如猶太人移出俄國一事其中便包羅許多半政治的原因和半宗教的原因）。

此外促成移民數量膨脹的主動力是運輸利便之增加和運費之低廉，尤以十九世紀中葉海洋汽船時代開始以來爲甚，在晚近年間汽船公司及其他運輸機關的辦法也頗足鼓勵移民。（譯者按無論鐵道運輸或汽船運輸，關於旅客一面，總是三等客位的贏益比二等客位的大，二等客位的又比頭等的大；若單算頭等客位，不但不能取利，而且折本之時最多；平心論之，這竟直是取三等客人的錢來貼補頭等客人。這裏面的原因就是頭等客位須有種種奢華的設備，而頭等客人數是很有限的。晚近歐美運輸公司有鑒於此，所以極力爲三等客增加利便，減輕運費，不但三等客得減旅行之苦，其實招徠三等客越多，公司的贏益越大。）

(156)大不列顛及愛爾蘭之移民　過去一百年中歐洲移民流動最整齊有條之國是大不列顛。如一位法國著作家的敏妙之辭，大不列顛在這人口異常膨脹期間同時得着殖民地和殖民家(1)，這眞是獨一無二的幸運。（見龔納爾的十九世紀歐洲之移民第二卷(a)。）　下面就要說明，在十九世紀下半期德國和意大利也有殖民家，卽是，願意移徙到遠地的千百國民，但沒有合宜的殖民地容納他們，而法國有廣大的殖民地，但沒有多餘的人口去充實他們。（俄國自從二十年前自願移徙的人民趨向西比利亞之勢開始以來，俄國移民的形勢已是合英國的很相近了。）　在拿破崙戰爭閉幕之時大不列顛確是歐洲第一海上殖民強國，而且他的海外屬土大致都是位於溫和的緯度上，都是人煙稀少之區，並能供養無量數的歐屬居留人。這些殖民地中坎

(a) Gonnard: L'Emigration européene au XIXe siècle, II. 1. Colonists.

拿大要算第一。但新從荷蘭奪取的南非洲，和已經免除罪犯放流地的汚點而足誘致羊毛商人及其他自願居留人的澳洲，也不在坎拿大之下。此外尙有紐絲綸及其他形勢優勝的島嶼，印度更不用說了。十九世紀上半期由不列顚羣島移出的人數據估爲三百五十萬。這三百五十萬人中包括許多假道英國口岸轉赴他國的外國人，——這一班人數究有多少現今是無從斷定了。但就全體而言，總是英格蘭人，蘇格蘭人，和愛爾蘭占最大部分。一八一五至一八七五年外流人口之數大增，至一八八三年而極盛，是年英國臣民移出之數爲三二〇，一一八人，由英國口岸假道的外國人數是三九七，一五七人——總計七一七，二七五人。此際澳洲吸收最多；到坎拿大及美國的亦源源不絕；而入南非洲的也不在少數。一八五三年至一九〇三年五十年間從英吉利聯合國移出的人數超出一千三百萬以上，其中九百五十萬是英國臣民。這些人中約五分之三都是到美國的；（這個比例數如此之高是因這個期間愛爾蘭移出之人最多而差不多全數都是到美國的，看下文自明。）但通算這個時期，居留於殖民地的移民數目頗大，一九〇四年居留於坎拿大的人數對移民總數竟升到四分之一。過去十年間，移向殖民地的趨勢更加擴大。一九一二年移居歐洲以外各地的二六八，四八六名英國人和愛爾蘭人中，有一三三，五三一人，合總數約二分之一，去到坎拿大；六八，六八八人，合總數四分之一以上，去到澳洲；一一，〇五四人去到紐絲綸；四，二三三八人去到南非洲；四五，八四七人去到美國。

英吉利聯合國中比較移民最多之區是愛爾蘭。一八一五年至一九〇六年移徙的一千七百萬英國臣民中，愛爾蘭人不下五百萬名之多。十九世紀最初四十年中由愛爾蘭移出的人數甚少，出生率甚高，所以人口增殖甚速。然而一八四六年愛爾蘭大飢便是形勢轉變的起點。那種大災落到人口繁衍而生計艱難之處，其爲害之大，結果之慘，不言可知，所以一八四七年至一八五二年七年之間有一百二十萬以上的人民——爲一八四一年統計中總人口七分之一——移徙於外國，而一八五一年的人口調查顯出這十年中人口減少之數爲一百六十萬口。上舉移民之中足有一百萬去到美國，而且自此以來愛爾蘭的移民專於趨赴美國。一八五一年至一九〇五年離去愛爾蘭的人口不下四百零二萬八千名——二，〇九二，〇〇〇名男子和一，九三六，〇〇〇名婦女，這個女對於男的比例數在各國移民中相比實是異常之高。愛爾蘭移出之人差不多完全是農鄉的，其原因大半是當地通行的守產制度不良，尤以難於取得地產和地主苛索爲甚。自一八八五年以來新農田法規已改革了這種情形的一部分，而移民之數已減到每年平均爲三萬人了。然而愛爾蘭移民減少的主要原因實在於那裏的人口自一八四〇年以來幾乎減掉一半，並不是因爲殘留人口的境況改良。

(157)德國之移民　除愛爾蘭外，十九世紀中歐洲移出人口最多之處更無過於德國的了。十六十七世紀中日爾曼地方，因爲政治不統一和各邦君主自顧不暇，所以未能參加新世界的開發及屯墾之事。然而十八世紀中日爾曼越海移民開始占取重要地位，有很多的德語民族加入美洲本薛文尼(1)省及其他部分的人口中。一八〇〇年之後日爾曼逐年移民之數雖參差不齊，却是逐漸增多，尤以拿破崙戰爭閉幕之後爲甚，至

1. Pennsylvania.

十九世紀中葉便開始了近代德國歷史上最可注意的人口變動。一八四七年移出人口已是四一，三一〇人，其中三二，二八七人去到美國七，三五二人去到英屬北美洲，八八八八人去到澳洲。一八四八年至一八五〇年日爾曼政治上陡起變更，在先逆年荒歉並有非常的經濟衰落，鼓動人民移徙之念，一八五二年去國人數便有八七，五八六名之多，在一八五四年爲一二七，六九四人。一八五一年至一八六〇年僅十年間移居美洲的德國人已達一百萬以上。一八四八年後這班移民的特點是移徙之人多是急欲取得地產的農民而且他們成羣結隊的移徙，大半經由德國漢堡(1)到美國紐約轉入美洲內地。美國南北戰爭期間德國移民之數亦因之衰減；但一八六五年之後十年間，除兩年外，德國每年移徙人數總在十萬以上。一八七四年至一八七九年移民之數比較稍小，但一八七九年以後十數年間其數比以前任何時期的更高。一八八一年遂到最大額，是年移出人數爲二二〇，九〇二，合日爾曼帝國總人口百分之四·八六。（這個數中有二〇六，一八九人去到美國；二八六人到英屬北美洲；二，一〇二人到巴西國(2)；三六二人到阿根庭國；五一四人到美洲其他各國；三一四人到非洲；七四五人到澳洲，三十五人到亞洲。這個比配率可代表這個期間一般移民的分配）一八九三年之後移民數量收縮極速。此後十年中很少升至三萬以上之時；自一九〇五年以來德國移民已減到無足重輕的比例數了。但十九世紀中流出人口總數當在六百萬至七百萬之間。

日爾曼早年移民甚衆的原因多是起於德國建立憲政時及建立帝國時因政治競爭以致人民不滿意而且不安寧，起於希圖躲避服軍役的嚴厲規律，而起於農民想得更多土地和更大經濟自由權，尤有力量。過去二

1. Hamburg. 2. Brazil.

十五年中移民之銳減可歸之於這個期間工商業異常發達，給多數人口以利厚而穩固的職業和僱傭，並可歸之於社會保險及其他改善一般人民境況的方法之興行。 關於移民一事，德國所處的地位與英國的完全不同，因爲英國有廣大的殖民地足以容納而且供養無限的白種人民，而德國加入殖民地競爭既遲，只得有一些不甚能誘致歐人居留的殖民地。 說在近年之前英吉利聯合國移出的人口差不多只有一半眞是居留在英國國旗之下的地方，此話固然不差。 但是，如上文所述，實際上德國移民的全部隨時都是趨於不獨不在德國統轄之下的地方而且爲非德國人居住特多的地方。 唯其如此，所以英國絕無何等嚴厲的企畫限制移民，一般人對於這種現象之繼續亦無駁斥之論，而德國無論何時總有一班人痛斥人民移徙足損國家元氣，政府方面亦有裁制移民的布置。 但凡移民去處是以殖民地爲目的，或雖非殖民地而爲有德國化的希望之處，如巴西，小亞細亞(1)等地，德政府和社會必加以鼓勵。 除此以外，移民一事在許多經濟學家和政府中人看來都認爲有損於國之富強，而且直接助成敵國之富強。 自一八九三年人口外流之驟然停止以至於一九一四年，德國人對於此事大費躊躇，因爲移民減少雖足增儲德國國力，却也足妨礙德國人民在殖民地及其他海外各處勢力之發展。

(158)法俄意之移民 在法國，移民是一樁影響甚小的事。 法國人絕未顯出願意遠適異國永久居留的傾向，政府儘管屢加鼓勵，竟至不能造就大數法民移殖於距法最近的阿爾幾利亞(2)屬地。(譯者案阿爾幾利亞在非洲北岸，與法南北正對面積之大幾與法國相等；一八四八年合併於法。) 五十年來由法國移出的人

1. Asia Minor. 2. Algeria.

口不過三十萬人。這個數目中有五分之一去到美國，而其餘的分在歐洲及歐洲以外各國。阿爾幾利亞現今有法國居留人和從前居留人的子孫總計約三十萬之數，突尼斯(1)保護國有四萬六千人，摩洛哥(2)保護國有二萬六千人。這些年來法國外流人口每年平均只在六千人上下。(見勒法舍的法國人口論第三卷三〇四頁至四五〇頁)。俄國，與法國相反，是一個移民甚多之國。由俄屬歐洲地方移出人民分為兩種迥異的情形。一種是猶太人之移徙，到英格蘭和美洲的居多，這班人久受俄國當局的虐待只有出走纔能幸免政治上及經濟上的限制和宗教的誅戮。另一種是俄國的農民和商人移徙到西比利亞(3)。在一八八八年以前，由俄國到美國的來民(4)(差不多全是猶太人)每年不曾超過一萬八千人。然而自此以後，這種人數在一八九〇年升到三五，五九八人；在一九〇〇年為九〇，七八七人；在一九〇六年為二一五，六六五人；在一九一三年為二九一，〇四〇人。自二十世紀開幕以來俄國求樂土的人轉而趨向西比利亞，每年移入人數自四萬乃至二十萬，在一九〇七年一年之間達到五十萬以上。

過去三四十年間歐洲人口變動中最可注意的現象，除德國移民減少外，是歐洲南部及東南部各國移民之增多，主要的是意大利，奧匈國，和希臘(5)。的確的，在這幾十年中移民最勻稱，最可以普通語句說明，而且在數字最占重要之國是意大利。因為六七十年以來意大利人對於人口過剩的治療，求免貧困和規避重稅的方法，都是求之於促進勞働者移向外域以覓工作和工資。意大利移民在地理上的範圍是極廣大的。第一層，許多工人，尤以北部省分為甚，去到鄰近各國，——法國，奧大利，德國，瑞士，突尼斯，——在那些國內他們擔任

1. Tunis. 2. Morocco. 3. Siberia. 4. Immigrants. 5. Greece.

最勞苦的工作，工資常在本地工人所得最小限度之下，他們極力忍苦耐勞，所以總能存錢帶回家去和家口過冬。有些多年居留於法國而且在突尼斯的更多但甚至這樣的人通常也自會仍回本國。所以每年去到鄰近各國的意大利人總在十五萬乃至二十五萬。最關重要的是這班短期移民竟越過大西洋，多半到阿根庭，巴西，和美國；人數之多殊屬可驚。南美洲人煙稀少富源充足，當地居民不耐勤苦，其結果這一片大地便成了覓工居留的意大利人樂就之區。阿根庭，巴拉圭(1)，烏魯圭(2)及巴西，四國之中約有四百萬人是出生於意大利或是意大利人的子孫，這四國收容意大利移民久已是每年十萬至十五萬之多。由意大利移入南美洲的人數比由其他各國移入的總數還要大些。居留南美的意大利人存錢之後仍回本國的爲數也很大；但就全體而論，一朝遷徙總是永久居留的占多數，並非藉此過渡；而且意大利人不但成爲久住的工人，還有許多成爲地主，工場主人，承攬工作人，銀行家，商人，及官吏。遲如一八八八年意大利移民只百分十二去到美國，而有百分之三十三到巴西，百分之二十三到阿根庭，烏魯圭，及巴拉圭。然而到一九〇〇年這種形勢完全變更了。到一九〇四年美國收容意大利移民的成數便升到百分之六七·二九。這種變更有幾分是因南美勞働市場之衰落，在巴西是因意大利政府對於移民保護不力。然而其中重要主因是一八八五年以後北美洲建築鐵道，修造大路，開濬運河，市政改良等事，粗工的需要大增。(一八七九年入美國的意大利人僅五，七九一名。一八八〇年二倍此數，一八八二年爲六倍，一八八八年爲九倍，一八九一年爲十三倍。由此至一八九六年意大利移入美國的人總比任何他國的更多，一九〇三年升爲二三三〇，六二二人，在一九〇七年爲二八

1. Paraguay. 2. Uruguay.

五，七三一人，可謂空前之鉅數。

意大利移民的數量，就任何稍長的時期歸總而論，是不能正確斷定的。 據專家估算，一八八〇年至一九〇〇年二十年間意大利移民之數比由法國，比利時，丹麥，西班牙，葡萄牙，五國移民的總數還多五百萬；比俄國的移民多四倍，比德國的多三倍，比英國的，連移到殖民地的全算在內，還多好幾千。 又據估算，在二十世紀開幕之時在意大利出生的意大利人居住外國者有三百五十萬名之多，其中七十三萬四千名是在美國，一萬一千名在坎拿大，一百八十五萬二千名在南美洲，一十六萬八千名在非洲，六十四萬五千名散在歐洲各國。（見懿普勸的來民問題二三五頁(a)。） 在現世紀之初每年外流人口升至五十萬之多。 入美國之數（自一八二〇年以來總計四，〇二五，三四五八）， 按五年分期自一八八〇年起，列表於下：（見美國來民局長常年報告書（一九一五年份，華盛頓出版(b)）。）

年份	人數
一八八〇——八四	一〇八，二一七
一八八五——八九	一五九，四四四
一八九〇——九四	三〇四，八一一
一八九五——九九	二九八，九五〇
一九〇〇——〇四	八三八，四二四

(a) Whelpley: The Problem of the Immigrants, 235. (b) Annual Report of U. S. Commissioner General of Immigration (Wash., 1915).

一九〇五——〇九　　一，一〇二，〇五一

一九一〇——一四　　一，一〇四，八三三

159）意國移民之影響　在意大利，與其他歐洲各國一樣，對於移民的影響及利益意見分歧。從前有一種偏見幾乎公認這樣大的常年人口外流純爲禍事。但也還有贊成此事的經濟學家和政治家。然而現今多數人的意見都主張在一定限度內和在一定情形之下，意大利移民到外國不但於移民自身有利，而且對於本國也是有利的。第一層，移民中很大的一部分，外出幾年或幾月之後，仍回本國，所以終不失爲意大利的公民，兵士，和納稅人。到美國之後仍回本國的意大利人在一九〇二年爲百分之二十八，在一九〇三年約百分之三十八，在一九〇四年爲百分之六十以上。在南美洲，也如在美國一樣，仍回意國之人的比例數歷年按各種情形頗有變動；但這個比例數平均至少是百分之五十。總之回國的人不是像他們來時那樣赤手空拳的；他們隨帶他們辛勤積蓄的多數金錢回去，這筆錢轉到本國工商業中，成爲意國一種極重要的國富之源。差不多一樣重要的是在外國的意大利人匯回接濟家口和親戚的金錢。這樣流入意大利的錢財歷年也頗有變動，但這筆總數少有降到美金二千萬元以下之時，而且有時升到美金四千萬元以上。據各觀察家的考證，在意國大部分中也如希臘，西班牙，葡萄牙一般，經由這種途徑而造就的經濟狀況之改善和社會狀況之改善是顯而易見的。（見勒爾瓦波列的近世民族之殖民事業（一九〇八年巴黎出版）第二卷四七二頁至四七三頁（a））。

(a) P. Leroy-Beaulieu: La colonization chez les peuples modernes, II. 472-473.

另一理由是對於移民抱樂觀的經濟學家格外注重的，即是意大利的商業隨着意大利人所在之處而擴大。據說二十世紀初年意大利對阿根廷的商業與各國相比，除英國外，應當首屈一指，大都因爲意大利商人最明瞭這個共和國中意大利居留人的需要和嗜好，而且因爲阿根廷的商業多已落於意大利人之手。考之經驗，可見商業並不一定隨着國旗所在之處而進行，殖民地也不見得是商業優勝必不可少之物，而在比較不進化的地方，移民一事反倒是判定商業進取的重要勢力。

在晚近年間之前，意大利，也如德國一樣，缺少合宜的容納剩餘人口的殖民地。自一八八五年以來意大利已在紅海（1）及亞丁灣（2）附近取得兩處非洲屬地，現今意大利的東非洲屬土在愛利特利亞（3）和索瑪里蘭（4）總計有一十八萬八千方英里。然而這兩處屬地並未十分開發。這兩處沿海一帶不適於歐洲人居住，內部雖氣候較佳，土質肥美，偏又缺水而且又被化外的民族佔據。這已經是彰明較著的事，意大利絕不能移徙多數人到那兩處去。然而在一九一一年至一九一二年意大利從土耳其手上奪得崔坡里坦尼亞（5）和西介乃嘉（6）兩省，這兩處新屬地總計面積四十萬方英里——大於意大利三倍半——而人口不過一百萬。意大利奪取這兩地的目的非同小可，他是要使這一大塊附近而未開發的土地完全服屬於意國統轄之下，以使意大利人在其間安居樂業，不感絲毫流離之苦。關於用這片土地來達這種目的可至何等程度，意大利人的意見頗覺紛歧。然而，這是顯明的，崔坡里坦尼亞沿岸和西介乃嘉的大部分都很肥沃，現今雖然缺水，而掘地不必甚深使有豐足的水源可供利用。意大利人在突尼斯及其他地方辦成了的灌溉方法的神

1. Rod Sea. 2. The Gulf of Aden. 3. Eritrea. 4. Somaliland. 5. Tripolitania. 6. Cyrenaica.

工妙用也足爲這片新地可望發達的根據；雖有一班反對帝國主義的人否認這片地方能宜於歐洲式的農業，而據較樂觀的游歷家和測量家的意見都以爲這片土地全部能被利用，膏腴之地可分給小農地主，次等之地可備資本家作大牧場。西西利（1）人和意大利南部人民對於這片新殖民地尤覺與致勃勃，而且有種種理由可預料他們必有多人可被誘致到這個新殖民地去。

譯者案我國沒有統計，二十世紀的國家自己不知有多少人民，眞是可恥已極。按商務印書館日用百科全書第三編五頁至六頁所載據民國六年海關貿易册中國人口總數爲四八九，四〇五，〇〇〇人。又按美國政府印刷局於一九二〇年出版的中國商業便覽第一卷一五頁（a），中國人口爲三六一，三八八，〇〇〇人。兩數相差至一萬萬以上，眞是駭人聽聞。但譯者以爲後說比較可信。一則本章首段所述人類的大打擊在中國依然如故，二則近十數年來天災人禍樣樣齊全，在這種情形之下，人口只能減少，決不至於增加。兼之我國生產事業，除農務之外全不發達，人口三分之二聚萃在領土面積三分之一以內，「人有五子不爲多，子又有五子，大父未死而有二十五孫，是以人民衆而財貨寡，事力勞而供養薄。」（見韓非子五蠹篇，與馬爾薩士之論正合。）我國領土面積四，二七七，一七〇方英里（政府所公示。）十八省本部每方英里人口二一九人；東三省每方英里四一人；蒙古每方英里二人；新疆，青海每方英里二人；西藏每方英里一四人；若全國人口分配平均，每方英里只合八四人。（據中國商業便覽一五頁）。以每方英里土地養八十四人絕不能謂爲過多。管子第二十三篇霸言說「地大而不爲，命曰土

(a) Julean Arnold: Commercial Handbook of China. 1. Sicily.

滿人衆而不理命曰人滿；兵威而不止命曰武滿。 三滿而不止，國非其國也。」 這幾句話何其酷似現今中國的情形！滿洲，蒙古，青海，西藏，沃野萬里曠無居人，是不是「土滿」？十八省本部人口密集生計艱難，是不是「人滿」？兵額之多爲世界第一，蠹國害民則有餘，保衛地方則不足，是不是「武滿」？讀者諸君，注意注意，「三滿而不止國非其國也」！況我有強鄰逼處現今因人口過剩而佔據無人之地，在他是振振有辭。 如果待禍事發作之日再來奔走呼號，那便遲了。 我所固有的地方，我們自己去開發，誰也不能說話。 全球六大洲白種人已經完全佔領五洲了，亞洲大部分也屬白種人的勢力範圍，可知「黃帝子孫」的禍事正是「方興未艾」。「亡羊補牢，未爲晚也，失今不圖，後將噬臍」！

中國裁兵問題正苦遣散後無法安置；與其遣散他們去當土匪，何不教他們屯田實邊去？即或不然，能把他們全改爲工程隊，教他們多修築些道路，讓人民自去移殖，不但人民受益，軍人們能這樣辦也實是爲國家立很大的功勞。

每逢提到中國的大問題，一般人心裏總不免「說政府靠不住，政府不行。」 政府不過是替人民辦事的機關；人民自己不去監督他這就無怪他只能「厲民」而不能「利民」；如果再這樣存心，那麼任甚麼政府也「靠不住，」任甚麼政府也「不行。」

還有人說中國人素來「安土重遷，」是不會移徙的。 其實不然。 「安土重遷」這句話只適用於一班有土可安的人；至於一班「有氣力，無處使，」「貧無立錐」的壯夫，因「飢寒交迫，」逼得爲盜爲匪，死裏求生的不知多少；如果真有安身樂業的去處，他們那有不幹的。 舉一個例說，譯者於民國九年六月底抵美國舊金山，七月半間又到了一支由中國來的郵船，那支船上有四十幾名要想偷關入美的中國工人，不知他們合船上的甚麼人商量妥了，船入港後，稅關人員來查艙時，他們一齊藏入船底的大淡水箱內，一個水手不小心把箱蓋閉嚴了，這幾十人完全窒息而死。 第二天譯者見報紙登載此事，心想中國人的性命真不值錢，好生悲憤。 後來一打聽，這種慘事竟是很平常很平常的，不過譯者自己少見多怪罷了。 那班人死了也許是他們的幸事，萬一被關員查出或隨後被巡警查出，都不免立即押往天使島(a)(舊金山海灣中之一小島，專供此用) 監禁，一年半載之後勒令回國，那豈不更是受罪！一樣的是移民，只因皮色不同而難易之別至於如此；即此可見甚麼「大同」「人道」「正義」全都是夢話。瞎說倒不如大家起來把自己的這個「三滿問題」一舉解決，教那「高貴民族」知道我們也是「人」。

(a) Angel Island.

SELECTED REFERENCES

The Increase of Population

E. R. A. Seligman, Principles of Economics (6th ed., New York, 1914), Chap. IV.

C. J. Bullock, Selected Readings in Economics (Boston, 1907), 255–286.

W. B. Bailey, Modern Social Conditions (New York, 1906), Chap. VI.

F. W. Taussig, Principles of Economics (New York, 1911), Chaps. LII, LIII.

E. A. Ross, Foundations of Sociology (New York, 1905), Chap. II.

J. B. Clark, Essentials of Economic Theory (New York, 1907), 321–338.

W. S. Rossiter, The Pressure of Population, in Atlantic Monthly, Dec., 1911.

F. Nitti, Population and the Social Problem (London, 1894).

E. van der Smissen, La population; les causes de ses progrès et les obstacles qui en arrêtent l'essor (Brussels, 1893), Bk. III.

A. Newsholme, Elements of Vital Statistics (London, 1899).

A. Newsholme, The Declining Birth-rate; Its National and International Significance (New York, 1911).

J. Bertillon, Cours élémentaire de statistique administrative: éléments de démographie (Paris, 1895).

G. Newman, Infant Mortality; a Social Problem (London, 1906).

P. Leroy-Beaulieu, Traité théoretique et pratique d'économie politique (4th ed., Paris, 1905), IV, 507–664.

W. F. Willcox, The Expansion of Europe in Population, in Amer. Econ. Rev., Dec., 1915.

F. A. Fetter, Population or Prosperity, in Amer. Econ. Rev., March, 1913, Supplement.

H. H. Hibbs, The Influence of Economic and Industrial Conditions on Infant Mortality, in Quar. Jour. Econ., Nov., 1915.

P. Leroy-Beaulieu, La question de la population (Paris, 1913).

A. Dumont, Dépopulation et civilisation ; étude demographique (Paris, 1890).

A. Huart, Le mouvement de la population depuis 1800 en Europe dans ses rapports avec les crises économiques, in Rev. Écon. Internat., Aug., 1911.

T. A. Welton, On the Birth-rates in Various Parts of England and Wales in 1911, 1912, and 1913, in Jour. Royal Statist. Soc., Jan., 1916 (accompanied by a similar study of death-rates).

P. Meuriot, Le census anglais de 1911, in Jour. Soc. Statist., Dec., 1911.

P. Meuriot, La population de l'Empire allemand en 1910, in Jour. Soc. Statist., Dec., 1911.

W. H. Dawson, Evolution of Modern Germany (London, 1908), Chap. XVI.

G. Cohn, The Increase of Population in Germany, in Econ. Jour., March, 1910.

F. Carli, L'evoluzione economica della Germania e leggi di popolazione, in Riv. Ital. di. Social., Sept.-Oct., 1914.

F. Goldstein, Die Ubervölkerung Deutschlands und ihre Bekämpfung (Munich, 1909).

E. Levasseur, La population française ; histoire de la population avant 1789 et démographie de la France comparée a celle des autres nations au XIXe siècle (Paris, 1889), I.

E. Levasseur, Questions ouvrières et industrielles en France sous troisième republique (Paris, 1907).

L. Schöne, Histoire de la population française (Paris, 1893).

J. Bertillon, La dépopulation de la France ; ses conséquences, ses causes, measures à prendre pour la combattre (Paris, 1910).

H. Clement, La dépopulation en France (Paris, 1910).

C. Richet, La dépopulation de la France, in Rev. des Deux Mondes, May 15, 1915.

The Growth of Cities

J. A. Fairlie, Municipal Administration (New York, 1901), Chaps. IV-VII.

F. C. Howe, The Modern City and Its Problems (New York, 1915), Chap. IV.

W. B. Munro, The Government of European Cities (New York, 1909), *passim*.

C. Bücher, Industrial Evolution, trans. by S. M. Wickett (New York, 1912), 345-386.

A. F. Weber, The Growth of Cities in the Nineteenth Century (New York, 1899).

E. Levasseur, Histoire des classes ouvrières et de l'industrie en France de 1789 à 1870 (Paris, 1903-04), II, 612-619.

E. J. James, The Growth of Great Cities in Area and Population, in Annals of Amer. Acad. of Pol. and Soc. Science, Jan., 1899.

E. Van der Smissen, La population (Brussels, 1893), 251-282.

E. R. Dewsnup, The Housing Problem in England (Manchester, 1914), Chap. I.

Legoyt, Du progrès des agglomerations urbaines et de l'émigration rurale (Marseilles, 1870).

P. Meuriot, Des agglomérations urbaines dans l'Europe contemporaine (Paris, 1897).

A. Wirminghaus, Stadt und Land, in Jahrbücher für Nationalökonomie und Statistik, LXIV.

P. A. Graham, The Rural Exodus (London, 1892).

E. Vandervelde, L'Exode rural et la rétour aux champs (Paris, 1903).

H. Fletcher, Drift of Population to Cities, in Forum, Aug., 1895.

E. Usquin, La dépopulation des campagnes (Paris, 1911).

F. Bernard, La dépopulation des compagnes, in Jour. des Econ., Nov. 15, 1911.

S. Schott, Die grossstädtischen Agglomerationen des deutschen Reiches 1871-1910 (Breslau, 1912).

Emigration in General

H. P. Fairchild, Immigration, a World Movement and Its American Significance (New York, 1913), Chaps. VII, VIII.

R. Mayo-Smith, Emigration and Immigration (New York, 1890), Chaps. II, III.

J. W. Jenks and W. J. Lauck, The Immigration Problem (New York, 1913), Chap. II.

P. S. Reinsch, Colonial Government (New York, 1902), Chaps. II–VI.

A. G. Keller, Colonization, a Study of the Founding of New Societies (Boston, 1908).

E. van der Smissen, La population; les causes de ses progrès et les obstacles qui en arrêtent l'essor (Brussels, 1893), 227–250.

H. Merivale, Colonization and Colonies (London, 1841), Chap. V.

P. Leroy-Beaulieu, De la colonization chez les peuples modernes, 2 vols. (6th ed., Paris, 1908).

E. Daudet, Histoire de l'émigration, 3 vols. (new ed., 1904–1905).

W. Roscher, Kolonien, Kolonialpolitik, und Auswanderung (Leipzig, 1885).

A. Zimmerman, Die europäischen Kolonien, 5 vols. (Berlin, 1896–1903).

M. Besșom, Le problème de l'immigration étrangère dans les colonies, françaises, in Rev. Sci. Pol., July–Aug., 1914.

P. Berne, L'Immigration européenne en Argentine (Paris, 1916).

Emigration from the United Kingdom

W. L. George, Engines of Social Progress (London, 1908), Chap. II.

G. R. Porter, Progress of the Nation (London, 1847), Chap. V.

J. E. T. Rogers, Industrial and Commercial History of England (New York, 1892), Sect. V.

W. Cunningham, Growth of English Industry and Commerce in Modern Times (5th ed., Cambridge, 1912), 850–865.

I. A. Hourwich, Immigration and Labor (New York, 1912), 209–220.

J. D. Whelpley, The Problem of the Immigrant (New York, 1905), Chaps. IV, V.

R. Gonnard, L'Émigration européenne au XIXe siècle (Paris, 1906), Chaps. I. II.

R. Gonnard, Les nouveaux progrès de l'émigration britannique, in Rev. Écon. Internat., Oct., 1913.

S. C. Johnson, A History of Emigration from the United Kingdom to North America, 1763-1912 (London, 1914).

C. Kimloch-Cooke, Emigration and Immigration an Imperial Problem, in Oxford and Cambridge Rev., Oct., 1911.

A. Hurd, The Danger of Nurestricted Emigration, in Fortnightly Rev., Feb., 1914.

Emigration, from Germany

W. H. Dawson, Evolution of Modern Germany (London, 1908), Chap. XVII.

H. de B. Gibbins, Economic and Industrial Progress of the Century (London, 1903), Chap. XXX.

J. D. Whelpley, Problem of the Immigrant (New York, 1905), Chap. XII.

I. A. Hourwich, Immigration and Labor (New York, 1912), 180–190.

R. Gonnard, L'Émigration européenne au XIXe siècle (Paris, 1906), Chaps. III, IV.

J. S. Mann, German Emigration and the Expansion of Germany, in Contemporary Rev., Feb., 1909.

E. H. Geffcken, The Germans as Emigrants and Colonists, in Forum, April, 1892.

F. Zahn, L'Expansion des allemands a l'étranger, in Rev. Écon. Internat., Jan., 1906.

E. von Philippovich, Auswanderung und Auswanderungspolitik in Deutschland (Leipzig, 1892).

Emigration from Italy

B. King and T. Okey, Italy To-day (London, 1901), Chap. XVII.

F. M. Underwood, United Italy (London, 1912), Chaps. IV, VIII, IX.

J. D. Whelpley, Problem of the Immigrant (New York, 1905), Chap. XIII.

H. de B. Gibbins, Economic and Industrial Progress of the Century (London, 1903), Chaps. XXXIII, XXXIV.

R. Gonnard, L'Emigration européenne au XIXe siècle (Paris, 1906), Chaps. V, VI.

W. Weyl, Italy's Exhausting Emigration, in Amer. Rev. of Revs., Feb., 1909.

Vte Combes de Lestrade, L'Émigration dans l'Italie méridionale, in Rev. Écon. Internat., Aug., 1907.

E. Lord et al., The Italian in America (New York, 1905).

G. Loth, Le peuplement italien en Tunisie et en Algérie (Paris, 1905).

Loiseau, La renaissance économique de l'Italie, in Rev. de Paris, Jan. 19 and Feb. 1, 1901.

G. Tosti, Italy's Attitude Toward Her Emigrants, in N. Amer. Rev., May, 1905.

Graziani, L'emigrazione italiana nella Repubblica Argentina (Turin, 1905).

L. Villari, Italian Life in Town and Country (New York, 1902).

L. Villari, Gli Stati Uniti d'America e l'emigrazione italiana (Milan, 1912).

F. Nitti, L'emigrazione italiana e i suoi avversari (Turin, 1888).

F. Nitti, La nuova fase dell' emigrazione d'Italia (Turin, 1896).

F. Nitti, Nord e Sud (Turin, 1900).

V. Grossi, Politica de l'emigrazione e delle colonie (Rome, 1902).

H. Loran, La législation de l'émigration en Italie, in Mus. Soc. Ann., Sept., 1911.

E. Lemonon, L'Italie économique et sociale (Paris, 1913).

G. B. Russo, L'Emigration et ses effets dans le midi de l'Italie (Paris, 1912).

A. Dauzat, L'expansion italienne (Paris, 1914).

第十七章　百年來英國之勞動立法

(160)**緒論**　自十八世紀以來歐洲社會經濟的重要變遷更無過於關係筋力勞動的情形。英國在一七七五年以前大陸各國在一八四〇年以前勞働多是屬於農鄉式的——農業的或農工業混合的。人民多住在鄉間，在村裏或在小市鎮內。他們和他們的眷屬多在空敞之地工作，或在他們自己家裏工作。生活縱不安適，至少也是簡單的，而且就全部論之是安全的，衛生的。自從機器和蒸汽動力行用，隨卽有工場制度之興起，工業之集中，及城市之發達，於是勞働狀況完全變更了。多數人民或被利誘，或被勢逼，都拋棄了鄉間生活，而新工業中心地成為匆忙集合的，凌亂無序的，擾攘不安的，人口密集的處所。在舊日情形之下，勞働者無論怎樣被人魚肉，總還不至受制於像此時落到的困苦艱難。機器能晝夜轉動，工作時間被貪得無厭的工廠經營者延長到極度。許多機器不必用成年男子照料，婦女和兒童工資較低，就用來代替男子。在礦山中，在鐵道上和汽船上，而且甚至在公家僱傭中，工作時間，工資，及其他工作情形一直的日趨於較少有利於工人。十九世紀各大工夫之一便是救濟勞働者出於他們在工業變遷的壓迫之下陷入的新危險。這個問題首先於起於英國，因為英國是這些情形最先發生之處；但或遲或早，這個問題也出現於西歐各地。而且其中包括的不單是工人的工作時間，工資，和僱傭條件，還有他們的住宅，他們的教育，他們疾病衰老的救濟，他們為「人」的社會上地位，和他們為「國民」的政治上地位。

(161)**英國工場工業初期之不良狀況**　前已表過，十九世紀最初二十五年是英國民怨沸騰，艱苦備嘗的時代。內中原因是很多而且極不易分析。第一層，那時有因拿破崙戰爭而引起的異常之重的租稅。第二層，那時有穀物條例的極端保護政策因之食料稀少而且糧價之高竟抬到餓得死人的限度。第三層，那時的政治制度不良，多數人民有不得過問政治的不滿足。第四層，那時施行一種無以自圓其說的卹貧法(1)；按這個法律的作用，貧窮階級(2)和倚賴性都是被鼓勵了而非消除了。(譯者按英國卹貧法之施行頗有足資鑒戒之點，譯者特紀其大略於本章之末) 第五層，那時有因工業革命而起的生活動搖和勞働不安，並有工業及農業變化的各階段中貽誤的害處。(這些不良狀況在下指二書中敍得很詳：司馬特的十九世紀經濟年鑑，一八〇一年至一八二〇年(a)(一九一〇年倫敦出版)二五七頁至二九一頁，四六一頁至五一一頁，六七〇頁至七四三頁；鑑寧漢的近代英國工商業發達史(圖橋，第五版，一九一二年)第一編六六八頁至七四四頁(b)。)

固然不能說這個時代的一切罪惡都可諉之於工業革命，但那些因物價昂貴，圈地，失業，貧乏而起的害處越更加重了新產業主義的不良影響。但凡工業陡驟變更的時代都是艱難的日子。一種機器發明了，一行人就被剝奪了他所熟習的職業。一個工場開設了，一班工人就得拋撇親友移到工場附近居住。勞働者的利益雖不常因此增加，有時也許因此增加；但是，即或勞働者的利益因此有加，新生活的短處也足够與這種利益兩抵相消。實際上可以證明，因工商業發達之故，勞工的總需要額是擴大了，這種變更顯然有造於工人的幸福。但這種改革至少也有一向工夫是很不愉快的。

(a) W. Smart: Economic Annals of the 19th Century, 1801-1820. (b) W. Cunningham: Growth of English Industry and Commerce in Modern Times. 1. Poor law. 2. Pauperism.

英國在十八世紀晚年和十九世紀初年的情事恰是這樣。在一七四〇年至一八一五年之間，棉花輸入額有六十倍的增加，約克協(1)的職造業有十倍的增加生鐵產額有二十倍的增加，輸出總額有七倍的增加，輸入總額有五倍的增加。這樣大的工商業之膨脹，論其結果自然該是更大的勞工需要更高的工資而且至少也爲一些人改善生活狀況。但經十九世紀最初的幾十年中這種變遷進行得倒像只能產出極小的利益和極多的罪惡。一班大工場主人，利令智昏，對於他們僱工的苦況熟視無睹，毫不動心；而且現今很明白的原則，欲求實業之成功須先顧資本與勞働共通的利害關係，在那班工場主人竟直是莫名其妙。婦女和兒童都被招入工場因爲他們能運轉新機器與男子一般無二，而且他們可爲較低的工資而工作。工作時間延長到每天十四點鐘，十五點鐘，甚至十七點鐘，因爲贏益之增加與出品之增加成正比例。關於保安和衞生的設備是不顧的，因爲這些事費錢，而且也沒有人要求把這些事辦起來。工資被抑勒到很低的限度，因爲人工常是有多餘的。工場變爲眞正的監獄是很平常的事，其中男子，婦女，兒童作長時間的苦工，回到臭穢悽寂的家裏一覺不會睡好，又去作工，直到作工作出病來，作出殘疾來，許多人因此送了性命。英國工場制度的初基的確是建立在社會的愁慘痛苦之內，但凡讀過十九世紀前半期許多調查委員紀錄的幾十本「藍皮書」(2)所載工人困苦詳細情形的人都能想見英國工人因近世工場興起而淪於冤苦之境及其墮落之深。一位英國著作家說，「半由貪吝，半因愚蒙，成此大錯，其爲禍之烈，結怨之深，僅英國六十年來所享的繁榮，僅法律強制的和僱主屈服的一切讓步，都不能挽回勞働資本間善意的了解，也不能轉移貧人的成見以爲他自己是被陵虐而富

1. Yorkshire. 2. "Blue-books."

人坐享其成。」(見華奈爾的英國工業史要蹟三一〇頁(a)。)

在比較晚近年間之前，既無輿論也無法律管去解救這種局勢。那時是以放任主義(1)為著重的社會原理和經濟原理的時代。這個主義原出於斯密亞丹的經濟教訓而且代表當時反抗十七十八世紀重商派禁制原則的一大反動。放任主義本意是專為特用於商業，但隨後主張此說的人把他施於經濟行為的各部。他的主旨是以為容許個人以行為的廣大自由權及國家以干涉經濟界為戒是增進財富和繁榮的最好之法。放任主義對於社會方面的應用曾經馬爾薩士說明如下：「若使自愛的情感過於兼愛的情感，雖愚昧之人亦能被誘導去求一般人的快樂；若他們行事的主宰原則是兼愛，他們反不能達到這個結果。」論其實際效果，承認這個原理即是同於認定凡事無論外觀怎樣相反，總之都是適於世界的。至少這個原理也意謂凡是錯事都會按事物的天然程序自行糾正，無待於國家的干涉。

(162)改良的立法之開始：一八〇二年皮爾之「健康道德」條例　放任主義是一種安逸的謬解，英國遲疑徘個許久纔把他拋棄了。經一個很長的時期，英國政府對於工業方面所需國家法制的各種要求都是充耳不聞。那班訴苦的人被新派經濟學家開導說他們的計畫是反於工業進步一定不易的法則。然而，漸漸的當時狀況之惡劣激得一班公正人，包括很不少的資本家良心裏憤火中燒，到底造成與論贊成而且要求立法救濟。為這種情形激怒大衆之事早如一七八四年已有可考，是年滿切斯達附近拉德克利福(2)各棉花工廠中傳染病陡然發生，於是引起一般人注意到那時各工場視為故常的兒童在極危險極不衞生的情形之下過

(a) Worner: Landmarks in English Industrial History. 310. 1. Laissez-faire. 2. Radcliffe.

度工作。隨後十年間棉花製造業和羊毛製造業中機器盛行，在一七八七年苧蔴製造業亦採用機器。工場惡習的不平之鳴，尤以關於蘭嘉協各棉花工廠的爲甚，成爲普通的了，一七九五年一班委員被派到滿切斯達去調查此事而且報告情形。這一班委員呈出的報告書可算是不朽之文，因爲其中備有取締一般工場之國定法典的明確建議。這個報告書承認有些工場，由仁慈的傭主自動，也實行一些優良的規則。但報告書認定工場之不良狀況到處通行，關於工作時間，衛生情形，剝奪教育機會及道德訓誨機會等事，都急待救濟。

一八〇二年皮爾(1)勳爵喚起國會的注意到當時最可恥的惡習，卽是棉花工廠中學徒的慘狀，而且盡他的力量辦成了英國有史以來關於工場僱傭的第一次法律之制定。(就英國國家以法律規定勞働的辦法而論，這個法律不能謂爲第一次。自十四世紀中葉以還，規定勞働的法律是連篇累牘的。愛德華第三(2)朝代中，於一三四九年制定的工人法令(3)的原本曾經屢次修訂重申。但十八世紀閉幕以前關於勞働的一切立法都是爲傭主的利益而非爲傭工的利益；這類法律增多工作時間而非減少工作時間；而且這類法律是適用於工場制度未發生之前的各種勞働。國家管理工業關係的原理是很習見的，但國家對於傭工利益方面之管理却是工場條例興出的一大改良。見耶芳士的國家與勞働之關係三五頁(a)。原來英國各教區的官吏意圖見好於地方上有錢有勢的人，極力要替他們稍減卹貧捐的負擔，一來二去日久玩生，居然把一班貧民(4)子女遣發去當學徒，就此一齊輸送到工場裏去，在那裏這一班兒童名爲「學習職業」，其實是降爲眞正的奴隸。有些人至於以包辦學徒爲業，從鄰近教區收領成羣的工局兒童(5)(譯者按英國教區的卹貧官

(a) Jevons: The State in Relation to Labour, 35. 1. Sir Robert Peel. 2. Edward III. 3. Statute of Labourers. 4. Pauper children. 5. Work house children.

吏常理撫卹貧民之事；區中富戶有完納卹貧捐的義務；教區設有工局，領卹款的貧民須在工局作工；當時貧民是按戶計，不是按人計，所以有這樣多的兒童。（詳見本章末附註。）用大車或駁船載到需要這班兒童的工場地區，待善價而賣與需要「人手」的工場主人。 學徒們住宿在工場附近極髒極壞的房屋中，喫食異常粗惡；他們是被交付與看管人(1)，看管人的工錢多少就依這班兒童能被逼迫去完成的工作之數量而定；工場學徒常被鞭笞，桎梏，和種種非刑虐待，他們受的苦楚比同時美國人施於黑奴的還厲害得多。 學徒偶爾也能得薄薄的工錢，但照例學徒的唯一補償是壞而不够的飯食，最廉價的衣服，和污穢蓬廠中一點睡覺的地方。

皮爾的「健康道德條例」(2)（這個條例的完全名稱是「棉業等工場工廠學徒及僱傭人等健康道德保持條例」(3)。 原文的一部分印布蘭德，布朗，唐納三氏的英國經濟史典籍選五七一頁至五七二頁(a)。）禁止訂立九歲以下兒童在工場作工的契約，限制兒童工作時間每日爲十二小時，禁止夜工，有兒童作工的工場之牆壁必需堊白，而且建築物必需使空氣適宜流通，規定每名學徒每年至少必需給予一套新衣，而且在學徒期中的兒童必需使上教堂聽講並受初級教育。 只看禁止僱傭九歲以下的學徒兒童和減少兒童工作時間爲十二小時要算原有情形的特別改良，那原有情形是何景象便可不言而喻了。 這個條例是勞働法制史的界石，但其範圍過於狹隘，所以可說他只接觸到這類問題的邊緣。 他只對付足有三名學徒和總共僱傭二十人的工廠，而且他的重要條款只適用於學徒。 他還不曾實際干涉到那一班隨着父母從午前六點鐘到工場作工直到晚間七點鐘，八點鐘，甚至九點鐘，睡眠不足，飲食無定，無休息，無教育，年齡不齊的多數兒童。 再者，這個條

(a) Bland, Brown, and Tawney: English Economic History, Selected Documents, 571-572. 1. Overseers. 2. "Health and Morals Act." 3. An Act for the Preservation of the Health and Morals of Apprentices and Others Employed in Cotton and Other Mills and Cotton and Other Factories.

例是奉行得太不切實。 的確的，他規定凡屬本條例範圍所包括的工場所在的各縣中平判官(1) 和平判官指派的「訪察員」(2) 應當備置工業場所登記簿而且訂考察工場責任的官吏有權科違法者以二鎊至五鎊之罰金。 然而除有限的幾個地方之外，應當辦這些事的人不曾認眞擔起他們的新責任；就大體而論，這個條例未能達到目的是無可諱飾的。 英國人此際還不曾學得這個教訓：除非設備適當的管理機關，勞働法制終是具文。

(163) 一八一九年之工場取締條例　一八〇二年的條例，除奉行不力一事外，又被十九世紀最初二十年間工場情形的一種變更剝奪了他的實際效用。 這個變更的重要主因是蒸汽動力使用之推廣。 在較早的時期，工場是多設在可利用水力的僻遠之區，在那些地方工場所需的工人必需特爲設法運送前去。 這樣送去的工人之一極大部分都是學徒兒童。 然而，隨着蒸汽動力使用之增加，工場的規模之大遠過於從前而且多設在人口萃聚之處，這種地方的工場所僱兒童大多居住在他們自己的家裏，並且不必要當學徒。 對於這樣的兒童，健康道德條例的保護，就其性質而論，只不過能偶爾施及——實際上竟直不能施及。 到拿破崙戰爭閉幕之時，皮爾又把這個問題提出國會討論。 皮爾自己僱有一千多兒童在他自己的工場中，他對於免除兒童勞働最可非難之點的問題異常關心。 一八一五年六月他在下議院建議制定法律特爲推行一八〇二年的條例於非學徒兒童，在一八一六年四月他主張特派國會委員擔任調查全部事實。 他主張的委員會——第一次爲這個問題創設的——到底成立了。 這個委員會把這件事考察得非常周到，取得許多僱主及其他

1. Justice of the peace. 2. "Visitors."

(a) F. Podmore: Robert Owen, I. 184–211. (b) An Inquiry into the Principle and Tendency of the Bill Imposing Certain Restrictions on Cotton Factories (London, 1818). (c) Spencer Walpole: History of Factory Legislation, 21. 1. Robert Owen. 2. The Factories Regulation Act.

人等的公證，就在一八一九年皮爾，以大製造家奥文勞勃特(1)的協助，辦成了稱爲工場取締條例(2)的法律之採用。（參否布爾德，布朗，唐訥三氏的英國經濟史典籍選五九一頁至五九二頁；司馬特的十九世紀經濟年鑑六五八頁至六六九頁；頗德摩的奥文傳第一卷一八四頁至二一一頁(a)。）

工場取締條例雖仍只禁止棉花工場傭僱九歲以下的兒童，却創立了勞働法制的一個重要特點，即是，規定作工人的絕對年齡限制。這個條例又禁止傭僱九歲至十六歲兒童每天作工過十二小時（包括一點半鐘的用餐時間）並禁止在午后八點鐘至午前五點鐘之間作工；而且規定星期六的工作時間不得多過九小時。

這原是皮爾的希望，奥文尤甚，要使這個條例施用於傭僱二十人以上的羊毛工場，苧蔴工場，及其他各種紡織工場。但到此時兒童勞働法制的反對派已經組織好了，而且很有勢力，所以僅能成功一個互相讓步的辦法。反對派用一種假正經的口調辯駁說禁止年輕兒童勞働或限制年輕兒童勞働都是殘酷，因爲這班兒童若不許去作工必至餓死。他們又抗辯說，使兒童受勤勉的訓練而免於怠惰之習，這就是工場給兒童的好處。那時的一本小册子寫着「一切實驗證明在下層社會中道德之墮落總是隨着下等人能支配的無業時間之多寡而增減。所以這次條例實在是鼓勵罪惡——這次條例是以國會的法令製造怠惰；他養成而且奬勵他假稱要沮遏的那些行爲。」（這本小册子名爲限制棉花工場議案之原理及趨勢之研究（一八一八年倫敦出版(b)）。）據一位英國卓越的著作家之言，英國人費了二十五年的工夫僅能限制一個九歲的兒童到每星期作工六十九小時，而且只限於棉花工場中。（見華博爾的工場法制史二一頁(c)。）

（154）一八三三年之工場條例　在一八二五年和一八三一年英國國會都曾制定法律打算使一八〇二年及一八一九年的條例能認眞施行。但乃是在一八三三年——改良法律很多的一年（譯者按英國於一八三二年改良選舉法，國會代表選舉區，選舉資格，被舉資格等俱經切實整頓。國會是立法機關，必須有好國會纔能有好法律，所以說一八三三年是改良法律很多的一年。）——纔制定了這個主題的第一個眞正偉大法規，通常簡稱爲工場條例（1）。（原文之一部分即在布蘭德，布朗，唐訥三氏的英國經濟史典籍選五九四頁至五九五頁）　在這個勞働「大憲章」採用之前幾年中英國全國是充滿了鼓動。國會中辯論的是這個問題；公家委員和私人委員調查的是這個問題；新聞紙上，小册子中，演說台上，教堂講壇中，都是討論這個問題。此際恰值西印度羣島（2）殖民地禁奴運動正在進行，已著成效。然而在奧文，沙德拿（3），阿斯拿（4），柯貝特（5），費爾登（6），及其他改革家等倡導之下，一般公衆就被提醒去留意詩人瑣熟（7）（譯者按瑣熟生於一七七四年，死於一八四三年。）酸辛之語「販奴業是比起工場制度來要算慈悲」；而禁奴運動喚起的人道主義（8）的精神立即轉而爲工場法制的助力。一八三一年沙德拿在國會提出議案擬定普行一日十時工作，雖然這樣急進的法律自不能立即採用，而討論的結果於一八三二年成立了一班國會特派調查委員會，以沙德拿爲主任。這班委員作成一部詳明的報告書，條陳新而周密的立法。一八三二年秋間，國會被解散了，在下屆選舉中沙德拿失了議席，以致一時之間這個運動沒有國會的領袖。但有志繼續這個事業的一班人說動了亞胥黎（9）勳爵，即後來的第七遐福慈寶利子爵（10），（譯者按亞胥黎生於一八〇一年，死於一八八五年。）去任這

1. The Factory Act. 2. The West Indian Colonies. 3. Michael Sadler. 4. Richard Oastler. 5. William Cobbet. 6. John Fielden. 7. Southey, Robert. 8. Humanitarianism. 9. Lord Ashley. 10. 7th Earl of Shaftesbury.

個空缺；於是十九世紀英國勞働界最雄辯最能感人的護法大將的功績就永留青史了。屏絕了酒食徵逐，拼捨了高爵厚祿，亞當黎不計利害，投身於他的儕輩視爲不成體統之舉的奮鬬中，在一八三三年法律制定之前他眞是以一身當衆擣之衝。 在那時他的年紀不過三十二歲。

直到一班新的欽派調查委員會成立而且呈出報告極力主張另行立法，這纔把那推三阻四的國會逼到決斷之點。 因爲當時那種無可免避的局面，這一八三三年八月二十九日的工場條例還是一個互相讓步。 他不曾明白規定沙德舍和同志們所傾向的十時日，但他比起在前施行的法律來顯有一大進步。 第一層，他的條款不僅適用於棉花工場，並且適用於羊毛工場，苧麻工場，白麻工場，粗麻工場，細麻工場——雖有幾條例外是特爲定來體恤蠶絲製造，在實際上這個法律適用於一切紡織工場。 第二層，關於兒童勞働的規定是比以前更加嚴厲。 除蠶絲工場不計外，這次條例無條件的禁止僱傭九歲以下的兒童。 他規定十三歲以下兒童的最大工作時間爲一日九小時（包括一點半鐘的用餐時間），總計一星期不得過四十八小時；十八歲以下的人爲一日十二小時（包括一點半鐘的用餐時間），一星期不得過六十九小時。 他禁止無論何種工場中十八歲以下的人在午後八點三十分之後午前五點三十分之前，任何時間的工作。 他規定勞働兒童每日平均應有二小時入學，一年之內應有兩天全日假和八天半日假。 第三層，這個法律是第一次定有比較完善的視察制度的，他規定視察員須爲與工場所在地無關係的人，視察員，有成爲此項職務專家之必要，得取具爲將來保護勞働立法所必需的一切消息。 四名視察員由中央政府委派，屬內務大臣（1）管轄，而且他們被賦以當時

1. The Home Secretary.

非常之大的權力。　他們有權隨時進入在營業中的任何工場，査問情形，而且傳喚可作證人的一切人等。　他們有權制定爲執行這個條例所必需的章程和施行細則，而且於執行本條例及補充規則時他們有與平判官對等的權力。　他們每年必需聚會兩次以便商量實踐他們的義務之方法；每年又必需呈交他們所辦事件的詳細報告書於內務大臣。　後人稱美說「一八三三年的條例爲勞動法律管理史之新紀元不亞於一八〇二年的條例爲勞動法制史的新紀元。」(見歐洲各國勞動法律之管理及工場視察載在美國勞動統計局彙報，外國勞動法律類，第一卷二八頁(a)。

(165)問題之擴大　當工場條例通過之時，英國有五萬六千多名兒童受僱於三千工廠中，五年之後四千工廠中只僱有二萬四千兒童，由此可見工場條例的效果。　然而這個條例到底只够解決總問題的一部分。　當這個條例通過之時，他不會博得任何階級全體的喜歡，當他在施行之時就顯出不及預料的缺點。　最厲害的弊病生於事實上覓工兒童的年齡是否合格只須取得隨便一位內科醫生或外科醫生的證書就能算數，這裏面時常以少報多。　衆之僱主們，用一種異想天開的「換班」(1)制度，仍能盡力取得他們僱工在非常艱苦情形之下的最大勞務而與法律條文不相衝突。　僱主階級對於這個條例直是根本反對。　許多人都被說信了以爲這類的一切法制都是不正當的，當時的經濟學家也是這樣主張；還有許多紡織廠主人以爲唯獨對於他們經營的實業要特別加以這些制裁，這就是大大的不公。　僱主方面的一般趨勢是去規避這個條例而且設法撤銷他。

(a) Administration of Labour Laws and Factory Inspection in certain European Countries. Bulletin of U. S. Bureau of Labour Staatistics, Foreign Labour Laws Series, No. I. P. 28. 1. "Relay" systems.

勞働界的領袖們最關心的計畫是工場工人的勞働時間須以法律限爲十小時；因爲他們相信這個根本改革已被一八三三年的條例棄之不顧，所以工人們對於這個條例也覺掃興。 隨後年間民間鼓動差不多是完全集中於十時提案(1)的問題。 「這個提案，這個提案的全部，沒有別的就只這個提案」成了他們的口號。一般人要求得如此激烈不但使僱主們的反對更加堅決並且政府當局深爲驚恐，到得再有重要立法時十年的光陰已經白混過了。 然而這十年是英國勞働法制史上極重要的一期；因爲在這十年中國家規定工業狀況的問題得了前此未有的廣大嚴厲的公認。 這個問題此際是擴張去包羅工場以外的兒童勞働問題和工場婦女勞働問題。

較早的工場條例鼓吹者已被人嘲笑爲只知注意於棉花工場中兒童僱傭，其實當時礦山中，煤廠中，及其他工業場所中情形之慘苦也是與他們要援救的棉花工場一般。 一八四〇年亞胥黎勳爵，確信時機已熟，在下議院動議立卽開辦現有工場條例所未包括的「礦山中，煤廠中，及其他有多數兒童集合工作之各工商業中貧苦兒童僱傭」的調査。 國會於一八四〇年第一次委派兒童僱傭調査委員會(2)，實際上已是容納了亞胥黎決心主張的根據變更——卽是，由工場取締改爲一般的工業取締。 這次委員會發出了兩部苦心作成的報告書，第一部於一八四二年告成，專述礦業情形，第二部於一八四三年告成，述其他工商業情形。 兩部報告書都產生了重要法律。 第一部報告書揭穿了礦業中確可痛心的現象，立刻引到一八四二年煤礦取締條例(3)之採用——英國歷史上這類法律的第一起——從此婦女，兒童，及十歲以下童男的地底傭工完全禁

1. Ten-hour bill. 2. Children's Employment Commission. 3. The Coal Mines Regulation Act of 1842.

止了。（參看布蘭德，布朗，唐訥三氏的英國經濟史典籍選五九八頁至五九九頁；鏗寧漢的近世英國工商業發達史（一九一二年圖橋第五版）第一編八〇二頁至八〇六頁。） 第二部報告書引起的立法行為是因政府不願討論十時提案以致國會屢次搗亂而就延，但在一八四五年也結果為印刷工作條例（1），隨後年中接着又定漂染工作條例（2），花邊工作條例（3），及其他關於非嚴格紡織業的好幾種法律。

（166）一八四四年之工場條例及一八四七年之十時法　此際法典中又加了一種新而極重要的補充一八三三年工場條例的法律。 這就是一八四四年的工場條例（4）適用於一切紡織工場。（參看布蘭德，布朗，唐訥三氏的英國經濟史典籍選六一二頁至六一四頁。） 這次條例只有一個主要之點是逆戾的：他規定以八歲來代九歲為兒童傭工的最小年齡。 這次條例給三大班人規定保護之法。 一是八歲至十三歲的兒童，除傴傭條件仍應按早年條例規定外，以每日平均三小時來代原定二小時的學校教育，而且他們可以隔一天作最大額十小時的工或見天作半日的工（不得過六小時半）。 二是「幼年人」（5）即十三歲至十八歲的男女，他們的最大工作時間仍定為一日十二小時， 星期六十九小時；但條例中另加一款禁止受保護人在用餐時間內逗留於工場中，而且規定工場人等用餐時間俱須一律，如此一來，用餐時間的益處就比從前確定了。 這次條例極重要的改善是推行保護於第三班人，即是成年的婦女傭工，他們的最大勞働時間是定為與「幼年人」的相同。 條例又規定除星期日，星期六日約定的一部分，耶蘇復活日，善星期五日（譯者按即耶蘇復活日之前的星期五）例假外，每年應許准八天半日假。 這個條例的強行方法是比從前的定得更妥當；他不但

1. Print Works Act. 2. Bleach Works Act. 3. Lace Works Act. 4. The Factory Act of 1844. 5. "Young persons."

1. Accidents.

規定危險機器應加圍護及一切失慎(了)事件應報知視察員，而且第一次明定因機器不加圍護而致工人受可預防的傷害時僱主須以金錢賠償。

十時法的鼓動並未止息。亞胥黎勳爵的建議以爲一八四四年的議案應當修正以便包納這個性質的條文是被打消了；的確的，皮爾他是首相，以辭職脅迫非把這個建議打消不可。一八四六年亞胥黎又提出這個題目的新議案；不管亞胥黎那年未再被選入國會，這個議案，經一次失敗之後，到底被費爾登疏通成功了。一八四七年六月八日，這個想望已久的十時提案成爲法律。按他的條款，自一八四八年五月一日起，紡織工業中一切婦女及「幼年人」的最大勞働時間爲一星期五十八小時，算星期六部分放假即爲一日平均十小時。這個十時法所感的困難是起於僱主方面換班制度之復活，僱主們保持工場每日開工十二小時，十五小時，甚至二十小時，以僱工輪班工作。在亞胥黎勳爵倡導之下(此時他已仍入國會)隨即於一八五〇年通過了一件重要法律限定一八四七年法律所包括的一切人的工作時間在夏季爲午前六點鐘至午後六點鐘，冬季爲午前七點鐘至午後七點鐘，而且禁止受保護人在星期六午後二點鐘以後作工。相同的規定由一八五三年的法律擴張及於兒童。這些法律雖只通用於紡織工業而且只限於十八歲以下的人和婦女，實際上已頗足確定英國工作時間的限制了。

(167)法規之推行：一八七八年之工場及作場條例　除一八五六年立有保護工人得免危險機器傷害的一件稍嫌退步的法律之外，隨後十年幾乎沒有關涉紡織工業勞働的立法。但現行法律卻是極力擴張及於非紡織的各工業。 一班新的皇家委員會，由退爾慈寶利子爵於一八六一年主動設立的，費了四年工夫（一八六二年至一八六六年）竭力調查當時的情形。 在一八六〇年漂白工廠的兒童及「幼年人」勞働已在取締之列。 在一八六一年染色工廠，在一八六三年麵包廠，都被列入條例範圍之內。 緊接這次委員會的報告書，國會於一八六四年通過一件法律，把陶器廠，火柴廠，彈藥廠，染紙業，裁布業，都納入取締之內。 這次法律之重要是因兩個特別理由。 一是這個法律第一次規定各工場必須設備流通空氣的器具以便消除有害的煤氣，灰塵，及其他由製造程序而生的不潔之物。 第二是因這次法律定有關於隔絕的勞働及這種僱傭的條款，所以這次法律不僅止為一個工場條例，而為公家規定一切勞働的先河。 一八六七年，是年皇家委員會呈出最後的一份報告書，國會又制定兩件極關重要的法律。 第一件是推廣工場條例(1)，擴張現行工場法律及於一切冶金廠，紅銅廠，煉鐵廠，黃銅廠，造紙廠，玻璃廠，煙草廠，印刷裝訂廠，而且及於僱傭五十八以上的其他製造廠。 第二件是作場取締條例(2)適用於那些在英國法律專有性之下與工場有區別的小工廠；作場取締條例的條款雖不完全符合已適用於工場的規則，却是很相類的。 作場條例之執行是委託於各地方衛生官吏，但不久之後這種辦法證為不滿意，在一八七一年這項職務就交付與國家的工場視察員了。

由一八六四年及一八六七年的法律，英國現今勞働保護計畫的大綱是實際完全了。 未盡事宜只是將統適種法律的全部，補充漏略，和再以法律逐漸提高規定各項的程度。 在一八七〇年英國法律書中共有十五起取締工場的法律，包括一八〇二年的原案。 這一大堆法律中是充滿了牴牾，例外，豁免，及不合論理而且空

1. The Factory Extension Act. 2. The Workshop Regulation Act.

疏的條文。這種局面又因一個緣故弄得越更繁雜，原來此際幾項工業中職工組合(1)的勢力大盛，他們發表了許多新要求，而且間或也強迫成功了比法律規定更短的工作時間和更便宜的條件。兼之一八六〇年之後幾年中一般公衆注意到究竟一切成年人，男子和婦女都算在內，應否不給以工場法律保護的問題。在一八七四年國會又制定一起工場條例(2)把紡織工場中受保護人的工作時間減少了半點鐘而且加入了幾項別的小變更，這次法律之關係甚大，是因爲他招起了何以成年人不得受保護的問題在國會內和國會外暢快的討論。

解決當時這種混亂情形的方法，是於一八七五年按英國老例派出一班皇家委員會考察此事；這班委員會於一八七六年呈出的報告書即爲一八七八年制定的合併通用法律的基礎，這次法律名爲工場及作場條例(3)，通常亦稱歸併工場條例(4)。這個法律的目的是聲明爲「歸併並修正」現行條例以便「消除其間牴牾之點而使其管理上更公平穩妥。」這次條例整飭了現行法律的系統而且鞏固了執行的辦法。工業場所是分爲五項——紡織工場，非紡織工場，作場，無兒童及「幼年人」傭工的作場，及僅有家口作工的「家族」作場，——而且從此工場與作場之分不以僱傭人數多寡爲標準而以是否用蒸汽力，水力或其他機械動力運轉的機器爲標準。其他種類的職業俱豁免取締；只僱用成年男子的作場亦在豁免取締之列。

(168)勞働法制之現狀　自一八七八年以來，英國勞働法制史表現兩種重要情形。第一是國家保護繼續推及從事於營利職業之人，無論是在家中工作的或在多數勞働者聚集之處工作的。第二是制定特別法律

1. Trade unions. 2. The Factory Act of 1874. 3. The Factory and Workshop Act. 4. The Factory Consolidation Act.

保護從事於「危險職業」(1)的工人。(譯者按危險職業之取締始於一八六四年。起初是指陶器業，火柴業等須用白鉛及燐的工業又製造程序中有須研，搗，磨，擦等工作者，其塵埃足傷肺也算是危險職業。這類法規起初失之太泛，一八七八年及一八八三年屢加修正，規定這類工場必須用風扇消除塵埃；工人飯食亦有明文規定不得在塵埃所及之處烹飪，不得在塵埃所及之處用餐。危險職業門類甚繁，此處不能列舉；現今內務大臣有權指定何項職業含有危險性質，應從特別規定，不必經過國會立法程序。參考厄謝的英國工業史(一九二〇年紐約出版)四一四頁至四一五頁(a)。一八九一年國會通過了一件歸併增廣現行法律的極周詳的法規，隨即提高兒童傭工的最小年齡由十歲(一八七四年條例規定)到十一歲。一九〇一年國會又通過一件再行併案修正的法律，這次法律，從一九〇二年一月一日有效，現今仍在施行。這些法規包羅的範圍是非常廣大。詳細分疏的事項，包括工人的年齡和體質是否適宜，工作時間，工場及作場的建造，衛生方法，失廣防範，火災救護，及關於所謂危險職業的特別情形。製造場所是大別為兩類工場(2)及作場(3)。除有限的幾條慎重規定的例外之外，工場是按法律的意義說以行使筋力勞働於製造，修理，或完成任何物品，或物品之一部分為營利之目的，並應用蒸汽力，水力，或他種機械動力以助製造程序的工作場所。不使用這樣動力的製造場所便是作場。現行法律對於工場待遇亦有等差，分為四項如下：

(一)紡織工場(4)，

(二)非紡織工場(5)，

(a) A. P. Usher: The Industrial History of England. 1. Dangerous trades. 2. Factories. 3. Workshops. 4. Textile (factories). 5. Non-textile (factories).

1. Domestic (factories). 2. Tenement (factories). 3. Domestic (workshops). 4. Adult (workshops). 5. Adult male (workshops). 6. Tenement (workshops). 7. Mines. 8. Quarries. 9. The Bureau of Inspection of Mines. 10. Sidings.

(三)家族工場(1)，

(四)住宅工場(2)。

作場也分爲四項：

(一)家族作場(3)

(二)成年人作場(4)，

(三)成年男子作場(5)，

(四)住宅作場(6)。

工場及作場各條例不適用於深度逾二十尺以上的礦井(7)及石坑(8)，(譯者按採石以供建築等用在現今也是一項重要實業，各國礦業的法律多並列採石業事項。)這類礦井石坑是屬礦業視察局(9)執行的特別法律規定。工場及作場各條例亦不適用於鐵路，除工場及作場專用的與路線接連的側線不計(10)；其他一切路線都是隸屬於商務部專管的法律。然而這些條例在某限度內適用於船廠，碼頭，船塢，堆棧，及建築中或修理中的建築物。

關於現行法規所包羅的種種事項，讀者須參考各法制的原文或這個範圍內的專書。本書只能敍其對一的重要條項。第一層，一九〇一年的條例把任何工場或作場中十二歲以下兒童僱傭定爲直接的而且絕對的禁止。工場及有特別情形的作場僱傭一切十六歲以下之人作工時，僱主必須在本縣檢證醫生處取得該工人身體宜於傭工的證書。關於兒童，幼年人，及婦女之傭僱，平時及例外的工作時間，平時及例外的用餐時間，繼續工作時間的最大額，放假的日數及期限，都有詳細規定。紡織工場中工作時間在夏季必須配置在午前六點至午後六點之間，冬季在午前七點至午後七點之間，十二小時中至少須有兩小時停工以便用餐，一次延亙的工作時間限至四小時半，星期六半日假，並且絕對不許有過度工作之舉。非紡織工廠中通行一日工作十小時，但加於僱主的制裁不及紡織工業中那樣嚴厲。在幾種特別規定的工業中，成年男子，在一定的情形之下，夜間可以作工，但十八歲以下的工人是絕對禁止作夜工的；婦女過度工作不得遲至午後十點鐘，亦不得早過午前六點鐘。一切工廠一年之內必須有六天放假，而且，除猶太人及有特別要約之外，星期日禁止工作。

須要注意這些規條是嚴格的適用於：

(一)兒童，即是年齡在十二歲至十四歲之間的；

(二)幼年人，即是年齡在十四歲(得有完畢義務教育證書者則為十三歲)至十八歲之間的；

(三)十八歲以上的婦女。

此外還有關於製造程序中衛生和保安的大宗規則，這宗規則對於成年男工和受保護人一律適用。

其次須注意與適用於工場及作場的保護法規之發達同時並進的是關於礦業勞働情形和勞働時間的取締規則之進步。前已指明，第一次礦業條例(1)是於一八四二年通過，這是一八四〇年亞胥黎勳爵擔任的第一次人民僱傭調查委員會(2)揭破礦業中駭人狀況的結果。(參看英格爾士的一八四四年英國勞働階

1. Mines Act. 2. Commission on the Employment of the People.

(a) F. Engels: The Condition of the Working Class in England in 1844, Chap. IX. (b) S. J. Chapman: Work and Wages. III. 232-284. (c) J. R. Commons and J. B. Andrews: Principles of Labour Legislation, 200-260. 295-353. 1. The Coal Mines Act.

級之狀況第九章(a)。這次條例禁止婦女及十歲以下的童男在地底傭工，但乃是在一八五〇年纔有規定報告失愼情形和考察失愼原因的條文，而且直至一八五五年礦業中健康保護生命保護和肢體保護等事纔經法律逐條規定。 現今施行的取締礦業的主要法規是一八七二年的煤礦業條例(1)，根據於一八六四年委員會報告書的條陳，而且於一八八四年，一八八六年，一八八七年，一八九四年，一八九六年，一九〇〇年，一九〇三年，及一九〇六年，屢加修訂。 禁止婦女在地底傭工的條文並無改動，而許在地底作工的童男最小年齡限制，已繼續提高了，一八七二年定爲十歲，一八八四年改爲十二歲，一九〇〇年改至十三歲。 礦業中童男女許在地面傭工的最小年齡限制在一八七二年定爲十歲，於一八八七年提高至十二歲。 童男在地底傭工的時間一星期不得過五十四小時；而且在一九〇八年又通過一件法律規定工人無論兒童或成年人，不得使在任何連續的二十四小時中留在礦內地底作平常勞働多過八小時。(關於工作時間，兒童勞働，及國家取締，尚有懸而未決的問題，新近討論載在查卜滿的工作與工資(一九一四年倫敦出版)第三卷二三二頁至二八四頁(b)。 關於英國及其他各國現行法規的工作時間條款，保安條款，衛生條款，簡單明瞭的敍述，參看康芒士和安德魯士的勞働法制原理(一九一六年紐約出版)二〇〇頁至二六〇頁，二九五頁至三五三頁(c)。)

(169)管理之辦法　工場及作場條例之管理是屬於內務大臣；而且管理的權柄包括發施補充國會制定取締工業法規的命令及施行細則的權力，這項權力內務大臣得自由行使。 內務部中有一個工場視察司，以一員視察長爲主任，由專任的一員次長，稟承內務大臣的指揮，監督司務。 爲求章法嚴整以專責成起見，所以視察職務上中央集權的程度是很高。 視察官吏分爲三級：

(一)監督官吏

(二)各場視察官吏

(三)特別視察官吏

監督官吏組成於一員視察長，二員副視察長，及六員區監察官；英吉利聯合國劃分爲六大視察區，每員區監察官擔負一區視察責任。 這六區是分爲五十一場，每場有一員場視察員和名額按地方繁簡而定的一班助理員，俱服務於區監察官指揮之下。 特別視察官吏組成於女視察員(在一九一三年有二十員)兩員醫藥視察員，一員電工視察員，一員危險職業視察員，及六員臨時差遣視察員。 在一九一三年之末各級視察員全體總計有二百二十四人。 英國的視察員俸給較優於大陸各國，一九一二年預算案中工場條例管理一項增至九八，九二六鎊。 在一八五〇年之前，各級視察官吏都是由內務大臣委派，不須考試。 一八五〇年之後，文官考試制度逐漸興行，現今視察員都是由兩次專科考試及第，學習兩年期滿的人員名單中照章委派。 據一般的公證，現今這班官吏的智識，操守，和辦事的能力都是非常之高的。 在一九一一年之末，視察員們共查了一一七，二七五處工場和一五五，六九七處作場，其中僱傭三，二七四，八六八名男工，及一，八五二，二四一名女工，總計五，一二七，一〇九八。(見一九一一年工場作場視察長常年報告書二八九頁(a))。

(170)「腋削」問題 英國的政治家和經濟學者久已公認勞働的第一惡習是「腋削」(1)。「腋削」一語是

(a) Annual Report of the Chief Inspector of Factories and Workshops, 1911, p. 289. I. "Sweating."

1. A system of subcontract. 2. Middleman. 3. Subcontractor. 4. The Morning Chronicle. 5. Charles Kingsley. 6. "Parson Lot." 7. Cheap Clothes and Nasty. 8. Alton Locke. 9. Christian Socialists.

一個隨時轉移，無確切定義的名詞。五六十年前「朘削」是指一種轉訂契約制度(1)，在這種制度之下，雇主僱工之間常有中人(2)，亦稱攬頭(3)，利用工人未有組織，無人幫助的機會盡力勒掯工資；而且攬頭經手約定的工作多是在工人自己的家裏極不衞生的情形之下完成。現今這個名詞是用得更寬泛，許多職業，其中並無攬頭或中人的也用這個名詞。一八九〇年上議院委員會呈出的報告書切實聲明按現在的習慣用法，「朘削」一語的確切定義實是無從下筆，但指明稱爲「朘削」的惡習有三種，即是不够工人衣食所必需的工資或與所做工作不相稱的工資，過度的工作時間，及作工房屋內不衞生的情形。

「朘削」陋習起源於十九世紀初年海陸軍服裝製造業中。與政府訂契約的人把承攬的工作轉與轉訂契約之人，轉訂契約人或直接僱傭工人完成工作，或又把契約轉訂出去，如此層層剝削，公家和工人兩面都很喫虧。隨後這種方法又被平常成製衣服製造業中仿傚起來。一八五〇年有些人組織了奮迅的鼓動反對這種陋習，起初由朝日新聞(4)作論鼓吹，隨着有金絲勒(5)(譯者按金絲勒生於一八一九年，死於一八七五年，係英國小說家，爲基督教社會主義派之主要人物。)假名「洛特教士」(6)作的小冊子名爲便宜衣服與齷齪(7)和他的著名小說洛克阿頓(8)出現於世。金絲勒和他的基督教社會主義派(9)的朋友們以鼓勵設立協作工廠極力與「朘削」的惡魔奮鬬；但在這方面幾次試驗都無大成效。一八七六年至一八七七年一般公衆又被不衞生的地方製成的衣服有傳染瘟疫之危險窮形盡相的露布激動了；但是熱度減得很快。直到一八八五年一般人纔起始公認自有皮爾的健康道德條例以來勞働法制的結構並未涵蓋工業範圍的全部，而且長時間薄工資，及工人的墮落（尤以婦女兒童爲甚）仍能產生說不盡的苦況而爲社會的莫大危險。恰值其時有更多的貧苦外國人移住於東倫敦（1），他們在那裏多被僱傭於裁縫業及靴鞋業，其間不衞生的情形與從前惹起公衆憤懣的一般無二，於是專對「朘削」問題的熱度又重新鼓動了。一八八八年上議院派出上面說過的特別委員會，以鄧拉文（2）勳爵爲主任，經澈底調査之後，結果爲一八九〇年不朽的報告書（即是遐邇馳名的上議院特派調査朘削陋習委員會第五次報告書（a））據査「朘削」原因極爲複雜。內中主要的是：

（一）工人的不敏捷及粗工人數過多，

（二）早婚，

（三）女工人數過多，因爲已婚婦人於操持家務之暇在自己家裏做粗工，而又不專靠這筆工錢自給，所以只給他們餓得死未婚女子的工錢，他們也答應作工，

（四）大城市中無業游民成了一種不能自立的社會，常有受工業上的陵夷的趨勢。

這個報告書的結論說：「這般樣就是勞働市場的情形，有現成的材料存着，那一班倚賴大膽僱主的奸猾工頭們可以取之不盡，用之不竭。」

一八八八年至一八九〇年的調査沒有產出立卽制定的法律，但他促成一個反對朘削同盟會（3），立志要得有朘削性質的工商業中的工人取得規定最小額工資的法律（4）。在一九〇六年之前他們屢次極力鼓

(a) The Fifth Report from the Selected Committee of the House of Lords on the Sweating System. 1. East London. 2. Lord Dunravon. 3. Anti-Sweating League. 4. Minimum wage.

(a) W. P. Reeves: State Experiments in Australia and New Zealand, 2 vols. 1. Lord Salisbury. 2. Balfour. 3. The Daily News. 4. Sweating Exhibition. 5. Guildhall. 6. Sweating Conference. 7. Private member's bills. 8. The Trade Board Bill. 9. Winston Churchill. 10. The Trade Board Act. 11. Victoria. 12. South Australia. 13. New Zealand. 14. New South Wales. 15. Western Australia. 16. The system of compulsory arbitration. 17. The Board of Trade. 18. Trade Board.

惡沙里士勃利(1)勳爵和巴爾富(2)的統一黨內閣提出放小額工資議案，但俱未成功。在一九〇五年自由黨取得政權之際，同盟會加倍出力。同盟會與每日新聞(3)報館聯合在倫敦舉行一次朘削展覽會(4)，又在行會廳(5)開了一次朘削會議(6)，其中代表二百萬有組織的工人。一九〇八年至一九〇九年對於這個問題有好幾次非閣員議員(7)提案列入下議院議事日程，到一九〇九年三月二十四日政府對於此事提出的辦法——職工局議案(8)——是由商部大臣邱吉爾(9)極力贊助。這次議案因黨見略有不同以致辯論甚久，經酌加修改之後在兩院都通過了。一九〇九年十月二十日這個法律經英皇批准，於一九一〇年一月一日有效施行。

(171)一九〇九年之職工局條例　這個一九〇九年的職工局條例(10)是根據於以同業會議機關規定工資的原則，這個原則曾經澳洲的維多利亞(11)殖民地於一八九六年規定於法律中南澳洲(12)亦即仿行，其性質極似紐絲綸(13)於一八九四年創立而爲新南衛爾斯(14)及西澳洲(15)模仿的強迫公斷制度(16)。(參看栗爾士的澳洲及紐絲綸之國家實驗共二册(一九〇二年倫敦出版(a))。職工局條例是定爲立即適用於幾種異常低廉工資盛行的職業——成製衣服業及批發成製衣服業，機器花邊業，製鍊業，及製紙匣業——而且商務部(17)有權以臨時命令增減適用本條例各職業的名單，只須國會認可即行。(由一九一三年的臨時命令，這個條例之適用又推行於六種職業，其中總計約僱傭十五萬乃至二十萬人。)　條例規定凡適用本法的職業每行必須設一個職工局(18)，局員人數無定額，但僱主代表員數須與僱工代表員數相等，另由公家委任少於代表總員額半數的局員。代表局員是由僱主僱工各自推選；委任局員是由商務部指派。婦女是與男子一樣有被選資格。經商務部裁奪之後，一職業中顯能分別的工作得各別組織職工局，而且條例規定於可能時愛爾蘭須另行自組職工局。每個職工局的主任和書記都是由商務部指派。職工局若自願組織附屬機關時，得各就其職業，按確定的地理區劃，以職工局委員及一地區僱主僱工人數相等之代表組織地區職工理事會。

職工局的任務差不多純是關於決定工資。這個條例說，「職工局必須……規定各該職業中按時計工工資之普通最低率(1)……並得規定各該職業中按件計工工資之普通最低率(2)，……此等工資率（無論按時計工或按件計工）得各按情形規定，以便通用於該職業，或通用於該職業之特種工作及特種工人，或特別地區」（見赫耶士的英國社會政策二四九頁至二五〇頁(a)）。如此決定的工資率即由商務部以命令公布，從職工局協定此率之日起滿六個月即強迫施行，有特別情形者就在這六個月之內也可定為部分有效。支付低於定額工資的僱主應處以極重的罰金。職工局聽受該業一切陳訴，辦理調查，而且為執行本局命令起見得行使無論何種合法的步驟。條例並規定職工局對於國務員或商務部，或任何政府衙署，有關於該局代表的職業中一切情形的諮詢，須隨時研究具報。

經職工局條例施行的第一年內幾種職業的職工局就設立了而且辦事頗有成效。國家取締工資本是武斷的手段，英國向來國家干涉個人自由是只許施於自由(3)已墮落為放縱之時(4)，在這樣的國中有這樣

(a) Hayes: British Social Politics, 249–250. 1. Timework. 2. Piecework. 3. Liberty. 4. License.

的舉動當然是非常的美事。 然而，職工局條例所照顧的「朘削」職業仍有顯著的尚待改良之點，現今商務部對於消除勞働的可恥狀況及以較合於人道正義的方法爲之代替的奮勉巳博得一般公衆百折不撓的援助。對於成千累萬工資太薄，衣食不周，及他種困厄的勞力人——照一位著名勞働領袖的話「英國裏上天生物的最窮苦者」——職工局條例實已救濟不少。

譯者按英國卹貧問題起於十六世紀圈地盛行及行會衰落之時，就中圈地之舉關係尤大因爲向來務農的人只知耕種鉋鋤，一旦失却田地，只好束手待斃。 伊利沙白朝（一五五八年至一六〇三年）屢次立法救濟，最重要的是一六〇一年的卹貧法（1），隨後屢加修訂，着各教區官吏向當地富戶徵收卹貧捐（2），並設立工局（3），俾貧民得作工自給並由公家由卹貧捐項下酌給卹款。 至十八世紀之末圈地之事着着進行，又加以工業上陡驟變更，於是貧民之數越更加多。 一七九五年辦理卹貧事務的官吏因工人境況太覺艱難，議決由卹貧捐項下撥款補助工資太低的工人，補助費之多寡隨糧價爲升降，並且工人的家口亦得按人數酌領補助費。 一七九六年國會制定新法着各教區救濟貧民無分是否入局作工，亦無須分別是否疾病殘廢（當時生活之困難可以想見）。 自從興了這兩種辦法，情形一天比一天更糟。僱主們藉口工人能得補助費，就極力減低工資。 工人們不作工也有錢可得，就日習嬾惰，自甘暴棄。 加以家口人多，補助費也多，就引得十幾歲的工人們只想娶妻生子，趁現成錢，鬧得國內風俗非常之壞。 工人的責任心，自立的能力，勤儉的習慣，都被這種現成錢摧殘盡了。 卹貧捐原是無定額的，貧民多時富戶

1. The Poor Law. 2. Poor rates. 3. Workhouse.

就得多出，少時就可少出。 貧民這樣增加，富戶們自然就漸漸擔待不起了。 到一八三一年左右，充有幾處地方的地主們全不要地租了，租戶也退租了，教士們也不收什一稅了，富戶們遷徙一空，看那些貧民把這整個地方拿去怎樣辦法。 政府也覺這種情形太不成話，於一八三四年派員考察，同年國會通過了一件新卹貧法。 這次新法律代表舊情形的一大反動。 從此只有在工局作工的貧民纔能領卹款；老，病，孤，寡，定爲例外。 工局是故意辦得非常嚴刻。 夫妻父子不能同在一處；管理員壓制得非常厲害；飲食亦極菲薄。 這是特意如此，總不外教人覺得勤儉二字是最好的自救之法，好喫嬾作的人再也沒有機會了。

但卹貧問題究不算完滿解決，政府和國會仍是不斷的考慮此事。 一九〇九年考查卹貧法皇家委員會(1)之委派足證這一方面尚應有一大改革。 這次委員會意見兩歧，多數主張相同的委員呈出一部「多數報告書」(2)，少數主張相同的呈出一部「少數報告書」(3)，少數報告書更惹人注意因爲是斐炳社(4)的鉅子衞白(5)夫人著的。 兩方主張各異而理由都很充足，所以一時不能有確定辦法。 戰後改造期中這個問題必有復活之望。 參考陳訥的英國工業社會史（一九二〇年修正版）二二六頁至二二九頁，厄狄的英國工業史四一五頁至四二二頁。

1. Royal Commission on the Poor-Law. 2. Majority Report. 3. Minority report. 4. Fabian Society. 5. Mrs. Webb.

SELECTED REFERENCES

General

G. H. Perris, Industrial History of Modern England (New York, 1914), 206–216, 295–311, 399–410.

A. D. Innes, England's Industrial Development (London, 1912), 296–321.

M. Briggs, Economic History of England (London, 1914), 343–366.

A. Shadwell, Industrial Efficiency (London, 1906), II, Chaps. V–VII.

L. T. Hobhouse, The Labour Movement (3d ed., London, 1912), 127–159.

S. and B. Webb, Problems of Modern Industry (new ed., London, 1902), 82–138.

G. Howell, Handy-Book of the Labour Laws (3d ed., London, 1895).

G. Howell, Labour Legislation, Labour Movements, and Labour Leaders, 2 vols. (2d ed., London, 1905).

R. F. MacSwinney and H. W. Bristowe, Coal Mines Regulation Act of 1887 (London, 1888).

A. Redgrave, Factory and Truck Acts (11th ed., London, 1909).

B. L. Hutchins and A. Harrison, History of Factory Legislation (2d ed., London, 1911).

E. Austin, The Law Relating to Factories and Workshops, the Factory and Workshop Act, 1901 (London, 1901).

M. E. Abraham and R. Burrows, The Law Relating to Factories and Workshops (6th ed., London, 1908).

E. von Plener, The English Factory Legislation from 1802 till the Present Time, trans. by F. L. Weinmann (2d ed., London, 1873).

R. W. Cooke-Taylor, The Factory System and the Factory Acts (2d ed., London, 1912).

P. de Rousiers, The Labour Question in Britain (London, 1896).

B. Webb, The Case for the Factory Acts (London, 1902).

S. Kidd, The History of the Factory Movement from the Year 1802 to the Enactment of the Ten Hours' Bill in 1847, 2 vols. (London, 1857).

S. Webb and H. Cox, The Eight Hours' Day (London, 1891).

W. S. Jevons, The State in Relation to Labor (4th ed., London, 1910).

C. Booth, Life and Labour in London, first series, in 4 vols.; second series, in 5 vols.; third series, in 7 vols. (London, 1889–1902).

T. Oliver, Diseases of Occupation from the Legislative, Social, and Medical Points of View (London, 1908).

J. R. Macdonald [ed.], Women in the Printing Trades (London, 1904).

R. H. Sherard, The Child-Slaves of Britain (London, 1905).

E. Cadbury, M. C. Matheson, and G. Shann, Women's Work and Wages (London, 1906).

R. A. Bray, Boy Labour and Apprenticeship (London, 1912).

Condition of the Factory Population in the First Half of the Nineteenth Century

G. H. Perris, Industrial History of Modern England (New York, 1914), 147–157.

W. Cunningham, Growth of English Industry and Commerce in Modern Times (5th ed., Cambridge, 1912), Pt. I, 668–881 *passim*.

A. E. Bland, P. A. Brown, and R. H. Tawney, English Economic History, Select Documents (London, 1914), 544–618.

F. Engels, Die Lage der arbeitenden Klassen in England (Leipzig, 1845), trans. by F. Wischnewetzky as The Condition of the Working Class in England in 1844 (London, 1892), 1–211.

H. Fawcett, The Economic Position of the British Labourer (Cambridge, 1865).

P. Gaskell, The Manufacturing Population of England (London, 1833).

J. Fielden, The Curse of the Factory System (London, 1836).

H. Mayhew, London Labour and the London Poor (London, 1861).

O. J. Dunlop, English Apprenticeship and Child Labor; a History (London, 1912).

Leaders in Labor Reform

H. de B. Gibbins, English Social Reformers (2d ed., London, 1902).

L. Jones, The Life, Times, and Labours of Robert Owen (London, 1890).

F. Podmore, Robert Owen, a Biography, 2 vols. (London, 1906).

E. Hodder, The Life and Work of the Seventh Earl of Shaftesbury, 3 vols. (London, 1888).

J. Wilson, Memories of a Labour Leader (London, 1910).

Sweating and the Trade Boards Act

P. Alden, Democratic England (New York, 1912), 62–86.

C. J. H. Hayes, British Social Politics (Boston, 1913), Chap. VI.

S. and B. Webb, Problems of Modern Industry (new ed., London, 1902), 139–155.

S. J. Chapman, Work and Wages (London, 1914), III, 285–337.

P. Boyaval, La lutte contre le Sweating System (Paris, 1910), 327–468.

C. Black, Sweated Industry and the Minimum Wage (London, 1907).

E. Cadbury and G. Shann, Sweating (London, 1907).

J. A. Ryan, A Living Wage; Its Ethical and Economic Aspects (London, 1906).

T. Cotelle, Le "Sweating-System" (2d ed., Angers, 1904).

Mrs. C. Meyer and C. Black, Makers of Our Clothes; a Case for Trade Boards (London, 1909).

A. N. Holcombe, The British Minimum Wages Act of 1909, in Quar. Jour. Econ.. May, 1910.

S. C. Moore, The Trade Boards Act at Work, in Econ. Jour., Sept., 1913.

E. F. Wise, Wage Boards in England, in Amer. Econ. Rev., March, 1912.

T. Wright, Sweated Labor and the Trade Boards Act (London, 1913).

C. Smith, The Working of the Trade Boards Act in Great Britain and Ireland, in Jour. Pol. Econ., July, 1914.

E. Abbott, Progress of the Minimum Wage in England, in Jour. Pol. Econ., March, 1915.

R. H. Tawney, The Establishment of Minimum Rates in the Chain-Making Industry under the Trade Boards Act of 1909 (London, 1914).

R. H. Tawney, The Establishment of Minimum Rates in the Tailoring Industry under the Trade Boards Act of 1909 (London, 1915).

M. E. Bulkley, The Establishment of Legal Minimum Rates in the Box-Making Industry under the Trade Boards Act of 1909 (London, 1915).

Present Law and Administration

Administration of Labor Laws and Factory Inspection in Certain European Countries, Bulletin of U. S. Bureau of Labor Statistics, No. 142 (Washington, 1914), 32–102.

J. R. Commons and J. B. Andrews, Principles of Labor Legislation (New York, 1916), 200–464 *passim*.

M. E. Abraham and R. Burrows, The Law Relating to Factories and Workshops (London, 1908).

G. M. Tuckwell and C. Smith, The Worker's Handbook (London, 1908).

B. L. Hutchins and A. Harrison, History of Factory Legislation (2d ed., London, 1911).

V. S. Clark, Woman and Child Wage-Earners in Great Britain, Bulletin of U. S. Bureau of Labor, No. 89 (Washington, 1909).

J. T. Arlidge, The Hygiene, Diseases, and Mortality of Occupations (London, 1892).

T. Oliver, Diseases of Occupation (London, 1908)

F. Keeling, Child Labor in the United Kingdom; a Study of the Development and Administration of the Law Relating to the Employment of Children (London, 1914).

A. Greenwood, The Next Steps in Factory and Workshop Reform, in Pol. Quar., Sept., 1914.

A. Greenwood, Agriculture and Child Labor, in Pol. Quar., May, 1915.

B. L. Hutchins, Women in Modern Industry (New York, 1915).

第十八章　大陸各國之勞働立法

(172) 法國勞働法制之初期狀況　在歐洲大陸凡屬近世產業主義已稍發達之國現今都施行一種爲工人的利益而取締工場商店，及礦山的僱傭情形的法典。　這些法典全都是十九世紀二十世紀的產物；少有爲期先於一九六〇年的。　大致說，各國有系統的勞働法制之創立都是按本國受機器流行及工場制度興起的先後次序的影響，而且在歐洲大陸這種法制隨着工業變化逐步漸進比在英國更少躭延。　究竟國家應否干涉新興的勞働狀況至於制定法律而強迫其施行的限度，這個問題是首先發生於英國，經幾度試驗的結果這種決定不但英國應當如此，就在全世界也是勢所必至，理之固然。　迨到法國，德國，瑞士，覺得新產業主義惡果屬害之時，西歐各國中便已發生一種歡迎國家制裁的心理更甚於十九世紀之初皮爾，奧文，亞膏黎力排衆議時的英國。　明白這層道理，再看大陸諸國許多重要事項中補偏救弊的法律，辦得比英國更勝一籌，就可不必大驚小怪了。

歐洲大陸首先有條理的制立勞働保護法制之處是法國，法國這類最早的重要法制始於魯易腓力卜朗時(1)，這個主題的第一大法令制定於一八四一年。　然而回看大革命時禁止行會特權之後隨即有取締幾種職業並限制勞働時間的計畫，而且在拿破崙統治之下這種辦法更加周密，這一八四一年的法律也就平平無奇了。　一八〇三年四月間的一種法律禁止製造場所中午前三點鐘以前作工而且每名工人應備一份「工作簿」(2)。　一八〇六年九月二十六日一件警察廳命令爲泥水匠，砌磚匠，木匠，水管匠等明定冬夏兩季

1. Louis Philippe. 2. Livert personnel, or "work book."

1. Alsace. 2. Mülhausen. 3. Société Industrielle de Mulhause. 4. Guizot (François Pierre Guillaume).

的作息時刻。而且在拿破崙時代之末，一八一三年一月三日曾制定周詳的法律規定礦業勞働；一八一四年十一月十八日又制法律明定星期日及放假日停工。一八一三年的法律絕對禁止礦山中僱傭十歲以下的兒童。此時英國並無這類法律，而且英國在一八四二年之前亦絕無關於礦業勞働的法律。

前已表過，法國的工業革命時期大致是一八二五年至一八五〇年。這是真實的，法國的第一個棉花工廠是設於一七八五年，而且經拿破崙時代曾有堅毅的努力去增加紡織機器之使用。但在一八二五年以前，紡織業多是按家族工業計畫辦理，而且晚至一八三四年全法國只有五千部新式織布機。然而一八三〇年至一八三九年十年間工場制度發達極速，一八四一年新式織布機已六倍於七年前之數。法國此刻也現出在相類的情形之下曾現於英國的同樣惡習——過度的工作時間，幼稚兒童之橫被作踐，婦女兒童受傭於有害健康道德的環境中；隨着這些惡習，幸而不曾遲慢，又現出必需制定矯正弊端之法律的公衆要求。

(173)阿連斯時代：一八四一年之兒童勞働法　法國棉花工業發達最速之處是東北部，尤以阿爾薩斯(1)地區爲甚；而且就是這區的糜爾浩仁(2)城於一八二七年便已組織了第一個以促成保護工人法制爲目的的重要會社。這個糜爾浩仁工業社(3)成立的第一年就有人送去一部報告書要求仿照英國已行之法限制工場兒童勞働，並規定工業場所衛生條款及保安條款的法律以保護工人的健康。這個會社隨即請願於政府，要求制立法律規定工場工人之工資的最小限度並明定條款以保護勞働兒童。這次請願不曾立即產出新法律，但這個問題激動了教育總長居約(4)（譯者按居約生於一七八七年，死於一八七四年，係法國之守

1. The Academy of Strassburg. 2. The Academy of Sciences. 3. Table of the Physical and Moral State of the Workers Employed in Linen and Silk Manufacture. 4. Department. 5. Arrondissement. 6. Canton.

盜派政治家兼歷史家）而且在他的指揮之下辦了一番認真的調查，尤著重於工業中兒童傭僱與國民教育發達的關係。 一八三三年斯特拉斯堡書院(1)交與康爾浩仁工業社一連幾篇關於兒童勞働的問題，兩年之後又有科學書院(2)設立一班委員會專辦這件事體的統計調查。 這班委員會於一八三九年至一八四〇年出版一部報告書，名爲細蔴蠶絲製造業中傭工體質道德狀況表(3)，把那些歐人的狀況盡情揭破，尤以關於工場僱傭的兒童的年齡，付給的工資，及各主要工業中心地少年人的身體及道德的情形爲甚。 這部報告書喚出了改良法律之立部採用。

這個書院的熱心毅力，加以他種團體屢次請願的援助，到底把政府逼得非動不可。 經幾許考慮之後，一八四一年三月二十二日通過了一件兒童勞働法律適用於以動力機器，或繼續的火工動作而且僱傭工人，不論年齡，在二十名以上的一切工業場所。 這個法律第一項就規定受傭兒童的最小年齡爲八歲。 英國此時最多數工場中僱工的最小年齡限制是九歲。 這個法律又規定八歲至十二歲兒童一日工作時間不得超過八小時，十二歲至十六歲兒童不得超過十二小時，正午用餐時間都有明文規定包括在內。 法律中又有明條規定十二歲以下兒童的教育。 違反法律的行爲處以十六佛郎至一百佛郎的罰金，執行法律的責任是委託於各州（譯者按法國地方之政治區劃首爲郡(4)，郡之下爲州(5)，州之下爲縣(6)。）以現任官吏及原任知事組織的委員會，受警察廳的一般監督。 據政府公報所載，當時七十五郡中有五千名工業場所適用這個法律，其中作工的十六歲以下兒童至少亦有七萬。

從一八四一年至一八四八年法國幾乎沒有擴張巳制之法的鼓勵，但各方面多討論強行的方法。據一八四三年國會辯論此事的記錄表現視察職務已推行於二百五十三州，視察人員合平時及臨時委用的共計一，六四三名。然而一般人都公認這個法律施行太不得力，尤以限制十二歲以下兒童最小額勞働時間的一部分爲甚。一八四三年工業社呈遞衆議院(1)的請願書力陳視察職責應委於愼擇特選的少數人，如英國全國只用四員視察員的辦法那樣。到一八四八年二月兩院通過了希望這樣改革的議案。然而這個法律尙未實施，京城革命爆發，隨卽有第二次共和(2)之宣布，這個議案就作廢了。

(174)勞働與一八四八年之革命　一八四八年法國革命政府的工業試驗雖不成功，而且沒有持久的影響，實爲歐洲勞働史上有趣味的一章。這次革命本是不滿意於阿連斯帝政(3)之舉措的共和黨(4)及社會黨(5)兩派人的功勞；所以當二月二十四日宣布共和政體之時，在管理國務的臨時政府中兩派分子都很有實力。共和黨只希望永久建立共和政體。但社會黨，以布朗魯易(6)爲領袖，堅執要爲食工資階級辦一番徹底的社會改造；共和黨明知不能單獨統馭這種局面，不得不勉強遷就他們本不甚贊成的接二連三的革命法律(參看本書第二百一十七節)。

社會黨的終極目的是以公共所有權代替私人所有權，以財產之公共管理代替私人管理，而以國家資助的協作會社組織來逐步達到目的。然而較迫切的目的是爲需要工作和工資的人們籌畫工作和工資。布朗的根本主義之一端是每人對於有償的職業都有不可侵犯的權利；一時之間社會黨人的優越勢力竟足強迫

1. The Chamber of Deputies. 2. The Second Republic. 3. The Orleanist monarchy. 4. The Republicans. 5. The Socialists. 6. Louis Blanc.

1. Luxemburg Palace. 2. National Constituent Assembly. 3. The uprisings of the "June Days."

臨時政府把這個理論實際應用起來。人人都有工作是許下了，政府工場也設立了，公家大企業也開辦了，以便人人都可作工。在路森堡宮(1)中設了一班勞働委員會，組成於工人，僱主，及政治經濟學者，以布朗爲主任；這班委員會被委託以調查勞働狀況並具報於政府的職務。在一星期之內，這個委員會就要求把成年人的工作時間減少一小時，決定在巴黎爲十小時而在各郡爲十一小時。三月二日政府命令照辦，而且明定新法律之執行在京城由勞働委員會管理，在全國各處由自治區官吏管理。其實這個法律仍是具文。過了幾個月，國民議會(2)代替了臨時政府，就另訂一種條例(九月九日)規定工場及作場最大額勞働時間一日爲十二小時，京城各郡相同，並把執行法律之權委於警察廳。

同時國立工場已證爲失敗。臨時政府處心積慮的把管理國立工場之事委託布朗的一個仇家，而且這次試驗從一起首就是在不能公平試驗的情形之下辦的。政府中積壓了工作請求書，而且也實在等不出這許多必要的，能生產的，而且恰合那班工人能力的工作(實行作工人數最多時在十萬以上)。政府又不能付給可使那班驕悍工人滿意的工資，到後來工作日數降爲每人一星期作工二日，每人一星期的總工資定爲八佛郎。到六月間國立工場停辦了，工人們是聽其自擇或入伍當兵或赴鄉間開墾。國民議會這一宣布變更政策立即激成最劇烈的擾亂——即是所謂「六月暴動」(3)——爲大革命後巴黎所僅見；但國立工場計畫絕未復活。這全段故事有一極不幸的結果，即是勞働人民對於中產階級存着一種永世不滅的仇恨。

自一八四八年以後直至一八七四年更沒有重要勞働法律曾經制定。一八四八年的十二時法曾於一八五一年及一八六六年以命令稍加修改。 但這個法律到底只是一紙空文，而且慕爾浩仁工業社，科學書院，及其他關心勞働問題各機關的繼續活動多是著眼在取得他的強行。 一八六七年，全國工場兒童學徒保護會社成立(1)，同年巴黎舉行世界博覽會(2)對於勞働法制運動亦稍有影響。 早如一八五六年已有幾郡自行設定本郡勞働視察員。 但拿破崙第三(3)的政府制立的一些軟弱無力的計畫絕未通行。

(175)第三次共和時代之勞働法制 一八七〇年第三次共和成立又創出了利於增進社會法制的形勢；因爲共和成立雖是與法國大敗於普軍之事同在一年，而戰後國民精神之反動有最顯著之一特點，即是國民的希望頗著重社會的公平。 一八七二年，其時法國始有漸能復元之望，在國體甫定之際暫行統治職權的國會便委派了一班委員會責成以調查法國勞働階級狀況的職務。 經長久稽考之後，這班委員會具報贊成推廣法律保護於一切工業場所的一切工人，並組織全國視察機關以便執行法律。 根據這次委員會的條陳於一八七四年五月十九日制定的法律未能十分滿足一班改革家的希望。 但這是一件可注意的法制。 他適用於礦業和工業。 他限制兒童工人的年歲到十二歲(有例外情形者爲十歲)；他限定十二歲以下兒童勞働時間一日爲六小時，十二歲至十六歲兒童一日爲十二小時；他規定休息時間；他禁止十六歲以下童男及二十一歲以下婦女作夜工；他規定十三歲以下兒童工人必須入學；而且他有明文規定大小工場的衞生狀況。 簡單說，他把從前保護兒童勞働的法律大加擴充，而且第一次制定保護女工的條款。 兼之這個法律第一次爲法國設置特定的視察機關以執行勞働法律。 視察職務組成於十五員區視察員，助以各郡視察員而受高等勞

1. National Society for the Protection of Apprentices and Children in Factories. 2. The Universal Exposition. 3. Napoleon III.

働委員會(1)的監督。

現今法國勞働法規即是一八七四年的法律加以擴充。在一八八〇年，星期日休息的條文更行推廣。一八八二年及隨後年間，在幾種工業場所中兒童婦女傭工俱被禁止。一八九二年有一件重要的法規把婦女兒童勞働條件另行規定，視察職務亦行改組（視察員額增爲一百零六名），此法施行至今。一九〇六年中央政府增設勞働部(2)，於是勞働法律之執行及勞働人民境况之改善等事比從前更有精神。不上幾年，勞働部便開始籌備編製勞働法典(3)，就已有各法律或歸併或擴充，纂爲專書。這個法典是分爲七部。第一部，專關勞働契約法律，出版於一九一〇年；第二部，包括特種情形的勞働法規及勞働視察，出版於一九一三年。這個工程尚未完畢；但這是毫無疑問的他必成自拿破崙時代以來爲法國造就超羣出衆的政治家法律家的詳明嚴謹的「法典」之又一部。

(176)法國現今之勞働法制及視察　法國現今勞働法制的要點可以簡單說一說。兒童得許入工場及作場的年齡限制是十三歲；雖十二歲至十三歲之間的兒童亦可受僱，但須有初級學校畢業證書及身體宜於傭工的醫士證書，纔算合格。在許多種經明文規定的工業場所中十八歲以下的兒童或十八歲以下的婦女絕對禁止受僱；另有幾種工業中十八歲以下男女只能受僱於特定情形之下。十八歲以下兒童及婦女禁止作夜工，限在午後九點鐘至午前五點鐘之間。工場及作場中勞働時間——男子，婦女，兒童一律——是限爲一日十二小時，在特種職業中爲十小時。危險職業工廠是特別取締的，而且在最多數危險職業中法律規定工

1. Commission Supérieur du Travail. 2. The Ministry of Labor. 3. Labor Code.

人須定期檢查身體。　一切工業失虞損害俱須呈報，而且賠償的定率及條件俱經詳細規定。　法國勞動法律的範圍是很廣的。　他適用於一切工場作場，試驗室，庖廚，堆棧，酒窖，儲藏室，辦公處，裝載勞務，卸載勞務，及這些種類的附屬事務，無論公家的或私人的，平人的或宗教的，慈善的或營利的。　唯一的豁免是那些在父親，母親，或保佐人的監督之下做的工作；而且甚至這樣的工作若須以機械動力幫助工作時，或應屬於危險職業或有礙健康之職業時，勞動視察員須加以法律中保安衛生條款的制裁。　在一九一三年勞動階級中在保護之下的人數爲四，四四六〇八〇五人。

視察職務由勞動部中勞動視察局管理(1)，就現狀而論，是組織得尙好而且辦事也還敏捷。　勞動視察局是出於一八四一年三月二十二日的條例，其時法國第一次規定了工場及作場中兒童勞動條件。　這個條例責成各郡及各自治區官吏組織勞動視察機關。　然而除工業繁盛的色因(2)及洛爾(3)兩郡之外各官吏多不甚踴躍，到一八七四年五月十九日採用新條例時法國纔有實在的一般視察之組織，這個條例規定視察員分爲兩組，一組由國家委派，國家給俸，另一組由各郡委派，各郡給俸。　末後由一八九二年十一月二日的條例把這個兩級制廢止了，一切視察官吏都定爲直隸中央政府的人員。　同時由一八九一年一月二十二日的條例在勞動部中設了一個高等勞動議事會(4)，這個議事會，自從按一九〇三年三月十四日的法律實行改組以來，是構成於二十一名選舉的僱主代表，三十一名選舉的工人及僱工代表，及十四名委派以代表法國其他各界的委員——總計七十六名。　議事會調查勞動狀況，研究勞動問題，而且備政府有關勞動事項的顧問。

1. Bureau of Inspection of Labor. 2. Seine. 3. Nord. 4. Superior Council of Labor.

按現今組織而言，視察職務是分爲兩大部分，一部分專辦工業方面，另一部分專辦礦井石坑等視察之事。爲便於視察工業起見，全國是分爲十一區，每區由一員區視察員負責。區視察員統率平常視察員服務，在一九一四年男女視察員共有一百四十四員。除普魯士及沙遜尼之外，世界上沒有那一國對於揀選勞働視察官吏一舉能如法國那樣愼重將事的。勞働視察員全由勞働總長照章嚴行考試及格的候補人員中選任。很有些視察員著成極有價值的關於化學及機械實際應用的科學專書，由勞働部出版。現行制度的重要缺點是視察員額與所任的職務不相稱。在一八九四年，其時全國只有二七六，九〇六個工廠屬於視察法律範圍，而一百零六員視察員已覺不甚敷用。但到一九一一年應行視察的工廠數目增爲五〇七，五五七，而視察員全體只增到一百四十二名。其結果是許多工廠都聽其在長久期中未經視察，而且，按普通說，視察自然是草率敷衍。近年政界對於增加視察員額的要求是到底必須解決的。（關於法國勞働法制及視察的詳細討論，參看美國勞働統計局彙報第一四二卷（一九一四年二月出版）一九八頁至二〇三頁）。

（177）德國勞働法制之發端　在德國，如在法國一樣，以保護勞働者爲目的的國家勞働法律之制定是較遲於英國，而且理由也相同，即是工場制度之興起及照例附着於工場制度之惡習出現亦較遲。這是眞實的，早如一八一八年普魯士教育總長已收集了揭破萊茵河各省紡織工業中兒童勞働慘狀的報告書。但當時唯恐取締的法律有妨全國經濟發展，所以立法之舉就推緩了。幾年之後，徵兵委員呈出一份報告書，據稱因青年工人身體欠佳之故，所以在普國工業地區內竟不能徵足經制兵額了，政府得了這個報告大爲驚駭；一八二五年五月十二日普王詔令教育總長及實業總長條陳救濟方法。這個詔問是陳覆了，但他們辦事總是那種從容不迫的老排調，直到一八三二年這個有厚望焉的奏報纔呈遞上去，到了普王那裏又束之高閣好幾年；待到一位製造家名叫蘇嘉德(1)，發起一番改革運動而且一個省議會已被說動去請求國王進行整頓，這纔於一八三九年四月六日公布一件根據一八三二年奏報的關於少年工人僱傭的取締規則(2)。然而這個法律是比法國第一次制定的重要勞働法律還早兩年。

普魯士一八三九年的法律禁止九歲以下兒童受僱，及十六歲以下兒童在午後九點鐘至午前五點鐘之間工作。他限制十六歲以下兒童的工作時間爲十小時，而且他明定這些兒童每日須入學五小時。這個法律的一些條文，即如關於兒童入學一項，直是矛盾荒誕；而且被委託強行的人員——地方警察，教員，及牧師——全都是不願意而且也不能施行這種法律的。隨後十年中各種方法，如當地委派委員會「工業諮議員」(3)，及其他人員等，都試過了，但是毫無進步；一八五一年，首相樊德荄(4)着各省當局報告關於各該區中一八三九年法律強行的意見，各省差不多一致聲明這個法律不能實行，而且不贊成就現在辦法再行擴張。

這次諮問的結果是由新設立的國會於一八五三年五月十六日制定重要法規。由這次法律，兒童可被僱傭的最小年齡限制是從九歲提高到十二歲，十四歲以下兒童工作時間是限爲六小時，兒童勞働者每日須受三小時的學校訓迪。不必說，與同時英法的法規比較，這些條文都是很急進的。但不幸這些條款未能認真實行。這次法律另一可注意的特點是加入由政府隨時酌派專員組織視察機關以強行法律的計畫。然而

1. Schuchard. 2. Regulativ. 3. "Industrial Councillors." 4. Von der Heydt.

經了好些年普國只有三名視察員；加以製造家多不服從法律而且不以相當禮貌待遇視察員，以至終無進步。甚至在柏林，這個法律也未能完滿強行。

同時其他日爾曼各邦，那些地方的情形之壞也與普魯士不相上下，也極力行使同樣的方法，而結果也是一樣的不能滿意。巴法利亞按一八四〇年及一八五四年的法律使警察局及學校教員負限制兒童勞働的責任，但毫無成效。巴登，威登堡，赫斯，及其他各邦，都有相類的經驗；而慘淡經營的沙遜尼工業法典(1)公布於一八六一年，沒有準備執行的方法，也不過是一種具文。

(178) 一八六七年至一八七八年德國之勞働法制 到一八六五年時，法律保護必須擴張到兒童勞働者以外，和立法須能強行，都是多數人公認的問題了；到一八六七年北日爾曼聯邦成立(2)，勞働法制亦感亟應劃一之必要。經各方面極力鼓勵及國會屢次辯論之後，於一八六九年制定了一部苦心籌畫的工業法典(3)適用於聯邦各部分。關於兒童勞働各款即是把普魯士一八三九年規則酌加補充而且推行於礦井及石坑。工業場所的主人們俱須用自己的錢在工廠中為工人們設備保護生命及健康所必須的器用方法。這個法典本不曾增加關於視察及強行的條款，但關於設備保安器具一事需要有專門智識的人纔辦得清楚，政府到底不能不增派視察員額。然如遲至一八七五年視察員總計僅十一名。凡在視察官吏照料不及的各地方，這個法律繼續是施行得異常懈弛。

一八七一年普法戰爭(4)終結之時，德國入於顯著的工業發展時期。全國統一之成功，工業地區阿爾薩

1. Industrial Code of Saxony. 2. North German Confederation. 3. Industrial Code. 4. The Franco-Prussian War.

斯(1)洛崙之兼併，及法國賠款之取得，其結果爲工業場所之倍加，大規模工場制度之興起，及城市中食工資人口之迅速增殖。　在這樣的發達的過程中與利相敵的害處也就立卽出現。　傭工於工場中的婦女兒童之數是大增加了，工業失虞是比例更多，而且許多地方的生活標準大爲低落。　然而這個時期也是勞働階級活動迅興及社會改良家和工業改良家鼓動盛行的時期。　就是在這個期中德國社會民主黨(2)成就了他的第一可注意而且持久的擴張，也就是在這個期中經濟的勞働組織和政治的勞働組織開始使人感覺他們的勢力(見本書第二百二十七節)。

工人們最迫切要求的辦法是創立應當強迫施行而且爲全國一致的勞働視察制度，推廣勞働法制由兒童保護達於婦女保護，設備較有效力的失虞預防方法，及規定受害工人賠償的一定辦法。　帝國政府的態度，多半由俾士麥主持，總不十分表同情。　並不是這位宰相不懂得這些救弊法規之必要。　他心裏的問題是方法的問題，他不相信直接禁制的法律能無遺憾，能收全功。　他正在那裏精思熟慮要以國家保險來保護工人的大計畫，這種保險具備於帝國法律全書內一八八三年的疾病保險法(3)及一八八四年的失虞保險法(4)。

這些法律的目的是不但要爲工人們在疾病中或受工業傷害時準備一筆現成費用，並且要鼓勵僱主們爲自己的利益打算去替僱工們設備一切合理的保衛方法(見本書第二十四章)。　一八七八年政府公布一種管理法，使工場，礦井，石坑等視察事務全國一律強迫施行。　而且雖視察員之委派及他們的任務之規定仍屬於各邦政府，而聯邦政務會(5)爲促成辦事一律起見發布了一種模範規則，各邦視察職務之組織俱應守這

1. Alsace-Lorraine. 2. Social Democrats. 3. Sickness insurance law. 4. Accident insurance law. 5. Bundesrath.

個規則。但就全體而論，各邦視察員額既不甚多而且辦事亦不十分踴躍，所以另改新制的要求竟是有加無已。

(179) 一八九一年之實業法典及其現在情形　另改新制的運動成功於一八九一年。先是一八九〇年德皇威廉第二(1)授意於政府在柏林召集一個各邦會議去討論勞働法律的推行及管理的問題；在這個會議討論的結果已經帝國政府及帝國議會(2)愼重考慮之後，於一八九一年六月便公布了大加擴充的新實業法典。這個法律關於兒童勞働的條款是極嚴厲的。十三歲以下兒童絕對不得受僱，十三歲以上兒童須已畢業初等小學者纔許作工。僱有十八歲以下之人的工廠須受保衞健康道德的特別取締；而且幾種工業，其中有不可免的健康及道德的危險，十八歲以下之人絕對不能僱傭。這個法律的條款是定爲可適用於作場，甚至於家庭工業。而且視察員任務的範圍亦大加增廣，除許多要務之外，並包括強迫星期日休息，及旅館酒館中婦女和學徒之保護。

現今德國勞働法制即是一八九一年的實業法典，根據於一八六九年制定而重行頒布於一八八三年的法典，而且於過去二十五年中屢經國會立法及帝國政府頒行的規則加以修正。這部法典是分爲十章，凡一百五十五條。就範圍而論，他是非常周到，但須知他的條文多是概括規定，所以條文的詳細應用須按法庭命令，或法庭判決例，或聯邦政務會，首相及首相屬官，各邦立法院等所定施行細則詳加解釋。(例如法典第一三九條乙項原是規定管理方法的，却又補充以一八九一年四月二十七日及一八九二年三月二十三日的部令特

1. Emperor William II. 2. Reichstag.

爲說明本法如何施用。一九一一年制定的家庭工作法規是補充以一九一二年三月十六日工商部解釋本法之應用的部令）這個法典不適用於礦井，石坑，國有實業，國有鐵路，農業，林業，漁業，建築業，運輸業。這些事業的最多數都是另有專法規定的。礦井及石坑是屬於特別視察機關的法權之下。警察官吏擔任保護商業工人各法律的管理事務。國家傭員及傭工是屬於各政務衙署長官的保護之下。汽鍋視察是由特派專員經手。

按這個法典的作用，工場，作場，及一切家庭工作處所，除本人或其子女是專爲自己消費而從事於生產貨物以外，都應受法典全部取締或部分取締。這個法典不會明定工場，作場，或家庭工作場的分別，但他把工業場所分爲幾類，以傭僱人數爲標準，逐類定明適用本法的限度。凡屬本法範圍內的工業場所俱禁止傭僱十三歲以下的兒童。十六歲以下的輕年人及一切年齡的婦女一日作工不得過十小時，休息時間除外，而且不得受僱作夜工。然而對於十六歲以上男子的勞働就沒有這類的限制。僱主必須設備工廠中保護生命及健康的器用；工廠須有適當的光線，充足的空氣，使空氣流通的器具，和消除塵垢及由製造程序發生的不潔之物的器具；而且工廠設備及狀況須能引起被僱者的善良行爲。認爲特別危險的工業，如製火柴業，製雪茄煙業，製亞鉛業等俱屬於特別規定。與英國勞働法律相比，德國法典有較爲嚴厲之處，也有不及英國法律嚴厲之處。英國僱工最小年齡限制是十二歲，德國的爲十三歲。英國保護工人的條款有兒童幼年人婦女之分，德國的無此分別，不及英國法律之廣博精密。德國要開工場的人須先取得執照，英國不如此，而且德國的法定放假日條款適用於成年男子，英國不然。反之，英國十六歲以下待僱之人須檢查身體以定是否宜於作工，德國無此規定；英國「幼年人」保護的年齡迄十八歲，德國迄十六歲；英國法定工作時間開始比德國遲半小時，而終止比德國早半小時。

(180)管理之辦法　營業法典是依據於帝國立法之權，所以他的條款是一致適用於帝國各部分。然而沒有帝國官府專任施行此法之責。勞働法律之強行是按帝國採用甚廣的行政組織的原則交由各邦自理。帝國政府的監督亦甚輕微。視察職司是由各邦自行組織，自行給俸，而且視察員是對本邦政府負呈遞報告書之責。(一九一二年普魯士視察官吏總計三二八名；沙遜尼六六名；巴法利亞四二名；巴登二二名；威登堡一九名。較小各邦中視察官吏僅二名或三名。)這就顯然的是視察職司並非全國一律。有幾邦中，即如普魯士，視察機關是按不相統屬的分區計畫組織。在其他邦中，即如巴登，這種機關中央集權的程度是很高的，一切事務俱由負完全責任的一員總辦主管。然而爲德國普通特點的是警察官吏參加強行勞働法律的任務。按德國向來的辦法，勞働法律之強行原是交與警察專管的。然而不久便明白了警察官吏既不能盡這種責任亦不願盡這種責任，就是因爲這個緣故，所以普魯士一八五三年的法律首先規定特派工場視察員，而且一八七八年的帝國法律規定各邦必須自行設置專辦工場視察的一班人員。然而無論何時(現今仍然)，在實際上凡遇視察員查覺的事件，警察局是唯一的能強行法律的執行機關，警察局對這些事件可以追究，起訴，罰金，及他種處罰來實行這種法律。視察員不得兼任警察官。他只是以工業事務專家的資格去考查工

1. Berufsgenossenschaften, or mutual trade associations. 2. The Balkan States. 3. Hapsburg. 4. Dual monarchy. 5. Austria-Hungary.

場情形，指示改良方法，而且規戒錯誤之點；遇有違反法律之事他立卽通知警察局，由警察局去處分。 在巳經採用保證生命健康及預防失虞等工業危險的本地自定規則之處，照一八八四年失虞保險法規設置的職工互助社（1）得行使補助視察的權力（參看本書第二百五十八節）。 據一般觀察家的公證，德國勞働界對於政府視察冷淡異常。 而且社會民主黨的黨綱對於這件事體沒有特別要求。 他們的意思好像是以爲這樣的方法，照現在這樣辦去，無論如何是無用的；然而有些黨員本心也覺得不好意思不承認視察的利益，就按現今的管理情形而論，也是切實的。

（181）其他各國之勞働法制 細敍其餘歐洲各國勞働法制歷史的發達，甚至僅說明現在狀況，都可惹人倦怠。 把各地差異大量的算除，可以說俄國以西之國無不立有多少慘淡經營的勞働法規和勞働視察制度，甚至俄國及巴爾幹（2）各邦對這方面也辦了些重要步驟。 這是很有趣味的去考見工業退化如像奧國那樣的國家居然在十八世紀閉幕之前已稍有規定勞働的計畫，而且在一九一四年時哈卜斯保（3）氏的領域中施行有同於英法德國等很進步的勞働法律。（譯者按哈卜斯保是奧大利皇室的姓。 哈卜斯保氏的領域是兼指奧大利及匈牙利而言。 匈牙利於一八六七年與奧大利聯合爲二合君主國（4），簡稱奧匈國（5）。） 保護工場工人的法律開始於一八五三年，而且一八八三年創立全國工場視察官制。 現今施行的工業法典頒布於一九〇七年。 這個法典是許多法律合倂編成的，而且是一部煞費苦心的則例，共有一百五十二條。 十二歲以下兒童僱傭是禁止的；十二歲至十四歲的幼年人可被僱傭，但須不妨害他們的健康，不擾及他們的教育，而且一日工作不得過八小時；十六歲以下之人不得被僱作夜工；一切工業場所中工作時間定爲一日十一小時；關於衛生及傷害保護有極周密的條款。工場視察本於一八八三年的法律，是由各省行政官及警察官監督，終極管理權屬於商務部，一切視察官吏（在一九一二年各級共計一二六名）俱由商務部委派。

瑞士（1）保護工業工人的法制始於一八一五年，其時趣立克（2）及吐爾高（3）兩郡自制法律規定工場及作場中兒童可被僱傭的條件。其他各郡隨即仿傚這個先例，而且一八五九年趣立克郡又制定一種完密的勞働法律，其後遂爲各郡同類法律的模範。在瑞士是這個一八五九年的法律最先定有特派視察的條文。瑞士人民看着各郡法律太相懸遠以致施行困難，便發起了一番聯郡勞働法律運動，而且要求勞働法律須並適用於成年工人。經劇烈爭執之後，這個運動到底造成了一八七七年三月二十三日的詳細法律之制定。

經修改了幾點，又補充以一八八一年，一八八七年及一九〇五年的僱主責任律，一八九八年的燐質火柴律，和一九〇五年的星期六工作律，這個一八七七年的法律直至現今繼續爲瑞士勞働法制的基本。工場不得僱傭十四歲以下兒童；十四歲至十六歲的幼年人一日不得爲工場工作費過十一小時，休息時間算在內，而且按一九〇七年法律所規定，有許多種職業俱禁止僱傭十六歲以下之人。一切工場工人的平常工作時間俱不得過十一小時（星期六及放假前一日爲十小時），而且瑞士聯邦政務會（4）有權得把危險職業中及有礙衛生職業中的工作時間再行減縮。夜工及星期日工作是照例禁止的，十八歲以上男子短期的夜工須經地方官認可纔行。瑞士的勞働法律，與德國一樣，是聯邦式的，所以一律，而強行之責是委託於各邦。但瑞士的

1. Switzerland. 2. Zürich. 3. Thurgan. 4. The Federal Council.

視察員是聯邦政府的僱員，而且聯邦政府對他們任務的監督是很嚴重的。

比利時（1）勞働法制始於一八一三年，到一九〇五年冠以星期日休息律，所以現今也是很進步的制度。荷蘭（2）的勞働管理計畫，就最多數重要之點而論，是制定於一八七四年。瑙威（3）一八七二年的法律，瑞典（4）一九〇一年的法律，丹麥（5）一九〇一年的法律，都是與歐洲其他各國的一樣公正。甚至意大利（6）及西班牙（7），這兩國前些年間工業場所中婦女兒童僱傭情形也是很可怕的，而今也實現了可注意的進步——意大利有一八八六年及一九〇二年的勞働法律，西班牙有一九〇〇年及一九〇四年的勞働法律。

1. Belgium. 2. Holland. 3. Norway. 4. Sweden. 5. Denmark 6. Italy. 7. Spain.

SELECTED REFERENCES

General

P. Leroy-Beaulieu, Le travail des femmes au XIXe siècle (Paris, 1888).

A. Schäfile, The Theory and Policy of Labour Protection (London, 1893).

W. F. Willoughby, Foreign Labor Laws (Washington, 1899).

V. Brauts, Legislation du travail comparée et internationale (Louvain, 1903).

P. Louis, L'Ouvrier devant l'état; histoire comparée des lois du travail (Paris, 1904).

R. Gonnard, La femme dans l'industrie (Paris, 1906).

L. Chatelain, La protection internationale ouvrière (Paris, 1908).

C. W. A. Veditz, Child Labor Legislation in Europe, Bulletin of U. S. Bureau of Labor, No. 80 (Washington, 1909).

M. Authier, L'amélioration légale de la condition des travailleurs agricoles (Paris, 1912).

A. Dupin et J. Desvaux, Précis de législation ouvrière et industrielle (Paris, 1912).

E. Mahaim, Le droit internationale ouvrier (Paris, 1913).

T. Lohmann, Die Fabrikgesetzgebungen der Staaten des Europäischen Continents (Berlin, 1878).

Legislation and Administration in France

Administration of Labor Laws and Factory Inspection in Certain European Countries, Bulletin of U. S. Bureau of Labor Statistics, No. 142 (Washington, 1914), 174–211.

E. Levasseur, Histoire des classes ouvrières et de l'industrie en France de 1789 à 1870 (Paris, 1903), II, 118–135, 495–521.

E. Levasseur, Questions ouvrières et industrielles en France sous la troisième république (Paris, 1907), 184–192, 435–530, 863–915

L. Courcelle, Traité de législation ouvrière (Paris, 1902). 113–223.

P. Louis, L'Ouvrier devant l'état (Paris, 1904), 176-312.

R. Fighiéra, La protection légale des travailleurs en France (Paris, 1913).

D. Massé, Législation du travail et lois ouvrières (new ed., Paris, 1910), 253-438.

G. Weill, Histoire du mouvement social en France, 1852-1910 (2d ed., Paris, 1911), 411-430.

P. Pic, Traité élémentaire de législation industrielle: les lois ouvrières (4th ed., Paris, 1912), 117-152, 1063-1102.

F. Corcil and L. Nicholas, Les industries insalubres (Paris, 1908).

H. Ferrette, Manuel de législation industrielle avec le texte des lois ouvrières et des tableaux analytiques (Paris, 1909).

F. and M. Pelloutier, La vie ouvrière en France (Paris, 1900).

E. Durand, L'inspection du travail en France de 1841 à 1902 (Paris, 1902).

L. Bouquet, Le travail des enfants et des filles (Paris, 1893).

J. Rouquet, Traité de l'inspection du travail (Montpellier et Paris, 1902).

E. Cohendy et M. Grigaut, Législation ouvrière (Paris, 1910).

P. L. Fournier, Le second empire et la législation ouvrière (Paris, 1911).

Legislation and Administration in Germany

Administration of Labor Laws and Factory Inspection, Bulletin of U. S. Bureau of Labor Statistics, No. 142 (Washington, 1914), 103-173.

A. Shadwell, Industrial Efficiency (London, 1906), II, Chaps. V-VII.

A. Schäffle, The Theory and Policy of Labour Protection (London, 1893).

P. Göhre, Three Months in a Workshop; a Practical Study, trans. by A. B. Carr (London, 1895).

W. J. Ashley, The Progress of the German Working classes in the Last Quarter of a Century (London, 1904).

H. Koch, Die deutsche Hausindustrie (new ed., M. Gladbach, 1913).

Legislation and Administration in Austria-Hungary, Switzerland, and Other Countries

Administration of Labor Laws and Factory Inspection, Belletin of U. S. Bureau of Labor Statistics, No. 142 (Washington, 1914), 212-291.

J. Landmann, Die Arbeiterschutzgesetzgebung der Schweiz (Basel, 1904).

J. Sigg, La protection légale du travail en Suisse (Paris, 1912).

W. E. Rappard, La révolution industrielle et les origines de la protection légale du travail en Suisse (Berne, 1914).

G. Prato, Le protectionnisme ouvrier, trans. from the Italian by G Bourgin (Paris, 1912).

第十九章　英國之勞動組織

（182）造成勞働組織之情勢　前幾章所敍的工業革命的主要結果是資本與勞働的界劃分明和二者之間怨毒日深。在中古時代及近世之初並不是沒有勞働問題，勞働計畫，及勞働擾亂等事。但十八世紀以前能在社會上和經濟界中占勢力的勞働團體是鄉村的而非城市的，是農業的而非工業的。法國一三五八年的加克利之亂（1）英國一三八一年的民變（2），及德國一五二四年的農民戰爭（3），都是因各處鄉間工作人民不安生業而起。在工場制度盛行代替手工制度之前，製造工業中僱主與僱工總是相伴作工，否則也是接觸很密，能增進相互間的了解和善意。然而，到工場制度一來，這種健全的關係就斷絕了。迨到資本式的經營家僱傭的人數日多，他就很難親身認識他的僱工，了解他們的意思，到後來即或他是這樣存心，事實上也竟直辦不到了。親切的維繫始而日漸冷淡，終至蕩然無存；關於工資和工作時間的磋議是團體合辦的，不顧人情的，冷心鐵面的。若是在家族工業制度之下彼此間的關係已是不常融洽，在以工場爲重而生的情形之下這些關係自然越更不易融洽了。說工場制度勝利之日便開始了過去百年中爲歐洲社會最不調協之點的經濟壓力之緊迫和階級戰爭之劇烈，正是恰如題分，一點不差的。

再者，須知當工人群衆被隔絕不得與僱主親自接觸之時，在城市中和工場中工人們自己間的關係反爲比從前更密切了。這種局面的變更有兩個重要結果。在勞働階級中，他鼓動了階級自覺之增長。而且他使勞働者爲保護自己而組織比從前格外容易。被迫於低額工資，昂貴物價，長工作時間，及其他不利的情形，工

1. The Jacquerie of 1358 in France. 2. The Social Revolt of 1381 in England. 3. The Peasants' War of 1524 in Germany.

(a) G. Unwin: Industrial Organization in the Sixteenth and Seventeenth centuries (Oxford, 1904). (b) L. Brentano: On the History of Gilds and the Origin of Trade Unions (London, 1870). 1. Trade union. 2. Political party. 3. Co-operative production and distribution of goods. 4. Devonshire.

場棉紡手在十九世紀初葉便開始以協和的行動去誘致或強求他們所認為最不滿意的工業情形之改良。自十九世紀之初以來各國勞働階級的境況，縱那一班自己雖非工人而對工人表同情的改革家極力倡導補偏救弊的法律之制定，已是逐漸改良。但這方面的進步太慢，所以勞働階級決定不專倚賴這種辦法。他們決定自己組織起來，以便主張促進國家立法，按對等的條款與有組織的資本階級辦交涉，及提倡保持勞働階級的元氣，等事能更有實效。在他們所賴以防衛利益和宣傳主張的幾種組織中，兩種是極重要的。較舊而且較有實力的是職工組合(1)。第二種，與職工組合關係極密，是政黨(2)。若尚有第三種可說，那便是物品(3)協作生產社和協作分配社。

(183)職工組合主義初期之法律障礙　職工組合實在是一種近世的制度。他與中古行會相異之點甚多，主要的是職工組合純為傭工的組織，其目的是保護從事於工業的一階級與另一階級對抗，而行會是同時為僱主又為工人的手藝人的組織，其目的是保護而且約束那一業的全體。(關於工業組織由行會式而變為職工組合式，參看翁文的十六十七世紀之工業組織(一九〇四年牛津出版(a))，及布倫坦洛的行會歷史及職工組合起源論(一八七〇年倫敦出版(b)))。在英格蘭早如十四十五世紀時已有散匠的結合，所謂散匠即是工業勞働者，他們已經當過了學徒而尚未取得自設工店之權，正在作工以掙工資。自一七〇〇年德旺協(4)羊毛工人結合為始，十八世紀最初數十年間英國許多行手藝工人都自行設立保護會社。然而這些會社都只是曇花一現，旋即消滅，直到十八世紀已近閉幕之時纔開始興起一定職業中食工資者的有勢力而能持久的結社。一七八七年謝菲爾(1)的金屬品工人組織了，一七九二年蘭嘉協(2)的手機織工，一七九五年肯特(3)的造紙工，一七九六年約克協(4)的羊毛工人，都組織了。斯密亞丹以亦莊亦諧的筆調記當時同一職業之人，甚至爲消遣而集會之事都不常有，但集會聚談的結局總不外「有妨公衆的陰謀或高抬市價的狡計」(見原富第一卷第十章(a))。其實職工組合是工業革命的一種產物。如一位著作家特爲指明的，「工場使職工組合之成立爲可能，而工場裏的情形使職工組合之存在爲不可少」(見夏德衛的工業效率論第二卷三〇七頁(b))。工場和職工組合兩樣多是英國對工業世界的大貢獻。

然而在職工組合能具備他現今所有的性質之前，必須先把英國的法律大加修改。除無關重要的例外之外，第一層，勞働的結合是違反英國慣習法(5)的各原則的。勞働組織是認爲妨害職業的結夥爲非之舉，與這種事相涉的人是要受刑事控訴的。以個人資格而言，工人本自己的愛惡承認作工或拒絕作工都是合法的；但二人或二人以上聯合去要挾工資或限制工作時間之時，無論以強暴的手段或和平的手段，他們便是使他們自己蹈於罰金或監禁。這是真實的，在僱主方面二人或二人以上聯合以圖操縱他們沽利的工業，一樣的是不法行爲。但乃是差不多純在僱工方面，這項法律纔認真施行。然而以工人的聯合爲不法的不僅是慣習法律。有許多法規，雖性質是關於一般的規定而且以防範政治結社及政治運動爲目的的居多，都能被用，而且曾經被用，以反對勞働界無論何時的集會結社，或利用報紙以圖改善他們的境況之舉。此外還有許多種長篇大套的法律所包羅的限制都是專爲對付勞働界的。自從愛德華第一(6)朝代(譯者按自一二七

(a) Adam Smith: Wealth of Nations, Bk. I, Chap.X (b) Shadwell: Industrial Efficiency, II, 307. 1. Sheffield. 2. Lancashire. 3. Kent. 4. Yorkshire. 5. The Common Law. 6. Edward I.

二年至一三〇七年）至佐治第四（1）朝代（譯者按自一八二〇年至一八三〇年）慣習法的作用，被補充以國會前後制定專爲預防勞働組織的三十五種法律所以施行得格外認眞，範圍亦大加推廣。（這些法律曾列舉於一八二四年特爲撤廢這些法律而制定的條例的第一款中。第一種法律定於一三〇四年，最末的在一八一七年。）這些法律的最多數都是適用於指定的職業，而且這些法律對於勞働結合的口氣總是一次比一次更厲害。尤爲嚴厲的是恰在十八世紀之末制定的法律。國會在一七九九年時怵於過去十年間秘密的和半秘密的勞働組織之多，尤以約克協及蘭嘉協的紡織工人爲甚，又恰値法國大革命之後，常慮民間有不軌之謀，便通過了一件周密的法律，名爲預防工人不法聯合條例（2）（原文見布蘭德，布朗，唐訥三氏的英國經濟史典籍選六二六頁至六二七頁（a））。幾月之後，這件法律被代替以一件更爲惡辣的（原文見布蘭德，布朗，唐訥三氏的英國經濟史典籍選六二七頁至六三一頁）。而且在一八〇一年這個法律的條文又經加重一次。與他人聯合去圖增高工資，減少工作分量，或以任何方法挾制工業條件的人，只須經一員平判官判決，便應受監禁罰作苦工。

總括說，在十九世紀最初二十年間施行的法律之下，工人們只犯着下列各款之一便可構成罪狀：

（一）只按某定額工資或只在某種時間纔承認作工；

（二）形成任何種類的聯合以圖增高工資，變更工作時間，或減少工作分量；

（三）圖謀誘惑任何之人不受製造家，商人，或其他人的僱傭，或與這等人脫離僱傭關係；

(a) Biand, Brown, and Tawney: English Economic History, Selected Documents.
1. George IV 2. An Act to Prevent Unlawful Combination of Workmen,

(四)召集，贊助，或出席於以訂立關於工資，工作時間，或其他勞働條件爲目的的任何契約之集會。

這是真實的，凡僱主與其他僱主所訂減少工資，增加或變更平常工作時間，或增加工作分量的一切契約，法律聲明認爲無效。　但這些條款都只是故示公平，掩人耳目。　英國的案卷中就尋不出這些條款曾經強行的例來。

除上述以防範勞働結合爲目的的禁例之外，尚有限定工人個人能力的許多約束。　工人的個人能力受束縛於一連二十種法律，始以一三四九年的工人法令(1)而且包括一五六二年有名的學徒法令(2)。　各樣的法律適用於各別的手藝行——成衣，鞋匠，皮匠，紡織匠，鐵匠，——其結果一切技藝家，勞働者，學徒，僕役，及其他作工之人無不要受法律取締。　他們不但受限制不准聯合；他們又被禁止不許收受高過於當地平判官所定的工資，而且還要受平判官許多煩苛的制裁。　再者，應當執行這種法律的人就是這些平判官，他們最多數都是勞働的僱主，否則也總是以薄待勞働階級爲利之人。

(184)一八二四年至一八二五年英國法律之承認勞働組合　上述各類法律繼續施行直至一八三一年；其中過半數直到一八六七年仍舊有效，其時有幾種解放的改革已經辦成了；而且乃是只在一八七五年這些法律纔被正式撤銷一律擯除。　前已表過，拿破崙戰爭告終後十年間是劇烈的工業不安時期。　同盟罷工，毀壞財產的暴行，及他種暴動是常遇的。　撤銷學徒法令及其他勞動法律的贊成派和反對派的煽動幾使全國分裂爲二。　工人的秘密組織到處發生。　後來到一八二四年國會派出一班特別委員會責成以考察並報告關

1. The Statute of Labourers of 1349. 2. The Statute of Apprentices of 1562.

於手藝人及其他工人的法律全部情形之事。 這班委員會立即收集證據，在年終之前就呈出一部不激不隨的報告書，據稱

（一）在英格蘭，蘇格蘭，及愛爾蘭，以提高工資，規定工作時間，及加僱主以關於學徒之限制爲目的的工人結社是非常之多，限制勞働界的各法律不但不能防制這種結社「適足以使資本勞働間猜忌嫌隙日益加甚，馴至此等結社皆含暴烈性質而危及社會安寧」

（二）同盟罷工及破壞秩序之事已經屢見，對於僱主僱工兩方面同是勞心傷財；

（三）僱主們自行結爲不法組合以圖減少工資並抗抵工人們的要求，是先已有罪；

（四）工人被判爲犯罪及被監禁之案甚多，而僱主違法之事竟無案可稽。

委員會條陳說：

（一）干涉僱主工人間自行決定工資及工作時間之自由的法律應行撤廢，而且「慣習法以僱主或僱工和平集會爲可被控訴的條款應當改變」；

（二）應鼓勵各業以公斷(1)了結工業爭議；

（三）應制定法律「懲罰以脅迫威嚇或暴行阻撓一方所享自認爲最有利益而使用資本或勞力之完全自由權的工人或僱主。」

一八二四年六月二十一日本屆集議期中國會按據這部報告書通過了一件法律把一切特定防範工人聯

1. Arbitration.

合的法律，及其他相關的法律，或全部撤銷，或部分撤銷。（原文見布蘭德，布朗，唐訥三氏的英國經濟史典籍選六三三頁至六三五頁。　關於撤銷防範工人聯合各法律之記載，參看華拉士的濮勒斯佛蘭西士傳第八章(a)。　譯者按濮勒斯姓佛蘭西士名(1)生於一七七一年，死於一八五四年，本是很窮的裁縫，自己苦學不輟，聲望日隆，後來遂爲英國勞働運動及一八三〇年至一八三二年國會改革運動中的重要人物。）　這次法律明定無論個人或團體以暴行，脅迫，或威嚇制止他人作工，或制止他人爲作工之要約，或以此等手段附和增加工資或減少工作時間之決議，俱應受監禁罰作苦工。　但這是法律第一次承認以下的行爲爲合法：「散匠，工人，及其他人等」和平的而且自願的加入任何聯合「以求增加或決定工資之率，或減縮或變更工作之鐘點或時期，或減少工作之分量，或勸告他人在受僱時期終了之前脫離職務，或勸其退去或回復工作於受僱時期終了之前，或於未受僱時拒絕受僱或拒絕工作，或規約任何工業或商業之辦法，或其經理事務。」

這個法律如此急進的條款震動了勞働的僱主，他們急起要求要把他撤廢；而且國會對於自己立法的結果也大有畏葸之意。　一八二五年四月間下議院派出一班委員去考查這次新法律的效用而且勘核前次委員會呈出的證據。　據這次呈出的報告書稱自一八二四年法律施行以來勞働組合之數無大增加，而且暴動行爲亦不見得比從前增多。　但報告書指明各組合的活動比從前更是公開而且同盟罷工之事較多，結論贊成撤銷一八二四年的法律而代以較不急進的新法律。

這次結果是國會通過一件法律（原文見布蘭德，布朗，唐訥三氏的英國經濟史典籍選六三六頁至六三八

(a) Wallace: Life of Francis Place (London, 1898), Chap. VIII. 1. Francis Place.

頁）其總則聲明上次法律無效而且宣告上次法律所承認的組合爲「有害於工商業危及國家安寧，尤足貽患於一切相涉之人的利益。」　一八二四年的條例就此撤銷了；但須注意一八二四年法律撤銷以前制裁勞働聯合各法規的條款仍行制定於一八二五年的法律中，所以一八二五年的法律從此包括關於這個事體的制定法律的全部。　慣習法中結夥爲非之條對於妨害職業的聯合仍是完全有效，除此時特別豁免本條制裁的聯合不計。　從此以後，按這個法律的條款，雖暴動或威嚇的行爲是認爲妨害本法保障的集會自由，應處以三月監禁罰作苦工，而一切人等以磋商及決定報酬他們勞力的工資率或磋商及決定他們願意作工的時間爲唯一目的之集會，是合法的。

(185)　一八二五年至一八四五年職工組合主義之消漲　一八二四至一八二五年法律之制定就完結英國職工組合史的構成時期——奮鬬以求法律承認的時期。　一八二五年法律的最多數條款繼續施行直至一八七一年，其中有些施行到一八七五年。　通過這個時期，大致說來組合縱不一準是犯罪的結社，仍是不合法的結社。　工人們以磋商工作時間及工資條件而集會的權利是經法律允許了，但這一項不是解釋爲包括以任何或一切目的的永久結社的一般權利；當他們的規約被認爲妨礙職業時，如禁止按件計工或限定學徒人數，組合仍是被慣習法認爲結夥爲非。　法庭追究這種事體的案件是常見的，而且工人們常受一八二五年措辭含混的條例易於爲種種解釋的寃屈待遇。

一八二四年至一八二五年的新法給勞働界一大鼓舞，隨後十年間產出了一些可注意的結果。　第一層，組合的數目大爲增加。第二層，集會結社的新自由惹引起同盟罷工之盛行，然而最多次數終是不利於罷工者。第三層，此刻勞働界開始了以集合一切手工人組織一全國大會社的計畫。在此時之前英國已有「職工組合」(1)，卽是從事於同一職業的工人之結社。甚至同業各組合的「同盟會」(2)(現今應當稱爲「聯合會」的(3))也快要出現了。然而，由此以後，他們計畫要立一各業組合」(4)，卽是相異各業已有組織之工人的聯合；如許多熱心人夢想的，由此自然而然的就會成爲一個無所不包的獨一無二的各業組合（見衛白的職工組合主義史(新版)一〇二頁至一〇三頁(a))。

一八二九年全國棉花紡工組合(5)成立了。同年建築工人的全國組織也出現了。一八三〇年一個全國保護勞工會(6)，其中聯絡約一百五十個各類組合，組織成了。末後在一八三四年，成立了各業總組合(7)，隨後改名爲全國各業組合總會(8)。這個組織鬧了個虎頭蛇尾。定章不收入會費，而且在六個月之內他聯絡各處組合及俱樂部共有會員五十萬人以上。他的直隙不諱的目的是要發起全國一切食工資者總同盟罷工要求一日工作定爲八小時。然而不出人之所料，內訌起了；這樣希圖的罷工竟不成功；幾個月工夫這個組織就瓦解了，他的滅亡是另被一樁事促成的，在一八三四年三月多切斯達(9)有六名工人於結社時秘密宣誓；按英國在法國大革命時制定的法律結社宣誓是犯罪行爲，所以這六名工人都被判了七年流刑，發配澳洲。（見布蘭德，布朗，唐訥三氏的英國經濟史典籍選六三八頁至六四一頁。關於此案之紀述，參看郝衛爾的勞働法制論六一頁至七六頁(b)。這次聯合勞働計畫失敗的反動竟使職工組合主義(10)的進步

(a) Webb: History of Trade Unionism (New ed.) 102-103. (b) Howell: Labour Legislation, 61-76. 1. Trade union. 2. Alliance. 3. Federation. 4. Trades union. 5. National Union of Cotton Spinners. 6. National Association for the Protection of Labour. 7. General Trades Union. 8. Grand Consolidated National Trades Union. 9. Dorchester. 10. Trade-unionism.

(a) Slater: Making of Modern England, 153–159. 1. Chartism. 2. Charitist. 3. Chartist movement.

以下係四百八十頁註：——

1. The Miners' Association of Great Britain and Ireland. 2. The National Typo

受了幾十年極不利益的影響。能工之事俱被強力制止，毫不顧惜；政府是彰明較著的要想恢復從前裁制勞働聯合各法律的嚴厲條款。在這種局面之下，這是勢所必至的，工人們的興會就由職工聯合轉向那時較普通的政治運動及社會運動，著如在一八三五年至一八四五年十年間的普選主義(1)，反對穀物條例運動，而歸着於與文的協作試驗。各組合的會員並不與是普選派(2)，但在幾種職業中，如靴鞋工是，附和普選主義的人極多。(普選派與勞働運動的關係曾簡明敍述於史拉德的近世英國之締造一五三頁至一五九頁(a)。譯者按普選主義在英國勞働運動史上占極重要的位置，作者因本章篇幅已多，故僅指一書參考，譯者爲補其大略於本章之末。)

(186)一八四五年至一八七五年職工組合之推廣　英國職工組合主義史的第二個重要時期，大致說，是從一八四五年延至一八八〇年。這個時期的出色之點是組合之數及會員之數到處增加，全國各業組合聯合會日漸興盛，創設職工組合會議，各組合一般的以行使政治方法爲戒，及在平時專以工業外交手段爲階級戰爭的代用品。一八三〇年至一八三五年間那些夸大的希望在他們當頭棒喝之下一齊消滅。一八四五年之後社會革命的計畫已經抛入東洋大海，勞働階級從此專心致志，以切實可行的新方法，在與他們有切膚之痛的工業世界中去做興利除弊的工夫。普選運動(3)，受了他的黨徒荒誕誇張，自私自利，喪失信用之累，使分崩絕滅了；職工組合，飽經憂患，重新立定脚跟，却入了空前的發達時代。這個結果是兩重的。第一層，勞働界造成了幾十個偉大的保護組織，至今乃爲新工業國不可少的主要特色。第二層，各組合因此能辦到完全

graphical Society. 3. The United Flint Glass Makers' Society. 4. The Amalgamated Society of Engineers. 5. The amalgamated Association of Operative Cotton Spinners. 6. The Yorkshire Miners Association. 7. The Amalgamated Society of Tailors. 8. The Durham Miners Association. 9. The National Union of Boot and Shoe Operatives. 10. National Association of United Trades for the Protection of Labour. 11. Trades council. 12. Liverpool. 13. Glasgow. 14. Edinburgh.

撤銷一切足以限制工業結社自由權的法律。

關於組織方面最顯著的事實是各縣各區及全國各組合團結之成功。細敍這種發達的歷史很足使人厭煩。可以簡單說較大而且較持久的各聯合會其成立應歸入這個時期的或的確是在這個時期的，是：大不列顛及愛爾蘭礦工社(1)(一八四一年)，全國印刷會(2)(一八四四年)，玻璃工人聯合會(3)(一八四四年)，工程師總會(4)(一八五〇年，(工程師總會按「新規模」改組之後各聯合會大致都仿傚他的內部組織方法。)棉紗紡工總社(5)(一八五三年)，約克協礦工社(6)(一八五八年)，成衣總會(7)(一八六六年)，杜漢礦工社(8)(一八六九年)，及全國靴鞋工組合(9)(一八七四年)。一八四五年全國聯業保護勞工社(10)成立於倫敦，這個組織並無代替各業已經成立的會社之意，他的目的是以調停，公斷合法的程序，並鼓吹「一切意在改善勞働階級境況之政治的，社會的，教育的法制」來保護在社各職工的利益且增進其幸福。這個會社辦理得極其謹愼，雖較大的各全國組合不與他接近，而他於存在的十五年中很辦了些有益之事。

這個時期職工組合組織的另一重要狀態是在各主要工業中心地成立永久的「各業議事會」(11)。各業議事會是代表一城市中各組合的本地支部的一個聯合的委員會。先是在一八二五年左右立法界對於勞働組織[illegible]有恢復舊法之意，司法界對於涉及勞働的訴訟亦格外嚴厲，各業委員會卽於此時出現。但這些委員會都是因爲特別緊急事故而成立，並無永久機關。最早的永久的各業委員會是於一八四六年成立於利物浦(12)。到一八六〇年時，格拉斯歌(13)，謝菲爾，愛丁堡(14)，及其他許多地方都有永久的各業議事會了。

一八六一年倫敦各業議事會成立。到一八六七年時差不多每一個重要工業中心地都有一個這樣的會。對於增進本地工人利益和促成國會制立與利除弊的法律，這些各業議事會出力不少。他們所辦的事大約是倡導舉行「全國各業組合會議」(1)一事最為重要。第一次由一個各業組合機關召集只要工人出席，討論各業組合問題的會議是由格拉斯歌各業議事會發起，於一八六四年舉行於倫敦。在這次會議中，到會的不過二十名代表；但這二十名代表已包括各主要全國組合的一切最高等職員。到一八六八年滿切斯達各業議事會召集全國各業組合會議於滿切斯達(2)；一八六九年伯明罕(3)照樣仿行之後，這個英國的「勞働議院」(4)就成為每年準有的事了。

(187)一八七一年至一八七六年之寬大立法　職工組合史中本時期的第二種重要事件是殘存的限制勞働聯合各法條之廢除。這件事是一八六六年至一八七六年十年間長期鼓動及極力整頓的結果。一八六五年至一八六六年謝菲爾和滿切斯達屢見勞働擾亂，罷工，解雇，破壞機器及其他財產之事層出不窮；當地各組合的職員大受造意教唆的嫌疑。各方面羣起要求政府徹查，甚至許多組合的會員也參加這種要求。一八六七年國會特為此事設立一班全權委員會，當此舉國痛很之時職工組合也免不得局促待罪於公堂之下。調查期間這兩年眞是職工組合生死存亡的關頭。但到後來各組合幸得穩渡難關。委員會於一八六九年呈出的多數報告是一部無偏無頗而稍不一貫的文卷。據稱職工組合對於工人實無眞正的經濟利益可言；但同時又條陳說從此以後不僅是關於工資及工作時間的勞働聯合應定為合法（按一八二五年的法律，

1. "National trades union congress." 2. Manchester. 3. Birmingham. 4. "Parliament of labour."

他們此時也是合法的，就照這樣辦，） 並且，除「有破壞契約之行爲」的聯合不得成立以外，一切勞働聯合俱應定爲合法。 報告書甚至條陳以爲職工組合，除在某種情形之下外，應許以註册立案之權，並得受法律保護以防社中基金被盜竊詐取之事。 這種特權正是各組合想望已久的，尤以基金較富的各大組合爲甚。 少數報告書更進一層，陳請採用兩個原則：

（一）凡任何他人所行之行爲不爲非法時，組合之會員行之不爲非法，

（二）凡個人單獨干蹈之行爲不爲犯罪時，數人聯合蹈之不爲犯罪。

國會及一般公衆對於這件事體之恍悟產出了新法律之制定，從此英國職工組合的法律地位受其約束以至於一九〇六年職工爭議條例通過之時。 關於此事，三件法律最爲重要。 第一件是一八七一年的職工組合條例(1)；第二件是一八七五年的結夥爲非及財產保護條例(2)；第三件是一八七六年的修正職工組合條例(3)。（一八七六年以後，第一件和第三件是解釋爲一種法律通稱「一八七一年及一八七六年之職工組合條例」(4)。 按一八六九年通過的法律國會曾定暫行條款以保護職工組合基金本節正文不及敍入特誌於此。） 這次立法的要義可以概括說明，不必細舉各條例的條款。（這三件法律的原文俱載於郝衞爾的勞働法律便覽四七頁至五八頁及九五頁至一一二頁(a)；撮要之記敍，可參看赫耶士的英國社會政策八七頁至一〇一頁(b)。 第一層，這次法律中「職工組合」一詞的意義是定明爲「以規定工人與僱主間關係，或工人與工人間關係，或僱主與僱主間關係，或以加限制條件於任何職工或商業之行爲爲目的之暫時的或永久

(a) Howell: Handy-Book of the Labour Laws, 47–58, 95–112. (b) Hayes: British Social Politics, 87–101. 1. The Trade Union Act of 1871. 2. The Conspiracy and Protection of Property Act of 1875. 3. The Trade Union Act Amendment Act of 1876. 4. "Trade Union Acts, 1871 and 1876."

的聯合，此等聯合係指在主要條例（即是一八七一年條例）尚未通過時，無論是否因其目的之一個或幾個為妨礙職業之故而被認為不合法之聯合」。又有條款規定職工組合，經會員七名以上簽名於規約並與其他相當資格符合時，得將組合註册立案，於是就可取得友誼謹慎的工業結社所享法律保障的一般特權和不涉訴訟之權。條例聲明任何職工組合的目的不得只因其為妨礙職業之故而被認為不法「致使該組合任何會員受結夥為非之刑事控訴或他種罪名」；又聲明若個人單獨干蹈之行為不為非法時，凡蹈此行為之人俱不得加以結夥為非之罪。各組合的保有財產及收集基金之權俱受法律完全保護。凡會員與職工組合間關於僱傭或營業條件，或關於組合捐款或罰金之繳納，或關於組合基金之使用等契約，或一組合與他組合所定之任何契約，因破壞契約而提起要求賠償損失之訴訟，或要求直接強行此等契約之訴訟，法庭雖不能受理，而條例中却有明文規定此等契約不得謂為有干例禁；總之其居意是在使組合與會員間或與他組合間沒有可合法強行的契約。條例中又明定凡惡意的破壞勞動契約之行為，無論個人單獨所為或數人聯合所為（於其他情形中）有正當理由可推知其為危及生命或傷害身體或暴露有價財物使遭毀損或損害時應處以二十鎊以下之罰金或監禁三月罰作苦工。

(188)一八七一年以來之職工組合塔爾衛爾案：緊接一八七一年法律制定後幾年間職工組合數目和會員人數都極為發達。法律限制之寬弛自然是一個理由。然而更重要的一個理由是此時英國國家昌盛和商業勝賑。在一八七四年國會選舉之前，謝非爾眾行的職工組合會議聲稱他的會員代表一百一十餘萬有組織的工人，其中包括二十五萬煤礦工人，二十五萬工場轉運手及十萬農業工人；因爲英國實業史上這個時期之一特色是組合主義推行及於農鄉工人和普通工人中（見本章第七十九節末段）。然而一八七五年至一八八〇年間工業物價低落同時因減少工資而激出屢舉屢敗的同盟罷工，在這個期間職工組合運動也陡然衰落。十年之後又見了一個工業昌盛時代，而組合主義也就復興了，此刻却帶着很重的社會主義色彩。經一八九〇年至一八九九年十年間各組合的氣運興衰總是隨工商業漲落爲升降，所以一八九二年至一八九五年是彰明較著的停滯時期，而一八九六年至一八九九年是昌盛時期。

在二十世紀的最初十年間英國職工組合主義之進步，雖亦有停頓之時，却是步步着實。恰在二十世紀開幕之前，即一八九九年，成立了一個職工組合總聯合會(1)，以圖輔助常年各業組合會議及他的議院委員之活動，尤注重於使已組織的工人處於較便利的地位以便於必要時能與僱主及僱主會社較量長短。這個新組織成立之後立即與大陸各國中相類的各聯合會互相聯絡。一八九八年至一九〇九年間英吉利聯合國中職工組合之數，經陸續合併，從一，二八七組合減爲一，一五三組合；但相同期間職工組合會員總數從一，六八八，五三一人增爲二，三四七，四六一人。在這十年之間各組合兩次感受重大案件不利益的判辭之壓迫，而且這兩樁事情發生的麻煩都幸虧隨即另行立法得以減輕，職工組合已經取得的利益總未至失却。

第一次遇着的打擊是上議院於一九〇一年辦理的塔福衛爾案(2)的判辭。這件公案發生於一九〇〇

1. General Federation of Trade Unions. 2. The Taff Vale Case.

年衞爾斯(1)的塔福衞爾鐵路公司(2)傭工之同盟罷工。在地方審判廳中鐵路公司被斷與二萬三千金鎊以做鐵路工役總會(3)誘脅工人破壞契約且以布防等方法援助暴行以致公司財產被其毀損之所爲。工役總會提出的辯護是說按一八七一年及一八七六年之職工組合條例，一個職工組合並不是一個法人，也不是一個自然人，也不是一個有限責任公司，又說雖組合的信託人對於涉及組合財產之事有權提起訴訟或出庭辯護，而且關於組合的動產及不動產之一切事情俱可起訴或被訴，但組合，以組合的資格，不能全體過問會員的行爲，所以對於這些行爲無論爲民事的或刑事的也不能全體負責。但法庭的判辭是說在法律上組合，以組合的資格，須對會員所犯之行爲負責。這個爭點不但對於職工組合，並且對於勞働僱主及一般公衆都有重大關係。法庭斷由各個傭工賠償傭主損失的判決總是有名無實的勝訴，因爲傭工們，都不是有錢的人，沒有可被查封的財產。但鐵路工役總會有一筆充實的存款，各職工聯合會大致也都如此。若工役總會能被定爲應對他的會員的行爲負責，這個判決就是眞能強行的了。在一個高等審判廳中巳定的判辭被駁回了；於是鐵路公司上告於上議院。(譯者按英國以上議院爲最終上訴之法院，有四名議員專司其事)。據上議院於一九〇一年十一月二十一日宣布的判辭，第一次法庭的見解是確定了。上院議員一致主張以爲按一八七一年條例關於巳註册的職工組合各條看來即可推知國會的主意是認職工組合對於侵害他人之行爲可據其註册名稱而被訴，所以職工組合的基金可得斷以賠償損失。而且依據他種理由未註册的職工組合也認爲可使作訴訟之原告或被告。

1. Wales. 2. The Taff Vale Railway Company. 3. The Amalgamated Society of Railway Servants.

(189) 一九〇六年之職工組合及職工爭議條例　對於這些習於自居爲不涉訴訟的職工組合，塔福衞爾案判決來得如同靑天霹靂一般。勞働界痛斥這個判決，曾聲言只把他看作司法官製造法律的絕好證據，而且他們毫不遲延立卽發起一個運動，指望由國會恢復勞働組織在這個最高級上訴院撤消他們的特權之前所享有的法律地位。　從此國會每期開議之時勞働派議員一定提出議案要恢復職工組合不涉訴訟之權。　一九〇三年六月，這種要求再也鎭壓不住了，一班皇家委員會就被派去考查關於職工組合及職工爭議之法律的情形；在一九〇五年巴爾富的保守黨(1)內閣極力提出一個職工組合及職工爭議議案(2)承認同盟罷工期中和平的布防爲合法而且保護組合的基金俾免塔福衞爾案判辭所含的危險，但這個議案未得通過。一九〇六年一月委員會的報告書呈出了，多數贊成更改關於布防及結夥爲非之法條，但不贊成修改塔福衞爾案判辭所據的定律（見一九〇六年考查職工組合及職工爭議皇家委員會報告書(a)）。

同時，於一九〇五年十二月，巴爾富內閣被康白爾班拿滿(3)的自由黨(4)內閣代替了。　到一九〇六年一月選舉之後，自由黨員被選的甚多，已能由一黨統治了。　然而自由黨人爲他們的政治同盟各派，卽各勞働團體，的要約所拘；到一九〇六年三月自由黨實踐這種要約便提出議案要修改一八七五年結夥爲非及財產保護條例至能平反塔福衞爾案判辭的原則。　政府的本意是只要把職工組合賠償損失的責任限制在被控之案爲組合執行委員之行爲，或爲組合委託之代理人依據組合囑咐而行之行爲或至少亦爲不違反組合囑咐而行之行爲。　但勞働派議員成功了一個更爲強固的法律。　經修改幾次，幸而得免上議院打消之後，這個

(a) Report of the Royal Commission on Trade Disputes and Trade Combinations, 1906. 1. The Conservative government of Mr. Balfour. 2. Trade Unions and Trade Disputes Bill. 3. Campbell-Bannerman. 4. Liberal Government.

(a) W. M. Geldart: The Present Law of Trade Disputes and Trade Unions, in Polit. Quar., May, 1914. 1. The Trade Unions and Trade Disputes Act. 2. Peaceful picketing. 3. The Osborne Judgment. 4. The case of Osborne vs. the Amalgamated Society of Railway Servants. 5. The Great Western Railway. 6. Clapton Station. 7. Walthamstow. 8. Walter V. Osborne.

政府提案於一九〇六年十二月二十一日經英皇批准，名爲職工組合及職工爭議條例(1)。(這個條例的原文曾印在美國勞働統計局彙報第七十四號(一九〇八年)一六八頁至一六九頁。關於本法之詳細分析，參看格爾達的現行職工組合及職工爭議法載在政治季刊一九一四年五月號(a)。)在這個重要法律中有明文規定「凡依據二人或二人以上之要約或聯合而行之行爲，若行之於考慮或促起職工爭議時，倘非此種行爲行之於無要約或無聯合時可被駁斥者，不得駁斥」。和平的布防(2)，即是守候「於房屋或人之住所，或工作之處或營業之處或任何處所之附近」若行之以和平的取得消息或傳達消息或勸人作工或勸人不作工爲目的時，是本法認爲合法的。而且任何法庭俱禁止受理控告職工組合或職工組合之職員或會員爲職工組合而犯侵害他人之行爲的訴訟。簡單說，此際的職工組合是差不多完全豁免法律程序了。(反對這個條例的一派人聲言這個條例的條文同於公然布告說「國王做的事總沒有錯的；職工組合也是如此」此語雖不無過激，也可謂善於刻畫了。)

(190)阿斯奔判辭及一九一三年之職工組合條例　上議院第二次對於勞働極有影響的判決例是一九〇九年十二月二十一日的阿斯奔判辭(3)。這個阿斯奔告鐵路工役總會(4)之案發生於各勞働組織使用他們的基金之一部分去供給下議院中勞働派議員的普通辦法。英國在一九一一年之前國會議員沒有開支歲費之例；所以在很早的年間勞働界已有慣例自行措資維持他們的不寬裕的國會代表俾能在京城安身。大西鐵路(5)克拉卜頓車站(6)的搬運夫頭兼鐵路工役總會華森斯道(7)支部的書記阿斯奔(8)反對該會章程要各會員捐助支付國會中擁護贊助勞働黨(1)黨綱各議員維持費的條款。與他有同一見解的職工組合員爲數也不少，都有意要試看組合中的這種章程是否正當，就提起訴訟力稱這種規約爲全無理由應當作廢。(本案所訴工役總會會員每名應捐之捐款其實爲數極微，每年僅一先令一本士)。　初級審判廳的判辭是把原告批斥了，但這個判辭被上訴院完全駁回，告到上議院時，上議院認上訴院的判決不差。　這個判決的意見是說職工組合或任何勞働組織要會員捐款以備報酬國會議員是法律不許的，而且組合基金無論多少俱不能這樣使用。　這樣施於職工組合的打擊是極厲害的，而且一時之間就顯着勞働的政治活動必不免陡然中絕。　這個判辭大受攻擊，在一九一〇年勞働界發起運動要由國會立法把這個判辭平反過來。到一九一一年形勢稍爲緩和，因爲國會採用新法從此凡不在閣員之列的下議院議員每年每名得由國家支給歲費四百鎊。　但勞働界的鼓動仍舊進行，到一九一三年促成新職工組合條例之通過，由此他們的目的至少是部分的達到了。

一九一三年職工組合條例(2)之重要大半是因兩件事：

(一)「職工組合」一詞之新定義，

(二)所定關於組合基金使用之新條款。

一八七六年修正職工組合條例所載「職工組合」的定義已經敘過了(見本書第一百八十七節)。　在阿斯奔案之前，這個定義的應用不曾發生過困難，而且各法庭也習於從廣義的解釋他。　至於阿斯奔案中涉到

1. The Labour Party. 2. The Trade Union Act of 1913.

職工組合定義的問題不過是偶然的事，而一九一三年條例的起草員，並無何等真正的理由，也不知是圖甚麼效果，竟把他們自己製造的定義訂在這個法律之內。據這個法律的條文明定說，按一八七一年及一八七六年之職工組合條例的主意，「職工組合」是指「任何聯合，無論暫時的或永久的，其會章以法定之目的為主要目的者；」而「法定之目的」的定義是：

（一）職工整理，

（二）會員私益之籌備。（譯者按「私益」（1）是指疾病療養費生命保險費等。凡此等目的之結社皆謂之「私益會社」（2），以其非公開也。）

這個條款的語法實是太覺曖昧，解釋的困難是無可免的。顯然的這個條例的意義就是說一種聯合要取得職工組合的資格時必須在他的主要目的中兼括職工整理和私益籌備兩項；否則每個私益會社都是職工組合了。「據常識的見解便可主張職工整理是絕不可少的目的，而私益可包括在不至破壞職工組合性質的主要目的之中。」（格爾達之言，見一九一四年五月之政治季刊四八頁至四九頁。）但要在這個條例的字句間會出這個意思來却是很困難。條例並規定友誼會社註册局長（3）的證書聲明一個團體曾經註册為職工組合時，又所給證書聲明一個未註册的團體是職工組合時，俱得斷定此等團體是職工組合。（友誼會社註册局長專管英格蘭的組合；蘇格蘭及愛爾蘭各有副局長專司此事。）

條例中關於職工組合使用基金的條款尚不至於像職工組合定義那樣出奇。阿斯奔判辭的效力是不僅

1. Benefit. 2. Benefit society or association. 3. Chief Registrar of Friendly Societies

社絕各組合使用基金於政治目的，並且不得使用於組合及會員贊助的他種目的。蘇格蘭的一個法庭甚至主張組合無權支付赴常年職工組合會議的代表的費用。這次條例對於這件事體有兩條主要條款。一條是職工組合有權使用他的基金於會章已有規定之任何目的（政治目的除外）不加限制。另一條是職工組合，無論已註册的或未註册的，可使用基金於政治目的，但須附兩個絕對條件，即是贊成所考慮的政治目的的決議必須經會員以隱名投票通過，又，不得強迫會員負擔這種目的的捐款。若是這些條款都遵行無誤，每個職工組合都得自由籌措一份政治基金而且用之於政治目的。這些條款之採用如此容易是因勞働黨於一九一一年修訂規約把從前要本黨國會中代表須具的切實質證改為使他們的責任與平常承認忠於某黨的責任無大差別。（須知在上訴院和上議院中，阿斯奔案的審判官就是受了這個影響，他們感到勞働派的質證規則過於嚴刻，不為議員留自行審擇的餘地，實與國家政策的健全原則相違反）一句話說，從此阿斯奔判辭禁止組合使用基金於政治目的的一段已經推翻了。但裁制組合不許強迫會員捐助政治基金的一段卻是確定了而且很難反悔了。會員個人對於政治目的取舍的自由權是經法律保障了，而職工組合也取得了與他種自願的結社大致相同的地位，能實行他們參加的事業而且擴張他們的活動於新途。

（191）職工組合之會員及基金　勞働組織是英國為世界開先例的一種發達。英國的職工組合是歐洲最老的而且最強的組合，歐美諸國中勞働組織都以他為模範。晚近年間英國職工組合的統計是很完備的，但在較早的時期卻零碎不齊，所以總括一個長時期之發達的正確說明是不能得的了。公家統計估算一八九四年英吉利聯合國中職工組合會員總數約一百萬人，但優越的專門家以爲總有一百三十餘萬人，而且商務部於一八九二年會發同一種估計，據算爲一，五〇二，三五八人。(見衛白的職工組合主義史(新版)緒論三三頁(a)。)　這是顯然的職工組合會員人數隨着商業起伏變動甚大。　在一八九二年後三年間會員人數低減，但一八九五年後六年間總數繼長增高，到一九〇一年總計有一，九六六，七六一人。　於是又來了一次低落，但在一九〇五年另一度增長又開始了，到一九〇七年總計爲二，四二三，二〇六人。　接着由一九〇八年至一九一〇年數又稍減，在一九一一年卻升到三，〇一〇，九五四人，在一九一四年據報告爲三，九五九，八六三人。(這些數字包括已註册的和未註册的兩項組合，已註册組合之會員約占全數百分之八十。)　統上述期間而論，組合的總數卻無大差異，變動只在一，〇五〇及一，二五〇之間。　然而較大的組合都有歸併的趨勢，在一九一四年之末組合總數是一，一二三。

二十五年來，大致說，除成立最早組織最好的各組合中人數大有增加，此外各業中會員之分配無甚重大變動。

現今組合主義的實力是在五大類職工中：

(一)採礦業及採石業，

(二)金屬機械業及造船業，

(三)紡織工業，

(四)建築業，

(a) Webb: History of Trade Unionism (new ed.), xxxiii.

（五）鐵道，船塢，及其他運輸業。

這五類包括職工組合會員總數的四分之三以上。過去二十五年中，煤礦工，棉花工，造船工，機械，及鐵路工人多已加入會員之列。在各建築業中會員人數亦有增加。但農業工人，水手，漁人，製衣業工人，粗工，及非專門的傭工中組合會員數却有衰減。（關於農業組合，參看哈斯巴的英國農業勞工史（一九〇八年倫敦出版）二七四頁至三〇二頁(a)。）須要注意，就平均數而論，屬於職工組合會員所從出的各工業階級中成年男子不過只有四分之一確與組合團結。只在有限的幾種工業中，例如煤礦業及棉花製造業，職工組合員實占傭工全體的很高的成數。在女工人方面，職工組合主義亦有進步；雖最多數女會員是屬於兼收男女會員的組合，却有些組合是純由婦女組織的。在一八九二年，女職工組合員數約十萬人；在一九〇七年約二十萬人。在一九一四年這個數目是三五二，九四四人。屬於職工組合的婦女大部分是受傭於紡織業的（在一九一四年爲二四九，〇二二人）尤以棉花工業爲甚，這一業中女組合員反比男組合員更多。但合一切工場及作場中傭僱的婦女而論，不過十二人中纔有一人屬於職工組合。（見布斯貝的英國婦女職工組合運動載在英國勞働統計局彙報第八三號（一九〇七年華盛頓出版(b)）；俠喀頓等的工業中之婦女（一九〇八年倫敦出版(c)）；赫樂的婦女之勞働組織載於一九〇五年伊里諾大學研究叢書(d)；婦女職工組合同盟會常年報告書(e)。）

各組合俱由會員繳納年費籌集基金。每個會員每年年費的數目各業不同，少的只七先令，多的到四鎊；較

(a) W. Hasbach: History of the English Agricultural Labourer (London, 1908). 274-302. (b) K. C. Busbey: The Women's Trade Union Movement in Great Britain, Bulletin of Bureau of Labour, No. 83. (Washington, 1907). (c) D. J. Shackleton et al.; Women in Industry (London, 1908). (d) B. M. Herron: Labour Organization Among Women, in Univ. of Illinois Studies, 1905. (e) Annual Reports of the Women's Trade Union League.

高之數通行於金屬工業中及機械工程中，較低的通行於礦工及船塢工人組合中。商務部造的組合基金統計只算入一百個重要組合，然而已包括組合會員總數三分之二。按商務部的組合基金統計所載一九〇六年各組合的收入平均爲每員三十九先令九個半辨士，實存基金爲每員一先令七又四分之一辨士。衞白估算一九〇七年各職工組合的收入總計爲二，四九三，二八二鎊，支出總計爲二，〇五四，一五七鎊，年終實存基金爲五，六三七，六六一鎊，據說這實存一項直可斷定爲「英國或其他國自有勞働史以來空前的鉅額」(見職工組合主義史(新版)緒論三七頁)。組合基金支出的要項是爭議卹金，(譯者按本章所言「爭議」多指僱主與僱工間的爭執辯論，爭議不決之時僱工不能不暫停工作以待解決，在這個期間組合若不支款接濟，工人自必難於持久)。失業卹金，各種友誼卹金(譯者按如喪葬醫藥等費是)，及職員司事等薪水 (見威爾的職工組合私益之要點，載於美國勞働統計局彙報第六四號(一九〇六年華盛頓出版)(a))。爲這幾種目的支出的費用之比例因各業情形不同而異；但據一八九七年至一九〇六年十年報告書估算一百個重要組合每年平均開支之費如下：

爭議卹金，百分之一三·四，

失業卹金，百分之二二·一，

友誼卹金，百分之四二·五 (計疾病及失業卹金百分之一九·一，老衰卹金百分之一二·四，喪葬等卹金百分之一一)，

(a) W. E. Woyl: Benefit Features of Trade Unions, Bulletin of Bureau of Labour, No. 61 (Washington, 1906).

經費，百分之二二。

(192)現今之職工組合組織　關於內部組織，各組合相異頗甚。有些組合只不過是一地方的職工俱樂部，他們的方針是由會員們非正式的集合商決，充其量再加幾名輪流値事或拈鬮派定的無關緊要的職員而已。在工業緊急之時，自然也組織一班罷工委員，這班委員的臨時權力却是不小。反之，有些組合定有很詳細的會章，有勢力很大的許多職員，和種種活動。最有趣味的是棉花工人三十年來他們組合的職員照例是用競爭考試之法選擇。但其他各業中選舉職員的辦法，和被選之人的材力，尚多不適當之處。還有一些組合仍舊是限於一隅的組織，既無支部，也不與其他組合相聯絡。但職工組合會員的大部分多屬於與同業組合相聯絡或與各業同類組織相聯絡的各組合。有些職業中已設立了很大的結社，但不是已經成立的各地方組合之聯合，乃是包括全國的組織，爲便於辦事起見分成各區支部。開這種先例的是一八七二年成立的鐵路工役總會。（一八五一年成立而且在一九〇六年之末有會員一〇七，一四〇人的工程師總會的組織頗足代表其他全國會社的組織。每一支部的會員不得少於七人，亦不得多過三百人。支部自行選舉職員，自行收集基金，自行支用基金，自管支部的事務。每二星期集會一次討論會務，並薦舉新會員。會員每星期應繳之費通常是一先令三辨士。祕書，每年一選，掌管支部帳目及通信之事。其他職員爲慰問幹事[1]，其職務是每星期兩次問候有病的會員，在支部開會時報告訪問情形，而且按期親送疾病卹金與病人。支部又委託一位醫生爲有病的會員診治。本組合支部職員的薪水是全國各處一律的。組合總機關設在倫敦，有一

1. Sickness stewards.

員秘書逐日辦公。 秘書，由司事襄助，造具各城勞働狀況及其他有利害關係的每月報告書。 此外尚有每季報告書，每年有常年報告書，卷帙甚繁。） 較大的各全國組合有很強的趨向要結為一個聯合會以求達公共利益之目的。 前已表過，在一八九九年曾成立一個職工組合總聯合會(1)，其目的是在廣羅團體，各出些少會費，積少成多，以便接濟任會的組合辦理職工爭議之事。 在一九〇七年之末，這個組織已經聯絡了一百一十六個會社，共計有會員六〇一，一九五人。 過去年代中屢次計畫要建設全國唯一勞働結社聯合會總未能成功；而且一八九九年的聯合會進步甚遲，十五年之後他尚未能包舉這個範圍的全部。

(193)**勞働之政治活動：獨立勞働黨** 英國職工組合在較早年間絕未利用政治方法以求達目的。 然而在一八七五年左右他們對於這一點的方針便改變了，現今職工組合員通常都是與有嚴格政治黨派性質的組織相聯絡的。 採用政治方法的一個原因是一八六七年城市工人被給與選舉權。 （譯者按英國於一八三二年第一次國會改革案(2)中不過是把議席之數按新舊城市居民多寡另行分配而已，人民選舉資格的財產限制雖稍有變更，仍有多數人不能享參政之權。 到一八六六年時格蘭斯頓(3)極力主張再行修改，但他的建議未得國會通過，自由黨內閣因之下台（當時格蘭斯頓是自由黨的領袖）。 保守黨接着組閣，他的領袖狄士雷里(4)不讓自由黨獨攬民心，提出的國會改革案比格蘭斯頓的更進一步，於一八六七年通過，稱為第二次國會改革案(5)。 這次改革案重要之點有三。 （一）從居民較少的城市上減除五十八位議席分配於居民較多的城市。 （二）各縣鄉中自由營業人其財產之純收入每年達十二鎊者（以前為五十鎊）得享有選舉

1. General Federation of Trade Unions. 2. The First Reform Bill. 3. Gladstone. 4. Disraeli. 5. The Second Reform Bill.

權。　租借營業人及澱勞營業人之土地純收入每年達五鎊者（以前爲十鎊）亦得享有選舉權。　（三）一八六七年之前城市中居民必須自有住宅每年可值租金十鎊者纔有選舉權，此刻凡各有住宅之人無論其住宅價值多少俱有選舉權；自己無住宅而賃居每年付租金達十鎊者亦有選舉權。）　以前工業中食工資者沒有投票之權，太無實力，不能直接影響國會立法及國家政策。　此刻他們能有很大的機會了。　職工組合採用政治方法的第二個原因是社會主義傳播於英國，以一八八〇年後爲甚。　再者，農鄉工人雖不及城市工人易於感受社會主義和政治勞働主義，他們也於一八八四年得了選舉之權。（譯者按一八六七年國會改革案通過之後，農鄉工人大爲不平，他們與城市工人一樣的是勞働者，而城市工人獨得享有選舉權，未免顯有歧視。　一八八四年格蘭斯頓提出人民代表條例，其中規定農鄉工人與城市工人同樣享有參政之權。　這個一八八四年條例和着一八八五年另行分配議席案稱爲第三次國會改革案(1)。　在第二次國會改革案之年（一八六七年）有兩名候選議員運動要入下議院爲勞働代表。　兩人俱未被選；但自由黨却因此逼得宣布新黨綱，以圖博得新獲選舉權的工人之贊助。　一八六九年的職工組合會議正式宣布要使國會中有勞働代表，爲求達這個目的就設立了一個勞働代表同盟會(2)。　在一八六九年，一八七〇年，及一八七三年的補充選舉中不依附他黨的勞働候選議員很增加了些實力，而且在一八七四年總選舉時勞働候選議員竟有十三名之多，其中有兩名獲選。（在最多次中自由黨及保守黨俱與勞働派相爭，而結果多是保守黨獲勝。　但自由黨後來與勞働互有要約，不得不承認以馬但拿(3)爲司達佛(4)選舉區的候選議員和褒特(5)爲摩鮑什(6)選舉

1. The Third Reform Bill. 2. Labour Representation League. 3. Alexander Macdonald. 4. Stafford. 5. Thomas Burt. 6. Morpeth.

區的候選議員，這兩人因此被選而爲下議院第一班「勞働派議員」(1)。乃是在這一次各職工組合纔開始給勞働代表候選人以正式的贊助，據說礦工，鐵工，和其他幾個會社曾投票贊成，且撥款資助幾個運動選舉的人。職工組合施展的政治勢力在一八七五年結夥爲非及財產保護條例和一八七六年修正職工組合條例兩案通過時就很不小了。

在一八八〇年選舉時三名勞働候選議員獲勝，在一八八五年選舉時勞働派議員團體中又加了四名礦工會員，諾佛克(2)的一名農業工人代表，和倫敦各選舉區舉出的三名組合員，共爲十名(同時斯達福的一個議席被失却了。)這十名勞働派議員都是現任的或前任的職工組合職員。一八八五年選舉的國會因格蘭斯頓的第一次愛爾蘭自治案(3)失敗而被解散，在一八八六年選舉時原有的十名勞働派議員中有三名失了議席。然而在一八八六年至一八九二年的國會中勞働議員團體實際上增爲十二名，因爲有五名議員，雖是以急進派的資格被選而且與職工組合向無聯絡，却是對勞働階級極表同情的人，所以與這七名組合員代表通力合作。這個時期是政治的組合主義史中之一絕險時期。第一層，此時正興起「新組合主義」(4)，這個新主義與「舊組合主義」(5)重要的相異之點是新組合主義的組織對於粗工巧工不分彼此，幷蓄兼收，而且新組合主義對於資本階級取一種攻擊的態度。第二層，此時正是社會主義發達甚速之時，所以新組合主義也帶有很重的社會主義色彩。第三層，此際是工業界極擾亂的時期——最著之事如一八八八年倫敦煤氣工人之同盟罷工，更厲害的如一八八九年倫敦船塢工人之同盟罷工。然而在一八九二年的總選舉和

1. "Labour members." 2. Norfolk. 3. Home Rule Bill. 4. "New unionism." 5. "Old unionism."

隨後不久的補充選舉中下議院勞働派議員竟增至十六名之多。

在一八九二年選舉以前，英國並無所謂勞働「黨」(1)。勞働派議員之被選總是由一個選舉區中本地職工組合自作主張，並不問其他選舉區中所從的政策如何。然而此際已經有幾個重要的社會主義派組織出現了，最著名的是社會民主協會(2)，成立於一八八〇年，及斐炳社(3)，成立於一八八二年（見本書第二百四十四節）。第一次聯絡社會主義派及勞働派的事業是成於一八九三年一月在布拉德佛(4)舉行的會議，其結果是獨立勞働黨(5)之成立，為英國現今幾個小政團之一。這個新組織的目的是聲明為促進「生產，分配，及交易工具之集合所有權及管理權」而進行的方法是「以贊成本黨宗旨且矢忠於本黨政策之人為下議院之人民代表」。意圖大舉的機關也設下了——由各地支部遣派代表每年舉行一次常年會議，又由常年會議代表選舉全國理事會以執行常年會議的決議。國會候選議員，若欲得黨中金錢的資助，必須立具文約承認擁護本黨目的及政策，而且在下議院中必須坐在反對政府的一邊。獨立勞働黨最初宣布的黨綱包括下列各項：

(一)普遍的一日作工八小時，

(二)廢止過度工作，按件計工，及十四歲以下兒童之僱傭；

(三)國家為疾病人，殘廢人，及老年人籌備贍養；

(四)免費的，無宗教派別的各級教育；

1. "Party." 2. Social Democratic Federation. 3. Fabian Society. 4. Bradford. 5. The Independent Labour Party.

（五）重課非勞力所得稅，使達於相消之點；

（六）裁減軍備。

在這些要求之上，後來又加了許多別的要項，最重要的爲婦女參政權，國會選舉須兩度匿名投票，限制一屆國會壽命爲三年，及工業之歸市府管理。

獨立勞働黨的黨員人數絕未至於很大。最初時，這黨發達極速，在一八九六年有二萬多黨員。然而稍後，人數便減少了。在一九〇一年獨立勞働黨付給勞働代表委員會(1)的協款按黨員人數計算僅一萬三千人，在一九〇六年僅一萬六千人（見勞衞爾的英國政治論第二卷三一頁(a)）。但須注意僅靠黨員人數的統計表絕不足以度量這黨的眞實勢力。這黨常得許多姓名不見於黨籍之人的贊助。在地方選舉中，這黨很早的已獲勝利，一九〇五年時各種地方議會中他占有四百多議席。然而他的國會選舉的運氣是失望的。在一八九五年選舉時他提出二十八名候選議員，但一名也沒有當選，而且他的黨魁哈迪(2)反把一八九二年取得的議席失掉了。一九〇〇年哈迪又被選入國會，這纔是獨立勞働黨的第一次國會選舉勝利；到一九〇六年，其時急進主義的潮流很盛，獨立勞働黨候選議員中有七名，黨員中有十六名，俱被選入下議院。

(194) 政治組織之發達：勞働黨　獨立勞働黨始終有社會主義的性質，雖然他的社會主義尚不十分徹底，不足使他與純粹社會主義派組織如社會民主協會等免去衝突，而這一黨的精神實是屬於社會主義的。但，反之，他的黨綱對於多數職工組合會員又太嫌急進了，於是他們斟酌損益另成一較大的組織，用簡單名目稱爲

(a) Lowell: Government of England, II. 31. 1. Labour Representation Committee. 2. Kier Hardie.

勞働黨(1)。　先是一八九九年的職工組合會議發盡心力糾集願意協助增加國會中勞働派議員之各協作社，職工組合，社會主義派組織，及勞働階級組織等的代表成爲一個團體。　這個團體於一九〇〇年二月在倫敦舉行第一次集會。（譯者按前節所說的勞働代表委員會，即由此會產出(2)。）社會民主協會因宗旨不合，退出這個團體，於是這個新組織中占勢力的多是傾向政治而非社會主義派的職工組合。　這個結合的目的是發明爲「在國會中成立一班勞働派團體，其分子對於政見得自決所從，而對於任何政黨之從事於直接增勞働利益之立法時俱當立即協助。」　這個新組織發達極速。　在一九〇六年選舉時，他提出五十一名候選議員其中竟有二十九名當選——爲下議院中前此未有的最大勞働派團體。　在這二十九名之外，還有十一名議員與礦工組織相聯絡，和十四名稱爲獨立勞働派(3)亦稱自由勞働派(4)的議員，於是勞働派議員名額共爲五十四人。　與勞働代表團體向來互相扶助的自由黨此際已在國會占大多數議席，很可完全獨立。然而自由黨受勞働分子以前的贊助和以前的要約之拘束，兼之自由黨也有許多人並不反對勞働界較不激烈的要求。　結果這個一九〇六年的政治「革命」成爲勞働法制及勞働救濟的新時代之起始點；前已表過，這個新時代最早的重要發展便是一九〇六年職工組合及職工爭議條例之採用（見本書第一百八十九節）。

勞働代表委員會既成大功，達到造出國會中勞働派團體之目的之後，便消去了他那居之無愧的名稱而改號爲「勞働黨」。　勞働黨改訂章程，一反從前所爲立出種種保證條件要本黨候選議員被選之後承認依從本黨年會決議各款行事，至少凡關於本黨存在之目的之事必須照年會決議而行。　候選議員先由各職工組合

1. The Labour Party. 2. Labour Representation Committee. 3. Independent Labourites. 4. Liberal Labourites ("Lib-Labs.")

舉出，經勞働黨選舉的中央委員會審查合格之後，勞働黨便以他們爲本黨的候選議員而爲之運動選舉。在國會之內，這黨是組織得很緊密鞏固的。在外面，他只是職工組合及他種會社的一個泛泛的結合，在一九一二年共有黨員約一百五十萬人。然而乃是大半因爲這種組織在全國各處俱有伸縮餘地，所以他的發達能超出勞働的其他一切政治組織之上。

勞働黨對於聯絡社會主義與職工組合主義之功實可首屈一指。在一九〇七年之前勞働黨拒絕投身於社會主義的原理中，而且，前已表過，這黨最初所以能有實力就是多半因他與社會主義不相接近之故。然而在一九〇七年這黨採取一個決議聲明贊成「生產，分配，及交易工具之社會公有，使屬於民治國家管理以謀社會全體之利益，及勞働之完全解放，俾免資本階級及地主階級之宰制，並男女間社會平等及經濟平等之建設」（見一九〇七年勞働黨常年會議議事程序（a））。這個自然是社會主義派的宣言，但尚非最急進之種類，而且他的一般效果是擴張這黨的實力而非減少這黨的實力。其實，勞働黨的重要黨員如馬但拿姓樂瑟名（1）及施樂登（2）並國會中勞働黨議員之過半數都是昌言不諱的社會主義派。

自一九〇八年以來，英國國會中勞働各派已有併爲一系的進行。在一九一〇年一月及十二月選舉時，他們失了幾個議席；但自一九一〇年以來下議院中勞働派代表的數目變動常在四十二至四十五之間。於這個數目中，約有一半是屬於勞働黨的，其餘的爲獨立勞働黨員或自由勞働派，這班人對於工業事體自行主張他們的政策，但在別的事中他們不過是自由黨之一系而已。自一九一〇年一月選舉以來，勞働派議員全體

(a) Proceedings of the Labour Party, Annual Congress, 1907. 1. Ramsay MacDonald. 2. Philip Snowden.

在國會中占的勢力實超出於他們的人數之上。自由黨內閣，已經完全失却了他於一九〇六年獲得的國會議席的過半數，繼續倚賴他的同盟派，愛爾蘭國民黨(1)及勞働派議員的贊助以維持他的地位。這樣享有的均勢已被他們極力的利用來促進所想望的立法(見本書第二十五章英國社會保險諸節)。同時自然應當注意觀查這樣的形勢之存在實是例外的，爲長久計勞働派要想占政治的勢力只有兩途可成——(一)利用他們的選舉票與舊黨協定共通的計畫，(二)自行造成一個與舊黨勢均力敵的第三黨。這兩個方法的第二個，雖不見得全無希望，却有極大的困難。應當合而爲一以成一個有統屬的大勞働黨之各分子始終是根本不調和的，社會主義實爲其互相軋轢之主要淵源。而且，卽或內部不協的危險能有法免除，也還有一件困難題目，卽是在英國人中這二黨制久已深入人心，向來不曾有第三黨能預防他的黨員轉被在朝黨或反對黨繼續吸收因而銷磨其勢力。

譯者按英國在拿破崙戰爭之後二十年中不但經濟狀況危險，而且政治亦極腐敗。關於經濟狀況，如農業變化，工場制度，穀物條例，新卹貧法，等已散見本書各章(第六章第七章第十二章及第十七章)至於政治腐敗的主因乃是選舉制度不良：選舉區域久仍不變以致議員人數與所代表的地方之人口參差懸絕，選舉資格限制太嚴以致多數人民無參政之權，選舉票署名公開以致議員多由賄買。一八三〇年時保守黨力主改革，到一八三二年便成功了第一次國會改革案，因此保守黨就博得了一個改進派(2)之名。然而選舉資格的財產限制仍是很嚴，只有中產階級能享這次改革的利益，對於無產階級這次改

1. The Irish Nationalists. 2. Reformers.

革可謂毫無關係。工人智識淺薄，又當困苦頻迎之時，只要聽得有救苦救難的方法自然無不樂從；於是就有些思想半生不熟的急進派出而倡導要用直接了當的方法解決各大問題。一八三六年這班人就組織了一個倫敦工人會（1）來幹此事。一八三七年這班人草擬一篇宣言，稱爲「人民憲章」（2），要求六款：（一）全國選舉區域須平均劃一，（二）成年人俱有選舉權（起初是連婦女包括在內因恐妨全局，後來便把婦女參政權除去了）（三）國會每年改選一次，（四）隱名投票，（五）選舉資格無財產限制，（六）國會議員給俸。於是這個普選運動（3）的正場就開始了，直到一八四八年纔閉幕。

這段歷史極其瑣碎繁雜，可從簡說明於下。一八三六年至一八三九年爲預備時期，急進派四出運動，聯絡各地職工組合，辦報鼓吹。一八三九年正劇的第一幕開臺，工人大會於倫敦，向國會請願；不得結果而散，普選運動的領袖被逮捕監禁。一八四二年第二幕出現，情節與第一幕大同小異，而手段稍覺和平，但仍無結果，於是普選派大起內訌，「道力派」（4）與「實力派」（5）各不相謀，背道而馳，各處罷工暴動之事日見其多。政府正盼他們搗亂纔有所藉口施其壓制，此刻便真用兵隊彈壓，死傷了幾十人，捉了幾個領袖判以監禁之刑。一八四三年至一八四八年爲第三幕，普選派到處招人詬病。他們的重要武器就是聚集多人，列隊遊行，手執白旗，各處演講。這種事體在緊要關頭舉行一次固然能動人觀感，激起同情；無奈他們樂此不疲，用之不以其道，老要這一套把戲，旁觀者久則生厭是情理之常；再加以他們夥着人多勢衆，不免夾雜些胡作非爲，於是社會上就由厭倦而至於深惡痛絕了。一八四八年爲第四幕，也就是最

1. The London Working Men's Association. 2. "People's Charter." 3. Chartist Movement. 4. The Moral Force party. 5. The Physical Force party.

末幕。　這年法國革命成功，建立第二次共和國，消息傳到英國，普選派又覺興致勃勃。　他們又要向國會請願，號稱有六百萬人簽名的請願書，用十幾輛大車裝載，二十萬工人排隊隨行。　英國政府聽得這個消息大吃一驚，立即起用老將惠靈頓(1)公爵使任倫敦治安之責。　於是倫敦全城戒嚴，十七萬商家子弟俱武裝執械，如臨大敵。　四月十日，正是預定請願之期，大雨如注，果有二萬工人列隊向國會進發，經兵士出阻，旋即潰散，接收過來的請願書共裝五車，計重五百八十四磅。　國會審查請願書簽名人數實不到二百萬，而且內中有酒糟鼻子，小猢猻，雷克司維多利亞(2)(即維多利亞女皇)，惠靈頓公等，顯係捏名，卽據以宣布於衆，再也不理會普選派了。　普選運動轟轟烈烈的鬧了十年，結果只是一場兒戲；英國人本來富於保守性，經了這一次教訓之後，無論甚麼新說都是充耳不聞，絕口不談，如此者足足三十年。　職工組合與普選派聯絡不久便避之若浼，後來竟直以「不談政治」爲圭臬，如此者亦三十年。

然而普選派要求的六款無一不是名正言順的，而且英國後來的政治改革也無不與要求之款相合。

第一款劃一選舉區域實現於一九一八年的人民代表條例(3)。　第二款成年人選舉權實現於一八八五年第三次國會改革案及一九一八年條例。　第四款隱名投票實現於一八七二年隱名投票條例(4)。　第五款廢止財產限制實現於一八五八年。　第六款國會議員給俸實現於一九一一年。　只有第三款國會每年改選一事尚未實行，但一九一八年人民代表條例與革諸款比普選派的要求實有過之無不及。

至於普選運動本身失敗的原因也有好幾個。　論其大者，第一，同時有反對穀物條例運動，社會上多注

1. Duke of Wellington. 2. Victoria Rex. 3. The Representation of the People Act of 1918. 4. Ballot Act of 1872.

(a) C. R. Faye Life and Labour in the Nineteenth Century, 157-170. (b) A. P. Usher: The Industrial History of England, 512-518. (c) M. Hovell: The Chartist Movement (Manchester, 1918).

意這樁事，到一八四六年穀物條例撤銷後，普選派也失了「廉價麵包」的大題目了。第二，一八四〇年之後英國各處大修鐵路，僱用工人甚多，經濟狀況逐漸改良，工人境遇亦比前稍好。第三，最重要的，是普選派分子複雜，良莠不齊，而且缺乏正經的領袖人物。固然當時普選派也出了些好文章，至今尚爲研究英國社會主義史的重要材料，而且歷史家對於那些領袖們褒貶之辭亦各不相同。但是，若責他們「不忠於職務，」他們眞是百喙無以自解。有幾位專唱高調，發一些遠水不救近火，人不能行，他也不能行的議論；然而這還算好的。還有些藉着爲婦女要求參政權的名目專在婦女叢中鬼混，討好賣乖。有自己毫無一定主張，專於看風使帆的。有崇拜暴徒，凡事都要以腕力解決的。要靠着這一班人去幹大事，英國那幾百萬工人可算是倒了大霉。

總而言之，無論怎樣光明正大的題目，到了一班無聊之人的手裏，準是成事不足，敗事有餘，欲進反退，欲速反遲。參考法依的十九世紀之生活與勞働一五七頁至一七〇頁(a)；厄霞的英國實業史五一二頁至五一八頁(b)；史拉德的近世英國之締造第十二章。何維爾的普選運動史（一九一八年滿切斯遂出版(c)）是這個題目的最好的著作。

SELECTED REFERENCES

General

P. Alden, Democratic England (New York, 1912), 215-237.

G. H. Perris, Industrial History of Modern England (New York, 1914), 331-340.

C. J. H. Hayes, British Social Politics (Boston, 1913), 77-106.

A. E. Bland, P. A. Brown, and R. H. Tawney, English Economic History, Select Documents (London, 1914), 619-646.

F. W. Tickner, Social and Industrial History of England (London, 1915), 595-608.

M. Briggs, Economic History of England (London, 1914), 262-290.

A. D. Innes, England's Industrial Development (London, 1912), 322-347.

A. Shadwell, Industrial Efficiency (London, 1906), II, Chap. XIV.

L. T. Hobhouse, The Labour Movement (3d ed., London, 1912), 20-58.

S. J. Chapman, Work and Wages, in Continuation of Lord Bassey's "Work and Wages" and "Foreign Work and English Wages" (London, 1908), II, 36-73.

W. Cunningham, Growth of English History and Commerce in Modern Times (5th ed., Cambridge, 1912), Pt. I, 732-737, 754-762.

S. and B. Webb, Industrial Democracy (rev. ed., London, 1907), Parts II-III.

S. and B. Webb, History of Trade Unionism (new ed., London, 1911), especially the Introduction.

G. Howell, Trade Unionism, New and Old (3d ed., London, 1900).

G. Howell, The Conflicts of Capital and Labour Historically and Economically Considered (2d ed., London, 1890), 68-215.

G. Howell, Labour Legislation, Labour Movements, and Labour Leaders, 2 vols. (2d ed., London, 1905).

G. Drage, The Labour Problem (London, 1896).

G. Drage, Trade Unions (London, 1905).

E. A. Pratt, Trade Unionism and British Industry (London, 1904).

P. de Rousiers, The Labour Question in Britain, trans. by F. L. D. Herbertson (London, 1896).

J. M. Baernreither, English Associations of Workingmen, trans. by A. Taylor (rev. ed., London, 1891).

C, H. Parker, The Decline in Trade Union Membership, in Quar. Jour. Econ., May, 1910.

W. E. Weyl, The Benefit Features of British Trade Unions, Bulletin of Bureau of Labour, No. 64 (Washington, 1906).

K. G. Busbey, The Women's Trade Union Movement in Great Britain, Bulletin of Bureau of Labour, No. 83 (Washington, 1907).

S. Gompers, Labour in Europe and America (New York, 1910).

W. T. Layton, The Relations of Capital and Labour (London, 1915).

H. Cox, The Position of Trade Unions, in Quarterly Rev., Oct., 1910.

M. F. Robinson, Trade and Labor Association (London, 1913).

E. von Philippovich, Le mouvement ouvrier et la réforme sociale en Augleterre, in Rev. Écon. Internat., Jan., 1914.

G. D. H. Cole, The World of Labour: a Discussion of the Present and Future of Trade Unionism (2d ed., London, 1915).

W. V. Osborne, Sane Trade Unionism (London, no date).

C. M. Lloyd, Trade Unionism (London, 1915).

Labour Year Book, issued under auspices of the Parliamentary Committee of the Trade Union Congress, the Labour Party, and the Fabian Research Department.

Trade Unions and the Law

S. and B. Webb, History of Trade Unionism (new ed., London, 1911), 344–408.

D. R. C. Hunt, The Law Relating to Trade Unions (London, 1902).

D. F. Pennant, Trade Unions and the Law (London, 1905).

G. F. Assinder, The Legal Position of Trade Unions (London, 1905).

I. E. Davis, The Labour Laws (London, 1875).

J. H. Greenwood, The Law Relating to Trade Unions (London, 1911).

H. H. Schloesser and W. S. Clark, The Legal Position of Trade Unions (2d ed., London, 1913).

W. V. Osborne and M. H. Judge, Trade Unions and the Law (London, 1911).

H. Cohen, Trade Union Law (3d ed., London, 1913).

W. M. Geldart, The Status of Trade Unions in England, in Harvard Law Rev., May, 1912.

W. M. Geldart, Trade Unions, Trade Lists, and the Law, in Econ. Rev., April, 1913.

W. M. Geldart, The Present Law of Trade Disputes and Trade Unions, in Pol. Quar., May, 1914; same in book form (London, 1914).

H. R. Seager, The Legal Status of Trade Unions in the United Kingdom, in Pol. Sci. Quar., Dec., 1907.

Legislation and Court Decisions Affecting Trade Unions Since 1900

H. Cox, The Position of Trade Unions, in Quar. Rev., Oct., 1910.

W. H. Lee, The Great Strike Movement of 1911 and Its Lessons (London, 1911).

W. V. Osborne, My Case: the Cause and Effect of the Osborne Judgment (London, 1910).

J. R. Macdonald, The Osborne Judgment and Trade Unions, in Contemporary Review, Nov., 1910.

H. W. Horwill, The Payment of Labor Representatives in Parliament, in Pol. Sci. Quar., June, 1910.

J. H. Greenwood, The Law Relating to Trade Unions (London, 1911).

Labour in Politics

A. L. Lowell, Government of England (New York, 1909), II. Chap. XXXIII.

S. P. Orth, Socialism and Democracy in Europe (New York, 1913), Chap. IX.

E. Guyot, Le socialisme et l'évolution de l'Angleterre contemporaine, 1880–1911 (Paris, 1913), 123-315.

Labour Year Book, 1916 (London, 1916), 303-382.

J. K. Hardie, The Labour Movement, in Nineteenth Century, Dec., 1906.

M. Alfassa, Le parti ouvrier an parlement anglais, in Annales des Sciences Politiques, Jan. 15, 1908.

E. Perritt, The British Socialist Labor Party, in Pol. Sci. Quar., Sept., 1908.

E. Perritt, The British Labor Party in 1910, in Pol. Sci. Quar., June, 1910.

C. Noel, The Labor Party, What It Is, and What It Wants (London, 1906).

W. M. Geldart, Trade Unions and Parliamentary Representation, in Econ. Jour., Sept., 1910.

J. K. Hardie, The British Labour Party, in Internat. Soc. Rev., May, 1910.

A. W. Humphrey, A History of Labour Representation (London, 1912).

M. Hewlett, The Labour Party of the Future, in Fortnightly Rev., Feb., 1910.

A. A. Baumann, The Law and the Labour Party, in Fortnightly Rev., Oct., 1911.

G. Guettler, Die englische Arbeiterpartei (Jena, 1914).

E. von Philippovich, Le mouvement ouvrier et la réforme sociale en Angleterre, in Rev. Econ. Internat., Jan., 1914.

第二十章　大陸各國之勞働組織

（195）**德國職工組合之發端**　勞働組織的發祥之地是英國。乃是在英國，職工組合首先出現，而且也就是英國的職工組合數目最大，會員最多，勢力最強。協作運動也是導源於英國。然而在歐洲大陸差不多每一國中組合主義現今都已確立基礎，而且有幾國——著如德國，法國，意大利，及瑞士——在過去三四十年中勞働界的組織勇猛精進，功效大彰的程度已是很高的了。大致論來，可以說大陸的職工組合主義是以英國的為模範。然而大陸的組合與社會主義相聯一事，卻比英國更早；而且在近年之前大陸各組合的方法和趨勢是顯然較有政治意味的。英國組合派近來在政黨組織和政治活動中所占的地位之重要已大增加，所以最後說的相異之點已大半消滅了。

德國職工組合主義之造端始於普法戰爭之前數年。一八六〇年至一八六九年這十年不但是普魯士百廢俱舉的時代，而且是政黨組織和政黨競爭發展最速的時代。在俾士麥拜相之年（一八六二年）互不相下的兩個政黨，保守黨和進步黨，俱於一八六六年之後各自分裂為兩系，每黨都有一派溫和系和一派急進系；而較純粹的平民組織也漸露頭角於一八六三年拉薩爾(1)建立的德國工人總會(2)及一八六九年李白克尼希(3)和貝白爾(4)領袖的社會民主黨(5)（見本書第二百二十五節至第二百二十七節）。德國最早的職工組合大約是拉薩爾的兩個學生於一八六八年社會主義派在柏林舉行會議之後設立的幾個組合。這幾個組合是顯然有社會主義的性質。然而，就在同一年中，又有了獨立派別的組合之興起。這乃是希爾息

1. Lassalle. 2. Universal German Workingman's Association. 3. Liebknecht. 4. Bebel. 5. The Social Democratic Party.

(1)博士和敦克爾(2)創立的會社，其主要目的是要把勞働分子組織起來以為進步黨的急進派張羅選舉票。希爾息博士曾在英國研究組合主義的作用，他先把這種主義融和於政治作用，然後極力移植於德國；所以為德國勞働組織之特色的政治要素實是在發端之時就已輸入了。

德國的職工組合在一八六八年後很長的一個時期中進步極遲。德國的無產階級更不如英國的易於組織。德國組合所注重的是政治狀況過於經濟狀況。而且一八七八年時帝國政府開始壓制社會主義派，德國職工組合，多半帶有社會主義的性質，也歸於禁止之列。一八七八年禁止社會主義派的法律，曾經三次重申，列於德國法典直至一八九〇年，據算經這十二年中有三百三十二個會社被解散了，其中有九十五個是職工組合。然而這些組合的過半數俱改組為「專業結社」(3)，而且以公然參預政治為戒，所以仍得成就最初目的之一部分。一八九〇年政府之拋棄壓制政策致使各組合能回復真相，經隨後十五年中他們漸次得了帝國法律上的確定地位。農業工人，水手，僕役，等仍在禁止結社之列。但其他一切職業「以取得較有利的工資及工作條件為目的」的聯合之權是經法律完全承認了。職工組織的特許狀是實業法典的第一百五十二款，而且罷工及解僱亦經本條明文規定為合法行為。然而須要注意，按帝國高等法院(4)之解釋，本款之意義僅指勞働者改良經濟狀況的協和行動。他不曾承認另有法律禁止的任何舉動為合法。組合及代表組合之人須對為組合而犯之行為負責；挾制或威嚇他人強其參加組織或防其脫離組織是禁止的；而且組合為會員個人增進經濟利益時及從事於影響公家事務或政治問題之討論時須受關於有政治性質之結社

1. Dr. Hirsch. 2. Franz Duncker. 3. Fachvereine. 4. Reichsgericht, or High Court of the Empire.

的更嚴厲法律之取締。

(196)德國之社會民主組合　現今德國職工組合分爲三大類:

(一)社會民主組合(1),常稱爲「自由組合」;

(二)「希爾息敦克爾組合」(2);

(三)基督教職工組合(3)。

最重要的是第一類。　社會民主組合會員人數在一八九〇年爲二七七,六五九人,到一八九七年增爲四一九,一六二人,到一九〇二年增爲七四三,二九六人,到一九〇七年爲一,八八六,一四七人。　現今這個數目已超過二百萬,差不多占帝國有組織的工人全體百分之八十。　這類的組合多團結爲聯合會,一九〇六年聯合會之數有六十四個。　大城市中的聯合會有總事務所,附有勞働註册處,通詢代辦處,寄宿舍,讀書室,及閱書館。　自一九〇〇年以來已有許多女工人加入這種組合。　在一九〇六年有一一八,九〇八名婦女組成三十七個社會民主組合,這些婦女中差不多有三分之一都是受傭於紡織工廠的傭工。　在一九〇六年「自由」組合最強的職業是(按次序列):建築業,金屬工業及礦產工業,木材工業,運輸業,商業,紡織工業,礦業,製衣業,及飲食品工業。　自由組合在一九〇六年的總收入是四千一百六十萬馬克,總支出爲三千九百九十六萬馬克,存積基金爲二千五百三十二萬馬克。　每年每名會員繳款約二十四馬克。　組合中有四分之三都支付旅行補助費,失業補助費,疾病卹金,及喪葬卹金。

1. Gewerkschaften, or Social Democratic unions, or "free unions." 2. Gewerkvereine, or "Hirsch-Duncker unions." 3. Christliche Gewerkvereine, or Christian trade unions.

社會民主組合並不拘定會員屬於何種政治意見或宗教信仰，而且，至少在理論上，會員得自由與任何政黨團結或隨自己的意思投票。其實會員過半數都是社會主義派，但社會民主勞働組織的全部並不屬服於社會民主黨。一九一二年帝國選舉時，社會民主黨候選議員們得票約四百二十五萬；社會民主黨黨籍人名尚不到一百萬，而且這個數目中還包括許多並非手工勞働之人。社會民主組合的會員總數至少也有社會民主黨的兩倍大。雖然可以斷定因種種理由，甚至非社會主義派通常也贊助社會民主黨的候選議員，而社會民主組合的會員確有一大部分是與社會民主黨互通聲氣而未必完全承認社會主義的原則。曾有一次，社會民主黨設法要想取得完全支配組合方針之權。然而經短期的劇烈衝突之後，社會民主黨也只得息了這樣的癡心，而各組合仍舊保持他們的自主之權。但這次問題一旦解決之後，社會民主黨與各組合依舊言歸於好。在同一地區這兩方的幹事時常會合討論；社會民主黨的報紙一致的擁護組合的主張；在一城市中這政黨的事務所多是在本地「自由」組合的俱樂部中（見阿爾什的歐洲之社會主義與民主主義一七四頁(a)。一九〇八年社會民主黨在漢堡(1)大會時一位演說者直言斷定說「我們可照實說現今勞働運動的這兩大派之間沒有根本相異的性質。」（譯者按關於德國勞働組織諸節，與本書第二十二章對看較易明瞭。）

(197)德國之其他各派組合「希爾息敦克爾組合」原是建立於專為政治的基礎上的。前已表過，這種組合之成立是特意為團結擁護國會中急進派黨綱的工人們。然而代異時移，他們的經濟目的逐漸壓倒了他

(a) Orth: Socialism and Democracy in Europe, 174. 1. Hamberg.

們政治目的，而且現今他們是被列於非社會主義派的組合。 他們尋求增進他們會員的經濟幸福。 同時，他們絕未贊助階級仇讎的主義。 他們主張僱主僱工間有一致的利益，而且承認資本及勞働有平等的權利和義務。 所以他們是「非社會主義派」的；其實自一八七六年以來社會主義派已被他們拒絕入會。 他們最近的會議宣言說「我們是謀經濟目的的中立組織，而且我們以後仍是如此。」 在他們的社會主義的敵派看來，他們是很好的簡單私益會社。 然而他們實不止此，有時他們對於同盟罷工也負很大的責任。 大約多半是因爲過去二十五年間德國工人的移轉多半趨向社會主義及社會主義派的組織，所以「希爾息敦克爾組合」沒有很大的發展。 在一九〇七年他們的會員總數是一〇八，八八九人——只合社會民主組合會員總數的十分之一。 同年中他們的收入是一，五四一，三六〇馬克支出（多半是卹金）爲一，四三四，三四〇馬克。 他們的實力多在金屬工業和機械工業，而且按平均而論他們的會員多是有訓練的巧工技術的程度在德國任何種類組合之上。 按地理說，他們多半是限於悉勒西亞（1）及東普魯士（2）。

德國職工組合的第二種是基督教組合。 他們的起原是出於拉薩爾感化的大僧正克特納（3）之力，他希望用這個方法把信天主教（4）的工人組織起來，免得他們被吸收於社會民主組合等非宗教性質的會社中。（譯者按克特納生於一八一一年，死於一八七七年）。 基督教組合的最多數是在維斯法里亞（5）及萊茵河（6）流域天主教信徒多而且強的工業地區及礦業地區。 據說這種組合是宗教的組織與經濟的組織之間的一種互相讓步（見道生的近世德國之進化一一二頁（a））。 他們的開創人和獎助人一例是僧侶，而且他

(a) Dawson: Evolution of Modern Germany, 112. 1. Silesia. 2. Eastern Prussia. 3. Bishop Ketteler. 4. Roman Catholic. 5. Westphalia. 6. The Rhine valley.

1. The Centre, or Catholic party. 2. "Independent" unions. 3. "Free labour" unions. 4. "Yellow unions." 5. Polish unions.

們絕未專幹激烈的勞働宣傳之事。　他們承認現今的社會秩序及經濟秩序爲「必要而且便利」，固然他們也爲勞働階級要求較大的支配社會狀況之權，而尤注重支配工業狀况之權。　與「希爾息攷克爾組合」相彷，他們根本駁斥階級戰爭爲不可免的觀念和社會主義的全部綱領。　在政治上，他們通常是與中央黨(1)，亦稱天主教黨，一致行動。　然而，他們的宗教目的和宗教關係雖保持如舊，他們的根據已經擴張了，而且他們在現今比之早年更是純粹的職工組合。　的確的，在晚近年間他們會員較激烈的一部分已顯出強項態度要求寬弛教堂管束及較自由的組合經濟活動範圍。　在一九〇七年基督教組合會員總數爲三五四，七六〇人。他們的收入是四，五一六，四二〇馬克，支出爲三，三五七，三四〇馬克。　基督教組合設備甚好，不但基金充裕，還有通詢局，勞働註册處，及職工報紙。

除上述三大類組合之外，德國還有幾種較小的組合。　一種是「獨立」(2)組合，在一九〇七年有會員九六，六八四人。　另一種較新的是「自由勞働」(3)組合——即所謂「黃色組合」(4)——以機械工業爲多，由僱主提倡，受僱主津貼，與工人立有契約無論何種情形俱不得利用同盟罷工的手段。　此外還有「波蘭人組合」(5)，這是純粹以種族分別爲基礎的組合，多見於維斯法里亞沿萊茵河一帶產煤鐵之區。　他們的會員人數總計約近十萬。　就德國職工組合全體而論，較大的幾類相互間的關係是不深切的。　在經濟恐慌時期，即如臨近大罷工之際，自然也多通力合作。　但在平時，他們相互間總有爭論和敵意。　他們不僅各自營求德國勞働界的贊助以擁護他們自己的組織和黨綱；而且在主張上和政策上他們是大異其趣，常相衝突。　根本不協的爭點是社會主義。但他們的意見之分崩離析也起於政治的團結，宗教的聯絡，職業的，地理的，及種族的利害關係。

(198)德國職工組合主義之概況 說德國過去三十年間工資增高及勞動狀況之改善多屬於職工組合所施的影響，是不容或疑的。德國組合主義之發達也沒有東零西落或命運不長之象。就所有的證據看來，各組合不過正在開始顯露他們的勢力，而且在現今尙無完備的勞働組織之工業如化學藥品製造業等中組合主義不久必大擴張。但凡現今這樣的經濟制度和資本勞働間衝突之點能彀長久下去，組合主義在德國也如別處一樣總有繼續發達之望。不管各特種組合間變動很大，組合主義之發達總是廣大而且長遠，無論從那一方面着眼他都有繼續發展的表徵。德國資本階級，看出這些實情，自知與組合勢難兩立，便開始以組織對付組織。從前德國僱主之抗拒組合主義再沒有像過去十年中那樣強硬，各地僱主們很快的結合爲地方同業會社，而且這些各地同業會社又集而爲聯合會。近來最有勢力的僱主組織是德國工業家中央組合(1)，其中分子多半是維斯法里亞沿萊茵河地區的煤礦主人和鐵廠主人。僱主之排斥組合主義在德國各部分及各職業中也自有輕重之分。但最強之處是西普魯士(2)的煤礦業，鐵礦業及鍊鋼業。此處財富及工業集中於少數大僱主之手的趨勢最爲顯著，而且從一切現象看來，此處以後必是資本勞働相爭的主要戰場。這一帶地區的各大僱主之仇視組合主義久已如出一轍。他們付給公平的工資，而且他們爲僱工設備種種便利和保安器具過於德國法律所規定。但他們深信勞働組織爲有害，他們不承認組合的正當地位，也

1. The Central Union of German Industrialists. 2. West Prussia.

不與組合交涉，甚至不容忍組合之存在。許多僱主看社會主義派組織尚不至於像非社會主義派組織那樣可厭，因為社會主義派組織更肯公然表示他們所求的目的之故（見道生的近世德國之進化一二三頁所引一九〇五年滿俉(1)大會時基爾多福(2)發表之意見）。僱主們現今與組合主義爭衡再也不能倚賴國家的援助了。組合已經法律承認，而且現今的趨勢是擴充組合所已得的特權而非收縮這種特權。僱主們的主要武器是「同盟拒用」(3)，即是對職工組合員或社會主義派，或對兩派一律拒絕僱傭。德國西部及北部許多大工廠有條不紊的排斥一切組合員及社會主義派不容列於他們僱工的行伍，而且『交換「黑籍」(4)的辦法是非常之靈敏而祕密，所以一個能作工的人，若贏得了熱誠的職工組合員的聲名，更壞一點，得了社會主義派之名，可走遍全區挨門求工，挨門被拒，儘管那些工廠裏確是有工可作而且確是需要工人』（見道生的近世德國之進化一二六頁）。

所以德國職工組合的大勢可以數語括之。職工組合種類甚多，而且會員人數及組合之數正在增長。組合已經法律承認，而且歷年以來受法律保護之處常有增加。組合種類之分別雖多半因宗教相異及政見相異，卻也有一部分是起於地理區分。各組合的分子多半是永久會員，通常繳納的會費及捐款與他們的工資比仿是很高的，會員對於能工之舉須受組合的訓練，凡與定章相符時俱得領受卹金，與英美勞働組合的辦法相仿。對於提高工資，要求工場法規及礦業法規，和強行這些法規等事，他們所施的勢力雖不十分充足，卻也很大。在德國大部分中，著如巴法利亞(5)，威登堡(6)，及南部各邦，僱主們並不厭惡組合主義，他們甚至鼓

1. Mannheim. 2. Kirdorf. 3. Boycott. 4. "Black list." 5. Bavaria. 6. Wüttemburg.

鬬組合主義。 但在西部及北部却有極端緊張之勢，在幾種工業中資本勞働間蓄怨甚深，而且——就一九一四年大戰爆發之前的情形而論——此處將來工業的問題很像就是勞働組合問題。

(199)一七八九年至一八三〇年法國勞働組織之限制 法國勞働組織在經濟上和政治上兩方面進步比英德兩國較爲參差，而且工人中職工組合員之比例數亦較小。 但自一八八四年瓦爾德克盧梭法律(1)第一次承認工人組織爲合法以來三十年間工人組織較嚴密較切實的趨勢頗爲強固。 論到法國勞働組織運動的起源，必須回溯十九世紀早年的情形纔能清楚，尤以一八二五年至一八五〇年間機器興行及工場制度發生因而大改法國工業狀況之時爲甚。

在大革命之初各種勞働組織俱經法律禁止。 這個時期爲經濟法制之根據的哲理是着重個人主義的。他的無上目的是要消除個人自動和個人創業的一切障礙。 因之，各行會的特權被剝奪了；而且當一七九一年各業工人開始自行結社以圖增高工資時，國民議會經僱主訴求當即通過了一件周密的禁止工人聯合之法律。 這就是在法國實際上施行了蓋一百年的勒沙白烈法律(2)(因起草者之名而得名。) 這個法律的目的可見於兩款之中。 第二款說「同級或同業之市民，企業家，商店經理人及任何職業之工人於聚集一處時不得推定會長，或書記，或理事，不得保存任何記錄，並不得假借公共利益之名提出議案或通過決議，或訂立任何規約。」 違反本條之行爲的重罰亦有明文規定。 而且第八款禁止「匠人，工人，散匠，或勞働者煽動同業爲反對他人按法自由經營實業或工作之集會，上之實業或工作係指一切人等在一切情形之下俱有權以

1. The Waldeck-Rousseau law of 1884. 2. "Loi Le Chapelier."

私人契約協定經營之實業或工作。」 這樣的集合是聲明為妨礙公安，是應被武力驅散的，而且是應一並法嚴懲」的（見法國勞働局的專業工人之結社（一八九九年巴黎出版）第一卷一三頁至一四頁（a））。 商會（1）是特別免除本法取締，所以這個法律更顯得是專一對付工人的集會結社，和聚衆等事。

拿破崙的法律也是意見相同的。 一八〇三年的一件法律禁止勞働聯合而且要每名工人俱應塡具證書，以便巡警廳稽查——這個辦法一直施行到一八九〇年纔撤銷。 一八一〇年公布的刑法法典（2）第四百一十四款至第四百一十六款俱是禁止勞働組織的條文。 僱主間意圖濫行壓抑工資的聯合是法律所禁止的。 但勞働者間意圖限制工作時間或以他種方法「停頓工作，或阻攪工作，或高抬工價」的聯合也是犯禁的。 總而言之，二十人以上的結社就沒有那一種能合法成立。

布爾奔（3）王朝之復興並未更改舊法，工人們感於與僱主交涉時所處的地位太不利益，開始要求修正法律，而且同時又計畫規避法律的方法。 於是就興起了三種組織，不管國家如何隨時極力壓制，這些組織總有無窮的方法維持自己。 這三種組織是：

（一）同業社（4），

（二）友誼社（5），亦名互助社，

（三）自衞社（6）。

同業社起源於行會制度之下，其發生是在十五世紀時，最初是幾種職業中未婚散匠的結社，成立的目的本

(a) Les Associations Professionelles Ouvrières, Office du Travail, (Paris, 1899), I. 13-14. 1. Chambers of commerce. 2. Penal code. 3. The Bourbon monarchy. 4. Compagnonnages. 5. Mutualités, or friendly societies. 6. Sociétés de resistance, or societies of resistance.

是爲隨時接待遊行的散匠以增進會員間的友誼。在十八世紀中同業社增辦疾病卹金，失業卹金，代覓僱傭，組織同盟能工及同盟拒用，而且酌定工資限度。在大革命期間有同業社的職業共計二十七種。在十九世紀的最初二十五年間同業社之數尚多，確爲當時法國唯一有效的工人組織。迨十九世紀，同業社尚能支持，而且現今殘存的仍是生氣勃勃。然而他們是屬於舊派的工業，他們的會員多是世家巧匠，要使這種組織適應工場時代之工業情形的計畫總未能十分成功。

友誼社是以互助爲目的的結社，尤注重疾病失廣，或死亡時之互助。在大革命之前已有這種組織，在十九世紀最初二十五年間友誼社之數漸多。在一八二三年，單算巴黎就有一百三十二個友誼社，共計會員一萬一千人（見勒芬的法國勞働運動二八頁(a)）。實際上這些友誼社只包括一種職業的分子。自衛社顯然是新工業形勢的產物。他們不作與舉行宗教儀式如「同業社」那樣，而且雖然他們也定有私益的辦法，這件事不過是他們種種活動的一樁附屬事務。他們成立的切迫目的是與僱主辦理集合議價(1)（譯者按集合議價係指工人對於工資及工作時間之決定，不單獨與僱主商訂而由職工組合以團體的名義交涉）磋議工資限度，組織能工，及要求改善勞働的一般狀況。自衛社雖是半秘密的而且爲法律所不許，他們的活動不僅是勇往直前，而且官府和僱主兩方都明知是他們幹的。在法國工業變化時代興起而且繁盛的自衛社中著名的是里昂(2)織工的自衛社（一八二三年），巴黎鍊鋼工人自衛社（一八三三年），巴黎印刷工人自衛社（一八三九年）。

(a) Levine: Labour Movement in France, p. 28. 1. Collective bargaining. 2. Lyons.

（200）十九世紀中葉法國勞働組織之發達　一八三〇年之後法國勞働階級的注意漸次趨重聖西蒙（1）和富利耶（2）的社會主義大綱，而且在一八四八年革命期中對於協作事業也顯很大的趣味。　第二次共和（3）時代僅巴黎一處就興起了三百個協作社，在外省數目更大。　然而凡屬未曾立卽消滅的一些協作社都被拿破崙第三（4）於一八五一年十二月二日政變之後的一道命令破壞了。　但十九世紀中葉革命期間種種經驗的久遠效果是勞働界比從前更易於聯合爲純粹的職工組織如自衞社那樣，而且不管第二次帝國（5）政府對於任何種類的工人組織怎樣仇視，一八六〇年以後勞働運動比以前任何時代還更鼓舞。　此時的第一目的就是撤銷禁止工人有組織之權的各法律。　在一八六四年這件事算是一部分成功了。　政府一方面感於民意之督促漸盛，又怵於京城印刷工人罷工之舉，便批准了一件承認罷工及以罷工爲目的之工人聯合爲合法的法律。　然而工人仍不能享有集會結社的全權；而且就全體而論，當時法國工人並不甚願意用罷工爲工業上的武器，所以工人方面的鼓動仍舊繼續。　他們的眞正要求是組織「工團社」（6）之權，「工團社」卽是爲一般目的的職工組合。　據他們鼓吹說，這種組織所欲從事的主要目的之一是增進僱主與工人間的協商，由此可免罷工之虞。

在一八六八年這想望的目的可算是達到了。　工商總長布告說結社法律仍應該照舊施行，但政府此後可「寬容」（7）工人聯合如向來寬容僱主聯合一樣。　從此以至於一八八四年瓦爾德克盧梭法律制定之前，十四年間實際的辦法就是這樣。　按法律說，不能有組合存在；實際上他們是受「寬容」。　一八六八年之後組織

1. Saint-Simon. 2. Fourier. 3. The Second Republic. 4. Napoleon III. 5. The Second Empire. 6. "Syndical chambers." 7. "Tolerate."

「工團」(1)的進步很速，靴鞋工在一年前就已組織了。此時組合主義的原則又與協作組織的原則聯在一起；但協作之舉不久又消滅了。於是社會主義派和共產主義派的種種運動在勞働界發生些影響，但此次爲時並不甚久，而且所影響的範圍亦甚狹小，例如一八六四年的國際工人會(2)是經國際工人會提醒，巴黎的七十幾個工團設立了一個本地聯合會，但這一步不過是開一個先例而已，其本身並不關重要。

(201)一八七一年後之勞働與政治　法國勞働組織之發達受普法戰爭，第二次帝國之敗亡，和巴黎地方自治團(3)之亂的影響因而破壞不少。然而，第三次共和(4)成立之後，罷工之權仍是法律認可的。寬容工人結社的辦法，也是依然如舊。同業社及自衛社多已消滅，或變爲簡單的友誼會社；已經解散的工團又重新改造起來，而且新的也組織了；大致論之，勞働運動仍是照一八七〇年以前的方式進行。到一八七五年巴黎已有一百三十五個組合。一八七六年全國各地工團代表在巴黎舉行第一次法國勞働會議。這次會議秩序甚好，而且議決之事全是很和平的。同年稍後，第二次會議舉行於里昂，第三次會議於一八七九年舉行於馬賽(5)。這馬賽會議最爲重要，因爲雖一八七六年巴黎會議屏棄社會主義，馬賽會議卻宣言贊成社會主義，而且自號爲社會主義派勞働會議(6)。前此有組織的工人唯恐危及共和國體的基業，所以寧願以溫和派自居。此刻共和國體已顯然鞏固了，他們也覺得可不再委屈了。

同時，勞働界又計畫自立一派加入政治。一八七六年的巴黎會議已經討論過國會中應該加入無產階級代表的問題；而且一八七八年有一個巴黎工人自命爲市議會的候選議員，他宣言書頂上就印有勞働黨(7)

1. "Syndicates." 2. The International Association of Workingmen. 3. The Paris Commune. 4. The Third Republic. 5. Marseilles. 6. Socialist Labour Congress. 7. Parti Ouvrier, or Labour Party.

1. Havre. 2. Jules Guesde. 3. Parti Ouvrier Francais, or the French Labour Party. 4. Marxist. 5. St. Étienne. 6. Brousse. 7. Fédération des Travailleurs Socialistes de France. 8. Marxism. 9. Opportunism. 10. Broussists. 11. Malon. 12. Société d'Economie Sociale. 13. Republicans. 14. Radicals. 15. Independent Socialist Party. 16. Waldeck-Rousseau. 17. Jules Ferry.

字樣。 一八七九年之後工團派運動的新領袖多是社會主義派。 一八八〇年哈浮(1)會議時溫和派出會;但他們人數不多，所以無大影響。 社會主義派組合員們自己也分爲兩系了，而且一八八〇年一八八九年十年間社會主義派的門戶之見釀成不絕的爭執，反把簡單的組合主義的進步也阻滯了。 哈浮會議之後，這班占上風的社會主義派，由格斯德(2)領袖，組成法國勞働黨(3)而且採取了一個馬克思派(4)的黨綱。 但兩年之後在聖愛田(5)會議時，這個勞働黨破裂了，有一派，由布魯士(6)領袖，成爲法蘭西社會主義派工人聯合會(7)，這個聯合會並不注意馬克思主義(8)，他願意從事的政策若稱爲機會主義(9)倒還切貼。 一八八七年至一八九〇年這個「布魯士派」(10)又破裂而爲兩黨。 在一八八五年時馬朗(11)已經組成了一個社會經濟學會(12)，從共和黨(13)及急進黨(14)中吸收了很多的會員，後來發達而爲很重要的獨立社會黨(15)。(見本書第二百三十七節至第二百三十八節。 譯者按本書第十九，二十兩章須與以下三章參看乃可明瞭。 此二章之人物多見於下三章中，故不另註。)

(202) **一八八四年至一九〇二年勞働組織之並峙** 同時，不管各工團大受社會主義各派爭欲把持和政府及僱主極力反對之苦，組合主義的主張仍是切實前進。 產業主義及資本主義之增長，和僱主之密切組織，使工人愈受壓迫，愈感聯合之不可少。 另一原因，是一八八四年政府制定關於工團的新法律，即是所謂瓦爾德克盧梭法律(瓦爾德克盧梭(16)其時爲費立(17)內閣之內務大臣)，這件法律在當時雖有幾點很招勞働界的厭惡，(尤以規定工團欲享法律保護須公布其職員之姓名一款爲甚。 工人很怕這條規定的用意是使巡

1. National Federation of Syndicates 2. Parti Ouvrier (Français). 3. Bourses du Travail. 4. Fédération des Bourses du Travail. 5. The general strike. 6. Bordeaux. 7. The Guesdists. 8. Lille. 9. Nantes. 10. National Council. 11. Limoges.

警和僱主更易施其壓制手段，却是第一次承認工團有完全合法的性質而且准他們團結爲聯合會。一八八六年全國工團聯合會(1)成立於里昂爲時無幾，這個聯合會成了勞働黨(2)的傀儡；於是勞働黨的反對派發起創立勞働交易所(3)，後來竟成立了與全國工團聯合會對抗的勞働交易所聯合會(4)。第一個勞働交易所是於一八八七年開辦於巴黎。逐漸的別處也組織了，聯合會卽於一八九二年成立。勞働交易所是法國特創的制度。雖然勞働交易所聯合會本來宣布的章程列有整理各工團要求條款着手宣傳，及爲會員代覓僱傭等項；而地方的勞働交易所實爲鄰近各工團的總機關。一八八五年以後「總同盟罷工」(5)以和平而延長的停工之法式行之，很博得有組織之工人的贊成，要倚以爲武器。一八八八年全國工團聯合會開會於波多(6)，正式認可此事。當時的各勞働派和社會主義各派中只有格斯德派(7)(於他們本派的一八九〇年里耳(8)會議時)聲明這種手段不妥。他們始終主張說總同盟罷工只能反動而爲勞働者之不利益，爲勞働界謀幸福的正當方法不應偏重經濟而忽視政治至於如此。從此好幾年間關於這個爭點辯論不絕。到一八九四年兩方設法在蘭特(9)舉行一個勞働大會，包括勞働交易所聯會及全國工團聯合會的代表，以爲化除意見之計。當時二，一七八個工團中有一，六六二個工團的代表出席於議場。但當這次會議決採總同盟罷工議案時格斯德派立卽出會而計畫的兩派團結完全失敗了。

然而這椿事的結果關係很大。因爲蘭特大會代表的過半數投票贊成設立一個全國理事會(10)爲全國各工團的中央機關；到一年之後這個機關證爲無效之時，他們更猛進一步，於一八九五年在里摩日(11)組成

(a) Seilhac: Les congrès ouvrier, 286. (b) Levine: Labour Movement, Chap III. (c) F. Pelloutier: Histoire des Bourses du Travail (1902). (d) C. Frank: Les Bourses du Travail et la Confédération Générale du Travail. (e) P. Delesale: Les Bourses du Travail et la C. G. T. (Paris, 1910). 1. Confédération Générale du Travail (the General Confederation of Labour). 2. Montpellier.

一個聯合會，以至於今這個聯合會仍爲全世界最大最重要的勞働組織之一 這就是一起首就代表七百個工團的勞働總聯合會(1)，通常按法文簡稱爲CGT。勞働總聯合會的主要原則，是屏絕政黨政治。 他的發起人深感黨爭之妨礙勞働運動，因此里摩日會上採用的會章的第一款，就聲明本會此後「絕不依附一切政治學派。」 這個組織的唯一目的是聯絡工人爲一體「於經濟範圍內，依利害共通之關係，作整個解放之奮鬭。」(見色拉克的勞働會議記二八六頁(a)。)

勞働總聯合會的會章是經濟的，不是政治的，而且他的最重要特點是總同盟罷工。 在這個會章內已具備近年革命的工團派黨綱之各要素。 格斯德派於一八九四年蘭特大會時出會之後，自行以全國工團聯合會的名義成爲一個獨立組織；但爲時不久他們的勢力大減，後來他們都被勞働黨吸收了。 到十九世紀之末法國全國的勞働總機關只存兩個了——一是勞働交易所聯合會，另一個便是勞働總聯合會。 在一八九七年這兩個聯合了，但互相軋轢，仍不能息，第二年又復分裂。 然而在一九〇〇年之後，兩間常通力合作，他們可以完全合併的形勢更見顯明。 一九〇二年蒙柏列(2)大會時，這想望的目的達到了，勞働交易所從此歸併於勞働總聯合會。 (關於勞働交易所聯合會的歷史，參看勒芬的勞働運動第三章(b)；白魯協的勞働交易所史(一九〇二年出版)(c)；富蘭克的勞働交易所與勞働總聯合會(一九一〇年出版)(d)；德勒薩爾的勞働交易所與CGT(一九一〇年巴黎出版)(e)。)

(203)勞働總聯合會之發達 勞働總聯合會的歷史可分爲兩期，即以一九〇二年與勞働交易所聯合會合併之時爲斷。 第一期是成立時代，這一期中的事情是組織完成，孕育主義，而後加以確切的發揮。 第二期是革命的工團主義(1)各原理逐步漸進的宣傳時期。 一八九七年都魯市(2)大會再申總同盟罷工的政策，但這次會議的另一重要之點是代表一致贊成採用兩個無政府主義派的會員之建議，這兩個會員在會上提出說明曾勸工人們於總同盟罷工不能達到目的時可利用「同盟拒用」(3)(譯者按即是工人聯合拒絕買用某僱主的工廠之出品)和「同盟妨業」(4)兩個方法。(同盟妨業通常是指怠工故意使製造物的品質變劣等事。 參看普野的同盟妨業論(a)。) 一八九八年雷思(5)會議再行聲明他們的期望，說同盟拒用和同盟妨業「應當收入工人的武庫使其於工人與資本家戰爭時與同盟罷工居同等的地位」 一九〇〇年勞働總聯合會開始發行週報，名爲民聲(6)，至今仍爲他的正式機關報。 一九〇一年里昂會議時，勞働總聯合會可以說是一定不易的投身於革命事業了。 他們攻擊當時瓦爾德克盧梭內閣(其中有社會主義家米爾蘭(7)爲工商總長)，闘增勞働資本間良好了解的種種方法，而且這次會議根本否認勞働界的要求能以所謂「勞働法律」使其滿足的觀念，他們勸告勞働階級不可信任「國會主義」(8)，而且極力主張說各工團應當繼續以同盟罷工，同盟拒用，同盟妨業等法直接奮鬪，不但反對僱主，並且反對國家本身。

勞働總聯合會在一九〇二年與勞働交易所聯合會合併之前，發達甚遲。 然而自此以後他的發展却很快。 一九〇二年法國三，六八〇個工團中有一，〇四三個是與勞働總聯合會相聯絡的。 一九一〇年五，二六〇個工團中有三，〇一二個是他的黨羽。 關於勞働總聯合會中各工團之個人數目在一九〇四年爲

(a) E. Pouget: Le sabotage (Paris, 1910). 1. Syndicalism. 2. Toulouse. 3. Boycott. 4. Sabotage. 5. Rennes. 6. La Voix du Peuple. 7. Millerand. 8. Parliamentarism.

十五萬名，在一九一〇年爲三五七，八一四名。　總聯合會於一九〇二年蒙柏列會議所採的會章未經重要變更。　勞働總聯合會的分子是各全國工業聯合會及各全國職工聯合會（但自一九〇六年以來就沒有加人的了），全國各工團，單獨的地方工團，及各處勞働交易所，而且他的總機關組織很複雜，有兩股和三起幹事會，以上還有十三名代表組織的一班聯合執行委員會。（見勒芬的勞働運動一五六頁至一五八頁）。　關於在會的各聯合會代表和各工團代表如何分配於這兩股三幹事會中，已成了總聯合會的主要問題。　自一九〇二年以來，十年間勞働總聯合會的活動花樣繁多，而且有時駭人觀聽。　一九〇四年布爾日(1)大會決定集中精力造成一日作工八小時的制度，整兩年中（一九〇六年五一紀念日(2)前後尤甚）法國全國大受這個宣傳相連的脅迫，陰謀，暴動，種種擾亂。　在一九〇六年一年中共有一，三〇九次同盟罷工，牽涉四三八，四六六名工人。　除却煽動全國工人，——據工團主義派自稱他們現今所希望成就的卽是此事，——此外毫無實在結果。

(204)勞働總聯合會現今之性質　在一九〇五年法國兩派對峙的社會黨合併爲統一社會黨(3)之後，勞働總聯合會也發生了此後是否仍不與社會主義的政黨組織相聯絡的問題。　一九〇六年鴉眠(4)大會時，大多數投票贊成繼續他們自己的「直接行動」(5)，不與任何政黨聯絡。　一九〇七年及一九〇八年兩年間總聯合會職員和代表等種種活動釀成劇烈的罷工和擾亂，給政府許多麻煩，於是各處人民羣起要求把這個組織立卽完全封禁。　他的聯合執行委員被捕一事，雖經黨徒大施其暴烈的恫喝，却足使總聯合會的行爲改

1. Bourgés. 2. May Day. 3. Parti Socialist Unifié. 4. Amions. 5. "Direct action."

弦易轍。一九〇九年較温和的「改革派」(1)取得了統率之權；雖第二年中「革命派」(2)又轄全局，他們的行動自此以後就謹愼多了。一九一〇年總聯合會極力反對老年贍養法律(3)之制定，主要原因是這件法律原案的條文要由工人的工資內扣除一筆以備輸納於贍養基金。(見本書第二百七十七節及第二百七十八節) 隨後年間他們的主要運動是反對軍國主義(4)，又反對保護關稅制度，據說生活費(5)增高是保護關稅造成的。

過去三十年間法國勞働組織上最惹人注目的情形即是勞働總聯合會的變進。統全歐洲而論就是這個勢力絕大的機關最能對職工組合灌注革命的工團主義(6)之精神。工團主義的論據與馬克思社會主義的起始點相合，是先立定一個前提，說階級戰爭是痛苦而不能調和的。工團主義派的方法是總同盟罷工(槪括同盟拒用及同盟妨業)表面上彷彿是和平，其實能得住釀成最兇悍的暴動。他們鄙棄政黨和國會。他們的主旨是「直接行動」。如一位觀查家說的話，工團主義究竟應當列入那一類的主義是一個很困難的問題，因爲「他不承認呼他爲無政府主義(7)，他根本排斥社會主義(8)，他又不屑於僅僅爲職工組合主義(9)」。(見阿爾什的歐洲之社會主義與民主主義一〇七頁(a)。) 他的分類一事並不關重要。他只是自爲風氣而已，無論如何，他的存在是法國將來社會上和工業上大費推敲的棘手事件之一。究竟他能否繼續占領勞働界以至完全屬他統治，或者究竟他是否終被撲滅，這個問題現今沒有人能回答。然而，須要注意法國一百萬有組織的工人中只有一半屬於勞働總聯合會；再者，法國已有組織的工人卻又只占全國丁人十分之

(a) Orth: Socialism and Democracy in Europe, 107. 1. "Reformist." 2. "Revolutionaries." 3. Old-Age Pension Law. 4. Militarism. 5. Cost of living. 6. Syndicalism. 7. Anarchism. 8. Socialism. 9. Trade-unionism.

一。（這是指屬於職工組合之人。若把與社會黨相聯絡的人數加上，總數自然較大。）在一九一四年法國已組織的工人對全國工人的比例數較德國的和比國稍小，比英國的和美國的就小得太多了。（譯者按勞働總聯合會在歐戰之後已改變從前不與政黨聯絡之方針。一九一八年夏間C.G.T.於歐戰後第一次開會即發表關於政治問題之宣言，與法國社會黨通力合作，但「直接行動」仍不稍變，不過更愼重用之而已。工團主義理論既不高明，實行尤極困難；法國人生性浮躁，兼之政黨腐敗，所以產出這種怪物。意大利工人甚苦，且與法國接壤，所以工團主義亦稍占勢力；此外歐洲各國工人俱不加以歡迎。美國的I.W.W.（世界工業工人會(1)之簡稱也是這一流，犯了幾次衆怒之後，近來也銷聲匿跡了。）

(205)農業中及國家公務中之勞働組織　有兩種特別範圍中的勞働組織也應當略爲說明。一種是農業；另一種是國家公務。農業工人組合之設立是最初經一八八四年瓦爾德克盧梭法律認爲合法，到一九〇六年農業工團之數約近四千，遍於法國各處。早如一八八六年時農業工團的中央組合已經成立了，在現今這個中央組合包括一千三百多個農業工團。此外，還有包羅各郡中各舉工團的各區組合，最重要的是東南組合(2)，成立於一八八八年，總機關設在里昂。各農業工團每二年舉行一次全國會議，各區會議舉行更勤。會議時不但討論關於工人的政治利益和契約利益的種種問題，而且（因農業組合的會員多是小地主）研究農業，園藝，葡萄種植等專門技術之事。許多農業工團俱有協作購買商品和協作銷售商品的組織。按一八九四年的法律，他們又兼充農業信用機關和各種相互保險的代辦人（參看本書第八十七節及第八十八節。）

1. Industrial Workers of the World. 2. The Union of the Southeast.

一八八四年的法律許公務員役有結社之權，但不得組織工團或與工團聯合；於是郵務中，電務中，國立火柴廠中，國立煙草廠中國立磁器廠中立卽出現了許多友誼社和私益社。從工團主義派一面發起了堅執的要求，以爲這些會社應被許與勞働總聯合會團結。但因公務員役罷工之權不能這樣輕易許准之故，政府對於工團主義派的要求決定不予同意。一九〇九年郵局員役罷工兩次俱甚劇烈。克勒芒梭(1)內閣不爲所動，這班不滿足的員役白費了一番氣力。一九一〇年北部鐵路(2)工人罷工，延及其他路線國營鐵路之工人亦羣起附和。政府仍無讓步。首相布利揚(3)按據這次罷工的動機是屬於政治的而且罷工的舉動含有革命的性質，事情重大，不比往常，立將罷工首領及其他有關之人逮捕，徵發後備兵，(罷工人之最多數俱屬於後備兵籍)(譯者按這是工部總長米爾蘭(4)的主意，徵發後備兵卽所以減除罷工人之勢力，被徵者違抗時得以軍法從事，所以這次能工立卽鎮平。法國工團主義派，因此痛恨米爾蘭，但多數人民却非常佩服他那舉重若輕的手段。)而且後來到底拒絕參預罷工的二千多名員役復職。謀畫這次罷工的工團派首領本來希望當時有三名社會主義家爲閣員的內閣，(三社會主義家卽首相布利揚，米爾蘭，及威維理(5)。)急進派巴爾都(6)也在其列，却是擁護公務員役有罷工之權的人)縱不完全予以寬容的待遇，亦必和平的待遇。然而，他們的職責所在，不容偏徇，政府的態度與工團派所預料的正相反對。兼之一般公衆，對於這次罷工起初就不同情，又因同盟妨業的行爲激得對於罷工者非常憤恨。法國衆議院對於政府這種政策，爭論之劇烈亦達於極點。擴張政府權威的法律未被採用，但也沒有制定任何他種法律，而且公務中勞働組織的法律地

1. Clemençeau. 2. Northern Railway. 3. Briand. 4. Millorand. 5. Viviani. 6. Barthou

1. "Neutral," or socialist, unions. 2. Catholic unions. 3. Syndicalist unions. 4. Unione sindicale italiana. 5. Federazione generale italiana, or General Italian Federation of Labour.

位依然如故，毫無變更。 以友誼或教育爲目的之結社是許可的，但不得組織工團或與勞働總聯合會相聯絡的會社。

(206) 其他各國之勞働組織　關於歐洲大陸其他各國的勞働組織不能逐一細表。 大致論之，職工組合，協作社，互助組織等最多之國大約無過於意大利。 在意大利，職工組合主義與社會主義相關連的程度比法國更甚；而且因爲意大利的社會主義向來是傾向勞働組織的最大勢力，而在一八九〇年之前社會主義並沒有占得很大的根據地，所以現今意大利組合主義的實力是晚近發達的產物。 現今意大利的職工組合分爲三類：

(一)「中立」組合，亦名社會主義派組合；(1)

(二)天主教組合(2)；

(三)工團派組合(3)。

在一九一〇年，中立組合會員總數爲六十四萬人，天主教組合爲十萬零八千人，工團派組合爲一十一萬二千人，——總計八十六萬人。 工團派組合與法國的工團相類。 他們重視階級戰爭，反對參加國會及與僱主階級共同辦理的一切行爲，而且以總同盟罷工，同盟拒用，及同盟妨業爲武器。 鐵路工人及他種公務員役，和農業工人多屬於這種革命的會社，而且他們有一個總機關，名爲意大利工團總組合(4)。 天主教組合是不問外事的會社。 中立組合起初聯合爲各省聯合會，轉而於一九〇六年團結爲意大利勞働總聯合會(5)。

在這些組合中男子與婦女一律俱許入會。 他們辦的事是改善生活狀況，改善勞働狀況，增進會員的教育，而且在晚近年間許多組合都設有病疾保險和失業保險的制度。 凡在可行之處，與僱主集和議價是一定提倡的。 最強的組合是泥水匠的和鐵工的，泥水匠全體中有百分之十六組織了，鐵工中有百分之二十一組織了。

在城市內，組合之推廣遲滯異常因爲黨派既多，又好鬧小意見，說到出錢就推三阻四；在稍偏僻之區，不但大城市的那些惡習一樣通行，並且工人的愚昧和僧侶的反對都是組合的障礙。 但現今却好得多了。

一八五九年奧大利的工業法典(1)要想強迫僱主和僱工組織爲共通的行會，但這次企圖並不見得比五十年前拿破崙在法國辦的更有效。 一八六九年維也納(2)工人運動的結果爭得了有限制的工人自行組織之權，自此以後社會主義派的職工組合主義漸次立了永久的基礎。 過去二十五年中成立的組合與德國的「社會民主組合」極相類似。 奧國職工組合主義(3)的主要中心地是摩拉維亞(4)，波赫米亞(5)，下奧大利(6)等幾個工業繁盛人口稠密的省分。 組織的程度最高的是印刷業，紡織業，和金屬工業。 在一九〇七年全國有四十九個總組合，七十七個地區組合，五千零三十個地方組合，會員總數五〇一，〇九四人。 現今匈牙利(7)的職工組合主義正在增長，但一九〇七年時與總聯合會相連的各組合之會員總數纔有一三〇，一九二八，

瑞士(8)的社會情形和工業情形非常之好，所以勞働組織的事故比別國少得多。 工場工人大多數都有小段田地，常把工業和農業併行經營。 人民貧富之差也不及他國那樣懸遠，所以資本勞働間的爭執也不及

1. The Austrian Industrial Code of 1859. 2. Vienna. 3. Gewerkschaften. 4. Maravia. 5. Bohemia. 6. Lower Austria. 7. Hungary. 8. Switzerland.

別處那樣厲害。聯邦政府，各省，各自治區辦理的公有實業和公營實業非常之多，所以大部分工人所占的地位是傭工而兼協理工場事務之人。最老而最重要的瑞士勞働組織是一八三八年在日內瓦(1)成立的「格呂特里組合」(2)。現今這個組合在全國各處俱有支部；但他的努力多趨向政治的和社會主義的目的，而非工業的目的。瑞士社會民主黨(3)成立於一八八八年，現今「格呂特里組合」差不多是與這個政黨合併了。

在一九〇七年瑞士這個組合自稱有會員五萬人，此外尚有三萬人未與這個總組織聯絡。

在斯坎地拿維亞各邦(4)內職工組合甚多而且組織亦甚嚴。然而實際上差不多全是社會主義派的會社。荷蘭(5)有一個全國勞働事務所(6)成立於一八九三年，一時之間組合主義發達極速。在一九〇三年總同盟罷工之後許多組合都解散了，殘存的重要分子也都銷聲匿跡，但在晚近年間組織的精神又振作起來了。比利時(7)於一八九八年定有法律，着組織職工組合之人承認不得有政治目的的條件纔許成立，而且職工組合的活動須限於增進本業的利益。然而其實一九一四年存在的許多組合差不多一律都與社會勞働黨(8)，天主教黨(9)，自由黨(10)深相結納，而與社會勞働黨相聯絡的尤多。

1. Geneva. 2. Grütliverein. 3. The Swiss Social Democratic party. 4. Scandinavian countries. 5. Holland. 6. National Labour Secretariat. 7. Belgium. 8. Socialist Labour party. 9. Catholic party. 10. Liberal party.

SELECTED REFERENCES

General

S. Gompers, Labour in Europe and America (New York, 1910).

G. Hanotaux, Le démocratie et le travail (Paris, 1910).

G. Le Bon, La démocratie et le travail (Paris, 1910).

A. Lanzillo, Le mouvement ouvrier et Italie, trans. by S. Piroddi (Paris, 1910).

X. Bonnebault, Les groupements professionnels feminis; leur passé, leur présent, leur avenir (Paris, 1910).

S. M. Herron, Labor Organization Among Women (Urbana, 1905).

W. Kuleman, Die Berufsvereine; Geschichtliche Entwickelung der Berufsorganisation der Arbeitnehmer und Arbeitgeber aller Länder, 6 vols. (Berlin, 1913).

Trade Unions in Germany

W. H. Dawson, Evolution of Modern Germany (London, 1908), Chap. VII.

W. H. Dawson, Industrial Germany (London, 1912), Chaps. VIII-IX.

S. P. Orth, Socialism and Democracy in Europe (New York, 1913). Chap. VIII.

A. Shadwell, Industrial Efficiency (London, 1906), II, Chap. XIV.

S. J. Chapman, Work and Wages (London, 1908), II, 107–119.

J. Schmoele, Die Sozialdemokratischen Gewerkschaften in Deutschland seit den Erlasse des Sozialisten-Gesetzes (Jena, 1896).

G. Kessler, Die deutschen Arbeitgeberverbande (Leipzig, 1907).

W Wygodzinski, Das Genossenschaftswesen in Deutschland (Leipzig, 1911).

A. Wende, Die Konzentrationsbewegung bei den deutschen Gewerkschaften (Berlin, 1913).

W S. Sanders, Trade Unionism in Germany (London, 1916).

Labor Organization in France to 1902

S. J. Chapman, Work and Wages (London, 1908), II, 91-106.

W. L. George, France in the Twentieth Century (London, 1908), Chap. IX.

L. Levine, The Labor Movement in France; a Study in Revolutionary Syndicalism. Columbia Univ. Studies in History, Economics, and Public Law. XLVI (1912), No. 3.

J. Drioux, Étude économique et juridique sur les associations; les coalitions d'ouvriers et de patrons de 1789 à nos jours (Paris, 1884), 265-398.

E. Levasseur, Histoire des classes ouvrières et de l'industrie en France de 789 à 1870 (Paris, 1903), I, 664-676; II, 240-251, 620-655.

L. Courcelle, Traité de législation ouvrière (Paris, 1902), 265-336

G. Weill, Histoire du mouvement social en France, 1852-1910 (2d ed., Paris, 1911), 73-96.

P. Pic, Traité élémentaire de législation industrielles: les lois ouvrières (4th ed., Paris, 1912), 243-354.

P. Louis, L'Ouvrier devant l'état (Paris, 1904), 137-175.

E. M. Saint-Léon, Le compagnonnage: son histoire (Paris, 1901).

D. Halévy, Essai sur le mouvement ouvrier français (Paris, 1901).

L. de Seilhac, Les congrès ouvriers en France de 1876 à 1897 (Paris, 1899).

O. Festy, Le mouvement ouvrier au début de la monarchie de juillet, 2 vols. (Paris, 1908).

M. Leroy, Syndicats et services publics (Paris, 1909).

L. Paul, Histoire du mouvement syndical en France, 1789-1810 (Paris, 1911).

I. Finance. Les syndicats professionnels devant les tribunaux et le parlement depuis 1884 (Paris, 1911).

The General Confederation of Labor and French Syndicalism

S. P. Orth, Socialism and Democracy in Europe (New York, 1913), Chap. V.

W. E. Walling, Socialism as It Is (New York, 1912), 354-400.

A. W. Kirkaldy, Economics and Syndicalism (Cambridge, 1914). Chap. VI.

L. Levine, The Labour Movement in France, a Study in Revolutionary Syndicalism, Columbia Univ. Studies in History, Economics, and Public Law, XLVI (1912), No. 3 (rev. ed., 1914, under title Syndicalism in France).

E. Levasseur, Questions ouvrières et industrielles en France sous la troisième republique (Paris, 1907), 642-777.

G. Weill, Histoire du mouvement social en France, 1852-1910 (2d ed., Paris, 1911), 366-386.

G. Weill, Le syndicalisme en France, in Rev. Écon. Internat., Jan., 1908.

M. Kritsky, L'évolution du syndicalisme en France (Paris, 1908).

M. Leroy, Syndicats et services publics (Paris, 1909).

H. Bour, Le syndicalisme ouvrier (Paris, 1910).

G. Hanotaux, La démocratie et le travail (Paris, 1910).

P. Louis, Le syndicalisme contre l'état (Paris, 1910).

L. Duchez, The General Confederation of Labor, in Internat. Soc. Rev., March, 1910.

E. Tavernier, The French Strikes and the Confédération Générale du Travail, in Nineteenth Century, Nov., 1910.

A. Pawlovski, La confédération générale du travail (Paris, 1910).

A. Acht, Der moderne Französische Syndikalismus (Jena, 1911).

A. Zévaès, Le syndicalisme contemporain (Paris, 1911).

L. Paul, Histoire du mouvement syndical en France, 1789-1910 (Paris, 1911).

F. Dubief, Le syndicalisme en France, in Rev. Econ. Internat., Jan., 1911.

A. Clay, Syndicalism and Labor (New York, 1912).

J. A. Estey, Revolutionary Syndicalism: an Exposition and Criticism (London, 1913).

P. A. Carcanagues, Le mouvement syndicaliste réformiste en France (Paris, 1913).

第二十一章　法英兩國中社會主義之興起

（207）十八世紀革命所生社會不安之影響　凡是詳細研究過一七八九年至一八五〇年西歐社會變史的人，心裏都不能不感受兩種很深的印象。第一是個人主義派的論調之盛行；通那個時代討論問題，制定法律，宣傳改革等事無不以個人主義（1）爲依據。第二是因新社會經濟制度而發生有資產的中等階級與大多數無土地無金錢的食工資者所享的利益太相懸遠。論到這些事實的第一種，必須回顧當時大變遷的主要結果之一是始而在法國，繼而在歐洲其他各國，把舊日的定制完全推翻，從新建設拿破崙所喜稱的「大開賽場以待天才」（2）的局面。凡屬革命，征伐，政治改造，經濟改造的影響所及，舊日層次盎然體統有定的整個社會都被分解爲平行的構成分子；而且在改革進行中，舊日團結人類的層層維繫——封建的，食邑的，工業的，財務的，宗教的，政治的——或公然弛禁，或完全鏟除。新秩序的基礎是「人權」（3）所謂人權乃是各個人天賦不可放棄的條分縷析的權利，並不僅是抽象的或人羣全體的「人權」。在舊社會制度之下只有極少數人得免除種種嚴酷的束縛壓制，當其反動之時，新秩序的創造者趨於恰與相反的極端實是難免之事。於是確有裨益的和甚至不可少的社會維繫都隨着那些桎梏人民的束縛一律破除了。理想的模範社會是其中分子俱爲國家的公民，輸納資財以供國家之用，對國家作正當的服從；但同時，人與人之間應有完全的自由；至於國家官吏對於人民日常生活事務和狀況，只要大體無傷，儘可不必過問。個人是應當從公的拘束和私的拘束兩方面一齊解放，而且應當使其得自盡所能，以求生活。古典派經濟學家（4）早已傳播了一種理論，說，每個

1. Individualism. 2. Carrière ouverte aux talents. 3. "Rights of man." 4. Classical economists.

人光明磊落的自利之心一定是一般的與其他每個人的這種心相協和的，所以普遍的個人主義和普遍的自利之結果，即是普遍的繁榮和普遍的滿足。從這個毫不費事的原則上就造成了一種「不行為的政策」(1)，稱為放任主義(2)，居然見諸實施宰制西歐政治五六十年，關於經濟生活方面尤為顯著。

對於一些人這種新自由就是機會湊巧，生意興隆，財源茂盛。但對於其他較不伶俐的和較不幸運的人，這種新自由就是落拓潦倒，身敗名裂，改頭換面的新式倚賴。在法國這次變化是最快而且在幾樁事中最完全，這些逆戾的結果尤為顯而易見。經拿破崙戰爭閉幕之後五十年間，法國也如歐洲他處一樣，農工商業都有可驚的進步，國家財富亦顯見增殖。然而日久年深，有兩種事實越更昭彰：第一，對於食工資的人口，革命期間的改革幾乎不曾給他們一點好處；第二，革命之後經濟發達的全部趨勢是促成階級差別，而且使日漸膨大的無產階級陷於一種雖與十八世紀農民有別，却未見得此善於彼的生活狀況之中。

(208)食工資者之結局地位：資本階級與無產階級　第一層，一七八九年的食工資者不曾受推翻舊制的益處。他沒有地產；所以他絕未被傳喚去完納地稅，而且為貴族獵者的便利而造的狩獵法律對於他也無恐怖之可言。他沒有穀物或葡萄的收成；所以他絕未被強迫去到貴族的磨坊或酒廠俯首聽受法律認可的掠奪。他沒有從事於商業；所以在各交界之處勒索的通行稅和關稅，除却或可影響到他購買物品時應付的價錢外，不與他直接相干。他沒有貴主；所以他不曾被提到貴主的公田上受工作的麻煩。凡是這些和舊日苦累多數人的橫征暴斂都一舉掃蕩了，而食工資者所處的地位却毫無進步。一七八九年襲擊巴士的(3)大獄

1. Policy of inaction. 2. Laissez-faire. 3. The Bastile.

1. The proletariat. 2. Class antagonism. 3. A fourth estate.

的亂黨的確有一大半是無立錐之地的現掙現喫的人，但是，如本書他處表明的，大革命進行爲時無幾，這個大運動的命運竟至完全被操縱於在經濟上和社會上等級較高之人——小商人，小製造家，商號夥友，而尤以小地主及雖非地主而與土地有利害關係之人爲甚。 結果是食工資者大半歸於計開之外；而且，就全體而論，雖然食工資者過的日子是毫無疑問的比在大革命以前稍好，他的境況實不如農戶商家有機會自求昌達之人的改善得那樣多。

在大革命時人口中食工資的部分爲數甚少而且比較的不占重要。 但在十九世紀中他就不是這樣了。反倒是因工業變化的結果，食工資人口在數目上和潛勢力上增殖得異樣出奇。 英國在一八〇〇年時食工資人口已是一個很大的階級；法國於一八二五年至一八五〇年，德國於一八五〇年至一八七五年也都是如此了。 然而工業革命不僅在各工業國造成一種絕大的無土地無財產的食工資人口。 他同時造就了一個有財有勢的新階級。 在無產階級(1)的對面出現了一班勢力日盛的資本家團體——棉花廠主人，運輸業偉人，及財務家等——這些人在新制度中尋出了無量的貨殖致富的機會而同時社會和政府所持的論調偏又是祖護資本家的，其實是祖護貴族的。 隨着這樣的發達不但立下了十九世紀嚴分階級的基礎，並且釀成了酷毒的階級仇讐(2)。 雖然上等階級和中等階級都受了推翻舊制之利，却興起了一班覺得新制度也如舊制度一樣種種可厭的「第四階級」(3)。(譯者按法國及歐洲其他國在法國大革命之前俱謂貴族爲第一階級，僧侶爲第二階級，其餘農商工界之有產業者爲第三階級。 當時新工業尚未發達，專賴工資生活之人爲數極少；大革命的目的是爲大多數人求幸福，所以着重第三階級的問題。　無產階級，即所謂第四階級，乃是放任主義的政府之下，自由競爭的社會中，工業發達以後的產物；絕不是毫無工業，尊重農業的國家能有的問題）。對於這個階級的人自然而然的就顯得這個新制度是尊由那些非勞働者而爲陵奪勞働者之各階級想出來的，而且這種新制度之繼續維持也只是尊爲那些人謀利益。

無產階級含冤負屈的不平鳴並不是無病而呻。　從各方面都看得出來不但實業偉人們大發其財，並且有產階級(1)的安富尊榮也增加極速。　然而工資只升高一點，或竟直不升。　物價繼長增高，物價與工資之間的差額日趨於有損於工人。（譯者按歐洲物價自一七八九年至一八〇九年二十年間增加一倍。　一八〇九年至一八四九年四十年間降低五分之二。　一八四九年至一八七三年二十四年間增加二分之一。　工資變動常較物價變動爲遲，而且不及物價變動之大。　所以在物價繼長增高的年間，「明數工資」(2)（譬如工資原是一元，此時增爲一元五）雖然增加，而「實額工資」(3)（譬如原值一元之物，此時值到二元，是一元五的工資所購的生活必需品反不及在前一元錢所購之多）反致減少。　食工資者最困苦的時期就是在物價繼長增高的年代。　反之，在物價漸落的最初幾年間，工人的贏餘可望稍多；但過了那幾年之後，工資又與物價齊平了。　以上不過言其大致而已，此中道理非數語所能罄。　讀者欲加深究，賴敦的物價研究初桄（一九二〇年版）是很好的書(a)。）　勞力供給過剩致使工人隨時有失業之虞。　新式的勞働，通常就是在工場中專幹一種始終如一無盡無休的簡單動作，不爲聰明才智留施展的餘地，漸漸的就把工人變成一件毫無思想的機械。　其

(a) Layton: Introduction to the Study of Prices. 1. The bourgeoisie. 2. Nominal wage. 3. Real wage.

有特別才幹的工人也難望循資按格逐步推升，而且一個人想自己的勞績從一類傭僱升到得錢較多的另一類傭僱是例外而非原則。 蓋日散匠得爲匠師自求上進的機會是一去不返了；按之事理，在新制度之下，大多數工人必然永爲平常工人。 要之，工人和僱主毫無親切的關係。 譬如一個工場中有許多機器，一個機器有許多車輪，一個車輪有許多輪齒，一個工人只當得一個輪齒而已。 僱主一心只想賺錢，利令智昏，最容易忽略他的傭工的幸福。 他全不留意工場衛生的事項。 他不設備防護危險機器的保安器具。 工作時間既長而又參差。 他寧可僱傭婦女兒童而不願僱傭男子，因爲婦女兒童的工價較廉而且易於管束。 「他們（工場工人們）被僱是按最賤的價錢，工作到精疲力盡；用完之後，丟在一旁，就如那破爛不值錢的舊機器一樣。」（見伊里的法德兩國之社會主義第八頁(a)。） 而且在法國及其他各國，法律禁止工人聯合爲任何種類的組織，他們就想自己出力改革他們自己經濟地位或社會地位也是不能彀的。

(203) 社會改良之問題 不管當時有那些阻礙工人不得完全自由白其苦的限制，無階級的感情却常有流露之時，而且有時很劇烈。 工人們大多數聚集於工業中心地，所以能格外易於互相熟識，易於會合談論他們生活和工作的苦惱情形，而且機會到時易於發起增進他們公共利益的合法或不合法的運動。 較高階級中深思遠慮人人對於這種局勢深爲惋惜，而且既發現政治經濟的自由主義(1)究竟達不到普遍繁榮和普遍滿足的時代，又爲之非常失望。 漸漸的就逼出一個結論，以爲一個社會中除却幾樁公認的危及生命財產的罪惡之外，凡事都聽人隨意自由，實在是與理想的模範社會太相懸遠；這樣的社會只能成爲強陵弱，智侮愚的

(a) Ely: French and German Socialism, 8. 1. Liberalism.

大舞台。　從這個定案就興起了最早的運動，在英國，法國，及其他國，要以國家法律改良工人的境況。　但放任主義的教旨在當時政治經濟思想中牢不可破，所以這些改革的進步是很遲緩。　縱或略予救濟，也是出於勉強而且極不妥貼。　英國國會制定最早的保護工人的法律是一八〇二年皮爾的健康道德條例；法國第一件勞働法規也不在大革命之前；乃是在一八五〇年左右這兩國纔敢自誇有稍覺完備妥貼的勞働法典。

不必說僅僅的勞働法典只怕無論怎樣大的全部法制也難望能完滿解決近世經濟制度先天稟賦的種種問題。　資本勞働，工資物價，贏益富源；社會層次，相衝突的階級利益，個人的野心，團體的野心，——這些只不過是現代社會中不能希望國會美滿處分的許多要件的幾種而已。　七十五年前的人尚不甚了解這些事實；但從很早的時代已有性情激烈的思想家着手在尋常立法的範圍以外搜求社會的及經濟的終極改良方法。他們相信當時那種結構的國會充其量也只能對工人法制作極端迂緩的進行；而且他們深信即或國會可另行完全改組，絕沒有以現今社會秩序為根據的簡單改良法律能確保工人必可享有他在社會中應享的地位。所以，這樣存心的人開始去揣摩較速較全的社會問題解決方法；而且他們，或至少他們中一部分，不約而同心心相印的解決方法是社會主義。

(210)社會主義之性質及目的　「社會主義」(1)這個名詞是於一八三五年出現於英國，與奧文(2)所倡的一個工人結社的組織討論相關聯。(見何里阿克的協作歷史第一卷，二一〇頁(a)。　譯者按這個工人結社就是所謂萬國各階級協會，見本書第二百一十五節。)　這個名詞可以說是於一八四〇年被法國出版的

(a) Holyoake: History of Coöperation, I, 210. 1. Socialism. 2. Robert Owen.

一本書列入公認的經濟學辭譜。（卽富勒的改革家或近世社會主義家之研究（一八四〇年，巴黎出版（a）。）這部書討論聖西蒙（1），富利耶（2），奧文三家的學說。）社會主義的確切定義是很難下的，因為對於不同的人，他的意謂常是指不同的事。兼之無論在何種文字中總有幾個字常被粗心浮氣的人濫施妄用。——位法國著作家說：

「倘若有一種主義所講的是國家有一種權力足以矯正現時人世財產的不平等，依法將財產均分，取有餘以補不足，而且這種情形是屬於永久的；這種主義我們就稱為社會主義。」（見然訥的當代社會主義之起原六七頁（b）。）

密爾約翰（3）說：（譯者按密爾約翰係英國人，生於一八〇六年，死於一八七三年，為古典派經濟學家之泰斗。）

「社會主義的特點是生產工具為一社會中之各分子所共有，這種辦法自能發生一種效力使一切物產之分配於所有者團體中必須為按照這個社會預定的規則而行的一樁公開行為。」（見一八七九年四月份兩週評論五一四頁（c）。）

美國伊里教授（4）說：

社會主義之分解的結果可以合為一個定義，大致如下：社會主義是預擬的工業社會之制度，志在廢除偉大而實在的生產器具之私人所有權而代之以集合所有權；而且主張生產事業的集合經理，社會的收入由社會分配，較大於這項收入的私有財產也由社會分配。」（見社會主義與社會改良一九頁（d）。）

(a) L. Reybaud: Études sur les réformateurs ou socialiste modernes. (b) Janet: Les origines du socialisme contemporain, 67. (c) Fortnightly Review, April, 1879, 514. (d) Ely: Socialism and Social Reform, 19. 1. Saint-Simon. 2. Fourier. 3. John Stuart Mill. 4. Professor Ely.

社會主義的定義是異常之多，不能盡舉；但總不免失於空泛，武斷，或授人口實。 有一位英國著作家說得很好，他說社會主義是「歷史上最有彈性，最能變化的現象，他能夠隨他所出現的時代和各種情形而變遷，並且能夠隨相信他的人民之性質，意見，和制度而變遷。」（見克卡樸的社會主義史七頁至八頁(a)。 譯者按此書已經李季譯成中文出版。）

但社會主義所講的主要目的却尙明顯。 第一是廢除爲資本家或生產事業之基礎的私有財產。 千百年來社會演進的結果，被十九世紀產業主義勃興之激促，已經把大多數人取得土地和資本的機會斷絕了，而且使他們專賴受傭於他人時領得的工資爲生。 社會主義家所指人類經濟罪惡之一大部分俱應歸於富源上這種不能直接享用的缺點，他認定非把這種極不自然的局面征服不可，所以他主張廢除私有財產。 社會主義家所謂廢除私有財產並不是說要把私有財產一律消滅。 一個人可以有他自己的衣服，家具，書籍，金錢，或者甚至一所房屋和一塊土地。（這就是社會主義與共產主義(1)相異之點，這兩種主義在一般人心目中時常混爲一談。 共產主義家(2)主張一切財產俱應公有。 社會主義式的國家，他也許贊成，也許不贊成。 他也可以爲一個無政府主義家(3)，反對一切政府。） 但據其計畫，一般的土地，一切工場，鐵道，——簡單說，根據資本主義的生產及分配之一切工具——和可以產生「非勞力增價」(4)的各種私有財產必須從私人手內收回。

社會主義的第二個目的是把生產及分配之工具的所有權，管理權，和收益俱付託於國家。 凡因開墾土地，

(a) Kirkup: History of Socialism, 7-8. 1. Communism. 2. Communist. 3. Anarchist. 4. "Unearned increment."

辦理工業，而得的一切利益及物品之分配俱應歸於社會全體主持。這些事體是不當如現今這樣由少數私人支配。第三個目的是凡生活於國家之下的一切人必須按照全部或大部分由國家規定的條件各有貢獻於社會的生產能力，共負維持社會的責任。各人的貢獻隨各人的能力而異。有些人可幹智識和美術方面的事。最普通的種類是筋力勞働。但無論如何必不能有「安閒階級」(1)。地租(2)，利息(3)，等類都是不應有的；國家付給他所僱傭之人的工資便是個人唯一無二的所得(4)。究竟支付工資應當依甚麼標準，或按預擬的所需之量使各人所取相同，或按所做的工作之苦樂而定等差，或按工人的能率和他所貢獻的價値而分高下，這是各國各時代社會主義家爭論不絕的許多問題之一。現今多數人的心理大約是贊成第二種計畫，即是，按工作之苦樂定工資之等差。

(211)社會主義之非固有特點　須要注意社會主義所計畫的改革是純屬經濟的，其中包有勞力對於土地及資本之關係的根本改革。自然，這也是眞實的，社會主義家常鼓吹關於現今家族制度，政治組織，宗教，及其他重要事項的改革。但對於這些事體，他們絕未有一種可稱爲一致的意見，而且社會主義家對於這些事體的任何一種究竟要達到甚麼程度纔算盡善盡美，也不曾明白指定。例如關於政治一事，社會主義家通常認民主政體(5)爲必須與社會主義同時並行，而哲學家孔德(6)（譯者按孔德係法國人，生於一七九八年，死於一八五七年。）他曾擬定一種確屬社會主義的社會組織大綱，却深信社會全體必須有一個獨裁的元首。（見陶西格的經濟學原論第二卷四四五頁(a)）。又如關於建設「社會主義之國家」(7)的方法，這個主義的擬

(a) Taussig: Principles of Economics, II, 445. 1. A leisure class. 2. Rent. 3. Interest. 4. Income. 5. Democracy. 6. Comte. 7. The socialistic state,

位急先鋒都是革命派，其中馬克思最爲著名，而大多數却不是這樣而且就在主張以和平手段改革的一派中，有些希望改革迅速實現，其餘的却希望一種緩進的順序的，逐漸改革。

再者，並須注意所謂「國有」(1)及所謂「社會主義的立法」(2)都不是社會主義。現今歐洲各國通行的鐵路國有，電報國有電話國有等事，並不是社會主義因爲在這種辦法的運用之下並未備有社會主義家視爲根本要圖的分配方法。例如國家經營鐵路也很像私家公司經營一樣，多半按照競爭營業的辦法支付薪俸及工資。兼之「國有」並不曾消除安閒階級及「非勞力所得」(3)。因爲，按事理而論，國家通常必須收買私資本家的事業，資本家仍得自由安頓他們的金錢於他種有利可分的企業中；又如國家要建築新鐵路時必得向資本家借款，國家所借的款也得支付利息。在這兩種情形中，安閒階級總能夠仍舊享有他的收入。「說「國有」乃是緩和分配之不平均的一種企圖，確是毫無疑義的。「獨占報酬」(4)可以用這個方法使之消滅，或(凡與獨占報酬相同之物)使之歸於社會處分。但這種辦法總脫不掉私人經手辦理實業的種種習氣，及私有財產制度所不免的一切現象——利得，蓄積，投資，安閒階級，層累分明的社會，種種的不平等。是緩和現在的不平均，或是凡能引起爲現制度之特點的一切不平均的原因都要完全取消，這二者之間是有絕大差別的」。(見陶西格的經濟學原論第二卷四五五頁)。「社會改良」(5)也不是社會主義。恤貧法，工人賠償條例，疾病保險法制，老年贍養條款，工場視察規則，甚至最小額工資之規定——這些是通常稱爲「社會主義的」法制，反對這些法律的人尤好爲此言。但這類法律所帶社會主義的性質也只到「國有」那樣的程度，這類法律

1. Public ownership. 2. "Socialistic" legislation. 3. Unearned income. 4. Monopoly returns. 5. Social reform.

1. Plato. 2. Republic. 3. Laws. 4. The Roman Empire. 5. Locke. 6. Grotius. 7. Pufendorf.

只圖把現今競爭制度之下各人對於機會和幸福的不平等緩和到某限度而已。這類法律對於私有財產，資本家式生產事業，競爭的工資制度，安閒階級，地租，利息等之為經濟制度的元素，完全不加干涉。這類法律，極其所至，只稍稍限制自由競爭的範圍而且劃定自由競爭可行的地面；自由競爭的本體仍舊不變。

(212) 社會主義之來歷：法國　社會主義實是十九世紀的產物。然而他所含的元素却是同於有組織的社會一樣的舊。自有人類社會以來，就有苦惱，不平等和不滿足；自有國家以來，國家就保有干涉財產處置之權；而且不但柏拉圖(1)（譯者按柏拉圖生於西歷紀元前四二七年，死於紀元前三四七年，係希臘哲學鉅子。）的共和國(2)及法律論(3)等類著作中有社會主義的思想，就在羅馬帝國(4)的實際法律中，仔細一考，也顯着好些社會主義的意味。然而，社會主義，專就這個名詞完滿正確的意義而言，是十八世紀末葉兩大革命的兒子，——這兩個革命一是英國式的工業革命，一是法國式的思想革命。社會主義首先略現梗概於法國；他在那國發生之事可先在此處一敍。

通十八世紀，英國，德國，意國，法國，常有關於社會之起源，國家之性質，人之權利，社會管理之基礎等根本問題的許多討論，而尤以法國為甚。在這種討論中理無可免的就參入了私有財產的起源，私有財產的道德根據，私有財產的法律根據等問題。有幾個急進派所主張的政府及社會之改造已包括私有財產之另行分配或完全廢除的計畫。在鄰近各國中洛克(5)（譯者按洛克生於一六三二年，死於一七〇四年，係英國哲學家。）格洛秀士(6)（譯者按格洛秀士生於一五八三年，死於一六四五年，係荷蘭法學家。）蒲芬多爾(7)（譯者按蒲芬多福生於一六三二年，死於一六九四年，係德國法學家兼歷史家。）及其他著作家研究這個問題雖稍偏重，而在法國莫雷里（1）（譯者按莫雷里生於一七二〇年，死年無考，主張經濟改革最力，認政治改革不關重要。）馬百里（2）（譯者按馬百里生於一七〇九年，死於一七八五年，主張與莫雷里相同而言之更切。）麥斯烈（3）（譯者按麥斯烈生於一六七八年，死於一七三三年。）以至於盧梭（4），所得的結論都以爲私有財產制不見得有可承認的正大理由。有幾位認這樣的財產爲毫無好處的壞東西，主張把他立卽破除；其餘的也一樣的看他爲壞東西，然而同時承認他是一種社會的要件，一種不可少的壞東西。麥斯烈昌言不諱的說，財產本來有不平等的意味，而不平等本來有不公道和壓制的意味。他又說，財產是破壞社會共同責任心之怠惰，貪吝，猜忌的總原因。詐僞和罪惡都是由那裏發源。麥斯烈和他同時的急進派計畫的救濟方法頗近於共產主義的性質，而不甚近於社會主義的性質。

（213）社會主義與法國大革命：巴伯福　然而在十八世紀下半期無論共產主義的理想或社會主義的理想都不甚流行於法國，這椿事可見之於大革命時這類思想的表現仍是落落寡合的情形。這是真實的，在大革命促成的每一段改革中差不多一定牽涉到財產和財產權。然而，財產本身並不會受多少攻擊。乃是財產的弊病——例如教會的管轄，豁免租稅，及其他各種特權——大招物議而且終被革除。（見若雷的社會主義之研究（一九〇二年，巴黎出版）九一頁（a）。）至於大革命時財產制度的改革，曾有一位著作家確切不易之論，說關於財產制度之穩定一事，這次鼓動的終極效力是因爲分配財產比以前更澈底，因爲修改嗣產法，而且

(a) Jaurès: Etudes Socialistes (Paris, 1902), 91. 1. Morelly. 2. Mably. 3. Jean Meslier. 4. Rousseau.

因爲把所有權從封建法的舊根據上移到成文法的新根據上，以致私有財產制度的基礎大爲鞏固；而且這椿事至少也可假定爲曾經一個平民社會的輿論通過了的。此時制定的法律（即一七九三年公布的關於財產及嗣產之法律）強迫均分遺產，現今在法國仍舊有效。這次運動是雙關的：一面先由國家把根據於封建權利的地產沒收，然後一面把那些地產剖析而使其得分屬於全國多數人民。用這樣的方法造就一個很大的各有小財產的中等階級，於是社會的一切制度都得以更加穩定了。所以此際私有財產制度的原則是着重在要造出一個很大而對於財產直接受益的有產國民團體」（見辜師利的法國大革命以前之社會主義二七八頁至二七九頁（a）。參看里瞻保格爾的社會主義與法國大革命六一頁（b））。

說關於土地的私有財產權，生產及分配的工具，和社會主義所視爲根本重要的其他事項，大革命的結果產出一種決絕的復古之象，是毫無疑問的。然而，社會主義的理想在當時雖未廣播，或未具有勢力，有幾種地方却已顯然流露，而且乃是在這個時期法國歷史上纔能尋出有配稱爲社會主義家（1）的人。這個名稱或許可以施於一位其名不彰的雅各班黨（2）員布哇色爾（3）（譯者按布哇色爾生於一七二八年，死於一八〇七年；他的理論很近於後來馬克思的階級戰爭說。）他於一七九二年出版的人類問答（4）一書中咎責私有財產制度，辭句之嚴也可謂無以復加。巴伯福（5）（譯者按巴伯福生於一七六〇年，死於一七九七年）。對於這個名稱眞可居之不疑，他是一位夢想者，政治煽動者，兼新聞記者，於一七九七年因參預不軌之謀，意圖推翻統治政府（6）而改建共產的共和國家，被判處死刑。法國之有社會主義派的報紙乃是從巴伯福創始，到一七

(a) Guthrie: Socialism Before the French Revolution, 278-279. (b) Lichtenberger: Le socialisme et la Révolution française, 61. 1. Soicialist. 2. Jacobin. 3. François Boissel. 4. Catechisme du Genre Humain. 5. François Noël Baboeuf. 6. The Directory.

九九年民議報（1）就在巴黎立下了長久的基礎；而巴伯福所占的重要不僅因爲他是第一個認社會主義爲實際政策之人，並且因爲他的教義對於法國十九世紀前半期的激烈宣傳運動也大有影響之故。

巴伯福的主義之要旨可總括於他的宣言中，第一，「社會的目的是全體的快樂，構成快樂的唯一要素是平等，」第二，「造物對每一個人都給他一種一律平等的享用一切財貨之權利。」巴伯福主張的平等是着實的而且是絕對的，如他揣想的原始社會中的平等那樣；至於實行的方法他主張國家應當收回法人（譯者按這是指與自然人有別的法人，如封建式的采邑及近世的公司是。）及公立機關的產業，並且每個私人所有的財產俱應於本人身死之後歸於國家，於是國家就可造出一種偉大的公共財產。他說，照這樣辦去，只消五十年工夫，每樣物事皆爲國家所有，而個人私產是一點也沒有了。生產和分配的事務都由民選的官吏辦理，於是乎「人人富足，無一人享用太過的時代」就可到手了。平等的原則要推行到這麼樣的程度——在新平民國中，人人必須穿相同的衣服，只有男女老少四樣差別；喫相同的飲食飯菜受相同的教育；兒女應使與父母分離，使長養於可以把他們造成社會主義家而且可以預防他們自然變出嗜好不同，能力各別的情境中。玄虛的理想計畫到這步田地，眞可算至矣盡矣，其實只不過自表其不能實行而已；然而法國社會主義派最激烈的計畫開宗明義就是如此，這也是未可忽略的事。（見巴伯福的平等主義，多默思印行，一九〇六年，巴黎出版（a）。）

（214）聖西蒙　然而若巴伯福是法國最早的社會主義家，按歷史的形式而論，法國社會主義的元勳却應當屬於另一個人，聖西蒙（2）。（生於一七六〇年，死於一八二五年。）聖西蒙之名在十九世紀前半期中社會主

(a) Baboeuf: La doctrine des égaux, ed. by Thomas (Paris, 1906). 1. Tribun du Peuple. 2. Count Henri de Saint-Simon.

幾理想史上最出色的。 他於十九歲時移徙到美洲(1)，曾在華盛頓(2)的軍中服務。 回到法國，他捨棄了那大有可爲的軍界前程而專心研究政治學和社會問題。 在大革命時他不曾參加於何種重要事務中，而且乃是在拿破崙時代閉幕之後他纔爲一般人所注意。 他勤學不輟，加以經濟實驗屢次失敗，又遇着不美滿的姻緣，竟把他辛苦積成的中人之產消耗盡了，他後半生過的日子非常貧苦。 他的身體又不強健。 然而整整二十五年有多，他在學問上始終不倦，他的唯一希望是要考究出一種引人入勝的社會制度計畫，若能博得一般有思想的人之贊許，縱然不在他自己的國內就在別的無論甚麼地方實行起來，他也就於願斯足。 直到一八一七年他纔在他做的工業論(3)中發表他的社會主義的見解，其中多是他積年研究的心得。 他的思想完全成熟之後，他又在他的組織家論(4)(一八一九年出版)，工業制度論(5)(一八二一年出版)，和工業問答(6)(一八二三年)等書中闡明他的見解；他的著作最後而最重要的是新基督教(7)(一八二五年出版)。

聖西蒙立的前提是以爲人類的最大快樂之實現是將來的事。 他說，「詩人的想像常把黃金時代安在人類始祖的搖籃中，合元始時期獉狉無知的情景混在一起。 倒不如把黑鐵時代換在那個期間還確切些。 人類的黃金時代不是在我們的背後；他是要來的，在社會制度美滿之時就可找着他。 我們的祖宗不曾看見他，我們的子孫總有一天要遇着他。 替我們的子孫預備這條大路是我們的分內事。」 他力說法國大革命已經開闢了一片組織新社會的地基；在前面所舉的幾部書中他極力闡明他相信可以撑持這個新社會的各原則。 那些原則是社會主義的，但比起巴伯輻的其平如砥的主義來，聖西蒙的主張總可算更平易近人，更入情

1. America. 2. Washington. 3. L'Industrie. 4. L'Organisateur. 5. Du Système Industriel. 6. Catéchisme des Industriels. 7. Nouveau Christianisme.

人理。 他主張國家應執掌生產及分配財貨的管理權；但各人的才能和勤勉須有嚴明考核的準備，俾各人得的報酬恰與各自盡的勞績相稱。 他斷定平均分配之不得爲公平，也不亞於現世流行的不平等，他的無上目的是要演出一種計畫使各人的企業心和勤儉性也如在自由競爭制度之下一樣的易於振發，而同時却能保得住人人皆可自享其努力的結果，不受他人詐騙，不受他人壓迫。 聖西蒙持論一秉學理，心氣和平，品格高尚，所以他在近世改革家裏面很該占高等地位。 然而他是一位理想家而非實行家——的確的，他是一位人道主義家而非極有條理的思想家，——他一生絕未遇着可實驗他的理想之機會。 他生存的時候，他的意見並不甚有影響。 然而他有幾個心悅誠服的弟子，極力把他們奉爲先覺的老師所主張的理論繼續宣傳，到一八三〇年時聖西蒙學派(1)在急進主義的各派中已取得稍占勢力的地位。 (參看季德及栗士特的經濟主義史一九八頁至二三一頁(a)。)

(215)富利耶及富利耶主義　既有社會主義的理論時只須進一步就達到社會主義的試驗。 法國社會主義試驗家最早的一位是富利耶(2)(生於一七七二年，死於一八三七年)富利耶是白壤崧(3)地方一位布商的兒子，而且他自己一生也有大半輩子從事於商業。 他在年紀尚小的時候，無意之間爲了一樁事竟觸到當時商業制度的顯而易見的缺點，就從此留意社會問題。 他受過很好的教育，對於社會的理解，他不但富有閱歷，而且他的智慧也不弱於聖西蒙。 他成年之後，他的商業活動竟是完全附屬於他的學問事業。 他考究出來的社會組織計畫最先敍述一八〇八年他隱名出版的一部書中。(這部書名四種運動論共二冊，(一八

(a) Gide and Rist: History of Economic Doctrines, 198-231. 1. The Saint Simonian school. 2. François Marie Charles Fourier. 3. Besançon.

(a) Théorie des quatre mouvements, 2 vols. (Lyons, 1808). (b) C. Gide: Selections from Fourier (London, 1901). 1. Traité de l' Association Agricole Domestic. 2. Le Nouveau Monde Industriel. 3. Phalange. 4. Phalanstère. 5. M. Baudot Dulary 6. Versaille. 7. Jean Godin. 8. Guise.

八年，里昂出版）(a)） 他於一八二二年出版的內國農業結社論(1)中描寫這種計畫更爲詳細，在一八二九年至一八三〇年出現的新工業世界(2) 一書中說得最爲周到。 富利耶改組社會的計畫是把社會分作單位，以每四百家或一千八百人爲一單位，名爲「自治團」(3)。 每個自治團的住所是一個極大的公共建築屋，名爲「自治公寓」(4)，公寓的周圍都是耕種之地。 富利耶把「自治團」的組織和生活解說得極其詳細，他並不拘定必須完全消滅私有財產制，或消除貧富的差別。 每個自治團都應當力求經濟自足之法，而且每個團員都得各隨所好自由擇定工作種類，所以自治團中必須有適當的各種職業及生產事業。 每個自治團應當爲一個民主的，自治的單位。 關於一團中工作的產物之分配，據說應當首先定出一個寬大的最小額，使團中五歲以上之人各得領取一份；餘下的物產以十二分之五歸勞力，十二分之四歸資本，十二分之三歸材能。 工作大致分爲必需的，有用的，適意的三種；做有用工作之人收受報酬比做適意工作之人的多，做必需工作之人的報酬又比做有用工作的多。 (見季德及栗士特的經濟主義史二四五頁至二五五頁；季德的富利耶文選(一九〇一年，倫敦出版)(b)。

在富利耶生存的年代，有人要把他這獨出心裁，異想天開的計畫實行起來，但這一次企圖竟完全失敗了。這件事是在一八三二年，衆議院的議員杜拉利(5)在浮爾賽(6)附近買了一片地產，按照富利耶的理想建立一個「自治團」。 因爲資本不足，這椿事落了個半途而廢。 隨後在法國的各次企圖，除一個之外，全都失敗了，這一個就是富豪製造家葛丹(7)在吉市(8)主辦的社會自治區，至今仍存。 (關於這些企圖的敍述，參看浩蘭德的吉市之組織宮庭載在一八七二年四月的哈拍爾月刊(a)。 一八四〇年以後富利耶主義(1)傳到美國，自那時以來照他的計畫設立自治區的前後不下三十四次，全都沒有成功。 最出名的一次是「溪田試驗，」(2)其中領袖人物是渠模勒(3)，丹納(4)，富樂爾(5)，而且格利勒(6)，喀提斯(7)，郝爽(8)等都有關係。(譯者按溪田試驗始於一八四一年，到一八四七年就破壞了；富利耶主義在美國亦因此銷沉，無人過問。渠模勒等數人都是美國那時的文學家。 見佛洛辛漢的渠模勒傳（一八八三年，波士頓出版(b)）；洛耶士的美國社會主義史（一八七〇年，費拉德斐亞出版(c)）第二章；柯德曼的溪田傳信錄（一八九四年，波士頓出版）(d)。 與富利耶同時，而其社會實驗對於美國人也有特別趣味的一位社會主義家是嘉貝(9)，他著了一部書名為伊加利遊記(10)（一八四二年出版）其中描寫一個理想的模範平民國之組織，他又是美國伊里諾(11)省羅浮(12)地方的一個共產居留地的開創人，這個組織隨後移到愛阿華(13)省柯林(14)附近之地。(見謝奧的共產主義史之一章；伊加利記（一八八四年，紐約出版(e)）。)(譯者按嘉貝生於一七八八年，死於一八五六年。 他是法國人而受業於英國人奧文，所以他最主張協作事業，他在法國當時也有一派勢力。)

(216)十九世紀中葉法國之社會主義派：蒲魯東 法國第一代社會主義家是純屬於空想的和烏託邦派的(譯者按烏託邦(15)是英國人莫爾(16)（生於一四七八年，死於一五三五年）著的一部小說，模擬一個設想的烏國中政教風俗之美備，陳義甚高而事實上絕不能行；通假引申，於是那一班只圖說得好聽的社會主義家都被稱為烏託邦派(17)。 通常所稱的烏託邦派是指馬克思以前的社會主義家。) 聖西蒙和富利耶並不曾

(a) E. Howland: The Social Palace at Guise, in Harper's Monthly, April ,1872. (b) O. B. Frothingham: George Ripley (Boston, 1883). (c) J. H. Noyes: History of American Socialism (Philadelphia, 1870), Chap. II. (d) J. T. Codman: Brook farm; Historic and Personal Memoirs (Boston, 1894). (e) Shaw: Icaria; a chapter in the History of Communism (New York, 1884). 1. Fourierism. 2. Brook farm experiment. 3. George Ripley. 4. Charles A. Dana. (未完)

5. Margaret. Fuller. 6. Horace Greeley. 7. G. W. Curtis. 8. N. Hawthorne. 9. Étienne Cabet. 10. Voyage on Icarie. 11. Illinois. 12. Nauvoo. 13. Iowa. 14. Coming. 15. Utopia. 16. Sir Thomas More. 17. Utopian.

（以上係續五百八十四頁註）

1. The Orleanist Period. 2. Lyons. 3. Sou. 4. Centime. 5. Franc. 6. Pierre Joseph Proudhon. 7. Anarchism.

想到利用政治關鍵以促成他們的目的；他們偏重在求之於信教心，愛群心，自利心，及其他根本屬於個人的心理。他們的影響範圍甚狹。但第二代社會主義家却較爲着重實際，着重政治，而且甚至主張革命。這兩代的差異自然與一部分是由於各個領袖的性格不同；但大部分是由於工業革命的結果以致社會情形大變，這件事在本章前幾段中已說過了。迨到十九世紀年代稍深，有產階級與工人之間界限更清，尤以一八三〇年以後爲甚。有產階級專攬國事，盤據要津，宰制社會，總而言之他們就是無產階級的主人翁。一八三一年阿連斯時代（1）恰恰開始之時，里昂（2）地方蠶絲工人突發暴動，他們因要求增加工資到十八「蘇」（3）（譯者按一「蘇」係五「生丁」之幣，一「生丁」（4）爲一「佛郎」（5）之百分之一。十八「蘇」係九十「生丁」，按平時換價大約合華幣四角零）爲他們一天作工十八小時的代價，竟被拒絕，於是羣起爲亂，狂呼「生則作工，否則戰死。」通阿連斯時代工人怨望日深，常起擾亂。隨處都有那班自以爲受階級統治及資本家殘忍陵奪之害的人討論工業狀況，資本勞働之關係，維持社會秩序之法律等事。不消說得，這種醞釀最宜於促起社會主義及其他激烈思想之發達。聖西蒙和富利耶的見解因此又有許多人附和，而新領袖們吸收的黨徒也不在少數，於是自大革命以來急進派的宣傳第一次露出驚人的氣象。

新派領袖有兩位是最重要的。一位是蒲魯東；另一位是布朗。蒲魯東（6）（生於一八〇九年，死於一八六五年）出身於無產階級，這是他每逢想到社會問題時他絕不能忘記的事。他的道德極純潔，他的智慧也很高超。但他是一個憤世嫉俗的人，他極端主張推翻現狀之說，所以他成爲近世無政府主義（7）的元祖。他在他於一八四〇年出版的名著何謂財產(1)一書中闡發他倡導的根本推論，即是說「財產是賊贓，因爲財產足使不幹生產事業的人享受他人勞力的結果。」他反對共產主義(2)不亞於私有財產權，所以他主張的社會制度是屬於一種極空泛的性質，以財產的「占有權」(3)爲根據而不以「所有權」(4)爲根據，並且用代表勞力的證券以購生活必需品。他那種嚴肅的個人主義引得他把無論甚麼政府都看不上眼。所以他的結論說「社會到秩序與「無政府」(5)聯合之時纔能達到盡善盡美的地步。」蒲魯東的主義在他當時的急進派中很有勢力；隨後年間他的著作成了激烈派的寶庫；凡法國，意國，及西班牙的工團主義派和他種極端派的宣言書都是以蒲魯東之著作爲依據。(見季德及栗士特的經濟主義史二九〇頁至三二二頁。)

(217)**布朗與社會主義的政黨之建立**　布朗(6)(生於一八一三年，死於一八八二年)是一位更有實際性質的領袖。的確的，在法國社會主義家中，他是有志要就現今政治制度實行平民主義而且要利用現制度爲建立「社會主義的國家」之媒介的第一人，他並且是能鑄成大政黨而得暫時勝利的第一人。布朗是以報館主筆爲業。自阿連斯王朝(7)之初他就在主張共和的及其他急進派雜誌中著文批評當時有產階級的政府爲受一階級支配而圖一階級利益的政府，而且鼓吹建設對於政治及工業都應以平民主義爲標準的國家。一八三九年他設立進步評論(8)，這個報紙成爲最進步的民主派的機關報，而且就是在這個報紙的文欄中他的最偉大的社會主義著作——工作組織論(9)——出現於一八四〇年。(這篇論的原文印在馬略特的一八四八年法國革命中之經濟現象(一九一三年，牛津出版(a))第一卷中。)這篇論文，隨着印爲單行本，

(a) J. A. R. Marriott: The French Revolution of 1848 in its Economic Aspect (Oxford, 1913), I. 1. Qu'est-ce que la Propriété. 2. Communism. 3. Possession. 4. Ownership. 5. Anarchy. 6. Louis Blanc. 7. The Orleanist Monarchy. 8. Revue du Progrès. 9. Organisation du Travail.

給這位著作家在勞働階級中博得絕大的聲望。 這部書文字淺白，詞句簡潔，議論和平，而又入情入理，並且，就全書而論，具有一種性質足以打動那一班不能了解富利耶半心理學半經濟的說法和不表同情於蒲魯東無政府的憤激之語的老成人。 布朗又於一八四一年開始印行一部慘淡經營的十年歷史(1)——即是，一八三〇年至一八四〇年的歷史，——這部書不但有功於終究推翻阿連斯王朝，並且載有最完備最可信的法國社會主義起源的記事，為現今研究此科的必讀之書。(這部書共計十六册，完成於一八四四年。) 布朗後來又著了一部法國革命史(2)(一八四七年至一八六四年，)但其價值不及他早年的兩種著作。

布朗的社會大綱中第一個計畫是以為國家應按廣泛的平民主義之基礎改造。 這件事辦了之後，政府就可專心致志於無產階級的解放。 無產階級最需要的是作工的器具。 因之，供給這些器具就是國家的義務。 布朗以為每個人都有一種「自食其力」的本分，若是不能從私人手上得着公平條款的職業時，國家的職務就是補救這種缺陷。 更切實點說，國家既組織為平民共和國時就當建設國立工場，亦名「社會工場」(3)，這種工場應由工人管理，而且工場的出息由工人攤分。 漸而不擾的，這些國立工場就會代替私有工場，而且私人競爭可蛻變而為普遍的協作生產。 每個人都可竭各盡所能，各取所需。 生產事業就會再勿須由資本家辦理，僱傭求工資的勞働者而自享贏益；這類事業都可由工人們為他們自己的利益而經營。 國家必須籌措資本把這種機關開辦起來；一年之後就可委託工人們自行運用這種制度。 但國家仍是一種必需的組織，以便維持秩序，保衛人民，而且經營鐵路及其他屬於國民全體的財產。 布朗的這個大綱具有性質和平和意義

1. Histoire de Dix Ans. 2. Histoire de la Révolution française. 3. Ateliers sociaux.

明確的兩種長處，而且說得義正詞嚴，理直氣壯。 結果是這個大綱博得許多人首肯，所以在一八五〇年之前法國便興起了一個團結有力的社會主義的政黨。

(218) 社會主義與一八四八年之革命 法國一八四八年的革命運動確有一大部分是社會主義發達的結果，而且給布朗和他的黨徒一種實行他們的理想之一部分的機會。 一八四八年二月二十四日魯易腓力卜(1)被迫遜位，於是設立臨時政府以為建立共和國體之準備。 這個臨時政府之一員就是布朗，而且從一起首社會主義派就很占勢力。 這一派的主要目的是改造社會以謀食工資階級的利益。 他們以為此刻最宜實施的步驟就是厲行布朗的根本要義「工作權」(2)，而且他們要求此事特別出力，所以臨時政府不但正式承認這個抽象的原則而且創制法律以圖這個原則能收實效。 在露森堡宮(3)中設下了一班勞働委員會，以布朗為主任，會中包括各業代表，而且政府按這個委員會的條陳把巴黎的一日工作時間從十一小時減為十小時，禁止「朘削」(4)，又制定一種國立工場制度，以備請求作工之人在內作工，一日可得二佛郎的劃一工資。 但求工的人數是非常之多，政府立刻大受虧累而且無法籌出相當的工作。 於是每星期的作工日數減為二日，每星期的工資總額規定為八佛郎。 但這樣辦法仍是無濟於事。 政府中繼續積塞了求工之人；極多的人落得白混時光，無所事事；而且國庫的支出雖然源源不絕，為數極鉅，各個工人領得工資竟直不夠穿喫。 這次試驗正合臨時政府中多數閣員一相情願的失敗了。 (這樁事最可信的記錄是多數思的國立工場史(一八四八年，巴黎出版)(a)，複印於馬路特的一八四八年法國革命中之經濟現象第二卷內。 多數思是國

(a) E. Thomas: Histoire des ateliers nationaux. 1. Louis Philippe. 2. Droit au travail 3. The Luxemburg Palace. 4. "Sweating."

立工場的監督。) 這次辦法有許多要點與布朗原始主張的不相符合。 但說起來時，都認爲是他的計畫，這乃是他的敵人故意要使他本人和他的主張一齊喪失信用。 他們這種目的總算大部分達到了。 在一八四八年四月二十三日選出制定憲法的議會中，社會主義派勢力極微，而且由這個團體產出的新臨時政府立即着手廢止國立工場。 京城中社會主義派黨徒起而叛變，隨着幾天(六月二十三日至二十六日)巴黎城內都有兇猛無比的巷戰。 但政府方面戰勝了，而且社會主義派完全失却了從前占有的地盤。 全國的小地主們，因爲聽說社會主義派一朝占了上風就要廢除土地私有制，心中害怕，對於社會主義的宣傳運動拒絕贊助，就如現今他們的子孫一樣，所以一八四八年以後幾十年間法國社會主義之流行繼續是差不多完全限於城市中往來無定的工業人口，尤以巴黎爲甚，而且對於國內政治上和工業發展上都不能有切實的影響。 最勇敢的勞働階級領袖們或亡命異域，或銷聲息影；(布朗於一八四八年逃往比國，又由比國轉到英國，他在英國直住到一八七〇年拿破崙第三覆亡之時。 一八七〇年他仍回法國居住，老死於一八八二年。) 其餘的也覺得意懶心灰，索然乏味；而第二次帝國粉飾太平的手段也足使工人們的怨氣稍紓，暫時相安無事。 (法國社會主義的歷史接敍於本書第二十三章。)

(219)英國社會主義之發端與文 十九世紀前半期法國社會主義的歷史是充滿了思想家，試驗家，運動，學派，黨綱等事。 同時期中，英國社會主義的歷史只是一個人的故事，這一個人即是製造家兼博愛家奧文勞勃特(1)(生於一七七一年，死於一八五八年。) 英國此時的社會主義史對於深究社會現象的人雖然也是一樣

1. Robert Owen.

的趣味瀰漫，却遠不及法國的那樣濶熱。在拿破崙戰爭閉幕之前，英國並沒有社會主義的思想之表現。啓上會記有一派急進家，在十八世紀的最後二十五年間很有聲色。但這個較早年代的急進主義大半是與國會改革的問題相連，而與財產之另行分配及國家應兼顧社會職務等問題無甚關係。而且前已表過，在大革命及拿破崙時期，甚至這種較和平的急進主義在英國亦自行消滅或被法律禁止。一八一五年以後釀成社會不安及促起急進主義復活的情形已在別處說過了。(見本書第一百一十節)在英國，也如稍後的法國一樣，無產階級與中等階級之間的界限日嚴一日。工人在中央政府及地方政府全無發言之權。他對於土地沒有確定的利益。他只受極少的教育，或全未受教育。他的工作時間是極長，他的工資是極薄，他的日常生活情形是極愁慘。他受僱主輕蔑忌剋，而且甚至酷虐的待遇，在一八二四年之前他不得與他的同伴聯合共圖相互的利益。此際的勞働階級是盲目的，無組織的，除了以暴行或私下毀壞他所恨的新機器以外竟是有寃無處訴。此際的勞働階級是新工業富豪專制之下的魚肉；而貧民社會也迅速擴充，居然成爲國家必有的定則了。

自然，有些資本家對於這種危及國家社會的形勢也很警惕，而且頗有仁慈之念要自就能力所及去減輕隱伏於這種危險之下的罪惡。一位這樣的人就是奧文，因爲他極力考求改善社會的原理之故他被公認爲英國社會主義的元祖。奧文是衞爾斯人，他年纔十九便任滿切斯透的一個棉花工廠中充當經理人，這是英國第一個用美國棉花的工廠。在他的監察之下，這個工廠，僱用五百多人，成爲英國辦理最善的工廠。一八〇

a Podmore: Robert Owen, I, 102-125. 1. The Clyde. 2. New Lanark. 3. A New View of Society. 4. Philanthropy. 5. Coöperation.

〇年他安家於蘇格蘭克乃德河(1)上的紐蘭納克(2)地方，充當棉花廠的經理人，同時又是股東，他的工廠中僱用男子，婦女，兒童，共計二千餘人。 在那個地方，他把他的理想按大規模的實行起來，不上幾年工夫把那一班墮落窮困的人口變成名聞全歐，各國改革家爭相訪問的人人勤儉強健，快樂知足的社會。 他辦這樁事是由改良工廠中的衛生狀況，改建工人的住屋，提高工資，減少工作時間，而且設立小學校。(見季德及栗士特的經濟主義史二三五頁至二四五頁)。

(220)奧文主義與普選主義 一八一三年奧文出版他的四篇論文名為社會新見解(3)的第一篇，其中敍述他的博愛主義(4)所根據的各原則。(見頗德模的奧文傳第一卷，一〇二頁至一二五頁(a))。 他的根本觀念是以為人的性格大半是環境養成的，所以博愛主義和政治的最高無上的目的應當是使人處於正當的自然影響，道德影響，及社會影響之下，尤以童年及幼年為甚。 在較為純粹的經濟方面他主張說，機器生產事業之發達(這件事是他躬親實驗的)純按私人贏益的目的組織時，一定不易的是工人們落到窮困墮落的地步，所以在這種趨勢上必須施一種補偏救弊的方法。 一八一七年他被下議院調查卹貧法成效的委員會招請去指陳他對於社會困苦的原因和救濟方法的意見，他趁這個機會就把他想出的補救之道發揮出來，即是，協作事業(5)。 如稍後年間的富利耶一樣，他主張組織一種團體，各個團體自己公共主有為本團分子的幸福所必需的一切生產工具，而且公共使用這些生產工具。 這種模範的團體應當構成於五百人乃至三千人，定處於面積一千英畝或一千五百英畝的土地上。 這個團體的一切分子都應共住在一個大四方的建築物中，附有公共廚房和公共餐室，每一家各占這個大建築物的一廂。 這個團體應以農業爲重，但也應備有各種職業，總以能夠經濟自足爲主。 這種團體應當採用最新最好的發明，但絕不可流於「工場制度，」而且這種團體應當把城市生活的長處和鄉村生活的長處聯而爲一。 私人，教區，郡縣，國家，都可以設立這樣的團體；到得團體之數增多之時，就可按十個一組，百個一組，千個一組的聯合起來，以至於全國甚至全世界，都包羅在這種制度之內。

自一八一七年以還，奧文著了許多小册子和短文鼓吹他的協作計畫，而且屢次請求各國君主在他們的國內開辦根據協作原則的試驗場。 在英國他的理想大受歡迎，甚至有錢有勢的人也都稱讚，假如不因爲他在倫敦演說時公然反對大衆信奉的宗教法式，逾越常軌致犯衆怒，他必能把他的理想大量的實施出來。 既然如此，所以格拉斯哥附近阿必斯頓（1）地方的這種第一次企圖完全失敗了，同時奧文親自在美國因地嫗拿（2）省紐哈芒尼（3）辦的試驗也不成功。（見頗德模的奧文傳第一卷，二八五頁至三四六頁；羅克伍德的紐哈芒尼運動（一九〇五年，紐約出版）（a）。） 隨後在英國及美國又試辦幾次，一樣的不得結果。 他從美國回去之後，就在倫敦（他於一八二八年已與紐蘭納克斷絕關係了。）把社會主義和人世主義（4）聯在一起宣傳，對於社會主義大不利益。 一八三五年他創立一個萬國各階級協會（5），前已表過就在這個組織的討論中「社會主義」一詞初見於世。 奧文主義（6）的一個重要而能持久之點是他的協作事業的理想，而且現今英語民族所住之處的許多協作企業都是從奧文的這種著作提倡起來的。 奧文的事業還有幾椿不可忽略

(a) G. B. Lockwood: The New Harmony Movement (New York, 1905).
1. Orbiston. 2. Indiana. 3. New Harmony. 4. Secularism. 5. Association of All Classes of All Nations. 6. Owenism.

的，他是英國嬰兒學校的開創人，他是第一位與行合理的工場勞働短時間之人，他很熱心的促成工場法制和改革卹貧法，當時辦這種事卽是違反時代精神，他却能不爲世俗之見所囿。 他單槍匹馬的建樹這些事業；在他能實行他的計畫之前，不知他耗了多少精力，費了多少唇舌，去宣傳他的道理，破除世人的成見；對於一位披荆斬棘的人物若要拿他立卽成就的實際效果來擬定他的功勞，那就太不公平了。

維多利亞(1)女皇朝初葉的英國繼續是社會劇烈騷動的舞台。 如近年一位著作家說的，此際的英國很像一個滿心不快的龐然大物，自己覺得異常不平，却就是全不能決定治療的方法。(見威烈爾士的英國社會主義運動四九頁(a)。) 也有不少的人道主義家在那裏摩拳擦掌，却就在人道主義家本羣裏面也缺乏共同的目的。 一八三二年的國會改革案許中等階級以較普及的國會選舉權已經把中等階級與無產階級的差別分得更顯，從此二十年間最堅忍的改革運動卽是所謂普選主義(2)，着重在國會平民化的問題。(譯者按英國普選運動大略見第十九章之末譯者增註。) 然而普選運動(3)是行險以儌倖，普選派的黨綱是雜亂無章的。 除了「人民憲章」(4)的「六款」(5)以外，附和這個運動的人意見百出，毫不一致，卽或憲章的一切要求都能達到，普選派也絕不會心滿意足，卽或有之，亦必是極少數人。

(221)基督教社會主義派　普選主義不是社會主義；社會主義不過普選派中曾有人呶斥新經濟制度使工業的「贏餘出息」全歸於資本家，比馬克思的議論更早出幾年；再者乃是一八四八年四月普選派的示威運動失敗纔顯出所謂基督教社會主義(6)的運動。 基督教社會主義的創始人是莫利士(7)(譯者按莫利士生於一八

(a) Villiers: The Socialist Movement in England, 49. 1. Victoria. 2. Chartism. 3. Chartist movement. 4. Peoples' Charter. 5. Six points. 6. Christian Socialism. 7. Frederick Donison Maurice.

1. Charles Kingsley. 2. Thomas Hughes. 3. John M. Ludlow. 4. Cobden. 5. Bright. 6. The Christian Socialist. 7. Alton Locke. 8. Yeast. 9. Christianity. 10. Rochdale pioneers. 11. Rochdale.

〇五年，死於一八七二年）。與他聯絡的還有金絲勒(1)，修斯(2)，及經濟學家庶德洛等(3)。他們極反對當時多數經濟學家那種看事太易的放任主義，並且很激昂的說國家之有保護平民以抗工業陵奪之義務正與國家有保護人民以抗外敵攻擊之義務一樣的合乎論理而且爲絕不可少的事。金絲勒說柯伯登(4)和布萊特(5)的經濟主義是「一切狹隘矯揉非聖無法的社會哲學中最壞的一種」據基督教社會主義派主張說，應用基督的聖經於社會問題可得到與奧文由商業實驗推闡而得的相類結論，並且他們極力的說明奧文的人世主義並不一定與社會主義的思想或行動有關係。他們在倫敦發行一種報紙名爲基督教社會主義家(6)，這個運動的各位領袖在教堂講台中，在演說壇上，由報紙上，由書籍中(包括金絲勒的洛克阿頓(7)和依斯特(8)兩部小說)盡力攻擊自由競爭制度，並且鼓吹說社會主義，正確的解釋出來，就是基督教(9)應用在社會改良的實際問題上而已。

基督教社會主義家並沒有顯出很大的建設能力和組織能力，他們鼓動的唯一立即見效的事是促成「洛其德爾先鋒隊」(10)的協作運動，這是英格蘭北部洛其德爾(11)地方二十八名織匠，受了奧文主義的影響，每人各湊一個金鎊創辦的協作分配事業，經基督教社會主義家這一鼓勵，他們格外氣壯，不上三十年工夫，把一條窮巷變成一個極富庶的城市。當時經這兩方鼓吹出來的四五十個協作生產社沒有一個永久存在的。然而稍後年間以促進協作分配爲目的的商店有多數都維持直到現今。但基督教社會主義家的大貢獻並不在組織方面而在影響於英國人對社會主義的心理上。乃是賴他們之力纔把英國政治中的急進主義與英國國教之間的仇隙永遠化除；在歐洲大陸，這種仇隙幾乎無國不有，對於政治和宗教兩面都是有害無利的。

一八五〇年至一八七五年是社會主義在英國冷落蕭條的時代。的確的，凡屬急進主義此際在英國都有風定波平之象。奧文主義是完全停息了。普選運動也自取滅亡了。自由貿易鼓動家，放奴運動家，和監獄改良家都已成就了他們的志願。基督教社會主義已微弱到消滅之點。烏託邦主義（1）招人厭棄；理想主義（2）已蛻變而為機會主義（3）；甚至職工組合也以堅守經濟正宗自豪。勞働階級一般的承認現有事物的秩序，而且很滿意於改善他們境況的各種方法。勞働界組織得更嚴密，但新組織所取的主要目的是維持資本制度現狀之下的標準工資額，不是開創根據於社會主義或他種急進主義的新勞働制度。然而勞働組織如此的擴張是終必產生重大結果的。勞働群眾，經由新舊職工組合聯絡之力，比從前更易於協力辦事。縱然這些組織的性質是否急進尚未分明，他們却有變為急進的機會。無論如何，工人們一經組織成功之後便極容易趨於傳播急進主義。如一位著作家特敍的，「以前的人有理想而無組織；此刻他們努力從事於組織，却就是缺乏理想。」但是，組織與理想湊巧相逢的日子就快到了；這個日子以下準是英國社會主義史更新穎鬧熱的又一章。

1. Utopianism. 2. Idealism. 3. Opportunism.

SELECTED REFERENCES

General

T. Kirkup, History of Socialism (London, 1892), 1–68.

W. Sombart, Socialism and the Social Movement, trans. from the 6th German ed. by M. Epstein (New York, 1909), 131–164.

E. Lowenthal, The Ricardian Socialists, in Columbia Univ. Studies, XLVI (New York, 1911), No. 1.

G. R. S. Taylor, Leaders of Socialism, Past and Present (London, 1910).

J. Spargo, Industrial Unionism and Socialism (New York, 1913).

M. Tugan-Baranovsky, Modern Socialism in Its Historical Development, trans. by M. I. Redmount (London, 1910).

J. R. Macdonald, The Socialist Movement (London, 1911).

J. G. Brooks, The Social Unrest: Studies in Labor and Socialist Movements (New York, 1913).

G. Warschauer, Zur Entwicklungsgeschichte des Sozialismus (Berlin, 1909).

J. Stammhammer, Bibliographie des Sozialismus und Communismus, 3 vols. (Jena, 1893–1909).

The Nature, Aims, and Practicability of Socialism

R. T. Ely, Socialism: An Examination of Its Nature, Its Strength, and Its Weakness, with Suggestions for Social Reform (New York, 1894).

H. M. Hyndman, Economics of Socialism (London, 1896).

G. Le Bon, The Psychology of Socialism (New York, 1899).

G. Deville, Principes Socialistes (Paris, 1898).

J. R. Macdonald, Socialism and Society (London, 1905).

W. H. Mallock, A Critical Examination of Socialism (New York, 1907).

J. E. Le Rossignol, Orthodox Socialism, a Criticism (New York, 1907).

E. Vandervelde, Essais Socialistes (Paris, 1906).

J. Jaurès, Studies in Socialism, trans. by M. Minturn (New York, 1906).

M. Hillquit, Socialism in Theory and Practice (New York, 1909).

H. G. Wells, New Worlds for Old (London, 1909).

J. Rae, Contemporary Socialism (4th ed., New York. 1908).

J. Spargo, Socialism: a Summary and Interpretation of Socialist Principles (new ed., New York, 1909).

A. Fouillée. La Socialisme et la Sociologie Réformiste (Paris, 1909).

A. M. Low, What Is Socialism, in N. Amer. Rev., Jan.-Apr., 1913.

F. Henderson, The Case for Socialism (London, 1911).

Y. Guyot, Socialistic Fallacies (London, 1910).

E. Kelly, Twentieth Century Socialism; What It Is Not; What It Is: How It May Come (New York, 1910).

T. Kirkup, A Primer of Socialism (London, 1911).

A. E. F. Schaeffle, The Quintessence of Socialism, trans from 8th German ed. by B. Bosanquet (London, 1908).

A. E. F. Schaeffle, The Impossibility of Social Democracy, trans. by B. Bosanquet (London, 1892).

O. D. Skelton, Socialism, a Critical Analysis (Boston, 1912).

W. E. Walling, Socialism as It Is; A Survey of the World-Wide Revolutionary Movement (New York, 1912).

W. E. Walling, The Larger Aspects of Socialism (New York, 1913).

R. C. K. Ensor [ed.], Modern Socialism (3d ed., New York, 1910).

F. Engels, Socialism, Utopian and Scientific, trans. by E. Aveling (3rd ed., New York, 1911).

R. Hunter, Socialists at Work (New York, 1908).

G. W. de Tunzelmann, The Superstition Called Socialism (London, 1911).

Y. Guyot, Where and Why Public Ownership Has Failed (London, 1914).

French Socialism Before and During the Revolution

R. T. Ely, French and German Socialism in Modern Times (New York, 1883), 1–38.

P. Louis, Histoire du Socialisme Français (Paris, 1901). 1–52.

W. B. Guthrie, Socialism Before the French Revolution (New York, 1907).

J. Peixotto, The French Revolution and Modern French Socialism (New York, 1901).

P. Janet, Les Origines du Socialisme Contemporaine (Paris, 1883).

A. Lichtenberger, Le Socialisme au XVIIIe siècle (Paris, 1895).

A. Lichtenberger, Le Socialisme et la Révolution Française; Étude sur les Idées Socialistes en France de 1789 à 1796 (Paris, 1897).

French Socialists of the First Half of the Nineteenth Century

R. T. Ely, French and German Socialism in Modern Times (New York, 1883), 39-142.

Y. Guyot, Socialistic Fallacies (London, 1910), 73-102.

C. Gide and C. Rist, History of Economic Doctrines from the Time of the Physiocrats to the Present Day, trans. by R. Richards (London, 1915), 198-322.

E. Levasseur, Histoire des Classes Ouvrières et de l'Industrie en France de 1789 à 1870 (Paris, 1903), I, 677-724; II, 3-65, 337-466.

P. Louis, Histoire du Socialisme Français (Paris, 1901), 53-240.

A. Blanqui, Des Classes Ouvrières en France Pendant l'Année 1848, 2 vols. (Paris, 1849).

J. Bourdeau, L'Évolution du Socialisme (Paris, 1901).

G. Isambert, Les Idées Socialistes en France de 1815 à 1848 (Paris. 1905).

E. Fournière, Les Théories Socialistes au XIXe Siècle: de Baboeuf à Proudhon (Paris, 1904).

O. Warschauer, Zur Entwicklungsgeschichte des Sozialismus (Berlin, 1909).

A. J. Booth, Saint-Simon and Saint-Simonism (London, 1871).

J. Tchernoff, Louis Blanc (Paris, 1904).

H. Bourgin, Fourier; Contribution à l'Étude de Socialisme Français (Paris, 1905).

A. P.-J. Berthod, Proudhon et la Propriété; un Socialisme Pour les Paysans (Paris, 1910).

C. Boulge, La Sociologie de Proudhon (Paris, 1911).

F. Bonnaud, Cabet et son Oeuvre (Paris, 1900).

E. Cabet, Le vrai Christianisme (Paris, 1846).

O. Festy, Le Mouvement Ouvrier au Début de la Monarchie de Juillet, 2 vols. (Paris, 1908).

J. A. R. Marriott, The French Revolution of 1848 in Its Economic Aspect, 2 vols. (Oxford, 1913).

Owen and Owenism

J. Spargo, Socialism (New York, 1906), 14–45.

H. Denis, Histoire des Systèmes Économiques et Socialistes (5th ed., Paris, 1907), II, 387–483.

H. M. Hyndman, Historic Basis of Socialism in England (London, 1893).

M. L. Lloyd Jones, Life, Times, and Labours of Robert Owen (London, 1890).

E. Dolléans, Robert Owen (Paris, 1905).

H. Simon, Robert Owen; Sein Leben und Seine Bedeutung für die Gegenwart (Jena, 1905).

F. Podmore, Robert Owen; a Biography, 2 vols. (London, 1906).

Bibliography of Robert Owen, the Socialist, 1771–1858 (Aberystwyth, 1914).

The Christian Socialists

E. R. A. Seligman, Owen and the Christian Socialists, in Pol. Sci. Quar., June, 1886.

A. V. Woodworth, Christian Socialism in England (London, 1903).

C. E. Vulliamy, Charles Kingsley and Christian Socialism (London, 1914).

M. Kaufmann, Christian Socialism (London, 1888).

P. W. Sprague, Christian Socialism (New York, 1891).

第二十二章　政治中之社會主義——德國

(222)德國社會主義之初期：羅貝爾圖　十九世紀前半期的社會主義差不多是純屬於英法兩國。然而一八四八年革命之後，社會主義派投機的舞台移到德國，法國的第二次帝國時代和英國的職工組合主義構成時代都是社會主義派的煽動極銷沉的時期，而在萊茵河以東之地，社會主義派的宣傳却獲得向來未有的豪興和效果。自然，在一八五〇年以前德國間或也有社會主義思想的表現。哲學家費克德(1)於他在一八〇〇年出版的閉關貿易國(2)一書中已主張國家取締財貨之生產及分配，不過當時的人不甚留意他這個計畫而已。一八四二年德國又出了一部社會主義的書，這本書現今在社會主義派的文學中仍占榮耀的地位。這部書是衛特靈(3)的自由權及協和性之保證(4)。(這部書的五十週年紀念版是一九〇八年在柏林發行)。衛特靈(生於一八〇八年，死於一八七一年)是馬格德堡(5)的裁縫，無產階級的領袖，後來移居美國，專心於社會主義的著作和鼓動。他所說的保證的主旨就是指財產是一切罪惡的根株，並且說工人有權「自由如空中之鳥」。

事有湊巧，衛特靈的書出世的這年中另一部很重要的社會主義的作品也出版了。這是羅貝爾圖(6)的現代經濟狀況實錄(7)。羅貝爾圖(譯者按羅貝爾圖生於一八〇五年，死於一八七五年)是普魯士的一位大地主，他一生大半消磨於研究經濟及其他學問。他被人稱為「閎葫底」，因為他承襲的財產和他處的境遇確是一位貴族，他厭惡革命，而且甚至厭惡煽動，然而他却是一位社會主義家；的確的，有些人認他為科學的社

1. Fichte. 2. Der geschlossene Handelstaat (The Closed, or Isolated Trading State). 3. Wilhelm Weitling. 4. Garantien der Harmonie und Freiheit (Guarantees of Harmony and Liberty). 5. Magdeburg. 6. Karl Johann Rodbertus. 7. Zur Erkenntniss unserer Staatswirthshaftlichen Zustände (Recognition of Our Economic Condition).

(a) E. C. K. Conner: The Social Philosophy of Rodbertus. (b) H. von Dietzel: Karl Rodbertus; Darstellung seines Lebens und seiner Lehre (Jena, 1886–88). 1. Scientific socialism. 2. State socialism. 3. Karl Marx. 4. Friedrich Engels. 5. Ferdinand Lassalle.

會主義(1)之元祖。除上述一書之外，他還著了幾部書，但他本來的論據沒有改變。他主張的社會主義是以國家爲依據而建設的，他雖然承認社會主義可行於共和政體之下，他卻表同情於他本國的君主立憲政體而且望其永遠繼續。按羅貝爾圖的思想，社會主義是應當逐漸達到的，而且不但須用和平的手段，並且須用合法的手段。地主和資本家都應聽其完全保有他們現今所占的一部分國家收入；但爲對工人確保他們應得的生產增加之利益起見，國家應當規定工作時間之長度，每日應定之工作分量，及一種法定的工資，這項工資應按生產增加的步驟隨時提高。據他主張說，由這樣不斷的矯正自由競爭的害處，國家必能應順各方面利益增加之速率，終究轉移到社會主義的制度。生產事業及分配事業之國家經營應當逐漸擴張以至於達到完全的普遍的社會主義。（見季德及栗士特的經濟主義史四一五頁至四三二頁；談納爾的羅貝爾圖之社會哲學（一八九九年，倫敦出版(a)）；迪策爾的羅貝爾圖其身世及著作之傳記（一八八六年至一八八八年燕那出版(b)）。譯者按季德及栗士特的經濟主義史以羅貝爾圖爲國家社會主義(2)之創始者，而拉薩爾亦是此派的重要領袖。本段阿格博士述羅貝爾圖思想的這幾句便是國家社會主義的真諦。）

(223)馬克思與英格爾士　論到稍後數十年有條理的，實際的，猛進的德國社會主義的真正創始人，我們必須把眼光轉到馬克思(3)（生於一八一八年，死於一八八三年），英格爾士(4)（生於一八二〇年，死於一八九五年）和拉薩爾(5)（生於一八二五年，死於一八六四年）。馬克思，這個名字是社會主義派運動全部歷史中最出色的，是一位天資明敏而且受過高等教育的政治學家兼報館主筆，他的祖宗是猶太族。一八四二年他充當萊茵報(1)的主筆，他毫不敗衔的奮力攻擊普王威廉第四(2)的守舊政府，直到一八四三年這個報紙被封縱罷。 他去到巴黎，繼續研究經濟學，同時交遊於法國社會主義家間。其中有普魯東，和由他本國亡命來的急進派。 他遇着英格爾士也是在巴黎，他二人從此成爲志同道合的朋友，同甘共苦差不多四十年。 英格爾士是普魯士邦巴爾門(3)城的一位製造家的兒子。 他在英國滿切斯達和法國巴黎住了些時之後，他成爲社會主義的熱心健將。 一八四五年，這年英格爾士發表了他述英國工人可慘的狀況之書，（這部書經威息奈街次基譯成英文，名爲一八四四年英國勞働階級狀況（一八九二年，倫敦出版(a)。）） 馬克思被逐出法國。 他去到比利時京城布魯色爾(4)，就在那裏他和英格爾士於一八四七年同著共產黨宣言(5)，這篇文章，差不多各國都有譯本，成爲近世革命的社會主義的經典。 這篇宣言是他二人受共產同盟會(6)之請特爲作的，這個同盟會是設在倫敦的一個國際共產派的會社。 這篇宣言雖名共產黨的文書，其實是嚴格的社會主義派的宣布。 宣言所要求的事項中包括廢除土地私有權，一切地租撥歸公用，交通運輸事業由國家總管，擴張國有工場及其他國有生產事業，及兒童受公學教育免收學費。 這兩位著作家在這篇發揚蹈厲的宣言收尾處酣暢淋漓的寫道，「共產黨人不屑於幹藏頭露尾，口是心非的事。 他們堂堂正正的宣布，只消把現今社會秩序一陣直捷痛快的推翻了，他們的目的就可達到。 教那班治者階級發煉於社會革命之前。 無產之人除了去掉項頸上的鎖鍊毫不喫虧。 他們可以爭得一個世界。 各國的工人們，聯起來！」（譯者按這是七十幾年前的老話，現今的社會主義家已經不這樣大方了。 從前馬克思主張「工人無祖國」(7)；這個問題經

(a) Die Lage der arbeitenden Klassen in England, trans. by F. Wischnewetzky as The Condition of the Working Class in England in 1844 (London, 1892). 1. Rheinische Zeitung. 2. Frederick William IV. 3. Barmen. 4. Brussels. 5. The Communist Manifesto. 6. The Communist League. 7. "The proletariat has no fatherland."

各國社會主義派討論了幾十年，爭執不決，及至大戰爆發之後他們多數公然犧牲平日主張，助國家作「防禦戰爭」(1)，甚至德國社會主義派亦復如此，可見究竟是本國爲重世界爲輕。 美國社會主義派領袖斯拔哥(2)在他於大戰期間出版的書(社會平民主義解(3) 一九一八年紐約出版)中開口就說社會主義是國際主義(4)，開口也說社會主義是國際運動他却同時就在這本書中主張「防禦本國的生活標準」不許生活標準太低的人民流入美國。 別只看他們嚷得好聽，且注意他們在利害關頭怎樣說法。 馬克思對於一八七〇年的普法戰爭就自己慫恿他的黨徒助本國「防禦」；及至戰勝之後雖然主張不割土地，不要賠款；其實除他自己和極少數人相信此理以外，誰肯？ 關於共產黨之宣言，參看布洛克的經濟文選(一九〇七年波士頓出版)六六八頁至六八一頁(a)；斯拔哥的社會主義(一九〇六年紐約出版)四六頁至六三頁(b)；安德勒的共產黨宣言釋義(一九〇一年，巴黎出版(c))。

一八四八年革命之時馬克思又現身於德國，他和英格爾士及其他友人們設立新萊茵報(5)，而且在這個報紙中熱烈的爲工人主張權利。 這次革命之失敗和守舊派之得勢致使政府於一八四九年封禁了這個報紙如封禁以前的萊茵報一樣。 馬克思被逐出境外，從此他就住在倫敦專攻經濟學著爲專書以問世。 一八五〇年他出版了他的政治經濟學評論(6)，一八六七年他的第一傑作，德國社會民主派奉爲經典的資本論(7)第一卷出版了。(資本論第一卷述「資本生產之程序」 第二卷和第三卷馬克思生時未及完成。 他死之後，英格爾士給他整理一番纔出版了)。

(a) C. J. Bullock: Selected Readings in Economics, 668–681. (b) J. Spargo: Socialism (New York, 1906) 46–63. (c) C. Andler: Le manifeste communiste, introduction et commentaire. 1. "Defensive war." 2. John Spargo. 3. Social Democracy Explained 4. Internationalism. 5. Neue Rheinische Zeitung. 6. Zur Kritik der politischen Oekonomie. 7. Das Kapital.

(224)馬克思主義　馬克思確是一位經濟學家——的確的是一位在世界上影響最大的經濟學家。　曾有人論他的真價值說，「莫利士把社會主義和基督教的人生哲學融會貫通，使一般信教的人對於社會主義不存輕視之心；羅貝爾圖和馬克思對於經濟學家也是如此。」(見威烈爾的英國之社會主義運動八五頁(a)。)馬克思和馬克思學派(1)的根本經濟教義是以勞力爲物值之源；而且據說現今社會秩序中的主要缺憾是那種無可免避的局勢使工人僅能得養家活口的工資，而他的勞力造出的贏餘出息全歸於陵奪勞工之人，即是資本家式的僱主。　這種觀念並不是馬克思的獨得之祕(譯者按斯密亞丹及理嘉圖(2)俱主張勞力爲物值淵源之說)。但乃是他把這種學說闡發得最完密最合理。　馬克思說，資本主義勢無可免的結果是把人民分成兩大階級——一是資本階級(3)，獨占支配工業之權以自肥；另一班是食工資階級(4)，亦名無產階級(5)，名義上是自由的人，實際上對於土地及資本不能主張權利，專賴工資爲生，受資本家任意陵奪。　這種局勢是很難忍受的，是不能持久的。　資本主義(6)實非經濟組織的終極原則，只不過是人類發達的一個階級而已，自有不合時宜之一日，自有被社會主義取而代之之一日。　這兩種主義過渡的方式是經濟革命(7)，然而是必依社會進化(8)的自然法則造成的。

這個經濟革命的主要特點是生產工具爲社會公有，這件事必須無產階級取得政治權，然後纔能把生產工具改爲社會的財產。　能彀把這件事辦成了時，以前專供壓制生產階級之用的國家組織就會成爲無用之物而自然消滅。　以後的政府只須專管工業程序而已。　按馬克思的論斷，這般樣就是社會進化的一定不易之

(a) Villiers: Socialist Movement in England, 85. 1 The Marxian School. 2. Ricardo. 3. The capitalist class. 4. The wage-earning class. 5. Proletariat. 6. Capitalism. 7. Economic revolution. 8. Social evolution.

軌道。種種的形勢可以遲滯這種進步,但絕不使其改變方向或使其停止不進。社會主義之降世只不過是遲早的事而已,各處人民和政府的職分是應當促其前來,不應當阻其前來。在普魯士這樣的國中,就當不再遲疑,先立一個基礎,開端的幾件事應該是建立共和政體,國會議員給俸(譯者按說到此處,我們千萬不可忘却他們的議員是「民選」的,不是「上台委派」的。再者,「收買選舉票」也是他們法律絕對不許,人民絕對不容,的事。)改變王公及其他封建的地產爲國家財產,交通事業由國家專辦,設備免費的普及教育,國家爲一切工人擔保僱傭,殘廢疾病之人由國家扶養。

(225)拉薩爾與德國工人總會　羅貝爾圖,英格爾士,和馬克思給德國社會主義備下了種種理論;拉薩爾(1)(生於一八二五年,死於一八六四年)是把德國社會主義造成有組織的運動的第一人。(十年前德國社會民主黨在布雷斯洛(2)大會時,李白克尼希(3)演說辭中有「近世德國有組織的勞働運動全賴拉薩爾首先倡導之力。」)拉薩爾是一位磊落不羈而性情稍激的政客,學者,兼改革家。他的事業如流星破空而來,光芒萬丈,一瞬即滅,他因一樁愛情事件與人決鬪喪身,把自己前途無限希望也一刀割斷了,所以他再沒有機會能如聖西蒙,奧文,羅貝爾圖,馬克思等把旁搜博採精思熟慮的心得按之於當時的社會現象考究出一種眞切的道理來。然而他在德國社會思想上留的印象非常深厚,這種事實可見之於現今德國社會民主黨的精神是屬於拉薩爾派(4)更過於馬克思派(5)。

拉薩爾的父親本想拉薩爾從事商業,他却無意於此,他年紀不大,在布雷斯洛及柏林的大學中已屢奪錦標,

1. Ferdinand Lassalle. 2. Breslau. 3. Wilhelm Libknecht. 4. Lassallian. 5. Marxian.

著有才名。他的家世本是寬裕的，他自己是極時髦的人物，甚至有奢侈的習慣。然而他在他所進的幾個大學中漸次濡染了平民主義的思想，爲時未久這種思想就成了他的信仰了。一八四八年他因對中歐各國的革命表同情，又在杜色多爾(1)煽動工人舉事，被法庭判處監禁數月。自此以後十三年間他並沒有幹何等出色的正事。但在一八六一年他出版了一部書名爲旣得權制度(2)，法學家沙維尼(3)稱爲十六世紀以來法學界最佳之作；其次年他纔斷然投身於社會主義的宣傳運動。他自任的這椿事業眞是鉅大艱難。因爲他不以爲口誅筆伐就算盡了能事。他的志願是要把德國工人激勵起來而且引導他們聯絡團體共圖革新社會之功。那時德國的勞働階級是著名的鋸了嘴的葫蘆。德國一八四八年的革命運動全是中等階級之力，在一般人的心目中都以爲無論英法兩國鬧到甚麼地步，萊茵河以東的無產階級休想激得起來。這種揣想並不是毫無根據。然而拉薩爾不到三年工夫證實了「事無難易在人自爲。」

拉薩爾也著書而且著得很多。在他宣傳社會主義的這二三年中，他的出版物總有二十種，雖多是演講辭和小册子，然而合攏起來也是洋洋大觀。但對於社會主義的全部思想，他沒有甚麼新貢獻。他的經濟理論多是取材於羅貝爾圖和馬克思的著作，他對於社會主義的功勞就是把各大家和他同時各鉅子的精深奧妙，使人望洋興歎的著作變而爲通俗普及的議論。他的演說和他的文章曾被稱爲「馬克思原理的敏妙詮釋」(見伊里的法德兩國之社會主義一九一頁)。然而他的學說的眞正起始點他是採取英國理嘉圖的悲觀的「工資定則」(4)，改稱爲「工資鐵則」(5)，以簡單明瞭的言辭向工人們激昂慷慨的解說這個定則的作用如

1. Düsseldorf. 2. System der erworbenen Rechte. 3. Savigny. 4. Ricardian law of wages. 5. "Iron law of wages."

(a) The Workingmen's Programme; on the Special Connection of the Present Epoch of History with the Idea of the Working Class. 1. David Ricardo. 2. Classical economist. 3. J. S. Mill. 4. Schulze-Delitzsch. 5. Bastiat-Schulze. 6. Bastiat.

何抑制工人在最低的生活限度上，永世不得翻身，又對他們牢牢靠靠的說若要征服這個定則，只有完全廢除工資制度之一法。（譯者按理嘉圖(1)生於一七七二年，死於一八二三年，是英國古典派經濟學家(2)，其地租論最爲著名。「工資定則」大略如下：平均工資之率是與一國支付工資的資本額，一國工作人口之數，和一個工人所需養家活口的必要品之値，相比例而有一定的。平均工資額恰够工人購買生活必需品。工資高於平均額時，工人生計充裕，婚娶必多，生育必衆，於是作工人口漸增，工資又必低落。如此一往一復，工人代代沒有上進的機會。這個理論乍聽似乎很對，仔細一想就有許多不妥之處。本來主張此說最力的經濟學家密爾約翰(3)於一八六九年毅然取銷此論。）拉薩爾主張應當立即採用的方法是設立受國家資助的協作生產社，——這個計畫雖未見得一定是抄襲布朗的，却與布朗在法國鼓吹的計畫大相類似。拉薩爾未必承認這種計畫足够解決勞働問題，但這個計畫有一種長處，就是足以爲建立勞働政黨的基礎。因爲，前已表過，拉薩爾的無上目的是要把工人組織起來，而且要按政治方式組織。稍後年間他的主要著作是專駁德國協作運動創始人蘇爾慈德里斯(4)（譯者按蘇爾慈德里斯之協作事業見本書第九章之末譯者增註）之說的一本書，因爲蘇爾慈德里斯主張工人不宜參加政治活動而應以全力專注於經濟活動。（這本書名爲巴師夏蘇爾慈(5)，命名的原因是拉薩爾責備蘇爾慈只知傳揚法國老派政治經濟學家巴師夏(6)的理論。）拉薩爾的見解較好的說明具於他在一八六二年的一篇演說辭中，這篇演說辭名爲工人計畫：現代歷史和工人觀念的特別關係(a)。因爲這件事，他和羅貝爾圖大傷和氣，馬克思也不甚滿意他。拉薩爾，也如其他急進派一樣，總不肯與新成立的進步黨（1）（舊日國民自由黨（2）之一系）攜手，因爲進步黨雖也極不滿意於政治現狀，他們卻不肯十分明說。在拉薩爾看來，工人方面經濟的公平必須由政治行動取得，第一要着是強迫制定普及選舉權；但這種行動必須由工人自組政黨，自己去辦。

一八六三年五月二十三日德國工人總會（3）成立於萊比錫（4），這個會的組織在一起首就立意要望逐漸發爲拉薩爾所想望的全國大政黨。拉薩爾是發起人，又被舉爲會長，落到他辦的事是極繁難的，他不但要辦理會務，並且對於政府和各方面的批評指摘都要一一答辯，還要在萊茵河一帶各大工業城市遊行講演，說明宗旨，徵求會員。第一目的是以取得平等的，直接的普及選舉權爲「伸張工人權利，消除階級惡感的唯一方法。」入會的人數並不甚踴躍，在這個組織勢力尚弱，還不足以引起一般人注意之時，他的最能幹的宣傳家突於一八六四年八月二十八日與人決鬬，輕棄大業。九月三十一日拉薩爾因傷畢命。四星期之內倫敦出現了一個新而更闊大的社會主義派組織，一時之間這個新組織大有完全吸收西歐各急進派共成一大黨之勢。這乃是馬克思的國際工人協會（5）。此時拉薩爾的德國工人總會的會員不過四千六百人。然而德國社會主義派的前途卻在德國工人總會而不在國際工人協會。

(226) 國際工人協會　早先社會主義家的目的是設立工人經濟自足的分區結社，然後共組爲一個自由的社會，不須國家資助，但國家須定一種法律許這些結社得自由發展。（見卻嘉迪的經濟學與工團主義七一頁(a)。）稍後，如布朗和拉薩爾，都要求國家切實贊助，而且擬定的社會主義的組織是以全國爲基礎而不以地

(a) Kirkaldy: Economics and Syndicalism, 71. 1. Fortschrittler, or Progressive party. 2. National Liberal party. 3. Allgemeiner Deutscher Arbeitsverein (Universal German Workingman's Association). 4. Leipzig. 5. Internationale Arbeiter-association (International Workingman's Association).

1. The International. 2. International Exhibition. 3. St. Martin's Hall. 4. Mazzini.

方為基礎。最後有馬克思和他的門徒要把社會主義造成國際的和世界的。就正式組織的實質而論最後一派的企圖失敗了，但就這個運動的精神而論，他的成效究竟不小。馬克思試驗的機關就是國際工人協會，簡稱國際黨(1)。(就歷史而言，招請馬克思和英格爾士草擬一八四七年共產黨宣言的共產同盟會應當算是第一個有社會主義性質的國際組織。見本書第二百二十三節。)這個組織之成立是一八六二年倫敦開萬國博覽會(2)時法國及其他各國工人赴會因此得聚集討論的結果，隨後二年中各國工人代表在倫敦往來不絕。一八六四年九月，各國工人舉行大會於倫敦聖馬丁大廳(3)，乃是在這次會議纔決定設立永久的國際組織。這個會的會章是由大會指定五十人為委員會辦理，起草人就是馬克思。(草擬會章之任原是委託於意大利愛國者馬志尼(4)。德法兩國工人不滿意於馬志尼的草案，所以改請馬克思。當時在會的有英國職工組合派，法國蒲魯東的門徒，布朗的學生，德國拉薩爾派，意大利和西班牙的革命黨，草擬一種各派一律認可的章程確乎不是容易的事。)一定不易的，這個章程很有與一八四七年的共產黨宣言相類之處。會章內認定勞働階級的解放應當由勞働階級自己去辦；這種解放就是他們的絕大目的，一切政治運動都應以此點為歸宿；以前圖達這個目的的努力之失敗全是因為各國各勞働派欠缺共同責任心，不相一致之故；勞働階級的解放不是一地方的問題，也不是一國的問題，乃是一個社會問題，凡有近世社會存在的各國都包括在內；是人都有要求人權及公民權的義務，不但為他自己要求，並且要為每個盡義務的人要求。還有激昂之語，說「有權利必有義務，有義務必有權利」。為這個新組織謀進行的計畫是很周密宏大的。辦事的機關也設備得很好，有一員會長，一員會計，和一員總文書，俱以英國人充任，另有各國工人代表合組的議事會。會章規定每年舉行國際大會一次，在會的各國代表應激勵本國工人聯成固結的全國協會。

自始至終國際工人協會繼續是由馬克思主持。預先宣布於一八六五年在布魯色爾舉行的國際大會被比國政府阻止，未能召集；自從在倫敦組織成立之後的第一次大會是於一八六六年舉行於瑞士的日內瓦(1)，到會的代表共六十人。由此以至於一八七三年，逐年擇定城市舉行大會。因之就有不少的機會討論馬克思的主義，宣揚他的學說，整飭工人的一致行動，陳述各地勞働狀況的報告書。各次大會的性質全是相同的。一八六九年，巴苦靈(2)(譯者按巴苦靈生於一八一四年，死於一八七六年，係俄國人，主張無政府主義最力。)帶着一班專圖推翻現狀的無政府黨徒加入國際黨，國際黨的短命就此造端。占多數的馬克思派從一起首就與這一班新分子不能協和，在一八七二年舉行大會於荷蘭的海牙(3)，時無政府派被逐出會。同時，國際黨的議事會移往美國紐約，其實不會聽憑這個組織無形消滅。最末次大會是於一八七三年舉行於日內瓦，此後這個協會竟完全絕跡了。巴苦靈一派改名爲社會民主國際聯合會(4)，於一八七三年因西班牙(5)南部共產黨人作亂大受壓制之苦，到一八七九年便破裂了。

自有國際黨以來，歐洲各國執政之人異常戒備，其實國際黨的實力決不如此厲害。這個組織的唯一祕訣是國際共同責任心(6)的理想，在那些年代中要發展這種理想却是時機未熟。一八七一年巴黎之地方自治團(7)之亂，國際黨的倡用大受其累，國際黨並未教唆自治團作亂，以這種罪名加他實是太寃，但他曾公然

1. Geneva. 2. Bakunin. 3. The Hague. 4. International Alliance of Social Democracy. 5. Spain. 6. International solidarity. 7. The Paris Commune of 1871.

1. The first International. 2. The second International. 3. Militarism. 4. The International Communists. 5. Moscow. 6. The third International.

贊許自治團的舉動兼之國際黨中無政府派的詭謀妄舉也是破壞國際黨全體的一大原因。 實際上，國際黨對於社會主義有三件大功：第一，他把各國中有志使社會主義爲全國政治勢力的後備領袖們團結攏了；第二，他在歐洲最大部分中使社會主義免除無政府主義的煩擾；第三，他使歐洲大陸各國鑿空的，革命的社會主義派與英國務實的，和平的社會主義相接觸，此時英國社會主義尚只流行於職工組合中而且注重的是現在的，實際的問題，如減少工作時間，推廣工場視察，嚴限婦女兒童勞働等事。

國際黨當時成就的事業不過是出席於大會之各國的社會主義派表面上有統一之名而已，這個組織破壞之後，社會主義運動各在本國單獨進行，取途既不相同，收效亦有差別。 直到比較晚近年間又纔出現一個新國際黨，抱的目的與舊的相同，而用的方法却與時代性質較爲合宜。（譯者按一八六四年至一八七三年的國際工人協會通常稱爲第一國際黨(1)。 第二國際黨(2)出現於一八八九年，也舉行年會，討論的問題多屬於反對軍國主義(3)。 歐戰期間，國際黨無活動餘地，雖屢次召集大會，而各國代表不能如期齊集；至一九一九年春間又纔正式開會。 一九一九年三月國際共產黨(4)在俄國莫斯科(5)第一次集會，這一派被稱爲第三國際黨(6)。 所以本書此刻應把過去五十年間重要各國的社會主義歷史分別敍其大略。

(227)抗衡的社會主義派組織：社會民主黨 現今社會主義最占勢力之處是德國。 其何以如此的理由至少有一部分須從歷史上去考查，因爲德國的中等階級向未能如英法兩國的那樣有操縱全局的勢力，而且，正如社會民主黨責備他們的話，他們絕未以何等勇氣及決心引導國內的正當勢力反抗君主的及貴族的頑固行爲。乃是在一八四八年革命期間，德國中等階級的這種缺點第一次暴露，大招工人之怨望，而且現今兩階級間的隔膜也是起於那時。工人們既知有產階級之不可靠，又大受自由黨(1)的挫折，於是決意自行組織。這件事，加以社會主義的政治性質日進一日，本有造成德國社會主義派政黨的意味，後來到底成功了一個大政黨。當北日爾曼聯邦及往後帝國憲法中規定成年男子有選舉國會議員之權時，這個孤立的小黨就逐漸成爲國內一大勢力，下面再行細說。在英法等國中，不管有志之人怎樣努力要把工人組成政黨，大多數工人仍舊附着於中等階級的黨派。現今德國的局面正與相反。德國多數工人都很忠於社會主義，至少也到願意投票選舉社會黨候選議員的程度。

拉薩爾死後，德國工人總會經了好幾年的辛苦煩難。他的會員素無公同行動的經驗，在一八六七年律師史維策(2)被舉爲會長之前，他們沒有能幹的領袖。甚至史維策就職以後，這個組織仍是日趨於小家氣派，毫無大政黨的規模。他從一起首就未能招致一般工人的贊助，此刻竟直明擺着他絕不會這樣辦了。他原有的勢力多是在北部。一八六〇年以後，南部及各處俱組織有許多工人組合名爲工人教育協會(3)，在一八六四年馬克思遣出他的一位最能幹的學生李白克尼希(4)去運動德國南部，要把那裏的工人教育協會促成純粹的馬克思派。(譯者按李白克尼希生於一八二六年，死於一九〇〇年。)

李白克尼希是一位學者，曾參加一八四八年的革命運動，亡命英國，與馬克思交遊甚久。在他的新任務開始未久之時，他遇着了貝白爾(5)(譯者按貝白爾生於一八四〇年，死於一九一三年。)他們二人交情日密，終

1. The Liberals. 2. Jean Baptist von Schweitzer. 3. Arbeiterbildungsvereine. 4. Wilhelm Liebknecht. 5. August Bebel.

1. Stuttgart. 2. Chemnitz. 3. Nuremberg. 4. Eisenach. 5. Social Democratic Workingmen's Party. 6. Social Democratic Party. 7. "Free state." 8. Saxony. 9. Bundstag.

身無聞，貝白爾是一位工人，自小父母雙亡，受教育於慈善學校，年稍長，以造車爲業，而對於學問上的事仍是從不間斷。他是一個相貌魁偉之人，性格嚴肅，誠信不欺，很能擔當大任，爲人表率的資格。李白克尼希遇見他時，他已經是好幾個地方工人會的首席了，爲時不久他由僅僅一個急進派的地位造到徹底的社會主義家的聲名。他的氣質之變化最得李白克尼希之力，而且在這兩個人聯合的感化力之下，原舊按蘇訓慈德立斯的協作大綱組織的工人教育協會全脫去了本色，一變而爲坦白的社會主義派。這些協會採取的新主義是馬克思的，與德國工人總會的新領袖們主張的並不完全符合。一八六五年工人教育協會舉行大會於斯吐嘉特(1)，一八六六年舉行於鏗尼赤(2)，一八六八年舉行於魯倫堡(3)（這次大會他們宣言贊成國際黨的主義；最後於一八六九年在愛興拿(4)舉行的大會中成立了一個新而更團結的組織，名爲社會民主工人黨(5)，簡稱社會民主黨(6)。宣布的黨綱鄭重聲明這黨的第一目的是要造成一個「自由的國家」(7)，而政治自由權實爲經濟自由權絕不可少的先河。指明的立卽的要求包括平等的，直接的成年男子選舉權；無記名投票；廢除出身，財產，宗教的一切特權；國家與教堂分離；免除教育上的一切宗教關係；言論自由；出版自由；規定經常工作時間；國家銀行推廣信用以振興協作企業。

(228)社會主義各派之聯合　好些年中，拉薩爾的工人總會與社會民主黨勢不相下，甚至相仇。工人總會的會員多是在普魯士，社會民主黨的會員多是在沙遜尼(8)及鄰近的南部各邦。在北日爾曼聯邦的議政會(9)中，兩派都有代表，一八六七年議政會第一次集會時其中已有八名社會主義派代表。在普法戰爭前後年間德國人的愛國熱誠風起雲湧，社會主義派的鼓動亦暫時銷沉，一八七一年社會民主黨在德雷斯登(1)大會議決讚美巴黎地方自治團一事大招各方面的非難。在一八七一年帝國成立後第一次總選舉中，社會主義各派總共只得十萬二千票只舉出兩名帝國議院(2)代表。然而此後他們的勢力發達甚速在一八七四年選舉時社會主義派共投三五一，九五二票有九名社會主義派當選。

同時，帝國中久不一致的社會主義各派很希望能夠合而爲一。一則因爲他們不能團結的結果，社會主義派每有舉動總不免領袖被捉去監禁，報館被封，機關被禁，及其他警察干涉的事，所以他們之必須團結以對外已經是勢無可緩的了。二則一八七一年史維策辭去工人總會會長之職，又算除去了統一的一個大障礙，於是聯合的運動着着進行，到一八七五年在歌塔(3)大會上以前互相對壘的兩派到底言歸於好，完全合併。新組織仍舊保留社會民主黨之名以至於今；但這黨認一八六三年五月二十三日，即拉薩爾成立工人總會之日，爲本黨誕生之期，每年按期慶祝。在內憂外患迭乘交逼的壓迫之下，他們的舊怨宿嫌立即消融。聯合之時，拉薩爾派有一萬五千人，李白克尼希貝白爾派只有九千人。然而這兩派合併之後仍以李白克尼希和貝白爾爲領袖，而且這黨的主義和政策從起首合併之時就完全是馬克思派。在歌塔宣布的黨綱經十六年之久——直至一八九一年愛爾富特大綱(4)擬定之前——繼續爲這黨主義和政策的正式宣言。(英文的歌塔大綱全文印在克卡樸的社會主義史附錄內。)

(229)力圖壓制之時期：一八七八年至一九(一〇)年　一八七五年兩派之合併標出了社會主義派大活動時

1. Dresden. 2. Reichstag. 3. Gotha. 4. The Erfurt programme.

代的起點，一八七七年總選舉時這黨共得四九三，二八八票，舉出國會議員十二名。在當時帝國內互爭勢力的十二三個黨派中，社會主義派，按選出議員之數比較，應當列在第五位。在政界中——德皇威廉第一和他的首相俾士麥尤著——這個運動的勝利被認爲可怕之事；地主和專門職業的各階級也一樣的大驚小怪起來。還有更招人注目的事，就是帝國成立時各種慶祝會中社會主義派雖也參加，却常表不滿之意，及至帝國政府的措施屢被社會主義派譏嘲反抗之後，他們的罪案越發深重了，據稱這些激烈派不但反對當時政治和經濟的全部秩序，並且不惜以荒唐悖謬的見解誤蠱全國。一八七八年，兩度有人謀刺德皇，社會主義派的政黨雖力辯不知此事，而主謀的人確是主張社會主義之人，政府中巴不得有這個機會，就密張羅網，大顯槪威，把向來不敢輕用的手段一齊施展起來。

俾士麥對於這件事行的政策是雙關的：

(一)毫不姑息的壓制社會主義派之煽動，

(二)制定法律，竭力改善工界狀況，使社會主義派再不能有所藉口，煽惑人心。

在一八七八年的選舉中，其時排斥社會主義派的惡感達於極點，社會民主黨只得了四三七，一五八票，而且新國會也不得不制定一種極嚴厲的法律，意在蕩除社會主義派的一切宣傳；這個法律制定於一八七八年十月。（這個法律名爲「禁止社會民主黨危害公安行爲之律」）所有社會主義派結社都被命令解散；勞働組織俱由警察嚴加稽查；社會主義派的報紙全被封禁；傳布社會主義的書籍定爲刑事罪名；凡有涉及宣傳社會主義的行爲俱處以罰金或監禁。官廳於必要時得宣布戒嚴，以軍法便宜從事，而且警察長官的一紙命令就足以放逐一個被控爲社會主義派之人或有此嫌疑之人於國外。這個法律，每兩年重申一次，繼續施行至一八九〇年，而且經這個期間的最大部分中施行得極認眞。德國政府，於努力撲滅已組織的社會主義之際，同時極力勵行一種社會改良的大綱，這個大綱頗有國家社會主義(1)的性質，意在斷絕社會民主黨的根據，如一位著作家形容的話「以種牛痘的方法療治帝國內的社會主義」。在這方面施行的重要步驟包括創立各種社會保險計畫——一八八三年的疾病保險，一八八四年的失虞保險，一八八九年的老年及痼疾保險——本書他處再行細說。(見本書第二十四章)。緊相關連的是鐵路國有制度及煙草專賣制度之創立。

一時之間，政府的方略好像已全達目的，公家報紙昌言社會主義已絕跡於德國了。然而，其實壓力越大，反動越強，社會主義在虐待之下越有精神。在帝國議院中，就是俾士麥也不能禁人發言，李白克尼希和貝白爾不斷的把他們愛國同志受的委曲全都說了出來，以待國人公論。而且當俾士麥表面勝利之際，社會主義派的宣傳反於無形之中傳播於全國各處。(譯者按政府對於傳播激烈思想之事動輒壓制，動輒通令防範禁止，其實等於爲激烈思想代登廣告。俾士麥恩威並用尙且如此，其他可知。)社會民主黨的機關報，即是著名的社會民主報(2)，是於一八七九年設於瑞士的趣立克(3)，每星期中總有幾十萬份密運入境，愛讀的人和被感化的人爭相傳誦。於是固結的組織是維持住了，又設了一個儲款處，繳款之人源源不絕，現今社會民主黨人時常讚頌稱述俾士麥壓制之功，否則他們現今絕不能有這樣宏大的組織。一八八一年，壓制法律通過

1. State socialism. 2. Sozial-demokrat. 3. Zürich.

之後的第一次選舉中，社會主義派的票數降到三十一萬二千，國會議員只占三名。　然而，一八八四年，票數升到五四九，九九〇（占全國總票數百分之九，七）黨中國會議員名額增爲二十四，柏林應選六名議員，社會民主黨占了二名。　一八九〇年得票之鉅爲一，四二七，二九八（占全國總票數百分之一九，七）社會民主黨議員增爲三十六人。　壓制政策是顯然失敗了，於是帝國議院於一八九〇年承新皇帝威廉第二(1)的意旨，輕輕巧巧的拒絕重申壓制法律，就此了事。　社會主義派自與俾士麥爭執以來，在本黨內和國會中不止增加三倍勢力。　就人數而論，這一黨比帝國內任何政黨都更強。

(230)一八九〇年以來社會民主黨投票之增加　自一八九〇年以來德國社會民主黨之發達眞是異常迅速。　一八九三年附從這黨的人共投一，八七六，七三八票，選出四十四名議員。　一八九六年這黨得的票數升到三百零八萬（占全國總票數百分之二十四，爲得票最多之黨）所占國會議員名額增至八十一。　一九〇七年這黨共得票三，二五八，九六八，但因其他各黨極力聯合反抗之故，所以社會民主黨的議員之數降爲四十三人。　然而一九一二年的選舉上，社會民主黨勝利之大却是出人意外。　全國總票數爲一二，一八八，三三七，社會民主黨獨得四，二三八，九一九票，合總數百分之三十二（其他主要各黨得票如下：中央黨(2)二，〇一二，九九〇票；國民自由黨(3)一，六七一，二九七票；急進黨(4)一，五五六，五四九票；保守黨(5)一，一四九，九一六票）。　德國國會議員全額三百九十七名，社會民主黨占一百一十名。　柏林應出六名議員，社會民主黨已占五名；這一次他們又極力去爭這第六區的議員，這區名爲「皇宮區」乃是德

1. William II. 2. Centre. 3. National Liberals. 4. Radicals. 5. Conservatives.

國皇宮所在之地。這次努力失敗了，但所差只不過六票而已。新國會召集時，僧侶黨(1)（譯者按即中央黨）和保守黨互相聯合，用一種巧妙的「交換利益」(2)的手段總把只自衛的議長選舉躲過了。既然如此，所以社會主義派纔初次占了副議長一席。

若不是因爲德國古老式的議席分配法始終未變，帝國議院中社會主義派可占的名額必然更多。德國的選舉區，每區舉議員一名，原是按照劃一各區人口數目的方法規定的（每區人口十萬）。然而自一八七一年以來，並無改劃選區之舉，其結果是現今各選舉區的人口多寡懸絕。人口集中於城市的結果已成工業地區議員額太少，農業地區議員額太多之勢。（在富於保守性的東普魯士平均一區投票人數爲一十二萬一千名；在社會主義派占勢力的柏林，平均一區投票人數爲三十四萬五千名）。只須想到社會主義的實力通常多是在城市中時，現今議席分配辦法對於帝國議院中社會主義派地位的效力自然不言而喻。社會主義派久已要求另配議席，但政府堅執不讓，意欲藉此免脫國會中急進主義之增加。日耳曼帝國的局勢與普魯士王國實際相同，不過在普魯士這種局勢更形複雜，而社會主義派的實力更被消磨於衆口交責的三班選舉制。（譯者按普魯士的三班選舉制是把一地方有選舉的人民就其納稅之多寡分爲稅額相等的三班；每班各選議員全額三分之一；其結果越有錢的人因爲納稅甚多，在選舉上最占便宜，假如稅額三分之一是一個富人納的，這個富人就能選議員全額三分之一，如此類推，越窮的人越喫虧。社會民主黨的黨員多是工人，所以在普魯士地方選舉中這黨得票很多而很難得着議席）除一九〇六年時稍有改革之外，自一八六〇年以來普

1. Clerical. 2. "Log-rolling."

魯士邦議會(1)議員的選舉區不曾按人口另行劃分過。社會主義黨得的票自然是很多;而在一九〇八年之前普魯士邦議會中從無社會主義派代表現身其間,——甚至在一九〇八年也只有七名。

(231)社會民主黨之組織及其活動　論到一九一四年大戰爆發之前幾年間社會民主黨的實在情形,須要注意的第一椿事是掛名黨籍的人數並不甚大,不能以這黨候選議員得的票數推擬這黨的黨員人數。嚴格論來,這黨的黨員只包括那些繳納黨費並爲黨服務的人。在一九〇九年帝國中只有六選舉區的社會民主黨黨員人數能合所得票數的百分之三十;在一九一二年全黨黨員之數只有九七〇,一一二人。顯然的,這黨在國會中的勢力常有一大半全靠黨外表同情的人贊助這黨的候選議員。論到組織完備,辦事敏捷,這黨久有冠於全球之稱。他的最高統理機關是常年大會,構成於全國各選舉區共舉的六名代表,加以國會中社會民主黨議員,和本黨行政委員會的會員。這種大會每年召集於重要城市,聽各股委員宣讀報告,研究政策,整飭黨中紀律,並討論各支部或各個黨員建議或質問之事。會中辨論極其自由,但一經決定之後就得敬謹奉行,不能再有後言。平時黨中事務是由常年大會選舉七名行政委員辦理,助以一大批隨時辦事的書記員。在各地方,社會主民黨黨員組成支部,也舉行各種集會,以黨義敎導一班青年人,而且竭力在地方上增進這黨的興趣。這黨的活動是不拘一格的,而且是孳孳不倦的。在一九一〇年,他們舉行各種的會共計一萬四千次,散出三千三百萬份傳單和二百八十萬份小册子。(見阿爾什的歐洲之社會主義與民主主義一七六頁)。在運動選舉之時,他們親自去訪問投票人陳述他們的政見,而且凡是工人總逃不出這些宣傳家的注意。這

1. Landstag.

(a) Collier: Germany and the Germans from an American Point of View, Chap. IV. (b) A. Marvand: La presse politique allemande, in Questions Deplomatiques et Coloniales, March. 16 and April 1, 1910. (c) Milhand: La démocratie socialiste allemande (Paris, 1903), 73-180. (d) K. Kautsky: Das Erfurt Programm (8th ed., Stuttgart, 1907). 1. Vorwärts. 2. Die Neue Zeit. 3. Wahre Jacob. 4. Halle. 5. Erfurt. 6. The Erfurt Programme.

一黨的報紙包括七十五種日報行銷一百一十萬份；進步報(1)，這是這黨的總機關報每日行銷十三萬九千份；新時代(2)，這是一種週刊，每星期行銷四十七萬五千份；華雷雅可白(3)，這是一種滑稽週刊，行銷二十五萬份；還有一種專在婦女界宣傳的半月刊，行銷三萬七千份。(這黨每日的總機關報，社會民主報，後來改在倫敦出版，不久停刊；進步報卽於一八九〇年爲這黨的總機關報。 關於德國政黨報紙，參看柯里爾的美國人目中之德國及德國人第四章(a)；馬爾佛的德國政黨報紙載在外交問題及殖民問題雜誌一九一〇年三月十六日號及四月一日號(b)。 這一黨有二百個遊行圖書館和三百七十個分館。(社會民主黨的宣傳方法和媒介詳述於彌洛的德國社會民主黨(一九〇三年巴黎出版)七三頁至一八〇頁(c)。

(232)一八九一年之愛爾富特大綱 按大體而論，社會民主黨現今的組織是決定於一九〇〇年在政府停止壓制政策之後舉行於哈勒(4)的第一次常年大會。 哈勒大會又討論這黨的黨綱而且着手運動修改十五年前在歌塔發表的宣言。 結果是一八九一年第二屆年會在愛爾富特(5)採取一種新擬的黨綱，新黨綱的內容和精神大半是馬克思派，而且無政府派的影響痕跡全都消除了；這個愛爾富特大綱(6)隨後微有改削，至今仍爲這黨信條的正式宣言。(見高次基的愛爾富特大綱(一九〇七年，斯吐嘉特第八版)(d)。 英文譯本印在阿爾什的歐洲之社會主義與民主主義二九八頁至三〇一頁，阿爾什書中三〇三頁至三〇七頁並印有一九一二年社會民主黨對於國會選舉之演說辭可供參證。) 既然隨時有新問題發生，所以常年大會也須將黨綱加以解釋，或補充內容。 但黨綱的根本要義並無變動。

愛爾富特大綱敍述社會民主黨的主要目的如下：

「社會民主黨認定除非把資本主義式的私有生產工具——土地及其出產，礦山原料，器具，機械，交通機關，——改爲社會所有，除非把現今貨物生產事業改爲由社會主持，供社會享用的社會主義式生產事業，不足以使大工業不爲壓迫勞工之源，不足以使社會上繼續增加的勞働分子不受陵奪的痛苦，不足以使大工業爲社會全體產生調協各方面的最大幸福。 這樣的社會變化不僅是解放無產階級而已，乃是解放在現今狀況之下受痛苦的人類全體。 但這種事業只能由勞働階級自己去幹；因爲其他各階級，雖也常有利益衝突之事，總是主張以生產工具爲私有財產的，他們是以維持現社會的基礎爲公共目的的。 勞働階級反對資本主義陵奪的奮鬬一定不易的是一種政治奮鬬。 勞働階級，若無政治權利，決不能作經濟奮鬬，也不能發展他們的經濟組織。……去整飭勞働階級的這種奮鬬成一種生動靈活，步伐整齊的奮鬬，去指點他們應向何種目標進行，這就是社會民主黨的職務。……所以，德國社會民主黨並不是爲新階級爭權奪利，乃是要鏟除階級政治和階級本身，社會民主黨所爭的是不分男女等第的普遍平等權利和普遍平等義務。 抱定這種見解，社會民主黨不僅反對現社會中食工者之受陵奪壓迫，凡屬陵奪壓迫，無論施之於階級，黨派，男女，種族，皆在反對之列。」

大綱中所舉的特定要求事項分列如下：

（一）凡年滿二十歲的德國人，無論男女，對於帝國一切選舉俱須有普通的，平等的，直接的選舉之權；投票方法取無記名式議席按人口比例分配；帝國議院每二年改選一次；議員給俸。

(二)用發議權(1)和否決權(2)的制度由人民直接立法；全國各邦各省各地方的政府俱由人民自治(譯者按卽是一切官吏俱由民選)。 一切租稅每年由人民投票表決一次。

(三)普及軍事訓練；以國民軍代替常備軍；宣戰及媾和須由國會裁決；以仲裁制度公斷國際爭端。

(四)廢除一切限制言論自由結社自由之法律。

(五)廢除一切使婦女於公事上或私事上不得與男子享受同等利益的各法律。

(六)明白宣布宗教爲私事；停止開支供宗教目的之用的一切公款。

(七)免除教育上的一切宗教關係，定國民公學爲強迫義務教育；一切教育免收學費教育用品由公家備置，不另收費；學童及高級學校中堪資深造之學生俱由公家供給。

(八)司法事務由民選司法官辦理，不收訟費；凡無辜被提起公訴，被監禁，或被處罰之人應給賠償；廢除死刑。

(九)醫藥，療治，安葬，俱由公家負責，私人不另出費。

(十)以所得稅，財產稅，嗣產稅三種收入供公家費用；廢除一切間接稅，關稅，及其他犧牲多數人之利益以遷就少數人的各種財政法律。

(十一)規畫一種國家的及國際的保護勞働制度，其基本條件(3)：一日工作不得過八小時，禁止僱傭十四

1. Initiative. 2. Veto.

歲以下的兒童，除絕對必要時外禁止夜工；監察工業場所及整理勞働狀況之事須由國家的及地方的主管機關負責；切實保障工人集會結社之權。

(233)社會民主黨內部之意見分歧：修正主義　須要注意愛爾富特大綱是兩大部分合成的——第一，申述馬克思的經濟學，第二，列舉特定實際要求事項，並不在把這些條件要求到手就算完事，乃是要靠這些條件來實現他們的終極理想。　大綱的語意特別着重政治行動，如果有人懷疑以為德國社會民主黨打算長久在政治中討生活，只須把這個黨綱細讀一遍，這種疑念自必渙然消釋。　自一八九一年以來，這一黨中對於規畫政策的主要爭點卽是究竟理論的遼遠的目的之附屬於實際的現在的目的應至何等限度，這種爭論在過去十五年中尤為劇烈。　這一黨隨時都有一派人把眼光專注在社會主義的終極目的上。　在這派人看來，由現今以至達到終極目的的這一段期間的事情是無足重輕的。　他們最怕的是一般人以社會主義派始而以社會改良派終。　這派人食古不化，墨守師說，——他們的信條只是鏟除階級政治和階級本身，消滅一切陵奪勞働及壓迫他人之事，推翻資本主義及資本主義所擁護的一切事物，創立一種經濟制度使物品之生產及分配專由國家管理。

然而自二十年以前，這黨中已有一派見解不同的人。　在一八九七年總選舉中社會民主黨大失敗之後不久，繼英格爾士主持議論之人柏恩斯坦(1)在新時代報中一連發表幾篇論文，痛駁社會主義派主張革命之不當，並且激昂的說「運動纔是正事，終極目的那能算事」。　這幾篇文章把黨內日見增加的批評黨綱之人的

1. Edward Bernstein.

意見一齊痛快發揮出來，於是在一八九八年及一八九九年常年大會中這種建議成爲主要的辨論題目。爭執之點是究竟社會民主黨應當另造黨綱，拋棄他從馬克思抄襲而來洪水猛獸一般的以革命手段沒收財產的主義（縱然黨綱內早已把無政府主義的痕跡脫盡了，仍多不能實行之點）或應始終不屈的擁護原有主張的理由。柏恩斯坦爲修正派（1）的領袖，高次基（2）爲馬克思派的領袖。貝白爾自一九○○年李白克尼希死後他便是這一黨的黨魁，本不甚贊成修正派的主張，但爲維持本黨統一起見也就因時制宜，兩面調停。柏恩斯坦著了一部書說明修正主義（3），高次基也著一部書與他針鋒正對。（柏恩斯坦的書名爲社會主義的前提與社會民主主義的要務（一八九九年，斯吐嘉特出版（a））。這部書經哈爾衛譯成英文出版，名爲進化的社會主義之批評及斷論（一九○九年，倫敦出版（b））。高次基的書名爲駁柏恩斯坦與社會民主黨黨綱之評論（一八九九年，斯吐嘉特出版（c））。從此年復一年，這個問題在常年大會上和政黨報紙中辨駁不絕。

兩方爭論歷久不決，直至一九○七年，那年選舉上社會民主黨失了國會議席的半數。自此以後，修正派的主張大得黨員贊助。愛爾富特大綱並未正式修改。但自一九一三年貝白爾死後，德國著名的社會主義家，除高次基一人之外，都是修正派，而且這全黨的特色已經是不拘泥於理論的革命主義（4）而集中精力於現在的實際改革。現今這個政黨，名義上是革命派，其實是極有條理的組織，他的政治經濟主義有許多地方極爲合理，所以他能博多數不列黨籍之人的贊助。他的要求日漸趨於和平，他的戰略日漸近於機會主義派。

(a) E. Bernstein: Die Voraussetzungen des Sozialismus und die Aufzaben der Sozial-democratic (Stuttgart, 1899). (b) E. C. Harvey: Evolutionary Socialism; a Criticism and an Affirmation (London, 1909). (c) K. Kautsky: Bernstein und dos sozialdemocratische programm; eine Antikritik. 1. Revisionist. 2. Karl Kautsky. 3. Revisionism. 4. Revolutionism.

他現在不像從前那樣反對依現制度爲根據的改革，雖心妄想一次大變動就造成社會主義的國家，他現在總先認定某種改革是準辦得到的事纔着手去辦，他不做那理想國的黃粱夢，他也不把那終極目的當作口頭禪。現今這樣組織的國家正可用爲消滅罪惡的工具，國家本身並不是一種應當消滅的罪惡。　大致不差的論斷可以說現今這一黨同時是改良派又是革命派——他之爲改良派是因爲他確切不移的屏絕莽魯滅裂的計畫而主張一種積極的社會改良的建設政策；然而他到底還是革命派，因爲他的宗旨仍是着重在社會的根本蛻變，使社會進化到無階級的地步，轉移資本主義的生產事業，使勞働界得免經濟勢力的陵奪。（見里滕保格爾的德國及其近世之進化一七二頁(a)）。　社會民主黨內部意見分歧之初期情形詳述彌洛的德國社會民主黨（一八九三年，巴黎出版）五四一頁至五七二頁）。

(234) 社會民主黨人之參預政務　現今德國社會民主黨是純粹注重政治的。　按照拉薩爾的格言「民主主義，普通選舉權，就是工人的指望，」所以建立普通選舉制度和改造全國，各邦，各地方的古老選舉辦法便是這黨的現在目的。　近年一位著作家論這樁事，說，「馬克思是門面話，民主主義是眞問題。」（見阿爾什的歐洲之社會主義與民主主義一九四頁）。　從前這黨的議員們在帝國議院中只不過替勞動階級說些抱不平的話，抗議，作梗，與政府爲難。　漸漸的，他們成了建設的立法之人，在國會中提出議案，在各種國會委員會中服務，擔任國會中各種職司，而且在一九一二年選舉之後，與急進黨攜手爲急進黨選舉議長；自然，社會民主黨的極端派對於這些辦法常有批評的話，但勢理所在，空談終歸無益。　在許多邦中，社會民主黨員也投票贊成他黨

(a) H. Lichtenberger: Germany and its Evolution in Modern Times, 172

1. Bavaria. 2. Baden. 3. Wüttemberg. 4. Christian Socialists. 5. Katheder-Socialisten, or Socialists of the Chair. 6. Protestant. 7. G. Schmoller. 8. W. Roscher. 9. A. Wagner. 10. L. J. Brentano.

代表準備的預算案，參加宮庭職務，而且在運動國會選舉及地方議會選舉時，與急進黨組織甚至與國民自由黨組織互相聯絡扶助；這些情形在巴法利亞(1)，巴登(2)，及威登堡(3)三邦最爲顯著。

但就帝國全部及普魯士王國而論，却是社會民主黨遷就政府更過於政府之遷就社會民主黨。在德國政界中仍舊盛行一種議論，說社會民主黨人是君主國體的仇敵而且蓄意要推翻他。唯其如此，所以社會主義派總被政府直接或間接的極力任意排斥，不使其得居有榮譽受重託的職任。社會主義派向來無被任爲閣員或其他要職之事，而且這種禁制推行到司法官員，大學教授，國家教堂牧師，及國民公學教員等的任命委派。這種嚴密防範的情形在南部各邦却不及普魯士那樣風厲，但全國各處多少總有幾分。（德國社會主義派尚有兩個較小的團體，本章正文不及備錄。一是基督教社會主義派(4)。另一類是講壇社會主義派(5)。基督教社會主義派多是信奉耶穌教(6)（即反對天主教的新教）的社會主義派，但教派的根據已大半消滅，現今這派人既不多，亦無勢力。講壇社會主義派包括一班有學問的人，多半是各大學教授，在一八七二年至一八七三年他們着手按條順理的考究社會改良方法，以便「爲民族教育而設的偉大道德機關」（即國家）把他推行起來。這一派最著名的是石慕勒(7)教授，羅協(8)教授，華格納(9)教授，布倫坦洛(10)教授。他們與社會民主黨相異之點在信賴當時那樣組織的國家能作切當施設爲人民謀幸福。這一派的分子辦的調查對於一八八三年至一八八九年各項社會保險法律的性質及範圍極有影響。參看伊里的近代法德兩國之社會主義第十五章及第十六章。）

(235)社會主義加入政治之影響　社會主義之加入政治，如首先在德國這樣有條不紊，永久繼續的發達看來，是極關重要的一種事實。這件事很能使社會主義和政治兩方面的性質和方法都有變更。第一層，他使社會主義較切於實際。早年的社會主義家多半是哲理學者，夢想家，烏託邦派。他們憑空造作赫赫煌煌的理論，而且撰出炫人耳目的大綱。他們少有腳踏實地的。既經決用政治方法之後，社會主義派的領袖們就不得不籌畫一些在可實行範圍內的施設步驟，以求頭腦清醒，心平氣和之人的許可。只有這樣，他們纔有指望去博得多數人給他們以足夠造成政黨的贊助之力。反之，政治方面因有組織的急進主義注入之故，也具了一種新性質。保守派，要極力的維持舊狀以抗這種新壓迫，成為極端保守派或復古派。自由派差不多一律的成為更寬宏大量，希望由承認社會主義派的一部分要求之後就可鏟盡社會主義派反對現制度的根據。

總而言之，保守主義與急進主義不絕的衝突是一天比一天厲害，而政治黨派的界限也重新畫定了，從前是自由主義派與社會主義派相爭，現今是這兩派反抗保守派。社會主義派之採用政治方法是歷盡艱難逐漸決定的。這裏面包括斂氣虛心實事求是，削去那些不可必得的要求，以應順現今的秩序；對於烏託邦派，這些辦法都是不和脾胃的。這裏面又包括以漸進的積銖累寸之功去達到所希望的目的；對於革命派，這種辦法也很難滿意。

本書下一章就要詳細說明，社會主義派對於現政治的限制絕未完全降心相從；凡有社會主義派的國中，社會主義派自家人們對於這件事體意見總不一致。現今歐洲，至少在斯坎地拿維亞以南，無一國沒有一個社會主義派的政黨。至於在德國，法國，意大利，比利時，西班牙幾國中，社會主義之為政治勢力已經是法律政治上的第一等重要事實。過去五十年間，各國因選舉權推廣和國會政治擴張的緣故，大多數人民的公意已很足影響政府的措施，由此以至影響到社會政策和經濟政策。然而有組織的政治社會主義又給工人一種求之不得的權力。固然，現今還沒有一國的社會主義派力能完全支配或實際支配那一國的政治制度。但是，現今無一個重要國家的法律專書中和工業組織上沒有社會主義派艱難締造的實證，或採擇社會主義派之要求而施設的政策；又如德國之採用各種社會主義的法律以圖攻社會主義派的宣傳，也足以證明社會主義派的實力。（各國社會主義派對於社會改良的態度之詳明考究，可參看彌洛的社會主義派之戰略（一九〇五年，巴黎出版（a））。這位著作家另有一部書是德國社會民主黨（一九〇三年，巴黎出版），一九七頁至二五一頁敘社會主義派贊成或反對社會改良的理由原委，亦甚詳明。）

(a) E. Milhand: La tactique socialiste (Paris, 1905)

SELECTED REFERENCES

General

S. P. Orth, Socialism and Democracy in Europe (New York [illegible]), Chaps. VII–VIII.

T. Kirkup, History of Socialism (London, 1892), 69–182.

L. H. Haney, History of Economic Thought (New York, 1911), 377–393.

B. von Bülow, Imperial Germany, trans. by M. A. Lewenz (New York, 1913), 202-247.

R. Hunter, Socialists at Work (New York, 1908), Chap. I.

E. Roberts, Monarchical Socialism in Germany (New York, 1913), 116–134.

W. Sombart, Socialism and the Social Movement, trans. from the 6th German ed. by M. Epstein (New York, 1909).

W. E. Walling, Socialism As It Is; a Survey of the World-Wide Revolutionary Movement (New York, 1912).

J. Rae, Contemporary Socialism (4th ed., New York, 1908).

B. Russell, German Social Democracy (London, 1896).

W. H. Dawson, Bismarck and State Socialism (London, 1891).

G. Isambert, Le socialisme et le mouvement ouvrier en Allemagne, in Annales des Sci. Pol., July, 1908.

E. Milhaud, La démocratie socialiste allemande (Paris, 1903)

G. Adler, Evolution of the Socialist Programme in Germany, 1863–1890, in Econ. Jour., Dec., 1891.

E. de Laveleye, The Socialism of To-day, trans. by G. H. Orpen (London, 1885).

A. Ashley, The Social Policy of Bismarck (New York, 1912).

J. Perrin, The German Social Democracy, in N. Amer. Rev., Oct., 1910.

C. Andler, Les origines du socialisme d'état en Allemagne (2d ed., Paris, 1910).

A. Bebel, Aus meinen Leben, 3 vols. (1910-14), in abridged English ed., My Life (Chicago, 1912).

J. Mundwiler, Bischof von Ketteler als Vorkämpfer der Christlichen Sozialreform (Munich, 1911).

K. Kautsky, Das Erfurter Programm in seinen grundsätzlichen theil (Stuttgart, 1892).

K. Kautsky, Frederick Engels; His Life, His Work, and His Writings, trans. by M. W. Simons (Chicago, 1899).

K. Kautsky, Die sozialdemokratie und die katholische kirche (Berlin, 1906).

K. Kautsky, Sozialismus und kolonialpolitik; eine auseinandersetzung (Berlin, 1907).

Marx and Marxism

R. T. Ely, French and German Socialism in Modern Times (New York, 1883), 170-182.

O. D. Skelton, Socialism; a Critical Analysis (Boston, 1911), 93-177.

J. Spargo, Socialism (New York, 1906), 161-181.

J. Spargo, Karl Marx: His Life and Work (New York, 1910).

C. Gide and C. Rist, History of Economic Doctrines from the Time of the Physiocrats to the Present Day, trans. by R. Richards (Boston, 1915), 449-483.

R. C. K. Ensor [ed.], Modern Socialism (2d ed., London, 1907), 4-31.

W. Sombart, Socialism and the Socialist Movement, trans. by M. Epstein (London, 1909), 64-97.

Y. Guyot, Socialistic Fallacies (London, 1910), 103-226.

E. B. Aveling, The Student's Marx (4th ed., London, 1902).

E. v. Böhm-Bawerk, Karl Marx and the Close of His System; a Criticism, trans. by A. Macdonald (New York, 1898).

T. G. Masaryk, Die philosophischen und sociologischen Grundlagen des Marxismus; Studien zur socialen Frage (Wien, 1899)

K. Marx, Capital; a Critical Analysis of Capitalist Production, trans. by S. Moore and E. Aveling (London, 1889).

V. G. Simkhovitch, Marxism vs. Socialism (New York, 1913).

I. M. Rubinow, Was Marx Wrong? A Criticism of "Marxism vs. Socialism" by V. G. Simkhovich (New York, 1914).

W. E. Rappard, Karl Marx and Labor Legislation, in Quar. Jour. Econ., May, 1913.

A. Labriola, Karl Marx, trans. by E. Berth (Paris, 1910).

B. Croce, Historical Materialism and the Economics of Karl Marx, trans. by C. M. Meredith (London, 1914).

F. J. Schmidt, Hegel und Marx, in Preuss. Jahrb., Mar., 1913.

W. Liebknecht, Karl Marx zum gedächtniss: ein lebensabriss und erinnerumgen (Nürnberg, 1896).

K. Kautsky, Die soziale revolution (Berlin, 1902), trans. by A. M. and M. W. Simons as The Social Revolution (Chicago, 1903).

K. Kautsky, Karl Marx' oekonomische lehren (Stuttgart, 1894).

K. Kautsky, Le Marxisme et son critique Bernstein, trans. by M. Leray (Paris, 1900).

Lassalle

R. T. Ely, French and German Socialism in Modern Times (New York, 1883), 189-293.

T. Kirkup, History of Socialism (London, 1892), 69-116.

E. Bernstein, Ferdinand Lassalle as a Social Reformer, trans. by E. Aveling (London, 1893).

W. H. Dawson, German Socialism and Ferdinand Lassalle (London, 1899).

G. Brandes, Ferdinand Lassalle; ein literarisches Charakter-Bild (Berlin, 1877), published in English trans. as Ferdinand Lassalle (New York 1911).

L. J. Huff, Ferdinand Lassalle, in Pol. Sci. Quar., Sept., 1887.

A. Kohut, Ferdinand Lassalle — Sein Leben und Wirken (Berlin, 1889).

E. Rosenbaum, Ferdinand Lassalle; Studien über historischen und systematischen Zusammenhang seiner Lehre (Jena, 1911).

H. Oncken, Ferdinand Lassalle (2d ed., Stuttgart, 1912).

The International

S. P. Orth, Socialism and Democracy in Europe (New York, 1913), Chap. IV.

R. Hunter, Socialists at Work (New York, 1908), Chap. X.

R. T. Ely, French and German Socialism in Modern Times (New York, 1883), 183-188.

E. Villetard de Pruniers, Historie de l'internationale (Paris, 1872), trans. by S. M. Day as History of the International (New Haven, 1874).

O. Testut, L'Internationale — son origine, son but, son principes, son organisation (3d ed., Paris, 1871).

J. Guillaume, L'Internationale; documents et souvenirs (Paris, 1905)..

M. de Preaudeau, Michel Bakounine, le collectivisme dans l'internationale, 1868-1876 (Paris, 1912).

The Revisionist Movement

W. E. Walling, The New Revisionism in Germany, in Internat. Soc. Rev., Nov., 1909.

E. Bernstein, Social Democracy in Germany, in Internat. Quar., Sept. and Dec., 1903.

E. Bernstein, Die Voraussetzungen des Sozialismus und die Aufgaben der Sozial-demokratie (Stuttgart, 1899), trans. by E. C. Harvey as Evolutionary Socialism: a Criticism and an Affirmation (London and New York, 1909).

E. Bernstein, Zur Geschichte und Theorie des Socialismus (Berlin, 1901).

K. Kautsky, Bernstein und das sozialdemokratische programm; eine antikritik (Stuttgart, 1899).

K. Kautsky, Le Marxisme et son critique Bernstein, trans. by M. Leray (Paris, 1900).

Parliamentary History of the Social Democracy

F. K. Krüger, Government and Politics of the German Empire (Yonkers-on-Hudson, 1915), Chap. XVII.

F. A. Ogg, The Governments of Europe (New York, 1913), Chap. XI.

R. C. K. Ensor [ed.], Modern Socialism (2d ed., London, 1907), 220-228, 317-322, 369-377.

R. Hunter, Socialists at Work (New York, 1908), Chap. VIII.

W. H. Dawson, Evolution of Modern Germany (London, 1908), Chap. XXII.

J. E. Barker, Modern Germany; Her Political and Economic Problems (new ed., London, 1912), Chaps. XVIII-XIX.

A. L. Lowell, Governments and Parties in Continental Europe (Boston, 1896), II, Chap. VII.

B. von Bülow, Imperial Germany (New York, 1914), Chap. II.

H. Lichtenberger, Germany and Its Evolution in Modern Times (New York, 1913), 166–190.

O. D. Skelton, Socialism ; A Critical Analysis (Boston, 1911), 229-252.

G. H. Perris, Germany and the German Emperor (New York, 1912), Chap. XI.

P. Collier, Germany and the Germans from an American Point of View (New York, 1913), Chap. IV.

K. Kautsky, Parlementarisme et socialisme, étude critique sur la législation directe par le peuple, trans. by E. Berth (Paris, 1900).

K. Kautsky, La politique agraire du parti socialiste, trans. by C. Polack (Paris, 1903).

J. Bourdeau, Le parti de la démocratie sociale en Allemagne, in Rev. des Deux Mondes, Mar. 1-Apr. 15, 1891.

A. Bebel, Die Sozialdemokratie im Deutschen Reichstag, 1871-93 (Berlin 1909).

W. E. Walling [ed.], The Socialists and the War (New York, 1915).

第二十三章　政治中之社會主義——法英及其他諸國

（236）一八六〇年至一八七一年法國社會之不安：巴黎地方自治團之亂　晚近社會主義派活動的大舞台是德國。然而法國乃是近世社會主義的出生之地而且現今法國社會主義的思想和組織都是極關重要的事，法國社會主義的進步始終是異常參差的。本書第二十一章已經敍過，法國社會主義在一八四八年革命時突然蔓延之後旋卽銷沉，經第二次帝國二十年間亦很寂靜。這些年間隨時仍有社會主義派——蒲魯東派（1），布朗學派的急進家，布蘭魁派（2）（附和布蘭魁（3）之人）這幾派都打算以迅速劇烈的手段取得國權而且把政府從資本家的掌握內硬奪過來，另有一班人數不多的馬克思派鼓吹和平的政治行動。而且隨時有社會主義的著述和討論。但沒有社會主義派的政黨。勞働階級中隨時有騷動不安的事，但所關的目的多是廢除禁止設立職工組合的法律。一八六四年這件事算是一部分成功了，因政府已公布法律承認罷工爲合法；到一八六八年政府畢竟拋棄了壓制政策，承認「寬容」工團，或職工組合，不過沒有明文撤廢禁止工人組織的法律而已。（見本書第二百節。）

一八七〇年至一八七一年的普法戰爭激刺法國工人最深，他們旣受軍役之苦，又加戰敗之辱；在戰爭初完之時，巴黎就發生亂事，名爲地方自治團（4）之亂，這次亂事的根源和目的雖不顯然是屬於社會主義派，却是因社會主義派煽動京城內外遊手思亂的工人之影響，以致亂事越更厲害，並且這次暴動竟至引起德國及其他各國的社會主義派力表同情。再者，自治團設立的時候政府採用紅旗，在當時紅旗已經是社會主義派的

1. Proudhonians. 2. Blanquists. 3. Blanqui. 4. The Commune, or the Paris Commune.

標幟了。在駐於浮爾賽(1)的國民議會運籌指揮之下，自治團立被鎮平，凡有煽亂之嫌的人無不受嚴刑處治。被殺的，被監禁的，被逐出國外的，總計不下數千人，布蘭魁，(譯者按布蘭魁生於一八〇五年，死於一八八一年。)衛蘭特(2)，及社會主義派的最多數領袖皆在其列。一八七三年新共和國的大總統迪雅爾(3)(譯者按迪雅爾生於一七九七年，死於一八七七年，係史學家兼政治家，於一八七一年至一八七三年爲法國大總統。)卸任時的通令中宣言社會主義雖盛行於德國，在法國却是完全消滅了；他這話並不很差。甚至本來在法國很有勢力的國際黨此時也破裂了。

(237)社會主義之征服勞働 一八七二年巴黎地方勉強組織了一個工人會社，隨卽被政府勒令解散。三年之後又有一個工人會社成立了，雖表面上不能不自稱是專爲提倡職工組合及協作會社之組織，實際上却比前一次較有成效。法國社會主義復活的發動點可斷自一八七六年亡命外國的政治犯格斯德(4)之歸國。格斯德(譯者按格斯德生於一八四五年，一九一六年曾爲法國戰時內閣之一員)是一位很能幹的報館主筆，他於一八七一年在蒙柏列(5)出版的人權報(6)一連發表幾篇文章爲巴黎地方自治團辨護，因爲此事他被判處監禁之刑。他逃出國外，住於瑞士的日內瓦(7)，在那裏他研究馬克思的學說便成爲一位出名的社會主義家。一八七六年他回到法國仍舊繼續他一年前在意大利幹的宣傳事業，到一八七七年他設立了一個新而銷行更廣的社會主義雜誌名爲平等報(8)。多賴格斯德鼓吹之力，所以一七八九年在馬賽(9)集會的第三屆法國勞働大會宣言贊成社會主義，而且自己取名爲社會主義派勞働會議(10)。從此時

1. Versaille. 2. Vaillant. 3. Thiers. 4. Jules Guesde. 5. Montpellier. 6. Les Droits de L'Homme. 7. Geneva. 8. L'Égalité. 9. Marseilles. 10. Socialist Labour Congress.

起，法國職工組合運動的領袖地位屬於社會主義派。（見本書第二百零二節。）一八八〇年法政府赦免因自治團亂事被放逐之人，這班人大半仍回本國，投身於社會主義的鼓動，於是法國社會主義又鼓舞起來了。

一八八〇年勞働各派會於哈浮（1）時，非社會主義派退出會外，其餘在會之人就採取了一種徹底社會主義的大綱，由格斯德和馬克思及馬思克之壻拉法格（2）會同草擬。此時勞働組織間社會主義派之占優勢並不是因為這班四分五裂的大小會社都偏重社會主義，這全是格斯德弄的手段，他認定無論社會主義派怎樣意見不一，且乘機立定一種動人聞聽的大綱再說旁的事。然而社會主義派剛總把勞働運動取歸自己掌握，他們自家立刻就露出本來面目的弱點，即是缺乏協和行動的能力。在一八八一年蘭斯（3）大會上，格斯德的馬克思派正宗集產主義的大綱大受能行派（4）的反對，這派聲言馬克思主義與法國人的思想不合，他們表明他們願意承認立刻可辦的那些社會改革，贊成馬朗（5）極力鼓吹的機會主義（6）的政策。（譯者按馬朗生於一八四一年，死於一八九三年，原是最激烈的革命派，經了多年閱歷研究之後，恍悟社會改革不能一蹴而躋，所以他主張社會主義的政策應當逐漸實行，積少成多，自有可觀之一日，但以不失機會為第一要着，所以名為機會主義。）在一八八二年聖愛田（7）（譯者按從法文音應讀如聖德田）。大會上就發生了公然的分裂。於是顯有區別的兩黨出現了。一是法國勞働黨（8），由格斯德和拉法格領袖，其實力多在工業繁盛的北部之地，組成於決不願對資本家的政府讓步的社會主義派。另一黨名為共和社會同盟會（9），此刻由布勞斯（10）領袖，包括一班能行派，亦名機會主義派（11）。此外還有一個無政府派的革命社會黨（12）由

1. Havre. 2. Paul Lafargue. 3. Rheims. 4. "Possibilists." 5. Benoit Malon. 6. Opportunism. 7. Saint Étienne. 8. Parti Ouvrier Français. 9. Republican Socialist Alliance. 10. Paul Brousse. 11. Opportunists. 12. Parti Socialiste Revolutionnaire.

1. Jean Allemane. 2. Broussists. 3. Parti Ouvrier Socialiste Revolutionnaire Français. 4. Parti Socialiste Indépendent. 5. Collectivists 6. Coöperativists. 7. Blanquists. 8. Independents. 9. Jean Jaurès. 10. Etienne Millerand. 11. Fournière. 12. Chamber of Deputies.

布蘭魁領袖。

(238)法國政治中之社會主義各派　通隨後十年中法國社會主義派之分析割裂繼續不絕。　要說明曾經顯露而且稍有舉動的各派別及團體，或只列舉其名目，都會使人厭倦。　最重要的事實是一八八二年阿勒曼(1)(譯者按阿勒曼生於一八四三年，也是曾經參預地方自治團而後來改從實際着手之一人。)脫離布魯斯派(2)自成一個法國革命社會工人黨(3)，及一八八五年研究馬朗主張的社會問題之一會社的人組成獨立社會黨(4)。　到一八九〇年法國於是有五個各別組織的社會主義派：

(一)集產主義派(5)，擁護馬克思的學說，由格斯德，拉法格，及一班專於黨同伐異之人領率，

(二)機會主義派，多半是布魯斯的黨徒，

(三)協作派(6)，多半是阿勒曼的黨徒，

(四)布蘭魁派(7)，

(五)獨立派(8)，由若雷(9)，米爾蘭(10)，及富烈爾(11)領袖。

獨立派構成於急進家，其中包括很多初着手贊成社會主義的大學教授和大學學生。　法國社會主義派既然分裂到這樣田地，旁觀者必以為他們不能在政治中占何等大勢力。　然而一八九三年的國會選舉上，各派(此刻他們全都贊成用政治方法)都把最能幹的領袖選入衆議院(12)。　社會主義派得的總票數差不多有五十萬張，社會主義派議員共計四十名。

在前國會中已有零星分散的社會主義派代表，但乃是這一次法國國會中的社會主義纔能說是有了頭緒。這四十名社會主義派議員很願有一個共同的組織，於是若雷成了他們公推的領袖。若雷（生於一八五九年，死於一九一四年）（譯者按若雷係於一九一四年大戰爆發後，主張非戰論，被反對派刺死）是都魯市大學（1）的哲學教授，曾著了一部書敍德國社會主義之起源，頗有聲名。他於一八八五年初次被選爲衆議院議員，他原是急進派，但稍後他自認爲社會主義家。他是一位學者，精力過人，能言善辯。多賴他的品格純潔，至誠感人，所以法國社會主義在二十世紀最初十五年中的演進甚至比格斯德在十九世紀最後二十年中辦成的更強。

若雷以新國會四十名社會主義派議員代表的資格宣布他們行事的標的爲「忠於共和國體，盡心於人類幸福。」通這一屆國會的年限中，社會主義的大綱初次在國會中發揮盡致，而且對全國明白切實的宣布以聽人之公評。若雷雖不分彼此，以一般社會主義派代表的資格對外，而社會主義各派的分別仍是存在的；勢無可免的他們就着手圖聯合爲一。在一八九六年至一八九七年各派對於聯合的氣象都很樂觀。然而所希望的成功又長久延期了，因爲突然發生兩樁事體，社會主義派又復大鬧意見。第一樁事是一八九八年鬧得法國全國沸騰的德雷富士事件（2）。（譯者按德雷富士事件是一八九四年阿爾薩斯（3）的一個猶太人名德雷富士（4），在法國礮兵營中任大佐之職，被人控告說他得了德國的賄賂，爲德國作奸細。德雷富士受了秘密的軍事裁判，被處以終身監禁之刑，褫奪軍職，流往荒島。他屢次抗告，申辯無罪，他的朋友也鼓吹再審，

1. University of Toulouse. 2. The Dreyfus affair. 3. Alsace. 4. Captain Alfred Dreyfus.

1. Emile Zola. 2. Guesdists. 3. General de Gallifet.

但軍界堅執不允，於是法國輿論大譁，有說高級軍官不錯的，有說軍界黑暗的，基督教徒說異教人靠不住，君主黨人說共和政體糟糕；因此這樁事成了法國軍事上，政治上，宗教上的大問題，各方面爭論不決。到一八九八年著名寫實派小說家約拉(1)（生於一八四〇年，死於一九〇二年）作了一篇文章痛斥審判此案的各軍官之不公正，為德雷富士大鳴不平。這篇犀利的文章激動法國各界爭求平反此獄；法庭因約拉語太無忌，判為有罪；約拉避往英國。但德雷富士案再審已是不能再推委了。一八九九年再審的結果改判德雷富士為六年監禁，他仍舊不服，各界仍要求再審，到一九〇六年德雷富士受法庭正式宣告無罪。由這件事一則可見他們的社會究竟較有公道，二則當時法國共和君主兩派暗鬭甚烈，國家與宗教分立的問題亦正在醞釀之中，一觸即發，所以這一樁小事竟至全國沸騰。格斯德派(2)及其他幾派社會主義分子不願這個爭端捲入國會之內，對於這件事拒絕發言。然而若雷深信德雷富士是受了種族偏見和軍人跋扈之害，所以投身於這次爭執之中，而且在國會中領袖一班心存公道的人作一種最光明正大的奮鬭。這件事惹起的困難尚未了結，又加以第二年，即一八九九年，米爾蘭承認為瓦爾德克廬梭的急進派內閣商部總長的問題。這位新總理認定國會中社會主義派的贊助為不可少的事而招請米爾蘭入閣時，社會主義派立即又大鬧意見。若雷，他自己先已承認被選為副議長，勸米爾蘭允諾就職；格斯德，他最注意曾經平定巴黎地方自治團亂事的嘉里費將軍(3)不免為社會主義派閣員的同僚，極力勸米爾蘭拒絕入閣。

於是米爾蘭入閣一事成了社會主義派公然破裂的表徵。法國社會主義派雖然沒有全國共通的組織，而這幾年來在國會代表一面已經聯絡好了。此刻甚至連這一點維繫也破壞了。格斯德派，布蘭魁派，和自治團分子衛蘭特的黨徒發出一種顛頭不顧尾的宣言把米爾蘭和他的黨徒逐出社會主義派團體之外，這幾派人自己也與國會議員團脫離關係。若雷看見他們鬧的禍害太大，立即盡力設法要使這自相殘賊的幾派言歸於好，在一八九九年年終之前就組織一個社會主義派總委員會(1)，會合各派的意見從長計較。然而討論些時尙無結果，到一九〇〇年格斯德派因政府壓制罷工暴動之故突然退出委員會外。一九〇〇年九月召集於巴黎的國際社會主義派大會也被法國這種局面迫得費了最多的時間去討論這個「米爾蘭事件(2)」。然而到末了也想不出好方法，僅止採取德國高次基提出的一種不着邊際的決議，據稱單獨一個社會主義家承認有產階級政府的官職「不能認爲社會主義派征服政治勢力的正式起點只能算過渡期間例外情形惹起的權宜方法。」

(239)若雷與機會主義之辯護　從一九〇〇年至一九〇五年法國社會主義各派繼續沒有結合，甚至形式上的結合也沒有。反倒是各派時常互相傾軋排擠，不顧全國和全世界之人恥笑，外國的社會主義派領袖們對於此事深爲憂慮。當時法國社會主義派分爲兩大黨。一是法蘭西社會黨(3)，構成於格斯德派及(一九〇一年之後)布蘭魁派。另一個是法國社會黨(4)，多半是若雷的黨徒和獨立派。法蘭西社會黨的政策是堅守馬克思的集產主義而且拒絕一切調停。法國社會黨的政策是「以社會主義的理想灌注於平民主義，」按若雷之言要這樣辦時須「與其他一切平民主義派通力合作，同時却要力保自己清白，不與他們同流

1. Comité Général Socialiste. 2. "Cas Millerand." 3. Parti Socialiste de France. 4. Parti Socialiste Français.

合污。一（關於若雷領袖的法國社會主義派自由系於一九〇二年在吐爾（1）採取的黨綱之英文譯本參看阿爾什的歐洲之社會主義與民主主義二八一頁至二八九頁）。 一九〇三年波多大會上若雷發了一番大議論，他坦然承認機會主義的政策是複雜的，遲鈍的，而且不免每每惹起很大的困難，但他力稱只有由機會主義的政策，社會主義家的目的纔有實現的指望。 他說，「格斯德以爲法國是純屬一階級的國家，無產階級在其中毫無發揮意見的餘地，那就錯了。 在一個平民主義的國中，在一們有普選制度的共和國中「國家」並不是無產階級走不通，過不去，不能貫徹的梗塞之路。 貫徹的工夫已經開始了。 在各市府中，在國會中，在中央政府中，社會主義派和無產階級的勢力都已開始做貫徹的工夫。 ……現今總有一部分已被這種平民的，公衆的，社會主義的勢力貫徹了，如果我們能按條順理的，希望從組織，教育，宣傳，各面下工夫使這種貫徹成爲極完滿，極深透，極切實，時機成熟，衆擎易舉，我們必能發見無產階級的社會主義之國家已經代替了有產階級的寡頭政治之國家，到那時我們自然看得出我們已經進入社會主義的地帶，就如航海的人看得出他們已經過了半球的界線一樣——並不是他們能彀看見一根繩索橫亙洋面指點他們說過去便是另一半球，乃是他們的船隻寸寸進行引他們進入新半球之內。」（見項特爾的創業中之社會主義家七四頁（a）所徵引）。

這一番話顯然是進化的社會主義而非革命的社會主義；他之異於法國馬克思派的社會主義正如德國修正派的社會主義之異於馬克思派的一樣。 在一九〇四年舉行於安姆斯達丹（2）的國際社會主義派大會中，若雷被迫得加入對抗貝白爾的名單內以防護自己的意見，就在那裏出現了社會主義派運動史中最著名

(a) Hunter: Socialists at Work, 74. 1. Tours. 2. Amsterdam.

的辨論之一——稱爲「國際大對辯」。 這位法國領袖論據的重點是說雖然德國社會主義派在一九〇三年德雷斯登(1)大會上大多數投票反對修正主義，而同一的政策事實上決不能施於各國，而且就法國的情形而論，無產階級已能行使支配政治之權，機會主義的政策不僅是可以行得並且是根本必要。 然而貝白爾的理論占了勢力，這次大會投票贊成根據德國人在德雷斯登採用的教案而加以修正的決議。

(240)一九〇五年之統一社會黨　安姆斯達丹會議的結果廓清了法國社會主義團結的道路。 的確的，這次大會以各國社會主義派的情面一半婉勸，一半強迫的要法國各派拋棄爭執，聯爲一個單獨的政黨。 格斯德派早已附和貝白爾及非機會主義各派。 若雷和他的黨徒已經盡竭了他們的心力而不能取勝，所以他們此刻按少數服從多數的定則，誠心誠意的認可了這次決議。 一九〇五年在魯安(2)的大會上實現了延誤已久的兩派融和成爲現今的統一社會黨(3)，正式名稱是國際工人協會法國支部(4)。

各派共訂的文約載有下面可注意的宣言：

「(一)社會黨是一階級的政黨，其目的是轉移生產及交易工具爲社會所有，這就是說，藉助於無產階級的政治經濟組織把現今資本主義的社會改變爲集產主義的或共產主義的社會。 按他的目的，按他的理想，按他所使用的勢力，社會黨雖常圖實現勞働階級所要求的各種急迫改革，却不是一個圖改良的政黨，乃是一個階級戰爭和革命的政黨。

(二)這一黨舉出的國會議員自成一個特殊的團體與有產階級的一切黨派反對。 國會中的社會主義

1. Dresden. 2. Rouen 3. Parti Socialist Unifié. 4. Section Francais de l'Internationale Ouvrière.

關必須拒絕寬容有產階級一切濫權僭勢的手段；所以必須拒絕投票贊成軍備費，殖民地征略費，秘密款項，和預算案。在國會中社會主義團必須一體專心致志爲勞働階級防護政治權利而且伸張這種權利，盡力實現一切足以改善工人在生存競爭中的生活狀況之改革。

(三)在報章中關於討論原理和政策的問題必須有完全的言論自由權，但社會黨一切出版物的論調必須確切適合本黨行政委員會解釋全國大會各決議之言辭」(見阿爾什的歐洲之社會主義與民主主義二八九頁至二九一頁)。

統一社會黨的黨員人數和勢力都增加得很快。這一黨雖是因反抗機會主義纔成立的，他却始終不移的使用政治方法。他極力在衆議院中設法增加實力，他的黨員被任爲各自治區官吏，各郡官吏，中央官吏，都毫不遲疑的允諾了。在一九〇六年兩個社會黨員威蘊理(1)和布利揚(2)承認爲克勒茫梭(3)內閣閣員時，這件事已被認平常不足怪的了。在一八八五年法國社會主義派初次以協和的努力去影響國會選舉的結果時，他們的候選議員共得票約三萬張。一八八九年他們得的總票數約十二萬張，在一八九八年爲七十萬張，約合全國總票數百分之二十。在一九〇六年選舉時得的票約一百萬張，社會黨議員和社會急進派(4)議員增爲二百五十名，占國會議員總額百分之三十八。在一九一〇年得的票數約一百二十萬張，單算社會黨的議員已增爲一百零五名。

自從德雷富士事件惹起風潮以來，法國衆議院和政治已被一個「聯合黨」(5)宰制，這個聯合黨的構成分

1 René Viviani. 2. Aristide Briand. 3. Clemenceau. 4. Socialist-Radical. 5. A bloc.

子隨時稍有變動，但通常包括「左方」(1)的各黨，即是多少有急進性質的各黨；在這個操縱全局的聯合黨中社會主義派很占重要的勢力。自一九○○年以來他們對於一切重要的改革法律無不參加，例如一九○一年的結社法，一九○五年之廢除教皇條約(2)。(譯者按法國大革命時本已宣布國家與宗教分離，政府不再支公款補助教堂，但拿破崙於一八○一年與教皇立約承認恢復大革命以前舊制之一部分；法國人久欲政治上及教育上免除宗教羈絆，運動多年，至此遂將一八○一年之教皇條約撤廢。)一九○七年更以法律定明國家與天主教會(3)之地位；在他種有立法關係的重要事項中——著如租稅改革，選舉改革，社會保險——他們都有很大的貢獻。

(241)晚近法國社會主義之狀況　格斯德派與若雷派(4)的多年舊憾原是不能立即化除的。至今這兩派的芥蒂尚未完全消滅。但自一九○五年以來這統一社會黨的協和力，雖時受外界的震撼，尚能抵抗所遇的一切困難。統一社會黨並未包羅法國的一切社會主義派。那些因種種理由不願自附於這個大黨的人另成一個獨立社會黨(5)；在一九一○年選出的一百零五名議員中有三十名是屬於獨立社會黨的。實際上，布利揚，威鏖理，米爾蘭都是屬於這一黨。此外還有一個社會急進黨，其中有許多黨員都是與他國的嚴格社會主義派無異的。一九一○年選舉中，社會急進黨舉出一百四十九名議員。然而法國有組織的社會主義之前途仍在統一社會黨。(一九一四年選舉中統一社會黨選出一百零二名議員)。這黨如期納費的黨員人數，正如德國社會民主黨一樣，比他的候選議員在選舉場中得的票數小得多。在一九○五年這黨團結

1. The Left. 2. Concordat. 3. Catholic Church. 4. Jaurèsite group. 5. Party of Independent Socialists.

之時，納費的黨員人數只有二萬七千名。到一九〇八年這個數目升到五萬二千在一九一四年爲六萬八千九百。晚近發達遲緩的主要原因須從各職工組合的政策考去纔能明白，這些組合雖不沮遏他們的會員投要選舉社會主義派的候選議員，却與社會主義派的組織落落難合。統一社會黨，也如德國的社會民主黨一樣，是由每年在重要城市舉行的常年大會主持；平時有一班行政委員會辦理黨務。地方組織和宣傳方法都與德國的相類。在一九〇八年這一黨的報紙共有三種日報，（最重要的是人道報(1)，係若雷於一九〇四年創辦，出版於巴黎）兩種半週刊，十三種週刊，兩種月刊。

統一社會黨的黨綱着重在生產及交易工具之社會化，包括以集產主義的國家組織代替資本主義的國家組織；用來達到這種目的的手段是團結贊助這黨政策的各工業階級共圖取得支配國家的權力。這一黨雖頗有機會主義的意味，而仍恪守舊傳的理想，這件事可證之於一九〇七年里摩日(2)大會採取的決議。這個決議切實聲明：「本屆常年大會考慮到資本家的政府無論怎樣更換他的人員，決不能改正他們政黨的政策，特此警起無產階級留心提防雖最有進步的「平民主義的有產階級」之黨綱亦不足用。常年大會再對工人申言工人們的解放只有由改變資本爲社會所有之一途；在已組織而且統一的社會主義派政黨之外沒有社會主義；這黨的國會代表極力求實現一切可以擴張無產階級之要求及實力的改革，而同時必以百折不撓之精神反對一切狹隘空泛的黨綱之冒稱社會主義異端。」

法國社會主義最出色之點是這種信條在社會各階級中及各專門職業中灌注之廣。英國受過教育的各

1. L'Humanité. 2. Limoges.

階級之分子差不多是毫無例外的屬於保守黨或自由黨；德國高級官吏中沒有社會主義派，專門職業中社會主義派亦極少。法國不然，許多受過教育的人，有錢的人，和社會上有身分的人都願意與一般平民相結納，不但爲他們的領袖，並且以私人資格鼓吹躋人民於康樂之域。的確的，社會主義派的最多數倡導者是有產階級出身。晚近一位著作家曾指出一九一〇年選擧之後衆議院中統一社會黨議員只有三十名是工人及職工組合的職員，其餘的是十一名大學教授及教員，七名農戶，七名律師，七名報館主筆，六名醫生，和兩名工程師。法國社會主義運動的這種與正大同現象常引起旁人的疑惑究竟統一社會黨黨綱內較激烈的部分是否有實現的機會。一定的，現今許多贊助這黨的人都是只從廣泛的理論上着想而對這黨的終極目的表同情。再者，就法國人全體而論，他們的性格恰與社會主義的夢想相衝突。因爲，法國歷史上許多大事都已表明法國人雖然是世界上最慣發理論的而且最善於談急進主義的，說法國人是世界上守護財產和財產權最牢靠之人也是一點不差。法國人是小農小商的民族，雖然他們已經承認鐵路國有和集產主義的其他各種方式，他們絕對不能承認從他們自身割捨世代相承寶貴無比的私有財產權。

(242)英國人之不傾向急進主義　爲社會主義運動之根本原因的工業革命雖是最先出現於英國，英國人却是遲疑很久纔稍稍採納社會主義的理論。奧文和基督教社會主義派都不曾招致很多的黨徒，不過他們的理想尚能博人心許而已。普選主義，前已說過，並不是社會主義，甚至普選主義中混入的幾分革命感情不久也就消滅了。一八五〇年以後英國勞働階級實行拋捨社會的及政治的競爭。他們的要求並不曾完全如頤，但在撤銷穀物條例，修改卹貧法等事中他們得益也很多。他們拋却了社會主義派的幻想，回復到沉穩就計的政策每有機會便可改進他們的境況。他們明白表示沒有自成獨立政黨的意思。他們繼續贊助自由黨及保守黨望這大政黨制立改良的和保護的法律（決不至於成空）。他們就利用法律承認的新自由權，辦成了強固完密的組織。但這種組織不是政治的組織，更不是社會主義的組織。

一種主要的組織是職工組合；另一種是協作會社。的確的，這兩種制度都是英國對於近世勞働運動的絕大貢獻。協作事業現今最盛行於歐洲大陸的幾國中，職工組合主義在歐洲大陸雖不如此之盛，而這兩樣事業都是起源於英國，而且首先在英國大量的發達。（英國職工組合主義之發達，見本書第十九章）。英國協作企業的鼻祖是一八四四年創辦的洛其德爾均平先鋒社(1)。這是洛其德爾城的二十八名織匠為與文的協作原理所感動，即於一八四四年，每人每星期各湊三「本士」的公共基金，開始在批發店躉買麪粉及白糖等，藉此省出零賣商平常賺的贏益。到這個企業有成效時，他的範圍也隨時擴張，在一九〇二年這個洛其德爾社有會員一萬三千人，營業總額二十九萬二千金鎊，純益四萬六千金鎊。願入會之人只須照章繳納不多的入會費，實際上這個會社竟是一個大公司，主有許多建築物和地皮，僱傭許多買辦和書記，經營一般的商業，他們分配贏益的方法不是照資本股分計算，乃是照每個主顧每月在本社所買的物品之總值扣算，隨時分配。在這個企業的鼓舞之下，協作運動傳播於不列顛羣島全部，不但組成購買物品和分配物品的協作社，還有製造商品的協作社，甚至有協作的銀行。現今英國共有一千五百五十個協作社，會員總數約二百五十萬人，資

1. The Rochdale Equitable Pioneer's Society.

本股分共計三千五百萬金鎊。 他們每年營業總額總在一萬一千萬金鎊以上，每年得的純益總在一千二百萬金鎊以上。 各地方會社聯合成極大的批發會社(1)，一個在英格蘭，一個在蘇格蘭，地方會社所需的原料物品等由批發會社代爲成莊收買又可省一大筆錢。 這種制度現今已是萬分精密，羅斯百利勛爵(2)稱他爲「國家中之一國家」眞非過譽，而且這種制度爲英國勞働階級造出的種種利益也眞是難以盡舉。 英國協作運動最幸運之處是始終完全不涉政治。 (英國協作事業之成效已促起歐洲大陸無數的協作試驗，就全體而論，雖大陸各國工人不及英國工人之善於運用和平的無政治性質的組織，而這些協作事業也有許多成就了很有價值的效果。 法國有二千個協作分配社，但資本及業務俱不及英國協作社之闊大。 法國協作事業喫虧在法國人缺乏鍥而不舍的恆心。 法國協作生產會社數在三百以上，成立最早的已經六十多年。 許多協和生產社之能發達多賴政府維持之力。 此外還有三千多個農業協作社，其主要活動是乳酪製造。 德國協作事業始於一八五○年左右。 較早的會社是專爲收買製造原料而設的，成效並不甚大，但稍後的協作分配社和農業協作社之興旺却出人望外。 協作放款銀行亦極多而且極有用。 一八八九年成立一個農業協作總組合，現今又出現一個協作批發社，與英國的「批發社」大致相同。 一九○五年一月一日，德國全國各類協作社共計二三，二二一所，會員總數三，四○九，八七一人。 在會社數目中有一四，二七二所是協作信用社，即放款社；三，○六二所是農業協作生產社；一，八○六所是協作收買原料社。 英國式的協作分配社在瑞士之發達比大陸任何他國更早，而且在生產，分配，及銀行業務中協作原則之應用亦極廣。 瑞士國土

1. Whole associations. 2. Lord Rosebery.

甚小，而協作社之數竟有四千五百個之多。在比利時，荷蘭，丹麥，瑞威，瑞典，協作事業已經到處實行。在意大利，奧匈國，西班牙，和俄國，協作事業已穩立基礎。的確的，現今歐洲無一國沒有協作運動的成效。他的成效不僅是減省費用，增加儲蓄，改善生活狀況幾種好處而已。社會共同責任心的感覺也因此顯然更盛，勞働階級也因此明白一種非常重要的事情，即是以和平的科學的方法增進他們的切要利益比用亂暴激烈的手段更好得多，更靠得住。（譯者按現今協作分配事業都是按照洛其德爾計畫(1)辦理。這種計畫自有他必操勝算的祕訣。美國在一九一四年以前許多協作企業都失敗了，細考原因，知是未能謹守洛其德爾計畫中的要訣之故，由此實力奉行，這幾年來美國協作社的成效就好得多了。洛其德爾計畫的重要條件分敍如下：(一)入會資格極寬，股分額面極低，——英國通常是每股英金一鎊，美國是每股美金五元，分期繳納，以便這種組織易於通行。(二)一個會員所出股分不得多過若干股，以免發生會員間財務地位太不平等之事。(三)每個會員，無論所出股分多少，在社中開會時俱只有投一票之權，以保持社中平民主義的精神。(四)售賣之物須品質純良，按一般行情定價，以免惹起當地商人之忌恨。(五)現錢交易，以免賒欠不還等事，既省簿記上的麻煩，本社購貨及主顧買物都能格外便宜。(六)每股利息不過百分之五，其餘贏益，撥出百分之幾為公積金，百分之幾填補房屋，機械，傢具等等損耗，百分之幾為社中公立學校教育基金，百分之幾為社中慈善費，下餘的便是純益，按各個主顧，無論會員或非會員，在本社買貨的總值比例分攤，這是招徠主顧的要着。）

一八五〇年至一八七五年英國勞働運動毫無革命的及社會主義的性質之原因頗不易說，各家揣測之辭

1. The Rochdale plan.

亦各不相同。可以說，第一層普選主義大鬧笑話一敗塗地之後，反動是絕不能免的。另一個顯著的原因，此刻與從前一樣，是英國人生就的保守性，鎮靜性，和沉機應變的居心。再者英國國家又非常昌盛，結果成爲工資增高失業之事減少和不受經濟恐慌的影響。還可以說英國大政黨爭欲博得已有選舉權的工人之贊助（一八六七年以後城市中工人全有選舉權），常以制立更進步的社會法律爲質證——這種質證一經許諾必定照行，但行時非常細心，總不至使一般公衆不滿意。

(243)英國社會主義復興之形勢　四十年前一個人可以預言社會主義絕不能在英國人中有真實的基礎。而且這種話的確有人說過。所以，近年英國受社會主義派的煽動不亞於德國，而且更過於法國，國會辯論中常含有社會主義的理想和精神，國家法律中和地方法律中之含有社會主義意味也如大陸各國一樣的顯明，諸如此類的事格外惹人注意。說到此處，真能解明這種情形的理由也是不容易斷定。雖然英國社會主義原是本國固有的發達而且絕未模仿大陸的方式，而一八八〇年以後大陸各國社會主義之盛行對於英國絕不能沒有影響。繼之到一八九〇年之後英國勞働階級安心滿意的感想已經大不如前。工業情形已不及從前穩固，工人地位亦時有動搖之虞。於是又有人開始辨論，說英國國家財富已大增加，惟獨勞筋力之人得不着應分的利益；這種論調很受歡迎。要指出當時社會貧乏的情形縱不如五十年前那樣可慘而實不亞於五十年前之盛行，是很容易的事，的確的，當時統計中顯着每年二十八至二十五人中有一人全賴卹貧官吏的賙濟爲生。一八七四年至一八七九年商業蕭條，接連有兇悍而不成功的反對減少工資的罷工，引起一般公

(a) The Life and Labour of the People of London. (b) In Darkest England, and the Way Out. 1. Henry George. 2. Progress and Poverty. 3. The Bitter Cry of Outcast in London. 4. Charles Booth. 5. Evangelical. 6. Salvation Army. 7. William Booth. 8. Catherine. 9. Gladstone. 10. Salisbury.

衆的注意集中到工業上這種不調協的情形。一八八一年至一八八三年工商界有短期的繁榮氣象，但到一八八五年前後工商業停滯的時期又開始了。社會的和工業的改良越更使人想望。一八〇〇年左右佐治亨利（1）的名著進步與貧乏（2）在英國銷行極廣，（譯者按佐治亨利係美國經濟學家，生於一八三九年，死於一八九七年。進步與貧乏是於一八七九年出版於美國舊金山，隨後在英國重印多次。佐治自己並不是社會主義家，但他認地主收租之權爲社會中貧富懸絕的原因，主張土地國有，在大地產制度盛行的英國這種議論自是對症。）而且在這個期間又有倫敦無告者之慘哭聲（3）出版，皇家調查貧民住宅委員會，上議院特派調查朘削制度委員會，布什查理（4）開始調查倫敦勞働界的生活狀況（譯者按布什查理是一位富豪，他因爲勞働階級的眞實生活狀況沒有明確的統計可按，他自己出錢約了一班人分投沿門調查，十幾年間毫無倦怠，前後出書十六巨册，名爲倫敦人民之生活及勞働（a）。按他調查的結果，倫敦人口總數三分之一所得的工資不够適當的衣食。）和福音教（5）徒熱心大發以致有救世軍（6）之出現。（參看史拉德的近世英國之締造二五六頁至二五八頁。布什威廉（7）（生於一八二九年，死於一九一二年）和他的夫人嘉德璘（8）前幾年在倫敦辦的傳道事業及博愛事業於一八七八年按半軍隊的方式改組，到一八八〇年六月即定名爲救世軍。一八九〇年布什威廉出版一部書名爲英格蘭之地獄變相與解脫方法（b）頗能喚起一般人的注意。）經格蘭斯頓（9）第二次內閣（一八八〇年至一八八五年）及沙里士百利（10）第二次內閣（一八八六年至一八二九年）期間，政府大受勞働階級之咎責，說他的社會政策是空疏的，敷衍的。及至一八八九年，又一運出了幾樁事——最顯著的是煤氣廠工人及勞働者總組合之成立（這個組合並未用罷工手段立即得了倫敦煤氣廠一日作工八小時之規定）和船塢工人辦有成效的大罷工——這些事情把勞働界之不安和多數工人之困苦狀況打入國人的心裏，於是引起許多人相信以為在現今經濟制度之下還能有這樣多的困苦，這樣的經濟制度必是先天不健全的。

(244)民主協會及斐炳社　晚近英國社會主義組織史始於一八八〇年在倫敦成立的民主協會(1)，現今稱為社會民主黨(2)。　民主協會的會章是嚴格的社會主義式，其中最早的會員有摩立斯(3)，（譯者按摩立斯生於一八三四年，死於一八九六年，以能詩名，）鮑恩士(4)，馬恩(5)和報館主筆亨德滿(6)。　剛四年之後，這個組織分裂了，摩立斯領袖的傾向無政府主義之一派不久便消滅了。　其他一派，改名為社會民主協會(7)，重整旗鼓繼續活動。　社會民主協會主張激烈反對參加政治，占的地位與法國的格斯德派相類。　他的社會主義是純粹的馬克思派（譯者按亨德滿是馬克思的密友）。　他設立兩種報紙——正義報(8)，是一種週刊，社會民主報(9)，是一種月刊——去宣傳他的思想，至今仍繼續出版。　然而，革命派的黨綱不能望打動英國人的心，所以這一派始終不能有很多的人數。（社會民主協會於一九〇六年擬定的黨綱印在阿爾什的歐洲之社會主義與民主主義三三〇頁至三三四頁）。　近年他的會員人數不過二萬上下。

一八八三年出現了一個新的社會主義派組織，這個組織從一起首就有成為大勢力的希望。　這個組織即是斐炳社(10)，原是一班青年學生受了美國紐約的烏託邦派德衞成(11)（譯者按德衞成生於一八四〇年，死

1. The Democratic Federation. 2. Social Democratic Party. 3. William Morris. 4. John Burns. 5. Tom Mann. 6. H. M. Hyndman. 7. Social Democratic Federation. 8. Justice. 9. The Social Democrat. 10. The Fabian Society. 11. Thomas Davidson.

於一九〇〇年，演講的感動纔設立的。自從他成立之時，這個會中就包括衛白(1)，蕭伯訥(2)，孟訥(3)，華拉士(4)，康白爾牧師(5)，和許多學者，著作家，僧侶，及其他有建樹，有感化力之人。採用「斐炳」之名的理由是這派的分子不敢自信確有把握，打算沉機觀變如羅馬大將斐比厄斯(6)之待時而動一般，時機一到也要學這位羅馬大將奮勇當先。(譯者按斐比厄斯與漢尼拔(7)侵伐羅馬之戰役，事在西歷紀元前二百一十年前後。)這個會的大目的是以教育的方法在各階級中宣傳社會主義，尤著重於上等階級和中等階級。他的社會主義絕不是馬克思的革命派。他主張的是按進化的原理，和平的進行，逐漸使社會中人完全濡染社會主義的學說。斐炳派(8)的活動多半是著書立說，發行小册子，和推舉社會主義派的候選議員入國會及地方議會。社會主義運動的最好的文章多出於斐炳派的筆下；而他們在實際政治中的成就也頗不小。多年以來，倫敦縣議會(9)已全屬於斐炳派的勢力，同時，國會中也常有斐炳派議員。須要注意，斐炳社並未組成政黨。他們的組織既不甚大，人數亦不很多。斐炳主義(10)差不多是一種修養之術，人人都可信從，既不花錢，亦沒有甚麼虛文縟禮，凡深信斐炳主義的人都是謹守法度的。這個會的會員人數在一九一一年僅有二，六六四人，會中亦無擴充會員人數之意。斐炳派或贊成斐炳派見解的人之被攫入政界並不是斐炳派運動選舉的；有時投票的人只是信服他們的主張和他們的人品就舉他們，並不問他們是不是斐炳派。斐炳社的機關報，新政治家(11)週刊，是於一九一四年設立，鼓吹斐炳主義，銷行甚廣。(斐炳社的主義和目的的宣言書印在阿爾什的歐洲之社會主義與民主義三二七頁至三三〇頁。)

1. Sidney Webb. 2. George Bernard Shaw. 3. Chiozza Money. 4. Graham Wallas. 5. Rev. R. J. Campbell. 6. Fabius. 7. Hannibal. 8. Fabians. 9. London Country Council. 10. Fabianism. 11. New Statesman.

(245)英國之社會主義與勞働　一八八九年英國船塢工人罷工之成功給社會主義運動一種鼓舞。但就全體而論，進步仍是遲緩。這個運動缺乏全體一致的性質，而且幾個團體中沒有一個能誘致多數人的贊助。據若雷及其他親善的觀查家的意見，英國社會主義進步之困難全在宣傳家未能從一起首就把社會主義的道理與工人的實際生活和急迫需要剴切說明。自然，這件事若歸責於斐炳派，也有幾分說得去，因為斐炳派中許多人研究得的結論都是說無產階級是社會中眞正富於保守性的最不活動的分子，並且，據蕭伯訥之言，社會主義唯一可望的進行途徑是「使有產階級中主張正義之人奉行社會主義」。

在一八九〇年至一八九九年十年間，英國勞働派極力加入政治，要自成一派特殊的勢力，同時又極力使勞働界的政治利益與社會主義相協和。本書他處已表過一八九三年一月勞働派代表在布拉德佛(1)舉行會議，由哈迪(2)領袖，創立獨立勞働黨(3)，其目的是聲明為促進「生產，分配，及交易工具之集合所有權及管理權」，而進行方法是選舉矢忠於本黨的社會主義黨綱之人入國會。(見本書第一百九十三節。)獨立勞働黨現今仍以特殊政治黨派的資格繼續存在，但他的歷史尚不足使人注意。在一九〇六年，他只有一萬六千名黨員(比十年前更少)但在那年他有七名候選議員和十六名黨員被選入下議院，到一九一四年他的黨員人數號稱有六萬人。他出版一種勞働領袖(4)(週刊)社會主義家評論(5)(月刊)和幾種銷行本地的勞働週刊及社會主義報紙。這一黨向來確是社會主義派。他的社會主義還不算徹底，不足使他與社會主義透心的社會民主協會得免衝突。但是，在實際上，他的黨綱又嫌過於激烈，不能博得多數工人的贊許，因此

1. Bradford. 2. Kier Hardie. 3. Independent Labour Party. 4. Labour Leader. 5. Socialist Review.

之故，所以在他的旁邊又成立了一個比他更有勢力而根據更大的組織，名為勞働黨(1)。（見本書第一百九十四節）這個勞働黨是一九〇〇年職工組合等希圖增加國會中勞働代表而組織的勞働代表委員會(2)逐漸發達而成的。他本來不是社會主義派，因此社會民主協會拒絕與他幫忙。然而在一九〇七年勞働黨於核爾(3)常年大會上採取一個決議，贊成「生產，分配，及交易工具之社會公有，使屬於民治國家管理以謀社會全體之利益，及勞働之完全解放俾免資本階級及地主階級之宰制，並男女間社會平等及經濟平等之建設」。勞働黨之轉而傾向社會主義是英國近年歷史上極重要之一事。因為這一黨顯然是較大而且更發達過於其餘在國會中占勞働代表人數最多的兩黨，即社會主義派的獨立勞働黨和非社會主義派的自由勞働黨(4)。（勞働黨的黨員人數約在一百五十萬上下。但這黨的一大部分，雖不十分活動，仍是急進派而非社會主義派。關於一九一一年獨立勞働黨的章程和現務大綱，參看阿爾什的歐洲之社會主義與民主主義三一八頁至三二七頁。）

英國社會主義不是像德國社會民主黨或法國統一社會黨那樣包羅在一個大組織之中。英國社會主義各派繼續是分立的而且難於估量他們的實力。然而有幾種事實是顯明的。第一是過去三十年中英國信從社會主義之人數時多時少的逐漸增加。第二是除了社會民主黨中不多的較激烈之人外，英國社會主義家都是屬於進化派而非革命派。第三是英國社會主義派都贊成使用政治方法而且一般公衆總是以他們在選舉場中成功或失敗的程度來估量這個運動的實力。第四是社會主義派的思想和政策在英國國家的

1. Labour Party. 2. Labour Representation Committee. 3. Hull. 4. Liberal Labour Party.

及地方的事務上已有重大的影響。前已表過，在過去十年中歐洲沒有那一國的法典中有英國這般多而切實的社會主義的法制。說到此處，一個人立刻就能想到一九〇六年職工爭議條例，無形之間打消了塔福衛爾案的判決辭；一九〇六年的工人賠償條例；一九〇八年的老年贍養費條例，水管業條例，和保護兒童條例；一九〇九年的勞働交易所條例，墾荒條例，住宅及城市計畫條例；一九〇九年魯德佐治的預算案之整頓租稅及一九一〇年之實行本案；和一九一一年的保險條例。除了這些及其他規模宏大的已經制定的社會政策之外，這幾年間在下議院中提出的，討論的，和被上議院的多數保守派打消的這類計畫更是非常的多。

通這個勵精圖治的期中，掌握大權的自由黨(1)得這幾個勞働派爲他的同盟團體，對於上舉的那些法律，下議院的勞働派議員與自由黨一致投票贊助。(飽恩士於一九〇五年加入康白爾班拿滿的自由黨內閣，任地方自治局長之職，是英國第一位入閣的社會主義家。)這件事是自由黨於一九〇五年至一九〇六年取得政權之後，竟直就把勞働派黨綱可實行的部分據爲己有。前已表過，英國勞働派的黨綱大致說是歸總在建設社會主義的國家。自由主義(2)並沒有打算到這樣深遠。因爲勞働派是社會主義派(也是從廣義說)，而自由黨不是的。但已經制定的法規有許多是傾向社會主義的。這些法規被他的反對派攻擊爲社會主義式。而且據一般的論斷，都以爲這種法規之制定不但應歸於自由黨力圖實踐選舉時對同盟各派的要約，並且應歸於過去三十年間社會主義派的宣傳助成的一般人對於社會問題和國家正當功能的心理之改變。

許多年前哈葛德(3)說「此刻我們都是社會主義派了，」他的意思不過是說各黨的人都成社會改良派

1. Liberal Party. 2. Liberalism. 3. Sir William Vernon Harcourt.

(1)了。用這句話來表明現今的英國，更是不錯。我們尋不出一種理由可以相信英國大多數人會有超出社會改良派以上的一天。然而，唯其如此，所以他們於有意無意之間已經吸取了不少的社會主義，並且時機一到他們必然還要吸取更多，這是可以相信得過的。（還有一樁事也須一敍，一九〇八年英國有人成立了一個大不列顛反對社會主義派組合(2)，其目的是專攻擊社會主義運動。）（譯者按歐戰以後，英國的基爾特社會主義(3)在理論方面頗受歡迎；阿格溥士作此書時這種主義尚無甚影響，故未敍入。）

(246)低陸諸國之社會主義　雖然荷蘭大部分是農業及牧畜之地，而且比利時，按馬克思的話，是「資本家的極樂國」，這兩個低陸國却是孕育社會主義宣傳之地。在這個地面，社會主義派發端的時期正是國際黨受苦的那幾年。在荷蘭，社會主義發達甚遲。這個地方也如德國，意大利等一樣，社會主義的運動久在無政府主義的惡名之下辛苦經營。一八七八年成立的社會民主組合(4)實際上毫無勢力，直到一八九三年無政府的及非政治的一派（由劉文惠(5)領袖）被逐出會外。一八九四年社會民主組合改組爲社會民主勞働黨(6)，採一種嚴格社會主義派的黨綱，與德國社會民主黨的極相類似。一八九七年這一黨初次進入政治競爭場，他的候選議員得了一三，〇二五票；一九〇一年得三八，二七九票；一九〇五年得六五，七四三票。一九〇七年他在荷蘭一百名議員的下議院中占了七個議席，在一九〇九年的選舉上他的議員名額雖未增加，尚能保住原數。荷蘭社會主義派的總機關報是民報(7)。荷蘭已組織的工人之大部分於一九〇六年聯合爲勒德蘭工業組合協會(8)（譯者按勒德蘭(9)是荷蘭(10)人自呼本國之名，荷蘭是英文名稱。）一年

1. Social reformers. 2. Anti-Socialist Union of Great Britain. 3. Guild socialism. 4. The Social Democratic Union. 5. Domela Nieuwenhuis. 6. Social Democratic Labour Party. 7. Het Volk. 8. Nederlandsch Verbond van Vakvereenigingen. 9. Nederland. 10. Holland.

之內這個協會包羅了十八個職工組合及其他全國的工人組織。這個協會所以不是社會主義的，但他的會員有許多是社會主義派，而且他與社會民主勞働黨維持通力合作的關係。

比利時，既然是資本主義的地方，因此就是產業主義的地方，所以又是無產階級的地方。（本書所敍自然是一九一四年歐洲大戰爆發以前的情形）他的人民多半聚集在城市內，在那裏面許多人的生活，住宅，衣食，和經濟機會竟與七十五年前英國調查書中所表的苦況不相上下。在各種工業中，工作時間是非常之長，工資是非常之低；甚至農鄉地方多數人民也只能現掙現喫。不識字之人的比例數較鄰近任何他國的更高。（據一九〇九年的統計，佛蘭德人(1)居住各區中不識字者占百分之三四·六九，瓦隴人(2)居住各區之不識字者占百分之一七·三四(列日(3)除外)）在一八九三年之前，國會選舉權受嚴格的財產限制。那年的新選舉法承認年滿二十五歲及在當地居住滿十二月的一切男子都有選舉權，但同時又規定一種複數票的方法，依年齡，財產，教育之高下而定票之多少，這種方法就把這種制度理論上的平民主義性質剝奪了。

比國社會主義之發端可遠溯於一八四八年，其時比國京城布魯色爾(4)成了德國，意國，及其他國無數革命黨的逋逃藪。一八五七年第一個勞働組合成立於梗特(5)，隨後年間協作運動亦開始了。國際黨的一個最強的支部是在比國。但在一八八五年之前沒有一個機關能把比國四分五裂的社會主義派聯合一起，到一八八五年在布魯色爾舉行大會的結果成立了比利時勞働黨(6)。這個組織故意在他的名稱上略去社會主義的痕跡，而且他開始之時除反對資本主義之陵奪勞働一條而外別無黨綱；但他的領袖們——裴白

1. Flemish Communes. 2. Walloon Communes. 3. Liège. 4. Brussels. 5. Ghent. 6. Parti Ouvrier Belge (Belgian Labour Party).

（1）萬白德梭（2）安色勒（3）費利鏗（4）等——都是社會主義派，爲時不久這個組織在人物上和政策上都是社會主義派了，不過他自成立之時以至現今總歡迎爲工人振作精神的任何種類組織加入他的黨徒之列。在一八九四年這黨的黨綱可以說是公然的社會主義派了。這個黨綱的精神是馬克思派，但內容却不盡然。的確的，比國社會主義不但以領袖能幹出色，而且他的起源和構成分子也可稱包羅宏富。他是從職工組合，協作社，政治黨派聯合構成的。他從各國吸取社會主義的良好要素爲己有。據近年最著名的比國社會主義派領袖樊德維爾德（5）所說，「比利時的社會主義，因比國所占的地勢恰是歐洲三大文明的交點，所以把每種文明的特點都採取了。從英國方面，比國社會主義派學得了自助之理，仿效他獨立自由的結社方法，形成協作會社。從德國方面，他們採取政治的策略和最先表明於共產黨宣言中的根本要義。從法國方面，他們收集理想的種種趨勢和社會主義的具體觀念，認他爲延續的革命哲理，而且爲與基督教一樣久長完滿的新宗教。」（比利時勞働黨於一八九三年在布魯色爾採取的黨綱之英文譯本印在阿爾什的歐洲之社會主義與民主主義三〇九頁至三一五頁）。

（247）比利時勞働黨　比利時勞働黨從一起首就集中精力在兩大問題上——選舉改良和教育之免除宗教關係。這兩個問題早已使比國的兩個舊政黨，自由黨（6）及僧侶黨（7）亦名天主教黨，爭持多年。在國會內，自由黨獨力爭勝；在外面，他們與勞働黨聯合進行。一八九三年的法律規定了成年男子選舉權（混合一種複數票的方法）在第二年的國會選舉後，下議院中兩政黨間加了一個勢力不小的第三黨。勞働黨的

1. Cesar de Paope. 2. Van Beveren. 3. Anseele. 4. Verrycken. 5. Émile Vandervelde. 6. Liberals. 7. Clericals or Catholics.

候選議員共得三十四萬六千票，約合全國總票數五分之一，下議院一百五十二名議員中有二十九名屬於新獲選的勞動黨。賴樊德維爾德之力，這一黨宣布了一種非常切實而且極和平的政策。一八九九年選舉制度又修正一次，議員名額按人口比例分配。然而年復一年，保守的甚至復古的僧侶黨在國會兩院仍居多數，而勞動派，或社會主義派，所占議席變動常三十名至三十五名之間。一九一二年選舉上勞動派議員之數升至三十八名。廢止複數票法的運動，雖經勞動黨多年不絕的奮勇爭執，但總未成功。勞動黨在許多事件上都與自由黨互相匡濟，所以在立法上很有切實的影響。但他對於國事絕未有單獨支配的力量。

比利時勞動黨是按聯合會的方式組織的，他的構成分子是許多會社，每一個分子各有他自己的組織。黨中最高機關是常年大會，關於政策和方法的一切重要問題俱由常年大會裁決。常年大會選舉一班理事會(1)，再由理事會自選九個人爲行政委員會。黨中基金是由在黨各組織公同擔任。這一黨培植勢力的活動種類極多。他始終不倦的鼓勵職工組合主義，所以職工組合員過半數都附和這一黨。比國相互保險社(2)之組織雖是久已在這一黨出世之前，這黨也極力加以鼓勵。他又提倡協作社，即是爲工人團體所有而且由工人團體經營的雜貨店，麪包房，製造廠，乳酪廠，餐館，種種場所。這些協作會社中最著名的是梗特的前進社(3)，布魯色爾的民之宮(4)，安推卜(5)的工人會(6)，和若里門(7)的進步社(8)。這些會所都占有宏大的建築物，足爲當地職工組合，協作社，及政治會社的中樞；差不多毫無二致的，凡是在這裏面借地辦公開會的各社都與勞動黨聯爲一氣了。這些建築物又是工人的俱樂部，裏面設有小餐館，售品所，演講室，讀書室，沐

1. Conseil Général (General Council). 2. Mutualités (mutual insurance societies). 3. Vooruit. 4. Maison du Peuple. 5. Antwerp 6. Worker. 7. Jolimont. 8. Progres.

1. Scandinavian countries. 2. Denmark. 3. Social Democratic Union. 4. Folkething. 5. Sweden. 6. Social Democratic Labour Party. 7. Riksdag. 8. The Norwegian Labour Party.

浴室，並有備職工組合，協作社，教育團，及其他各種民衆組織之用的辦公室。比利時社會主義的特色就是在他的實行性質，他的大成就自然毫無疑問的是協作精神及日常生活中協作利便之發達。

(248)斯坎地拿維亞之社會主義　斯坎地拿維亞各國(1)中已組織的社會主義以丹麥(2)爲最早。一八七一年丹麥國中出了一種社會主義的報紙名爲社會民主報，現今仍舊出版，同年又組織了一個國際黨的支部。現今的社會民主組合(3)是於一八七八年成立的，他的黨綱很與德國社會民主黨的相近。一八八四年有兩名社會主義派被選爲丹麥下議院(4)議員，由此以後社會主義派議員人數逐年漸增，到一九〇六年升至二十四名(下議院議員總數爲一百一十四名)至今仍保住原數。一九〇六年社會主義派共得票七萬七千張，合全國總票數百分之二十六。社會民主組合組織甚爲緊嚴。他的報紙也辦得很好。他對於協作制度的貢獻只有比國的勞働黨能在他之上。他在地方政治中極有成效，他對於促進全國的工場法制，創立老年贍養費制度，和減縮軍備費三種事業很出大力。

瑞典(5)的社會民主勞働黨(6)始於一八八九年。就政策和方法而論，他與丹麥的社會民主組合很相近。他最早的活動集中在選舉制度之改良，這件事直到一九〇九年纔辦成功了。因爲瑞典是農業國之故，所以社會主義派宣傳的機會是很有限的。然而到一九〇二年這黨也得了一萬票，選出了四名議員入瑞典國會(7)。到一九〇六年他占的議席升爲十五名，在一九一一年第一次按一九〇九年的法律選舉時，他在議員總額二百三十名中占了六十四名。瑙威勞働黨(8)之組織比瑞典的社會民主組合更早二年，即一八八七年，但他之成爲社會主義派的政黨也是與瑞典社會黨在相同的一年。瑙威（1）在歐洲是資本主義和產業主義最晚侵入之一國，兼之政府和社會久有平民主義之風，貧富階級亦不甚懸遠，所以社會主義之發達甚至比他的姊妹國瑞典更遲得多。在一九〇三年的選舉上，社會主義派的候選國會議員得了二四，五二六票，選出四名議員入瑙威國會（2）。兩年之後，他們得的票數加了一倍，選出十名議員。在一九〇九年的選舉上——這是有婦女參加的第一次選舉——社會主義派得的票數大有增加，但結果所占議席只比以前加了一名。一九一二年的選舉上，他們占的議席却比前加了一倍有多，共得二十三名（瑙威議員總額一百二十三名）。在斯坎地拿維亞各國中社會主義與職工組合主義是緊相關連的。

(249)瑞士及奧匈國之社會主義　瑞士（3）雖是先進的工業國，然而他的政治制度的民主而兼急進的性質頗有預防社會主義大量發達的作用。幾十年來瑞士是各國亡命客的逋逃藪，瑞士人對於社會主義派向來是很盡地主之誼而不採納他們的見解。然而在一八八八年也有一個瑞士社會民主黨（4）成立了。這黨發達極緩，到一九〇一年他與主持勞働運動的老會社格呂特里組合（5）及職工組合深相結納。由這一步他擴充了他的黨員人數，但格呂特里組合和職工組合都只有極溫和的社會主義性質，這一黨也不得不改黨綱爲溫和去將就新入黨之人。自一八九〇年以來這一黨歷次選入國會的議員少時二名，多時九名，（自一八九〇年以來瑞士國會議員總數爲一百六十七名；）但在各郡及各自治區的政治範圍中這一黨頗能爭勝。

1. Norway. 2. Storthing. 3. Switzerland. 4. Swiss Social Democratic Party. 5. Grütliverein.

1. Austria-Hungary. 2. Dual Monarchy. 3. Hainsfeld. 4. United Socialist Party. 5. Germans. 6. Bohemians. 7. Poles. 8. Ukrainians. 9. Italians. 10. Southern Slavs. 11. "The Little International."

奧匈國(1)因工業幼稚和民族複雜，宣傳事業極不易舉之故，所以社會主義之發達在這個二合君主國(2)中比在德法更遲。奧匈政府於一八六九年寬弛防範社會主義派煽惑人心的禁令，但乃是直到一八八八年在漢司菲爾(3)舉行大會時社會民主派制服了奧國勞働運動中的無政府主義之後，有條理的社會主義宣傳纔能說是有了頭緒。漢司菲爾大會的結果成立了一個統一社會黨(4)。但爲時未久，爲便於語文不同的重要民族起見，這一黨就剖爲六個自行維持的團體，按人種分別爲：

(一)日爾曼族(5)，

(二)波赫米亞族(6)，

(三)波蘭族(7)，

(四)烏克蘭尼族(8)，

(五)意大利族(9)，

(六)南斯拉夫族(10)。

對於組織和政策每派可自隨其便，但對於主義和方法須由六派每二年舉行大會一次公同商榷，決定之後一致遵守。這個政團，曾有人以善於刻畫之言呼他爲「小國際黨」(11)，倒也很有同心協力的美德。這六派中最有成效的是波赫米亞派。有二千五百個支部，十二萬黨員。在一九〇七年的選舉上——這是規定成年男子選舉制後的第一次選舉——奧國社會主義派共得票一，〇四一，九四八張，約合全國總票數三分之一，奧國國會(1)五百一十六名議員中他們占了八十七名。在一九一一年的選舉上共舉出八十名議員，包括四十四名日爾曼人二十六名捷克人(2)，七名波蘭人及三名意大利人。(見隋赫勒的奧國社會民主黨(一九〇七年，格納池出版)(a)。匈牙利的法律禁止社會主義派的政治組織但職工組合員多是誠心的社會主義派，現今各組合的會員人數約近十五萬。(見魯易雅雷的匈牙利之社會問題與社會主義(一九〇九年，巴黎出版)(b)；麥吉拉什的匈牙利社會主義之起源及進步載在公論報一九一〇年五月號)(c)。

(250)意大利之社會主義　意大利社會主義的遠源是早在十九世紀前半期但乃是在一八七二年利民里(3)大會時這種運動的發達纔有正確的程度可按。一八七二年以後好幾年間意大利半島的社會主義與巴苦靈派的無政府主義無甚分別，而且在國際黨中乃是意大利人最傾向無政府派。一八八二年意國新選舉法擴充有選舉權的人數三倍於前，於是柯斯達(4)及其他無政府派都願意採用從國會入手的改革方法，一變而為純粹的社會主義派；由此無政府派與社會主義派的界線逐漸澄清了。一八八五年米蘭(5)成立了一個社會主義的勞働政黨，不久便有四萬黨員。然而無政府派盤據了這個組織，到第二年就被封禁了。一八九一年律師杜拉第(6)，他是一位有錢的人又是馬克思派在米蘭設了一種社會主義的半月刊，名為社會評論(7)，同年在米蘭舉行的第一次大會就顯然是社會主義派的了。這次大會，包羅一百五十個工人會社的代表，組織一個政黨，這便是現今意大利社會黨的先驅。一八九二年在熱納(8)大會上無政府派與這個政黨永遠分裂，自此以來意大利的社會主義便與德法及低陸諸國的無甚差別了。在一八九一年至一八

(a) K. Schwechler: Die österreichische Sozialdemokratie (Graz, 1907). (b) G. Louis-Jaray: Le question Sociale et le Socialisme en Hongrie (Paris, 1909). (c) J. Majlath: The Birth and Progress of Socialism in Hungary, in Forum, May. 1910. 1. Reichsrath. 2. Czechs. 3. Rimini. 4. Andrea Costa. 5. Milan. 6. Filippo Turati. 7. La Critica Sociale. 8. Genoa.

1. The Right. 2. Crispi. 3. Rudini. 4. General Pelloux. 5. The Extreme Left. 6. Leonida Bissolati. 7. Giolitti. 8. Reggio Emilia.

九三年之間，這個新政黨是與右黨(1)聯絡的。 但克利司比(2)於一八九四年至一八九五年及魯丁尼(3)和柏路(4)將軍於一八九八年至一八九九年毫無顧忌的壓制政策逐漸迫得激烈的各黨派——共和派，急進派，和社會主義派——聯爲同盟，而且乃是在這個期中種下了現今極左派(5)互相結納的根源。 經一八九五年至一九〇〇年社會主義派已具有大政黨中進步派的資格，而且有一種極確定的政治改革及社會改革的黨綱。 這個「最小限黨綱」的最重要條款中包括制定成年男子及婦女的普通選舉權，國會及地方議會議員給俸，改訂較合人道的刑法法典，以國民軍代替常備軍，改良工場法制，強迫疾病保險制度，改良規定地主與租戶之關係的法律，廢止食料稅，制定累進的所得稅和嗣產稅。

意大利人民對於較舊各政黨本來甚不滿意，社會主義派的黨綱又大有可實行的性質，社會主義各派領袖又很能幹，幾樁事湊在一起就助成了二十年來意大利社會主義之非常發達。 一八九五年這黨得了三萬五千票，選出十二名下議院議員。 一八九七年他得了十萬八千票，選出十六名議員。 一九〇四年他得了三十萬零一千票(合全國總票數五分之一)，選出二十六名議員。 一九〇九年他得的票數在五十萬以上；選出議員四十三名；這次選舉因京城選舉區選出的議員是社會主義家畢索拉底(6)，所以格外出色。 (一九一一年畢索拉底加入約里第(7)內閣時意大利社會黨中也起了一番爭執，恰如一八九九年法國社會主義家米爾蘭入閣之事釀的爭端一樣。 在一九一二年雷卹愛米里(8)大會上革命派極力運動竟把畢索拉底和他的黨徒逐出黨外。) 一九一三年選舉時社會主義派候選議員竟有三百七十六名之多，得的票數將近一百萬張，選出議員七十九名。 近年意大利社會主義與德法等國的社會主義共有的弊病是門戶之見太深，常有黨同伐異之舉，意大利最顯著的是三派，一是杜拉第領袖的「改良派」主張和平信從進化的理論；二是費利(1)領袖的無調停的「革命派」，與改良派爭執最烈；三是納白路拉(2)領袖的「工團派」，與那兩派格格不入。改良主義(3)與革命主義衝突的問題是早如一九〇二年綺摩那(4)大會時就已辨論過了，到一九〇四年革命派組織總同盟罷工失敗之後這兩方排擠傾軋越更厲害。 在一九〇二年改良派最占勢力。 但經一九〇四年至一九〇八年革命派，賴費利能言善辯之力，漸占優勢。 一九〇八年佛洛林斯(5)大會上改良派又占了上風，從此主持這黨的理事會直到一九一三年，中間只稍有挫折，却於大部分無礙。 然而一九一三年選舉的結果七十九名社會黨議員中革命派占五十八名，於是革命派在社會黨議員團中竟有宰制全局之力了。 意大利社會主義的特色是比較能得農業工人的贊助；歐洲各國農民人口中最不易為社會主義所動的分子，意大利社會主義派在這一點上可算是比衆不同。

(譯者按我們談到歐洲社會主義時，還有幾種應注意的事實。 第一，歐洲地窄人稠，天然富源幾乎盡已開發，各國國力膨脹的結果不能不爭求海外殖民地，對弱小之國施經濟的壓迫，因此就不能不擴充軍備，增加人民負擔，所以社會主義家說資本主義是軍國主義及帝國主義的淵源。 第二，歐洲土地既狹而發達又早，大約十九世紀中葉以後的資本階級中多是「承祖父餘蔭」，「紈袴」，「膏粱」之徒，而自己創業的人為數較少，他們在實業界中只是以大股東的資格坐分贏益，從經理以至於作工並不費他們絲毫氣力，他

1. Enrico Ferri. 2. Arturo Labriola. 3. "Reformism." 4. Imola. 5. Florence.

們擁有的股票是可以隨時出賣的，只須稍有眼光就可轉向他業投資，覓取較厚的利益至於資本家之下在實業界中認眞出力之人（經理人和工程師等也在內）比資本家辛苦得多，然而受的利益却少得多，這是資本與勞働衝突的大原因。 第三最要注意他們的國家是各方面同時都有進步的，（絕不像我們中華民國忽然有幾百種雜誌報紙全談社會主義，忽然又烟消火滅）教育自然是極重要的一項，馬克思所見的工人已經比十九世紀初葉工人的智識程度高多了，近二三十年工人的智識又比馬克思所見的高得更多；從前智識較高的有產階級未能十分盡力為無產階級多謀利益已經種了仇隙的根苗，現今仍使智識不甚相遠的兩階級處於利害懸殊的地位，社會主義便是這種情形的反動。 一九〇〇年以後歐洲各國漸入國家社會主義的軌道。 勞働法制日臻完備，社會保險漸次擴張，保護工人的方法中這兩項是最重要而且最有成效的。 協作運動使工人振作自助的精神。 纍進率的所得稅和嗣產稅也可稍防私有財產制度的流弊。（就中嗣產稅尤關重要因為「承襲遺產」使人坐享現成錢財，流弊最大。） 工資制度已經有幾種改良的方法減除資本與勞働的衝突，增加資本勞働間相互利益的關係。 他們國家財力充裕，所以把礦山及鐵路收歸國有，不怕沒有資本去開發；教育發達，學科完備，所以國有及國營的實業不怕沒有人材去經營。 二十世紀的社會主義家已經承認現今各先進國工人的困苦是心理的困苦（因智識增加之故），至於物質的享用（衣食住，娛樂等），他們並沒有甚麼大不滿足（見賴德勒的社會主義之思想與行動，一九二〇年紐約出版）一〇八頁至一一一頁）。 這是歐洲先進國幾十年建設工夫各方面同時共進的結果決不是幾句空談，一番革命，所能造成的。 然而這仍是國家方面的發達去社會主義派的大同夢還遠得很。 歐洲民族複雜語言風俗歷史各不相同，衝突猜嫌萬難幸免這些根本障礙不去那能就望「大同」。

美國也是工業極發達的國家，然而社會主義在美國並沒有很大的聲勢。 因爲美國是共和的國體，本無階級之分，加以地大物博產業發達的機會很多，一般人自己覺得前途有很大的希望，對於現狀很滿足；美國的富豪乃是自己創業的居多，一般人也覺得這些富豪享受自己正當努力的結果是很應該的。 美國對於社會改良的政策也是極力推行，而一般人對於宣傳革命的社會主義認爲「挑撥階級惡感」。

我們中國版圖四，二七七，一七〇方哩，除極少數通商口岸略有新工業外，全國人民十之八九都是業農；現今國勢貧弱如此，產業不發達實爲第一大原因。 固然中國社會上有種種不平等而資本與勞働的衝突，老實說，我們中國社會還不够資格。 中國的第一大患是受外國經濟侵略的壓迫。 中國勞働階級的最大痛苦是「有氣力無處使」。 中國的資本家最可怕的是把錢存入外國銀行，供外國人「陵奪」中國之用；中國的資本家陵奪中國的勞働者不見得沒有防制的方法，絕不是可怕的事。 馬克思的社會主義與中國現在的情形是「藥不對症」，在中國「宣傳」馬克思的社會主義也不免等於「庸醫殺人」（庸醫未嘗不讀湯頭歌訣，但到殺了人時他還自以爲「我開的藥方不錯，這是他害錯了病。」）

「資本家」與「企業家」是大有分別的。 資本家是憑投資生息，企業家是憑自己的智識才力辦事。 資本家在社會中坐享現成，企業家是經濟發達的一種要素。現今中國就沒有歐美那樣的大資本家。企業家稍有資本原是無妨；小資本家能夠企業也是好事。就中國的現狀而論，社會很應該鼓勵企業家；然而在中國隨便「宣傳」馬克思的社會主義，必不免沮遏企業家。然而，有志企業諸君千萬不可因此滅自己的志氣，因為中國、各處無業的勞力人切迫需要的是工作和工資，絕不是要對「企業家」作「階級戰爭」。

同時，譯者率贈我國企業家兩句座右銘——「多注意工人幸福，少為兒孫作馬牛」。

中國之強弱與世界和平有絕大關係，這是多數人知道的。這個問題的重要關鍵全在中國人能用本國的資本開發本國的富源，杜絕外國經濟侵略的指望。在中國資本勞働兩階級尚未形成之前，儘有調和兩方利益的餘地，儘有預防兩方衝突的餘地，何苦宣傳六七十年前的老話為兩方「預種惡感」，增加中國產業發達的障礙。中國四萬萬人民擁有比歐洲全洲更大的富源最多之地，若不趕緊努力同心自圖振作，我們「棄貨於地」，那些帝國主義的國家就不能「天與不取」，因此惹起第二次世界大戰也是意料中事，萬一不幸而至此，我們中國人民豈不成了全世界的「罪族」！

中華民國對於世界和平自有應盡的義務。要盡這種義務必須先有能盡義務的實力。培植這種實力必須中國人對於歐美的物質文明和精神文明深加研究，取其所長，棄其所短，求其應用於中國時能有其利而無其弊，中國必能比任何他國發達更快。到中國既富且強，對世界發言能生效力之時，以全世界四分之一的人民主張世界和平，鏟除種族上，國際間，社會中的一切不平等，這樣的中華民國纔不愧為中華民國。

本編三章多屬事實，理論較少。李季譯克卡樸的社會主義史理論較多，可供參證。賴德勒的社會主義之思想與行動(a)（一九二〇年紐約出版）前半部述社會主義思想，引證美國的事實，主張極近於修正派；下半部述社會主義運動，對於一九一四年至一九一九年之事極詳細。勒洛西諾爾的何謂社會主義(b)（一九二一年，紐約出版）專駁馬克思的理論。這兩部書都附有分類的參考書目錄。

(a) H. W. Laidler: Socialism in Thought and Action. (b) J. E. Le Rossignol: What is Socialism?

SELECTED REFERENCES

General

M. Hillquit, Socialism in Theory and Practice (New York, 1909), Pt. II.
W. E. Walling, Socialism As It Is (New York, 1912), Pts. II–III.
W. E. Walling [ed.], The Socialists and the War (New York, 1915).
J. Rae, Contemporary Socialism (4th ed., New York, 1908).
W. Sombart, Socialism and the Social Movement, trans. from 6th German ed. by M. Epstein (New York, 1909).
E. Kelly, Twentieth Century Socialism (New York, 1910).
J. Jaures, Action socialiste (Paris, 1899).
L. de Seilhac, Le monde socialiste (Paris, 1904).
F. S. Nitti, Catholic Socialism, trans. by M. Mackintosh (London, 1895).
E. Vandervelde, La socialisme agraire ou le collectivisme et l'evolution agricole (Paris, 1908).
J. H. Harley, The New Social Democracy; a Study for the Times (London, 1911).
H. Lagardelle, Le socialisme ouvrier (Paris, 1911).
M. Braibant, Le socialisme et l'activité économique (Paris, 1911).

British Socialism Since 1880

S. P. Orth, Socialism and Democracy in Europe (New York, 1913), Chap. IX.
W. E. Walling, Socialism As It Is (New York, 1912), 146–174.
R. Hunter, Socialists at Work (New York, 1908), Chap. IV.
O. D. Skelton, Socialism; a Critical Analysis (Boston, 1911), 282–299.
R. C. K. Ensor [ed.], Modern Socialism (2d ed., London, 1907), 303-316, 351–368.
E. Guyot, Le socialisme et l'evolution de l'Angleterre contemporaine, 1880–1911 (Paris, 1913), 379–510.
E. Guyot, L'idee socialiste chez William Morris (Paris, 1909).

J. E. Barker, British Socialism; an Examination of Its Doctrines, Policy, Aims, and Practical Proposals (London, 1908).

H. O. Arnold-Forster, English Socialism of Today (3d ed., London, 1908).

J. R. Macdonald, Socialism (London, 1907).

J. K. Hardie, From Serfdom to Socialism (London, 1907).

P. Snowden, The Socialists' Budget (London, 1907).

W. G. Towler, Socialism in Local Government (2d ed., London, 1908).

B. Villiers, The Socialist Movement in England (2d ed., London, 1910).

J. Bardoux, L'Angleterre radicale (1905–1913); essai de psychologie sociale (Paris, 1913).

J. Bardoux, Le socialisme et le mouvement ouvrier en Angleterre, in Rev. Econ. Internat., Apr., 1908.

G. R. S. Taylor, Leaders of Socialism, Past and Present (London, 1910).

G. E. Raine, Present-Day Socialism and the Problem of the Unemployed (London, 1908).

L. G. C. Money, Riches and Poverty (new ed., London, 1911).

H. Jackson, Bernard Shaw (Philadelphia, 1907).

M. H. Beer, History of English Socialism, 2 vols. (New York, 1916).

E. R. Pease, History of the Fabian Society (London, 1916).

French Socialism Since 1870

S. P. Orth, Socialism and Democracy in Europe (New York, 1913), Chap. V.

O. D. Skelton, Socialism; a Critical Analysis (Boston, 1911), 252–267.

R. Hunter, Socialists at Work (New York, 1908), Chap. III.

J. E. C. Bodley, France (London, 1898), II, 463–486.

Peixotto, The French Revolution and Modern French Socialism (New York, 1901), 291–362.

R. C. K. Ensor [ed.], Modern Socialism (2d ed., London, 1907), 56–64, 163–184, 339–350.

G. Weill, Histoire du mouvementsocial en France, 1852–1910 (2d ed., Paris, 1911), 210–343.
H. Lagardelle, Le socialismé ouvrier (Paris, 1911), 1–213.
E. Levasseur, Questions ouvrières et industrielles en France sous la troisième république (Paris, 1907), 363–434.
C. Jannet, Le socialisme d'état et la réforme sociale (Paris, 1890).
P. Louis, Histoire du socialisme français (Paris, 1901).
A. Millerand, Le socialisme français (Paris, 1903).
D. Halevy, Essais sur le mouvement ouvrier en France (Paris, 1901).
A. Lavy, L'Oeuvre de Millerand un ministre socialiste (Paris, 1902).
L. de Seilhac, Les congrès ouvriers en France de 1876 a 1897 (Paris, 1899).
E. Jäger, Geschichte der socialen Bewegung und des sozialismus in Frankreich, 2 vols. (Berlin, 1876–90).
J. Jaurès, Études socialistes (Paris, 1902), trans. by M. Minturn as Studies in Socialism (New York, 1906).
J. Jaures, L'Armee nouvelle — l'organisation socialiste de la France (Paris, 1911).
P. Leroy-Beaulieu, Collectivism; a Study of Some of the Leading Social Questions of the Day, trans. and abridged by A. Clay (London, 1908).
E. Villey, Les périls de la démocratie française (Paris, 1910).
A. Fouillee, La démocratie politique et Sociale en France (Paris, 1910).
A. Zévaès, Le socialisme en France depius 1871 (Paris, 1908).
J. S. Schapiro, The Drift in French Politics, in Amer. Pol. Sci. Rev., Aug., 1913.
E. Milhaud, L'action socialiste municipale (Paris, 1911).
T. Stanton, State Ownership in France, in N. Amer. Rev., Aug., 1913.
P. Leroy-Beaulieu, Public Ownership in France, in N. Amer. Rev., Mar., 1913.

Socialism in the Low Countries

R. Hunter, Socialists at Work (New York, 1908), Chap. V.

S. P. Orth, Socialism and Democracy in Europe (New York, 1913), Chap. VI.

H. von Steffens-Frauweiler, Der agrar Sozialismus in Belgien (Munich, 1893).

E. Vandervelde, Essais sur la question agraire en Belgique (Paris, 1902).

J. Destree and E. Vandervelde, Le socialisme en Belgique (2d ed., Paris, 1903).

L. Bertrand, Histoire de la coopération en Belgique (Brussels, 1903).

L. Bertrand, Histoire de la démocratie et du socialisme en Belgique depuis 1830, 2 vols. (Brussels and Paris, 1906–1907).

P. Leroy-Beaulieu et al, Le socialisme a l'étranger (Paris, 1909).

M. de Preaudeau, Les origines du mouvement socialiste belge (1864–1878), in Rev. des Sci. Pol., Sept.–Oct., 1913.

Socialism in Italy

R. Hunter, Socialists at Work (New York, 1908), Chap. II.

F. A. Ogg, Governments of Europe (New York, 1913), Chap. XXI.

B. King and T. Okey, Italy Today (London, 1901), Chap. III.

F. M. Underwood, United Italy (London, 1912), Chaps. V–VII.

E. Lemonon, L'Italia économique et sociale, 1861–1912 (Paris, 1912), 338–413.

G Gatti, Agricoltura e socialismo (Milan, 1900).

R. Soldi, Le varie correnti nel partito socialista italiano, in Giornale degli Economisti, June, 1903.

P. Villari, Scritti sulla questione sociale in Italia (Florence, 1902).

G. Louis-Jaray, Le socialisme municipal en Italie, in Annales des Sci. Pol., May, 1904.

F. Magri, Riformisti e rivoluzionari nel partito socialista italiano, in Rassegna Nazionale, Nov. 16, 1906, and Apr. 1, 1907.

R. Meyandier, Les partis d'extreme gauche et la monarchie en Italie, in Questions Diplomatiques et Coloniales, Apr. 1, 1908.

A. Labrioli, Storiade dieci anni, 1899–1909 (Milan, 1910).

Cooperation

W. L. George, Engines of Social Progress (London, 1907), 201–250.

L. T. Hobhouse, The Labour Movement (3d ed., London, 1912), 59–93.

Labour Year Book, 1916 (London, 1916), 383–401.

G. Weill, Histoire du mouvement social en France, 1852–1910 (2d ed., Paris, 1911), 431–456.

B. Potter (Mrs. Webb), The Co-operative Movement in Great Britain (London, 1899).

B. Potter (Mrs. Webb), Industrial Co-operation; the Story of a Peaceful Revolution (Manchester, 1904).

H. D. Lloyd, Labour Co-partnership (New York, 1898).

B. Jones, Co-operative Production, 2 vols. (Oxford, 1893).

U. Rabbeno, La società co-operative di produzione (Milan, 1889).

G. J. Holyoake, History of the Rochdale Pioneers (London, 1893).

G. J. Holyoake, The History of Co-operation in England; Its Literature and Its Advocates, 2 vols. (rev. ed., London, 1906).

C. R. Fay, Co-operation at Home and Abroad; a Description and an Analysis (London, 1908).

C. R. Fay, Co-Partnership in Industry (Cambridge, 1913).

C. Gorju, L'Evolution co-operative en France (Paris, 1910).

C. Gide, Les societes co-operatives de consummation (2d ed., Paris, 1910).

R. Gabriel, Des societés coöperatives de production (Paris, 1910).

E. Jackson, A Study in Democracy: being an Account of the Rise and Progress of Industrial Co-operation in Bristol (Manchester, 1911).

A. Williams, Co-Partnership and Profit-sharing (London, 1913).

Report on Industrial and Agricultural Co-operative Societies in the United Kingdom (London, 1912).

A. R. Wallace, Social Environment and Moral Progress (New York, 1913).

L. L. Price, Co-operation and Co-partnership (London, 1914).

Syndicalism

W. E. Walling, Socialism As It Is (New York, 1912), 354-400.

O. D. Skelton, Socialism; a Critical Analysis (Boston, 1911), 267-282.

L. Duguit, Le droit social; le droit individuel, et la transformation de l'etat (Paris, 1908), 105-151.

H. Lagardelle, Le socialisme ouvrier (Paris, 1911), 214-420.

L. Levine, Syndicalism in France, in Columbia Univ. Studies in History, Economics, and Public Law, XLVI (1914), No. 3 — being a revised ed. of The Labor Movement in France (1912).

W. Sombart, Socialism and the Social Movement, trans. by M. Epstein (London, 1909), 98-130.

G. Weill, Histoire du mouvement social en France, 1852-1910 (2d ed., Paris, 1911), 366-386.

Kritsky, L'evolution du syndicalisme en France (Paris, 1908).

P. Louis, Le syndicalisme contre l'etat (Paris, 1910).

P. Louis, Histoire du mouvement syndical en France, 1789-1906 (2d ed., Paris, 1911):

P. Louis, Le syndicalisme europeen (Paris, 1914).

P. Louis, Le mouvement syndical en Suède et en Norvège (Paris, 1914).

A. Clay, Syndicalism and Labour; Notes upon Some Aspects of Social and Industrial Questions of the Day (London, 1912).

A. Zevaes, Le syndicalisme contemporaine (Paris, 1911).

L. Garriguet, L'Évolution actuelle du socialisme en France (Paris, 1912).

A. Pawlowski, Les syndicates jaunes (Paris, 1911).

J. H. Harley, Syndicalism (London, 1912).

J. R. Macdonald, Syndicalism; a Critical Examination (Chicago, 1913).

P. Snowden, Socialism and Syndicalism (London, 1913).

A. D. Lewis, Syndicalism and the General Strike (Boston, 1913).

J. A. Estey, Revolutionary Syndicalism; an Exposition and a Criticism (London, 1913).

A. Tridon, The New Unionism (New York, 1913).

J. Spargo, Syndicalism, Industrial Unionism, and Socialism (New York, 1913).

E. Pouget, Sabotage, trans. with Introd. by A. Giovannitti (Chicago, 1913).

Dufour, Le syndicalisme et la prochaine révolution (Paris, 1913).

L. Brentano, Ueber Syndikalismus und Lonnminimum (Munich, 1913).

P. A. Carcanagues, Le mouvement syndicaliste réformiste en France (Paris, 1913).

R. Hunter, Violence and the Labor Movement (New York, 1914).

J. G. Brooks, The Problem of Syndicalism, in Amer. Econ. Rev., Mar., 1914, Supplement.

C. V. Overbergh, La greve générale (Paris, 1914).

G. B. McClellan, Syndicalism in Italy, in Atlantic Monthly, Sept., 1914.

第二十四章　德國之社會保險制度

(251)民力保儲之問題　七十五年前普魯士或沙遜尼的農民遇着年成荒歉，物價高昂，租稅繁苛，官府暴虐之時，要想個解救方法是毫不費事的。他只須發信通知在美國伊里諾(1)省的親族或巴西國聖保羅(2)的舊日鄰居，自己買一張票到漢堡或卜內門，就出帆直赴美洲。這一去，他的祖國再也不容易知道他了。然而二十年前或十年前的德國人到了不能滿意而須另改生業時，他的希望並不專戀遠適異國，他只須安頓妥了他的小田園，選自己時間的方便，順着坦蕩蕩的大道，動身去到柏林，鏗尼赤愛中或帝國內數十大城的任何一個，總能覓得着工作和工資。因為近日的德國人已經不與他的祖父相同了，他確有把握，不必用那種離去祖國的極端方法，他能切實的改善他的景況而且為他的家口擴張上進的機會。他瞧不起殖民地；美國，巴西，阿根庭，南非洲等處哄動歐洲許多倒霉失業之人的機會打不動他的心。他的勢力，他的租稅，他的軍役，他的兒女，全不外溢，專為祖國效忠，一半是因為近年德國工業機會異常增多，一半也因為同時德國興辦了許多改善勞働階級狀況的事業。所以，德國的人口從一八八二年到一九一〇年由四五，二〇〇，〇〇〇人增為六四，八九六，八八一人，而移民之數，從前每年超過三十萬，到一九〇〇年減至每年三萬或更少。在從前這樣多的人口必至無法安頓，為國家的大患，此刻在德國工場中作場中礦山中商店中，都就了有利的職業。

過去十五年間美國對於國內天然富源保儲之重要已經有很大的覺悟而且已經實行了許多方法。就大西洋東岸所有的情形而論，在一個人煙稀少的新國中，珍重森林，水力，礦產等的觀念因循遲延原是難免的事。

1. Illmois, 2. São Paola.

在晚近年間之前，天然富源好像取之不盡，用之不竭，利用厚生的道理似乎不值得注意。然而在德國，富源的保儲(1)——森林的，礦產的，水道的，農地的，——早已是國家大政中的一種根本規律。除此以外，近三十年來德國比任何他國更有條不紊的考究一種絕大問題，近年一位法國著作家呼之為「高等保儲」(2)的問題——卽是保儲男子，婦女，兒童，和他們以勞働或智巧增加國富的能力。近來這個問題在文明各國中無不極力考究；英國，法國，意大利，荷蘭，斯坎地拿維亞各國，及美國對於解決這個問題一事都有很大的進步。但德國是明白此理最早的第一個國家，他知道在近代發生的工業情形之下，一切業務多由非自然人的大公司經營，工作人口擁擠於大城市中，大部分勞工和他們的家口每遇疾病；失虞，老衰，失業之時，不免喫盡當光，一貧如洗，因此現今的工人實比一百年前更不自由，更不能保護自己。乃是德國首先看出新經濟制度汨沒個人自衞的能力，大傷國家元氣。乃是德國首先在各國之前體察這些事實的眞情，極力為勞工增加安全和滿足，因而國家更見昌盛。一九〇六年內務大臣鮑薩道斯基伯爵(3)在帝國議院宣言說，「德國實現的絕大工業發展在同時世界各國間莫與比倫，德國之能如此實在是多賴工人的能率(4)。但是，假使我們不曾以近年的社會法制為勞働階級切實籌畫安居樂業的生活標準，假使我們不曾盡力所能至以保障他們的健康，工人們的這種能率必不免大受虧損。」

(252)德國社會政策之主旨 論到行使社會保儲的政策而德國為世界的先導，求其所以然的緣故，乃是因為德國不像其他國中有憎惡國家干涉的觀念以妨這類的發達。個人主義(5)在歐洲任何國中絕沒有像

1. The conservation of resources. 2. "The higher conservation." 3. Count Posadowsky. 4. Efficiency. 5. Individualism.

在美國這樣廣泛，現今美國一般人對於國家抑強扶弱之舉還不免失驚打怪。至於歐洲，至少在英法兩國中放任主義(1)久已宰制一切；即或從輕立論，這兩國中放任主義在二十年前仍是宰制一切的勢力。過去五十年間西歐地方既沒有像德國國家表現的親長態度，西歐人民也不像德國人民能與國家的親長主義相安。親長主義(2)並不是沒有他的種種短處。然而，就德國而論，當歐洲大戰開始之前，德國人民繁榮的景象和能率的優長全是國家繼續行使嚴明謹密的號令指揮之權所致，這是不能否認的。不但德國的地主們受國家保護以防美洲糧食的競爭，不但製造家們受關稅政策的利益以免外國貨品的侵占，不但船舶主人們受帝國財庫的資助。「勞働者被訓練成爲很好的匠人；被保險以防失業，以防疾病，以防老衰；他受國家的保護，以免不小心的僱主之害；他的種種利益都受國家的維持。若遇年成荒歉或工業衰落使他失了工作時，國家給他準備僱傭。他到別的城市尋覓僱傭時，有現成的旅舍給他住，以免他飄零墮落，流入匪類。他害病時，有精緻的養病室，肺癆病醫院，或農村別墅給他調養。他到了老年不能入工場作工時，有一筆贍養費待他去領取，好像社會既已受了他一生辛苦的貢獻而報酬他的不過是僅能維持生活之資，這一筆老年贍養費也略表社會對他爲念勤勞之意」(見郝奧的創業中之歐洲市府一二七頁至一二八頁(a))。在這些事中無論那一點上總是以「保儲」(3)和「能率」(4)二事爲標的，德國爲謀公衆幸福而實行應用這兩種原則，現今沒有一國能望他的項背。(關於德國社會政策之範圍及精神的詳細敘述，參看道生的德國之市府生活與市府政治第十一章(b))。

(a) Howe: European Cities at Work, 127-128. (b) Dawson: Municipal Life and Government in Germany, Chap. XI. 1. Laissez-faire. 2. Paternalism. 3. Conservation. 4. Efficiency.

在民力保儲政策的基礎上還有國民教育的制度。每一個德國公民，無論在那一邦，在那一城，或在那一鄉，都有入官立普通學校受教育免納學費之權。而且他不僅是只有受教育之權利，他還有必須受教育的義務。凡六歲至十四歲的童男和童女都受強迫教育。這種初級教育不僅止培植藝術學科的根柢而已。這裏面包括着學校運動室中，游泳池內，體操場上，強迫的體育；又時常各處旅行，一半爲實地觀查一半爲鍛鍊身體；並且這類消遣之事在假期中仍繼續舉行，由教員領率受公家資助。每個學童入學時都有醫生檢查身體。學童身體凡有缺點總立刻把調護方法通知他的父母或保佐人，這個學童在學校受的訓練一定特爲配置，總求把他那種缺點匡正。男女學童畢業初級學校之後必須入免費的「續學」學校二三年，這裏面的工課多是切於實用的；再以上便是高等學校，體育學校，商業學校，美術學校，師範學校等，入這些學校是德人自擇的而且不一定完全免費，但這些學校都能招致極多的學生。在一切強迫入學的學校中，貧苦學生需用書籍全由學校供給，不另收費。早餐也由學校備置，實際上以公款爲一切學童備膳的辦法已經各處通行了。專注不移的終極目的是：童男應當養成一個好兵士兼爲有用的自食其力的公民，童女應當養成良妻賢母。國家強盛的第一要件是耐勞苦的，有知識的，能勤儉的男女國民。

在德國人的眼中，每個勞働者，無論粗工或巧工，都是國家的資產。他受有利的僱傭時，他養活他自己和那些倚賴他的人，而且對於國民的實業和財富有積極的贊助。反之，他好喫懶做時，他不但不成一個贊助者，他是一個障礙物。他成了流氓時，他的存在便是社會的漏卮。他被傷了或被殺了時，社會也損失了那樣多。

所以，爲國儲材之道是盡力留意使社會中每一個身體健全的分子準定做些值得做的事，使他得受教育以便他能把輪着他做的事做得好，使他做事時得處於安全的，順適的，能做事的環境之中。 這一番話雖只是粗枝大葉，而近數十年來德國所以庇蔭勞働，鼓勵勞働，保儲勞働的宏大制作乃是根據這樣的哲理。 他那宏大制作一部分是屬教育的，一部分是屬政治的，一部分是屬經濟的。 然而他包括幾種有特定性質的方略使平常人都能確有把握自去安身立命。 這些方略中有四種是極重要的：

(一)保險以防疾病(1)，

(二)保險以防失虞(2)，

(三)保險以防老衰(3)，

(四)保險以防失業(4)，

頭三種，下文就要詳述，是載於帝國法典的而且是通行全國的；末一種尚未列入普通法制，但由各市府及各地方官廳籌辦，私的博愛家亦可籌辦。

(253)社會主義之激動　國家強迫工人保險的政策之創行始於一八八三年，但直接引出這個步驟的形勢可以遠溯於一八七一年。 本書已經表過，普法戰爭結局之後，德國工商業活動驟然異常興旺。(見本書第九十九節。) 工場制度發展甚速，城市人口數倍於前，食工資者同時在人數上和階級利益覺悟上增加極大。 德國在這種過渡期間發生的社會不安的情形與英國一百年前工業變化時所受的痛苦很相類似。 在那班不

1. Insurance against sickness. 2. Insurance against accidents. 3. Insurance against old age. 4. Insurance against unemployment.

能滿意的人民中，馬克思和拉薩爾的黨徒於一八五〇年前後組織的社會主義宣傳事業開始乘隙直入。在一八七一年至一八七七年之間社會主義派候選國會議員得的票數從一二四，六五五張增到四九三，二八八張。按一八七一年帝國憲法規定的成年男子選舉權而論，這一班謀叛德皇的人必有引起政治上的重大變故之一日。德國的治者階級本已提心吊膽，到一八七八年接連兩度有社會主義派黨徒以個人單獨行動謀刺德皇事經發覺時，俾士麥就決意要行幾種方法把社會主義派的煽動完全禁絕。

俾士麥採用的政策是雙關的。一方面——行使的第一部分——是以法律和武力鎮壓。一八七八年十月帝國議院通過了一種極嚴厲的法律禁止一切意圖「擾亂社會秩序」及跡近傳播社會主義的集會，結社，和出版物。警察官吏爲強行這種法律而得行使的權力竟到便宜行事的程度。這份法律，原制定施行四年，而重申兩次，所以直到一八九〇年纔無形停止了。然而，不管政府怎樣極力壓制，這個法律到底不曾達到他的目的；在新皇威廉第二授意暗停這個法律之年，社會主義派得了一百四十二萬七千票舉出三十五名議員入帝國議院，這種事實可以證明壓制政策之失敗。（見本書第二百二十九節。）

然而大宰相的老謀深算不僅是壓制而已。他的政策還有一部分是改善勞働階級狀況，據俾士麥洞見癥結的觀查，一般人被毆入社會主義一途全是因爲勞働階級困苦之故。所以國家必須採用幾種方略使工人們到底明白國家是他們的大恩主，激發工人忠愛國家的心理而對於社會主義的花言巧語給他個充耳不聞。較和平的社會主義派所要求的幾款在這位大宰相看來是很合理的，所以當壓制的法律通過之時他已立志要政府即刻考慮社會各階級複雜關係及勞働階級受新產業主義之累的問題。

早如一八七八年帝國議院中保守黨的一小部分已鼓吹規定強迫的保險制度以防老衰貧苦，而且社會主義派議員貝白爾也正考究一種國家直接保險的計畫。一八七九年內閣對帝國議院正式聲明說因失廢或老衰而失却工作能力之工人不當聽其顛連以累社會，政府已經承認這種原則了，但救濟方法尚須詳加考慮，急切不能籌妥。乃是在一八八一年二月十五日帝國議院開院之期，大宰相纔鄭重表出他那彪炳千古的社會保險大計。從實立論，社會主義家——尤以華格納石慕勒學派的「國家社會主義者」(1)為甚——可以認為這種大計的眞正創作人；但俾士麥認定必須先滿足社會主義派的迫切要求平了他們的不平之氣，纔能預防革命的宣傳再占勝利，所以就把這種計畫作為自己的，自己一肩擔上，不但力請德皇威廉第一加以贊助，並且向極不同意的國會再三申說到底要挽回他們的意見去通過這個計畫。

(254)**國辦保險政策所含之意義**　德國政府這一番維新大業所含的意義在一八八一年三月八日附着第一個失廢保險議案的「理由書」(2)中說得極明白。據說，「現今的國家應當比從前更關切國內急待援助的人民一事，不但是舉國涵濡的仁愛之理和基督教所表彰的一種義務，並且是培養人民愛國愛羣之念的永保國基政策所必備的一種義務；兼之對於現今占人口中最多數而受教育最少的無產階級，國家不僅是一種不可少的組織，乃是一種最能造福的組織。這種階級受國家立法為他們取得明白牢靠的直接利益自必潛移默化，認國家不是專為保護社會中較高階級而設的組織，乃是為無產階級的需要圖無產階級的利益而設

1. "State socialists" of the Wagner-Schmoller school. 2. Begründung.

的組織。有些人唯恐趨向這種目的的辦法一行必至把一班社會主義派引入立法界之內，這種無謂的憂慮不應當阻礙我們。這種辦法，極其所至，絕不會是根本翻新，只不過是近世國家觀念更加闡明而已；按基督教的道德，國家除了應盡保護人民已有之權利的消極義務外，還應盡增進人民全體幸福的積極義務，尤應藉助於法定的制度，利用國家有權處分的社會資財，以增進國內貧弱分子的幸福。」（見道生的俾士麥與國家社會主義(a)一一一頁所徵引。）這一番說辭是辯護國家的積極職權；他的理想是徹底而仁惠的親長主義。改良社會的方法是定爲強迫工人保險以防一生的變故災殃——從更確定的方面說，即是強迫保險以防疾病，失業，老衰，殘廢。這種保險是定爲全由國家籌備，全由國家管理，國家應當負擔開支原費的一部分。俾士麥主張說，『強迫』一語的意義是：……國家經手的保險——或由帝國經手，或由工業國家經手：不這樣辦就不成其爲強迫。假如我拿不出一點東西以爲報酬，我也沒有這種膽量就行使強迫。……如果厲行強迫，國家的法律必須同時設備一種比任何保險機關更低廉更穩固的國立保險機關。我們絕不能聽憑小百姓辛苦儲蓄的金錢受私家保險公司破產的危險，我們也不能容許私家保險公司扣除小百姓保險費的一部分去付公司股票的官息紅利。……私家保險公司，即或經理得法，總不免因緊急大故而陷於破產，我們不能靠這樣的機關行強迫保險的制度。」

俾士麥主張如果強迫工人保險時保險機關必須直接由國家設備而且直接由國家管理，他這種見解不但德國不能不從，凡屬後來已實行社會保險之國或籌畫社會保險之國都不能不從。同等健全的是他對於此

(a) Dawson: Bismark and State Socialism.

際國家應盡的職責之宏闊悠久性質的觀念。 一八八一年四月二日失虞保險議案提交國會時，他贊助本案的演說有幾句話「本案所着手的立法事業……乃是應付現代一種難以立卽消除的問題。 我們談論社會問題已經五十年了。 自從通過禁止社會主義的法律之後，官民各界中隨時都有人提醒我，說我當時曾許下還要辦一種積極的事去消除社會主義持之有故的理由。 我心中感念提醒我的人使我不忘實踐前言直到此刻，然而我不相信我們的子或我們的孫能把煩擾我們五十年的社會問題處置得稱心如意。 凡與政治有關的問題總難求出像算學那樣的美滿結果使籌據上貸借兩方完全相等；一類問題發生震動一時，解決之後便退居於歷史問題之列，而第二類問題又來了：有機體的發達總是這般樣的。」（見道生的俾士麥與國家社會主義一一二頁至一一三頁所徵引。）

俾士麥辯護新政策的普通理由是人道主義。 較確定的一種理由是減少社會疾病和預防社會疾苦足使帝國更加強盛。 直接的目的是鏟除社會主義派振振有辭的根據。 俾士麥於一八八四年激昂慷慨的說：「凡是工人在身體強壯的期間總給他一種作工的權利，他病了時包他有人調護，他老了時包他有人扶養。 不要剛聽着「養老」這句話出口就怕有所犧牲，也不要聽着國家社會主義就失聲叫喚。 如果國家對工人多表示些關心民瘼之意，社會主義派再唱他們的迷魂歌就不會靈驗了；工人們只消看見政府和立法機關都很關切工人的幸福，就不再向社會主義的旗下攢緊了。」 這位大宰相所希望去做的，簡單說，就是用種牛痘的方法療治帝國的社會主義。 須要注意俾士麥籌措的保險方法並不是絕對憑空起造的，因爲德國在十九世紀前半期中已有幾種工業保險的試驗。然而，這些初步辦法都是粗疏散漫的。關於失虞一層，一八三八年普魯士的法律曾規定鐵路上僱主責任之原則，在一八七一年時僱主責任之原則推行到工場，礦山，及採石業中。但責成僱工的舉證責任是非常之重，所以實際上這種法律對於僱工不見有很大的利益。自從很早的年代起，行會和散匠會社都以援助疾病的會員爲他們的一種責任，而且普魯士王國曾於一八四五年，一八四九年，及一八五四年規定這種行爲爲合法並以法律鼓勵這種善舉。的確的，一八五四年的法律很有可注意的價值，因爲這次法律使各地方官吏有權要求職工設立保險會社而且強迫幾種僱工繳納所需原費之半數，這是強迫保險的原則初次興行的起點。十九世紀中葉拉薩爾創立的德國工人總會也有一種周密緊嚴的保險制度爲他的特色，隨後年間同類的組織都有這種制度。到一八八〇年時，在沙遜尼，巴法利亞，巴登，威登堡，及其他德國小邦中，疾病及失虞之保險已經不是希奇事了，而且在許多地方這種保險都含有強迫的性質。

(255)一八八三年至一八八九年之保險法　俾士麥的第一個帝國保險法是一八八一年三月八日提交帝國議院的失虞保險議案。這個議案的主旨是定爲鐵路所有主，礦山所有主，及工場所有主必須在帝國保險局或在受政府監督由僱主組織的相互保險社給他們的僱工保險以防業務上失虞之事。必須的款項是由僱主及僱工兩方繳納，帝國政府隨時撥款補助。這種計畫惹起了兩方面的強烈反對。一方面，社會主義派議員最初動議要加一種修改，使這個法律的條款推廣到各級工人（男女工人俱在內）；到後來竟把原案完全排斥；而且通制定保險法的期間他們不加贊助。其實俾士麥不曾把社會主義派的協助放在心上，因爲社會主義擁護民主主義，民主主義是不合他的脾胃的。在另一方面，據非社會主義的各派和急進派看來，這個計畫的內容就是社會主義，或比社會主義更壞。這個原案在帝國議院中受了幾種全失本意的修改。國會對於強迫保險的原則表同意，但拒絕投票贊成帝國撥款資助；他另擬一種計畫使僱主擔任全費三分之二，僱工擔任三分之一，去代替原案所擬的計畫；他投票表決把這個制度的管理權交由各邦自理，全改了原案的眞相。俾士麥受聯邦政務會(1)的贊助，拒絕屈從這樣的修改，於是這個議案中斷了。

在一八八一年十一月十七日帝國議院集議時，這個問題又活動了。德皇對國會下了一道詔文，頗近於社會憲章的性質，以恭敬嚴肅的辭句宣述「增進工人幸福」及賦予「貧民以應有的援助」之必要，詔文中並聲明不久便要提出修正的失虞保險草案和疾病保險議案。這個約言在一八八二年春間便實踐了，兩個議案——一個修正的失虞保險議案和一個疾病保險議案——同時提交國會。這兩個是聯在一起的，因為按政府此時擬定的計畫，這兩種保險須相輔為用。辦理疾病保險的機關應當照料被保險人在不能作工的最初十三星期中醫藥之費；過此之後就由失虞保險的機關負責。並須注意，此刻政府已捨棄國家直接保險的原擬計畫，而採用按相互責任的原則分業組織的辦法以代替原擬的國辦保險總機關。甚至俾士麥也承認最初擬的計畫太有官僚政治氣味。一八八三年五月三十一日疾病保險議案經國會以一百一十七票多數通過。

這個法律是於一八八三年六月十五日公布，於一八八四年十二月一日有效施行。

一八八二年春間提出的失虞保險案未曾得國會的可決，政府加以修改之後於一八八四年三月又提交國

1. Bundesrath.

1. Invalidity. 2. Emporor Frederick.

會俾士麥在帝國議院中發表擁護本案的意見時坦然承認失廢保險的困難極大，所以像本案這樣先從工人羣衆的一部分入手較易爲力。 他斯釘截鐵的說，「這一宗事體的焦點就是一個問題：爲無助的國民防患於未然，是不是國家的義務？ 我主張這是國家的義務，這不但是我從前談到實用的基督教時所稱的「基督教國家」應有的義務，凡是國家都有這種義務。 個人能辦的事情偏要設一個公司去辦，那就是愚蠢；照此類推，教區可以公平順利辦成的事業就得讓教區自己去辦。 但是，有些事業必須以全國爲一體纔能辦成。……屬於這類的便是拯救善良貧困的人民和消除社會民主黨所賴以搖惑人心而言之成理的種種不平之事。這是國家的義務，這是國家不能長久疏忽的義務。」(見道生的俾士麥與國家社會主義一一八頁) 俾士麥認定若聽私人自行創立而且經營社會保險的機關即是同於鼓勵私人以勞働分子的災禍作投機買賣。 這個失廢保險議案到底於一八八四年七月六日經多數通過，一八八五年十月一日有效施行。

上述兩種法律既經安穩實施之後，社會保險大綱的第三種計畫，即是老年及癈疾之保險，便到了出現之期。這個計畫的第一個草案是於一八八七年十一月十七日提交國會。 從一起首，老年人及殘廢人的贍養費之籌措已成爲俾士麥的保險大綱之一部分，而且每逢這類的計畫提出時，在政府中及國會中老年贍養計畫之得失已經連類而及的討論過了。 老年及癈疾保險[1]議案尚在懸而未決之時，突遇德皇威廉第一之喪，福甫德立[2]皇帝繼立三月而薨，於是威廉第二嗣位。 威廉第二與俾士麥不甚投契，一般人很慮社會政策或有變更，威廉第二登位之時正大光明的宣布「繼續社會政治的立法事業」以竟威廉第一之功，於是民間這種疑惑渙然消釋。過了難免的耽擱之後，老年及癘疾保險議案於一八八九年六月二十二日經國會通過。施行日期留待新皇及聯邦政務會決定，隨即擇定一八九一年一月一日爲實施之期。

(256)後來之修正：一九一一年之法典編纂　上述三份法律的每一種都是試辦的而且是只屬一部分的。制法之人本不曾妄想這類的辦法一旦實施就算完成大事。他們認定的宗旨是這個制度已定的詳細條款都須一一實驗而且按着經驗所得的教訓隨時加以改正。一八八四年以後社會保險的修正案是異常之多，僅止列舉次數也足使人厭煩。從簡要說，疾病保險法(1)經一八八五年及一八八六年法案補充之後，範圍大加擴張，推行到勞働階級全體及全國低級官吏；失虞保險法(2)於一八八五年推廣到郵政，鐵路，電報，海軍，陸軍等一切公務員役，及運送業內國航業等各種職工；到一八八六年失虞保險法應用到兵士和從事於農業及林業之人，到一八八七年更推廣到建築業工人，水手，及從事於海運業的一切人。在一八九九年至一九〇三年之間各種社會保險法律俱屢經修改而且已有一部分纂爲法典。

強迫保險制度雖爲形勢所限分作三大部前後各別提案，而且每一種又分別隨時擴張到各種工業，但在政府心目中總抱定宗旨要整理爲偉大劃一的制度。在十九世紀最後數年間政府尚無暇實行此舉。然而在二十世紀最初十年間保險法律統屬連貫的問題已經大加注意，到一九一〇年帝國政府取現行保險各法編成一部包羅萬象的法律草案。這部文稿經聯邦政務會裁可之後，隨即交付國會，一九一一年七月十九日經國會通過。這就是代替從前分別規定的疾病保險，失虞保險，癘疾保險，三種法律的德國現行工人保險法典

1. Sickness Insurance Law. 2. Accident Insurance Law.

(a) Reichsgesetzblatt, Aug. 1, 1911, 509 ff. 1. Reichs-Versicherungsordnung, (Workmen's Insurance Code). 2. Versicherungsamt (local insurance office). 3. Versicherungsamtmann. 4. Oberversicherungsamt.

(1)。 這部法典除「總則」一百零四款外，分類條目總計一千八百零五款，其博大精密可以想見。 這部法典具備二十五年來強迫保險計畫的一切進步，庇及帝國工業人口的全體，就合全世界而論，德國社會保險制度之精密嚴整也的確是空前的傑構。（法典全文印在帝國法律叢報一九一一年八月一日號五〇九頁(a)以下。 英文譯本見美國勞動統計局彙報第九六號（一九一一年九月出版）五一四頁至七七四頁）。

(257)管理之辦法　德國社會保險制度興行三十年來，因力圖便於僱主及僱工兩面起見，屢次擴張範圍，因時制宜，不能不分別組織保險機關以利進行，新法典對於此點完全率由舊章。 所以政府沒有歸併各種保險機關的企圖。 就這次關於管理方面的改革而論，所下的工夫是注重在刪改督率方法並定一種中央集權的監督制度以便各保險機關更易通力合作。 爲達這種目的，一九一一年的法典規定設立主管衙署負監督全國社會保險各類組織的責任。 這種監督衙署分爲三級。 最低的是「地方保險局」(2)，權力只及於很小的地面，以一員「局長」(3)主管一切事務。局長是國家官吏，助以本地僱主及工人選舉的至少十二名代表（僱主及工人各舉代表員額之半數），一個「評事會」由三名委員組成，專司考究有關法律的事項，和一個「判事會」，也由三名委員組成。

在地方保險局之上是一種高級的司法而兼監督的衙署，稱爲「高等保險局」(4)。 這個衙署代替從前的工人保險仲裁法庭，所以有司法的性質。 每個高等保險局都是以一員終身任職的局長或實缺的局長主管一切事務，附以一班助理員，通常約四十人，一半由僱主選舉，一半由被保險人選舉。 高等保險局設有一個或幾

1. Spruchkammern. 2. Beschlusskammern. 3. Reichsversicherungsamt. 4. Landosversicherungsamton. 5. Grossen-senat. 6. Spruchsenate. 7. Beschluss-Senate. 8. Rechnungs-stelle.

個「評事廳」(1)，和一個或幾個「判事廳」(2)，判事廳對於幾種上訴案件的判決是定爲最終判決。在最上一層是「帝國保險局」(3)，對於社會保險制度全體行使一般監督之權。(但在巴法利亞，沙遜尼，巴登，威登堡，另有「邦立保險局」(4)監督設在本邦境內之社會保險組織，帝國保險局無直接監督之權。)帝國保險局的官吏分爲終身職員及非終身職員。局長及其他終身職員俱由聯邦政務會先行簡薦，再由德皇任命。非終身職員共計三十二名，由聯邦政務會選舉八名，僱主選舉十二名，被保險人選舉十二名。關於選舉方法的規則是細密複雜達於極點。帝國保險局職務上的組織是分爲一個「總務院」(5)，幾個「評事院」(6)和幾個「判事院」(7)，各院職權俱經法律精密規定。此外還有一個「會計司」(8)。各級監督衙署的經費全額俱由帝國負擔。

(258)疾病保險之發達　一八八三年的疾病保險法原只行於礦山中石坑中工場中及幾種工廠中所僱傭的每年工資在二千馬克以下之人(當時二千馬克合美金四百七十六元)。經一八八五年一八八六年，及隨後年間修正補充之後，這個法律的條款被定爲適用於更多的工人。一九一一年的法典第一次規定施行強迫疾病保險於幾種重要分子，其中包括農業工人，僕役，小學教員，家庭教師，戲院歌場的雇人，船員，及從事於家庭工業之人——實際上擴張這個制度到一切每年薪俸或工資在二千馬克以下的工人。幾種無明文規定強迫保險的工人可以自行照章保險。除幾種例外之外，實行受僱之人俱須直接按法保險，所以一個人一經受僱自然而然的就有成爲被保險人的義務。按通常辦法，工人的妻子兒女若非本身受僱即可無須保險，但

1. Local fund. 2. Factory fund. 3. Miners' fund. 4. Krankenkassen. 5. Gild fund. 6. The insured (person). 7. The beneficiary.

就疾病保險而論，地方保險會社在某種情形之下可推廣保險利益使工人的妻子兒女亦得受醫藥診治之惠，而且許多保險會社都已實行這種辦法。 保險事務是由被保險人構成的地方保險會社經手辦理，工人應屬於何會社是照他居住之地，或照他作工之地，或照他從事的職業，極易決定。

新法典規定六種絕對獨立的疾病保險基金，每種基金各爲明文規定的一類被保險人之利益而設。 例如「地方基金」(1)是專司本地全體工人的利益；「工場基金」(2)是專司一個僱傭五十人以上之工廠的工人保險利益；「礦工基金」(3)是專司礦工保險的利益。 但凡能辦得到，從前成立的「疾病救濟社」(4)總是極力保存而且使其適合於現行的疾病保險制度之用。 每種基金俱由僱主及僱工公同籌措，有時地方及私人也捐款補助。 按一般的規定，僱主納款三分之一，工人納款三分之二；但一九一一年的法典規定六種基金中「行會基金」(5)的款項由僱主及工人各納一半。 實際的辦法總是僱主完納繳款的全額，隨卽在工人工資內扣除他們應繳之數。 工人花的這一筆錢爲數極小。 各業及各地方定的數目不同，少的只合工人一日工資的百分之一·五，多的合百分之四；就全體而論，定爲百分之三以上的很不多見。 各種基金俱由僱主及僱工兩方所選代表組織的董事會管理，開選舉代表會時凡屬繳款之人俱有權參加選舉。 這些基金董事會俱受前述各級監督官吏的監督。 保險的利益，就大體而論，包括免費的內科治療及外科治療，醫院中看護及家庭中看護，死亡時有喪葬費，病中有養病費。養病費約合受益人平素所得工資之半數（有時合到工資四分之三）從生病的第三日起支。（譯者按保險業中被保險人(6)與受益人(7)不一定同是一人。 生命保險中受益人常是被保險人的親屬。財產保險中被保險的是財產或貨物，受益人是財產所有主，或貨物的買主或賣主。疾病保險中收益人自然是被保險人。）如疾病綿延到半年以後的負擔便轉移到失虞保險基金上。（在一九〇四年以前，疾病保險受益人病到第十三星期之末卽轉歸失虞保險基金負擔費用。凡因失虞而受傷之人在不能作工的最初十三星期中仍得領受疾病保險社的利益。）以上幾種利益是經法律明文規定的。事實上各大工業中心地的保險社還另備有他種慈善性質的及社會性質的利益。

在一九〇七年，德國全國的疾病保險社共計二三，二三二所，其中被保險人數爲一二，一三八，九六六名（男子八，八七二，二一〇名婦女三，一六六，七五六名）約合全國人口總額百分之十九。在一八八五年迄疾病保險制度實施第一年之末，被保險人數合全國人口百分之十；在一八九〇年爲百分之十四；在一九〇〇年爲百分之十八。在一九一〇年，被保險人數已超過一千三百萬名，合人口總數百分之二十一，每個疾病保險社（礦工保險社除外）平均會員人數爲五百七十二名。將來一九一一年法典施行後的統計造成時，必能表出被保險的人數越更大增。然而疾病保險社的數目必會減少，因新法典很鼓勵各保險社併成大而爲數較少的分區組織。

（259）失虞保險之現今限度其性質　一八八四年制定的失虞保險法原只適用於少數的特別艱險職業。隨後的立法擴張他到他種業務，包括農業，林業，及航業。一九一一年的法典把他的範圍更加擴張，凡屬重要工業無不包羅。郵政中，電報事務中，鐵路業務中，及海陸軍工場中，政府僱用的官吏工人除有特別保護外，俱列入本法條款之內。實際上一切工人，不論所得工資多少，及政府僱用的員役，凡每年薪俸在五千馬克以下的，都是在必須保險之列。（在一九一一年之前年俸在三千馬克以下的公務員役纔有必須保險的法定義務）。

維持失虞保險的基金是全由僱主繳納，從事於同類業務的僱主共組一個保險會社以管理基金。一個人開設或取得一種屬於本法範圍內的業務時，他自然成爲本地同業僱主所組會社的一名會員，他必須按照他的開付工資賬單和他的僱工所擔危險的程度比例扣算，對本社基金完納繳款。（但須注意工人保險法典第五百四十三款規定聯邦政務會有權豁免「不至有失虞危險之工廠」的保險義務）。

這類會社是由僱主選舉的代表經理，受國家保險局的監督。會社有權區分職業，規定危險程度表，並強行設備保安器具以預防失虞的規則。會社對於應當支付的賠償費須負完全責任。僱主並沒有對工人直接付給賠償費的責任，他的責任只是對會社完納他應付給的保險費。平時支付賠償費的款項是由帝國政府墊與會社，到年終之時會社把應消的墊款和本社經費分別攤派於各會員。這類會社之有完全保險能力是經帝國擔保的。賠償費之多寡是由法律規定的，凡在僱傭期間因失虞而受的傷害從失却工作能力至三日以上以至於立即身死，除確能證明這種傷害是由於工人有意玩忽或逾軌妄動而起的之外，俱應分別賠償。按法律的定義，工業失虞是指某特殊時間突然發生之事。所以職業病或工業病之感染未列入本法條款之內，但法典規定聯邦政務會若認爲可行時得推廣本法於患職業病之工人。（譯者按）在近代工業情形之下，工人不易改業，長久專做一種勞働，遂至肢體失調而成畸形異疾，所以名爲職業病（1）。近世工場用化學藥品

1. Occupational or industrial diseases.

極多，其中不免含有毒質金屬品製造廠中，棉花廠中羊毛廠中，機器鼓蕩，塵埃飛揚，空氣內多有纖微雜質；工人久處這種地方，眼鼻喉肺極易致病。鍋爐室極熱，冷藏室極冷，往往同一工場中常有寒暑迥異之處。這些都是職業病的原因)。

一九一一年的法典對於失虞保險的利益仍本舊法的規定。一切傷害的賠償都包括免費的醫藥調護(於必要時並加外科治療)在最初十三星期內由疾病保險基金開支，以後由僱主會社開支。傷害無論輕重都有現金撫卹。若屬完全失却工作能力時，現金卹款的支付如下：

(一)從受傷之第四日起至第四星期之末止，由疾病保險基金項下付給以本地同類僱工按月工資的百分之五十，但每日不得過三馬克。

(二)從第五星期至第十三星期之末止，於前項現款之外，由僱主會社加付按日工資的百分之一六·六六六。

(三)第十三星期之後，按受傷人平均每年收入的百分之六六·六六六計算，全由僱主會社支付。

若屬失却工作能力之一部分時，現金卹款是按分業規定的表册扣算，以能賠償生活能力所受虧損之三分之二爲度。若屬失虞致死時，賠償之款是一筆喪葬費，須等於死者每年收入的十五分之一(但無論如何不得少於五十馬克)另加分別情形計算的幾筆贍養費，以卹死者的妻子兒女及其餘靠他養活之人。贍養費的總額不得超出死者每年收入的百分之六十以上。從一八八五年至一九〇七年，失虞保險所庇護的人數從三，二五一，三三六名增至二一，一七二，○二七名。　自一九一一年以來這個數目更比從前大多了。

(260)痼疾，老年，及遺族之保險　規定痼疾及老年保險之法律於一八九一年一月一日開始施行。　這份法律於一八九九年被代以另訂的新法；當初政府強要國會通過原案時費了絕大的氣力僅得比反對方面多二十票，一八九九年的法案把老年保險的範圍大加擴充竟得國會幾乎全體一致的通過；後先對照足見痼疾及老年之保險又是一大成功。　一八九九年的法律又經一九一一年修正擴充一次，最顯著的是「遺族保險」(1)，即寡婦孤兒之保險。　按現行法律而言，除極少的例外以外，每一名年齡在十六歲以上作工掙工資的人必須保險以防痼疾及老衰。　「痼疾」(2)的定義是「非由工業失愼所致的永久完全失却工作能力」。　這個法律並推行到多種食薪俸的男子及婦女，尤注重每年收入在二千馬克以下的教員及商店夥友。　痼疾贍養費及老年贍養費的開支有一部分是由帝國財庫負擔，其餘是由被保險人及他們的僱主各繳一半的基金項下開支。　這種制度可表調停兩派意見的一種方法，一派希望國家完全負擔這筆經費，另一派只想把這種保險作成強迫儲蓄的計畫。　工人完納的繳款是按工資合算，最少的每星期只納七「芬尼」(3)（合美金一仙半），最多的每星期不過納十八「芬尼」（合美金四仙）。

法律規定一切納費的食工資者得享下列的利益：

（一）成為永久殘廢至失却生活能力三分之二時（因工業失愼而致者除外），每年給以痼疾贍養費，

（二）年滿七十歲時，不問身體如何，每年給以老年贍養費。

1. Survivors' insurance. 2. Invalidity. 3. Pfennigs.

付給之數是按所得工資及完納繳款分五級列表扣算，以受益人得領本級平均工資三分之二爲原則。老年贍養費也是由一般癇疾基金項下開支，但帝國政府在每筆贍養費上每年加給五十馬克。一個人只能領受一種贍養費，不得同時兼領癇疾贍養費及老年贍養費。德國政府對於社會保險全部制度，除支付管理機關經費及代付海陸軍員役繳款外，只有這一筆老年津貼是經常負擔。自然，政府辦理此事還有他種支出例如編輯統計，受理控訴，及他種臨時事務，都是開支公款，但帝國財庫應付一切費用的總額爲數很小。在一九○六年各項費用共計只四八，七五七，六○八馬克。在一九○七年癇疾及老年保險人數共計一四，九五八，一一八名（男子一○，三五○，二九三名，婦女四，六○七，八二五名）。

一九一一年的法典在工人保險的三種方法上又加了一個第四種方法，即是遺族保險，適用於寡婦孤兒。爲圖管理便利起見，遺族保險是與癇疾保險聯在一起的，但在實際上遺族保險同是社會保險制度之一各別部分。被保險人的無能力寡婦在未改嫁期間得享有本法規定的一筆寡婦贍養費。（工人保險法典第一千二百五十八款：「凡寡婦不能再以適合自己的材力，教育，及舊日社會地位之工作，獲得本地受同等教育而身心健全之同等婦女依勞力之收入三分之一者，本法認爲無能力之寡婦。」）寡婦贍養費是照死了的本夫生時應領癇疾贍養費的十分之三合算，另由帝國政府每年加給五十馬克。孤兒贍養費是付給已死的被保險人之各子女，每人年滿十五歲爲止。一個孤兒得領死者癇疾贍養費的二十分之三，另由帝國政府每年加給二十五馬克；多一個孤兒時就加給前項總數的四十分之一，以下類推。法典中規定兩條限制：

(一)孤兒贍養費不得超出死者的癲疾贍養費之上；

(二)寡婦贍養費及孤兒贍養費之總數不得超出死者的癲疾贍養費之一倍半以上。

這樣規定的無能力寡婦及孤兒之贍養自是一種次要的事，但他之能救濟一種痛切的困苦也是不容或疑的。

(261)肺癆病食工資者之調護　癲疾保險的另一種善舉是籌備看護治療的方法以拯濟一班特別受苦而尚可救藥之人，即是，已有肺癆病的及易染肺癆病的工人；在癲疾基金項下開支的這種費用爲數也很不小。領受癲疾贍養費的男子中有百分之十五，婦女中有百分之九．五，都是因爲這一種病而失却生活能力。一八九九年的癲疾保險法有一條說，被保險人若罹疾病，有不免終成廢人之虞時，該管保險會社有權使其受醫家認爲合宜之治療，以圖其不至增加癲疾基金的支出。一九一一年的法典也載有此條。(患病之人若係已結婚者，或係自有家宅者，或係與父母同居者，須有本人自己之同意時始可送入醫院或他種治療處所。)

癲疾保險會社，按照法律許可的權力，設了一些互相聯絡的特別養病院，在一九〇二年共有十五所，在一九〇九年有三十七所。此外，各省，各市府，及各地方，多設有公立養病院，所需資金大半是由癲疾保險會社按低率利息供給的。一九一一年德國全國有九十九個專爲調護肺癆病工人的公立養病院。受公立養病院調護的肺癆病工人之數在一八九七年爲三，三三四名，到一九〇九年增爲四二，二三二名，這十二年間總計調護二七二，四八〇人。這個期間各癲疾保險社爲調護肺癆病工人而開支的費用總計約近一萬萬馬克之多。 統計中顯着經治療之人有一大半可以說按保險法的意謂是回復健康了；而且保險社在這方面的投資是很有利的，何況還治好了那樣多的人。 保險會社，除自設養病院並借款與各地方官署增設養病院外，又對德國近年興起的撲滅肺癆運動捐助不少的金錢，極力協助。 賴他們齊心努力，加以官廳贊助始終不懈，其結果是：一八九五年至一八九九年，德國全國每一萬人中患肺癆病而死的有二三·〇八，一九〇五年至一九〇九年降到每一萬人中只一八·四五八。（關於本題之詳細統計可參看美國勞働統計局彙報總卷數一〇一號（一九一二年，華盛頓出版）九頁至十頁。 道生的德國之社會保險第七章（a）有關於本題之詳細討論。）

(262)食俸員役之保險 公布工人保險法典的這一年，即一九一一年，又見了一個極重要的第二種社會保險法之制定。 這就是一九一一年十二月二十日的食俸員役保險法(1)。 在過去十二年或十五年之前，各國社會保險計畫的本意都是爲食工資者打算，而且專適用於食工資者。 最先採用食俸員役保險制度的國家是奧國，於一九〇六年十二月十六日制定老年及殘疾保險之法律，於一九〇九年一月一日施行。 一九一〇年法國的食俸員役也包羅在老年贍養法內。 德國食俸員役正式要求老年及殘疾保險制度之舉是起於一八九五年萊茵地區公務員役的一個會社。 以後年間他處團體也作同樣要求，到一九〇一年各團體共組一個聯合會專圖促進這個運動。 發起這種要求的公務員役中最多數都已包括在工人保險制度內了。 然而他們爭辯說，工人保險制度所定的利益與書記員會計員等的需要和標準太不相稱；要證明這個話不假，他們

(a) Dawson: Social Insurance in Germany, Chap. VII. 1. Versicherungsgesetz für Angestellte (Law Relating to the Insurance of Salaried Employees).

於一九〇三年就辦了一次調查，把食俸員役經濟狀況的眞象處處都查到了。 調查所得的材料經帝國統計局編纂成册，於一九〇七年全部功竣隨即送交國會。 附着這個報告書的一個暫擬保險計畫證爲不能實行，因爲其中規定要被保險人拿出每月收入的百分之十九來辦此事。 他們再行仔細調查之後，知道國內早已有一種自願保險的組織，籌備的利益既屬相當，而所需費用不過公務員役收入的百分之八。 因此，在一九〇八年又有第二次請願書送入國會，書中並述以收入百分之八保險的計畫之綱領。 一九一一年一月政府根據這個請願書擬了一個議案提交國會；四月之後又提出第二次草案；到十二月二十日這個議案就經國會通過，成爲法律。 本法施行之期留待隨後決定，後來定在一九一三年一月一日有效施行。 (食俸員役保險法全文載在帝國法律叢報一九一一年十二月二十八日號，九八九頁至一〇六一頁。 英文譯本載在美國勞働統計局彙報總卷數一〇七號(一九一二年華盛頓出版)。)

這個新法律——乃是分爲三百九十九款的一部精心結撰之作——是定爲適用於年俸在五千馬克以下的書記經理等類一切雇員。 據估算這種保險可包括二百萬人，其中有四十二萬是婦女。 這二百萬人中有四分之三已經得受現行工人保險制度的一部分利益，此刻他們都有享兩類利益之權了。 這種新保險，雖是補充的辦法，却是獨立的制度，而且對食俸員役有強迫的性質。 食俸員役保險經費是由僱主及被僱者兩方各繳一半。 被僱者是按薪俸多少分爲九級，同在一級之人俱應完納同額的繳款，無老少男女等分別。 這種繳款就由僱主在每次發放薪俸時扣除，僱主同時把自己應完之數加在一起。 政府不另擔何等費用。 管理權是委託於一個特設的帝國保險署，督率各地職員辦理。 保險的主要利益是「退休贍養費」及「遺族贍養費」。雇員年滿六十五歲或因公積勞致失却工作能力時，即得領受退休贍養費。 男子的退休贍養費每年總數是最初一百二十個月所納繳款總額四分之一，另加以後所納繳款總額的八分之一；婦女的退休贍養費與此大同小異。 寡婦的贍養費是本夫死時所領的或本夫成殘廢時應領的贍養費的五分之二。 十八歲以下的兒女在父親死後得領孤兒贍養費，其數等於寡婦贍養費的五分之一；若母親也死了時，孤兒贍養費須合寡婦贍養費的三分之一。 孤兒贍養費終止於年滿十八歲時或成婚之時。 大多數在食俸員役贍養基金項下領贍養費的人同時也受工人保險制度的利益。（關於食俸員役保險可參看道生的德國社會保險第十章。）

(263)失業之救濟勞働交易所 德國官樣文章上絕未承認社會主義派所主張的每個身體健全的勞働者對於有償的職業都有一種不可放棄之權。 德國之不承認此事或是因社會主義派的這種信條陳義太高之故。 然而俾士麥於一八八四年演說失虞保險議案時不但實際承認這種主張，並且極力徵引普魯士民法中工人的「勞働權」(1) 一語的意義，又堅稱國家對於那些自己毫無過錯而缺乏工作機會以求生活之資的國民應負完全責任，這樣一來俾士麥竟把社會主義派的主張作爲自己的主張了。 過去三十年間興辦的種種減殺失業之患的計畫越更顯出德國國家大有承認社會主義派這個原則的趨勢。 這些計畫可按所占重要的次序分爲三類：

(一)勞働交易所，一名勞働註冊局，

1. Recht auf Arbeit (right to labour).

1. Labour exchange, or labour registration bureau. 2. Stuttgart. 3. Cologne. 4. Karlsruhe. 5. Freiburg.

（二）暂宿舍及公立救濟所

（三）失業保險。

德國對付失業的方法是極切實的；救濟失業莫妙於使尋工作之人合尋工人之人凑巧相遇，德國辦這種事最能毫不拖塌，毫不延遲。用來達到這種目的的主要機關是勞働交易所一名勞働註册局（1）。德國在七十年前如萊比錫等處已有公立的勞働註册局，最早的第一個私立勞動註册局是一八六五年斯吐特嘉特（2）的一個工人改進會設立的。柯隴（3）於一八七四年，柏林於一八八三年，澳洛法於一八八九年，杜色多爾於一八九〇年，嘉爾斯鹿（4）於一八九一年，福來堡（5）於一八九二年，都有私立勞働註册局出現。私立勞働註册局的最多數隨後都改爲市立勞働註册局，從一八九三年至一九〇〇年興辦的市立勞働註册局共計有八十五個之多。一九〇〇年以後增加更快，到一九〇七年時據報告書稱市立勞働註册局已達四百所，此外職工組合，行會，及私人自辦的勞働註册局爲數更多。實際上每一個重要工業中心地都有一個公立勞働註册局，單就這些大的勞働註册局而論，一年之間男子婦女合計總有五十萬人乃至一百萬人在其中尋得了職業。公立勞働註册局通常是由市府特委的專員辦理，辦公處所也由市府特爲設在寬敞便利的大建築物中。尋工作之人和尋工人的公司商店都分類列榜張掛，每個關心的人有要知道的事只須看榜就可明白，並可向局中職員詢問所得的最近消息。私立註册局稍稍收一點費，公立註册局差不多完全是免費的。求事人註册的期限少則兩星期，多則數月，並可延長無限。較大的註册局中備有接待室，已註册的失業人白日可在其中歇息飲食，隨時有值事的人員把尋工人的表單大聲宣讀。 照例，除身爲家長之人應儘先介紹工作外，求作細工之人是按他們的技藝高低定介紹工作的先後，求作粗工之人是按他們的衣履裝束是否潔淨整齊，舉止言動是否循規蹈矩，以定介紹的次序。 一八八三年設立的柏林勞働註册局却不是按市立方式辦的，乃是一個聯絡各方的會社，名爲勞働註册總會(1)。 這個總會組織頗爲廣泛，所以吸收了許多註册局聯爲同盟；總會中以二十一名代表組織一個行政會另有巳入總會的各業僱主及工人所舉代表組織一班委員會以備行政會之顧問。 一九〇二年勞働註册總會以租賃的名義借得帝國保險局修造的一所宏闊壯麗的大建築物，他的辦公處就設在這裏面。 內中分爲三大部，一部專司介紹細工之事，一部專司介紹粗工之事，一部專司介紹女工之事。 每一部都有一個大廳堂，求工之人各按職業坐在分類的位上聽候宣讀尋工人的表單。

在一九〇八年單是這一個局就給十二萬人尋得了工作。 在柏林，矛尼克，杜色多福等大城市中職工組合的及私立的註册局都有與公立註册局合併的趨勢，其結果可望一城市中同類的機關都歸於一種公同的管理之下。 在幾邦中，各市立勞働註册局也組成協會，以便各處辦法可趨一致，尋工人及尋工作的表單易於互相交換，而且各處僱主僱工供給需要有餘不足的例外情形也易於調劑。 威登堡最先一八九五年組織本邦勞働註册局聯合的制度；巴法利亞，巴登，及其他數邦也隨着舉辦。 此外又有德國勞働註册局協會，分爲南，北，中，三區。 一八九八年又成立了一個包舉全國的德意志勞働註册總聯合會(2)，這乃是一個自願的組織，各地方勞働註册局是否加入得隨自便。 (矛尼克的市立勞働註册局可稱全德國的模範，道生的德國之工人第

1. Centralverein für Arbeitsnachweis. 2. Verbund Deutscher Arbeitsnachweis.

二章(a)敍述得很好。

(264)其他救濟方法：市辦失業保險 勞働註册局的勞務尚恐不足以盡濟失業之患，還另外有幾種機關爲之援助，最著名的是「暫宿舍」(1)和「公立救濟所」(2)。在近世的經濟狀況之下某部分人之失業常是難免的事，德國人對這一層認得極明確。罷工，解僱，營業倒閉，物價低落，新方法及新機器之發明，種種事端時常有幾分連累工業動搖。必需作工之人原不必守株待兔，儘可被鼓勵去自行覓工，要達這個目的，德國先後設了幾百處暫宿舍和救濟所，這種機關是專爲遊行覓工之人辦的，現今德國這等人竟可走遍全國隨處憑着自己的勞力掙得飯食住宿不費一文現錢。暫宿舍是一種私立機關，由博愛的私人或會社創辦維持。第一個暫宿舍是於一八五四年開辦於波恩(3)，創始人乃是當地大學教授裴爾舍士(4)。大多數暫宿舍都是與勞働註册局相聯絡的，其中過半數兼有儲蓄銀行的性質。各暫宿舍必須由負責任的委員會管理，房屋必須清潔，費用必須低廉，經營方法極注重啓迪道德和勤儉。願入舍的工人必須證明自己此刻需要接濟，而且必須呈出一種文據表明自己近日曾被僱傭。他在裏面住一宿，喫一頓早飯，通共只費五十「芬尼」上下，若他的現錢不够時他可以工代價，費四小時斫木頭或做別的簡單工作。

救濟所與暫宿舍的大分別就是：救濟所是公立的。對於困苦飄泊的工人，這種機關也供他的飯食和住宿，但只准以工代價。願入所之人也必須呈出近日曾被僱傭的證據。在德國工業繁盛的南部，暫宿舍和救濟所都極發達，所以多年以來流氓和乞丐幾乎絕跡，這種盛況尤以維斯法里亞爲甚。此外還有四五十個「勞

(a) Dawson: The German Workman, Chap. II. 1. Herbergen zur Heimath (home lodging-houses). 2. Verpflegungsstationen (public relief stations). 3. Bonn. 4. Clemens Theodor Perthes.

工屯墾處」(1)——有些是公立的，有些是私立的，——其中都經營農業，願意加入之人卽可賴此爲生。勞工屯墾處並不是罪犯放流所，但裏面規則極嚴，對於極貧而又不長進的人，這類組織也能盡一種極有用的職務。

德國失業保險雖不及他國之盛，其實效也很可觀。第一次試辦失業保險是於一八九四年開端於柯隴(2)，因爲瑞士先辦失業保險已經成功，瑞士京城柏爾恩成效尤著，於是德國人也就膽壯了。柯隴市議會及博愛的各私人共捐出一筆基本金，設了一個失業保險局，其中以本市市長，勞働交易所所長，被保險人選舉的十二名被保險工人，捐助基金之人中公舉十二名名譽會員，共計二十六位公民專司保管基金及辦理失業保險事務。願享這種利益的巧工必須在一年之內每星期納費四十五「芬尼」，粗工納費三十五「芬尼」，俱以納足三十四星期爲滿。在十二月一日至三月一日之間每個缺乏工作之人從失工的第三日起有權在基金項下每日支二馬克，二十日之後每日得支一馬克。保險資格是對在柯隴居住滿十二月，年齡在十八歲以上，身體強健，自食其力的一切工人公開的。工人在罷工時，或因自己的過錯被斥革時，或拒絕作工時，或陳述不實，意圖蒙混時，俱不得享受利益。初辦之時被保險的人數增加甚遲，但這種制度自有能够存在的理由及價値，所以十年之內便過完了試驗時期。這個計畫雖細目上逐年修改，而在一九一四年施行的也與原定的大體無甚差別。在一九一〇年冬季，被保險人數是一，九五七名，其中百分之七十六曾領保險金，總計六一，九三四馬克。(見吉朋的失業保險論(a)四六頁至五六頁)過去十五年間，矛尼克，萊比錫，德雷斯登，杜色多

(a) I. G. Gibbon: Unemployment Insurance. 1. Labour colonies. 2. Cologne.

福，斯特拉斯堡，福來堡，盧俾克，嘉爾斯鹿，愛爾伯費爾（1），馬格德堡（2），及其他許多城市都仿做柯隆的先例，不過各地斟酌損益稍加變更而已。（見吉朋的失業保險論一九四頁至二〇三頁，二〇八頁至二一四頁。）德國國家對於各市府所許的權力很大，所以各市府辦這種事體時得以不至與國家權力衝突。

(265)帝國及各邦失業保險之建議　總以上兩節而觀，德國失業保險的設備不過是市辦的和職工組工僱主等私立的或半私立的幾種機關而已。　可想而知，各方面必有全國及各邦制定失業保險的要求。　邦辦失業保險的問題在巴法利亞（3）鼓動最盛，一九〇八年巴法利亞邦政府曾派了一班委員去考查這個事體。一九〇九年巴法利亞邦政府指示本邦各大城市注意設法救濟失業流弊之必要並且把一年前所派委員擬就的失業保險計畫交付各大城市考慮。（這個計畫的撮要載在吉朋的失業保險論二一四頁至二一六頁）這個計畫未有實際效果，大半是因為政府未能表示從財政上贊助之故。　邦政府之不能承認津貼多是因為受了各政黨間意見的阻撓，此外還有兩種小原因，一是僱主階級反對，以為這樣辦法必至更增職工組合的勢力；一是農業界反對，他們以為農業工人並不需要這種保險而且政府津貼這種保險是使完納地稅的人增加無理由的負擔。　在巴登邦，本邦資助失業保險的問題也曾深加考慮，而且有一份精心結撰的報告書呈交邦政府。　那裏的阻礙也是與巴法利亞的一樣。　在威登堡，赫斯，沙遜尼，這三邦政府也很注意這個問題。　威登堡曾有一個建議打算由本邦津貼辦有失業保險的職工組合，但後來被打消了；沙遜尼也有一個建議擬把各地方官廳津貼失業保險之費撥歸邦政府償還，這個議案於一九一〇年一月間被打消了。　但各邦不得不辦

1. Elberfeld. 2. Magdeburg. 3. Bavaria.

失業保險之勢一年比一年加甚，南部尤其如此，在一九一四年時好像三數年內必有一種本邦津貼方法可望辦成。這種津貼大約須以邦政府撥還各地方資助失業保險之費的方式行之。各城市若有領得這種津貼的確實把握，自然可望興辦一種比現行方法更宏闊的失業保險制度。

德國全國自然不能沒有要求帝國政府擴充現行社會保險制度以圖直接籌備失業保險之事。帝國議院於一九〇二年通過了一個決議請求帝國政府先行特別調查。這種調查隨即由帝國統計局辦理，費了三年的工夫作成一部根據於瑞士，比利時，和德國本國歷次試驗及現行制度悉心斟酌的報告書送交國會。鮑薩道斯基伯爵(1)在內務大臣任內時也極注意這件事體，並由各統計學家襄助擬成一個試辦計畫內容包括強迫工人在傭僱期間繳納失業保險費，強迫傭主也繳納一部分款項，帝國財庫按一定的比例數加以津貼。然而鮑薩道斯基伯爵對於他自己的這個計畫不十分滿意，所以甚至對德皇或首相都沒有正式呈出。德國失業保險的第一個不易破除的障礙是帝國財政的狀況，這個狀況好像要杜絕這種需款太大的新事業之創辦。一九一一二年帝國政府發出的正式公文中聲言國辦失業保險是異常重要的事，政府考慮已久，但因無的款可指，所以至今尚未籌出斟酌得當，公私交利的辦法。

1. Count von Posadowsky.

SELECTED REFERENCES

General

W. H. Dawson, Social Insurance in Germany, 1883-1911 (London, 1912), Chaps. I-VIII, X.

W. H. Dawson. The German Workman; a Study in National Efficiency (London, 1906).

F. C. Howe, Socialized Germany (New York, 1915), Chap. XIV.

W. Ashley, The Progress of the German Working Classes in the Last Quarter of a Century (London, 1904).

J. G. Brooks, Compulsory Insurance in Germany, Special Report of U. S. Commissioner of Labour, No. 4 (Washington, 1895).

I. M. Rubinow, Compulsory State Insurance of Workingmen, in Annals Amer. Acad. Pol. and Soc. Sci., XXIV (1904), No. 2.

N. Pinkus, Workmen's Insurance in Germany, in Yale Rev., Feb., May, Nov., 1904. and Feb., 1905.

M. C. Jenison, The State Insurance of Germany, in Harper's Monthly, Oct., 1909.

L. K. Frankel and M. M. Dawson, Workingmen's Insurance in Europe (New York, 1910).

"Veritas," The German Empire of To-day (London, 1902).

E. vom Baur, How Germany Deals with Workmen's Injuries, in Pol. Sci. Quar., Sept., 1912.

I. G. Gibbon, Medical Benefit in Germany and Denmark (London, 1912).

G. Schanz, Neue Beitrage Zur Frage der Arbeitslosen-Versicherung (Berlin, 1897).

C. Bornhak, Die Deutsche Sozialgesetzgebung (Tübingen, 1900).

J. Hahn, Die Krankenversicherungsgesetz (Berlin, 1905).

P. Lohmar, Die deutsche Arbeiterversicherung (Berlin, 1907).

T. Oliver and H. Belger, Workmen's Insurance in Germany; Its Rise, Progress, and Prospect (London, 1910).

M. Wagner, Die Reichsversicherungsordnung, in Jahrb. für National-okonomie und Statistik, June, 1910.

E. Funne, Die Reichsversicherung (Berlin, 1911).

P. Moldenhauer, Allegemeine Versicherungslehre, Das Versicherungswesen, I (Leipzig, 1911).

A. Mannes, Versicherungswesen (Leipzig, 1913).

Bismarck's Social Policy

J. W. Headlam, Bismarck and the Foundation of the German Empire (New York, 1899), Chaps. XV, XVI.

W. H. Dawson, Social Insurance in Germany, 1883–1911 (London, 1912), Chap. I.

A. Ashley, The Social Policy of Bismarck (New York, 1913).

E. Hunkel, Fürst Bismarck und die Arbeiterversicherung (Hamburg, 1910).

The Insurance Laws

W. H. Dawson, Social Insurance in Germany, 1883–1911 (London, 1912), Chaps. VI.

H. J. Harris [ed.], The German Workingmen's Insurance Code of July 19, 1911, Bulletin of U. S. Bureau of Labour, No. 96 (Washington, 1911).

H. J. Harris [ed.], Imperial Law of December 20, 1911, Relating to Insurance of Salaried Employees, Bulletin of U. S. Bureau of Labour, No. 107 (Washington, 1912).

B. W. Wells, Compulsory Insurance of Workmen in Germany, in Pol. Sci. Quar., Mar., 1891.

C. Grad, Le socialism d'état dans l'Empire allemand: les pensions aux invalides, in Rev. des Deux Mondes, Apr. 1, 1890.

F. Stier-Somlo. Recht der Arbeiterversicherung (Boun, 1896).

G. Zacher, Guide to Workmen's Insurance of the German Empire (Berlin, 1900).

P. Laband, Le droit public de l'empire allemand, trans. by M. Boucard (Paris, 1903), IV.

L. Lass, Arbeiterversicherungsrecht.(Berlin, 1904).

Remedies for Unemployment

W. H. Dawson, The German Workman (London, 1906), 1-86.

E. Roberts, Monarchical Socialism in Germany (New York, 1913). 53-88.

E. Roberts, Experiments in Germany with Unemployment Insurance, in Scribner's Magazine, Jan., 1910.

F. C. Howe, Socialized Germany (New York, 1915), Chap. XII.

F. C. Howe, Unemployment, in Century Magazine, Apr., 1915.

I. G. Gibbon, Unemployment Insurance; a Study of Schemes of Assisted Insurance (London, 1911), 194-217.

J. Heath, German Labor Exchanges, in Econ. Jour., Sept., 1910.

W. D. P. Bliss, What Is Done for the Unemployed in European Countries, Bulletin of U. S. Bureau of Labour, No. 76 (Washington, 1908), 767-793.

A. Baab, Zur Frage der Arbeitslosenversicherung der Arbeitsvermittelung und der Arbeitsbeschaffung (Leipzig, 1911).

K. Kumpmann, Die Reichsarbeitslosenversicherung (Tübingen, 1913).

Results of Insurance and Public Attitude Toward It

W. H. Dawson, Social Insurance in Germany, 1883-1911 (London, 1912), Chap. IX.

H. W. Farnum, The Psychology of German Workingmen's Insurance, in Yale Rev., May, 1904.

E. D. Howard, The Condition of the German Workingman, in Jour. Pol. Econ., Feb., 1906.

F. Friedensburg, The Practical Results of Workingmen's Insurance in Germany, trans. by L. H. Gray (New York, 1911).

G. Klein, Die Leistungen der Arbeiterverischerung des deutschen Reiches (Berlin. 1900).

第二十五章　社會保險之傳播

（266）各國之追蹤德國先例　俾士麥於一八八〇年至一八八九年辦成功的德國工人保險大計，論其澤惠之周浹，論其與國家的關係，論其以強迫性質而行愛人以德之道，在歷史上眞是破天荒的事業。　普魯士及德國其他數邦中在一八八〇年以前本已有幾種預防疾病及失敗的保險辦法。　但那些辦法只適用於少數人；其間最多數都是自願的而非強迫的，是私立的而非公立的；並且，極其所至，那些辦法都是零星散漫，不成系統的。　經這位公忠體國，識見遠大的賢相倡導於前，加以德國超越全球的法治精神策勵於後，德國人在三十年前便已導世界之先路作成一種條理井然的偉大計畫，使食工資者全體得受保護，以防經濟的危難，而同時把維持社會的責任公平正直的分配於那些應負這種責任的人。　當其時，各方看見德國這種嘗試都深以爲怪，甚至疾首痛心。　雖然俾士麥提倡這種政策本是圖抑制社會主義——無論如何，總是圖抑制革命的社會主義，——而對於一些存心正大而迂拘嚴謹的批評家，似乎這種計畫最可非難之點就在其中確乎無疑的包括了國家社會主義的重要元素。

然而爲時無幾，一切觀査家都把這個制度的實在功效認明白了，而且在德國內和在德國以外的批評家們也不得不改正他們自己的意見。　社會主義的發達並不曾被遏住，但是——還有比防制社會主義更重要的——社會保險制度表出德國發見了一種意所不料的社會保儲計畫，因之不怕工業人口那樣增殖，他們的安全和能率都已非常增進，而且就其成效而言，所費的錢眞是輕微極了。　結果是歐洲各國一個個都被感動去考查國辦保險的可能性，畢竟隨德國的先例，採德國的長策，而制定保險法律。　自然，不能臆斷說那些國家沒有一個是獨出心裁自己衔入社會保險範圍的；但是證之於事實，他們無一不採擇德國的成法，利用德國的經驗。　現今英國，法國，荷蘭，比利時，丹麥，瑙威，瑞典，意大利，瑞士，奧大利，都有苦心斟酌的社會保險制度。　甚至俄國及巴耳幹半島的幾國中也有這種制度的初步。　一個人可以放心大膽的說不但工人保險的方法在歐洲是實際普遍的，並且歐洲各國最多數都有擴張現行制度的顯明趨勢。　凡是留心歐洲法制的人都看得出來過去十年間英，法，比等國中最有成效的是特為擴張工人保險以圖社會一般改良的法律。

三十年前批評德國強迫保險計畫最激烈的是英國。　現今英國的社會保險辦法有幾點甚至比德國的更精密，而且就全歐洲而論，除德國之外，深信社會保險之益的無過於英國；英國僅二三十年而前後相異至於如此，其中大可玩味。　英國國會中社會保險之占勝利乃是過去十年間出現的，即是一九〇五年十二月自由黨獲得政權以來的事。（保守黨雖在下議院中名義上多七十六個議席，而巴爾富的保守黨內閣却於一九〇五年十二月四日辭職。　康白爾班拿滿的自由黨內閣繼執大政，到一九〇六年一月，南非戰爭期間選舉的「加基」國會便被解散了。　隨着的選舉上自由黨大占勝利。　自由黨得了四百二十九個議席，保守黨僅得一百五十七個，愛爾蘭國民黨得八十三個。　自由黨的政權，雖中道曾受動搖，却繼續到本書著作之年（一九一六年）。　一九一四年大戰開始後曾有改組混合內閣之事；但仍以自由黨占的勢力為最大）　自由黨入閣時夾帶中已有着重社會法制的大綱，其中包括預防失業，籌辦老年贍養，平反勞働爭端，及改善貧窮不幸之人的生活狀況。

他們的成績，雖不是古今無比的蓋世奇勳，雖不是大政治家的豐功偉烈，却也是出色驚人的事。 與社會保險關係密切應當注意的計有四大要項：

（一）一九〇六年工人賠償條例之通過；

（二）一九〇八年老年贍養計畫之採用及一九〇九年之擴張；

（三）一九一一年之國辦保險條例，規定周密的疾病保險制度並創立保儲國民健康的重要機關；

（四）按一九一一年保險條例之規定，建築業及機械工業之試辦失業保險。

(267)英國工人賠償法制之發端 現今英國對於職業失虞之事尙沒有強迫保險的制度，但有一種極詳密的僱主責任法(1)，大多數僱主俱須按照這種法律的規定在平常保險公司中或特別組織的股分公司中舉辦保險。 這個法律，通常稱爲工人賠償條例(2)，是於一九〇六年通過的，而且就關涉工作人口的事而論，他保護勞働的效力也差不多等於德國式的強迫失虞保險法律的效力。 這個法律是國會內及國會外多年考慮的結果，而且是英國這類幾件重要法律中最近最周密的。 在一八八〇年之前英吉利聯合國的工人除享有慣習法律中關於業務的保護外並未享有特定的關於業務的保護。 在慣習法律之下，當時的僱主，也如現今一樣，必須爲合理的謹愼以圖僱工之安全，凡受害傷的僱工若能證明傷害的原因是僱主本身的過失時，僱主應負責任。 然而僱主可逃法網的漏洞是異常之多，實際上僱工仍不能享有任何程度的正當保護。 僱主責任的原則是於一八八〇年第一次列入英國法律中。 那年第一次僱主責任條例(3)之通過乃是經了十

1. Employer's liability law. 2. Workmen's Compensation Act. 3. Employers' Liability Act.

年的鼓吹幸而成功，而且製造業，鐵道業，礦業的各大傭主到底反對這個條例。這個條例切實推廣了傭主的責任，但仍有許多失慎之事不曾列入條文，實際上這個條例不過緣普魯士早如一八三八年通過的一種性質相同的法律而已。

一八八〇年的條例曾經屢次重申，在一八九三年政府曾提出議案要修改而且擴張這個條例。因爲上議院與下議院的意見不合，這個議案竟未通過。然而國人鼓吹不息，終究於一八九七年成功了極重要的工人賠償條例(1)，這件事是由統一黨(2)內閣經張伯倫(3)倡導(專就這件事而言)辦成的。這個條例是定爲適用於一切危險職業，即是適用於被傭在工場中，石坑中，礦山中，鐵路事務中，建築業中的工人——總計人數約六百萬，合全國勞働人口之半數。這個條例的主旨是與張伯倫對一八九三年的議案提出的修正條款相符合的，其效力是擔保工人「在平常傭傭期中非因自己的過失而受的傷害」俱得受賠償。這纔是英國法制史中第一次使傭主對傭工負賠償身體傷害的責任，所謂傷害乃是指非由於傭工自己的或他的合法代理人的曠怠或不正行爲而致的傷害。簡單說，凡應受本法拘束的傭主都被強迫去爲他的各級傭工保險以防因失慎而致的傷害；並不論失慎的原因爲何，但凡傷害是在傭傭期間從工作上發生而且不能諉之於受傷工人的「任意妄爲」時，傭主便有賠償的責任；傭主爲圖減輕自己的負擔起見所以不得不爲傭工保險（關於英國一八九三年以前傭主責任原則之發展，參看司派爾的勞働問題（一八九四年，倫敦出版）八五頁至一〇〇頁(a)。

(a) T. G. Spyers: The Labour Question (London, 1894), 85-100. 1. Workmen's Compensation Act of 1897. 2. Unionist. 3. Joseph Chamberlain.

（268）一九〇六年之英國工人賠償條例　一八九七年的條例實施後便顯出幾種缺點。強行這個條例時極易惹起訴訟，而且多半是關於瑣屑苛細的訴訟。兼之幾種工業應行強迫保險的原則一經公認之後，尚未規定強迫保險的各工業中推行這種法律的問題是一定要發生的，而且一定會引起不斷的討論。為時不久，推廣這種法律的要求已成不可抗之勢。在一九〇〇年國會就制定一種特別條例使這個法律的條款第一次適用於農業及園藝（這是一樁重要的創舉，因為這兩種職業俱不能謂為「危險職業」）。於是這個制度內又加了一百萬傭工；到第二年，船舶裝載卸貨的工人也包括在內了。一九〇五年國會集會期間巴爾富的統一黨內閣乘着討論關於勞働的法律時提出一個議案打算推廣一八九七年的條例到未經規定的幾種工人；但這個議案經國會一再修改，竟至盡失本意，到後來終被打消了。

一九〇六年三月二十六日自由黨內閣的內務大臣格蘭斯頓赫白特(1)在下議院提出一個範圍極廣的新工人賠償議案。統一黨人新近曾主張制定這種的法律，不願意把這件事牽入黨爭之內，所以這個議案的討論在國會兩院中都平安無事的過去了。這個法律於一九〇六年經英皇批准，於一九〇七年一月一日施行。這個法律與舊法大不相同，他把現行的這類條例全撤銷了，而歸併這類規則於一份條理明白的法制之中。這次法律並不曾新添重要的原則，但他把工人賠償的原則幾乎推廣到每一種傭僱，由此舊法的衝突之點全被掃除了。從前只有經明文指定的各種工人纔算包括在工人賠償法律之內，此後凡是未經明文定為除外的一切工人都包括在本法之內。「工人」一語的意義被推廣去指每一個按勞務契約而受僱的人，除一

1. Herbert J. Gladstone.

(a) Lewis: State Insurance, 188-225. (b) V. R. Aronson: The Workmen's Compensation Act, 1906.

年收入在二百五十鎊以上之人（以筋力勞働爲業的不算）商店夥友，警察，偶然被僱之人，及爲僱主親族而住居於僱主家中之人，不計。列入本法範圍內的重要團體是僕役，書記員，水手，漁人，郵差，及受僱於運輸業中之人。只算僕役一項已將近二百萬人。另一種推廣方法是把幾種工業病列入因失愼而傷害身體的表册內，尤注意於因毒物而發生的工業病。在一九〇六年的法律施行之前，受保護的人數是七百萬；在這個法律之下受保護的人數約近一千三百萬。

按這個法律的現狀而言，凡在工作時間內因工作受傷的僱工，若獲得完全工資的能力受損害至一星期以上而且傷害之起不是由於受傷工人的「任意妄爲」時，無論境況如何，俱有得受賠償之權。若屬失却工作能力至一星期以上時，賠償費是平均每星期工資之一半，兼飯食住宿之費，每星期以一金鎊爲最大限度。若傷害至永久失却工作能力時，前項賠償費須在受益人生存期中每星期照付。若僱工因失愼致死，僱主須付給相當的醫藥費及喪葬費，以十金鎊爲最大限度。若死者有完全倚賴他的工資養活之人，僱主須對這等人另付死者三年工資的全數，以三百金鎊爲最大限度，一百五十金鎊爲最小限度。部分倚賴死者工資之人亦須按特定之率分別賠償。德國的失愼保險法規定僱主必須爲工人保險，英國的工人賠償法無此規定。但英國的僱主通常都給工人保險，這樣一來，到了他應該賠償他的僱工時他可轉受保險公司的賠償。（一九〇六年英國工人賠償條例的原文印在魯愛士的國辦保險論一八八頁至二二五頁（a）；附有註解的在阿朗生的一九〇六年之工人賠償條例（一九〇九年（b）倫敦出版）四七頁至二七〇頁；稍簡略的在赫耶士的英國社會政策四七頁至七二頁。詳細的解析可參看威里士的一九〇六年之工人賠償條例（一九〇七年(8)，倫敦出版）討論本案時下議院中九次演說的撮要載在赫耶士的英國社會政策二〇頁至四七頁。

(269) 老年贍養之運動 英國社會保險的第二種重要發展是一九〇八年開始建立的老年贍養制度。在英國也如別處一樣，老年窮人的問題久已公認爲棘手的問題。自從一八三四年採用卹貧法修正條例以至一九〇八年通過老年贍養條例的期間，公家對付這個問題前後共行三種不同的法式。在一八三四年至一八七一年之間，貧苦的老年人雖有些得由卹貧官吏斟酌給予賙濟之費，但通常多是安頓在混合居住的「工局」中。一八七一年制定了一種厲行「工局試驗」的較嚴政策。由公款開支的賙濟費只能給與那些請求入本地工局的老年人，其立意是在表明「倚賴」乃是可恥的事，只有那些少壯不曾努力的老年人纔甘願蒙這種請求入工局的恥辱。一八九三年至一八九五年經皇家委員會澈查之後，工局試驗的辦法是寬弛了，由此以後卹貧官吏的政策大改舊觀，凡屬素行勤謹並有親朋代爲照料身體的老年人差不多一律給以賙濟之費。素行勤慎的老年人若須入工局時應與那些不知自重的老年人分別安置，不像上述第一期間那樣好歹不分。這三種計畫中，雖然第三種算是最合人道的，而且就他種情形比較算是最好的，卻沒有一種真能使人滿意。

自一八八〇年左右社會改革家便開始鼓吹由國家制立老年贍養制度，而且通二十五年間英國兩大政黨總是滿口應承要制定這樣的法律。一八八五年國會立了一班調查國辦防患保險特派委員會（1）去考查

(8) W. A. Willis: The Workmen's Compensation Act, 1906. 1. Select Committee on National Provident Insurance.

老年贍養計畫。 但三年之後這個委員會報告說設立老年保險制度的障礙尙無法破除，所以國會竟未提此事。 贊成強迫繳款以集老年贍養基金之人和那些主張自願保險而由政府資助之人仍舊鼓吹不息。 布什查理(1) 久已主張以增加所得稅爲籌款方法，建立一種制度，使每個人無論貧富俱得從六十五歲以至身死之時每星期領受五先令的政府贍養費。 格蘭斯頓(2) 第四次內閣於一八九三年自行委派考查贍養計畫的委員會對於所考慮的幾種計畫都認爲礙難實行，沙里士百利(3) 第三次內閣於一八九六年派的委員會也是這樣說法。 一八九六年至一九〇五年，這十年正是統一黨當權之時，這全部期間統一黨始終贊成制定這種法律，而且屢次注意此事。 在一八九九年，一九〇〇年及一九〇三年，都有國會特派委員會去考查這件事體而且收集有關係的一切消息。 然而統一黨除了調查和擬定試辦計畫之外並未做成一事；但須注意他們於一九〇五年創立的卹貧法委員會擔任調查報告老年人及疾病人的全部問題一事乃是一個極關重要的步驟。 (關於統一黨對付老年贍養問題的方法，參看馬鏗妥息的張伯倫言行實錄(一九一四年倫敦第二版) 第三十七章(a)。)

自由黨於一九〇五年入閣時並未擔保對於這件事體要制定任何特別的法律，——而且未擔保他們自己當權之後何時可辦此事。 然而他們之專心於老年贍養一事也如他們的反對黨一樣的不遺餘力。 自由黨的領袖們不待卹貧法委員會調查完竣而驟然舉事，這卻是他們不智之處。 平心而論，他們此舉有幾分是受了強迫。 他們的決心至少是由兩種事實逼促而成；一是勞働派議員於一九〇六年便提出要求以公款準備

(a) A. Mackintosh: Joseph Chamberlain: an Honest Biography, Chap. XXXVII. 1. Charles Booth. 2. Gladstone 3. Salisbury.

老年贍養費的決議，二是勞動派的這個決議經下議院投票一致贊成。一九〇七年五月間有一位未入閣的議員提出一件議案，擬定年在六十五歲以上之人得自行申請老年贍養費，每星期以五先令爲率，所需款項十分之九由中央政府籌備，十分之一由地方稅籌備。這個議案在二讀時便否決了，大半是因爲未先得內閣贊成之故。

(270) 一九〇八年之老年贍養條例　一九〇七年四月財政大臣愛斯葵（1）在下議院提出預算案時便保證來年國會集議期間內閣必有應付老年贍養之法。還不到一年以外自由黨領袖們籌畫的議案已經妥當，專待提出。一九〇八年五月二十八日這個議案提出於國會，辯論極久，而且統一黨反對極烈，他們想出許多修正條款，要圖使這個議案不能通過。這個議案在三讀會時竟得四百一十七票對三十九票的大多數贊成；但統一黨人中只十二人投票贊成，投反對的有十一人，竟直不投票的有一百四十人。在上議院中，統一黨大多數對這個議案抱冷淡態度，而且有些人抱積極反對的態度。然而當時上議院對於財政法案不能使下議院勉強遷就，所以經短期辯論之後上議院也就把這個議案通過了。一九〇八年八月一日這個法律經英皇批准，一九〇九年一月一日有效施行。（老年贍養條例原文印在赫耶士的英國社會政策一六七頁至一七六頁。國會兩院對於本案辯論的撮要印在同書一三〇頁至一六七頁）。洛斯百利勳爵（2）論到這個法律所能產出的無限效果時曾稱他爲英國國會四十年來制定的法律中最重要的一件。

一九〇八年老年贍養條例所定保險制度的重要特點是從丹麥的一八九一年法律，紐絲綸的一八九八年

1. Asquith. 2. Lord Rosebory.

法律，新南衞爾斯及維多利亞的一九〇〇年法律，三種老年贍養辦法中採集而成的。 這些重要特點與前章所述德國制度完全不同。 在德國，贍養費是從僱主及僱工公共認繳而政府加以資助的基金項下開支。 在英國，贍養費是完全從課稅籌集的基金項下開支，僱主及僱工俱無繳款之義務。 草擬老年贍養條例之人從一起首就決意以不須繳款爲原則。 據愛斯葵說，受這個法律之利的人一定知道要使國帑出入相抵而又不使受益人另增絲毫負擔，這其間曾有多少困難。 按這個法律的現狀而言，每個人，無論男的或女的，已婚的或未婚的，年齡在七十歲以上，曾爲英國臣民至少十二年，曾在英國居住至少十二年，向無厭棄作工之惡習，每年「所得」(1) 在三十一鎊十先令(合美金一百五十三元四十一仙)以下者，具有領受贍養費之權。 條例原來曾規定領贍養費之人須爲不應領卹貧費之人。 然而一九〇九年的修正案(一九一一年一月一日有效)把這一款撤除了，於是卹貧官吏省了照料十六萬三千八，每星期可少支卹貧費二一，九五一鎊。 一個人不能同時兼領卹貧費和贍養費。 當贍養費可被領取時，卹貧費自然停止。 領受贍養費，不像領受卹貧費那樣，並無損於領受者的國民身分。 贍養費之數是按領受者每年「所得」之數合算。 合格之人應領的贍養費額如下：

每年所得在二十一鎊以下者每星期領五先令；

每年所得在二十一鎊至二十三鎊十二先令六本士之間者每星期領四先令；

每年所得在二十三鎊十二先令六本士至二十五鎊五先令之間者每星期領三先令；

1. Incomo.

每年所得在二十五鎊五先令至二十八鎊十七先令六本士之間者每星期領二先令；

每年所得在二十八鎊十七先令六本士至三十一鎊十先令之間者每星期領一先令。

個人的所得贍養費共計每星期絕不能過十三先令（合美金三元十二仙）。　這個制度的中央管理機關是地方自治局地方管理機關是一班贍養委員會，由有人口二萬以上的城鎮鄉的議會自行委派。　贍養費是每星期發給，由英國各郵政局先行墊支，所以郵政總辦必須擬定辦法經由各郵局將費一一交楚。　一九一一年的修正案把這個制度上許多管理困難之點都理濟了。（這個制度實施的方法詳述於郝爾的老年贍養費論第八章(a)。

前已表過，主要條例於一九〇九年一月一日有效施行。　三個月之內共呈入贍養費申請狀八三七，八三一份，批准的贍養費共計六四七，四九四份。　一年之後（截至一九一〇年三月三十一日）領贍養費之人共計六九九，三五二名。　在這個數目中每星期領最大額五先令之人共計六三八，一四七名，每星期領一先令之人約有五，五六〇名。　在一九一一年之初領費人數因前述撤除貧民不合資格一款之故已顯然加大，在一九一一年上半年內平均每星期領費之人爲九〇一，六〇五名。　一九一四年三月三十一日領費的男子之數爲三六九，三六五名，領費的婦女之數爲六一四，七六六名——總計九八四，一三一名。　在這個數目中，每星期領五先令之人計九三一，三四四名；領四先令之人計一九，三六六名；領三先令之人計一九，四三三名；領二先令之人計九，二三八名；領一先令之人計四，七四〇名。　據擬定本法之人估算，國家這

(a) Hoare: Old-age Pensions, Chap VIII.

項負擔每年當任七百五十萬鎊左右，但他們也承認贍養費之支出趨於增加是勢無可免的。截至一九一一年三月三十一日，贍養費一門全年支出之款實計九百七十萬鎊而一九一一年至一九一二年的預算案中所列贍養費一門支出共是一千二百三十五萬鎊。在方面尚且要求把合法年齡從七十歲改低爲六十五歲——這一項改革，據魯德佐治一九一一年六月的公文所言，足使政府增加七百七十五萬鎊的歲出。國家負擔這樣增加時，財政上太感困難，所以這種建議未能深加討論。然而，若不是因爲最近的大戰阻撓，二三年內未見得不能再行一種新步驟。

(271) 一九一一年之國辦保險條例　僱主責任法律之整飭推行和老年贍養費之籌備可算是自由黨圖保政權的社會改良大綱之發端而非這個大綱之完畢。就一九一四年大戰爆發影響內政之前自由黨承認舉辦的大綱說來，一九一一年國辦保險條例(1)中規定的失業保險及疾病保險等項也就是登峯造極了。創擬這個法律——很容易看出這是近世英國歷史中最重要的法制之一——是在一九〇八年已辦妥了。這個議案之提出及採用是因幾種形勢就延了；第一是事前調查之繁難，不能不屢次委派官吏及委員會去辦；第二是上議院否決一九〇九年的魯德佐治預算案因而惹起政治上的混亂和恐慌，一九一〇年兩次總選舉之急遽，和一九一一年國會法案討論時的長久爭執。（譯者按一九〇九年魯德佐治預算案之經過，譯者曾附註於第八章之末）直到一九一一年五月四日，其時國會法案尚懸而未決，魯德佐治纔把政府慎重準備的保險議案提出於下議院。這個法律的官式名稱是「籌備疾病保險，疾病預防及治療失業保險等類事項之條例」

1. The National Insurance Act of 1911.

本文列為八十七條和九個圖表，全體分為兩部分，第一部分屬疾病保險之規定，第二部分屬失業保險之規定。(提出時之原文印在魯德佐治的人民保險六七頁至一三〇頁(a)，通過時之原文散見於喀爾嘉訥特，及泰洛爾三氏的國辦保險論一頁至四〇二頁(b)。

這個法律，因其對付的多是向與黨見無涉的事而且是英國改革家及政治家近年最注意的事，所以最初很得國會中各黨派及一般公衆的熱心歡迎。在下議院中這個法律通過二讀時幾乎毫無反對之聲。然而後來發生了很大的反對(差不多完全專於反對這個草案中疾病及癎疾保險之部)，快到三讀時兩方衝突最為激烈。在國會外反對最強的是醫科之人，他們認這種法律為有害於他們在中下等階級中的業務，又說法律所定被保險人的診治費太低。在下議院中這個議案的手續有取巧之處，因此大為在野黨所批評，他們提出許多修正條款，最後竟主張把這個議案討論之期延緩到一九一二年。然而在三讀時這個議案竟得三百二十四票對二十一票大多數通過。在上議院中，這個議案經短期敷衍辯論之後也於十二月十五日通過三讀會。第二日即經英皇批准，一九一二年七月十五日有效施行。據一位專究英國時事的有名著作家評判之言，這個法律是「盎格洛撒克遜(1)民族國中絕無僅有的最勇毅最完密的社會法制。」(頗立特(2)之言，見政治學季刊(c)一九一二年六月號二六〇頁。這個條例，因圖管理簡便起見，曾於一九一二年及一九一三年略加修改)。

(272)疾病及癎疾之保險範圍及地方管理　一九一一年國辦保險條例中疾病及癎疾保險之部的通則是

(a) Lolyd George: The People's Insurance, 67-130. (b) Carr, Garnett, and Taylor: National Insurance, 1-402 passim. (c) Political Science Quarterly. 1. Anglo-Saxon. 2. Edward Porritt.

強迫每個工人都成爲能得某定額利益的被保險人。　更切實些說，被強迫保險人分爲兩類：

（一）按勞務契約或學徒契約從事於筋力勞働的一切永久住民，無論是英國人或外國人，男的或女的，已婚的或未婚的，年齡在十六歲至七十歲之間，其契約無論是書面的或口頭的，明示的或默示的，無論其「所得」若干；

（二）從事於非筋力勞働之一切住民，其一年「所得」在一百六十鎊以下者。（在歐洲大戰以前，英國所得稅之徵課是以一百六十鎊爲起點。　此處所抱的主義是使一切完納所得稅之人不與較貧分子爭國辦保險之利。）

條例中定有幾項「除外，」例如非求工資而作工的學徒，非求工資而爲父母作工的子女，（譯者按歐美習慣，兒女成年之後，父母使其作工時亦須照給工資，所以這個法律中有此規定。）　夫之受傭於妻者，妻之受傭於夫者，（譯者按歐美女子大致都有承襲遺產之權，所以有夫受傭於妻之事；又，女子多半有自求生活的能力，所以也有妻受傭於夫之事。）　已有贍養費的政府傭員及地方傭員，和一般不專賴傭俸爲生之人。（被傭之人若能對該管官廳切實證明雖遭疾病殘廢決不至流落無依，該管官廳認爲滿意時得許其豁免保險。　在一九一四年之初，英吉利聯合國中總計已發出四萬七千份豁免保險證書。）　除了這些例外之外，受傭之人俱被強迫保險；而其他人等，若年齡在六十五歲以下，力能自謀生活，一年所得不及一百六十鎊，願保險時亦得加入。　然而這樣的人必須完納與傭主繳款相等之數和自己應完的繳款。　這個條例從一起首就可適用於英國全體工作人口。在一九一二年（即這個條例施行之時）英國總人口約四千五百五十萬人，其中以工作爲生的男子，婦女，及兒童共計約二千萬人。在這二千萬人中，約有一千九百萬人是在所得稅的範圍之外，其中筋力勞働者約有一千五百五十萬人；依法保險的人數約一千三百萬有餘。自願繳款的人數（包括在上舉總數一千三百萬之內）約有八十萬。

就地方而論，這個條例的事宜大半是由官廳認可的私益會社管理。論到疾病保險一事，這個條例的制作者發見這個範圍內早已有人見義勇爲。綜着各種「友誼社」（1）之力，疾病保險久已各處實行了。這類「友誼社」的起源是出於中古時代的行會，有些會社幾百年來繼續存在，既未經阻撓，亦無重要變更。在十八世紀之末，這類會社總有好幾千所，而且十九世紀中又設了許多新的。在一七九三年他們初次經法律承認；而且由一八一九年及一八二九年的法律他們都得在官廳立案並稍受公家取締。一八九五年和一八九六年的法律把他們的管理方法大加更改而且使他們直接受國家的監察。在一九〇四年英吉利聯合國中有四百五十萬工人屬於這類組織。魯德佐治在草擬疾病保險計畫時常常諮詢全國友誼社會議（2）每年選舉的常駐委員會，而且在決定辦法時極力留心利用現成的撫卹疾病會社，正如德國於一八八三年所定的辦法一樣。一九一一年的條例承認以友誼社爲地方的保險機關，但須他們的事務是由妥實可靠的會員管理，不以營利爲目的，所有賬簿應由財政部委派的保險事務委員公開檢查。職工組合及他種會社亦得按相同條款加入這個制度。但每個人只能每期在一個會社保險，不得同時在兩個或更多的會社中都保險。（見

1. "Friendly Societies." 2. National Conference of Friendly Societies.

布拉布魯克的論一九〇四年至一九一四年友誼社及其他防患機關之進步載在皇家統計學會雜誌一九一五年五月號(a)。

疾病及痼疾保險制度的另一個原則是：工人雖必須保險，而他保險時得受僱主的強迫繳款和財政大臣的協款，兩項幫助。工人繳款之收集是定爲由僱主從工人的每星期工資扣除轉交與國家，這種辦法眞是又省錢又省事。在德國，國家對於疾病保險基金並未指有經常協款。全部費用俱歸僱主及僱工負擔，僱主繳三分之一，僱工繳三分之二。(英德兩種制度的詳細比較，可參看阿爾登的民主主義的英國一二三頁至一二五頁(b)。在英國，男工人每星期繳四本士，女工人每星期繳三本士；僱主爲每名工人繳三本士；國家協助二本士。但僱工每星期工資在十五先令以下者，僱主繳款應比例照加。僱工每星期工資在九先令以下者，婦女每星期工資在八先令以下者，俱免繳費，而僱主爲這等男工人每星期每名繳七本士，爲這等女工人每星期每名繳六本士。(愛爾蘭工資通常較低於英格蘭及蘇格蘭，所以愛爾蘭另有特別規定之率。)英國國辦保險制與友誼社通常辦法最不相同之點是國辦制准工人在疾病期間不必繳款，而且在某限度的失業期間亦不必繳款。就全部而論，英國工人繳的保險之費不過有德國工人所繳的一半那樣多。英國的這項基金有三重來源，支付的卹款也比德國的更寬厚。據估算從一九一二年七月十五日起，施行第一年國家所費全年開支約七，三八四，〇〇〇鎊。

(273)疾病及痼疾之保險：其他情形　被保險人得享的利益分爲四類：

(a) E. Brabrook: On the Progress of Friendly Societies and other Provident Institutions During the Ten years 1904-1914, in Jour. of Royal Statist Soc., May. 1915. (b) Alden: Democratic England, 123-125.

(一)醫藥，(愛爾蘭沒有規定醫藥的利益，因爲這種事務已有國家藥局辦理。)

(二)養病費，

(三)痼疾賠養費，

(四)產婦調養費。

這個制度的第一目的是爲染病的工人恢復健康。條例所設置的地方保險委員會的義務之一是約定醫生爲被保險人治病。委員會把願意服務而且審查合格的醫生之名列表公示，被保險人有權享受名在表中的任何醫生之診治。著名醫生自願列名於表中時委員會不得拒絕。（一九一四年五月英格蘭的醫生列名表中者共計一萬六千名。）醫生診費不是由病人直接付給，乃是由國家從保險基金項下撥款付給。診費各處不同，由各地委員會自行酌定。肺癆病工人是歸特別設備的養病院治療；國家特撥津貼以助各地方官廳設立這種養病院。養病費和痼疾賠養費是按老少，男女分別規定的。年齡在二十一歲至五十歲之間者，從不能作工的第四日起，男子每星期領費十先令，婦女每星期領費七先令六本士，截至第二十六星期，此後男女一律每星期領費五先令，至病愈爲止。年在二十一歲以下者及年在五十歲至七十歲之間者，應領之費比上舉之率爲低。（年齡在五十歲至六十歲，曾完納繳款至五百次者，不在此限。）從第二十六星期起這筆費名爲「殘廢」賠養費，一稱「痼疾」賠養費。被保險人須對基金完納繳款滿二年時纔得享這項利益；到年滿七十歲，可領老年賠養費之時，痼疾賠養費便停止了。被保險婦女及被保險人之妻都得領一份產婦調養費，計三十先令若產婦是專賴自己工資爲生時並得兼領養病費。各國社會保險制度中的這種辦法以英國爲最寬厚。（一九一五年自行保險的婦女共計四百零七萬七千人；被保險人之妻約五百萬人）

監督健康保險事務的總機關是分別設置的四個保險事務局，英格蘭，蘇格蘭，衛爾斯，愛爾蘭，各占其一，其中長官俱由財政部委派。這四局有一班聯合委員會國內四部的重要整頓都由聯合委員會主持。地方管理機關是設於城鎮鄉的保險委員會；以地方議會委派之人官廳認可的友誼社之代表，不屬於上項會社的被保險人之代表，及醫生，組織之委員會人數按地方情形而定，少的四十人，多的至八十人。這些委員會的職務是監督官廳認可的友誼社及其他當地會社的行爲，並辦理不屬於當地會社的被保險人直接領費之事。聯合國四個保險事務局各管本部地方收入基金之事，基金來源有二：一是財政部按期交付的國家協款，一是郵政局所收傭主及傭工繳款之全部。收款的方法是極簡單的。保險事務局把印就的一種紙片交由各地會社或委員會轉發與每個被保險人。傭主發放工資時即在每個工人名下扣除四本士（或照章規定的任何數目），加他自己名下的三本士，用當地郵局經售的七本士印花粘貼在傭工的紙片上；粘滿之後，這個紙片即送交保險事務局，以爲本人有權享受若干利益的憑證。

(274)失業保險之來歷：一九〇九年之勞動交易所條例 國辦保險條例的第二部分是關於失業的保險；按全國通盤籌畫的失業保險要算這次條例是世界各國中的第一次。過去五十年間失業問題在英國是一年比一年更覺棘手。據能幹的統計家估算，近年來失業的能作事之人隨時都有十五萬乃至三十萬之多。在工業極發達的國內必不免有一小部分人失業，這是一般公認的實情，但在現代的英國內失業人數和因缺乏工作而起的慘狀格外厲害，所以引起國人抱極大的憂慮。　在近年之前，公家應付這種局面的唯一方法是推廣卹貧費；間或興辦「急賑工程，」失業之人可以勞力換取公家準備的食物，住所，和一點小錢。　一九〇五年巴爾富的統一黨內閣辦妥了一個失業工人條例，其中規定地方自治局有權在較大的地方設「急賑委員會」，並協同地方官廳爲游手之人尋覓職業，所需經費由政府負擔一半，其餘由地方自籌。　到一九一〇年這個條例的布置推行到八十九個地方；但據各方面的意見，這種辦法不過是與失業問題的邊際稍稍接觸而已。

一九〇九年二月卹貧法委員會呈出洋洋大文的兩部報告書時，多數方面和少數方面都異口同聲的以爲現行的卹貧法完全不足救正失業的流弊。（見調查卹貧法及賑濟事務皇家委員會報告書第六編，因失業而起之困苦（一九〇九年，倫敦出版）三〇三頁至四四五頁。）　報告書又說，平常慈善事業更難賴以解決這等重大問題，所以仿效德國勞働註册局的計畫設立一種勞働交易所制度實屬不可緩之事。　少數報告書更聲言勞働交易所雖不足爲恰合際分的救濟方法，而設立勞働交易所却是「切實救濟的不可少之事」。　少數報告書更極力稱說從日擬議的一種計畫，打算請求政府採用「十年協濟方法，」十年之內每年撥款四百萬鎊以備在工商業衰落期間爲援救失業工人之用；工人的勞力既不可聽其坐耗，「自食其力」的精神同時亦要維持，所以這種協濟款項最好是用來辦墾荒，造林，濬港等類偉大的公共工事，就雇那些失業人來作工。　但委員會的多數方面不贊成這個計畫。

直到現今，國會對於卹貧法委員會的兩部報告書仍未十分注意。但在一九〇九年夏季委員會多數方面和少數方面最顯然一致贊同的失業救濟條陳即經國會立法實行，而且一九〇五年失業工人條例設置的薄弱機關被代以就全國通盤打算的失業救濟計劃。勞働黨派往德國研究勞働註册局制度的代表鼓吹英國採用那種制度的精粹之點，而且全國職工組合代表會議，倫敦失業救濟總會等許多組織，及各半官式機關都毫無掩飾的一致贊成設立公家管理的勞働交易所。勞働交易所議案（1）是於一九〇九年五月十九日由商部大臣邱吉爾（2）提交國會，於一九〇九年九月二十一日成為法律。（原文印在赫耶士的英國社會政策二一三頁至二一六頁）按這個法律的條款，聯合國全國分為十區，每一區設置一員視察員負本區救濟失業事務之責，較重要的城市必須設立勞働交易所，其職務為以僱傭消息供給工人並促進勞力之流通。勞働交易所的總數是定為三百五十所。然而一九一五年之初已開辦的勞働交易所竟有四百零一所之多。勞働交易所分為三等，以所在城市的人口多寡為斷。一等勞働交易所是設在人口十萬以上的城市中，二等的在人口五萬至十萬的城市中，三等的在人口五萬以下的城市中。這些交易所從一起首就很有成效。在一九一四年，請求僱傭的人數總計二，一七〇，四〇七名，得着工作的人數是八一九，〇三九名。如德國的勞働註册局一般，英國的勞働交易所也是圖使僱主和僱工易於會合，至於僱傭條件則由他們自己磋議；但交易所可按工人受僱處所的遠近借以必需的川資。英國勞働交易所是由國家辦理，所以比德國的勞働註册局更形貫串密切。德國勞働註册局雖已發生省區的組織，但註册局本身仍是限於市府的。英國工人註册，也

1. Labour Exchanges Bill. 2. Winston Churchill.

如德國的一樣，是自願的；但無形之中也自然成爲強迫的了。（英國勞動交易所的名家敘述是畢福利吉的聯合國中之勞働交易所，載在國際調查失業協會季報一九一三年七月號(a)）。

(275) 一九一一年條例中之失業保險　當勞働交易所條例提出國會時，政府即聲明這個法律是作爲創立失業保險計畫的初步。　政府隨即把失業保險中幾種可行的方式詳加考慮。　有些人主張只由國家資助備有失業津貼的各職工組合。　這個計畫頗有不適當之點，因爲並不是每個職工組合都備有這種津貼，而且不在職工組合內的工人之數很多，若採這個計畫，那班人便不能受益。　統聯合國內在工作年齡中的成年男子而論，只有一百五十萬人以職工組合員的資格得享失業津貼的利益。　末後決定的正當辦法是設立一種直接的失業保險制度。　草擬計畫之人看出陡然立定普遍的失業保險制度在事實上很可不必，在財力上也辦不到，所以不能不在兩種計畫中擇善而從，這兩種計畫一是各類職業中某幾等工人應當保險，一是某幾類職業中各等工人俱當保險。　前一個計畫中，保險應當是自願的；後一個計畫中保險應當是強迫的。　末後擇定的是第二個計畫，爲試驗起見，選出了工商業衰落期間最受影響的兩類職業先行辦起。　一類是建築業，包括建築工人，鋸木廠工人，和平常勞働者，人類共約一百三十二萬一千名；另一類是機械工業，包括機器工師，造船工人，造車工人，鋸木廠工人，和平常勞働者，人數共約一百一十萬名。　在這二百四十二萬一千名僱工中，不過三十五萬名曾在職工組合內保險以防失業。

一九一一年國辦保險條例的第二部分即是爲上述的工人大團體制立失業保險。　按照這個法律的條款，

(a) W. H. and C. F. Beveridge: Labour Exchanges in the United Kingdom in Quar. Bull of Internat. Assoc. on Unemployment, July, 1913.

凡從事於規定各業中年在十六歲以上的勞働者俱須保險以防失業。保險基金是由僱主及僱工會同繳納，國家撥款資助。工人一星期繳三又三分之一本士，僱主繳二又二分之一本士，國家資助一又三分之二本士，共計七本士半。但僱主與僱工訂立全年僱傭契約時，僱主得扣回應繳款項的三分之一。保險利益是在失業期間每星期得領費七先令（十六歲及十七歲的僱工每星期爲三先令六本士）一年之內以繼續十五星期爲最大限度。每個僱工保存一份保險簿，僱主自買郵局經售的保險印花給他粘上。工人失却僱傭時，便可去到最近的勞働交易所（或承辦國定失業保險的職工組合）遞簿請求他應領之費。但僱工因參加罷工或解僱，或因過失被開除，或無正當理由而自願退工時，俱不得領費。每個被保險人年滿六十歲（若於五十五歲退休時，卽從五十五歲算）已繳款至五百星期者，得收回所繳之款的總數，另外加給百分之二·五的複利，會領失業費者須照數扣除。須要注意，這個辦法中除了強迫保險之外還有自願保險的規定。這種自願保險，簡單說，是指任何職工組合或任何職業的其他工人組織爲其會員籌備失業保險時，國家可給以津貼，至該組織付出的失業費總額六分之一爲度。強迫及自願兩項失業保險的一般監督之權是委託於商務部，商務部並管理一九〇五年的失業工人條例和這個條例制定的急賑委員會。英國採用失業保險制度時並無何等激烈的反對，而且一般人很了解這種試驗一旦成功必可迅速推行這種強迫的失業保險於其他相宜的各職業。作者寫到此處時，英國的失業保險尚無推廣之事。但據最多數觀察家的意見都以爲截至歐戰爆發以致勞働狀況擾亂之時爲止，這個制度施行之期雖短，却已足使提倡的人十分滿意。（見畢爾利吉的聯合國中之失業保險載在國際調查失業協會季報一九一四年一月號；哈爾色的英國之強迫失業保險載在美洲勞働法制評論一九一五年六月號(a)。關於一九一一年國辦保險條例實施狀況之簡明紀叙，可參看斐炳研究部調查委員會所編的報告書，一九一四年三月十四日的新政治家特別增刊內亦印有此文。)

(276)法國之疾病保險及失業保險　除德國和英國之外，由國家規定社會保險之理想在歐洲較大之國中以法國爲最有基礎。法國，也如他國一樣，在國家開始規畫社會保險之前久已有保險機關。在大革命之前，各行會已辦有疾病保險，失業保險，及他種保險；在行會被禁之後，通十九世紀中這類活動繼續由自願的地方會社進行。自然，這些機關辦的保險都是部分的，散漫的，而且是純屬自願的。乃是在過去十五年或二十年間，法國一面受德英先例之激動，一面又不滿意於本國那種無制裁的保險，於是開始趨向採用一種強迫的，國家監督的，徹底的，保險制度。現今這種制度的一大部分已實行了。

獲得法國政府注意的第一類保險是關於疾病部分的。法國政府對於這件事的唯一積極行動是使私立的，自願的疾病保險會社受公家取締。可以不必贅述這一段法國法制史的瑣屑情形，只簡單說，早如一八三四年已開始這種取締；一八五〇年及一八五二年也定有關於此事的新法律；到一八九八年時現存的會社都併爲兩類，一類名爲「自由的，」另一類名爲「檢定的；」兩類會社俱受政府的嚴密考核。這些會社必須把他們的章程呈送該管官廳查核，他們辦理保險須以法律認可的爲限；現今這種辦法仍舊繼續照行。會社總數，包括爲兒童設立的會社，在一八九八年爲一一，八二五所，到一九〇八年增爲二〇，二〇〇所。一八九八年

(a) O. S. Halsey: Compulsory Unemployment Insuranse in Great Britain, in Amer. Labor Legis. Rev., June, 1915.

會員總數為一，九〇九，四六九人在一九〇四年為三，四八八，四一八人在一九〇七年估算為四，六八〇，〇〇〇人。　這些組織的主要職能是籌備疾病卹金，有時也兼備他種卹金。　通常，僱主只對涉及自己利益的會社捐款，而且是只隨自己的願意。　會社所需的基金大半是由會員繳納，通常每月一法郎；但家長及妻子兒女一併保險時則繳款稍多。　然而差不多每個會社的人名冊上都載有「名譽會員」，會社常靠名譽會員捐助大筆款項；而且過半數會社俱經國家給以小額津貼。　須要注意法國各等工人，除兩等外，對於疾病保險都是自願的，而且是入社時臨時決定之事。　上述兩個例外是礦工及水手，法律為保護這兩等工人起見已制定由僱主及僱工公同繳款維持的強迫保險制度。

法國失虞保險雖異常通行，却也是自願的。　按一八九八年四月九日的僱主責任及工人賠償條例(1)和各修正案所規定，僱主對於工人所遭的職業失虞應負責任，法國這個法律比英國同樣的法律更為完密，僱主更不易有規避責任之途。　這個一八九八年的條例是法國國會兩院的折衷辦法，因為衆議院原贊成普遍的強迫保險計畫而參議院反對。　條例原定適用於一切工業場所中的工人，凡延至四日以上的傷害俱得受賠償。　由一八九九年及一九〇六年的修正案，這個法律被推行到以機械動力運用農業機器的工人和商店的僱工。　自一八六八年以來法國即設有國立失虞保險局(2)，僱主可在局中保險以防失虞的責任；凡辦理僱主責任保險的公司及會社俱受政府的監督而且須取具適當的保證。　除經營礦業者及船舶所有者以外，僱主在法律上並無必須為僱工保險之義務，但事實上各僱主很被鼓勵去這樣辦。　據估算在現行法律之下得

1. Employers' Liability and Workmen's Compensation Act. 2. Caisse National d'Assurance en Cas d'Accidents.

受賠償的一切工人中有百分之七十的保險證書是從僱主處取得的。

(277) 法國老年保險之發端　在晚近年間法國也如歐洲其他重要之國一樣行有強迫工人老年保險制度。法國在十九世紀中葉已有幾個籌備養老年金的機關，最重要的是兩個國立的局所，一是信託貯金局(1)設於一八五六年，一是國民養老年金局(2)設於一八五〇年，改組於一八八六年。信託貯金局是一個國立大銀行，對於儲蓄存款付給高率利息以獎勵勤儉；國民養老年金局實是一個保險局，按低廉價格經售「即期生存年金」和「定期生存年金」。信託貯金局的存款摺在一八八四年爲五九七，四三八扣，到一九〇六年增爲四，二四七，三四四扣，存款者不僅是各個人(成年人和兒童)並有友誼會社和公司。一八九五年，政府興行一種制度，試辦國家負擔老年贍養之事，凡年在七十歲以上之人曾存款於信託貯金局滿規定的期限時得由國家財庫將本人應領的年金增加一定成數。

一九〇五年七月十四日法國制定法律從一九〇七年一月一日起國家籌備贍養費給兩項急待援助的人民，即是七十歲以上之人及年在七十歲以下而因疾病或失虞致成永久殘廢之人。這個計畫是以不須繳款爲原則，贍養費之數爲一年六十法郎至二百四十法郎，按領費者的境況而定。國家對於此事的負擔已是很重(一年一萬萬法郎)但一般人仍不甚滿意，隨即要求以普及的老年及癈疾保險制度補充這個辦法。早如一九〇六年衆議院便通過一個詳細的議案，打算由僱工，僱主及國家協同籌集基金以贍養農工，商業中年在六十歲以上的工人。參議院因恐將來籌款太難，竟把這個議案否決了。但在一九〇九年一個修正的草案

1. Caisse des Dépôts et Consignations. 2. Caisse Nationale des Rétraites Pour la Vieillesse.

(a) H. L. Rudloff: Das Französische Altersversicherungsgesetz Vom 5, April, 1910, in Jahrb. f. Nat. Oek., Nov. 1910. 1. Old-Age Pensions Act.

又被提出了；經屢次改削之後，這個老年贍養條例(1)於一九一〇年四月五日成爲法律。（這個法律的英文譯本印在一九一〇年的美國勞働統計局彙報。參看盧德洛夫的一九一〇年四月五日之法國老年保險法載在國民經濟雜誌一九一〇年十一月號(a)。）

(278) 一九一〇年法國之老年贍養法　法國採用的制度與德國現行的極相類似。舊日存在的自願老年贍養辦法仍是繼續施行，但補充以一個新而宏遠的強迫與自願幷行的保險制度。這個法律規定工業中，商業中，農業中，家庭勞務中，專門職業中，國家公務中，各郡公務中，及各地方公務中所僱用的男女工人（除享有特別老年贍養基金之利益者不計。）每年報酬在三千法郎以下者俱須強迫保險。（這個條例不適用於偶然作工之人和不純恃工資爲生之人。這個法律不適用於礦工，水手，及鐵路工人，因爲這三項人已另設有各別強迫保險的制度。法國的老年贍養制度，與德比兩國相類而與英國的不同，是須要繳款的。被強迫保險的一切人都定爲必須繳款，僱主也同時照繳一份，繳款的定率是男子一年九法郎，婦女一年六法郎，十八歲以下的工人一年四法郎半。每個被保險人每年都被給以一張印就的紙片，可粘貼印花以記僱主及僱工兩方繳款之數，這種印花是由郵政局，煙草店，及收稅局經售。每次發放工資之日就便完納繳款，僱主在工資內扣除工人應繳之數，加上自己應繳之數，用表示「混合繳款」的紫色印花粘在僱工的紙片上。食工資者年滿六十歲時（條例原定六十五歲，但一九一二年二月二十七日的修正案故爲六十歲。）即可請求清算贍養費，但他若自己情願展緩以圖增加贍養費率時，清算一舉可推緩到年滿六十五歲之時。贍養年費是按從前歷次繳款的總數比例照算，但繳款達十五次以上者政府必定在贍養費上另加津貼。　繳款在十五次至三十次之間者，這筆津貼是按一年繳全之數加三法郎三十三「生丁」照算。　繳款在三十次以上者，（凡男子曾服軍役二年者即按二十八次算。　婦人生育一次者，繳款限度從二十九次算；生育二次者，從二十八次算；此增彼減，以下照此類推。）　這種津貼是一百法郎。　被保險人，無論男女，若已養育至少三個兒女，均已滿十六歲時，這種津貼得另增十分之一。　被強迫保險之人，年滿五十五歲，已繼續繳款滿五年者，得請求先行清算贍養費；但遇此等情形，國家所准津貼亦須同時清算，並須照數比例減低。　被保險人因「早衰」而致完全永久失却工作能力時（因工業失慎而成殘廢者除外，）他可以隨時援「癱疾」之例請求先行清算贍養費。　若算出的贍養費不足三百法郎時，國家可按規定的分等定率在贍養費上另加一筆津貼。　被保險人未及領贍養費而死時，國家可對他的嗣子或指定受益人付給卹金。

經濟地位比平常食工資者稍好的幾等人，若自願保險時，也可參享老年贍養條例的利益。　這幾等人是指手藝匠人，小僱主，小農地佃戶，及一切每年收入在三千法郎以上而不及五千法郎的工人。　自願保險的條件自然與強迫保險的大不相同。　自願保險人不是食工資者，沒有僱主為他繳款。（小農地佃戶除外。　法律規定佃戶完納老年贍養繳款時，地主亦須照納同額之數，一年以不超過九法郎為限。）　所以國家不必照強迫保險的辦法在清算贍養費時增加年金，只在自願保險人每年完清繳款時國家隨即加上津貼，津貼之數以合繳款之一半為限。　自願保險人，也如強迫保險人一樣，可於年滿六十歲時請求清算贍養費，也可等到年滿六十五歲時再行淸算。

一九一一年三月二十五日的老年贍養條例施行細則規定必須造具兩種被保險人名册，一種是強迫保險的，另一種是自願保險的。 造具名册和改訂名册之事應歸各自治區的知事辦理，由自治區議會推定兩名議員襄助，其中一名須屬於僱主階級，另一名須屬於食工資者階級。 這兩種名册俱須於每年四月改訂一次，並須在自治區所在之郡的郡長公署存案。 自願保險人名册須隨時公開，願意加入之人可在自治區知事處申請，知事即將申請情形知會郡長。 或准或駁是由郡長主持，但申請人不服時可對平判官控訴，並可一直告到高等審判廳。 老年贍養條例於一九一一年七月三日有效施行。 在那時，自願保險名册和強迫保險名册共列五，八七六，六九五人。 勞働部中設有一個老年贍養事務處，以衆議院議員，參議院議員，各部及各局官員等三十二人組織之，一面監督老年贍養制度之施行，一面會同收集保險繳款各機關共策進行。（一九一〇年條例定有辦法以備設立或利用各種保險機關（這些機關俱屬勞働部管轄）其中包括國民養老金局，各私益會社，各私益會社聯合會，各郡集款會，各地區集款會，僱主老年贍養集款會，及各勞働組織的老年贍養集款會。 被保險人可自行指定願在何機關開具帳簿完納繳款。）

(279) 奧大利之社會保險 按年代而論，最早的仿效德國先例而建立工人強迫保險制度的國家是奧國。 奧國國會於一八八七年十二月二十八日通過一個失虞保險法律，隨於一八八八年三月三十日通過疾病保險法律。 在一八八七年之前，除民法中稍有不關痛癢的僱主責任條文和一八六九年三月五日的條例使鐵路業務的僱主對於非由僱工曠怠而起的失虞應負責任外，竟直沒有賠償失虞傷害的保證。　一八八七年的法律就大體而論，是模仿德國的成法，不過管理上頗不相同，而且保險基金不是從職業類分而以地理區劃爲斷。　法律原定適用於工場中，鍊鐵廠中，礦山中，船埠中，石坑中，建築業中，及一切須用機器或炸裂物質的工業中所僱用的工人和監工之人；一八九四年七月二十日修正法律，於是鐵道上及其他運輸業中的工人，消防隊，清道夫，和別的許多種工人，俱受這個法律的利益；未受保護的只有農業勞工（用動力機器者除外）造林工人，和從事於不用機器的小工業之人。　賠償費是分等的，與德國辦法一樣，但賠償費額比德國的爲低。　若遇完全失却工作能力時，贍養費是按受害人平日工資的百分之六十合算；若祇失却部分工作能力，贍養費亦比例照減。　德國的工人不負擔失虞保險的費用，但在奧國，這種費用在名義上雖全由僱主負擔，而僱主可在僱工的工資內扣除這筆費的一小部分，以百分之十爲最大限度。　在一九〇六年，失虞保險所保護的人數爲二，九一八，六七九名。　這個數目看着似乎很小，但須知奧國工業尙未大發達，他的一千萬工人中有大半數是受僱於農業的。　還有一樁可注意的事是一九〇六年被保險人數中婦女占百分之二一·一。

奧國一八八八年的疾病保險法也是出於德國先例之感動，同時又因本國已有的私益會社和各種疾病保險機關雜亂無章，太不中用之故，所以不能不大加整頓。　如德國的辦法一樣，舊組織也可利用來達新目的，現今奧國經營保險的會社仍有八種之多。　各項工業中，商業中，和運輸業中所有僱工俱須強迫保險；他種業務中，農業中，和林業中工人保險是自願的。　八種會社中有六種是照德國的辦法，即是僱主繳款定爲三分之一，工人繳款定爲三分之二；其餘兩種會社中僱主繳款是隨各人的慷慨，否則必須有特別法律規定時僱主方爲繳款。奧國疾病保險所定的利益比德國的稍大，主要的差別是：德國的最小額養病費爲平日工資百分之五十，奧國的爲百分之六十。在一九〇六年，疾病保險會社之數是二，九一七所，被保險人數是二，九四六，六六八名，其中有百分之二二·六是婦女。在二十世紀的最初十年中奧國曾有修正現今法律推廣國辦保險制度的擬議。一九〇四年十二月九日對立法院提出一個修改並推廣工人保險之大綱，其中包括相連的幾種法律，打算用以代替現行的幾種各別法律。奧國政府已費了不少的工夫仔細考究這個計畫的細目，但尚未正式制定而一九一四年的大戰爆發，政府的注意也就完全不能再顧此事了。然而已經議妥的改革之點包括擴張疾病保險使人數升到五百二十萬名，整頓失廣保險使在危險最大的工業中較有實效，和仿效德國成法舉辦老年贍養及殘疾保險。（奧國除一八五四年定有礦工老年及殘疾保險辦法和一九〇六年定有書記員等老年及殘疾保險辦法之外，現今尚無老年及殘疾保險的完密制度。）（譯者按奧國於歐戰之後已規定強迫老年保險制度。）

(280)比利時及荷蘭之社會保險　過去十年中社會保險在北歐各國傳播很速。尤堪注意的是比利時成就的效果。（以下各段是在大戰爆發以前寫的，因爲戰中比利時的經濟社會狀況最爲不定，所以仍留舊稿，暫不改作。）在比利時，公家獎勵工人保險之舉始於一八五一年制定的法律許救濟工人的友誼社得經公家正式認可，這個法律乃是仿效法國於一年前規定的辦法。一八六一年及一八八七年俱制有鼓勵設立這類會社的條例。　現行關於工人保險的法律是一八九四年六月二十三日通過的。　乃是這個法律第一次規定國家撥款資助疾病保險組織。　法律規定只有「已註册的」會社纔許領國家津貼，這種會社在一九〇七年共計三千三百所，共有會員四十萬人。　未註册的會社是獨立經營的，不能享公家資助，在一九〇七年約有八百所，共計會員五萬人。　一考比國食工資者共有一百二十萬人之多，可見疾病保險尙大有擴張的地步。　自一八六八年以來，礦工已經規定由疾病保險會社強迫保險以防失虞，僱主及僱工俱完納繳款附入疾病保險會社的集金內，國家及各省政府另給津貼。　一九〇三年十二月二十四日制定了一個僱主責任法律，其條款適用於一切農工商業中的工人及每年收入不足二千四百法郎的學徒和監工之人。　比國各方面都要求制定一種完密的失虞保險制度，由僱主和僱工共同繳款維持。　這種計畫未能得國會可决；但在現今嚴密取締的情形之下，凡在工作時間發生的失虞之事僱主必須負賠償金錢的責任，除因工人自己疏忽而起的失虞不計。賠償費的最大限度是工人平日工資之半數。

比國國家對於工人盡的一種大勞務是創立現行的老年及痼疾保險制度。　在一八五〇年比國已以法律設立一個國立年金局(1)，凡年在十八歲以上的人俱可在其中爲自己或他人分期納費，日後得享「即期生存年金」或「定期生存年金」的利益。　一八六五年這個計畫大加擴張：在一八六九年，年金的最大額定爲一千二百法郎(現仍照行)。　一八九一年政府開始以獎勵金津貼買年金之人；一九〇〇年制定一件重要法律，一九〇三年加以修正，於是政府津貼的原則立爲定制，以國家指定的經常款代替從前按年特別撥款的辦法。

1. Caisse Générale d' Épargne et de Rétraite, (State Annuity Fund).

一九〇〇年法律的目的是鼓勵工人勤儉之風並爲籌集基金以便他們年滿六十五歲時得領一筆年金，以三百六十法郎爲最大限度；第二層用意是給男女工人妥籌特別「賜金」一年六十五法郎，以備工人的急需。工人存儲一法郎時國家給他加上一法郎的五分之三，所以一個人存十五法郎時到年底便有二十四法郎。換句話說，國家指給年金局的款項是以工人存款的百分之六十爲最大額，工人一年存款在十五法郎以內的都得享這種利益。存款較大時政府協款亦比例縮小。存款人的款項已足使他一年得領三百六十法郎的年金時政府便不另給津貼了。各省及各自治區對於這個制度的開支都籌款協助，國家預算案列的這筆款項每年約一千五百萬法郎。在一九〇六年，存款人數是二，二二四，七二七名。

在荷蘭，疾病保險是全由相互保險社辦理，這種會社約有七百所，有些很大，但最多數都是只容納一個地方的工人或當地一種職業的工人。一九〇四年，政府提出議案打算給一年工資不足一千二百「基爾打」(1)(合美金四百八十元)的工人籌畫強迫疾病保險，但一九〇五年因內閣易人之故便把這個議案打消了。一九〇六年政府又提出一個新議案，但也是沒有成功。二十年來荷蘭不斷的討論國辦保險以防殘疾老衰的問題。委員會屢有報告書呈入國會，國會中也屢次提出這件事體的議案，但總沒有完滿的結果。過去十年間考慮的提案中最重要的一個是一九〇七年提出的老年及寡婦保險計畫，規定年在十六歲以上而一年工資不足一千「基爾打」的工人俱須強迫保險。荷蘭，也如比利時一樣，失業保險雖仍由職工組合辦理而各地方加以資助，但國辦失業保險的問題也是不絕的鼓勵。關於失虞保險一層，立法院多年的努力已造成極好

1. Guilder.

的效果。早如一八九四年，皇家委員會便已條陳強迫失業保險的計畫，所需費用全由僱主負擔。根據這個條陳的提案因內閣變更旋即撤回；一八九八年第二次提出此案也未能通過。然而一九〇〇年提出的議案是於一九〇一年一月二日通過了。由這個法律各項工業中的強迫失業保險都切實設定了。法律中釐定的利益是異常寬大。這類利益包括免費的醫藥調治；永久失卻工作能力及暫時失卻工作能力者俱給調養費，按平日工資百分之七十合算；因失業致死時，死者的家屬得領一筆年金，以死者生存時工資的百分之六十爲最大限度。

(281) 斯坎地拿維亞各國之社會保險　斯坎地拿維亞各國中社會保險的進步也很可注意。丹麥於一八九一年四月八日以法律制定一種完密的老年贍養制度，凡年在六十歲以上之人，每年收入不超過明文規定的金數，而經十年之間未領卹貧費者（一九〇八年時改定這個限制爲五年）俱得領一筆贍養費；贍養基金是由國家課稅籌集的。在一九〇五年至一九〇六年，領贍養費的人數約五萬名，贍養費平均數爲一百五十二「克朗」(1)（合美金四十一元），支出總數爲七百六十萬「克朗」。丹麥的疾病保險是由一八九二年四月十二日的法律規定的，由此幾百個相互保險社（在一九〇七年約一千五百所，會員總數爲五十一萬四千人，約占全國成年人口的百分之三十以上）俱經公家認可，並受國家資助；失業保險是一八九八年一月七日的法律規定的，由此僱主責任和工人賠償的原則被推行於各類工業中，只有農業不在其內，但給工人保險一事是完全聽僱主自己定奪。

1. Crown.

瑞威於一八八五年特派委員考查工人保險制度的詳細情形。 一八九〇年政府提出議案籌備強迫的疾病保險和失虞保險；但決定的法律於一八九五年七月一日施行，只適用於失虞。 按這個法律的條款，從事於製造業的一切工人必須由僱主在國立保險局中爲之保險。 一九〇〇年的委員曾提出第二種強迫保險議案，但未經國會通過。 一九〇八年有一班新委員又提出一種計畫，隨於一九〇八年九月十八日定爲法律。 這個法律規定農業工人及工業工人俱須強迫保險以防疾病。 一九〇八年的委員並主張一種「殘廢老衰贍養」的計畫，他們的報告書雖早已呈出，但至今尚未定出法律。 這個計畫是：凡年滿七十歲的人，不論其收入多少，俱得領贍養費；所需經費由國家，地方，及被保險人共同負擔。

瑞典於一八八四年初次特派委員調查工人保險制度。 一八八八年，模仿德國的強迫失虞保險議案被國會否決，隨後十年中有兩個議案俱未通過。 然而一九〇一年，國會制定了一份僱主責任法，按其條款，僱主保險與否可聽自便，但失虞之事不是由於僱工的粗心妄動時僱主必須賠償僱工所受的傷害。 至於疾病保險，瑞典國家並未直接規定這種制度，但一八九一年的法律承認疾病救濟會社，免除他們納稅的義務，並由國家撥款資助他們；會社之數約二千三百所，他們要享上項利益時必須承諾幾項規定的簡單條件。 瑞典還沒有痌疾及老年保險的辦法，但國人對於此事鼓吹已久，國會中屢次提案討論，却總未能通過。 近年來已有一班新委員考慮這個問題，政府也正極力籌款以爲老年贍養制度的基礎。（譯者按瑞典已於一九二〇年規定強迫的痌疾及老年保險制度）

(282)瑞士之社會保險　瑞士工人保險的發達在初時頗爲參差，但所得的效果却是很大，而且現今已着手整理推廣，將來必定有重要的進步。　自一八七五年以來，瑞士屢次制定法律，僱主責任的原則已繼續推行於工商各業中，而且一八九〇年十月間又修改聯邦憲法，以便聯邦政府得以法律籌備疾病保險及失虞保險。經長期調查之後，瑞士政府於一八九八年六月二十八日提出議案，打算設制一個通行全國的制度，強迫一切工人保險以防失虞，失虞保險經費全由僱主負擔，並使一切工人自行保險以防疾病。　這個議案於一八九九年十月五日經聯邦議會通過，但因其中條款有干涉當時疾病保險會社太過之處，於是全國人民用「公民表決權」(1)把他打消了。　躭誤幾年之後，一個新議案於一九〇六年十二月十日提出，其中把失虞保險定爲強迫的，而使疾病保險聽工人自便。　這個議案於一九一一年六月十三日經議會可決，於一九一二年二月四日經人民批准。

就瑞士全國而論，疾病保險不是強迫的；不過聯邦政府得撥公款津貼疾病保險會社以獎勵這種保險。各邦自己可規定一般人或某幾項人應行強迫保險以防疾病，可撥定公款以辦此事，可使僱主（他們自己不必繳款）照料他們的被強迫保險之僱工完納繳款。　運輸業中，郵務中，建築業中，機械工業中，安設電話電報業中，礦業中，石坑中，河工中，隸屬於一八七七年三月二十七日聯邦規定的僱主責任法之工場中，及須用炸裂物質之工業中，所僱用的人俱須強迫保險以防失虞。　管理失虞保險的中央機關是全國失虞保險局，各邦俱設一個分局，而且聯邦政府應撥五百萬法郎以充這個局的活動資本，另以五百萬法郎充「準備金」，並負擔這

1. Referendum.

個局的經費之一部分。 保險利益包括醫藥，治療，永久失却工作能力的賠償費，和暫時失却工作能力的賠償費。（瑞士一九一一年法律的英文譯本印在美國勞働統計局彙報第一〇三號（一九一二年，華盛頓出版。））瑞士現今還沒有全國的老年保險制度，但有幾邦已施行養老年金之法。

(283) 意大利之社會保險　在地中海岸各邦要算意大利在社會保險範圍內的成就最可注意。 在意大利，也如英法一樣，疾病保險是由相互保險社辦理，這些會社并備有失虞費，養老費，和喪葬費。 一八八六年這些會社初次經國家認可，自此以來已註册的會社都享有「法人」之權，有些會社並受國家津貼。 在一九〇五年會社之數為六，五三五所；會員總數約一百萬人。 這些會社大致都是很小的，會員享的利益也很有限。 所需的基金是由會員按月交納的保險費集成，通常這種保險費的數目是各會員一律的。 到一八八三年意大利產業主義之發達促成意國十六儲蓄銀行設了一個全國失虞保險局，經政府批准就由這十大儲蓄銀行辦理。 在這個局裏買保險極容易，而且價格很低廉，僱主和僱工俱不受強迫。 但這個局售出的保險證書為數甚少（在一八九七年總計只四，三一一份，被保險的工人為一六二一，八五五名）。 所以政府於一八九八年公布一件重要法令定工業失虞之保險為強迫的，所需費用全由僱主負擔。 一九〇三年這個法令的範圍又行擴張一次，現今意國的工人賠償制度要算歐洲這種制度最好的之一。 一八九八年並制定一份「殘疾及老年保險法律」，這乃是二十年研究討論的結果。 這份法律制立了一個全國老年及殘疾保險局，總局設在京城羅馬(1)，全國遍設分局，招致工人在局中存放他們的蓄積。 這些存款，補以政府津貼和私人捐款，足為

1. Rome.

老年贍養基金按現行辦法，贍養費可於五十歲時，六十歲時，或六十五歲時起支。 在一九〇七年，被保險人數爲二五五，一二七名，基金總額約近六千二百萬「里爾」(1)(合美金一千二百四十萬元)。 一次收入的繳款有小到半「里爾」的(合美金十仙)，每個被保險人一年繳款不得超過一百「里爾」。

(譯者按「保險」的定義是「把極少數人受的損失分配於極多數人」 分擔損失的人數既多，損失的影響自然是極小的了。 平常的火災保險，海上保險，人壽保險都是本於這條原理。 例如一個「人壽保險公司中」有一千人保險，每人一年納保險費十元，公司共收一萬元把這一萬元投入生產事業中每年可得利一千元，被保險人在一年之內身死應賠償一百元；照這樣算法，必須這一千人中死了十人時公司纔無餘利；如果經理的人深明保險學理，用統計方法算出死亡率，處處預先籌畫周密，從保險業務中求利眞是「如操左券」。 保險學理極爲複雜，此處也不必多說；但從上舉簡單之例可看出「保險」的幾種「社會利益」：(一)集合少數金錢爲大資本以經營生產事業；(二)被保險人不幸而逢災害時得受賠償；(三)被保險人平安無事也只當如儲蓄一筆款項，將來仍可連本帶利一齊收回；(四)無形之中增進人羣互相維護的美德。

「社會保險」便是應用上述的理由謀社會全體的幸福。 平常財產保險是防火災水害，社會保險乃是防人生難免的老病，傷亡。 換句話說，社會保險即是使收入不豐的人對於老病，傷亡，都預籌一筆費用，免得一旦不幸失業或患病竟至流落，終爲社會之累；這原是平常能夠儲蓄就可辦到的事。 然而工人的工

1. Lire.

資是有限的，加以終日勞力，既難有餘財可供儲蓄，也難有閒心深謀遠慮；所以社會保險不能不有強迫的性質。

自從德國興辦社會保險成績昭著，各國爭先恐後的採用這種制度。歐洲大戰之後，社會保險更是經濟改造的一種重要方法。截至一九二○年，已採用「工人賠償法」的國家，除歐洲重要之國不計外，大略如下：日本，阿根廷，智利，巴西，古巴，南非同盟，墨西哥的六邦，坎拿大的八省；其餘不能盡舉。已採用強迫疾病保險的國家是奧大利，匈牙利，露森堡，瑙威，英國，俄國，塞爾維亞，羅馬尼亞，荷蘭，葡萄牙，捷克斯拉夫國，波蘭。（除波蘭係以命令規定外，其餘各國俱係以法律規定。）強迫疾病保險制度中已規定產婦調養費的共計十二國如下：英，德，露森堡，荷蘭，羅馬尼亞，塞爾維亞，奧大利，匈牙利，捷克斯拉夫國，俄國，瑙威，波蘭。已實行強迫老年保險制度的共計十一國如下：德國，露森堡，法國，羅馬尼亞，瑞典，荷蘭，奧大利，意大利，葡萄牙，西班牙，捷克斯拉夫國。已採用強迫遺族保險的是德，法，荷蘭，意大利。強迫失業保險比較難辦，除英國在大戰之前已行此制並於戰後大加修改外，到一九二○年只意大利定有此法，其餘之國尚在考慮中。歐戰之後，美國對於社會保險也極力實行，但多由各州自辦。在近世經濟制度之下改良社會的要着大約是無過於社會保險的了。

禮運記孔子說：「使老有所終；壯有所用；幼有所長；矜寡孤獨廢疾者皆有所養。」孟子稱「文王之民無飢寒之老者。」二千多年前中國的大學者已經這樣提倡鼓吹，二千多年後的中國人自己仍是一無所有，豈不大可慚愧！

SELECTED REFERENCES

General

S. J. Chapman, Work and Wages (London, 1908). II. 401-482.

J. R. Commons and J. B. Andrews, Principles of Labor Legislation (New York, 1916), 354-414.

W. F. Willoughby, Workingmen's Insurance (New York, 1898).

L. K. Frankel and M. M. Dawson, Workingmen's Insurance in Europe (New York, 1910).

H. R. Seager, Social Insurance; a Programme of Social Reform (New York, 1910).

I. M. Rubinow, Social Insurance: with Special Reference to American Conditions (New York, 1913).

J. F. Wilkinson, Social Questions of the Day (London, 1891).

E. ver Hees, Les pensions ouvrières d'invalidité et de vieillesse, in Rev. Econ. Internat., Aug., 1907.

W. J. Ashley, The Present Position of Social Legislation in England in Econ. Rev., Oct., 1908.

H. Bourgin, Une critique de l'assurance sociale, in Rev. Pol. et Parl., Jan. 10, 1913.

W. A. Willis, National Health Insurance Through Approved Societies (London, 1914).

A. Loria, La politique sociale en Angleterre et en Allemagne, in Rev. Econ. Internat., Feb., 1914.

R. M. Woodbury, Social Insurance: Old-Age Pensions and Poor Relief, in Quar. Jour. Econ., Nov., 1915.

J. Blanchon, Le paiement des pensions de l'état (Paris, 1915).

Workmen's Compensation Legislation in Great Britain

C. J. H. Hayes, British Social Politics (Boston, 1913), 20-76.

G. Howell, A Handy-Book of the Labour Laws (3d ed., London, 1895), 157-185.

F. C. Schwedtman and J. A. Emery, Accident Prevention and Relief; an Investigation of the Subject in Europe with Special Attention to England and Germany, together with Recommendations for Action in the United States of America (New York, 1911).

Anon, British Workmen's Compensation Act of 1906, Bulletin of U. S. Bureau of Labour, No. 74 (Washington, 1908), 144-158.

W. A. Willis, The Workmen's Compensation Act, 1906; with Notes and Rules and Regulations under the Act (10th ed., London, 1907).

L. Packer, British Workmen's Compensation Acts, Bulletin of U. S. Bureau of Labour, No. 70 (Washington, 1907).

M. M. Dawson, The Cost of Employer's Liability and Workmen's Compensation Insurance, Bulletin of U. S. Bureau of Labour, No. 90 (Washington, 1910).

C. H. Verrill, Workmen's Compensation Laws of Foreign Countries, Bulletin of U. S. Bureau of Labour Statistics, No. 126 (Washington, 1913).

A. H. Ruegg, Employer's Liability and Workmen's Compensation (7th ed., London, 1907).

V. R. Aronson, The Workmen's Compensation Act, 1906 (London. 1909).

E. T. H. Lawes, The Law of Compensation for Industrial Diseases (London, 1909).

F. L. Finninger, The Workmen's Compensation Acts, 1906–1909 (2d ed., London, 1910).

J. G. Pease, An English Workman's Remedies for Injuries Received in the Course of His Employment, at Common Law and by Statute, in Columbia Law Rev., June, 1915.

Old-Age Pensions in Great Britain

C. J. H. Hayes, British Social Politics (New York, 1916), 130-184.

P. Alden, Democratic England (New York, 1912), 144–164.

C. Booth, Pauperism and the Endowment of Old Age (London, 1892).

C. Booth, Old Age Pensions and the Aged Poor (London, 1889).

J. A. Spender, The State and Pensions for Old Age (London, 1892).

W. Sutherland, Old-Age Pensions in Theory and Practice, with Some Foreign Examples (London, 1907).

H. F. Stead, How Old-Age Pensions Began to Be (London, 1909).

F. Bouffard, Les rétraites ouvrières en Angleterre (Paris, 1910).

J. Bardoux, Les rétraites ouvrières en Angleterre (Paris, 1911).

L. Courcelle, Les rétraites ouvrières et paysannes (Paris, 1911).

A. de Lavergne, Les pensions de vieillesse en Angleterre, in Rev. Sci. Pol., Sept.-Oct., 1911.

H. J. Hoare, Old-Age Pensions; Their Actual Working and Ascertained Results in the United Kingdom (London, 1915).

Unemployment in Great Britain

P. Alden, Democratic England (New York, 1912), 87–121.

S. J. Chapman, Works and Wages (London, 1908), II, 304–400.

C. J. H. Hayes, British Social Politics (Boston, 1913), 185–216.

A. C. Pigou, Unemployment (London, 1914), 203–227.

T. G. Spyers, The Labour Question (London, 1894), 150–174.

G. Drage, The Unemployed (London, 1894).

J. A. Hobson, The Problem of the Unemployed (London, 1896).

P. Alden, The Unemployed (London, 1905).

H. V. Toynbee, The Problem of the Unemployed, in Econ. Rev., July, 1905.

W. D. P. Bliss, The Unemployed in European Countries [Bulletin of U. S. Bureau of Labour, No. 76 (Washington, 1908)].

N. B. Dearle, Problems of Unemployment in the London Building Trades (London, 1908).

F. I. Taylor, A Bibliography of Unemployment and the Unemployed (London, 1909).

S. J. Chapman and H. M. Hallsworth, Unemployment; the Results of an Investigation Made in Lancashire and an Examination of the Report of the Poor Law Commission (Manchester, 1909).

P. Alden, Aspects économiques du problème des sanstravail, in Rev. Écon. Internat., Sept., 1908.

D. F. Schloss, Insurance against Unemployment (London, 1909).

W. H. Dawson, The Vagrancy Problem (London, 1910).

C. Jackson, Unemployment and Trade Unions (London, 1910).

S. and B. Webb [eds.], The Public Organization of the Labour Market; being Part II of the Minority Report of the Poor Law Commission (London, 1909).

S. and B. Webb, The Prevention of Destitution (London, 1911).

I. G. Gibbon, Unemployment Insurance (London, 1911).

B. S. Rowntree and B. Lasker, Unemployment, a Social Study (London, 1911).

W. H. Beveridge, Unemployment; a Problem in Industry (3d ed., London, 1913).

H. W. J. Stone, Labor Exchanges in England, in Fortnightly Rev., Oct., 1913.

F. Keeling, Unemployment (London, 1914).

The British National Insurance Act of 1911

P. Alden, Democratic England (New York, 1912), 122-143.

C. J. H. Hayes, British Social Politics (Boston, 1913), 506-572.

S. and B. Webb, The State and the Doctor (London. 1910).

D. Lloyd George, The People's Insurance (London, 1911).

British National Insurance Act, 1911, Bulletin of U. S. Bureau of Labour, No. 102 (Washington, 1912).

W. Beauchamp, Insurance Against Unemployment, in Westminster Rev., Mar., 1911.

E. J. Schuster, National Health Insurance in England and Germany, in Jour. Comp. Legis., July, 1911.

R. F. Foerster, The British National Insurance Act, in Quar. Jour. Econ., Feb., 1912.

J. Fraser, The National Insurance Act, 1911, with Introduction and Notes (London, 1912.

E. Porritt, The British National Insurance Act, in Pol. Sci. Quar., June, 1912.

O. Clark, The National Insurance Act of 1911 (London, 1911).

L. C. Money, A Nation Insured: the National Insurance Act Explained (London, 1912).

M. Bellom, La loi anglaise d'assurance sociale 1911, in Jour. des Econ., Mar., 1913.

L. W. Evans, The National Insurance Act in Operation, in Nat. Rev., Mar., 1913.

J. H. Watts, The Law Relating to National Insurance (London, 1913).

A. Carr, W. Garnett, and J. Taylor, National Insurance (4th ed., London, 1914).

Nat. Civic Federation, Preliminary Report upon Great Britain's National Health Insurance Act, including Old-Age Pensions (New York, 1915).

J. F. Wilkinson, The Friendly Society Movement (London, 1886).

J. F. Wilkinson, Mutual Thrift (London, 1891).

J. F. Wilkinson, The Working and Amending of the Insurance Act, in Nineteenth Century, Nov., 1913.

Social Insurance in France

I. G. Gibbon, Unemployment Insurance (London, 1911), 153–172.

D. Massé, Législation du travail et lois ouvrières (Paris, 1904), 690–784.

P. Louis, L'Ouvrièr devant l'état (Paris, 1904), Chaps. XIV–XVII.

L. Mabilleau, La mutualité française (Bordeaux, 1906).

E. Campagnole, L'assistance obligatoire aux vieillards, aux infirmes, et aux incurables (2d ed., Paris, 1908).
R. Henri, L'assistance aux vieillards, infirmes et incurables et la loi du 1er julliet 1906, in Ann. des Sci. Pol., March, 1907.
E. Levasseur, Questions ouvrières et industrielles en France depuis 1870, in Ann. des Sci. Pol., Mar., 1907.
J. Lefort, Les caisses de rétraites ouvrières (Paris, 1906).
J. Arboux, La mutualité française (Paris, 1907).
M. Bellom, The Present State of Working-Class Pensions in France, in Econ. Jour., Dec., 1909.
M. Bellom, La question des rétraites ouvrières en France, in Jour. des Econ., Apr., 1910.
M. Bellom, La nouvelle législation sur les rétraites ouvrières et paysannes, in Rev. Econ. Internat., Oct., 1912.
G. Lange, Les rétraites ouvrières et paysannes (Paris, 1910).
R. F. Foerster, The French Old-Age Insurance Law of 1910, in Quar. Jour. Econ., Aug., 1910.
P. Clerc, Les sociétés de secours mutuels et l'organisation des rétraites pour la vieillesse en France et en Belgique (Paris, 1910).
A. Fouillée, La démocratie politique et sociale en France (Paris, 1910).
P. Deschanel, L'oeuvre sociale de la troisième république, in Rev. Pol. et Parl., Mar., 1910.
L. Courcelle, Les rétraites ouvrières et paysannes (Paris, 1911).
R. Viviani, Les rétraites ouvrières et paysannes (Paris, 1910).
I. M. Rubinow, Compulsory Old-Age Insurance in France, in Pol. Sci. Quar., Sept., 1911.
H. Vermont, Le problème de la vieeilless (Paris, 1911).
P. Pic, Les assurances sociales en France et à l'étranger (Paris, 1913).
J. Lefort, L'assurance contre le chomage à l'étranger et en France, 2 vols. (Paris, 1913).

Social Insurance in Other Continental Countries

I. G. Gibbon, Unemployment Insurance (London, 1911), 33-152, 173-193, 218-288.

J. Dubois et L. Wodon, Le développement des assurance sociales en Belgique pendant les quinze dernières années (Brussels, 1905).

H. J. Torr, The Belgian Labour Colonies, in Econ. Rev., Dec., 1903.

M. Bellom, La législation belge en matière d'assurance contre l'invalidité (Paris, 1913).

A. Soenens, La mutualité en Belgique (Brussels, 1901).

E. Cormaux, La solution du problème des assurances sociales en Belgique (Liège, 1912).

S. Trier, Insurance against Unemployment in Norway and Sweden, in Econ. Jour., Mar., 1907.

Lindstedt and Marcus, Folk-pensioneringen (Stockholm, 1913).

O. H. Jenny, The Problem of Sick and Accident Insurance in Switzerland, in Yale Rev., Nov., 1910.

Sickness and Accident Insurance Law of Switzerland, Bulletin of U. S. Bureau of Labour, No. 103 (Washington, 1912).

E. Savoy, La loi suisse sur l'assurance en cas de maladie et d'accidents, in Mouv. Soc., Aug.-Sept., 1912.

P. Favarger, La loi fédérale sur les assurances en Suisse, in Jour. des Econ., Mar., 15, 1912.

G. Zacher [ed.], Die Arbeiterversicherung in Ausland, 13 vols. (Berlin, 1898-1904).

H. J. Harris, Workmen's Insurance in Austria, in 24th Annual Report of U. S. Commissioner of Labour I, 395-413.

L. Verkauf, Die sozialversicherung als Organisations problem (Vienna, 1911).

M. Bellom, L'état actuel de l'assurance ouvrière en Hongrie, in L'Econ. Franc., Jan., 1913.

S. Bassi, Gli infortuni sul lavoro agricolo (Milan, 1909).

M. Luxemburg, Russische obligatorische Arbeiterversicherung (Warschau, 1912).

F. S. Baldwin, Old-Age Pension Schemes, in Quar. Jour. Econ., Aug., 1910.

W. D. P. Bliss, What Is Done for the Unemployed in European Countries? Bulletin of U. S. Bureau of Labour, No. 16 (Washington, 1908)

D. F. Schloss, Insurance Against Unemployment (London, 1909).

C. H. Verrill, Workmen's Compensation Laws of Foreign Countries, Bulletin of U. S. Bureau of Labour Statistics, No. 126 (Washington, 1913).

P. Pic, Les assurances sociales en France et à l'étranger (Paris, 1913).

J. Lefort, L'assurance contre le chomage à l'étranger et en France, 2 vols. (Paris, 1913).

近世歐洲經濟發達史附錄

中西年曆大事對照表

李光忠編

本表是專爲補充近世歐洲經濟發達史而作；我編此表的目的有三：

（一）本書是分類隸事的體裁，同一時期各國的各種經濟事實散見於各章；然而明瞭時代關係是研究歷史的第一要着，所以須有羅列重要事實的年表。

（二）近百年來歐洲的經濟狀況大進步而特進步，我們中國未能與他們同時競進，落到如今這般貧弱窮愍；比較兩間盛衰的往迹更可促我們猛省，所以本表並列中國年曆和中國受外國經濟壓迫的苦況。

（三）經濟史只是歷史的一種，經濟狀況是與政治外交等都有密切關係的，因果迭乘，未可忽略，所以本表並列其他有關係的重要史事。

本表的編法也述明於下：

（一）歐洲社會經濟的大變化可斷爲起於法國大革命，本書敍事終於歐戰爆發時，所以本表起自一七八九年，即清乾隆五十四年，止於一九一四年，即民國三年。自秦至清各代和清順治至乾隆各朝，另列簡表於年表之前。

（二）凡屬本書事實俱用括弧數字指明，例如：

「一七八九年，法國國民議會發布人權及公民權宣言(四一)」

括弧中的「四一」指此事見本書第四十一節。

本書有譯者附註的幾樁重要史事，俱於括弧數字下加附註二字指明，例如：

「一八一二年，英美開戰。(三九，附註)」

括弧中「三九附註」指此事在本書第三十九節之後的譯者附註內。

(三)英，法，德，俄的元首宰相另列一表作爲本書附錄二。　年表中不記元首的卽位崩殂，和宰相的任免；一則稍留篇幅多記要事；二則近世國家的發達全在多數人民自強不息，舊日專靠一二明主賢臣治國安邦的時代已經過去了，中國要想此後能在世界上立足，非先打破「偉人萬能」的觀念不可。　元首宰相另列一表似乎更便檢查。

(四)我編此表時手邊沒有清代編年史可查；英文書載中國事俱從陽曆，與陰曆不免有出入之處。　本表編成之後，我纔得着了清史綱要，據以核對，已改正了幾處，但本表中有清史綱要所未載的事，只好暫從西書。

(五)本表的根據是下列各書：

(甲)年曆……辭源附錄「世界大事表」

(乙)經濟事實……本書。

G. Slater: The Making of Modern England, Chronological Summary (New

York, 1209).

(丙)其他大事…G. H. Putnam: Tabular Views of Universal History (New York, 1916).

A. Hassall: British History Chronologically Arranged (London, 1920).

(丁)中國大事…H. B. Morse: The International Relations of the Chinese Empire, 3 vols, Chronology, London, 1910—1918).

劉彥的中國近時外交史，

吳曾祺等的清史綱要。

秦……西曆紀元前二四六—西曆紀元前二〇七，

西漢……西曆紀元前二〇六—西曆紀元二四，

東漢……二四—二一九，

魏……二二〇—二六四，

晉……二六五—四一九，

宋……四二〇—四七七，

齊……四七九—五〇一，

梁……五〇二—五五六，

陳……五五七—五八八，
隋……五八九—六一七，
唐……六一八—九〇六，
梁……九〇七—九二二，
後唐……九二三—九三五，
晉……九三六—九四六，
漢……九四七—九五〇；
周……九五一—九五九，
宋……九六〇—一二七六，
元……一二七七—一三六七，
明……一三六八—一六四三，
清
順治……一六四四—一六六一，
康熙……一六六二—一七二二，
雍正……一七二三—一七三五，
乾隆……一七三六—一七九五。

西曆	中曆	大事記
一七八九	清乾隆五四　己酉	封阮光平爲安南王 法國大革命　國民議會發布「人權及公民權宣言」(四一) 美國華盛頓爲大總統
一七九〇	五五　庚戌	廓爾喀侵西藏　緬甸王受中國封册定十年一貢 七月十四日法皇路易第十六批准憲法 法國貴族逃亡
一七九一	五六　辛亥	尼泊爾入貢　命福康安征廓爾喀 法皇室謀出亡不果　法國召集立法會議 俄侵波蘭

一七九二	五七 壬子	與俄國修訂恰克圖條約福康安平廓爾喀 法國與普奧開戰　九月二十一日法國宣布共和
一七九三	五八 癸丑	英國遣馬甘尼來訂商約帝禮遇甚優 華盛頓再當選爲美國大總統 英與普奧聯合抗法 法人殺魯易第十六 俄普瓜分波蘭 美國人慈特尼發明軋棉機(六一)
一七九四	五九 甲寅	命普免來年漕糧 法國征服比利時　羅伯士俾爾死恐怖時代終 波蘭人圖光復不克

一七九五	一七九六	一七九七
六〇　乙卯	清嘉慶元年　丙辰	二年　丁巳
荷蘭大使迪琛及汪普蘭到北京 拿破崙鎮平亂民 英與荷蘭開戰奪取好望角 普與法國議和承認來茵河左岸法國爭服之地 波蘭滅亡	元旦受禪　上諭禁吸鴉片煙 愛爾蘭叛英　英人占麻喇甲及錫蘭 法國與義大利開戰 華盛頓第三次當選為美國大總統堅辭不就	四川湖南等省匪亂 拿破崙戰勝義大利後歸巴黎 法與奧和

一七九八	一七九九	一八〇〇
三年 戊午	四年 己未	五年 庚申
川北之匪平 拿破崙征埃及 英將訥爾遜敗拿破崙兵於阿希喀 美與法開戰	太上皇崩 賜和珅死 拿破崙爲大統領 英第二次聯普奧抗法 英人於澳洲興牧羊業 華盛頓卒	上諭禁鴉片煙入口 不列顛與愛爾蘭合併 拿破崙大破奧軍

一八〇一	一八〇二	一八〇三
六年　辛酉	七年　壬戌	八年　癸亥
北京一帶霖雨爲災 法與普和　定來茵河以西之地屬法 英敗法軍於亞力山德 英將訥爾遜破丹麥海軍於柯本哈根 英法俱舉行人口調查（四）	封阮福映爲越南王定二年一貢四年一朝 英軍占澳門我國抗議 拿破崙爲義大利共和國大總統 英法締和約於鴉眼 英國皮爾提出健康道德條例（一六二）	命伊犁廣開屯田其無耕牛者官給之 法蘭西銀行成立 英法再開戰 美國購法屬魯易仙拿州 印度人舉起抗英

一八〇四	一八〇五	一八〇六
九年 甲子	十年 乙丑	十一 丙寅
海賊蔡牽擾福建臺灣 拿破崙稱帝 聖羅馬帝國告終 拿破崙法典纂成公布 俄與波斯開戰	禁西洋人刻書傳教 法軍侵奧 英第三次聯普奧抗法 英將訥爾遜敗法國及西班牙之聯合艦隊於特拉法爾戛	俄國船舶求赴廣東通商不允 拿破崙征服普魯士（四八） 拿破崙立法國大學 拿破崙發布柏林敕令（三九附註） 英第四次聯普奧抗法 美國因大陸條例之影響商業受損（三九附註）

一八〇七	一八〇八	一八〇九
丁卯 一二	戊辰 一三	己巳 一四
琉球尙灝襲王爵循例派使册封 英國通過禁止販買奴隸法案 法普締結提爾息特和約 美國發布封港會 富爾敦第一次試驗汽船成功（一〇五）	英軍占據澳門因我國抗議旋退出 英國修改刑法 英與葡萄牙聯盟抗法 錫丹爲普魯士宰相（五〇）	福建官軍追勦海賊蔡牽自沉死 法與奧締和約於維也納 英第五次聯普奧抗法 柏林大學成立

一八一〇	一八一一	一八一二
一五 庚午	一六 辛未	一七 壬申
俄請派使中國以從無此例答之 拿破崙威震全歐僅西班牙未服 英法續戰 普國哈登保繼錫丹主政勵行改革(五〇) 南美洲之西班牙各屬地叛變	直隸河南山東大旱 法軍入西班牙爲英軍所敗 英國里慈始用蒸汽機關車	命將貽誤河工之河督陳鳳翔枷號工次 拿破崙征俄入莫斯科俄人自焚其城 奥與普聯盟抗俄 英美開戰(三九)

一八一三	一八一四	一八一五
一八 癸酉	一九 甲戌	二〇 乙亥
禁販鴉片煙定官民服食者罪 拿破崙自俄境退兵大敗於萊比錫 英第六次聯普與俄等國抗法 墨西哥宣布獨立	英軍艦追捕美船於中國海面我國抗議 聯合軍入巴黎 拿破崙流於愛爾巴島 維也納會議開始 英國斯提芬生造成第一次改良機關車（一〇五）	兩廣總督蔣攸銛奏請定查禁鴉片煙章程明立賞罰命照所請行 從吉林將軍富俊議許流民屯墾於吉林 拿破崙自愛爾巴逃歸 聯合軍與法軍戰於滑鐵盧法軍敗績 英國通過穀物條例（一一〇）達徵發明礦中安全燈（六四） 聯合軍入巴黎流拿破崙於聖希鄰拿島

一八一六	一八一七	一八一八
二一　丙子	二二　丁丑	二三　戊寅
英國遣阿麥斯特來求通商以議禮不合而去 俄普奧於一年前結爲神聖同盟本年瑞典加入 普魯士行復古政策 阿根廷獨立 焚毀鴉片三千二百箱	英國經濟恐慌農工業大困 普魯士整理賦稅	日爾曼之巴法利亞及威登堡均制憲法 智利獨立 土耳其人始用汽船

年份	干支紀年	事件
一八一九	二四　己卯	英國規定工場取締條例（一六三） 英人拉佛爾士始建新加坡市 哥倫比亞共和國成立 汽船沙宛拿號第一次横渡大西洋（一〇五）
一八二〇	二五　庚辰	英國倫敦商人向國會陳述自由貿易之理（一一一） 葡萄牙革命
一八二一	清道光元年　辛巳	兩廣總督阮元奏禁鴉片煙燒鴉片煙三千二百箱厲行禁令 美國之水手在廣東殺害中國人由中國官廳依法治罪 拿破崙卒 秘魯獨立 瓜地馬拉獨立

一八二二	一八二三	一八二四
二年 壬午	三年 癸未	四年 甲申
申諭海口各關津嚴拿夾帶鴉片煙 英以阿麥斯特爲印度總督 巴西獨立 希臘宣布獨立	定失查鴉片煙條例 英國哈市開生減輕關稅（一一二） 英國承認南美之新國 美國總統孟羅宣布孟羅主義	黃河泛溢 英國撤銷禁止勞動聯合之法律（一八四） 英軍侵緬甸英人拓殖澳洲之坤斯蘭

一八二五	一八二六	一八二七
五年 乙酉	六年 丙戌	七年 丁亥
封鄭福爲暹羅王 英國法律承認職工組合（一八四） 英國弛機器出口之禁司脫克頓至達林頓之鐵路開通（一〇五） 哈市開生減輕關稅（一一二）	初次試行海運　回匪張格爾　喀什噶爾 緬甸與英議和 俄與波斯開戰 倫敦大學成立	克復喀什噶爾 美國第一條鐵路（在馬塞秋色省之坤色）竣工 希臘獨立成立

一八二八	一八二九	一八三〇
八年 戊子	九年 己丑	一〇 庚寅
楊芳擒張格爾回疆平 英國穀物條例依遞差算表課稅 俄與土耳其開戰 美國始制高率保護關稅	英人拓殖西澳洲 俄土議和土國承認希臘之獨立	定查禁內地行銷鴉片章程　張格爾之兄玉素普入寇 英國利物浦至滿切斯達之鐵路開通(一〇五) 法國革命逐查理第十以魯易腓力卜為法王法國占據非洲之阿爾幾利亞 比利時與荷蘭分離自為獨立國

一八三一	一八三二	一八三三
辛卯 一一	壬辰 一二	癸巳 一三
禁沿邊夷民私種罌粟　行屯田法於新疆 各國代表會於倫敦列強共同擔保比利時之中立 意大利人民紛謀自立奧以武力平之 波蘭革命黨揭獨立之旗	湖南猺人趙金龍作亂 英國通過國會改革條例 波蘭民變俄軍平之流數十萬戶於西比利亞	英人基慈拉夫刊行中國月報 英國規定工場條例(一六四) 英人始握統治紐絲綸之權 北日爾曼之關稅同盟確定(一三〇)

年	干支	事件
一八三四	一四甲午	廣東總督停止英人通商因英之商務委員強欲入城致生誤會故 英國東印度公司之獨占權廢止 英國修改卹貧法(一七一，附註) 英法西葡結爲四國聯盟
一八三五	一五乙未	山東巡撫奏英船駛入劉公島洋面命沿海各省嚴防 英國改革地方自治 日爾曼始築鐵路(一〇九) 西班牙內亂 巴登加入關稅同盟
一八三六	一六丙申	內閣學士朱嶟疏陳鴉片煙之害 魯易拿破崙在法境圖起事謀洩被捕 英人拓殖南澳洲 俄國始築鐵路(一四八)

一八三七	一八三八	一八三九
一七 丁酉	一八 戊戌	一九 己亥
立新制吸鴉片煙者處死刑 法軍入阿爾幾亞連戰皆捷阿爾幾亞求和 英人柯克及惠特斯頓取得單針電信機之專賣權	廣州奉令禁煙令英人商業停滯 英與阿富汗開釁 法與墨西哥開戰 英美間定期汽船航行開始（一〇五）	林則徐到廣東焚英商之鴉片煙 葡萄牙人始不付我澳門之地租 普魯士制定兒童勞動法 英國規定劃一郵費制及對穀物條例同盟會成立（一一三）

一八四〇　二〇　庚子

林則徐嚴廣東守備英軍攻之不克轉航北向　免林則徐職以琦善爲兩廣總督

法人歸拿破崙之遺骸於巴黎

英國制定鐵路取締條例　英人拓殖塔斯馬尼亞

一八四一　二一　辛丑

英軍占虎門厦門定海寧波

英國柯百登運動自由貿易全國響應（一一三）

法國通過兒童勞働法（一七三）

德國李士特之國民經濟論出書（一三一）

一八四二　二二　壬寅

英軍陷吳淞上海鎮江　與英訂南京條約割香港開五口通商賠兵費

英國通過煤礦取締條例（一六五）

英首相皮爾修改關稅法復興所得稅（一一四）

英軍困於阿富汗

法國規定鐵道計畫（一〇七）

一八四三	一八四四	一八四五
二三 癸卯	二四 甲辰	二五 乙巳
上海開埠（南京條約） 俄國始築聖比得堡至莫斯科之鐵路（一四八） 英國完全撤銷機器出口之限制 法軍大敗阿爾幾亞軍 希臘革命希王先制憲法	與美訂通商條約於望廈 英國通過廉價列車條例（一〇六）通過工場條例（一六六） 英國洛其德爾協作社成立 法國戰勝摩洛哥	許比利時人通商 英國通過普通圈地條例（五六） 愛爾蘭大饑 英法聯兵侵馬達加斯加 法國經濟學者巴斯夏倡導自由貿易（一一一）

一八四六	一八四七	一八四八
丙午　二六	丁未　二七	戊申　二八
廣州人民聯合拒英人入城 英國撤廢穀物條例（二一四） 英國通過從價關稅案 波蘭民變	兩廣總督耆英私與英人約廣州開埠延期二年以不割讓舟山於他國爲條件　俄以木喇福岳福爲東部西比利亞總督進窺黑龍江 法兵艦轟擊安南之廣南 英國規定十時法（二六六） 俄以波蘭爲省 馬克斯與英格爾士同草共產黨宣言（二二三）	捕洪秀全尋釋之 法國革命影響全歐（二七四、二二八） 英國普選派大示威（二九四附註） 普魯士國家自築鐵路（二〇九） 美國加利福尼亞發現金礦

一八四九	一八五〇	一八五一
己酉 二九	庚戌 三〇	辛亥 清咸豐元年
英軍艦入虎門迫廣州開埠 英國撤廢通航條例（一一二） 英人占印度之旁扎布 瑪志尼與其同志宣布義大利之共和政體 俄軍入匈牙利	洪秀全大舉起事 法國設國民養老年金局（二一七七） 丹麥割讓其非洲東岸屬地於英 澳洲發現金礦	洪秀全稱太平天王 法國政變總統魯易拿破崙解散國會 英國倫敦開萬國博覽會 英國復攻緬甸 匈牙利志士噶蘇士避難於美 英法間布設海電線

一八五二	一八五三	一八五四
二年 壬子	三年 癸丑	四年 甲寅
太平軍攻長沙 英軍占領緬甸之仰光 法國總統魯易拿破崙稱帝稱拿破崙第三 亞洲人移入美國加利福尼亞者漸衆美人有取締之意	太平軍進至天津之獨流鎮 上海爲小刀會所占據 普魯士改定勞動法（一七七） 英與緬甸講和 瑙威第一鐵路開通 俄與土開戰（克利米西亞戰爭之發端）	因上海亂事海關聘西人襄助自此遂爲成例 俄將木喇福岳福率兵入黑龍江至愛琿 英法對俄宣戰（克里米亞戰爭） 英始建鐵路於印度

一八五五	五年 乙卯	釐金之制漸行於各省商民病之 上海小刀會匪敗逃 俄軍設防於黑龍江口 克利米亞戰爭
一八五六	六年 丙辰	廣東巡河水師捕亞羅船之奸商英人抗議英軍轟廣州 法遣赴安南之外交官以不接待故炮轟廣南港 英法俄議和於巴黎 英法奧共同擔認土耳其之領土保全 法國設信託貯金局（二一七七） 英侵波蘭
一八五七	七年 丁巳	英法聯軍陷廣州執總督葉名琛 安南殺宣教師法皇拿破崙第三宣布安南之罪 英與波斯議和 印度人舉起抗英

西曆	年	事蹟
一八五八	八年　戊午	與英訂商約始抽鴉片煙稅於是人民公然吸鴉片煙　英法聯軍陷大沽與英法訂和約於天津許與領事裁判權及協定稅率與俄締愛琿條約黑龍江北岸全入於俄 俄皇解放采邑之農奴（一四一） 法皇拿破崙第三與意大利之嘉富爾會於卜郎必雷 日本與英法俄訂商約
一八五九	九年　己未	設粵海關英法聯軍強入北河僧格林沁敗之 法國規定擔保鐵路贏益制度 法助沙地尼亞與奧戰
一八六〇	十年　庚申	英法聯軍破北京焚圓明園咸豐帝避於熱河 俄占我圖們江以東之地俄境遂與朝鮮接壤 英法訂商約（柯伯登條約）（一一三） 沙地尼亞以嘉布爾爲首相　意大利統一之謀益急 林肯爲美國大總統南部諸州宣布獨立

一八六一	一八六二	一八六三
一一　辛酉	清同治元年　壬戌	二年　癸亥
設總理各國事務衙門　外國公使入駐北京 俄皇釋放全國農奴（一四一） 意大利統一告成　嘉富爾卒 羅馬尼亞國成立 美國南北戰爭開始	上海立常勝軍 法與安南議和 英國設郵政儲蓄銀行 普法訂商約（一三二） 美總統林肯宣布釋奴令	設同文館於京師 以英人戈登統常勝軍　以赫德爲總稅務司 英國協作批發社成立 德國工人總會成立（一二五）

一八六四	一八六五	一八六六
三年 甲子	四年 乙丑	五年 丙寅
伊黎回人叛命侍郎皂保往封朝鮮國王李熙曾國藩克南京 英法荷聯軍攻日本 普魯士與丹麥開戰 國際工人協會成立(二二六)	設總稅務司署於北京 美國南北戰爭終結　林肯被刺	回人陷伊犂　派山西知縣斌椿遊歷外國　左宗棠請於福建設廠造輪船允之 普魯士與奧與大利開戰 北日爾曼聯邦成立 英美間電報設竣

公元	年	紀事
一八六七	六年丁卯	東捻平　派志剛孫家穀與美公使蒲安臣出使歐洲 回匪阿渾安明自稱喀什噶爾王 法人占領安南之下交趾六州　法軍艦駛入朝鮮 英國通過第二次國會改革條例 日本王政復古
一八六八	七年戊辰	西捻平 蒲安臣到紐約 俄人取布哈拉 美軍艦遊歷朝鮮
一八六九	八年己巳	山東巡撫丁寶楨誅太監安得海 與俄約陸路通商 俄軍艦遊歷朝鮮 英國協作組合成立 蘇彝士河開通

一八七〇	一八七一	一八七二
九年 庚午	十年 辛未	一一 壬申
天津教案 蒲安臣死於俄京 普魯士宰相俾士麥宣布對華政策 普法戰爭	曾國藩派容閎帶學生留學美國 俄公使以俄國暫時占領伊犂告知總理衙門 普法議和 英國制定職工組合條例（一八七） 日爾曼帝國成立 法國巴黎地方自治團之亂（二三六）	曾國藩卒　日本遣副島種臣來議改去年之修好條約 俄奧德三帝會於柏林

一八七三	一八七四	一八七五
一二 癸酉	一三 甲戌	清光緒元年 乙亥
雲南回亂平　招商局輪船公司成立 外國公使初覲見於紫光閣 法人希拉特爾定收安南全土之計	臺灣生番殺日本人數名日本派兵入臺灣 法以安南爲保護國 日本侵臺灣 法國制定勞働法（一七五） 萬國郵政同盟成立	以左宗棠督辦新疆軍務 英人瑪加理被害於雲南英使大肆恫喝 日本禁琉球朝貢中國 英使收買埃及酋長之蘇彝士運河股票 德國社會主義派合併爲社會民主黨（一二二八）

一八七六	一八七七	一八七八
二年 丙子	三年 丁丑	四年 戊寅
左宗棠平天山北路　西人修上海吳淞間鐵路成中國購回毀之 因英人瑪加理被害於雲南與英訂芝罘條約償金謝罪許英探測西藏 俄人取浩罕 英國修改教育條例行強迫教育英國修改職工組合條例（一八七） 俾士麥以普魯士邦有鐵路為德國國有（一〇九） 日本軍艦入朝鮮	左宗棠平定新疆　山西河南大旱 英主上尊號曰印度帝 瑞士制定保護工人法律（一八一） 美人畢爾始創電話	遣崇厚赴俄交涉還付伊犂之事　開平煤礦動工 英國規定工場及作場條例（一六七） 德國規定工業視察法（一七八）　德國嚴禁社會主義（二二九）

一八七九	一八八〇	一八八一
五年 己卯	六年 庚辰	七年 辛巳
崇厚因與訂約喪權失地被下獄 日本取琉球 德國復興保護關稅(一三四)	遣曾紀澤於俄求返伊犂　劉銘傳疏請設淸浦江至北京之鐵路以無款而罷 安南遣使至北京請仍爲中國屬國 英國通過僱主責任條例(二六七)	與俄改締還付伊犂條約　召回留美學生　始築鐵路於唐山 上海天津間初通電報 德國俾士麥提出失業保險議案(二五五)

一八八二	八年壬午	置新疆省　朝鮮人起排日運動 美人求中國介紹與朝鮮通商 法兵據安南之東京 英法對埃及之共同管理終止 埃及抗英英軍轟擊亞力山得 美國太平洋岸各州始制排斥華工之法律
一八八三	九年癸未	派袁世凱駐朝鮮 遣岑毓英張樹聲率兵入安南　劉永福與法國宣戰 德國通過疾病保險議案（二一五五） 德奧意三國同盟成
一八八四	十年甲申	遣兵平朝鮮金玉均之亂 法軍艦入臺灣轟基隆塔入閩江破擊馬尾南洋艦隊及福州破臺悉被破碎 法國之瓦爾德克盧梭法承認勞働組織（二一〇二） 德國通過失虞保險議案（二一五五） 法與緬甸締密約英人深忌之

一八八五	一八八六	一八八七
一一 乙酉	一二 丙戌	一三 丁亥
與日本締約於天津認中日兩國對朝鮮之對等權馮子才大敗法兵於諒山法艦隊封鎖寧波擊破鎮海礮臺占領彭湖島與法締約承認安南爲法之保護國 英軍侵緬甸 常勝軍舊將英人戈登戰死於蘇丹 坎拿大貫達鐵道開通	立臺灣省　設延吉廳於間島與英立約承認英對緬甸有最高主權 英併緬甸	與葡萄牙訂約允其永居管理澳門之權 西藏人遣兵入哲孟雄於哲孟雄印度境上設武備以絕英人貿易 英人駐兵埃及監督國政 奧國制定失虞保險法(二七九)

一八八八	一八八九	一八九〇
一四 戊子	一五 己丑	一六 庚寅
天津唐山間鐵路開通　北洋海軍成軍 奧國制定疾病保險法(二七九)	那拉氏太后歸政 英軍破哲孟雄之西藏兵 朝鮮咸鏡道發布防穀令日本抗議 德國通過老年及癈疾保險議案(二五五) 巴西改爲共和政體	定各省土藥課稅章程　張之洞設漢陽鐵廠　與英締西藏條約 德英定非洲政治區域　英法定非洲政治區域 日本始召集國會

西曆	干支	紀事
一八九一	辛卯 一七	英兵擅入雲南騰越境與居民大衝突 俄侵帕米爾俄屬西比利亞鐵路由海參崴開工(一四八)改訂關稅(一四九) 丹麥規定老年贍養制(二八一) 德國實業法典纂成(一七九)
一八九二	壬辰 一八	長江一帶仇外甚烈上諭禁止 英國通過小營業條例(七八) 法國改訂關稅(一二六) 英美因漁業權相爭各國調停 丹麥規定疾病保險法
一八九三	癸巳 一九	與英締藏印續約允開亞東為通商口岸藏人大反對 英與獨立勞働黨成立(一九三) 俄國以韋特為財政商業總長(一四六) 奧國定工場視察官制(一八一)

一八九四	一八九五	一八九六
二〇 甲午	二一 乙未	二二 丙申
與英訂滇緬界約允江洪地方非英國認可不得讓與他國中日開戰我國海陸軍俱敗 朝鮮東學黨起事朝鮮政府請我國出兵 提督葉志超率兵赴朝鮮 日本出兵朝鮮	與日本平割臺灣及遼東賠兵費　臺灣人民宣佈獨立 與英訂滇越界約允越南鐵道接入中國境內 俄法德使日本歸我遼東增賠兵費 法國勞働總聯合會成立(二〇二) 瑙威施行失業保險法(二八一)	遣李鴻章赴俄賀加冕　中俄密約成(喀西尼密約)與俄締俄華道勝銀行契約及東清鐵道會社條約 英法協約認暹羅為獨立國 意大利軍攻亞比西尼亞敗績

一八九七	一八九八	一八九九
二三 丁酉	二四 戊戌	二五 己亥
允法國之要求不割讓海南島與他國 德人占我膠州灣俄人藉口命艦隊入旅順與英再訂滇緬界約英在桂滇蜀所享利益與法相埒 朝鮮王稱大韓皇帝 希臘與土耳其開戰 意大利人馬科尼發明無線電報	與俄締旅順大連租界條約　與德締膠州灣租借條約　與英締威海衛租借條約及九龍租借條約　光緒帝銳意變法太后復聽政廢新法殺譚嗣同等六人 法國通過僱主責任及工人賠償條例(二一七六) 美與西班牙開戰奪古巴及菲律濱 意大利制定痼疾及老年保險法(二一八三)	剛毅南下搜括　與法締廣州灣租借條約 俄以遼東租借地爲關東省置總督治之俄遣使訪西藏達賴十三 美國提出開放中國門戶之宣言 第一次海牙和平會開 英與南非洲戰事起

一九〇〇	一九〇一	一九〇二
二六 庚子	二七 辛丑	二八 壬寅
義和團作亂　八國聯軍破津京　太后及帝奔西安 俄大軍入東三省 英國勞働黨成立（一九四） 比利時制定老年及癈疾保險（二八〇）	北京和約成賠款四百五十兆兩　李鴻章卒 英國塔福衛爾案之結果職工組合之權利動搖（一八八） 美總統麥經來被刺 荷蘭制定強迫失業保險法（二八〇） 瑞典制定僱主責任法（二八一）	太后及帝自西安歸京 荷與日本訂協約 德國改訂關稅以保護農業（一三七） 巴拿瑪獨立

一九〇三	一九〇四	一九〇五
二九 癸卯	三〇 甲辰	三一 乙巳
滇越鐵路契約確定 俄兵占奉天 英國張伯倫倡導關稅改革(八〇、一一八、一一九) 塞爾維亞革命	中國宣布中立 日俄開戰 英軍入西藏至拉薩 英法協商法承認埃及爲英之保護國英承認法在摩洛哥之特權 美禁華工入境	與日本訂滿洲條約 歐洲列強開摩洛哥會議 日俄訂和約於朴資毛斯 法國統一社會黨成立(二四〇) 英日訂攻守同盟

一九〇六	一九〇七	一九〇八
三二　丙午	三三　丁未	三四　戊申
預備立憲　禁鴉片煙 與英訂藏印續約聲明中國對西藏之宗主權 英國通過職工組合及職工爭議條例(一八九)　工人賠償條例(二六七) 俄國立憲	與英訂廣州香港間鐵路合同 日本人占據間島 英國通過小營業及分地條例 俄國免各密爾之債務(一四三) 英俄訂協約 第二次海牙和平會開	與英法德訂津浦鐵路借款 西藏達賴入覲 英國通過老年贍養條例(二七〇) 法政府收回西部公司之鐵路(一〇七) 土耳其立憲

一九〇九	一九一〇	一九一一
清宣統元年　己酉	二年　庚戌	三年　辛亥
免袁世凱職　上海開萬國禁煙會 日本伊藤博文被朝鮮志士安重根刺死 英國通過職工局條例（一七一）　阿斯本案判決（一九〇）　勞働交易所條例（二七四） 魯德佐治提出預算案（八一、附註）	詔廢西藏達賴十三 英人佔我片馬 日本滅朝鮮 法國改訂關稅（一二七）　制定老年贍養法（二七八）	與英德法美訂川粵漢鐵路借款合同　革命軍起於武昌　外蒙獨立 英國通過國辦保險條例（二七一）　國會改革條例（八一、附註） 德國工人保險法典纂成（二五六） 意土開戰　意佔崔坡里坦

一九一二	一九一三	一九一四
中華民國元年壬子	二年癸丑	三年甲寅
清帝退位　民國成立 法以摩洛哥爲保護國 巴爾幹諸國開戰 萬國禁煙會開會於海牙	正式政府成立　善後大借款 英國通過職工組合條例（一九〇） 希臘王佐治第一被刺	裁各省都督　袁世凱密謀爲帝　其明年日本以二十一條迫袁世凱承認 歐洲大戰開始 日本奪青島 巴拿瑪運河開通

英德法俄元首宰相表

英國 君主

George III 佐治第三（一七六〇年至一八二〇年 清乾隆二五年至嘉慶二五年）

George IV 佐治第四（一八二〇年至一八三〇年 清嘉慶二五年至道光十年）

William IV 威廉第四（一八三〇年至一八三七年 清道光十年至道光十七年）

Victoria 維多利亞（一八三七年至一九〇一年 清道光十七年至光緒二十七年）

Edward VII 愛德華第七（一九〇一年至一九一〇年 清光緒二十七年至宣統二年）

George V 佐治第五（一九一〇年至—— 清宣統二年至——）

宰相

William Pitt 畢特（一七八三年至一八〇一年 清乾隆四十八年至嘉慶六年）

Henry Addington (Viscount Sidmouth) 阿丁頓（西德茅斯子爵）（一八〇一年至一八〇四年 清嘉慶六年至嘉慶九年）

William Pitt (II) 畢特（第二次組閣）（一八〇四年至一八〇六年 清嘉慶九年至嘉慶十一年）

William Lord Grenville　格棱維爾（一八〇六年至一八〇七年　清嘉慶十一年至嘉慶十二年）

Duke of Portland　坡特蘭公（一八〇七年至一八〇九年　清嘉慶十二年至嘉慶十四年）

Spencer Perceval　裴色法爾（一八〇九年至一八一二年　清嘉慶十四年至嘉慶十七年）

The Earl of Liverpool　利物浦男爵（一八一二年至一八二七年　清嘉慶十七年至道光七年）

George Canning　堪寧（一八二七年　清道光七年）

Viscount Goderich　葛德利其（一八二七年　清道光七年）

The Duke of Wellington　惠靈吞公（一八二七年至一八三〇年　清道光七年至道光十年）

Earl Grey　格雷男爵（一八三〇年至一八三四年　清道光十年至道光十四年）

Viscount Melbourne　麥爾奔子爵（一八三四年　清道光十四年）

Sir Robert Peel　皮爾（一八三四年至一八三五年　清道光十四年至道光十五年）

Viscount Melbourne (II)　麥爾奔子爵（第二次組閣）（一八三五年至一八四一年　清道光十五年至道光二十一年）

Sir Robert Peel (II)　皮爾（第二次組閣）（一八四一年至一八四六年　清道光二十一年至道光二十六年）

Lord John Russell 羅素約翰（一八四六年至一八五二年 清道光二十六年至咸豐二年）

The Earl of Derby 大碧男爵（一八五二年 清咸豐二年）

The Earl of Aberdein 阿貝丁男爵（一八五二年至一八五五年 清咸豐二年至咸豐五年）

Viscount Palmerston 帕麥斯頓子爵（一八五五年至一八五八年 清咸豐五年至咸豐八年）

The Earl of Derby (II) 大碧男爵（第二次組閣）（一八五八年至一八五九年 清咸豐八年至咸豐九年）

Viscount Palmerston (II) 帕麥斯頓子爵（第二次組閣）（一八五九年至一八六五年 清咸豐九年至同治四年）

Earl Russel (II) 羅素約翰（第二次組閣）（一八六五年至一八六六年 清同治四年至同治五年）

The Earl of Derby (III) 大碧男爵（第三次組閣）（一八六六年至一八六八年 清同治五年至同治七年）

William Ewart Gladstone 格蘭斯頓（一八六八年至一八七四年 清同治七年至同治十三年）

Benjamin Disraeli (Earl of Beaconsfield) 狄士雷里（碧鏗斯菲爾男爵）（一八七四年至一八八〇年 清同治十三年至光緒六年）

William Ewart Gladstone (II) 格蘭斯頓（第二次組閣）（一八八〇年至一八八五年 清光緒六年至光緒十一年）

Robert Cecil (Marquis of Salisbury) 色西爾（沙里士百利侯爵）（一八八五年至一八八六年 清光緒十一年至光緒十二年）

William Ewart Gladstone (III)　格蘭斯頓（第三次組閣）（一八八六年清光緒十二年）

Marquis of Salisbury (II)　沙里士百利侯爵（第二次組閣）（一八八六年至一八九二年清光緒十二年至光緒十八年）

William Ewart Gladstone (IV)　格蘭斯頓（第四次組閣）（一八九二年至一八九四年清光緒十八年至光緒二十年）

Archibald P. Primrose (Earl of Rosebury)　濮林羅士（羅斯百利男爵）（一八九四年至一八九五年清光緒二十年至光緒二十一年）

Marquis of Salisbury (III)　沙里士百利侯爵（第三次組閣）（一八九五年至一九〇二年清光緒二十一年至光緒二十八年）

Arthur James Balfour　巴爾富（一九〇二年至一九〇五年清光緒二十八年至光緒三十一年）

Sir Henry Campbell-Bannerman　康白爾班納滿（一九〇五年至一九〇八年清光緒三十一年至光緒三十四年）

Herbert Henry Asquith　愛斯葵（一九〇八年至一九一六年清光緒三十四年至民國五年）

David Lloyd George　魯德佐治（一九一六年至——民國五年至——）

法國

Louis XVI　法王魯易第十六（一七七四年至一七九二年清乾隆三十九年至乾隆五十七年）

The First Republic　第一次共和（一七九二年至一八〇四年清乾隆五十七年至嘉慶九年）

The Convention 國民議會（一七九二年至一七九五年 清乾隆五十七年至乾隆六十年）

The Directory 統治政府（一七九五年至一七九九年 清乾隆六十年至嘉慶四年）

The Consulate (Napoleon Bonaparte First Consul) 大統領政府（拿破崙爲大統領）（一七九九年至一八〇四年 清嘉慶四年至嘉慶九年）

The First Empire 第一次帝國

Napoleon I 法皇拿破崙第一（一八〇四年至一八一四年 清嘉慶九年至嘉慶十九年）

Louis XVIII 法王魯易第十八（一八一四年至一八二四年 清嘉慶十九年至道光四年）

Charles X 法王沙勒第十（一八二四年至一八三〇年 清道光四年至道光十年）

Louis Philippe 法王魯易腓力卜（一八三〇年至一八四八年 清道光十年至道光二十八年）

The Second Republic 第二次共和

Louis Napoleon (President) 總統魯意拿破崙（一八四八年至一八五二年 清道光二十八年至咸豐二年）

The Second Empire 第二次帝國

Napoleon III 法皇拿破崙第三（一八五二年至一八七〇年 清咸豐二年至同治九年）

The Third Republic 第三次共和（自一八七〇年即清同治九年至今）

Government of National Defence 國防政府（一八七〇年至一八七一年清同治九年至同治十年）

Presidents 歷任大總統

Adolphe Thiers 迪雅爾（一八七一年至一八七三年清同治十年至同治十二年）

Marshal McMahon 麥馬洪（一八七三年至一八七九年清同治十二年至光緒五年）

Jules Grévy 格萊維（一八七九年至一八八七年清光緒五年至光緒十三年）

Sadi Carnot 嘉洛特（一八八七年至一八九四年清光緒十三年至光緒二十年）

Casimir Périer 喀西米伯利耶（一八九四年至一八九五年清光緒二十年至光緒二十一年）

Félix Faure 佛雷（一八九五年至一八九九年清光緒二十一年至光緒二十五年）

Émile Loubet 魯伯（一八九九年至一九〇六年清光緒二十五年至光緒三十二年）

Armand Falliéres 法烈爾（一九〇六年至一九一三年清光緒三十二年至民國二年）

Raymond Poincaré 潘喀雷（一九一三年至一九二〇年民國二年至民國九年）

Paul Deschanel 德桑勒爾（一九二〇年 民國九年）

Alexander Millerand 米爾蘭（一九二〇年至—— 民國九年至——）

德國 普魯士王

Frederick William II 佛雷德力威廉第二（一七八六年至一七九七年 清乾隆五十一年至嘉慶元年）

Frederick William III 佛雷德力威廉第三（一七九七年至一八四〇年 清嘉慶元年至道光二十年）

Frederick William IV 佛雷德力威廉第四（一八四〇年至一八六一年 清道光二十年至咸豐十一年）

William I 威廉第一（一八六一年至一八八八年 清咸豐十一年至光緒十四年）

Frederick III 佛雷德力第三（一八八八年 清光緒十四年）

William II 威廉第二（一八八八年至一九一六年 清光緒十四年至民國七年）

日爾曼帝國皇帝

William I 威廉第一（一八七一年至一八八八年 清同治十年至光緒十四年）

Frederick III 佛雷德力第三（一八八八年 清光緒十四年）

William II　威廉第二（一八八八年至一九一六年清光緒十四年至民國七年）

宰相

Prince Bismarck　俾士麥（一八七一年至一八九〇年清同治十年至光緒十六年）

Count von Caprivi　嘉普利威伯爵（一八九〇年至一八九四年清光緒十六年至光緒二十年）

Prince Hohenlohe-Schillingsfürst　荷亨洛赫西林富斯特親王（一八九四年至一九〇〇年清光緒二十年至光緒二十六年）

Count von Bülow　碧羅伯爵（一九〇〇年至一九〇八年清光緒二十六年至光緒三十四年）

Theobald von Bethmann-Hollweg　伯特滿荷維格（一九〇八年至一九一七年清光緒三十四年至民國六年）

George Michaelis　米克理士（一九一七年民國六年）

Count von Hertling　赫特林伯爵（一九一七年至一九一八年民國六年至民國七年）

Prince Max of Baden　巴登王麥克思（一九一八年民國七年）

The German Republic　日爾曼共和國（一九一八年至——民國七年至——）

俄國　皇帝

Catherine II 嘉德琳第二（一七六二年至一七九六年 淸乾隆二十七年至嘉慶元年）

Paul 保羅（一七九六年至一八〇一年 淸嘉慶元年至嘉慶六年）

Alexander I 亞力山大第一（一八〇一年至一八二五年 淸嘉慶六年至道光五年）

Nicholas I 尼柯拉士第一（一八二五年至一八五五年 淸道光五年至咸豐五年）

Alexander II 亞力山大第二（一八五五年至一八八一年 淸咸豐五年至光緒七年）

Alexander III 亞力山大第三（一八八一年至一八九四年 淸光緒七年至光緒二十年）

Nicholas II 尼柯拉士第二（一八九四年至一九一七年 淸光緒二十年至民國六年）

Provisional Government 臨時政府（一九一七年 民國六年）

Republic of Soviets 蘇維埃共和（一九一八年至—— 民國七年至——）

近世歐洲經濟發達史索引

A

B

C

D

E

Engrossing 壟斷

Entail 限嗣相續

Erfurt Programme 愛爾富特大綱

Exports 輸出

F

G

Gild　　行會

H

I

J

K

L

M

N

O

P

Q

R

S

T

U

索引終

Economic Development of Modern Europe

The Commercial Press, Limited

中華民國十三年八月初版

（近世歐洲經濟發達史一册）

（每册定價大洋肆元）

（外埠酌加運費匯費）

著　者　Frederic Austin Ogg

譯　者　李光忠

校　者　吳貫因

發行者　商務印書館

印刷所　商務印書館
上海北河南路北首寶山路

總發行所　商務印書館
上海棋盤街中市

分售處　商務印書分館
北京 天津 保定 奉天 吉林 龍江
濟南 太原 開封 鄭州 西安 南京
杭州 蘭谿 安慶 蕪湖 南昌 漢口
長沙 常德 衡州 成都 重慶 瀘縣
福州 廣州 潮州 香港 梧州 雲南
貴陽 張家口 新嘉坡

六四一〇